Katrin Hildemann, Martin Fitzenreiter

Äthiopien

Eth02_06 Foto: ph

Impressum

Katrin Hildemann, Martin Fitzenreiter
Äthiopien

erschienen im
REISE KNOW-HOW Verlag Peter Rump GmbH
Osnabrücker Str. 79, 33649 Bielefeld

4., komplett aktualisierte und erweiterte Auflage Sept. 2007

Gestaltung
Umschlag: G. Pawlak, P. Rump (Layout); M. Luck (Realisierung)
Inhalt: G. Pawlak (Layout); M. Luck (Realisierung)
Karten: GeoKarta, Heiner Newe; world mapping project ™ (Kartenatlas)
Geländedarstellungen: Mountain High Maps® ©Digital Wisdom, Inc.
Fotos: M. Fitzenreiter (mf), P. Hildemann (ph), E. Dickhausen-Schulz (eds), B. Schumann (bs), K. Därr (kd), K. Hildemann (kh)
Titelfoto: P. Hildemann

Lektorat: C. Steinmaßl, M. Luck
Lektorat (Aktualisierung): M. Luck

Druck und Bindung: Wilhelm & Adam, Heusenstamm

ISBN 978-3-8317-1544-2
PRINTED IN GERMANY

Dieses Buch ist erhältlich in jeder Buchhandlung Deutschlands, der Schweiz, Österreichs, Belgiens und der Niederlande.
Bitte informieren Sie Ihren Buchhändler über folgende Bezugsadressen:

Deutschland
Prolit GmbH, Postfach 9, D-35461 Fernwald (Annerod) sowie alle Barsortimente

Schweiz
AVA-buch 2000
Postfach, CH-8910 Affoltern

Österreich
Mohr Morawa Buchvertrieb GmbH
Sulzengasse 2, A-1230 Wien

Niederlande, Belgien
Willems Adventure
Postbus 403, NL-3140 AK Maassluis

Wer im Buchhandel trotzdem kein Glück hat, bekommt unsere Bücher auch direkt über den Verlag oder unseren **Büchershop im Internet: www.reise-know-how.de**

Wir freuen uns über Kritik, Kommentare und Verbesserungsvorschläge.

Alle Informationen in diesem Buch sind von den Autoren mit größter Sorgfalt gesammelt und vom Lektorat des Verlages gewissenhaft bearbeitet und überprüft worden.

Katrin Hildemann
Martin Fitzenreiter

Äthiopien

Vorwort

„Der Reisende ist unseres Lobes und unserer Anerkennung würdig, der unter den größten Anstrengungen die fernsten Völker aufsucht, um interessante Entdeckungen zu machen. Vor ihm weichen die Hindernisse, verschwinden die Gefahren. Unannehmlichkeiten achtet er gering. Warum finden sich unter der großen Menge unserer Reisenden so wenige dieser Art? Die meisten sind unwissend und kümmern sich wenig um die eigene Bildung und noch weniger um diejenige anderer. Sie reisen ohne Aufmerksamkeit, ohne Enthusiasmus, ohne Nachdenken, verkehren mit Menschen, ohne sie zu studieren, besuchen alle Völker der Erde und verlassen sie wieder, ohne etwas von ihnen zu begreifen. Sie besitzen Augen, sehen aber nicht."

(Pierre Poivre,
Reisen eines Philosophen, 1768)

Abessinien, Äthiopien – diesem Begriff hing immer etwas **Geheimnisvolles** an. Im Mittelalter war es das geheimnisvolle Land des „Priesterkönigs Yohannes", später ein nicht weniger unbekanntes Land in den Bergen Afrikas, wo der **Nil entspringt;** von Christen bewohnt und dennoch den Christen verschlossen. Als einziger Staat Afrikas gelang es Äthiopien, seine Unabhängigkeit im Zeitalter des Kolonialismus zu bewahren. Große Hoffnungen richteten sich auf das Land in der Phase der Entkolonialisierung, mit Schrecken verfolgte die Welt die Hungersnöte und den Bürgerkrieg.

Wer kennt Äthiopien? Was ist Äthiopien? Keines der üblichen Stereotype, vom ruhmreichen christlichen Kaiserreich bis zum Armenhaus Afrikas, beschreibt die **Vielfalt** dieses Landes, seiner Kulturen, Geschichte, seiner Menschen und Schicksale. Aber jeder Blick auf dieses Land lässt uns etwas Neues entdecken. Das alte Vorurteil von Afrika als einem geschichtslosen Kontinent ist heute zum Glück weitgehend vergessen, spätestens das Kennenlernen der Historie des **Horns von Afrika** muss jeden eines Besseren belehren.

Dieser Reiseführer möchte die Orte und Regionen Äthiopiens als Plätze von Geschichte und Kultur erlebbar machen. Auf diese Weise hofft er, ein **Verständnis** für die lange und große kulturelle Tradition im Gebiet des heutigen Äthiopien wecken zu können. Insofern sind Bemerkungen zur Landschaft und Tierwelt hier relativ kurz abgehandelt, dafür wurde Geschichte und Geschichten breiterer Raum gewidmet.

Die einzigartige christliche **Kultur des nördlichen Hochlandes** verleitet dazu, sie als einzigen kulturellen Ausdruck der Region zu sehen. Auch dieser Reiseführer beschreibt weitgehend den Bereich des alten christlichen Reiches, es wurde aber versucht, auch die **Nachbarkulturen** einzubeziehen, wenngleich ihr Beitrag oft nicht an „Sehenswürdigkeiten" festzumachen ist.

Der Reiseführer ist so aufgebaut, dass nach den **„Praktischen Tipps A–Z"** und einer Einführung in die Geografie, Wirtschaft und Politik, Geschichte und Kultur, Sprachen und Religionen im Kapitel **„Land und Leute"** die eigentlichen Routenbeschreibungen folgen. In diesem Kapitel, **„Unterwegs in Äthiopien"**, steht die Hauptstadt Addis Abeba an erster Stelle, für viele Reisende wird sie die erste Station in Äthiopien sein. Die Routenkapitel erschließen erst die alte zentrale Provinz Shoa und gehen dann von Nordwesten im Uhrzeigersinn nach Südwesten vor, in derselben Form, wie auch die anderen Landesteile behandelt werden. Diese Kapitel orientieren sich an der **alten Provinzstruktur,** die zwar 1991 aufgelöst wurde, aber den historischen Rahmen der jeweiligen Region bildet und im Sprachgebrauch weiterhin üblich ist. Die Routen in die ehemaligen Provinzen folgen stets den Hauptstraßen, meist von Addis Abeba aus. Ihre Beschreibung stützt sich auf eigene Reisen, auf Schilderungen, vieles ist auch nur vom Hörensagen bekannt. Äthiopien hat manches von seiner Unzugänglichkeit bewahrt – dieses Buch möchte Lust auf Entdeckungen machen, die Entdeckung von äthiopischem Alltag, Kultur und Menschen. Interessierte Leser seien auf die **kommentierte Literaturliste** im Anhang hingewiesen.

Den Andeutungen und Vermutungen folgend, die hier niedergeschrieben sind, mag der Leser oft Anderes als wir und Unverhofftes sehen – informieren Sie uns! Jeder Besuch Äthiopiens ist eine Entdeckungsreise.

In diesem Sinne wünschen wir Ihnen eine gute Reise und schöne Erlebnisse!

Katrin Hildemann

Martin Fitzenreiter

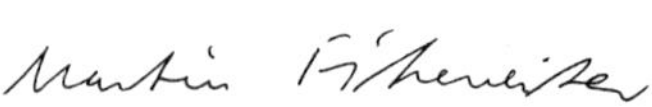

Inhalt

Praktische Tipps A–Z

unter Mitarbeit von *Elfi H. M. Gilissen*

Land und Leute

Bauern in Amhara

Eth02_09 Foto: ph

Typischer Krummdolch der Afar

Anhang

Verzeichnis der Exkurse

Eth02_07 Foto: ph

Praktische Tipps A–Z

Eth02_08 Foto: ph

Eth02_14 Foto: ph

Vergangene Tradition?
Ahnenkultfiguren (Vaga) der Konso

Reiter in Amhara auf dem Weg zu einem Fest

Typische Siedlungslage in Nordäthiopien

Als Gast in Äthiopien

Äthiopien ist **kein einfaches Reiseland,** es ist ein Land der Faszination, der Widersprüche, der Armut, ein Land, in dem es fast überall an Infrastruktur und oft an den kleinsten Annehmlichkeiten fehlt. Und es ist ein Land, das einen Reisenden nie mehr loslassen wird. Wer Äthiopien einmal lieben gelernt hat, der wird es immer lieben.

Zunächst einmal kommt der Reisende als Fremder, als **ferenji** – ein Wort, das nicht abschätzig gemeint ist, aber niemand sollte als solcher wieder gehen. Wer kommt, um das Land kennen und verstehen zu lernen, der wird auch willkommen sein. Wer seine Grenzen austesten will, sich selbst oder seiner Umwelt davonläuft, der ist wahrscheinlich zu sehr mit sich beschäftigt, als dass er viel Zeit für das aufbringt, was ihn umgibt. Es gehören weder eine besondere Reisephilosophie noch ein besonderes Reiseoutfit dazu, Äthiopien kennen zu lernen, aber viel Rücksicht und Aufmerksamkeit.

Rücksicht und Taktgefühl – das sind nicht nur Benimmregeln aus dem „Knigge für Traveller", das ist der Schlüssel zum Verständnis anderer Kulturen, zu fremden Menschen. Wir kommen als Gast und Schüler, nicht als Hausherr oder Lehrer.

Ein **erster Eindruck von Äthiopien,** jedenfalls wenn man über Addis Abeba einreist, kann bedrückend sein. Unser durch die Medien vorgeprägtes Bild von einem Land des Hungers und des Elends wird oft genug bestätigt, dazu kommen eventuell Unannehmlichkeiten mit Bettlern oder Dieben, vielleicht noch körperliches Unwohlsein ob der Höhenlage – und wir werden vielleicht blind für ein Land, das uns vieles lehren kann. Aber keine Angst, ist der „Kulturschock" erst einmal überstanden, dann werden Sie überwältigt sein. Am Ende sind es möglicherweise so viele neue Eindrücke, dass sie kaum verarbeitet werden können. Dieser Reiseführer soll Ihnen dabei helfen, einige Dinge besser verstehen und einordnen zu können.

Oft scheint eine Reise nach Äthiopien eine **Reise in die Vergangenheit** zu sein. Bauern bearbeiten Felder mit einfachen Hakenpflügen, auf dem Tana-See gleiten Papyrusboote dahin, und in den Nischen der Felsenkirchen hocken mittelalterlich anmutende Mönche. **Südäthiopien** ist bewohnt von Völkern, für die Natur und Mensch noch eine Einheit bilden, Fruchtbarkeit und Tod unlösbar miteinander verbunden sind. Im Gegensatz dazu sehen wir Bauern, die häufig ein modernes Schnellfeuergewehr tragen, an den **Nilfällen** am Tana-See steht ein modernes Elektrizitätswerk, der **Kaffee-Export** aus dem Süden ist Äthiopiens wichtigste Devisenquelle. Die Abgeschlossenheit des Landes, der Stillstand sind nur scheinbar. Die Geschichte ist nicht an Äthiopien vorbeigegangen – leider, möchte man mitunter sagen.

Durch Einhalten bestimmter Regeln sind Barrieren schnell abgebaut

Der Staat Äthiopien – ein bewundernswertes Land, und auch ein Land der Enttäuschung. Noch in der ersten Hälfte des 20. Jahrhunderts sah sich Äthiopien als „Japan Afrikas", ein Land, das die Unabhängigkeit bewahrte und eine schnelle und entschlossene Modernisierung durchführte. Der Schock des Verrates der „Völkergemeinschaft", als das Land von *Mussolinis* Truppen besetzt wurde und der Hilferuf des Kaisers vor dem Völkerbund ungehört verhallte, war in der Euphorie der Jahre der Entkolonialisierung bald vergessen. Aber der Traum von einem freien, vereinigten und starken Afrika erlebte auch in Äthiopien ein böses Erwachen. Keine Kolonialmacht, aber die Truppen des Kaisers *Menelik II.* hatten ein Reich zusammengeschweißt, in dem Völker der verschiedensten Traditionen lebten. Machtkämpfe der Herrschenden, alte Feindschaften der Völker und der Kampf um Besitz, Rechte und Anerkennung ließen die blutigen Zwischenfälle nicht abbrechen, die im Bürgerkrieg, der Unabhängigkeit Eritreas und der Neuordnung des Territoriums einen vorläufigen Abschluss fanden. Vielleicht gelingt es Äthiopien, durch Besinnung auf seine Jahrtausende alte Tugend der Eigenständigkeit, den Problemen der Gegenwart Herr zu werden.

Äthiopier können auf uns Europäer bei der ersten Begegnung etwas verschlossen wirken. Die raue Umwelt des Hochlandes, Kriege und Hunger haben eine eher zurückhaltende Bevölkerung geformt. Genügend Ereignisse der jüngeren Geschichte, enttäuschte Hoffnungen und persönliches Leid lassen die Äthiopier mitunter skeptisch, je-

efi_016 Foto: mf

doch sehr selten feindlich gegenüber Weißen sein. Dazu kommt der Stolz eines Volkes, das seine Unabhängigkeit bewahrt hat. Uns mag das nicht viel bedeuten, für Äthiopier ist aber diese Unabhängigkeit etwas Heiliges. Denn diese **Freiheitsliebe** beschränkt sich nicht auf die moderne Geschichte: Schon im Altertum war Äthiopien ein bedeutender Staat, die äthiopische Religion und Kultur eigenständig und einzigartig; immer in ihren Bergen und abgeschlossenen Tälern bedroht, verteidigten die Völker Äthiopiens ihre Unabhängigkeit.

Jeder Äthiopier, ob Amhare, Oromo, Tigray oder Kaffitcho, ist stolz auf seine Kultur, seine Religion, seine Traditionen. Jeder Reisende, der das zu akzeptieren und verstehen bereit ist, wird diese Kultur näher kennen lernen wollen. Und aus dem manchmal verschlossenen Äthiopier wird dann ein bis zum Überschwang freundlicher Gastgeber.

Wollen wir in Äthiopien akzeptiert und in gewisser Weise auch als dazugehörend angenommen werden, so brauchen wir nur ein paar **Regeln im Umgang miteinander** zu beherzigen. Ein guter Freund meinte zu diesem Thema: „Ihr Deutschen braucht nur eure traditionellen Regeln der Höflichkeit zu befolgen, und ihr werdet damit bei jedem Äthiopier gut ankommen und so Fettnäpfchen vermeiden können."

Auf diese Weise lässt sich die **erste Regel** ganz einfach formulieren: Versetze dich in dein Gegenüber und verhalte dich so, wie du es auch von anderen erwarten würdest.

Die **zweite Regel:** Gehe auf die anderen zu. Wer nicht fragt und sich nicht informiert, muss sich nicht wundern, wenn nichts funktioniert. Äthiopier sind sehr hilfsbereit und fühlen sich sofort für einen verantwortlich. Wichtig ist nur, um Auskunft oder Hilfe zu bitten, bevor man etwas tut.

Die **dritte Regel** ist: Ruhe und Humor bewahren. In fast jeder Situation, in der es zu Missverständnissen kommt, in der man verzweifeln will, in der alles ganz schrecklich zu sein scheint, hilft ein bisschen Humor. Zuerst lacht man über sich selbst, dann über den anderen oder mit ihm zusammen, und schließlich kann alles ganz einfach sein. Denn dann bemerkt man selbst, dass manches, was ganz wichtig schien, gar nicht mehr von großer Bedeutung ist. Das heißt nicht, dass Sie ständig herumalbern sollen, nur vielleicht ein winziges Stück der guten deutschen Gründlichkeit zu Hause lassen und dafür ein wenig Gelassenheit im Gepäck mitführen, das kann schon ein gutes Stück weiterhelfen, vor allem bei manchmal unvermeidlichen Behördengängen.

Das sind natürlich alles Binsenweisheiten, aber man kann sie ruhig immer wieder vor sich hin murmeln.

Für Äthiopien gibt es noch ein paar weitere **konkrete Regeln:** Bei der **Begrüßung** gibt man sich die rechte Hand, häufig greift die linke den Unterarm noch dazu. Diese unterstützende Geste wird auch gemacht, wenn man etwas gereicht bekommt. Sie steht traditionell dafür, dass der andere auf diese Weise keine Waffe benutzen kann. Gleichzeitig ist sie auch in heutiger Zeit ein Zeichen von Hochachtung und Höflichkeit. Unter engen Freunden sind

Wangenküsse üblich. Außerdem wird jeder auch noch so flüchtige Bekannte begrüßt, alles andere wäre extrem unhöflich.

Die äthiopische **Anrede** für Männer ist *ato,* für Frauen *woyzero* (Frau) bzw. *woyzerit* (Fräulein). Viele Äthiopier reden einen Fremden mit „father", „mother" oder „brother" an. Mit diesen für Afrikaner ganz alltäglichen Floskeln würden Sie sich jedoch eher lächerlich machen. Ganz allgemein gesagt sollten wir uns so verhalten, wie wir sind, nämlich wie Europäer.

Reichtum zur Schau zu stellen ist nichts weiter als ein **Zeichen schlechten Geschmacks,** überall auf der Welt. Das Maß aber, was als Reichtum aufzufassen ist, kann sehr verschieden sein. In Äthiopien ist sehr vieles Luxus, was uns als normal erscheint. Davon abgesehen, dass irgendwelcher Prunk das Gegenüber verunsichern kann, worunter die Kommunikation sofort leidet, macht man sich zur Zielscheibe von Dieben. **Kein Zeichen von Reichtum** sind **Sauberkeit** und **anständige Bekleidung!** Denn darauf legt jeder Äthiopier, der es sich nur irgendwie leisten kann, großen Wert. Auch in den ärmsten Regionen des Landes sind die Menschen in makellos sauberen Kleidern oder Tüchern zu sehen, obwohl Wasser rar und oft kilometerweit heranzuschleppen ist. Ein ordentliches Outfit ist erst recht wichtig, wenn man ein Amt besucht oder von jemandem eingeladen ist. Sie können Ihren Respekt und das Gefühl, geehrt zu sein, wirklich am besten durch die Kleidung ausdrücken. Deswegen müssen Sie nicht mehrere Anzüge in Ihrem Koffer mitschleppen, es reicht eine vernünftige Garnitur für diese Anlässe. **Kurze Hosen** gelten in offiziellem Zusammenhang eben einfach als bäurisch und **lächerlich,** eine Krawatte dagegen kann schon Wunder bewirken.

Äthiopien ist, bis auf das blutige faschistische Zwischenspiel der Italiener, nie von Ausländern besetzt gewesen. Daher sind Weiße an manchem Ort eine Rarität. Wer von vielen lärmenden und **neugierigen Kindern** umringt wird, muss sich einfach daran erinnern, wie es dem „Mohren" im Europa des Barock ergangen ist. Viele möchten den Weißen auch anfassen und fühlen, ob diese für sie farblose Haut nicht vielleicht doch anders beschaffen ist als die ihre. Kleine Kinder halten einen an der Hand, es kann auch derber werden. Wer das nicht mag, sollte trotzdem vor allem Ruhe und Humor bewahren, gegebenenfalls auch die Hilfe Erwachsener in Anspruch nehmen. Man sollte jedoch **auf keinen Fall aggressiv werden!** Das hilft nicht und kann die Stimmung außerdem ins Negative kippen lassen. Mit ein paar Worten Amharisch und selbstbewusstem Auftreten lässt sich auch die heikelste Situation in den meisten Fällen meistern.

Unangenehmer, wenn auch bei weitem nicht so zahlreich wie die Kinder, sind **Diebe.** In Addis Abeba kann ein Ausländer Zielscheibe für Diebe sein, vor allem dann, wenn er Wohlstand und Reichtum offen zur Schau stellt. Also möglichst Goldschmuck oder Kameras im Auge behalten und nicht sichtbar am Körper tragen. Auf großen Märkten

eth07_020a Foto: ph

eth07_020b Foto: kh

wie dem *Mercato* in der Hauptstadt ist es ratsam, keinen Schmuck oder größere Geldmengen bei sich zu haben. Steckt man nur das für den Bummel nötige Kleingeld in die Hosentasche, dann fühlt sich auch der kleinste Taschendieb nicht in Versuchung geführt. Sind Sie dennoch bestohlen oder belästigt worden, dann denken Sie an eines: Es war ein Mensch oder eine Gruppe von Menschen, der/die Ihnen das angetan hat, es waren nicht „die Äthiopier" insgesamt.

Tourismus ist eine Einnahmequelle für das Land und für uns eine Möglichkeit der Bildung und Erholung. Dass Tourismus auch Schaden anrichtet, ist bekannt. Um es soweit nicht kommen zu lassen, halte man sich an die ganz einfache Regel: Würde ich das in meiner Umgebung wollen, was ich als Tourist hier mache?

Vor allem eines sei jedem Reisenden nach Äthiopien ans Herz gelegt: Nehmen Sie sich **Zeit.** Im Schnelldurchlauf ist das Land nicht zu „bewältigen", körperlich nicht, mental nicht und schon gar nicht alle seine Plätze und Landschaften in ein paar Wochen. Als Wochenendausflug oder als kurze Etappe auf einer Afrikadurchquerung im Hand stand ist Äthiopien zu schade. Schauen Sie in der Weise in ein Gesicht, eine Felsenkirche, eine Landschaft, dass Sie sie nie vergessen, dann haben Sie Äthiopien besucht und erlebt.

Bild oben: Hoch auf dem Wagen ...;
Bild unten: Angesehener Dassanetch-Mann

An- und Einreise

Mit dem Flugzeug

Wegen der relativ großen Schwierigkeiten bei der Anreise über den Landweg werden die meisten Äthiopien-Reisenden mit dem Flugzeug in das Land kommen. Offiziell war bis vor kurzem die **Einreise** nur **über den Flughafen von Addis Abeba** gestattet; d. h. auch von einem Nachbarland wie Kenia und dem Sudan kam man (theoretisch) nur auf dem Luftweg ins Land. Inzwischen sind die Bestimmungen etwas gelockert worden, man sollte sich aber vorher auf jeden Fall bei der Botschaft erkundigen, da die Beziehungen zu allen Nachbarländern sich relativ schnell verändern können.

Die direkte **Einreise von und nach Eritrea** ist aufgrund der Konflikte mit Äthiopien seit einigen Jahren unmöglich. Der Reisende kann zwar per Flugzeug via Djibouti von Eritrea nach Äthiopien einreisen, auf dem Landweg ist der Grenzübertritt jedoch nicht machbar.

Der internationale Flughafen Äthiopiens ist der neu gebaute **Bole International Airport (ADD)** in Addis Abeba, 8 km südöstlich der Stadt. Im neuen Gebäude stehen Banken, Wechselbüros, Souvenirgeschäfte (nur bei Abflügen), Hotel- und Mietwagen-Reservierungen zur Verfügung. Es verkehren Taxis und Sammeltaxis in die Stadt (Fahrzeit ca. 30 Minuten). Eine Taxifahrt kostet 50 bis 100 Birr, je nach Verhandlungsgeschick.

Flugverbindungen

Nonstopverbindungen aus dem deutschsprachigen Raum nach Äthiopien bieten derzeit *Ethiopian Airlines* und *Lufthansa* dreimal wöchentlich von Frankfurt nach Addis Abeba an (7½ Stunden Flugzeit).

Daneben gibt es interessante **Umsteigeverbindungen** mit *British Airways* (von vielen Flughäfen in Deutschland, Österreich und der Schweiz über London), *Egypt Air* (ab Berlin, Düsseldorf, Frankfurt, Hamburg, München, Brüssel, Zürich und Wien über Kairo), *Emirates* (von Hamburg, Düsseldorf, Frankfurt, München, Zürich und Wien über Dubai), *KLM* (von vielen Flughäfen in Deutschland, Österreich und der Schweiz über Amsterdam), *Turkish Airlines* (von vielen Flughäfen in Deutschland, Österreich und der Schweiz über Istanbul) und mit *Yemenia* (von Frankfurt über Sanaa). Diese können zwar billiger sein als die Nonstop-Flüge, aber man muss hier auch eine längere Flugdauer einkalkulieren.

Internationale Flughäfen in Äthiopien befinden sich in **Addis Abeba** und **Dire Dawa.**

Flugpreise

Je nach Fluggesellschaft, Jahreszeit und Aufenthaltsdauer in Äthiopien bekommt man ein Economy-Ticket von Deutschland, Österreich und der Schweiz hin und zurück nach Addis Abeba **ab ca. 550 Euro** (inkl. aller Steuern, Gebühren und Entgelte). Die Preise für die Nonstop-Flüge mit *Ethiopian Airlines* von Frankfurt nach Addis Abeba und zurück beginnen bei rund 700 Euro, aber dafür ist auch die Bahnfahrt von einem beliebigen Bahnhof in Deutschland nach Frankfurt und zurück enthalten. Für die Hin- und Rückflüge mit *Lufthansa* muss man mind. 1100 Euro einkalkulieren (von Amsterdam via Frankfurt mindestens 830 Euro).

Hauptreisezeit nach Äthiopien ist von Oktober bis April, dann sind die Tickets am teuersten.

Preiswertere Flüge sind mit **Jugend- und Studententickets** (je nach Airline alle jungen Leute bis 29 Jahre und Studenten bis 34 Jahre) möglich, beispielsweise mit *Lufthansa* von Frankfurt ab 900 Euro.

Von Zeit zu Zeit offerieren die Fluggesellschaften **befristete Sonderangebote.** Dann kann man z.B. mit *KLM* für knapp über 500 Euro von vielen Flughäfen in Deutschland, Österreich und der Schweiz über Amsterdam nach Addis Abeba und zurück fliegen. Diese Tickets haben in der Regel eine befristete Gültigkeitsdauer und eignen sich nicht für Langzeitreisende. Ob für die gewünschte Reisezeit gerade Sonderangebote für Flüge nach Äthiopien auf dem Markt sind, lasst sich im Internet auf der Website von Jet-Travel (www.jet-travel.de) unter „Flüge" entnehmen, wo sie als Schnäppchenflüge nach Afrika mit aufgeführt sind.

In Deutschland gibt es von Frankfurt aus die **häufigsten Verbindungen** nach Addis Abeba. Tickets für Flüge von und nach anderen deutschen Flughäfen sind oft teurer. Da kann es attraktiver sein, mit einem **Rail-and-Fly-Ticket** (entweder bereits im Flugpreis enthalten oder nur 30 bis 60 Euro extra) per Bahn in Deutschland nach Frankfurt und in der Schweiz nach Zürich zu fahren und von dort aus zu fliegen. Schweizer Halbtax-Abonnenten bekommen es eventuell noch günstiger.

Man kann auch einen preiswerten **Zubringerflug** der gleichen Airline von einem kleineren Flughafen buchen.

Außerdem gibt es **Fly & Drive-Angebote,** wobei eine Fahrt vom und zum Flughafen mit einem Mietwagen im Ticketpreis inbegriffen ist.

Indirekt sparen kann man als **Mitglied eines Vielflieger-Programms** wie www.star-alliance.com (Mitglied u. a. *Lufthansa*), www.skyteam.com (u. a. *KLM*) sowie www.oneworld.com (u. a. *British Airways*). Die Mitgliedschaft ist kostenlos, und die gesammelten Meilen bei Flügen mit den Fluggesellschaften innerhalb eines Verbundes reichen dann vielleicht schon für einen Freiflug bei einer der Partnergesellschaften beim nächsten Flugurlaub. Bei Einlösung eines Gratisfluges ist langfristige Vorausplanung nötig.

Buchung

Folgende **Reisebüros** haben meistens günstigere Preise als viele andere:

eth07_023 Foto: kh

- **Jet-Travel,** Buchholzstraße 35, D-53127 Bonn, info@jet-travel.de, www.jet-travel.de, Tel. 0228/284315, Fax 284086. Sonderangebote sind unter „Flüge" als Schnäppchenflüge nach Afrika mit aufgeführt, auch für Jugend- und Studententickets.
- **Globetrotter Travel Service,** Löwenstrasse 61, CH-8023 Zürich, Tel. 01-2286666, zhloewenstrasse@globetrotter.ch, www.globetrotter.ch. Weitere Filialen siehe Website.

Die vergünstigten Spezialtarife und befristeten Sonderangebote kann man nur bei wenigen Fluggesellschaften in ihren Büros oder direkt auf ihren Websites buchen; diese sind jedoch immer auch bei den oben genannten Reisebüros erhältlich.

Buchtipps:
- Frank Littek
Fliegen ohne Angst
- Erich Witschi
Clever buchen, besser fliegen
beide Reise Know-How Praxis

Informationstafel am Eingang zum Mago-Nationalpark

Kleines „Flug-Know-How"

Service

Benötigt man eine **besondere Mahlzeit,** z. B. vegetarisch, vegan oder glutenfrei, sollte man dies schon bei der Buchung im Reisebüro deutlich machen.

Check-in

Bei den meisten internationalen Flügen muss man **zwei bis drei Stunden vor Abflug** am Schalter der Airline eingecheckt haben. Viele Airlines neigen zum Überbuchen, d. h., sie buchen mehr Passagiere ein, als Sitze im Flugzeug vorhanden sind, und wer zuletzt kommt, hat dann möglicherweise das Nachsehen.

Wenn ein **vorheriges Reservieren** der Sitzplätze nicht möglich war, hat man die Chance, einen Wunsch bezüglich des Sitzplatzes zu äußern.

Das Ticket

Die **Gültigkeitsdauer des Tickets** kann 30 oder 45 Tage, 3, 6 und 12 Monate betragen. Nach Ablauf der Frist (siehe Gültigkeitsdauer in der Mitte des Tickets über der Flugstreckenangabe) ist keine Verlängerung möglich, das Ticket verfällt dann. Sonst kann der Flugtermin innerhalb der Geltungsdauer beliebig oft verschoben werden, wofür aber fast immer Gebühren erhoben werden. Achtung, in der Hochsaison sind alle Plätze oft auf Wochen ausgebucht! Und die Änderungsmöglichkeit gilt nicht für Billig-Tickets, die einen fixen Termin beinhalten.

Geht ein **Ticket verloren,** das schon rückbestätigt wurde, hat man gute Chancen auf Ersatz. Einige Airlines kassieren dafür aber noch einmal 50 bis 100 Euro und bei manchen läuft gar nichts mehr. Gut ist es, deutlich lesbare Fotokopien des Tickets zu machen und bei einer Vertrauensperson zu hinterlegen. Dies hilft enorm bei einer Neuausstellung des Tickets.

Das Gepäck

In der Economy-Class darf man in der Regel nur Gepäck bis zu 20 kg pro Person einchecken (steht auf dem Flugticket) und zusätzlich ein Handgepäck von 7 kg in die Kabine mitnehmen, welches eine bestimmte Größe von 55 x 40 x 23 cm nicht überschreiten darf. In der Business Class sind es meist 30 kg pro Person und zwei Handgepäckstücke, die insgesamt nicht mehr als 12 kg wiegen dürfen. Normalerweise kann man bei Ethiopian Airlines sogar 50 kg mit an Bord nehmen, sicherheitshalber sollte man dies jedoch rechtzeitig abklären.

Aus Sicherheitsgründen dürfen **Taschenmesser, Nagelfeilen, Nagelscheren,** sonstige Scheren und Ähnliches nicht mehr im Handgepäck untergebracht werden. Diese Gegenstände sollte man unbedingt im aufzugebenden Gepäck verstauen, sonst werden sie bei der Sicherheitskontrolle einfach weggeworfen. Darüber hinaus gilt, dass Feuerwerke, leicht entzündliche Gase (in Sprühdosen, Campinggas), entflammbare Stoffe (in Benzinfeuerzeugen,

Last-Minute-Flüge

Wer sich erst im letzten Augenblick für eine Reise nach Äthiopien entscheidet, kann Ausschau nach Last-Minute-Flügen halten, die von einigen Airlines mit deutlicher Ermäßigung ab **etwa 14 Tage vor Abflug** angeboten werden, wenn noch Plätze zu füllen sind. Diese Last-Minute-Flüge lassen sich nur bei Spezialisten buchen:

- **L'Tur,** www.ltur.com, (D)-Tel. 01805/212121 (0,12 Euro/Min.), (A)-Tel. 0820/600800 (0,12Euro/Min.), (CH)-Tel. 0848/808088 (0,12 SFr/Min.); 140 Niederlassungen europaweit.

Feuerzeugfüllung) etc. nichts im Passagiergepäck zu suchen haben.

Seit November 2006 dürfen Fluggäste **Flüssigkeiten** oder vergleichbare Gegenstände in ähnlicher Konsistenz (z.B. Getränke, Gels, Sprays, Shampoos, Cremes, Zahnpasta, Suppen) nur noch in der Höchstmenge von 0,1 Liter als Handgepäck mit ins Flugzeug nehmen. Die Flüssigkeiten müssen in einem durchsichtigen, wiederverschließbaren Plastikbeutel transportiert werden, der maximal einen Liter Fassungsvermögen hat.

Rückbestätigung

Bei den meisten Airlines ist heutzutage die **Bestätigung des Rückfluges** nicht mehr notwendig. Allerdings empfehlen alle Airlines, sich dennoch telefonisch zu erkundigen, ob sich an der Flugzeit nichts geändert hat, denn kurzfristige Änderungen kommen beim zunehmenden Luftverkehr heute immer häufiger vor.

Wenn die Airline allerdings eine Rückbestätigung *(reconfirmation)* **bis 72 oder 48 Stunden vor dem Rückflug** verlangt, sollte man auf keinen Fall versäumen, die Airline kurz anzurufen, sonst kann es passieren, dass die Buchung im Computer der Airline gestrichen wird; der Flugtermin ist dahin. Das Ticket verfällt aber nicht dadurch, es sei denn, die Gültigkeitsdauer wird überschritten, aber unter Umständen ist in der Hochsaison nicht sofort ein Platz auf einem anderen Flieger frei.

Die **Rufnummer** kann man von Mitarbeitern der Airline bei der Ankunft, im Hotel, dem Telefonbuch oder auf der Website der Airline erfahren.

- **Lastminute.com,** www.de.lastminute.com, (D)-Tel. 01805/777257 (0,12 Euro/Min.).
- **www.restplatzboerse.at:** Schnäppchenflüge für Leser in Österreich.

Rückflug

Bei der Ausreise über den Flughafen Addis Abeba ist eine **Flughafensteuer von 20 US$ in bar** zu bezahlen (nur in Dollar möglich, keine Schecks oder Kreditkarten!). Ein Wechselschalter befindet sich direkt in der Abflughalle.

Auf dem Landweg

Dass nur sehr wenige Touristen auf dem Landweg nach Äthiopien kommen, liegt u. a. auch darin begründet, dass immer das **Problem der Transitvisa** bestehen kann, die je nach Beziehungen zwischen den Staaten nicht immer so einfach zu bekommen sind.

Deshalb muss die **aktuelle Lage** in den betreffenden Ländern unbedingt **vor der Einreise** bei der **zuständigen Botschaft** in Erfahrung gebracht werden (Adressen siehe „Diplomatische Vertretungen"), bevor Sie sich für eine Fahrt auf dem Landweg entscheiden.

Die folgenden Ausführungen schildern die Situation im **Sommer 2007** und sollten vor der Abreise aktuell geprüft werden, entweder über die jeweiligen Botschaften oder via Internet bei www.auswaertiges-amt.de/laenderinfos oder beim österreichischen Bürgerservice unter www.bmaa.gv.at bzw. den schweizerischen Reisehinweisen unter www.dfae.admin.ch.

Über die Nachbarländer

Die Einreise via **Kenia** erfolgt über Moyale. Die Straße im nördlichen Kenia ist weniger gut ausgebaut als auf äthiopischer Seite (teilweise sogar in sehr schlechtem Zustand), wo sie über Yabelo, Dila und Yirga Alem nach Addis Abeba führt. Nordkenia kann zeitweise unruhig sein (Raubüberfälle). In Moyale, auf der äthiopischen Seite, startet jeden Morgen ein bewaffneter Konvoi Richtung Marsabit. Die Fahrzeuge sammeln sich gegen 9 Uhr an der Absperrung gegenüber der Bank. Reisende brauchen auf jeden Fall ein *Permit* für das Auto (an der Grenze oder bei der Botschaft nachfragen) und müssen 50 US$ Gebühren bezahlen. Ansonsten ist die Einreise auf diesem Weg allen Angaben nach problemlos. Es ist nicht möglich, mit öffentlichen Verkehrsmitteln (Bus) nach Äthiopien einzureisen.

Die Einreise über **Eritrea** ist aufgrund des Konfliktes zwischen den beiden Ländern nicht mehr möglich; noch bis Dezember 2000 kam es zu kriegerischen Auseinandersetzungen im Nordwesten der Provinz Tigray. Die Grenze wurde am 18. Mai 1998 komplett geschlossen und ist es immer noch. Von Fahrten im Norden des Landes nördlich der Straße Adigrat – Axum sowie in das direkte Grenzgebiet zu Eritrea wird abgeraten. Auch vor Reisen in die Region Gambella wird gewarnt.

Im **nahen Grenzgebiet** zu Somalia, Sudan, Eritrea und zu Kenia kann Minengefahr bestehen sowie die Gefahr von Überfällen durch Grenzen überquerende Banditen.

Die Anreise über **Ägypten** und den **Sudan** ist für Reisende ohne eigenes Auto möglich, nachdem die Grenzen von ägyptischer Seite wegen Konflikten über mögliche Übergriffe sudanesischer islamischer Fundamentalisten jahrelang komplett geschlossen waren.

ekd_021 Foto: kd

Laut äthiopischer Botschaft ist die Grenze auf dem Landweg über Gedaref (die Strecke ist allerdings in schlechtem Zustand) und per Flugzeug vom Sudan wieder normal passierbar, doch auch hier gilt es, immer vor der Reise aktuelle Informationen einzuholen. Das Visum für Äthiopien sollte unbedingt vorher im Heimatland beantragt werden, ohne jedoch die Einreise mit dem eigenen Kraftfahrzeug zu erwähnen. In Karthoum wird von der äthiopischen Botschaft nicht nur ein Hin- und Rückflugticket verlangt, sondern auch ein Empfehlungsschreiben der deutschen Botschaft.

Die Einreise über **Djibouti** ist auch mit dem Zug von Djibouti nach Addis Abeba (784 km) möglich, allerdings warnt das Auswärtige Amt vor gelegentlichen Sprengstoffanschlägen zwischen Djibouti und Dire Dawa. Auch hier gilt es, vor der Reise Erkundigungen einzuholen.

Für eine Einreise über **Somalia** gibt es keine Genehmigungen.

Mit dem eigenen Kfz

Theoretisch muss vor der Einfuhr eines Fahrzeuges eine schriftliche Erlaubnis beim **Verkehrsministerium** eingeholt werden:

- **Ministry of Transportation and Communication**
  P.O. Box 1238, Addis Abeba

Die Anreise auf dem Landweg ist in der Regenzeit ein mühsames Unterfangen

Alle Berichte geben aber an, dass es beim Grenzübertritt mit dem eigenen Fahrzeug zumindest von Kenia aus keine Probleme gibt.

Die Anreise nach Äthiopien mit dem eigenen (Gelände-)Fahrzeug ist per **Autoverladung als Seefracht** z. B. nach Port Sudan, Dar es Salaam oder Djibouti möglich, d. h. Reedereien bieten eine Verschiffung des Kfz in Containern, per Deckverladung oder Roll-on/Roll-off (ähnlich wie bei Fähren) auf Frachtern an. Derartige Fahrzeugverschiffungen übernehmen **internationale Speditionen,** die sowohl in deutschen Städten als auch in europäischen und großen afrikanischen Häfen ihre Agenturen haben. Das sind z. B. *Kühne & Nagel, Danzas, Panalpina* oder *Schenker.* Nachdem man einmal mit einer dieser Speditionen telefoniert hat und weiß, worauf es ankommt, lässt man sich ein schriftliches Angebot für die Verschiffung des Fahrzeuges inkl. aller Gebühren im Ver- wie im Entladehafen geben; *Travel Center Woick* (siehe „Ausrüstungsläden") organisiert die Abwicklung der Spedition nach Kenia auch komplett. Weitere Adressen und Informationen zur Verschiffung erhalten Sie aus der Deutschen Verkehrszeitung.

Buchtipps:
- Hans Strobach
  Fernreisen auf eigene Faust
- Bernd Büttner
  Fernreisen mit eigenem Fahrzeug

beide Reise Know-How Praxis

Motorradfahrer können ihre Enduro per Luftfracht nach Nairobi oder Mombasa transportieren; LTU bietet dies in Verbindung mit einem Flugticket an.

Vor der Reise sollten Sie unbedingt mit der Botschaft oder direkt mit der **Reederei in Djidda** die Formalitäten absprechen:

- **Baaboud Shipping**
  Tel. 00966/2/6428056
  Fax 00966/2/6440912

Reiseveranstalter

Wer noch nicht viele oder gar keine Afrika-Reiseerfahrungen hat sammeln können und es noch nicht wagt, auf eigene Faust durch das Land zu ziehen, der kann sich an einige Reiseveranstalter wenden, die interessante Touren anbieten. Diese organisierten Reisen haben zumindest den großen Vorteil, dass immer ortskundige Reisebegleiter und Führer mitreisen. Es werden Trekkingtouren, Expeditionsreisen und immer die bekannte **historische Route (Gondar, Bahir Dar, Tana-See, Lalibela, Axum)** angeboten.

Hier eine kleine **Auswahl von Reiseveranstaltern** (die ohne Wertung geschieht, d. h. andere Veranstalter können vergleichbare Leistungen bieten):

Bild links: Stelenpark von Axum;
Bild rechts: äthiopisch-orthodoxer Priester

eph24 Foto: ph

eth07_028 Foto: eds

- **DIAMIR Erlebnisreisen GmbH**
Loschwitzer Str. 58, 01309 **Dresden**
Tel. 0351/312077, Fax 312076
Kleingruppenreisen und individuelle Tourenprogramme; Gratiskatalog
- **Geo-Tours**
Postfach 20 32 33, 20222 **Hamburg**
Tel. 040/4919832, Fax 4903227
www.geo-tours.de
Expeditionen, Safaris, Kameltouren, Trekking- und Erlebnisreisen
- **Globe Tours**
Freiheitstr. 9, 44866 **Bochum**
Tel. 02327/300955
www.globetours.de
- **Globetrotter Select**
Klaus Cholewa, Geltinger Weg 9
82538 **Geretsried**
Tel. 08171/997272, Fax 997273
www.globetrotter-muenchen.de
- **Hauser Exkursionen**
Marienstr. 17, 80313 **München**
Tel. 089/235006-0
www.hauser-exkursionen.de
Trekking im Simien-Gebirge
- **Ikarus Tours**
Postfach 1220, Fasanenweg 1
61462 **Königstein/Ts.**
Tel. 06174/29020, Fax 22952
www.ikarus.com
- **Jambo Tours**
Langscheider Str. 40c, 59846 **Sundern**
Tel. 02935/79191, Fax 79192
www.jambotours.de
- **Marco Polo Reisen**
Postfach 1320, 61468 **Kronberg/Ts.**
Tel. 06173/70970
www.marco-polo-reisen.com
- **Nomad Reisen**
Weißhausstr. 25, 50939 **Köln**
Tel. 0221/4200364
www.nomad-reisen.de
Trekking im Simien- und Bale-Gebirge, Packtiertrekking
- **ONE WORLD Reisen mit Sinnen**
Roseggerstr. 59, 44137 **Dortmund**
Tel. 0231/5897920, Fax 164470
www.reisenmitsinnen.de
- **Paradise Ethiopia Travel/African Dreams**
Brigitte Waltzinger
Eduard-Mörike-Weg 1a, 66133 **Saarbrücken**
Tel. 0681/8319458, Fax 8319460
www.african-dreams.biz
- **Rotel Tours „Das Rollende Hotel"**
Herrenstr. 11, 94100 **Tittling/Passau**
Tel. 08504/4040, Fax 4926
www.rotel.de
Expeditionsreisen mit dem Reisebus inkl. Schlafkabinen
- **Safari-Reisebüro**
Schönhauser Allee 183, 10119 **Berlin**
Tel. 030/4492973, Fax 4490469
www.safari-berlin.com
- **Studiosus Reisen**
Riesstr. 25, 80992 **München**
Tel. 089/50060-0, Fax -100
www.studiosus.de
- **SUNTOURS GmbH**
Dorfstr. 14, Dornholzhausen, 35428 Langgöns, Tel. 06447/92103
Fax 92104, www.suntours.de
- **Wikinger-Reisen**
Kölnerstr. 20, 58135 **Hagen**
Tel. 02331/9046, Fax 904740
www.wikinger-reisen.de
Rundreisen und Trekking

Einreisebestimmungen

Siehe auch das Kapitel „Zoll, Ein- und Ausfuhrbestimmungen". **Informationen** zur Einreise erhalten Sie unter anderem **von der zuständigen äthiopischen Botschaft:**

- **Deutschland**
Boothstr. 20a, 12207 Berlin
Tel. 030/772060, Fax 7720624
Emba.ethiopia@t-online.de
- **Österreich**
Wagramer Str. 14/1/2, 1223 Wien
Tel. 01/7102168, Fax 7102171
www.ethiopianembassy.at
office@ethiopianembassy.at
- **Schweiz**
56 Rue de Moillebeau, Genf
bzw. CP 338, 1211 Genf 19
Tel. 022/ 9197010, Fax 9197029
www.ethiopianmission.ch
mission.ethiopia@ties.itu.int

Man sollte diese Informationen unbedingt frühzeitig einholen. Sie werden einem zwar auch bei der **Beantragung eines Visums** zugeschickt, das alle Ausländer außer Bürgern Djiboutis, Kenias und auch Eritreas benötigen, das wäre dann jedoch relativ spät, denn die Unterlagen zur Beantragung eines Visums sollen nicht früher als vier Wochen vor der Einreise eingereicht werden, da die erteilten Genehmigungen nur **acht Wochen Gültigkeit** behalten, innerhalb derer die Einreise zu erfolgen hat. Die Bearbeitungszeit beträgt etwa eine Woche. Das **Visum** berechtigt zu **einem Monat Aufenthalt** in Äthiopien vom Moment der Einreise an (auf Antrag auch bis zu 8 Wochen). Erteilt werden **Touristen- und Geschäftsvisa.**

Zur Beantragung sind erforderlich:
- gültiger Reisepass (bis mindestens 6 Monate nach Ende des Aufenthalts in Äthiopien!)
- zwei ausgefüllte Antragsformulare (verschickt die Botschaft)
- zwei Passbilder
- Visagebühren (2007: 57,80 Euro für Touristenvisum; 60 Euro für Geschäftsvisum)
- frankierter und adressierter Rückumschlag

Außerdem hat man als Tourist die **Buchung der Hin- und Rückreise** zu belegen, als Geschäftsreisender eine Bescheinigung der Firma über Art der Geschäfte und Regelung der Reisekosten.

Deutsche und Österreicher können sich ihr Touristen- oder Businessvisum auch über die **Visum Centrale** beschaffen (online bei www.visum-centrale.de oder bei: Koblenzer Str. 64, 53173 Bonn, Tel. 0228/367870; Invalidenstr. 34, 10115 Berlin, Tel. 030/2309 59110; Niddastr. 74, 60329 Frankfurt, Tel. 069/9799570; Schraudolphstr. 27, 80799 München, Tel. 089/2880380).

Visa erhält man auch bei den äthiopischen **Botschaften in Eritrea** (problemlos, 63 US$) und in **Kenia** sowie bei anderen Auslandsvertretungen Äthiopiens. Alle Vertretungen der Demokratischen Bundesrepublik Äthiopien finden sich auf der Internetseite des äthiopischen Außenministeriums: www.mfa.gov.et/The_Ministry/Ethiopia_Mission_Abroad.php.

Transitvisa für die Dauer von **maximal 7 Tagen** können auf dem **Flughafen von Addis Abeba** erworben werden, wenn man einen Weiterflug gebucht und bestätigt hat.

Visaverlängerungen bis zu drei Monaten werden **in Addis Abeba** vom **Immigration Office** vorgenommen. Man kann die Verlängerung erst kurz vor Ablauf des Visums beantragen. Es wird ein Passbild benötigt, die Bearbeitung dauert ca. 24 Stunden und kostet 20 US$. Das Immigration Office finden Sie in Addis Abeba, Churchill Road, Nähe Hauptpost, nordwestlich vom Saba Square.

Die Anreise mit Kfz erfordert eine gute Ausrüstung – überladen werden sollte deswegen nicht!

ekd26 Foto: kd

Ausrüstung und Kleidung

Für Kleidung, Ausrüstung und alles andere gilt: je weniger, desto besser. Sie sollten vor allem darauf achten, besonders **bequeme, leichte und atmungsfähige** (keine Kunstfasern) **sowie strapazierfähige Kleidung** mitzunehmen. Für lange Fahrten im Auto oder Bus bei hohen Temperaturen nützt Ihnen der letzte Modetrend mit engen Hosen oder Röcken wenig. Doch auch warme Sachen und ein Regenschutz dürfen im Gepäck nicht fehlen, in den Nächten kann es spürbar kalt werden. Das **Schuhwerk** sollte stabil sein, die Wege sind oft steinig, und es kann auch vereinzelt im Tiefland Schlangen und Skorpione geben. Ein leichter bis mittelschwerer **Trekkingschuh** ist z. B. geeignet, GoreTex ist nicht erforderlich oder gar zu meiden, da die Schuhe durch das Schwitzen ihre Atmungsfähigkeit verlieren können.

Wichtig ist der **Sonnenschutz,** also Kopfbedeckungen und langärmlige Kleidung mit Kragen oder Nackenschutz mitnehmen.

Vergessen Sie bitte nie, dass Sie sich in einem anderen Kulturkreis bewegen, in dem Sie nur zu Gast sind. Äthiopier sind keineswegs prüde, aber sie haben einen sehr feinen Sinn für **Sauberkeit und Anstand.** Abgerissene oder halbbekleidete Europäer dürfen sich nicht wundern, wenn sie nicht akzeptiert werden. Weißen wird in Äthiopien in der Regel mit Hochachtung und Zuvorkommenheit begegnet, und sie sollten sich dieser Behandlung würdig erweisen. **Frauen** sollten stets Schultern und

Knie bedecken, **Männer** nicht mit freiem Oberkörper herumlaufen, schon gar nicht beim Besuch von Kirchen oder heiligen Stätten.

Haben Sie einen **Amtsbesuch** vor sich, achten Sie bitte auf **korrekte und formelle Kleidung;** auch wenn Sie einen Schlips nur ungern tragen oder gar albern finden, so zeigen Sie doch damit Ihrem Gegenüber eine gewisse Hochachtung. Dasselbe gilt bei **Einladungen** von Äthiopiern, und sei es auch in der ärmlichsten Hütte auf dem Lande.

Das bedeutet natürlich nicht, dass Sie mit einem großen Schrankkoffer reisen müssen, eine Grundausstattung genügt vollkommen. Außerdem gibt es in vielen Hotels oder Herbergen die Möglichkeit, sich seine Sachen waschen zu lassen. Achtung: Man verwendet in Äthiopien sehr **starke Chemikalien beim Waschen,** die Kleidung wird aber nicht unbedingt sehr lange ausgespült (Wassermangel!). Wollen Sie selber ein paar Dinge waschen, dann verwenden Sie diese Waschmittel bitte äußerst sparsam, empfindliche Kleidungsstücke halten eine derartige „Chemiekur" nur bedingt aus und können schnell verbleichen oder fadenscheinig werden. Deshalb ein Tipp: Nehmen Sie eine kleine Tube **Handwaschmittel** mit.

Zur Desinfektion des Trinkwassers sollte ein **Taschenfilter** oder ein **Wasserentkeimungsmittel** nicht fehlen. Camper können bei Mitnahme eines **Kochers** – Benzin, denn in Äthiopien sind keine Gaskartuschen erhältlich – das Wasser auch abkochen.

Hygienisch sinnvoll ist auch die Mitnahme eines eigenen **Lakens** oder eines leichten **Baumwollschlafsacks,** da in einfachen Herbergen nicht für jeden Gast die Wäsche gewechselt wird.

Sehr wichtig ist eine gute **Taschenlampe** mit genügend Batterien; auch in der Hauptstadt müssen Sie mit Stromausfällen rechnen, nur sehr wenige Hotels oder Restaurants verfügen über einen eigenen Generator. Und in den Felsenkirchen oder Höhlen ist kein Licht. Wer Tiere beobachten möchte, der sollte sein **Fernglas** nicht vergessen.

Eine **Campingausrüstung** (Zelt, Schlafsäcke, Kochgeschirr etc.) ist nur dann sinnvoll, wenn Sie als Individualreisende(r) entsprechende Aufenthalte in den Nationalparks geplant haben. Bei organisierten Safari-Touren sorgt der Veranstalter für Unterkunft und Verpflegung. Beschweren Sie Ihr Reisegepäck lieber nicht unnötig mit der gesamten Ausstattung.

Und schließlich sollten von allen wichtigen **Dokumenten** (Pass, Flugticket, Führerschein usw.) mehrere **Kopien** angefertigt und an verschiedenen Plätzen im Gepäck deponiert werden, denn das erleichtert die Wiederbeschaffung im Falle eines Verlustes ganz erheblich.

Buchtipps:
- Rainer Höh, **Wildnis-Ausrüstung**
- Gunter Schramm, **Trekking-Handbuch**
- Rainer Höh, **Wildnis-Backpacking**
alle Reise Know-How Praxis
- Rainer Höh, **Outdoor-Praxis**
Reise Know-How Sachbuch

Ausrüstungsläden

Tropenerprobte und bewährte Kleidung, Ausrüstung und Zubehör, zudem Literatur und Reiseberatung erhalten Sie bei etablierten Ausrüstungsläden, von denen viele von erfahrenen Globetrottern geführt werden. Hier eine **Auswahl** (ohne Wertung, andere Läden führen evtl. ein ebenso gutes Angebot):

In Deutschland

- **Därr Expeditionsservice GmbH**
Theresienstraße 66, 80333 **München**
Tel. 089/282032, Fax 282525
www.daerr.de; Katalog erhältlich
- **Lauche & Maas**
Alte Allee 28, 81245 **München**
Tel. 089/880705, Fax 831288
www.lauche-maas.de
Weitere Filialen in Jena und Ulm,
Katalog erhältlich
- **Travel Center Woick**
Plieningerstr. 21
70774 **Filderstadt-Bernhausen**
Tel. 0711/70967-00, Fax -70
www.woick.de; Katalog erhältlich
- **Volker Lapp Survival & Expedition**
An der Weihertanne 28
63607 **Wächtersbach**
Tel. 06053/309500
www.volker-lapp.de
- **Sine GmbH**
Große Eschenheimer Str. 39
60318 **Frankfurt**
Tel. 069/552233 und 557377;
Kennedyplatz 3, 45127 **Essen**
Tel. 0201/1059080
www.sine.de
- **Trans Globe**
Aachener Str. 212, 4730 Hauset (Belgien)
(bei **Aachen**)
Tel. 0032/87/632723, Fax 632725
www.trans-globe.de
- **Globetrotter Ausrüstung**
Schloßstr. 78–82, 12165 **Berlin**
Tel. 030/8508920, Fax 8511169
www.globetrotter.de
Filialen in Hamburg, Dresden, Köln,
Bonn und Frankfurt/Main
Katalog erhältlich

In Österreich

- **Hof & Turecek Expeditionsservice**
Markgraf-Rüdiger-Str. 1 (15. Bezirk)
A-1150 **Wien**
Tel. 01/9822361, Fax 01/9821921
www.turecek.at

In der Schweiz

- **Atlas Travelshop**
Expeditionsservice und Reiseladen
Bahnhofstr. 76, CH-3232 **Ins**
Tel. 032/31344-07, Fax -08;
Schauplatzgasse 31, CH-3011 **Bern**
Tel. 031/3119044, Fax 031/3125405
www.atw.ch
- **Transa Backpacking**
Josefstr. 59, CH-8005 **Zürich**
Tel. 01/2 719040
www.transa.ch
Weitere Filialen in Bern, Basel und St. Gallen

Fotografieren

Das Fotografieren in Äthiopien kann sich bei offiziellen und militärischen Objekten als schwierig erweisen. Generell sollten die Regeln der Höflichkeit und des Anstands beachtet werden, dann kann eigentlich nichts schief gehen. Denken Sie immer daran, dass Sie als Gast um etwas **bitten** und nach etwas **fragen** müssen, bevor Sie einfach mit der Kamera herumknipsen. Auch ist es keineswegs Aufgabe der Äthiopier, einem Touristen klarzumachen, warum sie etwas nicht wollen.

Landschaften fühlen sich von Fotografen nicht gestört, **Menschen** hingegen sollten immer vorher gefragt werden. Kinder lassen sich meist sehr gerne fotografieren. Männer lassen sich auch ablichten, wenn sie vorher um Erlaubnis gefragt wurden, sie nehmen dann gern eine offizielle Pose ein. Bei Frauen ist das oft nicht so einfach, es sei denn bei Festen oder im häuslichen Rahmen, wenn Sie eingeladen wurden. Dann wird aber oft darum gebeten, ihnen diese Fotos auch zu schicken. Diese Versprechen sollten Sie unbedingt einlösen, Post mit Fotografien kommt ziemlich sicher in Äthiopien an. Lassen Sie sich nicht davon verunsichern, wenn Sie keine Antwort erhalten, denn auch wenn die Äthiopier ein bisschen schreibfaul sein mögen, die Freude ist auf jeden Fall groß.

Leute mit **Sofortbildkameras** sind in diesen Fällen natürlich ungemein beliebt, werden aber die Geister, die sie riefen, nie wieder los.

Beim **Fotografieren von historischen Denkmälern** wird erwartet, dass der Eintritt bezahlt worden ist. Priester können gelegentlich das Fotografieren verbieten, sind aber in der Regel gerne – gegen ein entsprechendes Entgelt – bereit, mit ihren sakralen Schätzen vor der Kamera zu posieren. Das Innere von Kirchen dürfen Sie jedoch unter keinen Umständen ablichten. Der Eintritt ins Allerheiligste ist den Priestern vorbehalten (siehe „Religion").

Offizielles darf nur nach Einholen einer Erlaubnis fotografiert werden, wenn man Ärger vermeiden will, militärische Objekte und Brücken gar nicht, aber auch Uniformierte und Rathäuser sind mit Vorsicht zu genießen.

In Addis Abeba ist das Fotografieren **grundsätzlich problematisch,** es gibt viel Offizielles, viele Uniformierte und noch mehr Nichtuniformierte. Am besten, Sie fragen jemanden, der uniformiert aussieht, um Erlaubnis. Aus Freude über die Anerkennung seiner Autorität wird diese dann oft auch gewährt. Herumdiskutieren kann mit Abnahme des Films oder der Kamera enden, evtl. auch mit einem unfreiwilligen Ausflug durch die Amtsstuben und Zellen einer dem Uneingeweihten kafkaesk erscheinenden Bürokratie.

Videoaufnahmen sind unter denselben Voraussetzungen möglich, wobei an den historischen Plätzen (und auch an den Blauen Nilfällen) in den meisten Fällen eine Gebühr von teilweise 200–300 Birr verlangt wird.

Buchtipps:
- Helmut Hermann
Reisefotografie
- Volker Heinrich
Reisefotografie digital
beide Reise Know-How Praxis

Fotoausrüstung

Die mitgeführte **Fotoausrüstung** sollte dem Zweck der Reise entsprechen: Zum Fotografieren von Land, Leuten und historischen Plätzen reichen Objektive mittlerer Brennweiten (35–70 mm) und normal empfindliche Filme (100 ASA) meist aus, für **Fotosafaris** in den Nationalparks braucht man hochwertigere Objektive mit langer Brennweite. Für Aufnahmen in Höhlen, Kirchen oder archäologischen Stätten sollte auf jeden Fall ein **Blitzlicht** dabei sein. Negativfilme für Farbpapierbilder sind nur in Addis Abeba oder den größeren Orten verlässlich erhältlich, Diafilme und Videokassetten praktisch überhaupt nicht. Deshalb sollten Sie einen **Vorrat an Filmen** mitbringen; wegen der Röntgenstrahlen bei den An- und Abflugkontrollen am besten in einem strahlengesicherten Beutel untergebracht (im Fotogeschäft erhältlich).

Geld

Die äthiopische Währung ist der **Birr** (ETB) zu 100 **Cents.** Es gibt Geldscheine zu 100, 50, 10, 5 und 1 Birr; Münzen zu 50, 25, 10, 5 und 1 Cent. Der Birr ist eine Binnenwährung und darf **weder ein- noch ausgeführt** werden.

Devisen sind bei der Einreise erst ab 3000 US-Dollar zu deklarieren. Das Vorzeigen von Deklaration, Umtauschbescheinigungen und Restgeld kann bei der Ausreise verlangt werden. Euro werden von allen großen Banken getauscht, **US-Dollar** sind aber eher bekannt und als harte Währung verbreitet. Umtauschen dürfen nur lizensierte Banken und Wechsler. In **Eritrea** war der äthiopische Birr bis 1997 Zahlungsmittel, ist dann aber durch den Nakfa abgelöst worden, dessen Einfuhr nach Äthiopien verboten ist. Ohne ausreichende Bargeld- oder Traveller-Scheck-Bestände sollten Sie nicht nach Äthiopien fahren.

Es gibt einen **Schwarzmarkt,** dessen Raten nur unbedeutend besser als die offizielle Rate sind; außerdem sind Schwarzwechsler nur an großen Scheinen interessiert. In Anbetracht der Bemühungen der äthiopischen Behörden, ein stabiles Währungssystem aufrechtzuerhalten, das letztendlich dem Reisenden sehr nützt, sollte bei einem Kurzaufenthalt keinesfalls schwarz getauscht werden.

Einige **private Banken** wechseln inzwischen auch zu unterschiedlichen Raten. Am besten erkundigen Sie sich vor Ort und vergleichen die Angebote.

Im Staatsbesitz befindet sich die **Commercial Bank of Ethiopia.** Deren Hauptgebäude befindet sich in Addis Abeba, Churchill Road, gegenüber der Hauptpost; Öffnungszeiten: Mo. bis Do. 8–12 und 13–16 Uhr, Fr. 8.30–11.30 Uhr, Sa. 8–12 Uhr (in europäischer Zeit). Die Filiale am Flughafen ist jeden Tag in der Woche geöffnet, aber nur bei Abflug oder Ankunft zugänglich; viele Filialen in Addis Abeba und in allen größeren Städten:

- **Commercial Bank of Ethiopia**
P.O. Box 255, Addis Abeba
Tel. 01/515004/515028
Fax 514522/517866/517822

Wechselkurse (Stand August 2007)
- 1 Euro = 12,54 ETB,
10 ETB = 0,80 Euro
- 1 US-Dollar = 9,21 ETB,
10 ETB = 1,09 US$
- 1 Schweizer Franken = 7,63 ETB,
10 ETB = 1,31 SFr

Traveller Cheques, die Sie in US$ kaufen sollten, werden in Addis Abeba umgetauscht. Außerhalb der Hauptstadt ist es quasi unmöglich oder eine langwierige Angelegenheit.

Kreditkarten werden bis jetzt nur in Addis Abeba akzeptiert (American Express, Mastercard, VISA, Diners Club), so z. B. im Sheraton, im Hilton, bei den Fluggesellschaften und neuerdings auch in einigen Geschäften – allerdings mit einem **Aufschlag von 6%** des Ladenpreises. Trotzdem sollten sich Reisende nicht unbedingt auf diese Möglichkeit verlassen, das zuverlässigere Zahlungsmittel ist immer noch Bargeld.

Maestro-Karten können in Äthiopien nicht genutzt werden.

Als **Vorsichtsmaßnahme** sollte man keine größeren Geldsummen in der Tasche herumtragen. Einen kleineren Betrag griffbereit und den Rest gut verstaut in einer Bauchtasche oder einem Geldgürtel vermindert das Risiko.

Siehe Kapitel „Notfall", falls die Geldkarte oder Reiseschecks gestohlen wurden bzw. verloren gingen.

Reisekosten

Äthiopien ist für uns Europäer bestimmt kein teures Land, wobei natürlich vieles von dem Standard und Ihren persönlichen Vorstellungen abhängt, mit denen Sie in dieses Land reisen. Solange Sie sich mit lokal erzeugten Gütern begnügen, werden Sie einen sehr günstigen Urlaub verbringen können. Sobald aber importierte Waren ins Spiel kommen, sind die Preise oft um ein vielfaches höher als in Europa.

Was die **Unterkünfte** betrifft, so reichen sie von spottbillig bis zu unverschämt teuer. Zu beachten ist, dass zumindest in allen Touristenorten Ausländer eine sehr viel höhere Rate (manchmal das zehnfache) zahlen als Einheimische, sogar ganz offiziell. Die für die Touristen berechneten Raten könnten sich die meisten Äthiopier nicht leisten. Um aber trotzdem den angestrebten europäischen Standard halten zu können, wird dieses eben durch die erhöhten Touristenpreise ausgeglichen.

Trotzdem ist ein bisschen Handeln möglich, wenn keine eindeutigen Preise angeschrieben sind.

Als **Richtwert** kann man davon ausgehen, dass 2–5 US$ (15–35 Birr) für eine einfache Herberge (Doppelzimmer) pro Tag zu planen sind; für ein besseres Hotel 10–30 US$ (70–210 Birr). Die staatlichen und einige private Hotels haben in den attraktiven Orten (Gondar, Axum, Lalibela) schon den 30- bis 50-US$-Standard, zumindest was den Preis angeht, erreicht.

Versorgung mit Essen und Trinken ist über den Markt und in den kleinen lokalen Restaurants problemlos für 10–20 Birr pro Tag möglich. Bei den großen Hotelrestaurants müssen 100 Birr pro Tag einkalkuliert werden.

Relativ hoch sind die **Eintrittspreise** zu den **historischen Stätten** und **Nationalparks.** Dabei ist aber zu beachten, dass ein Ticket gewöhnlich alle in der Umgebung vorhandenen Plätze abdeckt und in der Regel drei Tage Gültigkeit behält. Die Preise liegen bei 70–100 Birr in Gondar, Lalibela und Axum, ca. 10 US$ für die Nationalparks. Die

Eintrittspreise für Inlandstouristen liegen bei den historischen Stätten meist unter denen für Ausländer, so dass auch für die einheimische Bevölkerung der Zugang zur (eigenen) Geschichte erschwinglich ist.

Beim Besuch von **Kirchen** ist neben der zu zahlenden Gebühr eine „Spende" zu geben, meist erwartet jeder Priester und „Guide" mindestens 10 Birr. Für das **Fotografieren,** vor allem bei Aufnahmen mit der Videokamera, müssen Sie meistens auch noch mal etwas einplanen, so dass es sich summiert. An den meisten Orten ist es empfehlenswert, einen **Guide** für 50–100 Birr/Tag anzuheuern. Wenn Sie in Gruppen reisen, können Sie die Ausgaben für Trinkgelder, Guides und anderes teilen und auf diese Weise einige Birr einsparen.

Sehr preiswert lässt sich der **Transport** gestalten, solange Sie mit dem Bus fahren. Selbst lange Strecken von bis zu zwei Tagen kosten nur 30–50 Birr. Preiswert sind auch die Inlandflüge, die um 50–110 US$ kosten. Deutlich billiger werden die Tickets, wenn man mit Ethiopian Airlines einreist und die Inlandsflüge schon im Voraus mitgebucht hat. Mit einem eigenen Fahrzeug ist es auch recht günstig, da der Treibstoff nicht teuer ist. Tiefer in die Tasche greifen müssen Sie beim Reisen mit dem Mietwagen, der mindestens 100 US$ pro Tag kostet.

Als **Richtwert** können bei bescheidener Lebensweise 10–15 US$/Tag ausreichen, Kosten für Herberge, Busfahrt, Lebensmittel etc. eingerechnet; für komfortableres Reisen (staatliche Hotels, teilweise Flug, Restaurants) sind ca. 100–150 US$/Tag einzukalkulieren. Aufenthalte in der Hauptstadt sind für die billige Variante etwa doppelt, bei der gehobenen um ein Drittel teurer. Die für die Eintrittspreise nötigen Gelder müssen jeweils noch zusätzlich berechnet werden.

Organisierte Touren, vor allem **Safaris,** sind verhältnismäßig teuer, was an der kaum vorhandenen Infrastruktur und dem relativ hohen Aufwand liegt, den die Reiseveranstalter in jede Gruppe investieren müssen. Es birgt hinge-

prakefi Foto: mf

Alte Steinstele in Tigray

gen den enormen Vorteil, dass Safaris oder andere Touren bis dato nicht von Touristen überschwemmt werden und diese Art von Reisen noch zu einem einzigartigen Erlebnis werden lassen.

Gesundheit

In Zusammenarbeit mit **Dr. med. F. Chenot,** (Tropeninstitut Frankfurt), siehe außerdem: **Aktuelle Reise-Gesundheits-Informationen** im Anhang (www.travelmed.de).

Das Risiko, während eines Aufenthalts in den Tropen schwer zu erkranken, ist geringer als das Risiko, Opfer eines Verkehrsunfalls oder von Kriminalität zu werden. Reisestil, Reisezeit, Aufenthaltsdauer und -orte spielen bei der Beurteilung des Risikos eine wichtige Rolle.

Vor einer Äthiopienreise empfiehlt sich eine reisemedizinische **Beratung** durch den Hausarzt oder ein Tropenmedizinisches Institut, um die verschreibungspflichtige **Malariaprophylaxe** und gegebenenfalls notwendige (vorgeschriebene) **Impfungen** durchführen zu lassen. Bei anhaltenden Beschwerden, z. B. Fieber vor Ort und nach der Rückkehr, sollte man unbedingt einen qualifizierten (Tropen-) Arzt aufsuchen. Sechs bis acht Wochen nach der Rückkehr ist eine **Nachuntersuchung** ratsam. Bilharziose, Malaria und andere Krankheiten haben oft lange Inkubationszeiten, deshalb sollte bei auftretenden Beschwerden der Arzt von der Urlaubsreise unterrichtet werden.

Buchtipps: Zum Thema Gesundheit hat REISE KNOW-HOW einige nützliche Ratgeber im Programm:
- David Werner, **Wo es keinen Arzt gibt,** Gesundheitshandbuch zur Hilfe und Selbsthilfe
- Armin Wirth, **Erste Hilfe unterwegs**
- B. Dürfeld u. E. Rickels, **Selbstdiagnose und Behandlung unterwegs**
- Werner und Jeanette Lips, **Schwanger reisen**

- **Institut für Tropenmedizin**
Spandauer Damm 130, Haus 10
14050 **Berlin,** Tel. 030/301166
- **Weitere Adressen** sind auf der Internetseite der Deutschen Gesellschaft für Tropenmedizin und Internationale Gesundheit zu finden: www.dtg.mwn.de

Vor einer Reise empfiehlt sich ein **Zahnarztbesuch,** da vor Ort eine qualifizierte zahnärztliche Versorgung problematisch sein kann.

In den Tropen ist die Sonneneinstrahlung stärker als in Mitteleuropa. Ein guter **Sonnenschutz** ist dringend zu empfehlen. Durch Benutzen einer Sonnencreme mit hohem Lichtschutzfaktor, Tragen eines Sonnenhuts und nicht zu knapper Kleidung – was auch der Kulturkreis gebietet –, Aufenthalt im Schatten und regelmäßiges Trinken kann man dem vorbeugen.

Die häufigste Erkrankung in den Tropen ist der Reisedurchfall. Die Ansteckung erfolgt über **verschmutztes Wasser** und über damit verunreinigte Lebensmittel. Auch Wurminfektionen (z. B. Spulwürmer, Ascaris) und Hepatitis A werden über nicht gründlich gereinigte Lebensmittel übertragen.

Zur **Vorbeugung** sollen Sie zum Trinken und Zähneputzen kein unbehandeltes Wasser benutzen. Mit einem Katadyn- oder Relags-Taschenfilter beispielsweise kann man sogar trübes Wasser aus verschmutzten Tümpeln filtern und entkeimen. Eine andere Möglichkeit bieten Wasserentkeimungsmittel, die es flüssig, als Tabletten oder Pulver gibt. In den meisten Orten kann man aber auch Mineralwasser (*Ambo, Tossa, Babile* mit Kohlensäure, *Highland* etc.) kaufen. Weitere Vorbeugungsmaßnahmen:

- Obst sollte man am besten selbst schälen.
- Man kann Wasser auch durch Abkochen desinfizieren. Dazu muss es mindestens 10 Minuten sprudelnd kochen.
- Tee und Kaffee aus nur kurz erhitztem Wasser vermeiden, denn so zubereitete Getränke sind nicht keimfrei.
- Eiswürfel sollten gemieden werden.
- Kohlensäurehaltige Getränke sollten bevorzugt werden, da die Kohlensäure als Beweis der intakten Originalverpackung gelten kann.

Viele Krankheitserreger werden in den Tropen durch Insektenstiche übertragen; die wichtigste Erkrankung ist die **Malaria.** Die Übertragung erfolgt über die Anophelesmücke. Vom Stich bis zum Ausbruch der Erkrankung dauert es mindestens eine Woche, im Regelfall zwei bis vier Wochen. Das Hauptsymptom sind Fieberschübe, die nicht regelmäßig sein müssen. Weitere Symptome sind Schweißausbrüche, Schüttelfrost und Bewusstseinsstörungen. Die Erkrankung kann sowohl behandelt als auch unbehandelt schnell zum Tode, aber auch zu bleibenden Schäden führen. Es empfiehlt sich eine gute Stichprophylaxe. Zusätzlich sollte unbedingt rechtzeitig eine medikamentöse Malariaprophylaxe durchgeführt werden (siehe auch im Anhang).

Medizinische Versorgung

In Äthiopien ist die grundsätzliche medizinische Versorgung an all den Orten, wohin ein Tourist normalerweise kommt, **gesichert.** Größere Ortschaften haben mit dem Notwendigen ausgerüstete Krankenhäuser, die Ärzte sprechen Englisch. In der Hauptstadt gibt es eine Reihe international gesponsorter und privater Kliniken mit gutem Standard.

Die **Kosten** für eine Behandlung in Äthiopien werden von den gesetzlichen Krankenversicherungen in Deutschland und Österreich nicht übernommen, daher ist der **Abschluss einer privaten Auslandskrankenversicherung unverzichtbar.** Diese sind z. B. in Deutschland ab 5–10 Euro pro Jahr sehr günstig. Bei Abschluss der Versicherung – die es mit bis zu einem Jahr Gültigkeit gibt – sollte auf einige Punkte geachtet werden. Zunächst sollte ein **Vollschutz ohne Summenbeschränkung** bestehen, im Falle einer schweren Krankheit oder eines Unfalls sollte auch der **Rücktransport** übernommen werden. Wichtig ist, dass im Krankheitsfall der **Versicherungsschutz über die vorher festgelegte Zeit hinaus** automatisch verlängert wird, wenn die Rückreise nicht möglich ist.

Schweizer sollten bei ihrer Krankenversicherung nachfragen, ob die Auslandsdeckung auch für Äthiopien inbegriffen ist. Sofern man keine Auslandsdeckung hat, kann man sich kostenlos bei Soliswiss (Gutenbergstr. 6, 3011 Bern, Tel. 031/3810 494, info@soliswiss.ch, www.soliswiss.ch) über mögliche Krankenversicherer informieren.

Zur **Erstattung der Kosten** benötigt man ausführliche Quittungen (mit Datum, Namen, Bericht über Art und Umfang der Behandlung, Kosten der Behandlung und Medikamente).

Der **Abschluss einer Jahresversicherung** ist in der Regel kostengünstiger als mehrere Einzelversicherungen. Günstiger ist auch die **Versicherung als Familie** statt als Einzelpersonen. Hier sollte man die Definition von „Familie" genau prüfen.

Regelmäßig benötigte Medikamente sowie sterile Spritzen sollten Sie **mitbringen,** nicht immer ist in Äthiopien die Versorgung mit allen gängigen Medikamenten gewährleistet. Abseits der großen Städte und Pisten ist ärztliche Hilfe kaum zu erwarten, die Entfernungen sind einfach zu groß. Somit kann ein Transport zur nächsten Krankenstation außerordentlich schwierig sein. Dieses Risikos sollte sich jeder Reisende bewusst sein und unnötige Risiken oder ein eventuell geplantes Überlebenstraining vermeiden. Eine **Ersatzbrille** ist für Brillenträger sinnvoll; in Addis Abeba gibt es zwar Optiker und ein Schweizer Projekt namens „Signum Vitae", in dem Brillen angefertigt und repariert werden, außerhalb der Hauptstadt gibt es derartige Möglichkeiten je-

efi_047 Foto: mf

doch nicht. Auch sollte jeder, der nach Äthiopien reist, eine **Sonnenbrille** mit gutem UV-Schutz dabeihaben. **Kontaktlinsenflüssigkeit** ist nirgendwo im Land erhältlich.

Bei Notfällen besteht die Möglichkeit der Rückführung mit einer **Flugambulanz,** wozu jedoch die Mitgliedschaft bei einer entsprechenden Organisation notwendig ist (siehe Kapitel „Notfall").

Informationsstellen

In Äthiopien

Die **staatliche Tourismuskommission ETC** (www.tourismethiopia.org) informiert landesweit über die diversen touristische Belange, wie Unterkünfte, Nationalparks und Sehenswürdigkeiten, Reiseveranstalter und Besichtigungstouren u. v. m. und hält entsprechende Adressen parat:

- **Ethiopian Commission for Tourism (ETC)**
  P.O. Box 2183, Addis Abeba
  Tel. 00251/1/517470, Fax 513899

Das staatliche Fremdenverkehrsamt heißt **NTO (National Tourist Organisation).** Seine Büros sind modern ausgestattet, haben gut ausgebildetes Personal und bieten u. a. Besichtigungs- und Trekkingtouren an. NTO-Büros gibt es in den touristisch relevanten Städten, die **Zentrale** sitzt in Addis Abeba:

- **National Tourist Organisation (NTO)**
  P.O. Box 5709, Addis Abeba
  Tel. 00251/1/512955, Fax 517688
  e-mail: nto@telecom.net.et

EET (Experience Ethiopia Travel) ist eine private Tourismus-Organisation, die zahlreiche Veranstaltungen und Touren durchführt. Informationen unter:

- **Experience Ethiopia Travel (EET)**
  P.O. Box 9354, Addis Abeba
  Tel. 00251/1/512336, Fax 519982

Eine informative Webseite stammt von der in Addis Abeba erscheinenden **Wochenzeitung „Addis Tribune":**

- **www.addistribune.com**

Sonstiges

Aktuelle Reisehinweise zu allen Transitländern neben Hinweisen zur allgemeinen Sicherheitslage erteilen:

- **Deutschland:** www.auswaertiges-amt.de und www.diplo.de/sicherreisen (Länder- und Reiseinformationen), Tel. 030/5000-0, Fax 5000-3402
- **Österreich:** www.bmaa.gv.at (Bürgerservice), Tel. 05/01150-4411, Fax 05/01159-0.
- **Schweiz:** www.eda.admin.ch (Reisehinweise), Tel. 031/3238484.

Kurze landesspezifische Reisehinweise und -informationen (in Deutsch) erhält man auch beim Travel Club:

- **www.travelclub.de/de/finfo/afrika.html**

Wasser ist in den Tropen, also auch in Äthiopien, ein Infektionsherd

Klima und Reisezeit

Das **Klima im Hochland Äthiopiens** ist angenehm. Dort herrschen am Tage in der Regel sommerliche europäische Temperaturen, es kann aber in der Nacht sehr kalt werden. In Addis Abeba liegt die durchschnittliche Tagestemperatur bei 16–18°C, die Höchsttemperatur bei 22–24°C. Nachts können die Temperaturen unter 10°C fallen. In Lagen um 3000 m gibt es Bodenfröste und morgens halten sich kalte Nebel. Im Tiefland liegen die Temperaturen dagegen meist um 20–28°C.

Aufgrund der **Nähe zum Äquator** verschiebt sich die Länge der Tage nur unwesentlich über das Jahr. Im Juni/Juli sind die Tage etwa fünfundvierzig Minuten länger als im Dezember/Januar. Sonnenaufgang ist praktisch immer um **6 Uhr** (europäischer Zeit; **Tagesbeginn der äthiopischen Zeit)**, Sonnenuntergang **18 Uhr** (europäischer Zeit; **Beginn der zwölf Nachtstunden äthiopischer Zeit)**.

Buchtipp:
- Friederike Vogel
Sonne, Wind und Reisewetter
Reise Know-How Praxis

Regenschauer kann es auch gelegentlich zur Trockenzeit geben, in der **Regenzeit** von Juni bis September verhindern die Niederschläge oft die Fortbewegung abseits der befestigten Straßen. Die Regen der großen Regenzeit werden von Südwesten aus dem Kongogebiet in das Hochland gedrückt. Südostwinde vom Indischen Ozean treiben im Frühjahr ebenfalls Regenwolken nach Äthiopien. In dieser **kleinen Regenzeit** von März bis Mai ist die Fortbewegung normalerweise problemlos möglich.

Die **vier äthiopischen Jahreszeiten** sind durch die Regenzeit gegenüber den europäischen verschoben.

„Winter" (krempt) ist die große Regenzeit von Ende Juni bis Ende August/Anfang September; der Himmel ist verhangen, es regnet, die Stimmung ist grau und nass. Während dieser Monate ist eine Reise nach Äthiopien nur sehr bedingt zu empfehlen, es sei denn, Sie mögen feuchte Räume und nasse Füße, die in schlammverkrusteten Schuhen stecken. Der **„Frühling" (tsedey)** beginnt im September, es wird zunehmend sonniger und wärmer, das Land ist grün und von Blumen übersät, vor allem mit der gelben, überall wachsenden Masqal-Flower, die die ganze Landschaft geradezu erstrahlen lässt. **„Sommer" (bega)** herrscht im Februar und März, der heißeste Monat ist in der Regel aber der Mai. Die **kleine Regenzeit (belg)** von Ende März bis Anfang Juni kann nur mit Vorbehalt als „Herbst" bezeichnet werden, es ist zwar feucht, aber auch sehr warm. Im **Tiefland** und im **Grabenbruch** ist es sehr heiß, am

Maximum- und Minimumniederschlagsmenge pro Monat in mm

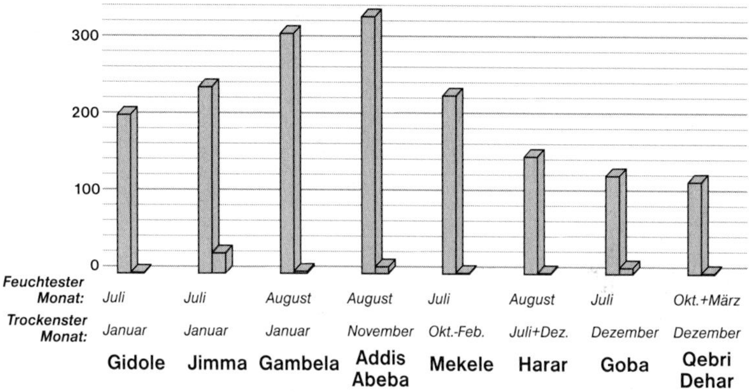

Maximum- und Minimumtemperaturen in °C

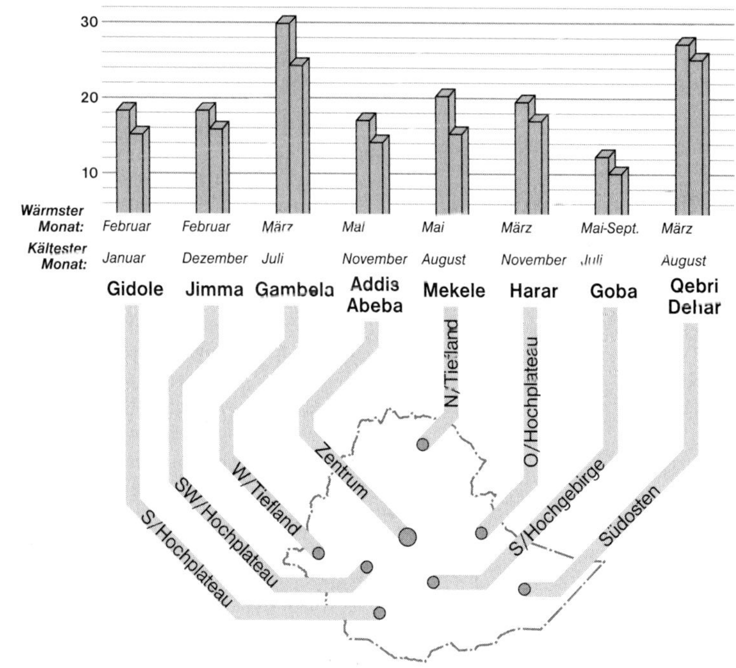

efi_051 Foto: mf

Tage steigen die Temperaturen schnell über 30°C an. Aktivitäten sollte man hier besonders in die Morgen- und Abendstunden verlegen, um der drückenden Mittagshitze zu entgehen.

In den **Küstengebieten am Roten Meer** und in der **Danakil-Ebene** werden die höchsten Lufttemperaturen überhaupt auf der Erde gemessen (60°C im Schatten! – so es denn welchen gibt).

Landschaft im niederschlagsarmen Rift Valley

Südäthiopien hat feuchtwarmes tropisches Klima, auch die Höhenlagen sind das ganze Jahr über frostfrei (ideal für den Kaffeeanbau). Auch am Ende des „Sommers" ist das Land hier noch grün. In der Regenzeit ist es zwar meist trüb, aber wärmer als im Norden. Wenig angenehm zum **Reisen** ist die Regenzeit, in der es aufgrund aufgeweichter Straßen und Landpisten Probleme bei der Fortbewegung geben kann. Am schönsten ist Äthiopien wie gesagt im „Frühling" (September bis November), wenn alles blüht und gedeiht. Bis März bleibt es dann trocken und sonnig, doch die Vegetation verdörrt zunehmend, das Land wirkt vielerorts kahl. Auch vor oder während der kleinen Regenzeit, in der es nur sehr unregelmäßig zu Niederschlägen kommen kann, sind Reisen möglich und sehr angenehm. Vielerorts blühen dann die Jacarandas und Bougainvilleas.

Sehr empfehlenswert ist ein Besuch Äthiopiens zur Zeit der großen **religiösen Feste** der orthodoxen Kirche, wenn die **tabot** (Tafeln) in feierlichen Prozessionen umhergetragen werden und viele **Volksfeste** stattfinden. Im September feiern die Äthiopier Neujahr (11. Sept.) und das Masqal-Fest (27. Sept.); im Januar werden Weihnachten (7. Jan.) und Timkat (19. Jan.) gefeiert. Hinzu kommen zu jeder Jahreszeit lokale Feste bestimmter Heiliger, so dass der Reisende mit etwas Glück immer einen der farbenprächtigen Umzüge erleben kann.

Notfall

Ausweisverlust / dringender Notfall

Wird der **Reisepass oder Personalausweis** im Ausland **gestohlen,** muss man diesen **bei der örtlichen Polizei melden.** Darüber hinaus sollte man sich an die nächste diplomatische Auslandsvertretung seines Landes wenden, damit man einen Ersatz-Reiseausweis zur Rückkehr ausgestellt bekommt (ohne kommt man nicht an Bord eines Flugzeuges!).

Auch in **dringenden Notfällen,** z. B. medizinischer oder rechtlicher Art, bei der Vermisstensuche, Hilfe bei Todesfällen, Häftlingsbetreuung o. Ä., sind die **Botschaften** bemüht, vermittelnd zu helfen.

- **Deutschland**
German Embassy, Yeka Kifle Ketema
Kebele 06, Addis Abeba
Tel. 011/1235139 bzw. Konsularabteilung
Tel. 011/1235162 oder außerhalb der Bürozeiten im Notfall unter
Handy-Tel. 091/1204020
- **Österreich**
Austrian Embassy, Old Airport Area
Addis Abeba, Tel. 011/3712144, 3712445, 3710052 oder außerhalb der Bürozeiten im Notfall unter Handy-Tel. 091/1206497
- **Schweiz**
Swiss Embassy, Old Airport, Higher 24
Kebele 13, Addis Abeba
Tel. 011/3711107, 3710577 oder 3710483

Diebstahl

Bei Diebstahl sollten Sie zur nächsten **Polizeidienststelle** fahren. Besorgen Sie sich einen Übersetzer, da die wenigsten Polizisten der englischen Sprache mächtig sind. Dort wird Ihnen eine Bescheinigung Ihrer **Anzeige** auf Amharisch ausgehändigt, die wiederum von einem offiziellen Übersetzungsbüro **ins Englische übersetzt** werden muss. Dieses Papier wird für die Versicherung benötigt. Da die äthiopische Polizei überlastet ist und Sie mit viel Papierkram und Zeitaufwand rechnen müssen, ist dieser Weg nur ratsam, wenn auch wirklich Wertvolles abhanden gekommen ist. Die Chance, das Gestohlene auch wiederzuerhalten, ist minimal, es sei denn, Sie finden es mit viel Glück auf dem Mercato, wo es zurückerworben werden kann.

Verlust von Geldkarten

Bei Verlust oder Diebstahl der **Kreditkarte** sollte man diese umgehend sperren lassen. Für deutsche Kreditkarten gibt es die einheitliche **Sperrnummer 0049/116 116** und im Ausland zusätzlich 0049/30/40504050. Für österreichische und schweizerische Karten gelten folgende Nummern:

- **MasterCard/VISA,** (A)-Tel. 0043-1-71701 4500 (MasterCard) bzw. Tel. 0043-1-7111 1770 (VISA); (CH)-Tel. 0041-58-9588383 für alle Banken außer Credit Suisse, Corner Bank Lugano und UBS.
- **American Express,** (A)-Tel. 0049-69-9797 1000; (CH)-Tel. 0041-44-6596333.
- **Diners Club,** (A)-Tel. 0043-1-5013514; (CH)-Tel. 0041-44-8354545.

Verlust von Reiseschecks

Nur wenn man den **Kaufbeleg** mit den Seriennummern der Reiseschecks sowie den **Polizeibericht** vorlegen kann, wird der Geldbetrag von einer größeren Bank vor Ort binnen 24 Stunden zurückerstattet. Also muss der Verlust/Diebstahl umgehend bei der örtlichen Polizei und auch bei American Express bzw. Travelex/Thomas Cook gemeldet werden. Die Rufnummer für Ihr Reiseland steht auf der Notrufkarte, die Sie mit den Schecks bekommen haben.

Geldnot

Mit Kreditkarte darf man pro Woche nur einen eingeschränkten Höchstbetrag bar abheben (sehr unterschiedlich je nach Karte). Bei der untersten Kategorie von Kreditkarten sind es üblicherweise 1000 US-Dollar pro Woche. Damit kommt man im echten Notfall nicht weit. Wer dringend eine größere Summe ins Ausland überweisen lassen muss wegen eines Unfalles oder Ähnlichem, kann sich weltweit über **Western Union** Geld schicken lassen. Man muss dazu lediglich die Person, die das Geld schicken soll, vorab benachrichtigen. Diese muss dann bei einer Western-Union-Vertretung (in Deutschland u. a. bei der Postbank) ein entsprechendes Formular ausfüllen und Ihnen den Code der Transaktion telefonisch oder anderweitig übermitteln. Mit diesem Code und dem Reisepass geht man zu einer Vertretung von Western Union in Äthiopien (in Addis Abeba ist das die Zentrale der Comercial Bank). Nach Ausfüllen eines Formulares wird das Geld binnen Minuten ausgezahlt.

- **www.westernunion.com**

Krankheit

In den **größeren äthiopischen Städten** gibt es gut ausgebildete Ärzte, von denen viele in Europa studiert haben und Englisch sprechen. Der Zustand der Kliniken auf dem Lande ist leider nicht immer dementsprechend, oft fehlt es einfach an Medikamenten und/oder medizinischen Geräten. In der Hauptstadt ist das aber eigentlich kein Problem mehr, vor allem die privaten Kliniken sind bestens ausgestattet. Zu den Adressen von empfehlenswerten Ärzten und Kliniken siehe im Kapitel „Addis Abeba".

Rettungsflugdienste

Bei Notfällen besteht die Möglichkeit eines Rückfluges mit einer speziell medizinisch ausgerüsteten **Flugambulanz.** Hierzu ist jedoch die Mitgliedschaft in einem Ambulanz-Flugunternehmen notwendig, wie z. B. bei folgenden **Organisationen:**

- **AERO-DIENST des ADAC**
Am Westpark 8, 81373 München
Tel. 0049/89/7676-76, Fax -2501
- **Deutsche Flugambulanz**
Flughafen Halle 3, 40474 Düsseldorf
Tel. 0049/211/431717, Fax 211/4360252
- **Deutsche Rettungsflugwacht**
Postfach 230127, 70624 Stuttgart/Flughafen
Tel. 0049/711/701070
- **Flugdienst des Deutschen Roten Kreuzes** (Leitstelle)
Friedrich-Ebert-Allee 71, 53113 Bonn
Tel. 0049/228/2300-23, Fax 228/2300-27
- **Malteser Hilfsdienst (MHD)**
(Einsatzzentrale)
Leonhard-Tietz-Str. 8, 50676 Köln
Tel. 0049/221/200308-0
- **Rettungsflugwacht REGA**
CH-Zürich/Flughafen, Tel. 0041/1/3831111

In der Regel ist eine ärztliche Bestätigung über die Dringlichkeit der Rückführung notwendig, die u. a. der **Vertrauensarzt der Deutschen Botschaft und der Lufthansa** ausstellt:

- **Dr. Dietz, Sunshine Clinic**
Kotebbe, Addis Abeba, Tel. 01/600092

In **Nairobi** ist außerdem der Hauptsitz der **Flying Doctors of East Africa (AMREF);** die Flugzeug-Ambulanz kann mit kleinen Maschinen alle Landepisten Ostafrikas anfliegen und die Patienten direkt zu den entsprechenden Krankenhäusern bringen. Die **AMREF-Mitgliedschaft für Touristen** kostet 25 US$ für einen Monat oder 50 US$ für ein Jahr. Im Ernstfall werden natürlich auch Nicht-Mitglieder zu einem Krankenhaus geflogen, wobei dann für den Abholdienst der volle Preis anfällt. Oft beinhaltet schon eine in Europa abgeschlossene Rückholversicherung den **Service der Flying Doctors:**

- **AMREF Wilson Airport**
– P.O. Box 30125, Langata Road, Nairobi
Tel. 00254/2/501301/2/3
(für Mitgliedschaften)
– Tel. 00254/2/336886/501280/602492
(für Notfälle)
– Funk-Frequenzen: 9116, 5796 kHz LSB

Verkehrsunfall

Bei einem Unfall – gerade in ländlichen Regionen – möglichst **nicht aussteigen,** sondern sofort zur nächstgelegenen Polizeistation fahren und den Unfall melden; bei Verletzungen natürlich für medizinische Verpflegung sorgen.

Gründe: Erstens kann es auf dem Lande sehr lange dauern, bis die Polizei von dem Unfall erfährt, sich ein Fahrzeug besorgt hat und bei der Unfallstelle ankommt. Zweitens kann sich der Zorn der Bevölkerung durchaus gegen den am Unfall beteiligten Weißen – ob schuldig oder nicht – richten. Bei einem Verkehrsunfall ist unbedingt ein **Polizeiprotokoll** oder eine schriftliche Schuldanerkennung vom Unfallgegner notwendig, um den Schaden auch von der Versicherung erstattet zu bekommen. Weiterhin ist es unbedingt ratsam, vor allem wenn Sie mit einem gemieteten oder eigenem Wagen unterwegs sind, die Botschaft einzuschalten, die im Problem- oder Bedarfsfall von der jeweiligen Polizeistation aus informiert werden kann.

efi_060 Foto: mf

Öffnungszeiten und Feiertage

Büro- und Geschäftszeiten

Die **Geschäfts-** und **Ladenöffnungszeiten** in Äthiopien sind nicht, wie z. B. in Deutschland, gesetzlich vorgeschrieben. Die meisten Geschäfte sind aber wochentags vormittags von ca. 9 Uhr bis 13 Uhr und – nach einer längeren Mittagspause – wieder am späten Nachmittag von ca. 15 bis mindestens 19 Uhr geöffnet, wobei es lokale Unterschiede geben kann.

Markttag in Gojam

Banken arbeiten von Mo. bis Fr. von 8.30–16 Uhr.

Büros haben in der Regel folgende Öffnungszeiten: Mo. bis Fr. 8/8.30–12/12.30 und 13/13.30–16/17.30 Uhr. Manche haben noch Sa. von 8–12 Uhr Kundenverkehr.

Feiertage

- **7. Januar** – Genna (Weihnachten)
- **19. Januar** – Timkat (Taufe Christi)
- **2. März** – Adua-Tag (Sieg über Italien im Jahr 1896)
- **6. April** – Tag des Sieges (über die italienischen Faschisten 1941)
- **1. Mai** – Tag der Arbeit
- **28. Mai** – Sturz des Derg
- **11. September** – äth. Neujahr
- **27. September** – Masqal (Auffindung des Kreuzes)

Bewegliche Feste: äthiopischer Karfreitag (April) und Ostern (April/Mai), Id-Fest (Ende des Ramadan), Moulid an-Nabi (Geburtstag des Propheten Muhammad).

Post und Telekommunikation

Postsendungen

Möchten Sie Briefe, Päckchen oder Pakete von Äthiopien ins Ausland schicken, dann sollten Sie dies möglichst über die **Hauptpost in Addis Abeba** erledigen, denn v. a. in kleineren Orten ist es oft unmöglich, Briefmarken zu erhalten oder dort überhaupt ein Postamt zu finden. Und wenn, dann können Ihre Sendungen von dort aus oft lange unterwegs sein.

An das Hauptpostamt können Sie sich auch mit folgenden Angaben **postlagernd Sendungen** schicken lassen:

Vorname und Name
Poste Restante
Addis Abeba
Ethiopia

Achten Sie beim Abholen darauf, dem Postbeamten auch Ihren **Vornamen** zu nennen, denn nur dieser ist bei den Äthiopiern ausschlaggebend und dementsprechend wird auch Ihre Post einsortiert; es gibt in Äthiopien keine Familiennamen wie in Europa, der Vorname des Vaters wird zum Nachnamen des Kindes.

Posttarife nach Europa (2007)

- Postkarte: 2 Birr
- Luftpostbrief: 20 g 2,45 Birr, 100 g 7 Birr
- Paket 200/500g: 20,15/34,45 Birr
- Paket 1/2 kg: 63,15/118,40 Birr

Telefonieren

Das äthiopische **Telefonnetz** ist **gut ausgebaut.** Auslandsgespräche sind am besten in Addis Abeba vom Hauptpostamt oder vom Telegrafenamt im Gebäude der Africa Hall an der Menelik II.-Avenue zu führen. Die Gespräche werden handvermittelt, das bedingt teilweise ziemlich lange Wartezeiten.

Außerdem sind internationale Telefonate von jedem größeren **Hotel** sowie von **Telegrafenämtern** möglich, die es in den Provinzhauptstädten gibt.

Bei Auslandsgesprächen fällt bei den **Ortskennzahlen die Null weg.**

3 Minuten (Mindestlänge) **Telefonieren nach Deutschland** kosten ca. 60 Birr. Vorsicht: In den Hotels wird einem oft das Doppelte abgeknöpft! Unbedingt vorher aushandeln.

Wichtige Vorwahlen

International

- Äthiopien: 00251
- Deutschland: 0049
- Österreich: 0043
- Schweiz: 0041

National

- Addis Abeba: 01
- Dessie (Dese): 03
- Dire Dawa: 05
- Gondar: 08
- Harar: 05
- Jimma: 07
- Mekele: 04
- Nazaret: 02

Die **Telefonauskunft** in Äthiopien hat die Nummer **97,** die **Telefonvermittlung** für internationale Gespräche die Nummer **98.**

Mobil telefonieren

Mobilkom Austria, E-Plus, Orange (Switzerland) und Swisscom haben Roamingverträge mit Ethiopian Telecommunications Corporation (ETMTN), die wie in Europa üblich GSM 900 MHz verwendet. Man kann sein Handy also je nach Anbieter auch in Äthiopien nutzen. Das ist jedoch relativ **teuer.** Nicht zu vergessen sind auch die passiven Kosten, wenn man von zu Hause angerufen wird (Mailbox abstellen!). Der Anrufer zahlt nur die Gebühr ins heimische Mobilnetz, die teure Rufweiterleitung ins Ausland zahlt der Empfänger. Wesentlich preiswerter ist es, sich von vornherein auf SMS zu beschränken, der Empfang ist dabei in der Regel kostenfrei.

Buchtipps:
- Volker Heinrich
Kommunikation von unterwegs
- Volker Heinrich
Handy global – mit dem Handy im Ausland
beide Reise Know-How Praxis

Internet-Cafés

Wem das Telefonieren nach Europa zu teuer ist: Es gibt inzwischen zahlreiche Internet-Cafés, sowohl in Addis Abeba als auch in größeren Städten des Landes. Sie sind in der Nähe der Hauptstraßen zu finden (Ortskundige fragen). 1 Minute kostet etwa 75 Cents.

Reisen im Land

Grundsätzlich kann sich jeder Reisende in Äthiopien zurzeit frei bewegen. Sollte es aktuelle Beschränkungen geben, erteilt das Immigration Office in der Hauptstadt gegebenenfalls Reisegenehmigungen. **Kontrollposten** an den Provinzgrenzen und um die großen Städte herum suchen nach Waffen, unverzollten Waren oder Brennholz, Touristen werden im Normalfall nicht behelligt. Sie sollten die Kontrolleure natürlich keinesfalls provozieren.

Mit dem Flugzeug

Auch in Äthiopien ist das Flugzeug eines der schnellsten und ein nicht besonders teures Fortbewegungsmittel. Das **Binnenflugnetz** ist gut ausgebaut, von den ca. 60 Flughäfen besitzen weniger als ein Drittel befestigte Landebahnen. **Ethiopian Airlines (EAL)** bedient über 40 Städte, darunter auch besonders die touristisch interessanten Destinationen. Die Provinzhauptstädte werden in der Regel täglich angeflogen, andere Orte mehrmals die Woche.

Informationen erhalten Sie am besten bei der NTO (Adresse siehe im Kapitel „Informationsstellen") – dort können gleichzeitig staatliche Hotels am Zielort gebucht werden – oder direkt bei EAL bzw. den Büros der **nationalen Fluggesellschaft:**

- **Ethiopian Airlines (EAL)**
P.O. Box 1755, Addis Abeba
Tel. 00251/1/612222, Fax 611474
www.flyethiopian.com
eal@telecom.net.et

Die **Flugpreise** sind verhältnismäßig moderat: fast alle Strecken im Land kosten 50–100 US$. Die Flüge sollten aber gleich bei Ankunft im Lande oder schon vorher gebucht werden. Sie können auch Tickets kaufen, die einen **Rundflug in Etappen** ermöglichen (z. B. für die historische Rundreise, ca. 350 US$). Beachten Sie aber, dass jeder Weiterflug einen Tag vor Abreise erneut konfirmiert werden muss. Billiger wird es, wenn die Flüge schon vorher in Deutschland bei Ethiopian Airlines gebucht werden. Dann kostet beispielsweise ein Rundflug Lalibela – Axum – Gondar – Bahir Dar noch 190 US$.

Die Inlandsflüge von EAL gelten zwar als relativ zuverlässig, es ist aber auf jeden Fall ratsam, besonders kurz vor einem internationalen Weiterflug von Addis Abeba, mindestens einen **Reservetag** einzuplanen. Es kann schon mal passieren, dass ein Flug kurzfristig ausfällt oder auf den nächsten Tag verschoben wird.

Außerdem kommt es durch die in jüngerer Zeit zunehmende **touristische Nachfrage** bei den Inlandsflügen auf manchen Strecken zu **Kapazitätsproblemen.**

Mit eigenem Kfz

Sind Sie mit dem eigenen Kfz angereist oder haben Sie sich vor Ort ein Auto gemietet, sind Sie natürlich unabhängiger als mit anderen Transportmitteln – außerhalb von Addis Abeba muss es aber auf jeden Fall ein **geländegängiger Wagen** sein.

Der **europäische** oder **internationale Führerschein** reicht für einen Kurzaufenthalt bis zu drei Monaten aus. In Addis Abeba kann bei der *Road Authority* ein äthiopischer internationaler Führerschein beantragt werden. Privat-Kraftfahrzeuge werden nicht mehr in den Pass eingetragen, es wird ein Dokument für die temporäre Einfuhr ausgestellt. Das Carnet des Passages dient als Vorlage.

In Äthiopien herrscht **Rechtsverkehr.**

Treibstoffversorgung

Die Treibstoffversorgung in Äthiopien ist **fast überall gut,** Tankstellen gibt es in allen Provinzhauptstädten und in größeren Ortschaften entlang der Hauptverkehrsstraßen.

Bei weiteren Touren in entlegenere Gebiete ist es jedoch sinnvoll, sich vorher nach der Versorgungslage für Treibstoff zu erkundigen und ggf. einige Reservekanister mitzunehmen. Die meisten Tankstellen sind nur während der üblichen Geschäftszeiten geöffnet.

Die **Treibstoffpreise** sind von der Entfernung zum Einfuhrhafen abhängig und steigen mit zunehmender Entfernung. Im Sommer 2007 lagen sie in Addis Abeba bei 7,80 ETB für Normalbenzin, Diesel kostete 5,35 ETB pro Liter.

Straßen und Verkehrsverhalten

Das **Straßennetz** Äthiopiens wird zwar mit ca. 28.500 km angegeben, davon sind allerdings nur ca. 4500 km Teerstraßen.

Deren **Zustand** ist sehr unterschiedlich, von einigermaßen gut bis katastrophal. Ein großer Teil des vorhandenen Straßennetzes wurde bereits in der Phase der italienischen Besatzung angelegt und seitdem mehr oder auch weniger gepflegt. Nach den Zerstörungen im Bürgerkrieg Anfang der 1990er Jahre sind jetzt aber fast alle Brücken wieder instandgesetzt, und auch die Straßen werden, z. T. durch **„food for work"-Programme,** ausgebessert, wodurch sie zumindest bis zum Einsetzen der nächsten **Regenzeit** befahrbar sind. In der Trockenzeit sind in **Nordäthiopien** viele Gegenden mit einem Geländewagen zu erreichen, in der Regenzeit von Juni bis September verhindern die Niederschläge häufig die Fortbewegung jenseits der befestigten Straßen, und selbst die Hauptverkehrsverbindungen können zeitweise unterbrochen sein. In der kleinen Regenzeit von März bis Mai ist die Fortbewegung jedoch meist problemlos möglich.

Bedenken Sie aber, dass Sie **Fahrerfahrungen (auch in schwererem Gelände)** besitzen sollten, ehe Sie sich in Äthiopien ans Steuer setzen – der Straßenzustand, Serpentinen, enge und unübersichtliche Kurven, loser Untergrund, viele Menschen und Tiere auf der Straße etc. können nicht nur anstrengend, sondern für unerfahrene Autofahrer auch gefährlich sein. **Südäthiopien** ist nur unter erschwerten Bedingungen mit dem Geländefahrzeug zu bereisen, für viele Ortschaften ist deshalb ein Flug vorzuziehen.

Das **Verkehrsverhalten** der Äthiopier, vor allem in der Hauptstadt, unterscheidet sich außerdem extrem vom mitteleuropäischen. **Fahren Sie** deshalb auf den stark befahrenen Straßen von Addis Abeba nach Eritrea, nach Kenia, nach Dire Dawa und Djibouti **äußerst aufmerksam!** In Ortschaften und auch auf Überlandpisten, besonders an Markttagen, sind Fußgänger zu plötzlichen Änderungen ihres Weges fähig, ohne auf den Verkehr zu achten, auch dann, wenn Sie vorher gehupt haben. Kinder und Viehherden sind ein besonderes Risiko (Verkehrstote auf 10.000 zugelassene Fahrzeuge: Deutschland 3–4, Äthiopien 100–150!).

Bei **Fahrten im Land** Reserverad, Benzinkanister und Wasservorrat nicht vergessen. So unschön es auch ist: möglichst keine Passagiere auf der Straße mitnehmen und nicht anhalten. Waffen gibt es überall im Land, und in abgelegenen Gebieten kann es zu Überfällen kommen. **Nachts** sollte das Auto auf einem bewachten Parkplatz

Der Bus ist angeschoben, die Fahrt nach Debre Markos kann weitergehen

untergestellt werden. Bei Dunkelheit vermeiden es sogar die Äthiopier zu fahren, hauptsächlich wegen der schwierigen Bergstraßen, des Straßenzustands und der möglichen Überfälle. Auch tagsüber sollten Sie möglichst einen bewachten Parkplatz aufsuchen bzw. einen Wächter *(sebenja)* anheuern (je nach Zeitraum 1–10 Birr).

Mit dem Mietwagen

Fahrzeuge können **in Addis Abeba** gemietet werden. Die Autovermietungen haben z. T. einige **Mieteinschränkungen.** Bei Avis beträgt z. B. offiziell das Fahrer-Mindestalter 25 und das Maximalalter 70 Jahre, der Führerschein muss bereits mindestens ein Jahr ausgestellt sein. Es muss eine **Kaution** in Höhe des Mietpreises +40% hinterlegt werden, wenn das Fahrzeug außerhalb von Addis Abeba bewegt wird, kostet dies 10 US$ extra. Einwegmieten und Fahrten in ein Nachbarland sind nicht möglich, viele Fahrzeuge werden nur mit **Chauffeur** vermeitet, was erfahrungsgemäß bei einem Großteil der Strecken für Nicht-Äthiopienkenner auch empfehlenswert ist.

Avis bietet für Äthiopien viertürige Pkw vom Typ Toyota Corolla (Kategorie A), Honda Civic (Kat. B) ohne Chauffeur an. Nur mit Chauffeur gibt es eine Honda-Accord-Limousine (Kat. C), einen Toyota-Hiace-Kleinbus (Kat. D) oder einen Toyota-Land-Cruiser-Geländewagen (Kat. E).

efi_065 Foto: mf

Informationen und Buchung

- **Avis Ethiopia**
Ras Hotel Bldg., Churchill Rd., Addis Abeba
Tel. 00251/1/510355
- Ein weiterer, recht günstiger Anbieter findet sich **im Ghion Hotel** in Addis Abeba (120 US$ pro Tag inkl. Versicherung, Benzin und Kilometer).
- Weitere Adressen von Autovermietern finden Sie bei den praktischen Informationen zu Addis Abeba.

Mit dem Überlandbus

Wer mit dem Bus fährt, der erfährt sozusagen Äthiopien pur. Busse **staatlicher** und **privater Gesellschaften** verkehren praktisch überall hin, ob als große Überland- oder als kleinere Busse, die zwischen den Dörfern pendeln. Bei den Bussen, die kurze Strecken befahren, ist das Ein- und Aussteigen in allen Orten entlang der Strecke möglich. **Fernbusse** dagegen fahren ein bestimmtes Ziel an und möchten nicht dauernd anhalten. Es ist also immer besser, einen Bus zu buchen, der direkt zum Zielort fährt, statt diesen nur zu durchqueren. Andernfalls zahlt man bis zur Endstation und kann dann gegebenenfalls auf der Strecke herausgelassen werden.

Bei dieser Art von Reisen müssen Sie jedoch eine gute Portion **Zeit und Geduld** mitbringen, oft haben die Busse eine Panne und können ihren Zeitplan nicht einhalten, beispielsweise weil erst aus der nächsten größeren Stadt bzw. aus Addis Abeba ein Ersatzteil besorgt werden muss.

Tickets für Überlandbusse kauft man am besten am Vortag am betreffenden Busbahnhof (die meisten Fernbusse fahren vom Zentralen Busbahnhof am Mercato in Addis Abeba ab), denn normalerweise geht die Fahrt bereits bei Sonnenaufgang los. Außerdem kennen einen die Busangestellten dann schon und helfen in der Dunkelheit des nächsten Morgens, den richtigen Bus zu finden. Tickets für kürzere Strecken sind im Bus erhältlich.

Bustickets sind extrem **billig** (z. B. ca. 40 Birr von Addis Abeba zum Tana-See), plus einem Aufpreis für Gepäck.

Die Tickets werden mehrmals im Bus kontrolliert, vom Schaffner, dem Oberkontrolleur und oft noch unterwegs bei spontanen **Kontrollen.** So soll der Schwarzhandel mit Bustickets verhindert werden. Also das Ticket die ganze Fahrt über griffbereit aufbewahren.

Mit dem Bus zu fahren ist eigentlich recht angenehm, denn da es verboten ist, im Gang zu stehen, werden **nur Sitzplätze** verkauft. Es sitzen jedoch drei Personen auf jeder Bank, Kinder auf dem Schoß, unter dem Sitz die Hühner usw.

Fahrpläne im eigentlichen Sinne gibt es nicht, aber feste Regeln der Abfahrt. Die Ankunft hängt stets davon ab, wie alt der Bus ist, wie der Fahrer gelaunt ist, wie viele Zwischenfälle und Pannen es gab und was sonst noch passiert. Die in diesem Buch angegebenen Reisezeiten sind deshalb nur Richtwerte, die Zeiten können sich für dieselbe Strecke um mehrere Stunden verschieben! „Ein halber Tag" bedeutet 4–6 Stunden Fahrzeit, „ein Tag" 8–12 Stunden.

Alle Fernbusse fahren gegen Sonnenaufgang (6 Uhr MEZ) ab und halten spätestens bei Sonnenuntergang. Für wichtige Strecken gibt es manchmal zwei Busse, die gleichzeitig oder kurz hintereinander abfahren. Auf den Hauptstrecken zwischen großen Ortschaften folgt oft noch ein Bus gegen 9 Uhr MEZ. Busse zu Zielen der Umgebung starten ebenfalls bei Sonnenaufgang, dann oft noch einmal gegen 9–10 Uhr, zur Mittagszeit, seltener noch am Nachmittag. Grundsätzlich sieht es aber nach 12 Uhr MEZ schlecht aus, noch einen Bus zu bekommen.

In der Regel ist der **Busbahnhof** ein umzäunter Bereich. Vor Sonnenaufgang versammeln sich die Fahrgäste vor dem Tor, der Busbahnhof wird von den Menschen bei Öffnung des Tores gestürmt, dann stellt man sich wieder ganz diszipliniert am jeweiligen Bus an. Achten Sie in der Dunkelheit sehr auf Ihre Habe!

Sperriges Gepäck, also auch Rucksäcke, werden auf dem Dach verstaut. Da die Fahrten sehr lange dauern, sollten Sie alles, was Sie am Tag brauchen, im **Handgepäck** haben. Das Dachgepäck, das mit einer großen Plane abgedeckt und verschnürt wird, scheint sicher zu sein. Dennoch ist es vielleicht besser, Sie werfen bei Zwischenstopps, bei denen Gepäck vom Dach geladen wird, immer mal einen Blick auf Ihre Habe. Im Bus selbst besteht eigentlich keine Gefahr bestohlen zu werden.

Während der Reise gibt es ein oder zwei **Stopps,** damit die Fahrgäste in einer Ortschaft essen gehen können. Es wird an Plätzen gehalten, an denen es die entsprechenden Restaurants und Bars gibt. An Haltepunkten stehen auch immer Straßenhändler, die Süßigkeiten, Sonnenblumenkerne, Gebäck oder saisonale Früchte verkaufen. Während der Fahrt können Sie hervorragend Kontakte knüpfen und Ihre Sprachkenntnisse anwenden und/oder erweitern.

Außerdem wird **vor der Einfahrt in eine große Ortschaft** ein **Stopp** auf freiem Feld eingelegt, der zur Erledigung der persönlichen Bedürfnisse (Männer auf der einen, Frauen auf der anderen Seite des Busses) und zum Zurechtmachen gedacht ist, damit die Reisenden in guter Verfassung in der Stadt ankommen.

Bei sehr langen Strecken wird unterwegs **übernachtet,** da die Busse nachts nicht fahren. Das Gepäck bleibt in der Regel auf dem Bus, also alles für die Übernachtung Nötige bei der Hand behalten, vor allem eine Taschenlampe! Um eine **Unterkunft** müssen Sie sich dann selbst bemühen, es gibt aber immer Herbergen in der Umgebung der Busbahnhöfe, und Helfer (oder Schlepper) finden sich schnell. Meist sind die Zwischenhalteplätze größere Ortschaften, bei Verzögerung der Fahrt hält der Bus aber in dem Ort, den er bei Sonnenuntergang gerade erreicht hat.

Für alles, was mit Busfahren, Ticket, Busbahnhof, Essen und Übernachtung während einer Busfahrt zu tun hat, gilt: **einfach** den Fahrer, Schaffner oder einen Mitreisenden ansprechen und **um Hilfe bitten.** Die Äthiopier sind sehr freundlich und hilfsbereit und werden Sie schnell an den Schalter, den passenden Bus oder das beste Restaurant geleiten. Das Busfahren in Äthiopien ist gar kein Problem, es erfordert nur ein wenig Flexibilität.

eph067r Foto: ph

Mit dem Pick-Up

Pick-Ups, Minibusse oder kleine LKWs werden Sie in Äthiopien an jeder Ecke des Landes finden. Sie werden meist privat betrieben und sind in einigen Gegenden vor allem für kürzere Distanzen die einzigen Fortbewegungsmittel. Sie haben feste (nicht ausgeschilderte) Abfahrplätze und fahren erst dann los, wenn sie voll beladen sind. Gefahren wird den ganzen Tag über. Auch hier sind die **Preise** für Ausländer oft höher angesetzt, aber auch die Einheimischen zahlen mindestens das Doppelte des Buspreises für eine vergleichbare Strecke. Die **Abfahrtsplätze** sind dadurch auszumachen, dass mehrere Menschen am Straßenrand stehen und warten. Fragen Sie zur Sicherheit noch einmal nach, dann können Sie sich einfach dazustellen und mitwarten.

Traditionelles äthiopisches Fortbewegungsmittel

Mit Sammeltaxis und Taxis

In den größeren Städten gibt es überall die recht billigen **Sammeltaxis** (Kleinbusse) mit festen Routen und Halteplätzen. Sie werden wegen ihrer Fahrweise und Farben auch „blau-weiße Gefahr" genannt und sind leicht zu erkennen.

Auch die kleineren blau-weißen **Taxis** fahren überall in den größeren Orten, vor allem dort, wo sich Touristen aufhalten. Fahrweise und Farbgebung sind dieselben wie bei den Minibussen, nur sind sie teurer. Der **Fahrpreis** ist Verhandlungssache, für Touristen ist er jedoch meist höher. Kürzere Strecken in der Stadt sollten aber den Preis von 10 Birr nicht wesentlich übersteigen.

Außerdem gibt es noch die **staatlichen Taxis der NTO** (National Tourist Organisation), die in einem weitaus besseren Zustand, dafür aber auch wesentlich teurer sind.

Bei manchen Sehenswürdigkeiten, die nur per Taxi zu erreichen sind, lohnt es sich mitunter, auf ein Auto zu warten oder zu trampen. In einigen Orten verkehren auch **Kutschen,** deren Pferde aber oft in einem Mitleid erregenden Zustand sind.

Mit der Eisenbahn

Das äthiopische Eisenbahnnetz beschränkt sich auf **eine einzige Strecke** von Addis Abeba über Dire Dawa nach Dewele (681 km) und weiter nach Djibouti. Da die Linie nur eingleisig ist, verkehrt die Bahn nur zweimal täglich. Es ist jedoch ein einzigartiges Erlebnis, mit ihr das Land zu durchqueren, und sei es auch nur auf einer Teilstrecke. Näheres über die äthiopische Eisenbahn steht im Exkurs „Die äthiopische Eisenbahn".

Mit dem Fahrrad und zu Fuß

Mit dem **Fahrrad** durch Afrika zu fahren ist inzwischen eine neue Art des Extrem-Aktiv-Tourismus, die auch in Äthiopien immer häufiger anzutreffen ist. Den teuren Rädern bekommt der Straßenzustand allerdings meist nicht, den meisten Radlern Staub, Hitze und die extremen Höhenunterschiede wahrscheinlich auch nicht. Addis Abeba ist zudem lebensgefährlich für Fahrradfahrer. In einigen Orten werden jedoch auch schon Fahrräder für Kurztrips verliehen. Wer eine derartige Extrem-Fahrradtour plant, dem sei zur Vorbereitung das Reisesachbuch **„Fahrrad-Weltführer"** aus dem Reise Know-How Verlag, Bielefeld, empfohlen.

Das **Wandern** hingegen ist schon einfacher, allerdings sollten Sie dies nur mit Führer und auf die **Nationalparks** beschränkt tun. Von den Reiseveranstaltern werden zahlreiche Wandertouren zu Fuß und auch zu Pferde von unterschiedlicher Länge und Dauer angeboten. Die beiden Hochlandparks Simien und Bale sind dafür bestens geeignet. Eine Campingausrüstung inkl. Alljahreszeiten-Schlafsack ist beim Besuch der Parks sinnvoll. Bei **organisierten Wandertouren** sorgen die Veranstalter für Ausrüstung und Verpflegung (Adressen von Veranstaltern siehe unter „An-, Ein- und Ausreise" und „Reiserouten und organisierte Reisen").

Reiserouten und organisierte Reisen

Sehenswerte Routen

Äthiopien ist nicht nur ein beeindruckendes, sondern auch ein vielgestaltiges Land, das mit dem gängigen Bild der einzigen großen Wüste, das uns durch die Medien gezeichnet wurde, nicht sehr viel gemein hat. Es bietet jedem Reisenden ganz individuelle Möglichkeiten der Entdeckung und des Kennenlernens. Dennoch gibt es einige **Hauptreiserouten,** die von den meisten Besuchern absolviert werden.

Die zweifellos populärste Strecke ist die so genannte **historische Route durch das nördliche Hochland.** Auf dieser Tour können Sie die berühmten Plätze und **Städte** wie Bahir Dar, die **Nilfälle** und den **Tana-See** mit seinen zahlreichen **Klöstern** sowie Gondar, Axum und Lalibela besuchen. Je nach vorhandener Zeit kann noch ein Besuch der **Felskirchen in Tigray** hinzugefügt werden. Alle Stationen dieser Rundtour können mit dem Flugzeug erreicht werden, so dass die Route in etwa acht Tagen zu „schaffen" ist. Wählen Sie diese Strecke, dann machen Sie eine Reise durch die Vergangenheit, denn Sie besuchen die wichtigsten **Plätze des christlichen äthiopischen Kaiserreiches,** von seinen Anfängen in Axum, über die mittelalterlichen Felskirchen in Lalibela und Tigray, bis zur Blüte der Gondar-Zeit und den Inselklöstern des Tana-Sees. Die Lebenswelt der Hochlandbewohner, der Amharen und Tigray, ihre Dörfer, ihre Kirchen und ihre Felder gilt es kennenzulernen, aber auch die Landschaften des Hochlandes, das Simien-Gebirge und der Tana-See mit den Nilfällen machen diese Strecke zu einem einzigartigen Erlebnis.

eph69 Foto: ph

Blick von Kusquam auf Gondar

Ebenfalls zum Standardprogramm, meist mit der historischen Route verbunden, gehört die **östliche Route** mit einem Besuch im **Grabenbruch** um den Awash und der Stadt Harar. Neben dieser für die islamische Geschichte Äthiopiens so wichtigen Stadt lernen Sie auf dieser Strecke den Lebensraum verschiedenster Völker, wie der Oromo, der Afar, der Issa, der Äthiosomalis in der beginnenden Danakil-Ebene sowie der Adere (aus Harar) im Hochland kennen. Im Awash Nationalpark kann außerdem die vulkanische Landschaft des Grabenbruches mit ihrer Tierwelt bewundert werden.

Die **südliche Route** führt durch den Grabenbruch, vorbei an den großen Seen Abiata, Shala und Langano, zum Nationalpark Bale. Von dieser Route können Sie wiederum einen Abzweig nehmen und in das Gebiet am Unterlauf des Omo, in den Nationalpark Mago, reisen. Neben den Naturschönheiten, die hier in ihrer ganzen Bandbreite vom Tiefland im Südosten über das Hochland von Bale bis zu den Seen des Grabenbruches vertreten sind, gibt es vor allem auch eine interessante **Tierwelt** all dieser Lebensräume mit besonders vielen endemischen Arten. Die südlichen Provinzen sind außerdem die Heimat der „echten" viehzüchtenden Oromo, der Somali und der vielen kleinen südäthiopischen **Völkerschaften** zwischen Abaya-See und Omo.

Relativ selten wird die **westliche Route** von Touristen genommen, die in das südliche Hochland und bis nach Gambela an der sudanesischen Grenze führt. Vom immergrünen, manchmal tropischen Hochland um die Provinzhauptstadt Jimma, der Heimat des Kaffees, reicht die Szenerie bis zu den sumpfigen Niederungen der Nilzuflüsse im Südwesten. In diesem Gebiet leben Oromo, Gurage, Sidama- und nilotische Völker.

Reiseveranstalter

Diese touristischen Reiseziele werden von der **National Tour Operation (NTO)** bedient, die über sämtliches Equipment, Taxis, Geländewagen, Hotels, fremdsprachige Führer etc. verfügt. Die NTO ist überregional in allen größeren Städten vertreten. Da sie über ein weit gespanntes Netz an Kontaktadressen und Logistik verfügt, kann sich der Reisende diesem Veranstalter ohne Probleme anvertrauen. Private Reisebüros dagegen sind erst seit einigen Jahren wieder zugelassen und schießen immer noch wie Pilze aus dem Boden. Sie bieten im Grunde denselben Service wie die NTO, sind aber meist billiger. Außerdem haben sie sich auf bestimmte Regionen oder Leistungen spezialisiert und – die Konkurrenz belebt das Geschäft – kümmern sich intensiver um ihre Kundschaft. Ihre Büros befinden sich entweder in den großen Hotels oder entlang der Hauptstraßen in Addis Abeba, vor allem an der Churchill Road.

Wer sich für **Safaris in den Nationalparks** interessiert, sollte sich an die darauf spezialisierten Veranstalter halten, die nicht nur über den aktuellen Stand des Wiederaufbaus der im Bürgerkrieg stark in Mitleidenschaft gezogenen Parks, sondern natürlich auch über die

Flora und Fauna der Parks, über Eintrittspreise und Besuchsvorschriften etc. informiert sind. Es ist auch möglich, Plätze in den Gästehäusern zu reservieren (z. Z. nur Bale National Park).

- **National Tourist Organisation (NTO)**
P.O. Box 5709, Addis Abeba
Tel. 512955, Fax 517688
Büros in Addis Abeba (Ras Desta Damtew Street – nahe Masqal-Sq. – und an der Piazza). Weitere Büros in Gondar (Piazza), Bahir Dar (Nähe Hauptkreuzung), Axum, Lalibela. 5-Tage-Bale-Trekking, weitere Touren (Omo, Mago etc.) in den Grabenbruch, historische Route, Mietwagen.
- **Experience Ethiopia Travel (EET)**
P.O. Box 9354, Addis Abeba
Tel. 512336, Fax 519982
Büro in der Churchill Road, nahe Nationaltheater. Auf die Kirchen Tigrays spezialisiert, auch Nationalparks und historische Route.
- **Ethiopian Wildlife Conservation Organization (EWCO)**
P.O. Box 386, Addis Abeba, Tel. 514189
Masqal Square, Gebäude neben Mobil-Tankstelle, Büro im 5. Stock.
- **Tigray Tourism Bureau**
P.O. Box 124, Mekele, Tigray
Tel. 03/400769/401032
Regionales staatliches Reiseunternehmen für die Provinz Tigray (Region 1), Besuche der dortigen Felskirchen und von Axum.

Safaris veranstalten neben NTO und EET insbesondere:

- **Ethiopian Rift Valley Safari**
P.O. Box 41602/3658, Addis Abeba
Tel. 552140/551127, Fax 550298
- **Ghion Travel & Tours**
P.O. Box 25504, Addis Abeba
Tel. 505566/505657, Fax 505656/755211
e-mail: ghiontravel@telecom.net.et
Freundlich, kompetent und günstig, nach *Mr. Yoseph Getinet* fragen
- **Greenland Tours**
P.O. Box 19018, Addis Abeba
Tel. 632597/632598/625345, Fax 632595
Unter italienischer Leitung
- **Hess Travel Ethiopia**
P.O. Box 80298, Addis Abeba
Tel. 515820/156058, Fax 512675
Sehr gut, aber nicht billig; unter deutsch-äthiopischer Leitung
- **Orooro Tour Operator**
P.O. Box 3055, Addis Abeba
Tel. 514712, Fax 551277
- **Wildlife Safari Ethiopia**
P.O. Box 2444, Addis Abeba
Tel. 553767, Fax 551236
- **Yumo Tour Operator**
P.O. Box 5698, Addis Abeba
Tel. 513783, Fax 513451

Sicherheit

Leider müssen Sie gelegentlich mit **Diebstahl** rechnen; hohe Arbeitslosigkeit, jahrelanger Krieg und bittere Armut haben Räuberei zu einem Erwerbszweig werden lassen. Lassen Sie sich jedoch nicht von Erzählungen anderer ins Bockshorn jagen, in Relation zu anderen Ländern ist Äthiopien keineswegs herausragend in puncto Diebstahl. Denken Sie immer wieder an europäische Großstädte und deren hohe Kriminalitätsrate. Beachten Sie nur die gängigen **Vorsichtsmaßnahmen,** meiden Sie z. B. Gedränge oder größere Gruppen junger Männer (man wird mal versehentlich angerempelt und freundlich

Buchtipp:
- Matthias Faermann
Schutz vor Gewalt und Kriminalität unterwegs
REISE KNOW-HOW Praxis

aufgefangen, in Wahrheit jedoch festgehalten, während ein anderer von hinten die Taschen ausräumt). Tragen Sie Wertsachen nicht zu augenfällig am Körper oder in leicht zugänglichen Taschen. Bei **Dunkelheit** ist es ratsam, nicht abseits der beleuchteten Straßen zu gehen und im Zweifelsfall lieber ein Taxi zu nehmen. Suchen Sie sich einen **vertrauenswürdigen Guide,** er wird wie ein Schutzengel über den ihm Anvertrauten wachen.

Auch **Raubüberfälle** kommen immer noch vor, besonders nach Einbruch der Dunkelheit. **Fahrten** über Land sollten **nicht nachts** unternommen werden, suchen Sie sich rechtzeitig ein Quartier und teilen Sie Ihre Reiseroute dementsprechend ein, dass Sie bei Dunkelheit nicht mehr fahren müssen. Denn diese Zeit wird gern von Straßenräubern oder bewaffneten Ex-Soldaten genutzt, um Straßensperren zu errichten und den Reisenden alles Hab und Gut bis aufs Hemd zu nehmen. Vor allem die ehemaligen Soldaten leben seit Ende des Bürgerkrieges am Existenzminimum und machen in ihrer Wut und Verzweiflung vor nichts halt.

Am Tage sollten Sie, besonders auf **abgelegenen Pisten,** nicht anhalten, wenn jemand am Straßenrand winkt. Natürlich ist nicht jeder Winkende ein potentieller Räuber und ein anderer kann in einer akuten Notlage stecken, da müssen Sie sich auf Ihren Spürsinn und Ihre Menschenkenntnis verlassen.

Nichtsdestotrotz ist es zu empfehlen, den jeweils neuesten Gerüchten über Überfälle in einer bestimmten Gegend ein gewisses Vertrauen zu schenken.

eds73 Foto: eds

Als solche **nicht risikofreie Regionen** stuft das Auswärtige Amt das direkte Grenzgebiet zu Eritrea sowie Fahrten nördlich der Straße Adigrat – Axum ein. Auch vor den anderen Grenzregionen zu Eritrea, Kenia und dem Sudan wird gewarnt. Die Grenzübergänge zwischen Äthiopien und Eritrea sind geschlossen. Von Reisen in die Region Gambella wird wegen ethnischer Konflikte zwischen den Nuer, Anuak und Flüchtlingen aus dem Sudan abgeraten.

Erkundigen Sie sich am besten vor einer Reise in bestimmte Regionen Äthiopiens bei der **Deutschen Botschaft** in Addis Abeba nach der aktuellen Sicherheitslage.

Korbflechtwaren sind beliebte Souvenirs

Souvenirs

In Addis Abeba und an den bekannten Reiseorten wie Gondar, Axum und Lalibela gibt es zahlreiche **Souvenirshops oder Straßenhändler,** die traditionelle Handwerksprodukte (siehe hierzu „Kultur und Tradition") anbieten. Kleidung, Schmuck und Keramik können Sie in den Touristenshops auf dem **Mercato,** dem großen **Markt in Addis Abeba,** finden. Hier ist die Atmosphäre natürlich spannender, authentischer und hektischer, billiger werden die Produkte dadurch jedoch nicht zwangsläufig. Außerdem gibt es Shops entlang der Churchill Road, am Flughafen und in den großen Hotels, die eine große Bandbreite an Souvenirs anbieten.

Silberschmuck, vor allem in Form der traditionellen Kreuze, wird überall angeboten, doch ist hier Vorsicht geboten, oft entpuppt sich das Silber als bloßes Nickel. Trotzdem lohnt sich die Suche, es gibt phantastischen und originellen Silberschmuck in jeder Form und Preisklasse, am besten Einheimische um Rat fragen.

Preiswert und von sehr guter Qualität sind außerdem **Lederwaren,** die auf Wunsch auch nach Maß angefertigt werden können. Ledergeschäfte finden Sie an der Piazza, am Ghion-Hotel, am Stadion und im Hilton-Hotel.

Auch traditionelle äthiopische **Kleider, Schals** und **Tücher** sind beliebte Mitbringsel. Es gibt diese farbenfrohen Baumwolltücher in jeder Form und Größe, sie sind nicht teuer, vielfach verwendbar und hübsch anzusehen. Diese wiederum sind am besten auf dem Mercato zu bekommen, dort gibt es eine ganze Straße mit Kleidershops. Lassen Sie sich von einem Führer durch den Markt schleusen und diesen auch mit den Händlern um den Preis feilschen. An jeder Straßenecke werden Sie auf fliegende Händler stoßen, die die typischen traditionellen **Korbsachen** anbieten, Körbe, Untersetzer, Wandbehänge etc. Hier muss jedoch hart verhandelt werden, diese Sachen werden oft völlig überteuert angeboten. Viele in der Art des traditionellen Kunsthandwerks gefertigte Objekte sind ausschließlich für den Touristen hergestellt, und der Purist mag das als Kommerz ablehnen. Man sollte bei dieser sog. **„Airport Art"** aber immer bedenken, dass Kunsthandwerk stets für bestimmte Käuferschichten speziell hergestellt wurde. Sind es heute weniger Adelshöfe und die Kirchen, um die sich die begabtesten Meister bemühen, dann eben die Touristen. Lässt man sich also von Geschmack und Qualität leiten, kann man sehr wohl echte Kunstwerke erwerben.

CDs, DVDs und **Musikkassetten** gibt es **in Addis Abeba** in den großen Musikgeschäften an der Piazza. Es ist kaum möglich, ganz „unverfälschte" Volksmusik ohne elektrisch verstärkte Instrumente zu bekommen. Europäer neigen dabei hin und wieder zu einem musealen Purismus, der den Äthiopiern gänzlich fremd ist. Nur in den großen Geschäften gibt es Originalkassetten, in kleineren Läden werden die gewünschten Kassetten auf Bestellung überspielt, was die Qualität nicht sonderlich positiv beeinflusst. Diese Läden sind nicht zu überhören und oft mit einem Bob Marley-Bild geziert. Es gibt inzwischen auch überall **CDs** mit traditioneller und moderner äthiopischer Musik, u. a. erhältlich in den Hilton-Shops.

Literatur über Äthiopien ist in Addis Abeba und in einigen NTO-Büros im Lande zu erhalten. Besonders die in Äthiopien hergestellten Publikationen, meist von der ETC, der Tourismuskommission oder der Universität herausgegeben, kann man hier oder in den MEGA-Buchläden erhalten.

Aber auch eine Reihe internationaler Publikationen wissenschaftlicher Art und Bildbände ist in Addis Abeba preiswerter als in Europa zu bekommen, so z. B. im Center of Ethiopian Studies und im University Book Center. Erhältlich sind auch Poster und Plakate von schönen Plätzen und schönen Menschen und eine Reihe von Postkarten.

Auch wenn Sie es nicht lesen können, sollten Sie eine Probe der bemerkenswerten äthiopischen Schriftzeichen mit nach Hause nehmen.

Und natürlich ist äthiopischer **Kaffee** ein typisches Mitbringsel, genauso wie ein Päckchen höllisch scharfer **berberee,** eine Paprika-Gewürzmischung, oder etwas **shiro,** ein aus verschiedenen getrockneten Hülsenfrüchten gemahlenes Pulver zum Kochen einer Sauce.

Wichtig: Haben Sie Schmuck oder etwas gekauft, das eine **Antiquität** sein könnte, sollten Sie sich eine **Expertise** holen, dass dieses Objekt ausgeführt werden darf. Das gilt schon für ein relativ einfaches Silberkreuz; die Zollbehörden sind, durch den rapide ansteigenden Antikendiebstahl sensibilisiert, sehr aufmerksam geworden. Die Expertise bekommt man im **Nationalmuseum** in Addis Abeba: Montags, mittwochs und freitags nachmittags sitzen dort Angestellte, die solche Objekte prüfen und versiegeln. Man sollte Papier mitbringen, in das die Objekte eingewickelt werden können.

Dass es für alle Produkte, die aus exotischen Tieren hergestellt werden (Elfenbein, Krokodilleder etc.), in Europa sehr scharfe Bestimmungen den **Artenschutz** betreffend gibt, sei hier ausdrücklich erwähnt. Man sollte überhaupt die Finger davon lassen. Auch hier wird die Ausfuhr schon überwacht, denn obwohl einige Produkte offiziell verkauft werden, gibt es auch hier einen Graumarkt. Informationen erteilt die **Ethiopian Wildlife Conservation Organization** (Adressen von NTO, ETC und EWCO siehe im Kapitel „Reiserouten und organisierte Reisen“).

Unterkunft und Versorgung

Einfache Unterkünfte

Es mag vielleicht erstaunlich klingen, aber einen Platz zum Übernachten findet sich in Äthiopien immer. Jeder kleine Ort hat mindestens eine Übernachtungsmöglichkeit, die sich „Hotel" nennt. Entlang der Hauptstraße und um den Busbahnhof herum reihen sich diese **Herbergen** abwechselnd mit Restaurants und Teestuben aneinander. Es sind in der Regel **einfache, eingeschossige Lehmbauten,** die entlang eines Hofes oder Ganges eine Reihe kleiner Zimmer mit zwei bis zu sechs Betten haben. Irgendwo gibt es eine Waschgelegenheit und eine Toilette (Plumpsklo). Die Wasserversorgung kann unterbrochen sein, doch das ist nicht nur ein Problem der kleinen Hotels. Mit etwas Glück gibt es dann Wasser aus dem Eimer.

Strom ist ebenfalls Glücksache, die Bettwäsche wird nicht für jeden Reisenden gewechselt, man kann sich ja einen **Schlafsack** oder ein **Laken mitnehmen.** Innerhalb dieses Rahmens gibt es aber eine große Bandbreite. Manche Herbergen starren vor Schmutz, andere sind sehr sauber, haben eventuell sogar ein Waschbecken und eine Dusche im Zimmer (Funktion überprüfen).

Manchmal ist der Hof ein kleiner, angenehm ruhiger und schattiger Garten, in anderen Fällen dagegen ein Parkplatz für die großen LKWs, deren Motoren morgens vor Sonnenaufgang und vor Ihrem Fenster warm laufen müssen.

Verlassen Sie sich auf Ihren Spürsinn und Ihre Nase, dann können Sie nette Übernachtungsplätze finden. In größeren Orten sind diese Herbergen auch zweistöckige, relativ feste Gebäude, in denen oft auch eine Bar zu finden ist. Doch ist die Größe nicht zwangsläufig mit Qualität oder Sauberkeit verbunden. Entlang der Hauptverkehrsstraßen arbeiten in diesen Hotels oft auch **Prostituierte,** das ist in Äthiopien völlig normal. Die Herbergen sind sehr billig (10–20 Birr pro Person/1–5 US$), in größeren Orten meist etwas teurer.

eph81 Foto: ph

Erfrischende Dusche

Diese Herbergen sind vielleicht nicht jedermanns Sache, aber die Hauptprobleme mit Wasser, Strom und Ungeziefer werden Sie auch in anderen Kategorien antreffen.

Hotels

Teurer sind schon Unterkünfte, die im europäischen Sinne als Hotel bezeichnet werden können. Diese festen Gebäude befinden sich in den größeren Städten und bieten Einzel- oder Doppelzimmer mit einer Waschgelegenheit (mindestens ein Waschbecken, oft auch Dusche) an. Hier wird die Bettwäsche regelmäßig gewechselt. Auch gibt es in den Hotels meist ein Restaurant, eine Bar und bewachte Parkplätze.

Die Preise für ein schon sehr ansprechendes Hotelzimmer liegen bei 50–100 Birr/10–20 US$. Relativ bekannt im Süden entlang des Grabenbruchs sind die Hotels der **Bekele-Mola-Kette.** Sie befinden sich in allen beliebten Ausflugsorten der Hauptstädter, in Debre Zeyt, Mojo, Nazaret, Meki, Zway, Shashemene, Moyale, Robit (Bale Mountains), Sodo, Arba Minch und am Langano-See. Zimmer können über die **Zentrale in Addis Abeba** bestellt werden:

- **Bekele Mola Hotels**
P.O. Box 1349, Addis Abeba
Tel. 01/117404/514601, Fax 518223

An erster Stelle der Qualitätseinstufung stehen häufig die **staatlichen Hotels,** die sich um europäischen Standard bemühen (wobei die privaten Hotels im Hinblick auf Service, Essen und Komfort oft weitaus kundenfreundlicher und preiswerter sind). Neben den üblichen Annehmlichkeiten wie Dusche oder Badezimmer, gelegentlich Kühlschrank, Fernseher oder Klimaanlage (wobei die Funktion natürlich immer von der Wasser- und Stromversorgung abhängt) haben diese Hotels Restaurants und Bars. Manche staatlichen Hotels verfügen sogar über eigene Generatoren und Wasserbehälter.

Das Schönste an den staatlichen Hotels ist aber ihre **Lage** und **Ausstattung.** Oft liegen sie an Hängen oberhalb der Stadt, mit phantastischem Panorama, wobei auffällt, wie geschmackvoll und an die Umgebung angepasst diese Hotels angelegt worden sind. Innen sind sie mit kunsthandwerklichen Objekten ausgestattet, so dass oft einfach ein Besuch lohnt, um die Halle, das Restaurant und den schönen Ausblick zu genießen. Nicht immer ist auch das Essen entsprechend gut, nur in den seltensten Fällen gelingt den äthiopischen Köchen eine angemessene Zubereitung europäischer Mahlzeiten.

Die äthiopische Küche ist schmackhafter und auch für Magen und Darm ungefährlicher. Wer das auf Dauer gar nicht mag, kann fast überall auf Spaghetti mit Tomatensauce ausweichen.

In den staatlichen Hotels liegen die Preise für Ausländer bis um das zehnfache höher als für die Äthiopier. Die Preise sind in der Regel in US-Dollar angegeben, können häufig aber auch in Birr zum offiziellen Kurs beglichen werden. Fragen Sie vor Reiseantritt bei den Zentralen der Hotelketten nach und tauschen am besten schon in Addis Abeba, da **Kreditkarten normalerweise**

nicht akzeptiert werden. Die Preise liegen um 10–60 US$, sind aber im Prinzip nach oben offen.

Die staatlichen Hotels gehören zu **vier Hotelketten,** die jeweils bestimmte Landesteile betreuen. Buchungen können in der jeweiligen Zentrale in Addis Abeba vorgenommen werden. Am renommiertesten ist die **Ghion-Gruppe,** die Hotels entlang der „historischen Route" im Norden des Landes besitzt: in Bahir Dar, Gondar, Axum, Mekele, Lalibela, Dessie, Kombolcha.

- **Ghion Hotels**
P.O. Box 1643, Addis Abeba
Tel. 01/513222, Fax 515381

Der Südosten wird von der **Ras-Gruppe** betreut: Hotels in Debre Zeyt, Nazaret, Dire Dawa, Harar, Awash, Asela, Goba.

- **Ras Hotels**
P.O. Box 1632, Addis Abeba
Tel. 01/517060/517063, Fax 517533

Im Süden gibt es Hotels der **Wabe Shebele-Gruppe:** am Langano-See, Awasa, Wondo Genet.

- **Wabe Shebele Hotels**
P.O. Box 3154, Addis Abeba
Tel. 01/517187

Die **Ethiopia-Gruppe** betreut den Südwesten: Hotels in Hagere Hywot/Ambo, Nekemte, Jimma, Weliso, Gambela.

- **Ethiopia Hotels**
P.O. Box 1131, Addis Abeba
Tel. 01/517400

In **Addis Abeba** gibt es außerdem noch das obligate **Hilton** (90–130 US$ pro Nacht) und das vor noch nicht langer Zeit eröffnete, äußerst luxuriöse **Sheraton** (200–4200 US$ pro Nacht).

Da in Äthiopien in den letzten Jahren die Hotels wie Pilze aus dem Boden schießen, ist es in diesem Reiseführer kaum möglich, alle neuesten und besten Unterkunftsplätze aufzulisten, vor allem nicht, was Herbergen und Hotels in den kleineren Ortschaften betrifft. Hier empfiehlt es sich, vor Ort einen Führer nach der besten Unterkunft zu befragen.

Und bitte beachten Sie Folgendes: Bei Überlandfahrten müssen Sie, wenn ein Hotel nicht bereits von Addis Abeba aus reserviert worden ist, **spätestens ab 16 Uhr auf Zimmersuche gehen,** danach sind die meisten Hotels belegt, und es wird außerordentlich beschwerlich, dann noch eine geeignete Unterkunft zu finden.

Camping

Camping empfiehlt sich in Äthiopien **nur in den Nationalparks.** Dort gibt es z. T. schon festgelegte Campingplätze, meist aber ohne jegliche Infrastruktur. Innerhalb der Parks sind Sie **relativ sicher,** nehmen Sie sich aber vor Tieren, insbesondere vor den Affen, in Acht.

Außerhalb der Nationalparks ist das Aufstellen von Zelten nicht so ratsam, da dies erstens für Äthiopier ungewöhnlich ist und Sie kaum Ruhe haben würden, zweitens wären Sie vor Überfällen nicht sicher. Die meisten staatlichen Hotels erlauben aber das Campen in den Höfen gegen eine Gebühr von ca. 10 US$.

Strom und Sanitäreinrichtungen

Die **Stromversorgung** in Äthiopien kann häufig unterbrochen sein, viele Orte haben auch nur zu bestimmten Tageszeiten (meist am Abend) Strom. Außerdem verfügen nur die teuren Hotels über Notaggregate. Aus diesem Grund sollten Sie stets eine gute **Taschenlampe** oder einen Vorrat an Kerzen dabeihaben.

Die **Stromspannung** kann **sehr unterschiedlich** sein, meist 220 V, 50 Hz. Es empfiehlt sich die **Mitnahme eines Adapters.**

Sanitäre Einrichtungen in Äthiopien sind ein Thema für sich: auch die gehobene Preisklasse sichert **keine regelmäßige Wasserversorgung,** das sollten Sie immer einplanen. Einige Hotels können nur morgens und abends für eine Stunde Wasser anbieten, fragen Sie am besten an der Rezeption. Stellen Sie sich darauf ein, dass die gewohnte tägliche Dusche für ein paar Tage ausfallen kann und nur eine „Katzenwäsche" mit dem kleinen Wasserkännchen möglich ist. Auch das **Leitungswasser** ist ohne Desinfektion generell nur als Brauchwasser nutzbar (siehe dazu auch im Kapitel „Gesundheit").

Toiletten sind in Äthiopien in der Regel nur im Stehen zu benutzen, Papier gibt es nur in den seltensten Fällen. Zumindest auf dem Land benutzen die Äthiopier statt Papier entweder ein Wasserkännchen oder die linke Hand (aus diesem Grunde wird nur die rechte Hand zum Essen benutzt). Auch ist das Benutzen von Steinen zur Reinigung des Allerwertesten nicht unüblich. Also entweder üben oder **immer Toilettenpapier dabeihaben,** das in fast jedem Laden erhältlich ist.

Essen und Trinken

In den großen Hotels können Sie im dazugehörigen **Restaurant** eine Auswahl an äthiopischen oder auch europäischen Gerichten bestellen. Dort gibt es sogar auch europäisches Frühstück, das jedoch in den meisten Fällen nur aus Eiergerichten in jeder Form, Toastbrot und Tee oder Kaffee besteht. Da die Äthiopier morgens entweder gar nichts oder nur die traditionelle *injera* zu sich nehmen, kann der Wunsch nach einem deftigen und ausgiebigen Frühstück in kleineren Hotels zu einem Problem werden.

In den größeren Städten erhält man im Restaurant ein Frühstück ab ca. 20 Birr und ein Abendessen ab ca. 30 Birr. Einfache Restaurants oder **Garküchen** gibt es überall, auf dem Schild ist häufig der *mesob,* der traditionelle Korbtisch, gemalt. Die Speisen kommen auf einer großen Platte auf den Tisch, von der alle am Tisch dann gemeinsam essen (zu traditioneller Küche und Getränken siehe im Kapitel „Kultur und Tradition"). An **Fastentagen** gibt es nur fleischlose Gerichte, also auch jeden Mittwoch und Freitag. **Achtung:** nach langen Fastenzeiten und vor großen Festen gibt es auf dem Markt kaum noch Fleisch zu kaufen. Sind Sie Selbstversorger, dann müssen Sie rechtzeitig für Vorräte sorgen. Gegessen wird nur mit der rechten Hand, unmittelbar vor dem Essen wird sich jeder Äthiopier die **Hände waschen.** Bei Einladungen werden ein Wasserkännchen und eine Schüssel herumgereicht, damit der Gast nicht extra aufzustehen braucht.

Manchmal gibt es aber auch in den einfachen Restaurants eine Art italienisches Nudelgericht und Besteck. Zu den traditionellen Mahlzeiten wird es jedoch nie Messer und Gabel geben. Genießen Sie es einfach, mit der Hand zu essen, es ist nur eine Frage der Gewöhnung, die Sie, zurück in Europa, vielleicht noch vermissen werden. In den **Bars** werden Alkohol, Tee, Kaffee und Softdrinks *(laslassa)* wie Cola, Fanta und Sprite angeboten. Da das Leergut teuer ist und jeder Barbesitzer es wie seinen Augapfel hütet, müssen die Flaschen immer an Ort und Stelle ausgetrunken werden. **Konditoreien** im guten alten Sinn sind die *pastry* genannten Geschäfte für alle Sorten Gebäck, in denen Sie auch Kaffee, Tee oder andere Getränke serviert bekommen. Außerdem sind sie neben den Bars beliebte Treffpunkte. Nehmen Sie sich ein bisschen Zeit und genießen Sie die Atmosphäre und den wunderbaren äthiopischen Kaffee *(buna)*.

Supermärkte und große Lebensmittelgeschäfte gibt es nur in den großen Städten, wobei die Versorgung in den letzten Jahren immer besser geworden ist. Vor allem die Geschäfte **in Addis Abeba,** insbesondere in der Bole Road, haben inzwischen ein reichhaltiges Warenangebot. Ansonsten wird alles auf dem **Markt** erstanden, der in jeder kleinen Ortschaft einmal in der Woche abgehalten wird. Das Feilschen ist hier viel weniger verbreitet als im arabischen Orient, Ausländer müssen bei den einfachen Menschen kaum höhere Preise zahlen, wobei diese Aussage jedoch keinesfalls für den großen Mercato in Addis Abeba zutrifft, und schon gar nicht in den Souvenirläden.

Verhalten unterwegs

Einsamkeit oder Ruhe werden sich auf einer Reise durch Äthiopien nur selten einstellen, dessen muss sich jeder Reisende vorher bewusst werden und versuchen, diese Tatsache zu akzeptieren. Besonders, wenn Sie auf öffentlichen Transport und preiswerte Übernachtung angewiesen und den Besuch der bekannten und berühmten Plätze im Programm haben, werden Sie immer im **Mittelpunkt des Interesses** stehen – der Kinder, der Erwachsenen, der Diebe, der Behörden. Selbst auf dem Lande, wo noch im Auto der Eindruck besteht, es gäbe weit und breit nur Bäume, Sträucher und Steppe, scheinen die Menschen wie aus verborgenen Löchern zu springen, sobald der Wagen anhält und Sie vielleicht nur mal kurz nach Luft schnappen oder ein „stilles

Buchtipp:
- Harald A. Friedl, **Respektvoll reisen**
Reise Know-How Praxis

„Örtchen" hinter einem Busch suchen wollten. Deshalb sind Humor und relativ starke Nerven wichtig, um in Äthiopien zu reisen. Andererseits wird man nie ein Problem haben, Gesprächspartner (wenn die Verständigung auch holprig ist) und Helfer zu finden, die einem beim Weiterkommen oder der Suche nach einer Unterkunft unterstützen.

In jedem Ort werden sich **Führer** anbieten. Diese Leute wissen manchmal sehr gut Bescheid, sind freundlich, ungemein hilfsbereit und den ganzen Tag für Sie da. Nur wer sich ganz sicher fühlt oder ein Menschenfeind ist, sollte die Führer ablehnen. Ansonsten sind besonders Oberschüler mit gutem **Englisch** (das nach der Grundschule Unterrichtssprache ist) durchaus empfehlenswert. Sie zeigen einem nicht nur die verschlungenen Pfade zu dieser oder jener Kirche, sondern kennen auch die besten Restaurants und *tedj-bets* (Honigbier-Stuben) und sind überhaupt interessante Gesprächspartner.

Vorsicht ist geboten mit Leuten, die sich aufdrängen und als offizielle Führer ausgeben, ohne sich ausweisen zu können, einem ständig folgen und dann noch Geld haben wollen. Bedenken Sie trotzdem, dass diese Art von Tätigkeit für viele Leute die **einzige Einkommensquelle** ist, vor allem an entlegenen Orten. Es ist viel sinnvoller, für eine gute Dienstleistung Geld zu geben als das vor allem in Touristenorten grassie-

Oromo-Frauen auf dem Markt von Harar

rende Bettlertum zu unterstützen oder gar zu fördern.

Kleine **Trinkgelder** gibt man bei vielen Gelegenheiten, z. B. den Hütern der Sehenswürdigkeiten. Ein „normales" Trinkgeld sollte **nicht mehr als 2 Birr** betragen. Für „touristische Dienstleistungen", die man oft genug gar nicht in Anspruch nehmen wollte, werden irrwitzige Beträge gefordert. Schon mit Rücksicht auf Ihnen folgende Reisende sollten Sie in solchen Fällen gar nichts zahlen. Meist ist es am besten, allen ungebetenen Wegbegleitern zu signalisieren, dass man es für einen Witz hält.

Kinder sind unheimlich niedlich, oft aber in Scharen anzutreffen. Es lohnt gar nicht zu versuchen, ihnen zu entkommen, sie gehören dazu, umschwärmen den exotischen Gast und lärmen je nach Region „You!", „OK!", „Mister!", „Vabini!". Auch hier ist Humor die einzige Rettung, denn entwaffnen kann man die Quälgeister mit gar nichts. Nur selten sind Kinder aggressiv oder werfen mit Steinen, und das auch nur in den Fällen, in denen sie provoziert werden. Es ist dann sinnvoll, umstehende Erwachsene um Hilfe zu bitten. Oft werden Sie um Stifte, Hefte oder Kaugummi gebeten werden. Natürlich freuen sich die Kinder über derartige **Geschenke,** die sie sich nur in den seltensten Fällen leisten können. Bedenken Sie jedoch bitte, dass durch das Verteilen solcher (für uns kleiner) Gaben die Gefahr besteht, auf diese Weise die Kinder zu Bettlern zu erziehen, infolge dessen die nächsten Reisenden noch vehementer um Mitbringsel angegangen werden.

Ein grausiger Aspekt des täglichen Lebens sind die **Bettler,** blinde, lepröse und von anderen schrecklichen Krankheiten entstellte Menschen, auch viele Kriegsopfer. Vor allem in der Hauptstadt sind sie an jeder Kreuzung zu finden. Sie singen eine monotone Bitte, schnalzen mit der Zunge und klappern mit ein paar erbettelten Münzen. Sie sollten immer ein paar Centmünzen in der Tasche haben, denn es wird einfach von wohlhabenden Menschen erwartet, dass sie die Armen unterstützen. Sowohl das äthiopische Christentum wie auch der Islam halten die Gabe von Almosen an Bedürftige für eine religiöse Pflicht, daher sind **an religiösen Plätzen** und an **Festtagen** besonders viele gebrechliche Bettler rund um die Kirchen versammelt. An den Kirchenmauern schlagen sie auch oft ihre ärmlichen Zelte aus alten Plastikfolien oder anderen gesammelten Resten auf, niemand wird sie dort verscheuchen. Wer in der Hauptstadt kein Geld, vor allem nicht an Straßenkinder, verteilen will, kann bei der **Hilfsorganisation Hope Enterprise** an der Churchill Road **Coupons für eine Mahlzeit** kaufen und diese dann verschenken. Auf diese Weise können Sie einigermaßen sicher sein, dass Ihr Geld an den Bedürftigen und vor allem in den richtigen Magen gelangt, denn die meisten Bettler oder Straßenkinder dürfen das Gesammelte keineswegs behalten, sondern müssen es bei der Familie abgeben.

Das heißt jedoch nicht, dass Sie nicht einen Satz **kleinerer Geschenke für Freunde und Bekannte** dabeihaben sollen. Werden Sie eingeladen oder möchten jemandem etwas Gutes tun, so können Sie zum Beispiel Schülern mit Stiften und Heften eine nützliche Freude machen, Taschenmesser oder Flaschenöffner gefallen den Männern, und jede Form von Kosmetik, Tüchern oder anderen Mitbringseln erfreut die Frauen. Man kann außerdem ruhig ein paar Postkarten vom Heimatort und Fotos der eigenen Familie mitnehmen, damit sich jeder beim Erzählen auch etwas darunter vorstellen kann.

Bei vielen **so genannten Alternativtouristen** ist eine Ausnutzung der Gastfreundschaft der einheimischen Bevölkerung zu beobachten, d. h. sie leben mehr oder weniger auf Kosten der Gastgeber, obwohl diese selbst oft Versorgungsnot haben. Bedenken Sie dies stets, bewegen Sie sich nicht auf dieser Ebene des Schmarotzertums und seien Sie entsprechend maßvoll, wenn Sie eine Einladung angenommen haben.

Versicherungen

Egal, welche Versicherungen man abschließt, hier ein Tipp: Für alle abgeschlossenen Versicherungen sollte man die **Notfallnummern notieren** und mit der Policenummer gut aufheben! Bei Eintreten eines Notfalles sollte die Versicherungsgesellschaft sofort telefonisch verständigt werden!

Zum Thema **Auslandskrankenversicherung** siehe Kapitel „Gesundheit".

Ob es sich lohnt, eine Reiserücktritts-, Reisegepäck-, Reisehaftpflicht- oder Reiseunfallversicherung abzuschließen, ist individuell abzuklären. Gerade diese Versicherungen enthalten viele Ausschlussklauseln, so dass sie nicht immer Sinn machen.

Die **Reiserücktrittsversicherung** für 35–80 Euro lohnt sich nur für teure Reisen und für den Fall, dass man vor der Abreise einen schweren Unfall hat, schwer erkrankt, schwanger wird, gekündigt wird oder nach Arbeitslosigkeit einen neuen Arbeitsplatz bekommt, die Wohnung abgebrannt ist u. Ä. Nicht gelten hingegen: Terroranschlag, Streik, Naturkatastrophe etc.

Die **Reisegepäckversicherung** lohnt sich seltener, da z. B. bei Flugreisen verlorenes Gepäck oft nur nach Kilopreis und auch sonst nur der Zeitwert nach Vorlage der Rechnung ersetzt wird. Wurde eine Wertsache nicht im Safe aufbewahrt, gibt es bei Diebstahl auch keinen Ersatz. Kameraausrüstung und Laptop dürfen beim Flug nicht als Gepäck aufgegeben worden sein. Gepäck im unbeaufsichtigt abgestellten Fahrzeug ist ebenfalls nicht versichert. Die Liste der Ausschlussgründe ist endlos ... Überdies deckt häufig die Hausratsversicherung schon Einbruch, Raub und Beschädigung von Eigentum auch im Ausland. Für den Fall, dass etwas passiert ist, muss der Versicherung als Schadensnachweis ein Polizeiprotokoll vorgelegt werden.

Eine Privathaftpflichtversicherung hat man in der Regel schon. Hat man eine Unfallversicherung, sollte man prüfen, ob diese im Falle plötzlicher Arbeitsunfähigkeit aufgrund eines Unfalls im Urlaub zahlt.

600ae Foto: ph

Zeitrechnung

Tageszeit

Die äthiopische Zeit liegt **2 Stunden vor** der Mitteleuropäischen Zeit **(MEZ)** (im Sommer nur 1 Stunde).

Achtung: Die Angaben in europäischer Zeit gelten nur für Addis Abeba und Eritrea. Sollten Sie innerhalb Äthiopiens auf andere Zeitangaben stoßen, dann werfen Sie bitte nicht gleich Ihre Uhr weg: die **äthiopische Zeit** wird anders gerechnet: Der Tag beginnt bei Sonnenaufgang (6 Uhr europäischer Zeit) und hat zwölf Stunden, die Nacht (Beginn: 18 Uhr europäischer Zeit) hat ebenfalls zwölf Stunden. Also: 7 Uhr europäischer Zeit ist 1 Uhr äthiopischer Zeit; 12 Uhr europäischer Zeit ist 6 Uhr äthiopischer Zeit usw. Bei fast immerwährender Tag- und Nachtgleiche ist diese Einteilung auch sehr logisch. Das mag etwas ungewohnt sein, doch im Laufe der Zeit kann man sich darauf einstellen. Wichtig ist vor allem, mit dem Gesprächspartner bei Terminabsprachen immer zu klären, nach welcher Zeitrechnung sie/er vorgeht; dies erspart eine Menge Missverständnisse und verpasste Rendezvous.

Bauern genießen die wärmende Sonne am frühen Morgen im Hochgebirge

Kalender

In Äthiopien gilt der **julianische Kalender,** die Jahreszahl liegt sieben bzw. acht Jahre hinter dem Jahr des gregorianischen Kalenders zurück, abhängig davon, ob das neue äthiopische Jahr (am 11.09.) schon begonnen hat oder nicht (in Europa gilt seit 1582 der gregorianische Kalender nach der Reform Papst Gregors XII.). Auch die kirchlichen Festtage folgen dem julianischen Kalender. Das Jahr wird dabei in **zwölf Monate à 30 Tage plus einen dreizehnten Monat mit fünf bis sechs Tagen** eingeteilt. Die Zeitrechnung führt man auf den altägyptischen Kalender zurück, aus dem der koptische hervorgegangen ist. Ob der 13. Monat fünf oder sechs Tage hat, hängt davon ab, ob Schaltjahr ist oder nicht. Die Äthiopier können mithin unbesorgt und völlig richtig mit ihrem Slogan „13 months of sunshine" werben. In Äthiopien hat daher auch die Millenniumsfeier zum Jahr 2000 erst am 11. September 2007 stattgefunden.

Äthiopische Monate

- **meskerem** (11.09.–10.10.)
- **tikemt** (11.10.–09.11.)
- **hedar** (10.11.–09.12.)
- **tahsas** (10.12.–08.01.)
- **ter** (09.01.–07.02.)
- **yekatit** (08.02.–09.03.)
- **megabit** (10.03.–08.04.)
- **miyazya** (09.04.–08.05.)
- **genbot** (09.05.–07.06.)
- **senee** (08.06.–07.07.)
- **hamlee** (08.07.–06.08.)
- **nehase** (07.08.–05.09.)
- **pagumen** (06.09.–10./11.09.)

Zoll, Ein- und Ausfuhrbestimmungen

Bestimmungen für Äthiopien

Neben den persönlichen Sachen wie Kleidung, Sportausrüstung, Toilettenartikel etc. können Fotoapparate, Videokameras, Kofferradios, Laptops bzw. Notebooks u. ä. zollfrei mitgeführt werden. Diese werden neuerdings nicht mehr in den Pass, sondern in ein Devisenformular eingetragen.

Volljährigen Personen ist es außerdem gestattet zollfrei nach Äthiopien einzuführen: 1 Liter Alkohol (Wein, Spirituosen), ½ Liter Parfüm, 250 g Tabak bzw. 200 Zigaretten oder 50 Zigarren.

Privatfahrzeuge werden nicht in den Pass, sondern in ein Dokument für die temporäre Einfuhr eingetragen. Das *Carnet de Passage* dient nur noch als Vorlage.

Für die **Mitnahme von Tieren** ist eine Einfuhrgenehmigung des Ministry of Agriculture in Addis Abeba erforderlich, die Mitnahme von Sport- und Jagdwaffen bedarf ebenfalls einer speziellen Genehmigung. Nähere Informationen dazu erteilt die äthiopische Botschaft.

Ausländische Devisen – mit Ausnahme des eritreischen Nakfa – dürfen in unbegrenzter Menge eingeführt werden. Bei der Einreise müssen nur Summen über 3000 US$ deklariert werden. Kreditkarten werden bei längerem Aufenthalt als Zeichen der Liquidität akzeptiert. Bei der Ausreise ist das Geld entsprechend des vorgelegten Deklarationsformulars sowie der offiziellen Umtauschbelege nachzuweisen (unbedingt aufheben!). Äthiopische Birr dürfen weder ein- noch ausgeführt werden.

Geschenke und Souvenirs dürfen bis zu einem Gegenwert von ca. 500 Birr ausgeführt werden. Für die **Ausfuhr** von Antiquitäten und Produkten aus Wildtieren sind allerdings entsprechende Genehmigungen oder Expertisen der zuständigen Behörden vorzulegen (siehe Kapitel „Souvenirs“).

Einfuhrbestimmungen für Europa

Bei der Rückkehr gibt es auch auf europäischer Seite Freigrenzen, Verbote und Einschränkungen, die man beachten sollte, um eine böse Überraschung am Zoll zu vermeiden.

In **Länder der Europäischen Union** wie Deutschland und Österreich darf man folgende **Freimengen** einführen: über 17-Jährige 200 Zigaretten, 100 Zigarillos, 50 Zigarren oder 250 g Tabak; 1 Liter Spirituosen (über 22% Vol.), 2 Liter Alkoholisches (bis 22% Vol.); über 15-Jährige 500 g Kaffee (Österreich auch 100 g Tee); ohne Altersbeschränkung 50 ml Parfüm und

601ae Foto: ph

0,25 Liter Eau de Toilette sowie Waren bis zu 175 Euro.

In die **Schweiz** dürfen pro Person lediglich 200 Zigaretten, 50 Zigarren oder 250 g Pfeifentabak sowie 2 Liter (bis 15% Vol.) und 1 Liter (über 15% Vol.) an Alkohol eingefüht werden. Andere neuangeschaffte Privatwaren sind bis zu einem Gesamtwert von 300 SFr. pro Person abgabenfrei.

Wird der Warenwert von 175 Euro bzw. 300 SFr. überschritten, sind **Einfuhrabgaben** auf den Gesamtwert der Ware zu zahlen und nicht nur auf den die Freigrenze übersteigenden Anteil. Die Berechnung erfolgt entweder pauschalisiert oder nach dem Zolltarif jeder einzelnen Ware zuzüglich sonstigen Steuern.

Einfuhrbeschränkungen bestehen **in Deutschland** für Tiere, Pflanzen, Arzneimittel, Betäubungsmittel, Feuerwerkskörper, Lebensmittel, Raubkopien, verfassungswidrige Schriften, Pornografie, Waffen und Munition; **in Österreich** für Rohgold, Tiere, Pflanzen, Lebensmittel, Arzneimittel und Waffen; **in der Schweiz** für Pflanzen, Lebensmittel, Waffen, Tiere, CB-Funkgeräte etc.

Junge Diakonschüler im Norden Äthiopiens

Nähere Infos gibt es für Deutschland unter www.zoll-d.de oder beim Zoll-Infocenter, Tel. 069/469976-00; für Österreich unter www.bmf.gv.at oder beim Zollamt Villach, Tel. 04242/33233; für die Schweiz unter www.zoll.admin.ch oder bei der Zollkreisdirektion in Basel, Tel. 061/2871111.

Eth02_05 Foto: ph

Land und Leute

Eth02_13 Foto: ph

Eth02_03 Foto: ph

Markt in Tigray zu Zeiten einer Dürre

Zebras auf dem Tschau Bahir, dem „Lake Stephanie“

Kirchenneubau in Amhara

Geografie

Aufbau und Entstehung

Äthiopien wird nicht zu Unrecht das **„Dach Afrikas"** genannt. Etwa die Hälfte des Landes liegt über 1200 m über dem Meeresspiegel, ein Viertel sogar über 2000 m. Die **höchste Erhebung,** der **Ras Dashen,** erreicht **4620 m.** Tiefe Täler zerteilen das große Land, das eine unglaubliche Vielfalt an landschaftlichen Formen aufweist, vom Hochgebirge mit alpiner Fauna und Flora bis zur Savanne mit Elefanten und Giraffen, vom tropischen Urwald bis zur öden Salzsteppe. Äthiopien liegt in Afrika mit 1.097.000 km^2 an zehnter Stelle, was die Ausdehnung betrifft; das Land ist etwa dreimal so groß wie Deutschland. Die Hochlandkante bildet im Westen ziemlich genau die Grenze zum Sudan, nur im Süden gehört ein Teil der sumpfigen Niederungen des südsudanesischen Sudd zu Äthiopien. Die Grenze zum südlich gelegenen Kenia beginnt an Nordufer des Turkana-Sees und folgt dann wieder der Kante des Hochlandes. Auf dem diplomatischen Kartentisch wurden die schnurgeraden Grenzen zu Somalia im Südosten und Osten gezogen.

Im Norden und Nordosten grenzt Äthiopien an Eritrea, hier geht die Grenzziehung entlang des Mereb im Hochland und in der Danakil-Ebene auf die Ausdehnung der ehemaligen italienischen Kolonie zurück. Zwischen Eritrea und Somalia liegt im Norden Djibouti, die ehemalige französische Kolonie am **„Tor der Tränen".** Der so definierte, etwa dreieckige Staat liegt zwischen 33° und 48° östlicher Länge und 3° bis 18° nördlicher Breite.

Äthiopien verdankt seine einmalige Physis **magmatischen Prozessen** im Erdinneren, die im Oligozän und Miozän, vor 40 bis 20 Millionen Jahren, zum Austritt einer 2000 m bis 4000 m dicken Lavaschicht in diesem Gebiet führten. Eines der wichtigen Eruptionszentren befindet sich im Simien-Gebirge. Oberhalb und östlich vom kristallinen Grundgebirge liegen Ablagerungen von Kalk- und Sandsteinen aus dem Jura, die besonders die **Somaliplatte** bilden. Die anschließende Erosion formte die heutige, zerklüftete und vielgestaltige Oberfläche. Große, isoliert stehende Tafelberge und Hochplateaus *(amba)* sind ein charakteristisches Produkt dieser Abtragungsprozesse, ebenso wie die tief eingeschnittenen Flusstäler, z. B. des Abay (Blauer Nil) und des Tekezze.

Zum Ende der Akkumulationsphase brach der Lavastock aufgrund der **Kontinentalbewegung** auseinander. Es bildete sich der große **Afrikanische Graben (Great Rift Valley),** der vom Roten Meer bis Mosambik Afrika auf über 6000 km Länge durchzieht. Zu beiden Seiten des Grabens blieben die magmatischen Stümpfe bestehen, der schroffe Abfall vom Hochland bis zum Graben beträgt manchmal 2000 m. Der

Die Fälle des Blauen Nil, als das Wasser noch nicht zu einem Kraftwerk abgezweigt wurde

sich nach Norden öffnende Riss ist noch heute eine seismisch hochsensible Zone und erweitert sich jährlich um Zentimeter. Erdstöße und Vulkanausbrüche treten immer wieder auf, im Norden bricht Schwefel bis an die Erdoberfläche. Zum größten Teil liegt die Sohle des Grabenbruchs 1800 m bis 1200 m über dem Meeresspiegel, in der Ebene der **Danakil-Depression** sinkt der Graben aber bis über 100 m unter Meereshöhe ab. Dieser Teil war lange Zeit vom Meer überschwemmt und wurde erst durch vulkanische Verwerfungen wieder vom indischen Ozean getrennt. Das eingeschlossene Meerwasser begann auszutrocknen, das Resultat sind noch einige salzige Restseen an der Grenze zu Djibouti und eine mehrere Meter dicke Salzkruste. Weiter im Süden haben sich im Grabenbruch große **Seen** gebildet. Es sind Reste einer aus der Periode der europäischen Eiszeit stammenden Seenwelt, die durch damals extrem hohe Niederschläge gebildet wurde. Einige der Seen liegen in den Kratern erloschener Vulkane. Der **größte See des Hochlandes,** der **Tana-See,** hat sich in einem Becken gebildet, in das die Abflüsse der umliegenden Berge geleitet werden. An den Fällen des Abay befindet sich die Überlaufstelle dieses Hochlandreservoirs, das über den Abay in den Nil abfließt.

Regionale Gliederung

Das **nördliche Hochland (Amhara-Hochland)** gliedert sich in ausgedehnte Hochplateaus, geprägt durch **Tafelber-**

efi_071 Foto: mf

Äthiopien auf einen Blick

Staatsname
Demokratische Bundesrepublik Äthiopien
amh. *Ityopia Federalawi Demoskrasiyawi Ripeblik*

Staatsform
Bis 1974 absolute Monarchie unter Kaiser *Haile Selassie,* 1975–1987 regierte ein Revolutionsrat (Mengistu-Regime). ERPDF-Übergangsregierung mit Präsidenten ab dem Umsturz 1991. Im Dezember 1994 Inkrafttreten der Verfassung, seitdem ist Äthiopien eine föderative Republik. Landes- und Regionalwahlen zuletzt 2005; Wahl des Staatpräsidenten durch die Volksvertretung für eine sechsjährige Amtszeit.

Staatsoberhäupter
Staatspräsident *Lt. Girma Wolde Giorgis* (2001 bis heute/2007)
Ministerpräsident *Meles Zenawi* (seit 1995, wiedergewählt 2001 und 2005)

Landesfarben
Grün, Gelb, Rot. Die Farben wurden schon zur Zeit Kaiser *Menelik II.* (1889–1913) geführt. Moderne Interpretation: Grün = Fruchtbarkeit des Landes, Gelb = religiöse Freiheit, Rot = Blut der für die nationale Einheit Gefallenen.

Staatssprache
Amtssprache Amharisch, Handelssprache Englisch

Hauptstadt
Addis Abeba (3–4 Millionen Einwohner, je nach statistischer Abgrenzung)

Verwaltungsgliederung
Nachdem das Land zunächst in 14, an historischen Grenzen orientierte Provinzen aufgeteilt war, wurden daraus 32 eigenständige Verwaltungseinheiten. 1991 wurde das Land in 14 nach ethnischen Gesichtspunkten gebildete Regionen eingeteilt.

Lage und Grenzen
Äthiopien liegt zwischen 33° und 48° östlicher Länge sowie zwischen 3° und 18° nördlicher Breite. Das Land grenzt im (Süd)Westen an den Sudan (1006 km, im Süden an Kenia (830 km), im (Süd)Osten an Somalia (1626 km), im Nordosten an Djibouti (337 km) und im Norden (seit 1993) an Eritrea (912 km).

Höchster und tiefster Punkt
Ras Dashen Terara: 4620 m; Danakil-Depression: -150 m

Fläche
Äthiopien besitzt eine Gesamtfläche von 1.097.000 km², davon 12% Ackerfläche (tatsächlich genutzt 6%), 1% zum Anbau von Dauerkulturen, 40% Weideland. 5% sind geschützte Forstflächen, 18% Buschland und 22% Flächen anderer Nutzung.

Gesamtbevölkerung
1994 (Zensus): etwa 49 Millionen, davon 0 bis unter 15 Jahre: 43%; 15 bis unter 65 Jahre: 54%; über 65 Jahre: 3%; die geschätzte Bevölkerung im Jahr 2007 betrug etwa 77 Millionen Menschen; 2015 werden es nach Schätzungen der UN (UNHDR 2006) und der CSA wahrscheinlich 94 Millionen sein.

Bevölkerungsdichte
1984: 35 Ew/km² (1984); 1994: 49 Ew/km²; 2004: ca. 70 Ew/km²; die Bevölkerungsdichte variiert zwischen etwa 5000 Ew/km² in Addis Abeba und 10 bis 12 Ew/km² in Gambela und Beni Shangul.

Bevölkerungswachstum
Jährlich zwischen 2% und 3%

Lebenserwartung
48 Jahre; Kindersterblichkeit: 110 Tot- auf 1000 Lebendgeburten

Volksgruppenzugehörigkeit
Oromo: 35%; Amharen: 33%; Tigray: 7%; andere: 25%

Religionszugehörigkeit
Orthodoxe Christen: ca. 35–40%
Muslime: 40–45%
Protestanten: ca. 10%
Katholiken: ca. 1%
Traditionelle Religionen: 5%
Andere: 1%

Analphabetenrate
Etwa 64%; bei Männern: 54%, bei Frauen: 75%

Arbeitsmarkt
Beschäftigte (2004) im Agrarsektor: 80%; Staat und Dienstleistungssektor: 12%; Industrie- und Bergbausektor: 8%; Arbeitslosenquote etwa 40%

Landeswährung (Stand August 2007)
Birr (ETB) zu 100 Cents; 1 US$ = 9,213 ETB, 1 Euro = 12,540 ETB, 1 SFr = 7,639 ETB

Wichtigste Exportgüter
Kaffee (60% der Exporterlöse), gefolgt von Häuten und Ledererzeugnissen

Entwicklungsstand
Äthiopien zählt zu den Entwicklungsländerkategorien der Most Seriously Affected Countries (MSAC) und Least Developed Countries (LDC), es nimmt in der Armutsskala Platz 170 von 177 ein (UNDP Human Development Index, 2006)

ge, und tiefe **Taleinschnitte.** Ein interessanter Unterschied ist in diesem Zusammenhang z. B. zur Schweiz festzuhalten, mit der Äthiopien gelegentlich verglichen wird: Während sich im europäischen Hochgebirge die Bevölkerung auf die Täler konzentriert und die (steilen) Hochflächen Besiedlung und auch Kommunikation verhindern, ist es in Äthiopien genau umgekehrt: Die Hochplateaus sind Siedlungsflächen, die Täler zerteilen das Land und verhin-

dern an vielen Stellen die Kommunikation. Die tiefen Taleinschnitte sind meist von Flüssen geschaffen, die die wesentlichen Regionen geografisch und dadurch oft genug auch kulturell voneinander weitgehend isolieren.

Der nördliche Teil des Hochlandes wird durch den **Abay (Blauer Nil)** nach Süden abgeschlossen. Das Gebiet, das von diesem aus dem Tana-See gespeisten Fluss umfasst wird, ist die historische **Provinz Gojam.** Die dem Abay im Südosten vorgelagerte Provinz ist die historische **Provinz Shoa.** Sie erstreckt sich bis in die Tiefebene des Grabenbruches.

Östlich und nördlich des Tana-See schließen sich die **Provinzen Begemder und Simien** (Gondar) an. Ihnen nach Osten vorgelagert ist ein zerklüftetes Bergland, das die alten **Provinzen Lasta und Wag** (Wollo) umfasst. Es wird durch den Steilabfall in die Danakil-Tiefebene begrenzt.

Die **Provinz Gondar** wird im Norden und Osten vom Fluss Tekezze abgeschlossen. Das im Norden liegende Gebiet ist **Tigray,** welches seinerseits im Norden durch den Mereb (der im Sudan als Gash weiterfließt) von Eritrea getrennt ist.

Diese Gebiete, deren Bezeichnungen in der Vergangenheit auch öfters wechselten, bilden zugleich die **Kernprovinzen des christlichen äthiopischen Reiches,** einer Art natürlichen Festung, die von den sie umgebenden Gebieten aus nur schwer zu erreichen ist.

Der **südliche Teil des Hochlandes** (Kaffa-Hochland) umfasst die Region zwischen den Flüssen Abay und Gibe (der an seinem Unterlauf Omo genannt wird), das Gebiet der ehemaligen **Provinz Welaga.** Südlich schließt, vom Gibe/Omo umflossen, die alte **Provinz Kaffa** an. Im Südwesten liegt die geografisch schon zur Landschaft des Südsudan und dem ausgedehnten Flusssystem des Weißen Nil gehörende **Provinz Illubabor** am Fuße des Hochlandmassivs.

Das äthiopische Hochland wird durch den afrikanischen **Grabenbruch** in einen östlichen und einen westlichen Teil gespalten. In diesem Grabenbruch setzt sich die Kette der ostafrikanischen Seen fort. Im Norden des Grabens fließt der Awash und verläuft sich in der Danakil-Tiefebene, die bis 100 m unter den Meeresspiegel absinkt. Westlich der Danakil-Tiefebene schließt sich der Teil der Provinz Shoa an, der im Grabenbruch liegt, ein Gebiet alter muslimischer Königreiche (Ifat, Fetegar, Hayda).

Ganz im Süden, zwischen der Seenlandschaft und dem Omo, liegt die Provinz Gamu-Gofa. Die östlich davon liegende Provinz Sidamo erstreckt sich über den Grabenbruch und Teile des östlichen Hochlandes.

Der **östliche Teil des äthiopischen Hochlandes** besteht im Norden aus der Hochfläche um **Harar.** Nach Süden schließen sich die Hochflächen der **Provinzen Arsi und Bale** an. Den größten Teil Ostäthiopiens bildet die sanft nach Südosten abfallende Somaliplatte, die in der Ebene des **Ogaden** nach Osten ausläuft. Die Flusssysteme des Wabi Shebele und des Juba entwässern die Somaliplatte in Richtung Südosten.

Klima

Äthiopien liegt makroklimatisch in der tropischen Monsunzone. Die Besonderheiten der Geografie des Landes sind aber die Ursache dafür, dass man in Äthiopien ganz verschiedene Klimazonen und eine daraus direkt oder indirekt resultierende wirtschaftliche Differenzierung vorfindet. Grob können drei solcher Zonen unterschieden werden: das **Hochland,** eine Zone mit relativ ausgiebigen Niederschlägen und gemäßigten Temperaturen; das **Gebiet des Grabenbruchs** mit teilweise sehr hohen Temperaturen und nur vereinzelten Niederschlägen; die Zone der **Savanne** und **Halbwüste** im Südosten und im Bereich der Danakil-Depression, in der die höchsten Temperaturen der Erde (50–60°C) gemessen werden, mit praktisch keinen Niederschlägen.

In den Höhenlagen des Hochlandes fallen genügend Niederschläge für den Regenfeldbau (1000 mm/Jahr). Besonders begünstigt ist das südliche und westliche Hochland, wo bis zu 3000 mm/Jahr Regen fallen. **Regenzeit** sind die Monate Juni bis September, in weiten Teilen des Landes kommt dazu noch die **kleine Regenzeit** von März bis Mai. Im nördlichen Teil ist der Regen jedoch unregelmäßig, so dass es dort zu verheerenden **Dürrekatastrophen** kommen kann. Im Küstengebiet des Roten Meeres ist der Niederschlag vom **Monsun** abhängig und fällt in den (europäischen) Wintermonaten. Im äußersten Südosten Äthiopiens fallen die Niederschläge im Frühjahr und Herbst.

In diesen Zonen gibt es die verschiedensten **Wirtschaftsformen:** In den Höhenlagen wird vor allem Landwirtschaft mit einer begrenzten Viehhaltung betrieben; in den Savannen im südlichen Grabenbruch und der Somaliplatte ist nomadisierende Viehzucht mit nur temporärem Feldbau vorherrschend, im äußersten Südwesten werden gemischte Wirtschaftsformen aus Sammeln, Jagen, Feldbau auf kleinen Flächen und Kleintierhaltung betrieben.

Flora und Fauna

Die **physisch-geografische Struktur** Äthiopiens lässt das Land in eine Reihe von relativ fest abgegrenzten Lebensräumen zerfallen. Die Isolation dieser Gebiete durch die Höhenlagen bzw. die Abschirmung durch umliegende Berge haben dazu geführt, dass die äthiopische Flora und Fauna ungewöhnlich reich an **endemischen,** d. h. nur hier vorkommenden **Spezies** ist. Laut Statistik gibt es in Äthiopien 242 beschriebene Arten von Landsäugetieren, von denen 28 endemisch sind, sowie 857 Vogelarten, mit ebenfalls 28 nur hier anzutreffenden. Sieben Arten sind vom Aussterben bedroht. Die wesentlichen Lebensräume sind das **Hochland,** die Landschaft des **Grabenbruchs** mit seinen Seen und das **Tiefland** sowie die **Savannen** der Randgebiete im Süden und Osten. Der in der Provinz Illubabor im Südwesten liegende Bereich gehört zur südsudanesischen Nilebene. Die Danakil-Tiefebene

eph94 Foto: ph

hat teilweise savannenartigen Charakter, ist zum großen Teil aber auch Wüste und Salzwüste.

Zwölf Nationalparks und Schutzgebiete bilden die wichtigsten Ökotope zur Erhaltung der einzigartigen Tier- und Pflanzenwelt Äthiopiens.

Allerdings sind die Parks und Schutzgebiete infolge der Bürgerkriege in keinem guten Zustand und müssen erst wieder aufgebaut werden. Zwei Nationalparks, der Simien und der Bale Nationalpark, sind Schutzgebiete für die typische Hochlandfauna, darunter der **Simien-Fuchs** (eine Schakalart), der **Walia-Steinbock** *(Walia ibex)*, **Dshedala-Affen** und das erst 1919 beschriebenen **Berg-Nyala** (eine Antilopenart), die alle in Äthiopien endemisch sind. Sieben der Parks liegen im Grabenbruch bzw. an dessen Rändern: Der Yangudi Rasa Nationalpark und der Awash Nationalpark schützen die Fauna des nordöstlichen Grabenbruches, darunter den **wilden Esel** und eine Vielzahl von **Gazellen- und Antilopenarten, Zebras, Leoparden** u. v. m. Der Nationalpark Abiatta-Shalla ist ein Schutzgebiet für die Vogelwelt der Seen des Grabenbruches, darunter **Flamingos** und **Pelikane,** sowie die durchziehenden **Zugvögel.** Im Nechisar Nationalpark am Abaya-See wird sowohl die Fauna der Seen, darunter **Krokodile** und **Nilpferde,** als auch die der umliegenden Gebiete bewahrt. Ein besonderes Schutzgebiet wurde nördlich von Awasa bei Senkelle für die sehr selten gewordene, und leider gerade in den letzten Tagen des Bürgerkrieges dezimierte **Kuhantilope** *(Swayne's Hartbeest)* eingerichtet.

Die beiden Nationalparks am Unterlauf des Omo, Omo und Mago Nationalpark, sollen die verbliebene typische afrikanische Savannenfauna, **Elefanten, Nashörner, Giraffen, Zebras, Löwen, Leoparden, Antilopen** u. a. schützen.

Simien-Fuchs auf der Flucht

Drei Parks liegen in den Randgebieten des Hochlandes: das Babile Elephant Sanctuary südlich Harar soll die Reste eine Population äthiopischer **Steppenelefanten** retten, das Yabelo Wildlife Sanctuary in der Provinz Sidamo schützt die Tierwelt der Somaliplatte, der Gambela Nationalpark die Flora und Fauna der Gras- und Sumpflandschaft im Umfeld des Weißen Nils an der Grenze zum Südsudan.

Ganz Äthiopien, v. a. aber das Hochland (Wayna Dega), ist Lebensraum der schwarz-weißen **Gureza-Affen.**

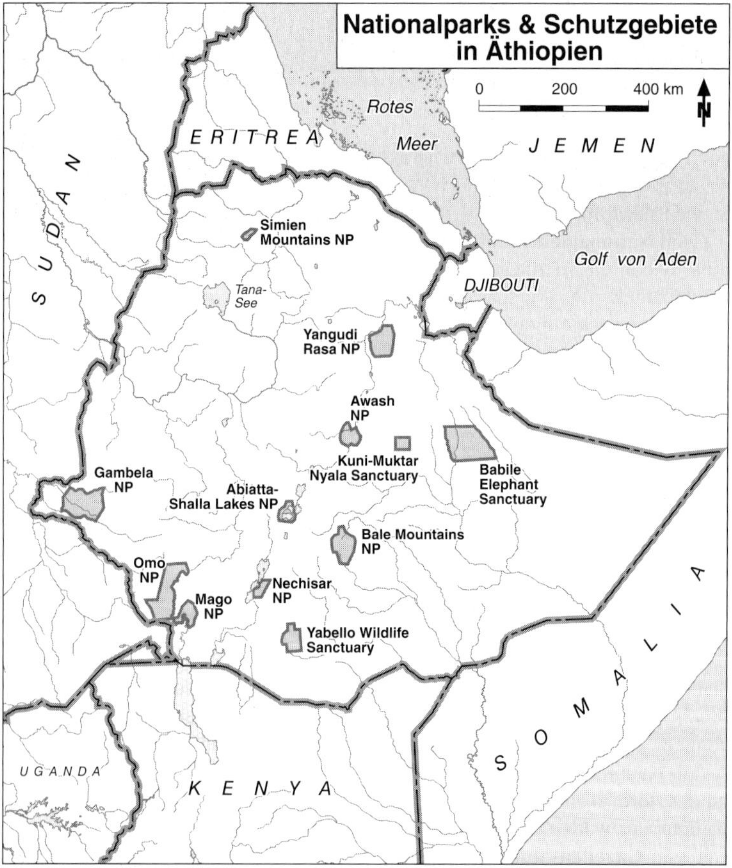

Der ursprüngliche **Baumbestand** des Hochlandes hat durch menschliche Eingriffe (Brandrodung, Holzeinschlag) sehr gelitten. Nur im Süden und Südwesten sind natürliche Walder erhalten. Typische Bäume sind Juniperus (Wacholder) und Hagenia (amh.: *kosso*).

Weitere charakteristische Pflanzen sind die großen Feigenbäume, die Sykomore, der Affenbrotbaum oder Baobab und die Kandelaber-Euphorbien (ein kaktusartiges Wolfsmilchgewächs). In den trockeneren Zonen herrscht eine **Steppenflora** aus Akazien, Tamarisken und Feigenbäumen vor. Die Höhenlagen besitzen eine Vielzahl an Blumenarten, am bekanntesten ist die gelbe Masqal-Blume (amh.: *ade abeba*), die im äthiopischen „Frühling" im September, zur Zeit des Masqal-Festes, blüht.

Informationen über die **Fauna und Flora** Äthiopiens erteilen:

- **National Herbarium, Addis Abeba, University**
  P.O. Box 3434, Addis Abeba, Tel. 114323
- **Department of Natural Resources**
  Bole Road, P.O. Box 386, Addis Abeba, Tel. 515970
- **Ethiopian Wildlife Conservation Organization (EWCO)**
  P.O. Box 386, Addis Abeba, Tel. 514189 (Masqal Square, Gebäude neben Mobil-Tankstelle, Büro im 5. Stock)

Nationalpark-Informationen erhält man bei:

- **Ethiopian Tourism Commission**
  P.O. Box 2183, Addis Abeba, Tel. 517470

Endemische Distelart Echinops echinocola mit z. T. kindskopfgroßen Blüten

Wirtschaft

80% der Bevölkerung leben von der Landwirtschaft, deren Entwicklungsniveau als sehr niedrig einzustufen ist, 57% des Bruttoinlandsprodukts werden in diesem Sektor erwirtschaftet und 60% der Exporterlöse kommen von einem landwirtschaftlichen Produkt: Kaffee. Es herrscht **Subsistenzwirtschaft** vor, d. h., es wird ausschließlich für den eigenen Verbrauch und kaum für einen Markt produziert. Dadurch werden auch im nationalen Rahmen kaum Überschüsse erzeugt, und die Vorratswirtschaft ist unterentwickelt. Bei länger anhaltenden Dürreperioden hat das dramatische Folgen.

Es ist für die äthiopische Wirtschaftsweise bezeichnend, dass sich **Städte** im eigentlichen Sinne nicht herausbildeten. Harar und Gondar sind die einzigen großen Siedlungen bis in unser Jahrhundert geblieben, und beide stellten Ausnahmen dar; Harar als Umschlagplatz im Handel zwischen Ostafrika und den Anrainern des indischen Ozeans, Gondar als Residenz.

Der **extensive Anbau** und die Vermeidung von Tallagen (Malariagefahr) führen dazu, dass statt der ausgewiesenen 12% Anbauflächen tatsächlich nur 6% bestellt werden. Theoretisch wären bis zu 69% des Landes landwirtschaftlich nutzbar.

Wichtigstes Exportprodukt Äthiopiens ist **Kaffee.** Die teilweise exzellente

efi_098 Foto: mf

Qualität des Kaffees wird dadurch bestimmt, dass in vielen Gebieten von wilden Kaffeesträuchern reiner Arabica-Kaffee geerntet und nur wenig Plantagenanbau betrieben wird. Mit Kaffee als Hauptdevisenquelle ist die äthiopische Wirtschaft jedoch Weltmarktpreisschwankungen stark ausgesetzt.

Obwohl Äthiopien den Zahlen nach zu den Ländern mit dem höchsten **Viehbestand** in Afrika gehört (ca. 26 Mio. Stück), ist der wirtschaftliche Wert dieser Tierhaltung nur gering. Das liegt zum einen an der Art der Haltung, die ohne jede Zufütterung auskommen muss, zum anderen aber auch daran, dass gerade unter den so genannten Viehzüchtervölkern das Vieh (besonders Rinder bzw. Kamele) kein wirtschaftlicher Faktor ist, sondern vor allem Maß des sozialen Prestiges. Dennoch ist der Export von Tierhäuten sowie von Lebendvieh (Schafe, Ziegen) in die Golfstaaten von Bedeutung.

Ein großes Problem für die äthiopische Wirtschaft ist der stark eingeschränkte **Gütertransport.** Er belastet jedes Produkt mit hohen Kosten und erschwert im Katastrophenfall die Versorgung der Betroffenen. Das hat auch zur Folge, dass sich ca. 90% der verarbeitenden Industrie des Landes im Großraum Addis Abeba und Harar/Dire Dawa konzentrierten.

Zudem wirkt sich die Tatsache, dass der traditionelle und der moderne Sektor praktisch nicht verflochten sind, für die Entwicklung der Wirtschaft hemmend aus: auf der einen Seite die große Masse der **Kleinstbetriebe,** die sich selbst erhalten; auf der anderen Seite wenige **landwirtschaftliche Großbetriebe, Plantagen und moderne Verarbeitungsbetriebe,** die vor allem für den Export und die städtischen Märkte produzieren. Ein Dilemma stellt nach wie vor der **geringe technische Ausbildungsstand** dar. Produktive Handarbeit gilt in fast keiner der traditionellen Gesellschaften Äthiopiens als prestigeträchtig. So verstehen sich ausgebildete Techniker häufig als Aufsichtspersonal und sind mitunter nicht bereit, selbst Hand anzulegen. Hier lässt sich aber durch die Zahl zurückkehrender Emigranten, die bereit sind, Geld und ihre Arbeitskraft zu investieren, eine Veränderung beobachten. Nicht immer beflügelnd für die Wirtschaft ist das Verhalten staatlicher Stellen, da sich Beamte in der Regel als Teilhaber der Staatsmacht und nicht als Diener der Gesellschaft verstehen. Die Lockerung der Restriktionen des Mengistu-Regimes hat zumindest in den Ballungsräumen zu einer Belebung von Kleinbetrieben geführt. Gleichzeitig konnte ein Abstürzen der Währung wie in anderen Staaten Afrikas vermieden werden.

Kaffee ist das wichtigste Exportgut Äthiopiens

Landwirtschaft

Hauptanbauprodukte der äthiopischen Landwirtschaft sind **Tef** (*Eragrostis tef* oder *Eragrostis abyssinica*), ein nur in Äthiopien vorkommendes Brotgetreide, aus dem das äthiopische **Hauptnahrungsmittel Injera** gebacken wird, **Weizen** im nördlichen Hochland und **Ensete** (die „falsche Banane", bei der nicht die Früchte, sondern die Stärke des Scheinstammes gegessen wird) im südlichen Hochland. Weizen, Mais, Hirse (Sorgum), verschiedene Hülsenfrüchte, Ölsaaten (z. B. *noug*, verwandt mit der Sonnenblume), Tabak, Gemüsearten und Gewürze werden je nach Höhenlage ebenfalls angebaut. **Kaffee** ist vor allem im südlichen Hochland, in dem wahrscheinlich die Urheimat des Kaffees liegt, das wichtigste Anbauprodukt für den Export. In der Gegend von Harar sowie in weiten Teilen des gemäßigten Hochlandes hat neben dem Kaffeeanbau der Anbau des aufputschenden **Khat,** das auch in den Jemen und nach Somalia exportiert wird, an Bedeutung gewonnen. **Weinanbau,** den es schon früher gegeben hat, wurde erst neuerdings wieder eingeführt. Im Grabenbruch und im südlichen Hochland existieren ausgedehnte **Obstplantagen** (Bananen, Apfelsinen, Pampelmusen, Mango, Papaya, Melonen), die auch für den Export produzieren. Ein charakteristisches Gewächs Äthiopiens ist der **Eukalyptusbaum,** der erst um die Jahrhundertwende aus Australien eingeführt wurde. Er wird auf den entwaldeten Flächen zur Gewinnung von Brenn- und Bauholz kultiviert. Negativ ist jedoch, dass Eukalyptus den Boden auslaugt und eine Strauchvegetation verhindert, so dass die Erosionsgefahr zunimmt. An **Nutztieren** werden Rinder vom Zebutyp, Schafe, Ziegen, Pferde, Esel und Maultiere gehalten, aber keine Schweine, die von sämtlichen äthiopischen Religionsgruppen als unrein angesehen werden. In den Trockengebieten kommen vor allem Ziegen und Kamele vor. Ausgesprochene Viehzüchtervölker, bei denen die Haltung

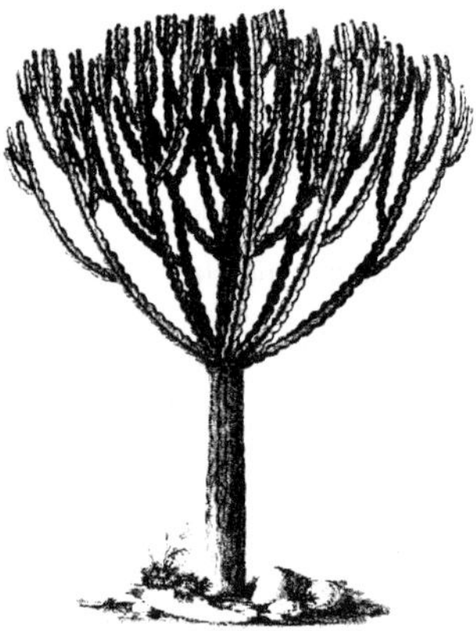

von Rindern oft weit mehr ein Statussymbol denn ein ökonomischer Faktor ist *(cattle complex)*, sind im Süden und Südwesten des Landes beheimatet.

Industrie und Bergbau

Die **Industrie** ist in Äthiopien zu 90% in Staatshand und beschäftigt nur ca. 2% der Erwerbstätigen. Die wichtigsten Zweige sind Nahrungsmittel- und Metallverabeitung, Chemie-, Textil-, Getränke- und Zementindustrie.

Bisher werden nur wenige **Bodenschätze** abgebaut. Lediglich in der Danakil-Ebene werden die reichen **Salzvorkommen** seit Generationen ausgebeutet; bei Dallol gibt es **Pottasche** (Kaliumcarbonat), deren Abbau durch die unwirtlichen Bedingungen in der Ebene erschwert wird. Von Bedeutung sind außerdem Goldvorkommen sowie Marmor und Natursteine. Andere Bodenschätze sind bisher kaum prospektiert. Im Ogaden sollen neuerdings **Erdgasvorkommen** entdeckt worden sein.

Bewirtschaftungszonen

Nördliches Hochland

Das Hochland wird in die drei traditionellen äthiopischen Zonen eingeteilt, die für Besiedlung und Bewirtschaftung unterschiedliche Bedingungen bieten.

Qolla werden die Gebiete **bis etwa 1700 m** Höhe genannt. Sie sind in der Regel sehr heiß und in ihnen herrscht Malariagefahr. Dennoch bieten sie gute Böden für die Landwirtschaft; die Bauern steigen am Tage herab und bebauen die Felder, abends suchen sie wieder ihre höher gelegenen Dörfer auf.

Wayna Dega (Weinhochland) wird die folgende Zone **bis etwa 2500 m** genannt. Es ist dies die eigentliche Siedlungszone mit intensiver landwirtschaftlicher Nutzung.

Die **Dega,** das eigentliche Hochland, wird, so weit es geht, ebenfalls noch landwirtschaftlich genutzt; **bis in eine Höhe von 3700 m** kann man noch auf Felder treffen.

Das Hochland war ursprünglich stark bewaldet, ist heute aber über weite Strecken baumlos. Einst sollen etwa 40% der äthiopischen Fläche bewaldet gewesen sein, heute sind nur noch 4% von dichten und 8% von offenen Wäldern bedeckt. Brennstoffbedarf und extensiver Feldbau haben den Baumbestand so dramatisch verringert, dass weite Gebiete von starker **Bodenerosion** heimgesucht sind. Aufforstung und Konservierung der Flächen sind daher Hauptziele der landwirtschaftlichen Planung, die auch von Hilfsorganisationen unterstützt werden.

Sonstige Wirtschaftszonen

Im Südwesten des Landes fallen fast ganzjährig Niederschläge, so dass dort typisch **tropische Bedingungen** herrschen.

Im äußersten Süden gibt es tropische Wälder mit Großwildbestand. Das Gebiet der Somalitafel ist eine Dornensavanne mit relativ dichter Grasnarbe, die dort lebende Bevölkerung betreibt Wei-

Bäume wie kosso (li.) und qwalwal (re.) wurden im Hochland stark dezimiert

Äthiopien – ein Hungerland?

von Peter Hildemann

Viele Menschen in Deutschland haben von Äthiopien gehört, weil das Land in den vergangenen Jahrzehnten periodisch von Hungersnöten und Katastrophen heimgesucht wurde. Hervorzuheben ist dabei die Hungersnot Anfang der siebziger Jahre, deren Verschweigen durch die Regierung zum Sturz des Kaisers Haile Selassie beitrug. Dann die Hungersnot von 1984/85, die erneut katastrophale Ausmaße annahm, zum Tod Hunderttausender führte und die Weltöffentlichkeit zu großer Hilfsbereitschaft veranlasste. Aber auch in „normalen" Jahren ist in Teilen Äthiopiens mit Hunger zu rechnen.

Die folgende Tabelle soll helfen, die Situation Äthiopiens und des Großteils seiner Bevölkerung mit nüchternen Zahlen im Vergleich zu anderen Ländern darzustellen:

Ausgewählte Sozialindikatoren

Indikator	Alle Entwicklungsländer	Afrika südl. der Sahara	Äthiopien
BSP pro Kopf und Jahr (US$)	4775	1946	756
Alphabetisierungsrate der Erwachsenen (%)	78,9	63,3	40,3
Lebenserwartung bei Geburt (Jahre)	65,2	46,1	47,8
Bevölkerungsanteil (%) mit Zugang zu:			
sauberem Wasser	56	79	22
Hygiene	37	49	13
Anteil Unterernährte (%) an der Bevölkerung	17	30	46
Bevölkerungswachstum (% pro Jahr), Schätzung für 2004–2015	1,3	2,2	2,3
Einwohner pro Arzt (Deutschland 337)	11.730	k.A.	33.300
Kindersterblichkeit auf 1000 Geburten	57	103	110
AIDS in der erwachsenen Bevölkerung (regionaler und sektoraler Schwankungsbereich in %)	1–1,4	5,4–6,9	0,9–3,5

Quelle: UNDP, Human development report 2006

Diese Zahlen sind deprimierend und werden dem Reisenden, der die Gelegenheit hat, Äthiopien zu besuchen und auch den Westen und Süden des Landes zu erleben, nur schwer als realistisch zu vermitteln sein. Inmitten der grünen Landschaften ist es kaum vorstellbar, dass es hier zu Hungersnöten kommen kann. Doch der Eindruck täuscht.

Ein großer Teil der Durchgangsstraßen führt im Hochland durch fruchtbare Gebiete, während die potenziellen Risikogebiete nicht berührt werden. Man muss sich ins Gedächtnis rufen, dass es in einem Land, das etwa dreimal so groß ist wie Deutschland und eine Bevölkerung von 70 Mio. Menschen vorweisen kann, nur etwa 28.000 km Straßen gibt. Und davon ist höchstens die Hälfte als Allwetterstraße nutzbar.

Etwa die Hälfte der Bevölkerung lebt weiter als 35 km (ein Tagesmarsch) von der nächsten befahrbaren Straße entfernt. Die Unterschiede im Lande sind enorm. Von den reichen Getreideanbaugebieten in Gojam oder Wollega, mit Niederschlägen von

eph_104 Foto: ph

3000 mm im Jahr, südwestlich von Gore in Illubabor, bis zu den trockensten und heißesten Wüsten der Welt im Afar-Land reichen die Extreme.

Aber auch außerhalb dieser Gegenden gibt es aufgrund der schlechten Niederschlagsverteilung Probleme, besonders in einem Streifen, der in Nord-Shoa beginnt und sich über Gonder und Wollo bis nach Tigray zieht. Die Niederschlagsmengen sind hier zwar ähnlich wie in Deutschland oder sogar deutlich höher als z. B. in der Kölner Bucht. Aufgrund der jahreszeitlichen Verteilung und der Böden ist die Kölner Bucht jedoch eines der besten Anbaugebiete in Deutschland, während die genannten Regionen ihre Bevölkerung nicht immer ernähren können.

Der Grund liegt darin, dass in dieser Region nur eine Regenzeit auftritt, die durchschnittlich nur etwa 5 Monate, von Mai bis September, dauert. Dadurch, dass die Regionen im Regenschatten (östlich) hoher Bergketten liegen, während der Regen aus westlicher Richtung kommt, gibt es zu wenig verlässliche Regenfälle, besonders außerhalb der Kernregenzeit. Vor allem die Niederschläge im Mai und September erfüllen nicht immer die Erwartungen. Ohne Regen in diesen beiden Monaten verkürzt sich aber die nutzbare Vegetationsperiode und verhindert in ungefähr jedem dritten Jahr, dass die Feldfrüchte reifen können.

Die ganze Länge der Regenzeit ist nicht mit der nutzbaren Vegetationsperiode gleichzusetzen, weil die ersten Regen zum Pflügen genutzt werden müssen. Und dieses kann einige Wochen dauern. Ohne Regen wäre der Boden zu hart und kann in den meisten Fällen mit den Ochsenpflügen nicht bearbeitet werden. Damit gehen einige Wochen ins Land, nachdem der erste Regen gefallen ist. Eine Zeit, in der Bodenbearbeitung und Saat stattfinden, ohne dass Vegetation auf den Feldern steht.

Die ungeschützten Böden erodieren daher leicht, und das Wasser wird nicht produktiv genutzt. Diese Situation wird noch verschlimmert für alle Bauern, die nicht über ein Ochsengespann verfügen. Sie müssen warten, bis die Ochsenbesitzer ihr Land gepflügt haben, bevor sie entweder einen Ochsen als Ergänzung oder aber ein Gespann mieten können. So fehlt noch mehr wertvolle Zeit für die Vegetation und jeder Tag Verspätung kann sich katastrophal auf die Erträge auswirken. Andererseits führt zu intensiver Regen zu Erdrutschen oder Wegschwemmen der Saaten. Selbst günstiges Wetter garantiert die Ernte nicht immer. Krankheiten und Schädlinge können die ganze Ernte vernichten, da die Bauern häufig nicht über die Kenntnisse und Mittel verfügen, Pflanzenschutz zu betreiben. Das ist häufig mit Totalverlust verbunden.

In Zahlen ausgedrückt heißt das, dass 3-4 Millionen Menschen in diesen nördlichen Regionen Äthiopiens in der Mehrzahl der Jahre nicht genügend Nahrungsmittel für ihre Familien ernten. Sie produzieren aber auch sonst nichts, nicht aus Faulheit, sondern mangels Möglichkeiten. Sie besitzen auch nichts außer vielleicht ihrem Haus und darin einigen Küchengeräten, Fellen, die zum Schlafen auf dem Boden ausgebreitet werden, einigen Lehmsitzbänken, die entlang der Hauswände verlaufen und vielleicht ein paar Stühlen.

Die Wahrscheinlichkeit, dass sie in diesen Regionen selbst noch Geflügel besitzen, ist gering, ganz zu schweigen von Schafen, Ziegen oder Zugtieren. Und damit existiert ein Teufelskreis. Ohne Zugtiere keine rechtzeitige Saat, damit erhöhtes Risiko für Totalverlust der Ernte, ohne Ernte weder Nahrung noch Futter für die Tiere und falls Tiere vorhanden sind, müssen diese verkauft und das Geld für die Ernährung der Familie verwendet werden. Damit ist der Absturz in die absolute Armut und den Hunger vorgezeichnet. Alternative Einkommensmöglichkeiten existieren meistens nicht. Die Menschen dieser Region verfügen aufgrund der beschriebenen Situation kaum über Reserven und leben in schwer zugänglichen Gebieten. Jede Reduzierung ihrer Ernteerwartungen gefährdet das Überleben.

Die äthiopische Regierung hat zusammen mit der internationalen Gebergemeinschaft eine Getreidereserve von 300.000 Tonnen Getreide angelegt, die in Notfällen von der betroffenen Bevölkerung bzw. Hilfsorganisationen oder Behörden abgerufen werden kann. In dem Fall werden etwa 500 Gramm Getreide pro Person und Tag verteilt, aber nur wenn sich die Empfänger an kommunalen Arbeiten wie Wegebau, Aufforstung, Erosionsschutzmaßnahmen o. Ä. beteiligen. Hier wird also häufig schwere körperliche Arbeit geleistet, und häufig noch eine weite Strecke von mehreren Stunden Fußweg morgens und abends zurückgelegt. Dafür erhalten die Begünstigten dann Nahrungsmittel, die etwa einer Versorgung von 1500 kcal entsprechen. Der Bedarf für einen Menschen mit körperlich leichter Tätigkeit in Deutschland wird mit etwa 2100 kcal angenommen. Es wird also selbst mit Nahrungsmittelhilfe kein Luxusleben ermöglicht, sondern die Betroffenen werden vom Verhungern bewahrt und davor, ihre Dörfer verlassen zu müssen und in Hungerlager zu gehen. In Lagern wäre die Verteilung zwar einfacher, aber die Menschen wären ihrer Menschenwürde beraubt und der Möglichkeit, durch kommunale Tätigkeiten bzw. die Arbeit auf ihren Feldern ihr eigenes Los vor Ort zu verbessern. Nahrungsmittelhilfe ist daher kein Almosen, sondern kann die Grundvoraussetzung für Entwicklung sein.

Äthiopien hatte zuletzt im Durchschnitt einen Einfuhrbedarf für Nahrungsmittel von 1 Million Tonnen im Jahr. Das entspricht dem Bedarf von etwa 4,6 Millionen Menschen, die überhaupt keine Nahrungsmittel produziert haben bzw. 8 Millionen Menschen, die nicht genügend geerntet haben, um ihre Familien zu ernähren. Im Jahr 1996/97 hat Äthiopien die beste Ernte in seiner Geschichte eingefahren, was zur Ernährung der Bevölkerung ausreichte. Selbst in schlechten Jahren fehlt häufig „nur" ein Zehntel des Bedarfes. Angesichts des niedrigen Niveaus der Produktion ließen sich 20 und 50% Ertragssteigerung technisch einfach bewerkstelligen. Aber landwirtschaftliche Betriebsmittel kosten Geld. Und selbst die besser gestellten Bauern Äthiopiens sind froh, wenn sie ihre Familie ernähren können und Reserven für eine schlecht Ernte haben. Alles, was darüber hinaus geht, ist Reichtum. Reich sind nur sehr wenige und Bargeld ist knapp. Äthiopien hat 1996/97 sogar Nahrungsmittel exportiert, doch in den genannten Gebieten Nordäthiopiens brauchten die Menschen Hilfe und zwar von außen.

Warum? Äthiopien gehört zu den ärmsten Ländern der Welt (was die Regierung nicht davon abgehalten hat, seit 1998 300 Mio US$ für Waffen im Krieg gegen Eritrea auszugeben). Die Regierung ist einerseits aufgrund des geringen Steueraufkommens nicht in der Lage, ein Sozialhilfesystem wie in Deutschland einzuführen, weil sie das nicht finanzieren kann. Andererseits müssen die Bauern in anderen Regionen hinreichend Einkommen mit ihren Produkten erwirtschaften, damit für sie der Anreiz erhalten bleibt, Nahrungsmittel zu produzieren. Wenn es keine Nachfrage gibt und die Preise verfallen, leidet das ganze Land im nächsten Jahr darunter. Daher finanzieren Hilfsorganisationen auch den Aufkauf von Nahrungsmitteln in Überschussgebieten Äthiopiens, lassen diese in Defizitgebiete transportieren und stellen sie der bedürftigen Bevölkerung als Bezahlung für Arbeitsprogramme zu Verfügung.

Der Norden Äthiopiens ist seit Jahrtausenden Kulturland und Heimat von Menschen. Reisende im sechzehnten Jahrhundert, wie Hiob Ludolf, beschreiben Äthiopien als Garten Eden, wo die Menschen in Tigray, Gonder und Gojjam immer reiche Ernten einfuhren und keine Not litten. Mit steigender Bevölkerungsdichte, abnehmender Bewaldung und zunehmender Erosion stimmen aber die Relationen nicht mehr. Die Tragfähigkeit in vielen Gebieten scheint überschritten zu sein. Die Menschen können oder wollen ihre Heimat nicht verlassen – und wohin auch? Schlechte Infrastruktur und Ausbildungsmöglichkeiten führen dazu, dass die nachwachsende Generation nicht gut ausgebildet ist. Angesichts der schleppenden Verbesserung der wirtschaftlichen Verhältnisse, des Fehlens von Arbeitsplätzen außerhalb der Landwirtschaft sieht die Zukunft nicht rosig aus. Pläne und Projekte der Regierung und der Hilfsorganisationen existieren zwar, aber ob und inwieweit diese großflächig und nachhaltig Abhilfe schaffen können, ist noch unbewiesen.

Äthiopien ein Hungerland? Die Frage lässt sich also nicht eindeutig beantworten. Es gibt strukturellen Nahrungsmittelmangel, aber das Land hat das Potenzial, genügend zu produzieren, um seine Bevölkerung zu ernähren. Nur löst die laut Statistik ausreichende Produktion nicht das Problem derjenigen Regionen, die strukturell nicht genügend produzieren. Innerhalb Äthiopiens wird es noch auf lange Zeit Defizitgebiete geben, deren Los nur mit Struktur- und Wirtschaftspolitik verbessert werden kann.

dewirtschaft und temporären Feldbau. Afar, Somali und die Bewohner des nördlichen Eritrea (Bedja, Rasha'ida) sind vor allem Kamelnomaden, die mit ihren Herden große Strecken bewältigen können. Die im Süden lebenden Oromo (Borana), Hamer und Angehörige nilotischer Völkerschaften (Nuer) sind Rinderzüchter, deren Herden auf regelmäßige tägliche Tränkung angewiesen sind und daher nur einen begrenzten Bewegungsradius haben. Eine jedem Leben feindliche Umgebung herrscht in der Danakil-Ebene. Hier wachsen nur vereinzelt Dornensträucher, und Niederschläge gibt es fast überhaupt nicht. Landwirtschaft ist nur an den Rändern des Hochlandes und im Tal des Awash möglich, so dass die Bewohner fast ausschließlich von der Viehzucht (Kamele, Ziegen) leben.

Geschichte

Eine „Geschichte Äthiopiens" krankt stets daran, vor allem eine **Geschichte des christlichen Kaiserreiches** und der **islamischen Stadt Harar** zu sein. Die Geschichte der Oromo, der Sidama-Reiche und der Völkerschaften des äußersten Südens sind oft nur in Nebensätzen behandelt. Auch der folgende Abriss kann diese Lücke nicht schließen.

Geschichte in unserem europäischen Verständnis **als ein Prozess,** eine Entwicklung, die sich durch datierbare Ereignisse und Persönlichkeiten, durch den Niedergang von Altem und das Entstehen von Neuem auszeichnet, ist vor allem für das christliche Reich geschrieben und belegt.

Früh entwickelte sich am amharischen Kaiserhof ein Interesse an Historie, an den eigenen Wurzeln und dem eigenen Werden. Dass die Chroniken und Berichte nach unserem Verständnis oft eher Legende und Apologie eines bestimmten Herrscherhauses sind als „objektive Geschichtsschreibung" sollte nicht verwundern. Sind es nicht auch in unserer modernen und aufgeklärten Zeit immer wieder bestimmte historische Legenden, die als „Geschichte" instrumentalisiert werden?

Die meisten Völker Äthiopiens haben dagegen ein völlig anderes Geschichtsbild als das uns vertraute. **Geschichte** ist für sie eher die ständige **Erneuerung des Bestehenden** denn eine Folge von Prozessen und Veränderungen. In den Mythen und Legenden dieser Völker folgt der Entstehung der Welt oder des eigenen Volkes eine Reihe von aufeinanderfolgenden Ahnen, von denen einige als **Kulturheroen** auch mit bestimmten Erfindungen (z. B. dem Ackerbau, der Töpferei, der Schmiedekunst) oder Wanderungen in Verbindung gebracht werden. Aber nie sind diese Erfindungen oder Veränderungen Folge einer Entwicklung, sondern eine plötzliche und einmalige Wandlung. Häufig werden derartige Veränderungen, insbesondere auch die Gründung eines Königtums, sogar Fremden zugeschrieben, bei denen derartiges Verhalten nicht regelwidrig ist. Das eigene Leben aber ist immer das gleiche und das höchste Ziel ist es, den immergleichen

Lauf der Dinge nicht zu unterbrechen, vielmehr durch regelmäßige Zeremonien zu erhalten. Ereignisgeschichte verbindet sich für sie vor allem mit einigen heroischen Ahnen oder mit näheren Vorfahren, die große Jäger oder Krieger waren.

Und hier ist schon wieder eine Einschränkung nötig: auch die an Prozessen und Ereignissen orientierte Geschichtsschreibung, z. B. des christlichen Nordens, orientiert sich an Personen und Kriegen. Auch die Völker des Südens haben ihre Geschichte – sie ist nur noch zu wenig untersucht und vor allem nicht schriftlich belegt.

Erst neuerdings haben die Oromo ein ähnliches **nationales Interesse** an einer Geschichte ihrer Entwicklung entdeckt, wie es die Amharen und Tigray schon länger haben.

Im Zuge der **Bürgerkriege** gegen Kaiserhof und Mengistu-Regime ist auch das Interesse anderer Gruppen an der eigenen Geschichte und Wandlung gewachsen. Dass die Bewusstwerdung von Geschichte nicht ausschließlich ethnisch-nationalistisch orientiert sein muss, zeigt **Eritrea:** Im Laufe des Befreiungskampfes entwickelte die äußerst heterogene Bevölkerung ein Zusammengehörigkeitsgefühl, das vor allem auf historischen Gemeinsamkeiten beruht. Bleibt abzuwarten, wie sich dieses „historische Nationalgefühl" gegen „ethnischen Nationalismus" behaupten kann.

Im folgenden wird die Geschichte des christlichen Kaiserreiches im Mittelpunkt stehen. Das islamische Sultanat von Harar wird im Zusammenhang mit der Beschreibung der Stadt ausführlicher behandelt. Hinweise zur Geschichte der Völker im südlichen Äthiopien finden sich in den Kapiteln „Süd- und Südostäthiopien" und „Südwestäthiopien". Historische Ereignisse, die mit bestimmten Regionen, Orten und Denkmälern zu verbinden sind, werden in den jeweiligen Kapiteln behandelt.

Das Land Punt und die prä-axumitische Zeit

Die frühen Kulturen Äthiopiens und seiner Umgebung sind erst wenig erforscht. In der Küstenregion des Roten Meeres und im Grenzgebiet zum Sudan um Kassala lassen sich schon im 3. Jahrtausend v. Chr. Kulturen nachweisen, die z. T. mit den Kulturen des Niltals (Ägypten, Nubien) und des antiken Südarabien in Verbindung standen.

Für das pharaonische Ägypten war die Region als Lieferant von exotischen Gütern, Weihrauch, Gold, Tieren und Sklaven interessant. Das schon in Texten des ägyptischen Alten Reiches (ca. 2600–2100 v. Chr.) genannte **Land Punt** ist entlang der Küste des Roten Meeres, vielleicht im heutigen Eritrea, zu vermuten. (Es werden auch die Somaliküste oder Südarabien vorgeschlagen.) Im Neuen Reich ließ die Königin *Hatschep-sut* (ca. 1490–1470 v. Chr.) eine Expedition nach Punt in ihrem Totentempel in Deir el-Bahri beim heutigen Luxor darstellen. Die Expedition nahm exotische Tiere und vor allem eine Menge von lebenden **Weihrauchbäumen** mit an Bord, die im Hof des Totentempels angepflanzt wurden.

Weihrauch war in der Antike der große Reichtum der jemenitischen Berge, von denen die berühmte Weihrauchstraße zum Mittelmeer führte. Aber auch in den Bergen Äthiopiens gedeiht diese Pflanze. Jüngste Ausgrabungsergebnisse im Jemen lassen sich dahingehend interpretieren, dass im zweiten und noch im 1. Jahrtausend v. Chr. ähnliche, vorsemitische Kulturen auf beiden Seiten des Roten Meeres blühten.

In Eritrea und um Harar wurden **Felsbilder** gefunden, die den Trägern früher Kulturen zugeschrieben werden, wie auch **Felsreliefs** in der Provinz Sidamo und einige der **Stelen,** die man im Gebiet der Seen des Grabenbruchs findet. Eine zuverlässige Chronologie dieser Kulturen steht jedoch noch aus, viele dieser Denkmäler datieren wohl erst in das 10.–12. Jh. n. Chr. Durch monumentale Denkmäler ist die so genannte **prä-axumitische Kultur** belegt. Die Träger dieser Kultur stehen unter starkem **Einfluss der altsüdarabischen Kultur,** die ab der zweiten Hälfte des 1. Jahrtausends v. Chr. im Jemen blühte. Sie benutzen die altsüdarabische Schrift und Sprache – auch Himyaritisch oder Sabäisch nach den südarabischen Königreichen Himyar bzw. Saba genannt, sie beten südarabische Götter an und ihre materielle Kultur hat viele Gemeinsamkeiten mit der Südarabiens. Die durch Inschriften bekannten Herrscher tragen die südarabischen Titel MLKN „König" und MKRB „Priesterkönig" (die Inschriften werden ohne Vokale geschrieben).

efi_110 Foto: mf

Man nimmt daher an, die Träger der Kultur seien aus Südarabien eingewandert. Diese These ist neuerdings in Frage gestellt; von *Jaqueline Pirenne* wurde vorgeschlagen, genau umgekehrt die afrikanische Seite als Ursprung der Wanderbewegung anzusehen. Es bleibt aber ein starker, südsemitischer Einfluss auf die äthiopische Kultur festzuhalten. Diese Blüte dieser Kultur reicht vom 5. bis 3. Jh. v. Chr., die Fundplätze liegen in Tigray und Eritrea, am bekanntesten ist Yeha.

Das Reich von Axum

Nach einer sich erst allmählich durch neuere Forschungen schließenden Lücke in der archäologischen Dokumentation von 300 v. Chr. an tritt um die Zeitenwende die axumitische Kultur in unser Blickfeld. Antike Schriftsteller berichten von diesem Reich, und umfangreiche Funde lassen uns einen gewissen Überblick über seine Geschichte gewinnen.

Die Träger der axumitischen Kultur sprachen das zu den semitischen Sprachen gehörende **Altäthiopisch** *(Ge'ez)*, für dessen Schreibung sie eine abgewandelte Form der südarabischen Schrift nutzten. Ihre Kultur stand in der Tradition der südarabischen Kulturen, hatte aber zugleich viele Elemente eigener kultureller Entwicklungen.

Gestürzte Stele in Axum

Mit der Konsolidierung des Römischen Reiches im Mittelmeerraum entwickelte sich dort der Bedarf nach exotischen Gütern, sowohl aus Innerafrika als auch aus Indien. Durch die etwa 100 v. Chr. durch den alexandrinischen Seefahrer *Hippalos* gemachten Entdeckung des **Monsuns,** einer regelmäßig die Richtung wechselnden Windströmung im Indischen Ozean, wurde die Reisezeit erheblich verkürzt.

Der **Handelsweg nach Indien** führte durch das Rote Meer, am axumitischen Hafen von Adulis vorbei. Dieser Hafen war zugleich Umschlagplatz für afrikanische Güter, insbesondere Elfenbein und Sklaven. Ein wertvolles Dokument für das Eintreten des axumitischen Staates in das Bewusstsein der antiken Welt ist der **Periplus maris erythräi,** ein Handbuch für Seefahrer im Roten Meer, der im ersten oder Anfang des zweiten Jahrhunderts n. Chr. entstand und die Städte Axum und Adulis erwähnt.

Das Reich von Axum stand unter der Herrschaft eines Negusa (in Ge'ez) oder Nagashi (in Arabisch) genannten Königs. Es erstreckte sich im Gebiet des heutigen Eritrea und der Provinz Tigray, erhob aber Anspruch auf Oberhoheit auch in Südarabien, im östlichen Sudan und über nicht genau zu lokalisierende Gebiete im Süden. Diese Oberhoheit wurde wohl nur zeitweise effektiv ausgeübt; die Inschriften der axumitischen Herrscher berichten von umfangreichen Feldzügen gegen unbotmäßige Völker. Im Kerngebiet mit der Hauptstadt Axum scheint die Herrschaft aber friedlich erhalten worden zu sein; bisher hat man an axumitischen Fundplätzen keine Befestigungsanlagen entdeckt.

Wahrscheinlich im Zusammenhang mit der Einbindung in den Fernhandel der römischen Welt begannen die axumitischen Herrscher etwa ab 270 n. Chr. **Münzen** auszugeben. Äthiopien war damit das einzige afrikanische Reich außerhalb Ägyptens, das in der Antike Münzen prägte. Die Münzen orientierten sich am römischen Münzgewicht und wurden in Gold, Silber und Bronze geprägt. Goldmünzen fanden wohl nur im Fernhandel Verwendung, während Silber- und Bronzemünzen auch im Land benutzt wurden. Diese Münzen sind äußerst wertvolle historische Quellen, da wir durch ihre griechischen, später auch in Ge'ez abgefassten Beischriften die Namen einer Reihe von Königen erfahren.

Die älteren Münzen tragen als Emblem die Sonnenscheibe mit dem Halbmond. Vom **König Ezana** (ca. 325–355) besitzen wir Münzen mit diesem Zeichen, im Laufe seiner Regierung wird es aber durch das Kreuz abgelöst. Auch in seinen Monumentalinschriften nennt er sich zuerst noch Sohn des Gottes *Mahrem* (*Ares* in der griechischen Fassung), später Diener des „Herrn des Himmels", des christlichen Gottes. Dieses passt sehr gut zu dem fast zeitgenössischen Bericht des *Rufinus* über die Einführung des **Christentums** in Äthiopien (siehe „Religion"). In seinen Inschriften berichtet Ezana von umfangreichen Feldzügen (siehe Kapitel „Axum").

Axum war Teil der spätantiken Welt: Der Prophet *Mani* (216–276/77) erwähnt das Reich von Axum neben dem Römischen Reich, Persien und China (?) als eines der **Großreiche** seiner Zeit.

Der am besten bekannte König von Axum nach Ezana ist **König Kaleb** (ca. 514–542). Unter seiner Herrschaft wurde eine Expedition nach Südarabien unternommen, die noch einmal die dortigen Königreiche unter axumitische Herrschaft brachte. Der mit der Expedition beauftragte General *Abraha* machte sich aber von Axum unabhängig. Er oder sein Nachfolger unternahmen einen Zug gegen die Stadt Mekka, der aber durch eine ausbrechende Epidemie vereitelt wurde. Nach den in diesem Zug mitgeführten Kriegselefanten wurde das Jahr des Feldzuges in Mekka **Jahr der Elefanten** genannt, es ist das Geburtsjahr des Propheten Muhammad (570 n. Chr.).

Der Niedergang von Axum

Zu dieser Zeit war die internationale Bedeutung Axums schon im Schwinden. Im Zuge der byzantinisch-persischen Kriege (bei denen Axum auf der Seite von Byzanz stand) wurde der **Indienhandel unterbrochen** und die Häfen am Roten Meer verloren an Bedeutung. Wahrscheinlich wurden neben Südarabien auch Gebiete der afrikanischen Küste um 590 von den Persern besetzt. Mit der kurzzeitigen Besetzung Palästinas und Ägyptens durch die Perser und der um 640 erfolgenden Eroberung dieser Länder durch die Araber wurde die Verbindung Axums zum Mittelmeer gestört.

Das axumitische Reich blieb im äthiopischen Hochland isoliert. Im 7. Jh. hörte man auf, Münzen zu prägen; Salzbarren lösten das Geld als Äquivalent im Handel ab. Auch scheint Axum nicht mehr das einzige Zentrum gewesen zu sein; arabische Schriftsteller erwähnen die nicht lokalisierten Städte Jarma/Jarmi und Ku'bar als Hauptorte. Das von diesen Städten kontrollierte Gebiet erstreckte sich weit nach Süden, auch das Christentum scheint sich weiter ausgebreitet zu haben. Mehr oder weniger regelmäßig wurden vom koptischen Patriarchen in Alexandria *Abunas* (Oberhäupter der äthiopischen Kirche) ernannt, wobei auch Schwindler mit gefälschten Papieren dieses Amt anstrebten. Der Küstenstreifen am Roten Meer wurde dagegen nicht mehr von den Hochländern kontrolliert; hier und im Osten Äthiopiens breitete sich der **Islam** aus.

Im 9. und 10. Jh. scheint es zu schweren inneren Auseinandersetzungen gekommen zu sein, die sich in der Legende um die äthiopische **Königin jüdischen Glaubens Gwudit** widerspiegeln. Diese Königin habe die jüdischen Falasha gegen Axum geführt, die Stadt genommen und zerstört. Der axumitische König *Anbessa Wudim* sei nach Shoa geflohen, von wo er erst nach dem Tod der *Gwudit* (durch einen Wirbelsturm) zurückkehrte. Unter seinem Nachfolger *Dil N'ead* erhob sich dessen Schwiegersohn *Mera Tekle Haymanot* und eroberte die Macht.

Dieser König gilt als Begründer der **Zagwe-Dynastie.** Hinter dieser legendenhaften Tradition stehen offensichtlich historische Auseinandersetzungen zwischen den z. T. südarabische Herkunft proklamierenden Axumiten, den Falasha und den Agau von Lasta, die mit der Installierung einer neuen Dynastie und der Verlegung des Zentrums nach Süden, in die Bergwelt von Lasta, endeten.

Die Zagwe-Dynastie (914 oder 1137–1268)

Das genaue Datum der Machtübernahme durch **Könige aus Lasta** sowie deren Umstände sind nur durch legendenhafte Überlieferungen aus späterer Zeit bekannt. Es ist aber als sicher anzusehen, dass es am Ende des ersten Jahrtausends **Machtverschiebungen** im äthiopischen Herrschaftsgebiet gab und das Zentrum der Macht sich von der Küstenregion weg in den Süden verlagerte. Wenn auch angenommen wird, dass die ersten Herrscher der neuen Dynastie möglicherweise keine Christen waren, sondern der stark mit jüdischen Elementen durchsetzten Religion der Agau sprechenden Völker anhingen, so konvertierten sie sehr bald.

Als Zeichen eines nach wie vor bestehenden Reiches mit innerer Organisation und anerkannter Führerschaft kann die unbeschadet existierende **orthodoxe Kirche** angesehen werden, die zu dieser Zeit weitere Ausbreitung erfuhr. Wenn auch teilweise durch die ägyptischen Sultane behindert, so wurden in gewisser Regelmäßigkeit Abunas vom Patriarchen in Alexandria ernannt und an den Hof von Lasta geschickt.

Der Abuna war der einzige, der Bischöfe der äthiopischen Kirche ordinieren durfte, und hatte damit eine außerordentliche Stellung im Staat. Die **Hauptstadt** des Reiches war wahrscheinlich die Stadt **Roha,** die später nach dem frommen König und legendären Baumeister der Felsenkirchen **Lalibela** (ca. 1167–1207) umbenannt wurde. Die bis in die Gegend südlich von Addis Abeba vorhandenen **Felsenkirchen,** die zum großen Teil aus dieser Zeit stammen, sind Anhaltspunkte für die Größe des Einflussbereiches dieser Dynastie.

Über die inneren Verhältnisse dieser Zeit sind kaum Informationen erhalten (bzw. noch nicht gefunden). Die Kultur aber erlebte eine neue Blüte, in der sich ganz charakteristische Elemente der christlichen äthiopischen Kunst formten. Eine große Anzahl der Felsenkirchen datiert aus dieser Zeit, am berühmtesten sind die in Lalibela. Einige Wandmalereien und ganz wenige erhaltene Buchillustrationen bezeugen ein hoch stehendes Kunsthandwerk.

War das äthiopische Reich zu dieser Zeit auch vom Roten Meer und den Haupthandelswegen abgeschnitten, so unterhielt es doch Beziehungen zu den muslimischen Nachbarn, besonders Ägypten, und war arabischen Geografen wohlbekannt. Sultan *Salah ad-Din* (Saladin) von Ägypten und Syrien (1137–1193) gestattete den Äthiopiern, in Jerusalem eine Kirche zu bauen. Äthiopische Pilger trafen dort sicher auch auf abendländische. Dennoch besaß man hier im Mittelalter nur sehr vage Vorstellungen von Äthiopien, die sich in der Legende vom **Priesterkönig Yohannes** niederschlugen (siehe entsprechenden Exkurs).

Die Erneuerung der salomonischen Dynastie (1268–1500)

1268 übernahm der **Kaiser Yekuno Amlak** (1268–1283) die Macht. Er begründete seinen Anspruch auf den Thron damit, dass er Nachfahre des letzten, vor den Zagwe nach Süden geflohenen Königs von Axum sei. Damit vertrete er die rechtmäßige königliche Linie, die sich von der Königin von Saba und König Salomon herleitet. Diese Legende bildete von nun an den **Staatsmythos** des äthiopischen Reiches. Noch in der Verfassung von 1955 lautet der zweite Artikel: „Die Würde des Kaisers bleibt für immer mit der Dynastie des Kaisers *Haile Selassie I.* verbunden ... der aus der ununterbrochenen Linie der Dynastie *Menelik I.,* dem Sohn der äthiopischen Königin Saba und dem König Salomon aus Jerusalem stammt."

Bei der **Machtübernahme** spielten die bedeutendsten Geistlichen ihrer Zeit, *Iyessus Moa* vom Hayk-See und *Tekle Haymanot* von Debre Azbo (später: Debre Libanos), eine wichtige Rolle. Die folgende Neuordnung des Staates zeigt die große **Bedeutung der Kirche:** Die Vorsteher der beiden Klöster erhielten wichtige Hoffunktionen, ein Drittel des Kronlandes wurde der Kirche übergeben. Die Nachkommen der Zagwe behielten die Herrschaft in Lasta.

Mit der Installierung einer aus Shoa stammenden Dynastie verlagerte sich der Schwerpunkt des äthiopischen Reiches weiter nach Süden. Der Heilige *Tekle Haymanot* ist auch berühmt für die Missionierung zahlreicher Völker in die-

Der Priesterkönig Yohannes

Nachrichten über ein in Afrika gelegenes christliches Reich flossen in Europa in die Sage vom „Priesterkönig Yohannes" *(Prêtre-Jean, Priester John)* ein. Seit der Jahrtausendwende tauchten dort immer wieder Vermutungen über christliche Reiche im Rücken der gegen Vorderasien und Europa ziehenden nichtchristlichen Völker auf.

Die Berichte bezogen sich zu dieser Zeit jedoch vor allem auf Asien und Indien, wo man das Reich eines großen christlichen Königs, Nachkomme der Heiligen Drei Könige, vermutete. Die Sage bezog sich auf die zu dieser Zeit noch vorhandenen christlichen Staaten in Mittelasien, so das Reich der Kerait-Mongolen, und auf noch heute in Resten vorhandene Gemeinden von Thomas-Christen in Indien. Auch *Marco Polo* berichtete noch von diesen christlichen Gemeinschaften.

Die Legende vom König und Priester zugleich fand auch in den politischen Auseinandersetzungen der Zeit ihren Niederschlag: 1165 erhielten angeblich der byzantinische Kaiser und der König *Louis VII.* von Frankreich einen langen Brief in griechischer Sprache, in dem ihnen ein Priesterkönig Yohannes von Indien schrieb, dem 42 Könige untertan seien, in dessen Land es unglaublichen Überfluss gäbe, wo der Phönix zu Hause sei, wo der Körper des Apostel Thomas Wunder täte, der in einem herrlichen Palast lebe und über eine riesige Armee gebiete. Er sei Priester durch die Heiligung des Altares und König durch Recht und Gesetz.

Diese Schrift kursierte vor allem in Klöstern des Rheingebietes. Man nimmt an, dass sie in Mainz gefertigt wurde, wo unter Bischof *Otto von Freisingen* eine propagandistische Bastion Kaiser *Konrad III.* gegen die Ansprüche des Papstes im Streit um das Recht der Einsetzung von Bischöfen (Investiturstreit) bestand. Wie der Priesterkönig geistliche und weltliche Macht vereinte, so sollte auch der römisch-deutsche Kaiser als oberster Vertreter der Christenheit noch vor dem Papst agieren.

War zu dieser Zeit Indien oder Asien das Land des Priesterkönigs Yohannes, so trat mit den vermehrten Kontakten zu Äthiopien dieses Land an deren Stelle. 1306 soll eine erste äthiopische Delegation in Genua gewesen sein, und Karten vom Anfang des 13. Jh. identifizieren das damals noch christliche Nubien und Äthiopien mit dem Land des Priesterkönigs. Um 1400 häufen sich die Kontakte, und die Portugiesen schlugen schließlich ein neues Kapitel in den Beziehungen des westlichen Europa zu Äthiopien auf. 1520 landet eine offizielle Delegation in Massawa, der Bericht von *Francisco Alvarez* gibt ausführliche Kunde über das afrikanische Land. Doch noch hier wird der äthiopische Kaiser, *Lebna Dengel* (1508–1540), als „Priesterkönig Yohannes" bezeichnet.

sem Gebiet; der Einfluss der äthiopischen Herrscher reichte bald bis in die Gegend der großen Seen und der Sidama-Reiche des südlichen Hochlandes. Im Osten kam es zu dauernden Auseinandersetzungen mit den **muslimischen Sultanaten.** Im Inneren gab es ebenfalls ständige Kriege, besonders mit den Falasha, so dass die Herrscher **keine festen Hauptstädte** besaßen, sondern im Lande umherzogen.

Um die Intrigen am Kaiserhof unter Kontrolle zu bringen, war es üblich, die männlichen, möglicherweise erbfolgeberechtigten Angehörigen der Kaiserfamilie auf dem Amba Geshen, dem „Prinzenberg", zu internieren (diese Tradition wurde bis in die Gondar-Zeit, wenn auch an unterschiedlichen Orten, beibehalten). Dort konnten sie sich der Wissenschaft und den Künsten widmen, waren aber von der Außenwelt abgeschnitten. Große Bedeutung besaßen die **Klöster** des Landes, besonders die, deren Vertreter wichtige Hofposten innehatten. Theologische Streitereien drückten Interessengegensätze aus und beeinflussten die Politik. Die wichtigsten Orden waren der **Tewahdo-Orden** mit dem Hauptkloster Debre Azbo (später: Debre Libanos) in Shoa (Süd-Partei) und der **Ewostatewos-Orden** um das Kloster Debre Bizen beim heutigen Asmara (Nord-Partei).

Mit der Person des **Kaisers Amda Syon I.** (1314–1344) sind Bemühungen um die **Reorganisierung der Verwaltung** und eine **Hochphase der äthiopischen Literatur** verbunden. Im **Kebra Negast** („der Ruhm der Könige"), einem möglicherweise aus arabisch-koptischen Quellen zusammengestellten Werk, wurden der Mythos der Dynastie und die Geschichte Äthiopiens festgeschrieben. Von diesem Kaiser gibt es die erste Chronik seiner Regierungszeit, unter ihm wurde das Amt des Geschichtsschreibers eingeführt. Im **Serate Mengast** („Richtschnur des Kaiserreiches"), einer Art Zeremonienvorschrift, wurden Richtlinien der Verwaltung gelegt. In der Literatur wurden auch Adaptionen antiker und arabischer Werke gefertigt, so z. B. eine Übersetzung des Alexanderromans.

Der bedeutendste Herrscher dieser Periode war **Kaiser Zara Yaqob** mit dem Beinamen *Qostantinos* (1434–1468). Schon seine Krönungsreise nach Axum zeigte seinen Wunsch, den Norden und den Süden zu verbinden. Er ließ die religiösen Vorschriften, die Inhalt erbitterter Fehden zwischen den Orden waren, vereinheitlichen, schlug das **Sultanat Ifat** im Jahre 1445 endgültig und ging im Inneren blutig gegen die christlichen Sekten und heidnischen Religionsgemeinschaften vor.

Denunziation und Verschwörungen waren an der Tagesordnung, mit dem Begriff **Shum-Sher** („ernannt und degradiert") wurden die ständigen Machtwechsel umschrieben, denen auch die Familienmitglieder des Kaisers zum Opfer fielen. Von seiner **Hauptstadt Debre Berhan** konnte der Kaiser schließlich über ein mit harter Hand zentralisiertes Land gebieten. Sein Sohn und Nachfolger *Baede Maryam* (1468–1478), der selbst nur durch Fürsprache der Mönche dem Tod entkommen war, setzte die alten Provinzfürsten wieder ein und versuchte, mit friedlichen Mitteln im Lande Anerkennung zu erringen.

Muslimische Kriege und Einfälle der Oromo (1500–1632)

Als der noch junge **Kaiser Lebna Dengel** (1508–1540) den Thron bestieg, schien das äthiopische Reich auf dem Höhepunkt seiner Macht zu stehen. Zwar war das politische Geschehen am Hof von ständigen Intrigen bestimmt, aber eine kulturelle Blüte, die weitere Ausbreitung des Christentums nach Süden und erste Kontakte des sich sehr selbstbewusst gebenden äthiopischen Reiches zu den im Indischen Ozean operierenden Portugiesen bezeugen eine gewisse Stabilität und Prosperität.

Dennoch war der mittelalterliche Staat wachsenden **Bedrohungen von außen** ausgesetzt. Im Norden breitete sich das Osmanische Reich aus, 1517 besetzten die Türken Ägypten und Küstenstreifen am Roten Meer. 1504 hatten die **Funj** (eine Koalition von Völkern aus dem Südsudan und eingewanderten Arabern), auf die sich die in Beni Shangul lebenden **Berta** als Vorfahren berufen, das letzte **christliche Reich in Nubien** besiegt und in Sennar am Blauen Nil ein Sultanat gegründet.

Wahrscheinlich ökologische Veränderungen hatten am Horn von Afrika **Wanderbewegungen der Somali** ausgelöst, die ihrerseits die Oromo aus ihrem Heimatgebiet verdrängten. Was auf das äthiopische Kaiserreich zukam, kann mit der Völkerwanderung verglichen werden, die das Römische Reich vernichtete.

Um der steigenden Macht der islamischen Gegner zu begegnen, rückten die Äthiopier gegen die Sultanate im östlichen Hochland vor. Nach Anfangserfolgen erwuchs ihnen in dem charismatischen **Imam Ahmad ibn Ibrahim al-Ghazi,** genannt **Grang** („der Linkshänder"), ein furchtbarer Gegner. Er führte, z. T. mit türkischer Unterstützung, die in Bewegung geratenen Völker Ostäthiopiens und der Danakil-Ebene von 1529 bis 1540 jährlich zu Raubzügen ins westliche Hochland, zerstörte Kirchen und Klöster, zwang die Bevölkerung, sich zum Islam zu bekehren und trieb den Kaiser vor sich her. Erst **Kaiser Galawdeos** (1540–1559) gelang es, unterstützt von **portugiesischen Musketieren,** Grang zu schlagen.

„Aber was die Raupen nicht fraßen, zerstörten die Heuschrecken, und was die Muslime verschonten, das verwüsteten die Galla". So sagt es eine Chronik, denn seit 1550 begannen die aus ihrem Kerngebiet in Südostäthiopien auswandernden **Oromo** (amhar.: *Galla*) das äthiopische Hochland zu bedrohen. Im Gebiet von *Fatagar* im Grabenbruch und Shoa setzten sie sich fest und verheerten Äthiopien bis weit nach Gojam mit Raubzügen. Die ehemals von Äthiopien kontrollierten Gebiete im Süden gingen verloren. Auch das muslimische Sultanat von Harar sah sich einer ständigen Bedrohung durch die Oromo ausgesetzt.

Kaiser Sarsa Dengel (1563–1597) gelang es in jahrelangen Kämpfen, eine halbwegs stabile Grenze im Osten und Süden zu halten, wenn auch das Zentrum des Reiches von Shoa nach Go-

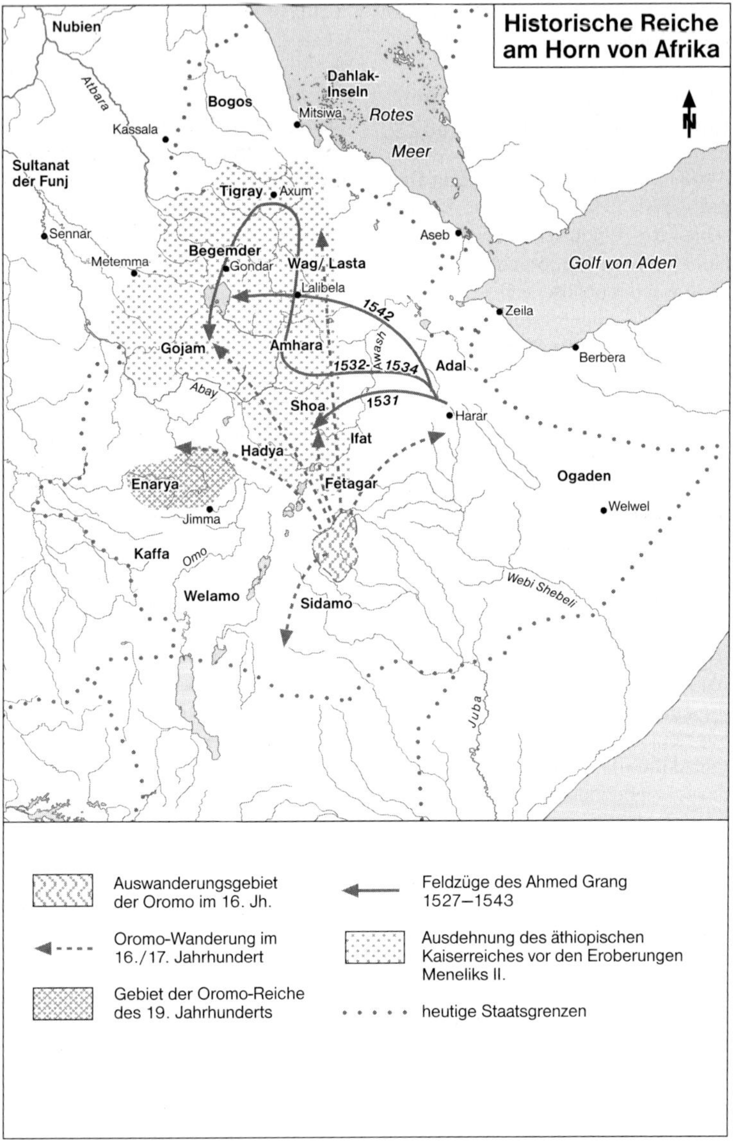
Historische Reiche am Horn von Afrika
Nubien
Atbara
Bogos
Dahlak-Inseln
Mitsiwa
Rotes Meer
Kassala
Sultanat der Funj
Tigray
Axum
Sennar
Aseb
Metemma
Begemder
Gondar
Wag/Lasta
Golf von Aden
Lalibela
1542
Zeila
Awash
Gojam
Amhara
Berbera
1532-1534
Adal
Abay
1531
Shoa
Harar
Ifat
Hadya
Ogaden
Enarya
Fetagar
Welwel
Jimma
Kaffa
Omo
Webi Shebeli
Welamo
Sidamo
Juba
Auswanderungsgebiet der Oromo im 16. Jh.
Feldzüge des Ahmed Grang 1527–1543
Oromo-Wanderung im 16./17. Jahrhundert
Ausdehnung des äthiopischen Kaiserreiches vor den Eroberungen Meneliks II.
Gebiet der Oromo-Reiche des 19. Jahrhunderts
heutige Staatsgrenzen

jam, das durch den Abay (Blauer Nil) geschützt war, verlegt werden musste. Es gelang ihm auch, der türkischen Gefahr im Norden zu begegnen und Unruhen im Land zu ersticken (endgültige Niederschlagung der Falasha).

Bedingt durch die engeren Kontakte zu Portugal, begannen **portugiesische Jesuiten** an Einfluss zu gewinnen, was den Widerstand der traditionellen Geistlichkeit heraufbeschwor. Dieser Gegensatz wurde in den innenpolitischen Auseinandersetzungen von den rivalisierenden Parteien ausgenutzt, wobei die der zum Katholizismus übergetretenen Fürsten auf Hilfe aus Europa setzte, die der Orthodoxen jedoch eine breite Basis in der traditionellen Gesellschaft besaß.

Kaiser Susenyos (1607–1632) versuchte, durch die **Förderung des Katholizismus** die Macht der Regionalfürsten und der orthodoxen Geistlichkeit zu brechen.

1628 unterwarf er sich offiziell dem Papsttum und ordnete ein Verbot des traditionellen Gottesdienstes an. Da im darauf folgenden Bürgerkrieg die Unterstützung durch die europäischen Mächte ausblieb, sah sich der militärisch siegreiche Kaiser gezwungen, abzudanken und die Regierung seinem dem orthodoxen Glauben verbundenen Sohn **Fasilidas** (1632–1667) zu übertragen.

Fasilidas verfügte die Ausweisung der Portugiesen, **verbot den Katholizismus** (dem nun gegen ihn operierende Fürsten anhingen) und bemühte sich um friedliche Beziehungen zu seinen muslimischen Nachbarn.

Die Gondar-Zeit (1632–1767)

In der Mitte des 17. Jh. hatte die Region eine gewisse Stabilität erreicht. Die Oromo begannen, sich fest in den besetzten Gebieten anzusiedeln und gewannen auch zunehmend Einfluss im äthiopischen Reich. Die muslimischen Staaten waren weitgehend geschwächt und um Stabilität der Beziehungen bemüht, Portugals Stern im Indischen Ozean begann zu sinken. Die verstärkte Einbindung des Hochlandes in den **internationalen Handel** über Massawa für den Norden und die Handelsstadt Harar für den Osten und Süden Äthiopiens führte zu Kontakten vor allem im indisch-arabischen Raum. Die bewusst durchgeführte Isolierung vom katholischen Europa bedeutete keineswegs eine völlige Abkapselung des Landes. Auch die **Gründung von Gondar als permanente Hauptstadt** unter Kaiser Fasilidas (1632–1667) führte zu einem Aufschwung der Herstellung und des Handels mit Luxusgütern. Gerade die Gründung dieser Residenz, der ersten seit axumitischer Zeit, stellt ein charakteristisches Merkmal dieser Periode dar, blieben städtische Ansiedlungen doch bis in unser Jahrhundert untypisch für die auf Feldbau beruhende äthiopische Gesellschaft.

Die – im wörtlichen Sinne – zerklüftete Struktur des Landes und die Bemühungen der Zentralisierung der Verwaltung von Hof und Kirche erwiesen sich jedoch als Spannungsfeld, das zunehmend den Bestand des Reiches gefährdete.

Die **ersten Kaiser** verbanden den festen Sitz mit den traditionellen jährlichen Zügen durch das Land und waren dadurch in der Lage, eine effektive Kontrolle auszuüben. Zunehmend wurde es jedoch gefährlich, die Hauptstadt mit den dort konzentrierten hohen Amtsinhabern zu verlassen, da hier Prätendenten zum Kaiser ausgerufen werden konnten. Binnen kurzem waren die Kaiser nur noch Puppen, die von den Regionalfürsten ausgetauscht wurden; diese waren durchaus in der Lage, die Hauptstadt zu besetzen.

Ein weiteres Charakteristikum der Zeit waren erbitterte und oft genug blutige **theologische Auseinandersetzungen**. Hauptprotagonisten dieses endlosen Streites, der besonders der Positionierung in lokalen Machtkämpfen diente, waren jetzt der in Shoa beheimatete **Tewahdo-Orden** (Kloster Debre Libanos) und die Geistlichkeit von Tigray und Gojam (**Qebat** genannt). Erst von Kaiser *Yohannes IV.* (1872–1889) wurde dieser Streit beigelegt.

Überschatteten diese Ereignisse auch zunehmend die Periode, so blühte doch in Gondar eine ausgesprochen **höfische Kultur.** Architektur, Malerei und Literatur sind von einem ganz eigenen **Gondar-Stil** geprägt worden. Eine gewisse internationale Offenheit ab der Zeit **Kaiser Iyasu I.** (1682–1706) brachte eine Reihe **orientalischer und europäischer Reisender** nach Äthiopien, denen wir, neben den äthiopischen Chroniken, wertvolle Beschreibungen des Landes verdanken.

Die Zaman Mesafint und die Einigung Äthiopiens (1767–1889)

Mit dem 1767 erfolgten **Einzug des Ras Mikael Sehul in Gondar** begann eine Periode, in der die Kaiser nur noch als Repräsentativfiguren von mächtigen Fürsten eingesetzt wurden. Diese Zeit wird in den Chroniken, in Anlehnung an das Alte Testament, als **Zaman Mesafint** – „Zeit der Richter/Fürsten" –

bezeichnet. Es bleibt für den Charakter des äthiopischen Staates bemerkenswert, dass niemals einer der Fürsten selbst die Macht übernahm, sondern stets auf Personen zurückgegriffen wurde, die aus der salomonischen Linie stammten. Faktisch war das Land schon in **sich bekriegende Fürstentümer** zerfallen, und es sah zuerst so aus, als könne *Ras Mikael* das Land sogar einen. Die Hoffnung trog; und spätestens ab Kaiser *Tekle Gyorgis* (1779–1784) gab es keinen allgemein anerkannten Kaiser Äthiopiens mehr.

Die **Machtzentren** hatten sich in **Tigray,** in dem von einer Oromo-Dynastie beherrschten **Gojam,** in **Lasta** und in **Shoa** gebildet. Mit wechselnden Bündnissen bekriegten diese Regionen einander, wobei für die Grenzgebiete der Kontakt zu ausländischen Mächten immer wichtiger wurde.

Ägypten hatte 1821 den Sudan besetzt und begann sich mit wechselnden Erfolgen im Roten Meer zu engagieren. **England** hatte 1839 Aden im Jemen besetzt. Auch **Frankreich** und **Italien** begannen, spätestens seit der Eröffnung des **Suez-Kanals** 1896, sich für die Region zu interessieren. Durch die Unterstützung einzelner Fürsten, vor allem mit Feuerwaffen, nahmen sie Einfluss auf die äthiopische Politik. Auch von äthiopischer Seite wurde der Wert europäischer Waffen, aber auch anderer technischer Neuerungen und Erfahrungen, geschätzt.

Kaiser Tewodros II. (1855–1868) brach rigoros mit der Fürstenzeit. Selbst nicht aus dem salomonischen Geschlecht stammend, machte er sich selber zum Kaiser, nachdem er sich siegreich gegen die Fürsten von Gojam, Tigray und Shoa durchgesetzt hatte. Mit unglaublicher Tatkraft, aber auch äußerster Brutalität versuchte er, Äthiopien in einen **zentralisierten Staat** zu verwandeln. Er brach die Macht der Geistlichkeit, verbot den Sklavenhandel, versuchte Steuern und Militär zu reformieren, Straßen zur besseren Kommunikation zu bauen und europäische Technik in seinem Land einzuführen.

Es war fast unvermeidlich, dass er am Widerstand der traditionellen Führer scheitern musste; als er von der nach einem diplomatischen Streit geschickten britischen Militärexpedition 1868 in Maqdala besiegt Selbstmord beging, war sein Reich faktisch schon zerfallen.

Der aus Tigray stammende Kaiser **Yohannes IV.** (1872–1889) setzte das Einigungswerk fort. Es gelang ihm, eine gewisse innenpolitische Stabilität zu erreichen, besonders durch Verträge mit den Herrschern von Gojam, *Tekle Haymanot,* und Shoa, *Menelik*. Außenpolitisch bemühte er sich, **Zugang zum Roten Meer** zu gewinnen. England sicherte ihm als Gegenleistung für den Kampf gegen die im Sudan aufständischen Mahdisten den **Hafen Massawa** zu, übergab ihn 1885 aber an die Italiener. Der Kaiser fiel bei *Metemma* im Kampf gegen die Mahdisten.

Der wichtige Seezugang Massawa fiel 1885 an die Italiener

Die Zeit der Kolonialmächte (1889–1941)

Nach dem Tod Kaiser *Yohannes' IV.* (1872–1889) setzte der damalige König von Shoa seinen Anspruch auf den Kaiserthron durch und wurde als **Menelik II.** (1889–1913) gekrönt. Schon zur Regierungszeit Kaiser *Yohannes' IV.* hatte er systematisch begonnen, sein **Herrschaftsgebiet nach Osten und Süden zu erweitern.** Zum Teil geschah das unter der Parole der Wiedergewinnung von im 16. Jh. an die Oromo verlorenen Gebieten, zum Teil wurden im Zuge dieser, unter seiner Herrschaft als Kaiser systematisch weitergeführten Eroberung, Gebiete besetzt, die nie unter äthiopischer Herrschaft standen (besonders im Ogaden und Südwesten des Landes). *Menelik* befand sich im Wettlauf mit den Kolonialmächten, die ebenfalls ihre Besitzungen in der Region ausdehnten.

1891 teilte er in einem Brief den europäischen Herrschern seine Gebietsansprüche mit, die im Sudan bis zum Weißen Nil und im Süden bis Kenia reichten. Die Küsten erkannte er den Kolonialmächten zu, verlangte aber einen Zugang zum Meer im Gebiet von Eritrea.

Frankreich errichtete im Jahre 1885 das Protektorat **Französisch Somaliland** (heute Djibouti), **England** sicherte sich Rechte um den Hafen Zeila (British Somaliland) und leitete 1896 die schrittweise Rückeroberung des Sudan zusammen mit dem unter seinem Protektorat stehenden ägyptischen Vasallen ein. **Italien,** von England motiviert, engagierte sich in **Eritrea** und im **südlichen Somaliland.** Italiens Ehrgeiz, seinen Einfluss auf das zentrale Hochland auszudehnen, erteilte der Kaiser mit der historischen **Schlacht bei Adua** 1896 eine Abfuhr. Er ließ jedoch die Errichtung der Kolonie Eritrea zu.

Die von seinen Vorgängern begonnene Modernisierung des Landes wurde unter *Menelik* fortgesetzt. Mit der Gründung der **Hauptstadt Addis Abeba,** der Prägung eigener Münzen (die den bis dahin üblichen Maria-Theresien-Taler ablösen sollten), der Organisation von Bildungs- und Gesundheitswesen etc. bemühte sich Äthiopien, den Weg zu einem unabhängigen Nationalstaat zu ebnen.

Nach dem Tod Meneliks versuchte sein Nachfolger **Lij Iyasu** (1913–1916) offensichtlich, auf Seiten der Mittelmächte gegen die sein Land umschließenden Kolonialmächte in den I. Weltkrieg einzutreten. Er wurde mit englischer und französischer Hilfe entthront. Der energische **Ras Tafari** setzte, zuerst als Regent für die **Kaiserin Zawditu** (1916–1930) und dann als **Kaiser Haile Selassie I.** (1930–1974), die Modernisierungspolitik fort. Er war der wirtschaftlichen Durchdringung seines Landes durch die Kolonialmächte nicht abgeneigt, bemühte sich aber, wie Menelik, keiner Macht Souveränitätsansprüche abzutreten. 1926 wurde Äthiopien **Mitglied des Völkerbundes,** 1931 wurde die erste **Verfassung** verkündet. Das faschistische Italien verstärkte nach dem Weltkrieg sein Engagement in den Kolonien. 1928 hatte man zwar einen Freundschaftsvertrag mit Äthiopien geschlossen, ab 1932 war General *De Bono* aber mit der Vorbereitung einer Invasion beauftragt. Im November 1934 provozierten die Italiener einen Zwischenfall im von Äthiopien beanspruchten Ort Welwel im Ogaden (der Ort lag im Äthiopien zugesprochenen Gebiet, war aber seit fünf Jahren von Italien besetzt) und entfachten einen Propagandafeldzug.

England und Frankreich erklärten sich neutral und stoppten die Einfuhr kriegswichtiger Güter nach Äthiopien, der Völkerbund vermied eine Konfrontation mit Italien. Am 3. Oktober 1935 marschierten die Italiener in Äthiopien ein, am 5. Mai 1936 besetzten sie, trotz verbissenen Widerstandes, Addis Abeba. Im Völkerbund hatte man zuvor eine Teilung Äthiopiens beraten.

Kaiser **Haile Selassie** ging ins **Exil** und trat 1936 vor dem Völkerbund auf, man versagte Äthiopien aber die Unterstützung. 1938 erkannte der Völkerbund die Annektion Äthiopiens an. Im Lande gingen die Italiener mit bestialischen **Vergeltungsmaßnahmen** gegen den Widerstand vor.

Als Italien 1940 Frankreich und England den Krieg erklärte und von Äthiopien aus in den Sudan und nach Kenia einmarschierte, sah man sich zum Handeln gezwungen.

Zusammen mit dem aus dem englischen Exil zurückgekehrten Kaiser betraten im Januar 1941 alliierte Truppen äthiopischen Boden und eroberten im Mai Addis Abeba zurück. England übernahm die italienische Kolonie Eritrea und hielt bis 1955 einige Gebiete in Äthiopien besetzt.

Politik

Die Nachkriegsmonarchie

Nach dem Ende der faschistischen Besetzung wurde der **Kurs der Modernisierung** fortgesetzt. Das kaiserliche Äthiopien galt als Hort der Stabilität im sich rasant verändernden Afrika in der Periode der **Entkolonialisierung.** In Addis Abeba befindet sich das Hauptquartier der Organisation für Afrikanische Einheit (OAU), die 1963 dort gegründet wurde. Die westlichen Länder förderten den Modernisierungskurs, seit 1953 waren die USA auch militärisch in Äthiopien präsent. Äthiopische Bataillone kämpften im Korea-Krieg und unter der UN im Kongo.

Im Inneren häuften sich jedoch allmählich die Probleme. Führer des Widerstandes gegen den italienischen Faschismus wehrten sich gegen die Rückkehr zum feudalen System. Die Übermacht des amharischen Bevölkerungsanteils in allen Verwaltungspositionen führte zu **Erhebungen** bzw. kriegerischen Auseinandersetzungen größeren Ausmaßes in Tigray (1943), der Oromo und Somali (1963–1970), und besonders in **Eritrea,** das als ehemalige italienische Kolonie zuerst von England besetzt blieb, 1952 im Rahmen einer Föderation an Äthiopien gebunden wurde und schließlich 1962 als Provinz annektiert wurde. 1960 gab es einen Putschversuch der kaiserlichen Leibgarde. Die sich herausbildende Schicht kleiner Beamten, Lehrer, Techniker und Offiziere blieb von der politischen Macht ausgeschlossen, die ausschließlich in den Händen der vor allem amharischen Oligarchie lag. Das extreme Ungleichgewicht bei der Verteilung des gesellschaftlichen Reichtums schürte die Spannungen. Als die Führungsriege und besonders der Kaiser die **Hungersnot 1971–1973** in den Provinzen Wollo und Tigray regelrecht ignorierten, kam es zum Sturz des kaiserlichen Regimes.

Die Phase des Derg

An der Spitze des Umsturzes stand das Militär; die Verwaltung des Landes übernahm ein **Rat der Streitkräfte,** der **Derg.** Losung der sich vollziehenden Revolution war **„Etiopia Tikdem – Äthiopien zuerst".** Die Umgestaltung der Regierungsform zog sich über einen längeren Zeitraum hin, wobei es zunehmend zu einem Kräftemessen zwischen zivilen Gruppen und dem Militär kam.

Schon im November 1974 wurde General *Aman Mikael Amdon* als Vorsitzender des Derg abgelöst und zusammen mit anderen exekutiert. Der **Säuberung** fiel ein Großteil der aus der Kaiserzeit stammenden Elite zum Opfer. Weitere Spannungen gab es zwischen Maoisten, gemäßigten Sozialisten und dem Militär.

1975–1977 fand eine **Bodenreform** statt, die vor allem bisher landlosen Pächtern Bodeneigentum verschaffte. Diese Veränderung der Besitzstruktur gab dem feudalen System in Äthiopien den Todesstoß; der ökonomischen Grundlage beraubt, konnten weder der Adel noch die Kirche im Widerstand auch nach dem Umsturz von 1991 politischen Einfluss erringen.

Das Mengistu-Regime

1977 versuchte Somalia, die Schwäche Äthiopiens zu nutzen, und begann den **Ogaden-Krieg,** um die von Somali bewohnten Teile Äthiopiens seinem Staatsgebiet anzufügen. In dieser Situation riss die äthiopische Armee endgültig die Macht an sich und schaltete 1977/78 die zivile und auch militärische Opposition blutig aus. Führer dieser Gruppe war **Mengistu Haile Maryam,** unter dem eine Orientierung auf das sozialistische Staatsmodell und die Sowjetunion durchgesetzt wurde. Mit Hilfe der Sowjetunion und Kubas wurde der somalische Angriff zurückgeschlagen, nachdem sich die USA unter Präsident *Carter* geweigert hatten, Äthiopien zu unterstützen

Im Verlauf der 1980er Jahre versuchte das Regime durch die Gründung der **„Äthiopischen Arbeiterpartei"** (1984) und der Ausrufung der **„Demokratischen Volksrepublik Äthiopien"** (1987) seine Basis zu verbreitern. Obwohl durch die Bodenreform und einer Reihe sozialer Maßnahmen (Alphabetisierung, medizinische Versorgung) die schlimmsten Missstände im Lande bekämpft wurden, erwies sich die Militärführung zunehmend als eine auf den eigenen Machterhalt orientierte, vor allem von Amharen gestellte Clique, der es nicht gelang, die Probleme in den Griff zu bekommen.

Der seit 1961 geführte **Bürgerkrieg in Eritrea** ging weiter, seit 1975 gab es bewaffnete **Aufstände in Tigray und in den Oromo-Gebieten.** 1984/85 wurden Nordäthiopien und Eritrea von einer neuen **Hungerkatastrophe** heimgesucht, der Tausende Menschen zum Opfer fielen. Die von der Regierung mit internationaler Unterstützung vorgenommene **Umsiedlung der Bevölkerung** von der Dürre betroffener Gebiete in den klimatisch günstigeren Süden verschärfte die ethnischen Probleme.

Nach der Koordinierung der Aktionen der gegen die Regierung operierenden Bewegungen **EPLF** (Eritrean People's Liberation Front) und **EPRDF** (Ethiopian People's Revolutionary Democratic Front – hervorgegangen aus der in Tigray operierenden **TPLF,** Tigray People's Liberation Front, und der in Wollo operierenden **EPDM,** Ethiopian People's Democratic Movement) sowie **OLF** (Oromo Liberation Front) sah sich das Regime seit 1988 in die Defensive gedrängt.

Im März 1990 erklärte *Mengistu,* dass der Versuch, in Äthiopien den Sozialismus aufzubauen, gescheitert sei. Die Kollektivierungsmaßnahmen auf dem Lande wurden zurückgenommen, die Umsiedlung beendet. Mit dem Wegfall der sowjetischen Militärhilfe war die Regierung zu Gesprächen gezwungen, die aber ergebnislos verliefen.

Einen der Hauptgegensätze zwischen Regierung und Opposition bildete das **Eritrea-Problem.** Die Regierung bestand auf dem Verbleib Eritreas im äthiopischen Staat, während von seiten der Opposition ein Referendum über dessen Unabhängigkeit geplant wurde. Am 21. Mai 1991 floh Mengistu nach Simbabwe, am 28. Mai besetzte die EPRDF Addis Abeba.

Die Demokratische Bundesrepublik Äthiopien

Die befürchteten Vergeltungsmaßnahmen blieben weitgehend aus. Die **Abrechnung mit dem Mengistu-Regime** begann 1994, nach drei Jahren der Beweisaufnahme, mit den ersten Anklagen. Die Anklage stützt sich oft auf Rechnungen über die verschossene Munition, die man den Familien der Exekutierten damals zugestellt hatte, bevor sie ihre getöteten Angehörigen abholen durften. Nachdem es gelungen war, alle wichtigen Positionen mit Mitgliedern der Opposition zu besetzen, gab es **unter den ehemaligen Verbündeten** erste **Spannungen.** Die OLF weigerte sich, den Hegemonieanspruch der EPRDF anzuerkennen, es kam zum Aufflammen von Clankriegen unter den Somali im Zusammenhang mit dem Bürgerkrieg in Somalia sowie zu Konflikten zwischen Oromo und Somali. Dazu kam die Unzufriedenheit besonders der Amharen über die Unabhängigkeitsbestrebungen Eritreas. Ein Gefahrenpotenzial stellten auch die Soldaten der ehemaligen Regierungsarmee und die große Menge an Waffen im Land dar, die das Räuberwesen begünstigten.

Im Dezember 1991 wurde von der **Übergangsregierung** unter Staatschef *Meles Zenawi* und Regierungschef *Tamrat Layne* von der EPRDF ein Dekret über die **Neuordnung des Landes** verkündet. Statt in die bisherigen Provinzen wurde das Land in vierzehn nach ethnischen Gesichtspunkten gebildete Provinzen aufgeteilt. In den Regionen haben sich die meisten Parteien auf ethnischer Grundlage organisiert, Amharisch wurde als Staatssprache abgelöst und in einigen Regionen, hauptsächlich in Tigray und Oromia, durch die Nationalsprachen ersetzt.

In einigen Gebieten gab es **Auseinandersetzungen über die Grenzziehung** der Regionen. So wurde die wirtschaftlich wichtige Stadt Dire Dawa zum Beispiel von Oromo und Somali beansprucht. Da der Konflikt nicht lösbar war, wurde die Stadt zu einer Sonderregion. Die Demobilisierung der ehemaligen Armee konnte erfolgreich abgeschlossen werden, auch gelang es, häufig unter Beteililigung der traditionellen Räte, die Lokalkonflikte zu beruhigen und der Räubereien weitgehend Herr zu werden. Der Konflikt zwischen der EPRDF und der OLF wurde vorerst zugunsten der EPRDF entschieden, der es gelang, die OLF teilweise zu entwaffnen und an allen Schlüsselpositionen Mitglieder der von ihr mit begründeten OPDO (Oromo People's Democratic Organisation) einzusetzen.

Die **Verwaltung Eritreas** wurde von der EPLF übernommen, die das Land inzwischen als unabhängigen Staat regiert. Zwischen ihr und der EPRDF wurde ursprünglich eine Vereinbarung über den Zugang Äthiopiens zu den Häfen Massawa und Assab getroffen. Ende April **1993** fand ein **Referendum** statt, das eine überwältigende Mehrheit für die **Unabhängigkeit** erbrachte. Die Beziehungen zwischen den beiden Staaten wurden durch mehrere Freundschafts- und Kooperationsverträge geregelt.

Trotz der großen Probleme gelang es in der Folgezeit, eine gewisse **Stabilität** im Lande herzustellen. Die Privatwirtschaft wurde gefördert, zugleich bestehen aber Subventionen an staatliche Betriebe bis heute fort. Die USA und andere westliche Geberländer, die an der Stabilität der Region nach dem Wegfall der Ost-West-Konfrontation interessiert sind, unterstützten die neue Regierung massiv. Bei den **Wahlen 1994** errang die EPRDF den erwarteten Sieg. OLF und die die Ogadensomali vertretende ONLF boykottierten die Abstimmung. Die neu gewählte Constituent Assembly (CA) beriet einen Verfassungsentwurf, bei dem besonders das Recht der Provinzen auf Selbstbestimmung und Sezession und die Frage, ob in Zukunft staatlicher oder privater Landbesitz zu fördern sei, die Kernpunkte waren. **1995** fanden **Parlaments- und Regionalwahlen** statt, bei denen ein Parlament aus zwei Kammern mit 546 Abgeordneten bestimmt wurde. Die 1995 beschlossene **neue Verfassung** schließt das Recht der Sezession einzelner Landesteile ein. Die Wahlen 1995 wurden von den meisten Oppositionsparteien boykottiert.

Nachdem die **Wahlen** des Jahres **2000** zu einer fast einhundertprozentigen Mehrheit der EPRDF geführt hatten, kam es bei den Wahlen **2005** zu einem starken Stimmenverlust der EPRDF-nahen Parteien auf 372 Abgeordnete. In der Sonderregion Addis Abeba verloren die Regierungsparteien sogar ihre Mehrheit. Dieser starke Machtverlust führte zu **Unruhen** im ganzen Land und einem Disput über den Verlauf der Wahlen und deren Fairness. Bis heute wird berichtet, dass nicht nur Oppositionspolitiker, sondern auch unabhängige Journalisten sich ohne Anklage im Gefängnis befinden.

Im August 1995 wurde **Dr. Negaso Gidada** zum Präsidenten der Federal Democratic Republic of Ethiopia gewählt, der 2001 durch den 1917 geborenen **Ato Girma Woldegiorgis** abgelöst wurde. **Ato Meles Zenawi** übernahm den Posten des Premierministers und Regierungschefs im Jahr 1991 und hat ihn bis heute inne. Die an ethnischen Prinzipien orientierte Politik der Übergangsregierung traf besonders unter amharischen Intellektuellen auf Widerstand, die darin die Zerstückelung des Landes und seine bevorstehende Teilung sahen. 1995 organisierten sich die wichtigsten Oppositionsgruppen in der **CAFPDE** (Coalition of Alternative Forces for Peace and Democracy in Ethiopia) unter der Führung von **Dr. Beyene Petros.** Eine weitere oppositionelle Gruppierung sind die Monarchisten um den im britischen Exil zum Kaiser gekrönten Thronfolger **Asfa Wossen** (1916–1997), die 1992 zum hundertsten Geburtstag von Kaiser *Haile Selassie* (1892–1974) dessen Leiche offiziell bestatten und den Tag zum staatlichen Feiertag erklären wollten. Diese Aktion wurde unterbunden, überhaupt scheinen die Monarchisten keinen großen Rückhalt zu finden. Präsidentenwahlen sind für das Jahr 2007, das Jahr des äthiopischen Milleniums, geplant.

Außenpolitisch im Vordergrund stand lange der **Konflikt mit Eritrea.** Nachdem die ehemalige Nordprovinz 1997 ihre eigene Währung eingeführt hatte, sah sich Äthiopien provoziert und warf Eritrea vor, zwei Bezirke (um die Stadt Badme) am nordwestlichen Rand der gemeinsamen Grenze besetzt zu haben. Der Konflikt eskalierte im Mai/Juni 1998, nach offiziellen Angaben haben 123.000 Äthiopier im Krieg ihr Leben gelassen. Nach vielen internationalen Vermittlungsbemühungen erreichte man schließlich, dass beide Länder am 12.12.2000 eine Art Friedensvertrag unterschrieben. Die Kämpfe wurden eingestellt, jegliche Beziehungen zwischen Äthiopien und Eritrea liegen jedoch seither auf Eis. Die Grenzen sind geschlossen, und Äthiopien muss alle Güter über den Hafen in Djibouti einführen, da Assab nicht zugänglich ist.

Im Jahr 2007 steht der **Konflikt mit Somalia** im Vordergrund. Äthiopische Truppen haben auf Bitten der somalischen Regierung die somalischen Truppen unterstützt und große Teile Somalias inklusive der Hauptstadt Mogadischu besetzt. Die Interessen der USA im Kampf gegen den islamistischen Terrorismus dürften dabei eine große Rolle gespielt haben. Dabei kam es zu vielen zivilen Toten, die nicht zuletzt bei Luftangriffen und beim Häuserkampf in Mogadischu zu beklagen waren.

Eine positive außenpolitische Entwicklung ist der Umstand, dass der jahrelange Streit mit dem Sudan und Ägypten wegen der **Nilwassernutzung** endlich einvernehmlich geschlichtet werden konnte.

Zeittafel

(kursiv = Ereignisse außerhalb Äthiopiens)

um 1490 v. Chr.	Expedition der ägyptischen Pharaonin Hatschepsut nach Punt
5.–3. Jh. v. Chr.	präaxumitische Kultur, Inschriften in altsüdarabischer Sprache, Tempel von Yeha
285–247 v. Chr.	Inschrift des ptolemäischen Königs Ptolemaios II. Philadelphos in Adulis (monumentum adulitanum)
1. Jh.	Entstehung des Reiches von Axum, erstmals im Periplus maris erytraei genannt; erste Inschriften in Altäthiopisch, Altsüdarabisch und Griechisch, Nennung Königreich D'MT (Da'amat)
um 200	König Gadar
um 270	erste axumitische Münzen unter König Endubis
3. Jh.	Könige Aphilas u. Wazeba
ca. 325–355	König Ezana, Feldzüge und Inschriften, zu seiner Regierungszeit Einführung des Christentums (Bischof Frumentius)
5. Jh.	Könige Ebana, Usas, Nezana
ca. 514–542	König Kaleb, Feldzüge in Südarabien
540–45	*nubisches Königreich Nobatia wird zum Christentum missioniert*
570	*nubisches Königreich Makuria wird zum Christentum missioniert*
580	*nubisches Königreich Alodia wird zum Christentum missioniert*
6. Jh.	Könige Wazeb, Israel, Allamidas, Hataz
um 590	*Persien besetzt Südarabien*
622	*Auszug (Hijra) Muhammads aus Mekka nach Medina, Beginn der islamischen Zeitrechnung*
636	*Eroberung Syriens durch die Araber*
640–642	*Eroberung Ägyptens durch die Araber*
Anfang 7. Jh.	Ende der Münzproduktion, Axum vom internationalen Handel ab geschlossen
8. Jh.	Dahlak-Inseln werden von den Arabern besetzt
9. Jh.	Der arabische Geograf al-Yaqubi berichtet von einem nagashi, der ein großes Reich einschließlich der Dahlak-Inseln beherrscht
9./10. Jh.	Kämpfe zwischen den Nachfolgern der axumitischen Herrscher und Agau-Völkern, die legendäre Königin Gwudit zerstört Axum
um 880	Berichte über jüdische Stämme und eine jüdische Königin in Äthiopien
914 oder 1137–1268	Dynastie der Zagwe aus Lasta, Hauptstadt Roha (= Lalibela), angeblich Könige Tekle Haymanot, Tatawdem, Jan Sium, Girma Sium, Mayrari, Harbey, Yemrehanna Kristos, Harbey Gebre Maryiam, Lalibela, Neakuto Leab, Yitbarek
ca. 1167–1207	König Lalibela, legendärer Erbauer der Felskirchen in Roha (= Lalibela)
um 1200	Sultanat Ifat in Shoa
1268	Übergang der Herrschaft an Yekuno Amlak (1268–1283), Erneuerung der salomonischen Dynastie
1283–1292	Yagbea Sion
1292–1297	fünf Kaiser mit nur kurzer Regierungszeit

1297–1314	Wedem Arad
1306	*äthiopische Delegation in Genua belegt (bei der Durchreise auf Rückweg von Avignon)*
1314–1344	Amda Sion I.; Blüte der Literatur, Kebra Nagast, Ausbreitung des Christentums nach Süden
Anfang 14. Jh.	*nubisches Königreich Makuria wird durch arabische Angriffe zerstört*
1344–1372	Newaye Kristos
1372–1382	Newaye Maeyam
1382–1411	Dawit I.
1387	Delegation nach Ägypten, Kontakte nach Europa
1411–1414	Tewodros I.
ca. 1410	erste französische Delegation (muss im Land bleiben)
1414–1429	Yeshak I.
1429–1430	Andreyas
1430–1433	Tekle Maryam
1433	Serwe Iyesus
1433–1434	Amde Iyesus
1434–1468	Zara Yakob; Hauptstadt in Debre Berhan, theologische Reformen
1441	*äthiopische Geistliche auf Konzil in Florenz*
1445	Zerschlagung des Sultanats Ifat
1453	*Konstantinopel wird von den Türken erobert*
1468–1478	Baeda Maryam
1478–1494	Eskendor
um 1480	franziskanische Mission mit dem venezianischen Maler Francesco Brancaleone in Äthiopien
1494	Amda Sion II.
1494–1508	Naod
1494	portugiesische Delegation unter Pedro de Covilha, muss im Land bleiben
1504	*Fall des letzten christlichen nubischen Reiches Alodia (Alwa) an das Sultanat der Funj von Sennar*
1507	Portugiesen bauen eine Festung auf der Insel Socotra am Eingang des Roten Meeres
1508–1540	Lebna Dengel
1512–1519	*Türken erobern Syrien, Ägypten, Nordafrika und die Küste Arabiens*
bis 1516	Regentschaft der Kaiserin Eleni, Kontakte nach Portugal
1520–1526	Portugiesische Delegation unter Rodrigo di Lima, dabei Francisco Alvarez, der ein Buch über Äthiopien schreibt (einzige Beschreibung des Landes vor der Zerstörung durch Grang)
1527–1543	Invasion des Imam Ahmad Grang, Zerstörung von Kirchen und Klöstern (1531 Dawaro und Shoa erobert, 1533 Gojam und Lasta erobert, 1535 erster Zug nach Tigre)
1540–1559	Galawdeos
1541	400 portugiesische Musketiere unter Christovao da Gama landen in Massawa, 1542 werden ca. 260 und der Anführer getötet
1542	Schlacht bei Wayna Dega (Nähe Tanasee), Grang gefallen
ab 1545	Wanderbewegung der Oromo
1557	Türken in Debre Damo
1559–1563	Minas

1563–1597	Sarsa Dengel
1578	Niederlage des Aufständischen Bahr Nagash Yeshaq gegen den Kaiser
1586	Enarya wird von Sarsa Dengel christianisiert, fällt später an die Oromo
1597–1603	Yakob
1603–1604	Za Dengel
1603	Jesuit Pero Pais kommt nach Äthiopien; ihm gelingt die Bekehrung Za Dengels und Susenyos zum Katholizismus
1604–1607	Yakob (erneut)
1607–1632	Susenyos
1628	Jesuit Mendez überzeugt den Kaiser, die Oberhoheit des Papstes anzuerkennen, Umgestaltung der äthiopischen Kirche, Bürgerkrieg
1632	Susenyos erklärt die Restitution des orthodoxen Glaubens und tritt zurück
1632–1667	Fasilidas; Gründung der Hauptstadt in Gondar
1634	Vertreibung der Jesuiten; Katholiken wird das Betreten Äthiopiens untersagt
1648	Verträge mit den Paschas von Massawa und Sawakin, keine Katholiken einreisen zu lassen
1667–1682	Yohannes I.
1682	Synode über die Inkarnation Christi, Beginn einer langen Reihe religiöser Auseinandersetzungen
1668	Trennung von Christen, Juden und Moslems
1682–1706	Iyasu I.
1699–1700	französischer Arzt Poncet am Kaiserhof von Gondar
1706–1708	Tekle Haymanot I.
1708–1711	Tewoflos
1711–1716	Yostos
1716–1721	Dawit III.
1721–1730	Bakaffa
1730–1755	Iyasu II.; der Kaiser steht weitgehend unter dem Einfluss seiner Mutter Mentewab
1735 oder 44	fehlgeschlagener Feldzug gegen Sennar
1755–1769	Iyoas; Ras Mikael Sehul von Tigray herrscht faktisch (bis 1771)
1769	Yohannes II
1769–1777	Tekle Haymanot II.
1769–1771	schottischer Reisender James Bruce in Äthiopien
1771–1855	rivalisierende Fürsten beherrschen Gondar (Zaman Mesafint)
1777–1779	Salomon II.
1779–1784	Tekle Gyorgis
1784–1788	Iyasu III.
1788–1801	Beade Maryam, Beade Maryam II., Hezekyas, Salomon III., Demetros und Tekle Gyorgis
1801–1818	Egwale Sion
1813–1847	Negus Sahle Selassie regiert in Shoa
1818–1821	Iyoas II.
1820–1822	*Ägypten erobert den Sudan*
1821–1826	Gigar
1826	Beade Maryam III.

1826–1830	Gigar (erneut)
1830–1832	Iyasu IV.
1832	Gebre Krstos
1832–1840	Sahle Dengel
1840–1842	Yohannes III.
1842–1855	Sahle Dengel (erneut)
1855–1868	Tewodros II.; Ende der Fürstenzeit, Reformen des Steuerrechts, der Armee und Geistlichkeit, Beginn der Modernisierung
seit 1860	zunehmende Aufstände
1863	Inhaftierung des englischen Konsuls Cameron und weiterer Europäer
1865	Assab von Italien gekauft
1868	Massawa kommt an Ägypten
1867–68	britische Invasion
1869–1872	Tekle Gyorgis II.
1869	*Eröffnung des Suez-Kanals*
1872–1889	Yohannes IV.
1872	Gebiet Bogos (in Eritrea) von Ägypten besetzt
1875	Harar von Ägypten besetzt
1875/76	ägyptische Armee wird bei Gundet und Gura geschlagen
1878	Vertrag zwischen Yohannes IV. und Menelik von Shoa
1878	Konzil von Dese, Vereinheitlichung der äthiopischen Kirche
1881	*Muhammad Ahmad al-Dongolawi proklamiert sich zum Mahdi des Sudan, Mahdi-Aufstand im ägyptisch besetzten Sudan*
1882	*Aufstand des Ahmad Urabi in Ägypten, das Land wird von englischen Truppen besetzt*
1885	Fall von Khartoum an die Mahdisten
1885	Ägypten zieht sich aus Massawa zurück, von Italien besetzt
1885	Ägypten zieht sich aus Harar zurück, 1887 von Menelik besetzt
1888	Vertrag zwischen England und Frankreich über die Grenzen zwischen Britisch- und Französisch- Somaliland (Djibouti)
1889	Kaiser Yohannes IV. fällt gegen die Mahdisten in Metemma
1889–1913	Menelik II.
1889	Vertrag von Wetcale (Uccialli)
1887–97	Eroberung der Oromo- und Sidama-Reiche
1890	Gründung der italienischen Kolonie Eritrea
1896	Schlacht bei Adua
1902	Festsetzung der Grenze Äthiopiens mit dem Anglo-Ägyptischen Sudan und Britisch East Africa (Kenia)
1889–1920	Italien erobert die Kolonie Italienisch-Somaliland
1913–1916	Lij Iyasu
1916–1930	Zawditu
1930–1974	Haile Selassie I.
1931	erste Verfassung
1935	italienische Aggression gegen Äthiopien, Besetzung bis 1941
1952	Eritrea kommt im Rahmen einer Föderation an Äthiopien
1953	Militärpakt mit den USA
1955	erneuerte Verfassung
1960	fehlgeschlagener Putsch der kaiserlichen Leibgarde
1961	Beginn des bewaffneten Kampfes in Eritrea

1962	Annexion Eritreas
1972/73	Dürrekatastrophe
1974	Revolution, Absetzung des Kaisers
ab 1975	bewaffneter Widerstand in Tigray und den Oromogebieten
1977	Machtergreifung durch Mengistu Haile Maryam
1977/78	Ogaden-Krieg, Bruch mit den USA, Unterstützung durch UdSSR und Kuba
1984/85	Dürrekatastrophe
1987	Ausrufung der Demokratischen Volksrepublik Äthiopien
1989	Putschversuch gegen Mengistu
1991	Flucht Mengistus, EPRDF übernimmt die Macht
1993	Eritrea wird nach Volksabstimmung unabhängig
1995	Ausrufung der Federal Democratic Republic of Ethiopia; Parlaments- und Regionalwahlen; Staatspräsident Negasso Gidada und Premierminister Meles Zenawi
1997	Austritt Eritreas aus der Währungsgemeinschaft und Einführung des Nakfa als eigene Währung
1998	Bewaffnete Grenzkonflikte Äthiopiens mit Eritrea um ungeklärte Gebietsansprüche im Nordwesten der Provinz Tigray; Vermittlungsversuche durch die OAU
2000	Friedensverhandlungen in Algier und Unterzeichnung des Friedensabkommens im Dezember
2001	Äthiopisches Parlament wählt Lt. Girma Wolde Giorgis zum Präsidenten
2002/03	Hungersnot in weiten Teilen des Landes nach Missernte
2004	Internationale Einigung über Nutzung des Nilwassers
2005	Parlamentswahlen; in der Folge Proteste und blutige Unruhen
2007	Millenniumsfeiern in Äthiopien (siehe Kapitel „Zeitrechnung")

efi_040 Foto: mf

Die äthiopische **Wirtschaft** hat erheblich unter dem Krieg gelitten, neue Steuern wurden eingeführt und alte erhöht. Die Lebenshaltungskosten sind stark angestiegen, was die Armut noch schlimmer werden lässt. Im Jahr 2003 waren 14 Millionen Menschen von **Nahrungsmittelhilfe** abhängig. Strukturell bedingte Nahrungsmitteldefizite prägen weiterhin das Land, Dürren, Überschwemmungen und andere Kalamitäten lassen es nicht zu, dass die Bauern und der Staat der Nahrungsmittelkrise entkommen.

Auf der **innenpolitischen Bühne** spielen sich immer wieder ähnliche Ereignisse ab. So gab es in jüngster Zeit Umsiedlungsmaßnahmen, bei denen versucht wurde, die Menschen aus dem Hochland innerhalb ethnischer Grenzen auf freiwilliger Basis zum Umzug ins Flachland zu bewegen. Ziel der Regierung ist es, den hungernden Menschen eine bessere Lebensbasis zu verschaffen. Von Unruhen zwischen einzelnen Volksgruppen wird immer wieder berichtet. So gab es zum Beispiel 2006 in Dilla Demonstrationen gegen Tigray und Amharen. Bei den Wahlen 2005 wurde wiederholt, nicht zuletzt von internationalen Wahlbeobachtern, über Unregelmäßigkeiten berichtet. Das hatte mit ethnischen und politischen Spannungen zu tun und führte nicht nur zur Verhaftung missliebiger Kandidaten, sondern auch gelegentlich zur Inhaftierung von Journalisten, die über diese Dinge berichten wollten. Auch an den Universitäten kommt es in unregelmäßigen Abständen zu Protesten und in der Folge zum gewaltsamen Einschreiten der Ordnungskräfte, was gelegentlich auch zu Todesfällen führt. Offiziell heißt es dazu in aller Regel, dass es sich um inneruniversitäre Probleme wie schlechtes Mensa-Essen oder schlechte Unterbringung handelt ...

Auch stehen Themen wie die Verbesserung der **Infrastruktur,** etwa der Straßenbau und die Strom- und Wasserversorgung, auf der Agenda der Innenpolitik. In punkto Straßenbau und Asphaltierung der Hauptverbindungsstrecken ist in den letzten Jahren auch viel getan worden; in einigen Landesteilen wie im Norden sind die Arbeiten noch in vollem Gange. Wohingegen der Kampf gegen **AIDS** und **Korruption** eher aussichtslos erscheint. Immer mehr Menschen und ganze Familien sind von HIV betroffen, bis zu 3,5% der gesamten Bevölkerung. Einzig positiv daran mag sein, dass das Problem inzwischen wenigstens thematisiert wird.

Bevölkerung und Gesellschaft

Volksgruppen

Äthiopien ist ein **Vielvölkerstaat.** Oft zitiert wird das Wort des großen italienischen Äthiopisten *Carlo Conti Rossini,* der Äthiopien als ein **„museo di populi“**, ein Völkermuseum, bezeichnete.

Versucht man, die Menschen einer Region in irgendeiner Weise zu klassifizieren, sollte man sich stets vergegenwärtigen, dass alle Kriterien, die Trennendes oder Verbindendes ausmachen

Ilefi Foto: mf

Hausarbeit ist auch in Äthiopien ausschließlich Frauensache

sollen, Hilfskonstruktionen dessen sind, der die Klassifikation vornimmt. In der Realität sind Völker, Ethnien, Gruppen, Stämme oder Nationalitäten stets ein komplexes Gebilde, dessen Grenzen oft genug willkürlich gezogen werden. Gerade Äthiopien, mit einer Bevölkerung, die auffallend unterschiedlich ist, zeigt, wie vielschichtig die Übergänge sind und wie fragwürdig eindimensionale Klassifikationen sein können.

Prinzipiell kann man die Sprache, die Kultur und Lebensweise, den Lebensraum und die historische Entwicklung als Kriterien der **Einteilung** nutzen. In der **afrikanischen Ethnologie** ist bis in jüngste Zeit die Einteilung nach Sprachen verbreitet; diese Einteilung setzt dabei Sprecher einer bestimmten (oft genug idealisierten) Sprache in einem bestimmten Lebensraum gegen andere Sprecher und Lebensräume ab. Dieses Prinzip wurde auch bei der 1991 erfolgten **Neuordnung Äthiopiens** angewandt, als man das Land in **14 Regionen** einteilte, in denen jeweils eine Sprache bzw. Sprachgruppe dominieren sollte. Eine solche am status quo orientierte Klassifizierung wird gewöhnlich mit Verweis auf die historische Entwicklung der letzten tausend Jahre kritisiert, bei der Wanderungsbewegungen und Übernahme fremder Sprach- und Kulturelemente zu Veränderungen geführt haben. Dazu kommt, dass die gewünschte Reinheit der Sprachprovinzen überhaupt nicht gegeben ist, sondern es vielfältige Vermischungen und Kontakte gibt. Gewöhnlich sind es nur isolierte und von der ökonomischen und kulturellen Zirkulation abgeschnittene Gebiete, die dem sprachlichen Kriterium gerecht werden.

Andere Einteilungen legen die religiösen Vorstellungen zugrunde (Christentum, Islam, Animisten) oder gesellschaftliche Systeme (sakrales Königtum, Altersklassensysteme, feudales Lehnssystem) oder die dominierende Wirtschaftsweise (Feldbau, nomadisierende Viehzucht, Jagen und Sammeln). Für die Unabhängigkeit Eritreas schließlich war allein der historische Fakt entscheidend, dass dieses Gebiet sechzig Jahre lang eine italienische Kolonie war.

Diese Einleitung soll dazu dienen, das Problem der Ethnien Äthiopiens nicht auf einen linguistischen Nationalismus zu reduzieren, sondern in seiner **Vielschichtigkeit** zu erfassen. Viel wird in der Zukunft davon abhängen, wie sich die äthiopischen Völkerschaften selbst und in Bezug aufeinander definieren.

Im Folgenden wird das Kriterium der Sprache benutzt, um größere Bevölkerungsgruppen zu beschreiben. Die **Lebensweise** von Sprechern derselben Sprache unterscheidet sich oft erheblich, abhängig von den wirtschaftlichen Gegebenheiten ihres Lebensraumes (Hochland, Tiefland, Savanne) und ihrer Religion. Aus der Verteilung und Entwicklung der Sprachprovinzen lassen sich gewisse Schlüsse auf historische und kulturelle Entwicklungen ableiten, ohne dass derartige Vergleiche allein zur Rekonstruktion von Geschichte ausreichen (zu den einzelnen Ethnien siehe Kapitel „Der Osten", „Süd- und Südostäthiopien", „Südwestäthiopien").

Sprachen und Ethnien

Man geht davon aus, dass die zur **nilosaharanischen Gruppe** gehörenden Sprachen und ihre Sprecher die **älteste Bevölkerungsgruppe** darstellen. Sie sind verwandt mit Völkern, die den ganzen Gürtel südlich der Sahara vom Rand des äthiopischen Hochlandes bis nach Westafrika bewohnen. Die oft sehr groß gewachsenen, schlanken Menschen besitzen eine tiefschwarze Haut und ausgeprägt negroide Züge. Am Rande des Hochlandes betreiben sie häufig Wanderfeldbau mit begrenzter Viehzucht, ergänzt durch Jagen und Sammeln (Gumuz), im Gebiet der Nilsümpfe leben sie auch vom Fischfang (Anuak). Im Kontrast dazu stehen die Gruppen, die eine ausgeprägte Rinderzucht betreiben *(cattle complex)* und kaum Felder bebauen, wie die *Nuer.*

Die Sprecher der **kuschitischen Sprachen** stellen den größten Teil der Bevölkerung am Horn von Afrika. Vom Körperbau und den Gesichtszügen ähneln sie den um das Mittelmeer lebenden Völkern, ihre Haut variiert verschiedene Brauntöne, das Haar ist kraus. Die Somali, Oromo und Afar der Savannen betreiben Viehzucht, im Norden und Osten vor allem mit Kamelen, im Süden mit Rindern. Die in den höher gelegenen Gebieten lebenden Oromo sind überwiegend Ackerbauern.

Ebenfalls überwiegend Bauern sind die Bewohner des südlichen Hochlandes, die **Sprachen der omotischen Gruppe** sprechen (Alaba, Kefa, Derasa, Hadiya, Kambata, Sidama). Die Sprecher der omotischen Sprachen (früher auch als westkuschitische oder Sidama-Sprachen bezeichnet) stehen zwischen den Kuschiten und den Sprechern der nilo-saharanischen Sprachen, sowohl was ihren Habitus als auch die Struktur ihrer Sprachen angeht. Kleine, isoliert im Süden und Westen lebende Völkerschaften (z. B. Bume, Karo, Geleb, Bodi, Mursi, Surma, Arbore) betreiben gewöhnlich gemischte Wirtschaftsformen einschließlich Jagen und Sammeln.

Die Sprecher der **semitischen Sprachen** sind von den Sprechern der kuschitischen Sprachen äußerlich nicht zu unterscheiden; es handelt sich wahrscheinlich um Völker, die aus der **Vermischung von Semiten und Kuschiten** entstanden sind. Die Amharen und Tigray des nördlichen Hochlandes sind zum großen Teil Bauern, ebenso die weiter südlich lebenden Gurage. Die indigene Bevölkerung von Harar ist zu einem nicht geringen Teil auf den Handel spezialisiert.

Provinzen und Ethnien

Das Gebiet des **zentralen Hochlandes** wird vor allem von den **Amharen** und den **Tigray** bewohnt. Es wird angenommen, dass diese Bevölkerung aus der Vermischung von semitische und kuschitische Sprachen sprechenden Gruppen entstand. Ob die Semiten aus Südarabien einwanderten oder die Südaraber eine ihnen nur verwandte Gruppe sind, ist Gegenstand der Diskussion.

Nicht zu verleugnen ist jedoch ein starker **südarabischer Einfluss** auf die voraxumitische Kultur, der dafür sprechen würde, in den Trägern dieser Kultur südarabische Siedler zu sehen. Das Wort **Habascha,** die alte Bezeichnung für Äthiopien und für seine Bewohner (von der die Bezeichnung Abessinien kommt), ist ursprünglich der Name eines südarabischen Stammes gewesen, der Name der Sprache Ge'ez soll von dem ebenfalls südarabischen Stamm Ag'ezi kommen. Aufgrund neuester Forschungsergebnisse wird diese Theorie jedoch bezweifelt.

Die im **nördlichen Hochland** verbreitet gewesenen kuschitischen Sprachen gehören der Gruppe der Agau-Sprachen an. Die **Agau** selber und andere Gruppen behalten die Agau-Sprache bis in jüngste Zeit bei, so auch die **Falasha.** Diese Gruppe lebt in geringer Zahl noch im Gebiet um Gondar, war im Mittelalter aber noch im ganzen Simien-Gebirge und um den Tana-See verbreitet. Weitere Reste von Agau sprechenden Stämmen sind die **Woyto** und die **Qwara** westlich des Tana-Sees.

Nach 1550 begannen die **Oromo** weite Teile des Hochlandes zu besiedeln. Besonders in Shoa und Wollo stellen sie heute teilweise die Mehrheit der Bevölkerung.

Der **südliche Teil des Hochlandes** umfasst die Region um den Fluss Gibe (der an seinem Unterlauf Omo genannt wird), das Gebiet der alten Sidama-Königreiche. Die Bevölkerung dieser Gebiete wurde von den Oromo assimiliert, die hier nach der Eroberung des Gebietes eigene Reiche gründeten. Der nach Süden in den Turkana-See abfließende Omo begrenzt die Gebiete jener **Sidama-Völker,** die sich auch nach dem Oromo-Ansturm halten konnten, besonders das Gebiet von Kaffa.

Im äthiopischen Teil des **afrikanischen Grabenbruchs** leben ebenfalls Oromo und westlich des Zway-Sees am Grabenrand die **Gurage.** In der hochgradig unwirtlichen **Danakil-Ebene** leben die **Afar,** ein Nomadenstamm, so gefürchtet wie das Klima der Region. Die Afar (arabisch und amharisch: *Danakil,* Sg. *Dankali)* sprechen eine kuschitische Sprache, wie auch die entlang der Hochlandgrenze lebenden **Saho.** Die **Issa,** die ebenso wie die Afar Kamelnomaden sind, leben südlich der Afar und des **Awash-Tales** an der Grenze nach Djibouti und liegen seit Jahrhunderten im Streit um Vieh und Weidegründe mit den Afar.

Südostäthiopien und die **Somaliplatte** sind die Heimat der Oromo und weiter im Süden und Osten der **Somali.** Die Bevölkerung der Stadt Harar

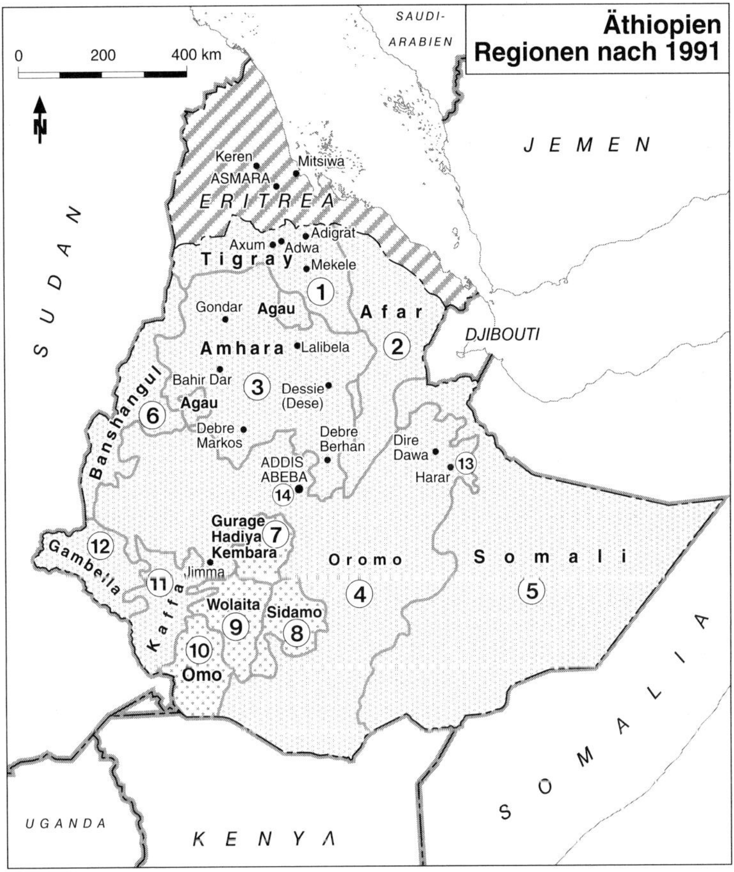

spricht eine eigene semitische Sprache, das Harari (Aderinya).

Entlang des **westlichen Hochlandabfalls** leben kleinere Gruppen, die mit den im Sudan lebenden großen **nilotischen Völkern** wie den Dinka und Nuer verwandt sind.

Die im Grenzgebiet zum Sudan lebenden Gruppen werden von den Äthiopiern als **Shanqila** und als **Beni Shangul** von den sudanesischen Arabern zusammengefasst.

Die Übergangsregierung verfügte 1991/1993 die **verwaltungstechnische**

Gliederung Äthiopiens entsprechend der in einem Gebiet dominierenden Sprachgruppe. In den auf diese Weise entstandenen 14 Regionen ist die Sprache der größten Bevölkerungsgruppe in Verwaltung und Ausbildung zu verwenden, zweite Unterrichtssprache ist Englisch. Die Regionen 7, 8, 9, 10 bilden eine administrative Einheit mit der regionalen Hauptstadt Awasa.

Soziale Organisationsformen

Die soziale Organisation der Familie, die Lebensweise und Tradition werden nicht nur von der jeweiligen Religion, sondern auch von der regionalen Beschaffenheit stark beeinflusst. Werden die Gebräuche der Menschen des äthiopischen Hochlandes beschrieben, so verhält es sich mit der Bevölkerung im Süden des Landes schon wieder ganz anders. In diesem Kapitel kann natürlich nicht auf alle Sitten und Gebräuche eines jeden Volksstammes näher eingegangen werden, es sollen vielmehr die vorherrschenden und übergreifenden **Familien- und Besitzstrukturen** beschrieben werden. Details finden sich in dem Kapiteln „Kultur und Tradition", „Religion" und in den Kapiteln zu den Regionen und Orten.

Die Rolle der Familie

Der Begriff „Familie" hat in Äthiopien noch eine gänzlich andere Bedeutung als bei uns in Europa. Familie bedeutet der Zusammenhalt einer **Großfamilie,** in der jedes Mitglied seine Rechte und Pflichten hat. Diese Familienzugehörigkeit kann sich über mehrere Verwandtschaftsgrade erstrecken, was für jedes Mitglied zugleich eine Sicherheit und Belastung bedeuten kann. Wer auch immer in dieser Gruppe Probleme haben sollte, der wird sozial und/oder finanziell aufgefangen, woraus umgekehrt natürlich auch leicht eine Belastung werden kann: der einzelne kann nur sehr schwer zu Ersparnissen kommen, da garantiert immer ein/e Verwandt(e)r in Geldnöten steckt. **Kinder** sind den Äthiopiern heilig und werden als Geschenk Gottes angesehen. Weiterhin stellen sie die Altersvorsorge und Rente sicher, schon aus diesem Grunde ist zumindest aus Sicht der ländlichen Bevölkerung eine möglichst große Kinderschar erstrebenswert.

Im christlichen Teil Äthiopiens (und auch unter den meisten Muslimen) herrscht die **monogame Ehe** vor. Im Gegensatz zu Westeuropa hat das äthiopische Christentum die Sexualität keineswegs verteufelt, zumindest ist Promiskuität nicht unüblich, Prostitution ist allgegenwärtig und ein nicht unbedingt deklassierender Berufszweig.

Frauen besitzen in der Regel eine gewisse Freiheit, das Leben im Haushalt ist nach festen Rechten und Pflichten aufgeteilt, wobei die Frauen zuständig sind für alle Tätigkeiten, die direkt mit dem Haushalt zu tun haben, was bei den Bäuerinnen häufig einen 18-Stunden-Tag zur Folge hat: Kinder versorgen, Wasser holen (oft kilometerweit), Feuerholz sammeln, Nahrungsmittel zubereiten etc.

Es gibt im traditionellen Äthiopien **drei Formen von Ehen.** Die erste wird **damoz** genannt, eine Ehe auf Zeit, wie sie auch die Muslime kennen. Sie dauert einen Monat oder länger, Zeitdauer der Ehe und eine finanzielle Entschädigung der Frau werden vertraglich festgelegt. Nach Ablauf der Ehe hat die Frau keine rechtlichen Ansprüche mehr, jedes Kind wird aber vollständig als erbberechtigt vom Vater anerkannt.

Die häufigste Eheform wird **kal kidan** oder **serat** genannt. Diese Ehe wird meist von den Eltern der Ehepartner schon in deren Kindheit vereinbart. Die Eheschließung ist ein rein ziviler Akt, wird aber sehr festlich begangen. Die Ehe wird offiziell registriert und ist von beiden Partnern wieder lösbar. Die kirchliche Hochzeit **kal kidan bekwerban** oder nur **bekwerban** ist nicht mehr lösbar. Sie wird feierlich in der Kirche gefeiert. Diese Art von Hochzeit ist für Kleriker verbindlich und war es auch für den Adel. Paare, die schon lange zusammenleben, lassen sich in höherem Alter ebenfalls so trauen. Die modernen Äthiopier halten sich jedoch nicht mehr so streng an diese Formen und trennen sich auch mit oder trotz der kirchlichen Trauung.

Da **Hochzeiten** relativ teuer sind und immer sehr aufwendig gefeiert werden, müssen junge Männer oft lange arbeiten, ehe sie ihre schon seit langem ausgesuchte Braut heiraten können. Viele verschulden sich auch hoffnungslos für die nächsten Jahre, um dem allgemein gebräuchlichen Hochzeitsstandard gerecht werden zu können. Und überhaupt gilt das Sprichwort: „Vor der Hochzeit sieh mit beiden Augen, nach der Hochzeit sieh mit einem Auge" ebenso wie: „Iss, bevor Du Kinder bekommst".

Ländliche Besitzstrukturen

Die Bauern des Hochlandes gehören jeweils einem bestimmten **enda** (Haus) an, einer Art **Klan** mit gemeinsamen Vorfahren. Innerhalb des enda liegt der Besitz an Boden, der jeweils an die Mitglieder zur Bearbeitung verteilt wird. Diese traditionelle Besitzform wird **rest** (in Tigray *resti*) genannt. Daneben gab es den **Privatbesitz** des Kaisers, der Adligen und der Kirche, die als **gult** *(gulti)* bezeichnet wurden. Auf diesem Boden arbeiteten Bauern als Pächter. Nach der

Junge vor Ensete-Hain

Revolution von 1974 wurde eine **Bodenreform** durchgeführt, die jedoch zum Teil auf Ablehnung bei den Bauern stieß. Privatbesitz von Boden ist in Äthiopien nach wie vor nicht möglich. Aufgrund der feudalen Vergangenheit und dem Bestreben, feudale Strukturen oder Großgrundbesitz nicht wieder zuzulassen, sieht die Verfassung das **Land als Staatseigentum** vor. Bauern können zwar erbliche Nutzungsrechte bekommen, diese aber nicht als Banksicherheit verwenden. Das hat negative Konsequenzen für die nachhaltige Bewirtschaftung, da Bauern ohne Landbesitz weder Interesse an umweltgerechter Bewirtschaftung des Bodens haben, noch ihnen die Möglichkeit einer Investition gegeben ist, da sie ihr Land nicht beleihen dürfen.

Kultur und Tradition

Wohnen

Sobald Sie in Äthiopien die Hauptstadt verlassen und durch das Land reisen, werden Ihnen die typischen strohgedeckten **Rundhütten** der äthiopischen Bauern, genannt **tukul** oder **godjo,** auffallen. Die Wände sind meist **aus Lehm,** das Dach wird je nach Region und Tradition entweder durch einen Mittelpfahl oder aber durch einen Querbalken mit aufgesetztem Firststiel gehalten. Oft gibt es nur eine niedrige Tür und keine Fenster. Innen wird gekocht, geschlafen und gewohnt, zum Teil gemeinsam mit den zum Hof gehörigen Tieren. Besonders im Süden leben die Äthiopier häufig mit dem Vieh zusammen unter einem Dach, die Hühner im First, die Rinder in einer abgeteilten Hürde.

Es wird mit **offenen Feuerstellen** geheizt oder gekocht, was für das Dach von großem Vorteil ist: durch den Rauch wird das Strohdach vor Insekten und anderen Schädlingen geschützt und kann bis zu 30 Jahre überdauern. Große Hütten können in mehrere Zimmer unterteilt sein, je nach finanzieller Möglichkeit und Familiengröße. Oft befindet sich in der nächstliegenden Hütte der Viehstall.

Zum Gehöft eines Adligen oder Offiziellen, der einen Hofstaat zu unterhalten und Empfänge auszurichten hat, gehörte immer eine **große Halle,** die *addarash.*

In Tigray und Eritrea werden die **Häuser** meist **aus Stein,** oft mit rechteckigem Grundriß, gebaut. Sie werden *hedmo* genannt. **Rechteckige Häuser** setzen sich inzwischen in den größeren Orten auch immer mehr durch. Meist haben sie auch eine Veranda *(gebela).*

Die **Einrichtung der typischen bäuerlichen Rundhütte** ist sehr einfach und schlicht: niedrige Hocker, ein Tisch aus Holz, Stein oder Flechtwerk. An die Wände gebaute, mit Ziegenfell bedeckte Lehmbänke, die sowohl zum Sitzen als auch zum Schlafen genutzt werden, kennzeichnen den Wohnteil des Hauses, während Kochstelle und Kochgerät

Der tukul als typisch ländliche Wohnform, hier der Gurage in Südäthiopien

esc136 Foto: bs

den Arbeitsbereich darstellen. Häufiger Wandschmuck ist der konisch geflochtene, runde Deckel des *mesob* genannten Korbtisches, den jeder in Äthiopien zur Hochzeit geschenkt bekommt.

Im Süden sind die **Häuser** oft vollständig aus pflanzlichem Material gebaut, oder besser gesagt: **geflochten.** Die **bienenkorbartigen Häuser** der Dorze oberhalb des Abaya-See können sogar in einem Stück transportiert werden, was mitunter recht komisch aussehen kann, da nur noch die Beine der Tragenden unter der wandelnden Hütte zu sehen sind.

Wichtige Elemente eines jeden tukuls sind erstens die Feuerstelle, und zweitens der Mittelpfahl einer Hütte, der in besonderer Weise verehrt wird. Oft ist der Dachfirst mit einem Straußenei oder einem Tonkrug verziert, als besonderer Glücksbringer.

Die **Bürgerhäuser bzw. Stadthäuser** sind dagegen meistens in europäischem, vor allem italienischen, Stil gebaut, aus Stein oder Lehm, oft mit einer Veranda und den typischen Fenstertüren. Allen gemein ist die unverzichtbare hohe Steinmauer, die auch aus Gründen der Sicherheit jedes Grundstück von dem des Nachbarn trennt.

Traditionelle Küche und Getränke

Das Hauptnahrungsmittel Äthiopiens, vor allem im Hochland, ist die **injera,** ein aus teff zubereiteter **Fladen,** der in

Konsistenz und Geschmack recht treffend als „saurer Schwamm" beschrieben werden kann. Die für Getreide winzigen Samen der grasartigen Hirse werden zuerst gemahlen, mit Wasser angeteigt und einige Tage natürlich fermentiert. Der entstandene flüssige Sauerteig wird dann in konzentrischen Kreisen auf eine runde, heiße Platte, den injera-Ofen, gegossen, um eine gleichmäßige Stärke des dünnen Fladens zu erreichen. Mit einem großen konischen Deckel wird der Fladen kurz abgedeckt und ausgebacken. In charakteristischen großen, geflochtenen Körben können die Fladen dann für mehrere Tage aufbewahrt werden.

Für Neulinge dieser Speise ein **Tipp:** Essen Sie die ganz frisch gebackenen injera, sie sind weniger geschmacksintensiv und nicht so arg säuerlich.

Die injera wird in mehreren Lagen auf einer Platte, von der gemeinsam gegessen wird, auf den Tisch gebracht, normalerweise auf den geflochtenen **Korbtisch mesob,** der ebenfalls einen Deckel hat. In die Mitte des Fladenberges werden dann die verschiedenen wohlschmeckenden, wenn auch meist sehr scharfen, Saucen *(wot, alicha, shiro)* ge-

Doro wot, das Nationalgericht

Doro wot ist das bekannteste äthiopische Gericht, das vor allem zu besonderen Anlässen und Festtagen mit injera serviert wird. Sie können es aber auch zu Hause nachkochen. Es wird folgendermaßen zubereitet:

Zutaten:
1 ganzes Huhn
3 große Zwiebeln
6 hart gekochte Eier
1 Zitrone
1 Esslöffel Berberee (falls nicht vorhanden, Cayenne Pfeffer)
3 Esslöffel Butter
1 Esslöffel Tedj oder Rotwein
1 Teelöffel Ingwer
1 Teelöffel Knoblauchpulver
Salz, Pfeffer

Zubereitung:
Das Huhn enthäuten, in 9 Teile schneiden und waschen. Die Zitrone zerschneiden und in eine große Schüssel mit Wasser zusammen mit den Hühnerteilen legen. Die klein gehackten Zwiebeln ohne Fett anbraten und mit Wasser ablöschen, Butter, Wein/tedj und Berberee hinzufügen. Dann die Hühnerteile in der Masse kurz anrösten, mit Wasser ablöschen, mit Salz, Knoblauch, Ingwer und Piment abschmecken. 30 bis 40 Minuten köcheln lassen. Kurz vor dem Servieren mit Pfeffer bestreuen und die Eier hinzufügen.

Sollten Sie keinen injera-Fladen zur Hand haben, können Sie auch mit dünn geschnittenen Brotscheiben oder ungesüßten Pfannkuchen vorliebnehmen, mit denen der Teller ausgelegt wird. Vor dem Essen Hände waschen nicht vergessen!

tan. Jeder reißt nun ein Stück des Fladens ab, wickelt Fleisch oder Gemüse darin ein oder tunkt Soße auf und isst es. Alles hat möglichst **mit der rechten Hand** zu geschehen, deshalb wäscht man sich vor und nach jeder Mahlzeit gründlich die Hände (und den Mund).

Fast alle Mahlzeiten sind mit der **Paprikamischung berberee** gewürzt, für Europäer oft bis an die Schmerzgrenze.

Als **Beilage** werden **wot** *(kai wot,* in Tigray: *zigini),* ein mit berberee sehr scharf gewürztes Ragout aus Huhn *(doro),* Rindfleisch *(bare),* Lamm *(beg)* oder Ziegenfleisch *(fijel)* oder **fetfet** (Fleischsoße) gegessen. Aber auch Gemüse *(atkilt)* und Fisch *(asa)* können Sie je nach Region und Jahreszeit bestellen. Die Schärfe ist meist schon an der roten Farbe der Sauce zu erkennen. Die kleinen grünen oder roten Paprikaschoten *(hot pepper)* lassen auf ein sehr pikantes Gericht schließen. Weniger scharf, weil grundsätzlich ohne berberee zubereitet, sind die **alicha**-Gerichte *(alicha-wot)* aus Huhn oder Lamm, die Sie am Gelb der Sauce erkennen können.

Recht verbreitet ist der **Verzehr von rohem Fleisch,** in ganzen Stücken *(berundo)* oder als Tartar *(kitfo)*. Dazu gibt es immer eine rote scharfe Sauce *(awaze),* die bei der Verdauung ein wenig Hilfe leisten soll. Wird das rohe Fleisch in großen Stücken gegessen, so schneidet man die Bissen mit einem Messer direkt vor dem Mund ab, was den frühen Reisenden sehr gefährlich erschien. Eine Gefahr für das Wohlbefinden ist eher der beim Genuss von rohem Fleisch nicht ausbleibende Bandwurm. Er wurde früher mit einem Absud aus Samen des *Kosso*-Baumes bekämpft, heute sind aber Wurmmittel in jeder Apotheke erhältlich.

Fleisch wird in Äthiopien von Huhn, Hammel, Ziege und Rind gegessen, während Schweine, Pferde und selbst Wildtiere für viele Völker, und besonders auch für die Christen und Muslime, unrein sind. Auch jegliche Art von Schalentieren wird normalerweise gemieden, das entspricht einfach nicht der Tradition.

Überhaupt gibt es eine große Menge von **Speise- und Fastenvorschriften** religiöser Natur; Speisen werden z. B. auch in Kochbüchern in solche für Fastentage und solche für normale Tage unterschieden. Eine typische Fastenspeise ist *shiro,* ein Brei, der aus einem Pulver *(mitin shiro)* aus gewürzten Bohnen, Linsen und Erbsen bereitet wird. Ein typisches und wohlschmeckendes Mahl für die Fastenzeit ist auch das *atkilt bayinetu,* eine Mischung verschiedener Gemüsespeisen. *Nifro* wird ein Gemüse/Getreideeintopf genannt, der vor allem zur Feldarbeit gegessen wird.

Getrunken wird zum Essen entweder Wasser oder **talla,** ein aus Gerste gebrautes **dunkles Bier,** das mit Blättern des *Gesho*-Baumes fermentiert wird und einen säuerlichen Geschmack hat. Ein weiteres Nationalgetränk ist **tedj,** ein aus Honig, Wasser und Blättern von *gesho* oder *saddo* gebrautes Honigbier (oder -wein). Talla wurde aus Hörnern getrunken, tedj wird heute noch in *berille* genannten kleinen **Kugelflaschen** mit langem Hals gereicht. Ein Becher oder eine Blechbüchse auf einem Stock vor einem Haus bedeutet, dass hier tella gebraut wurde und verkäuflich ist. Tedj zu trinken war früher nur dem Kaiser und den Fürsten gestattet, da Bienen(-produkte) ein fürstliches Privileg waren.

Der sehr starke **Kornschnaps** heißt *araqi* oder *katikala,* in den Bars größerer Orte gibt es außerdem nach europäischer Art gebrautes, sehr süffiges **Bier** (*Bedele, St. George* oder *Addis Birra*). Auch **Wein** wird zunehmend angebaut: rote Weine sind *Guder* und *Dukam,* weiße Weine heißen *Awash Cristal* und *Kemila*. Nicht sehr zu empfehlen ist der *Champagne d'Ethiopie* genannte, sehr süße Schaumwein.

Mörsern der Bohnen
bei der Kaffeezeremonie

efi_139 Foto: mf

Berühmt ist Äthiopien für seinen **Kaffee (buna),** der in einer ausgedehnten Zeremonie zubereitet wird. Der Kaffee soll seine Urheimat im südlichen Hochland Äthiopiens, in der Provinz Kaffa haben.

Zuerst war es nur üblich, die frischen oder getrockneten Kaffeekirschen, meist mit Butter vermischt, zu kauen, oder aber die getrockneten Kaffeeblätter wie Tee aufzubrühen.

Der Legende nach hatten Mönche die belebende Wirkung des Kaffees bei ihren langen Gebeten zu schätzen gelernt. Erst im 13. Jh. ist das Aufbrühen des gerösteten und zerstampften Kaffees üblich geworden. Im 14. Jh. wurde die Kaffeebohne von **Kaffa** nach Jemen gebracht und dort *qahwa* benannt, wovon unser Wort „Kaffee" stammt. Ob es sich dabei um eine Ableitung von „Kaffa" handelt, ist ungeklärt; qahwa hingegen bedeutet „der berauschende (Trank)" und ist ein altes arabisches Wort für Wein. Vom jemenitischen Hafen Al-Mukha stammt übrigens unser Wort „Mokka" ab.

Bei der **Kaffeezeremonie** setzt sich die Gastgeberin (es sind immer die Frauen, die dazu einladen) auf einen niedrigen Schemel an einen Platz, der mit frisch geschnittenem Gras bestreut ist. Dann werden zuerst die guten getrockneten Kaffeebohnen ausgewählt, gewaschen und auf einer Eisenplatte über dem Feuer geröstet. Die Gastgeberin geht damit herum und bläst den Duft der frisch gerösteten Bohnen dem Gast ins Gesicht, der die Köchin zu preisen hat. Die gerösteten Bohnen werden sodann in einem Mörser ge-

efi_143 Foto: mf

stampft und schließlich in einem *jabana* genannten kugeligen Topf mit langer Tülle dreimal aufgekocht, womit erreicht wird, dass sich der Kaffeesatz absetzt. Bis zu dreimal wird derselbe Kaffee aufgebrüht und pur, mit Salz oder heutzutage meist mit Zucker in kleinen Tassen serviert.

Die Kaffeezeremonie ist ein **soziales Ereignis.** Nachbarfrauen laden sich reihum manchmal auch mehrmals am Tag ein und tauschen die wichtigsten Neuigkeiten aus.

Zum Kaffee wird ein „Snack" gereicht, geröstetes Getreide *(kollo)* oder Kichererbsen bzw. dicke Bohnen, Pop Corn, ein Stück injera mit berberee oder äthiopisches Brot, *dabo.* Nach der dritten Tasse hat der Gast sich zu verabschieden. Obwohl Äthiopien (genauer: das südliche Hochland) die Heimat des Kaffees ist, war das Kaffeetrinken den Christen lange als islamische Unsitte verboten und hat sich erst nach 1880 weitgehend verbreitet.

Sind Sie in Äthiopien **zum Essen eingeladen,** werden Ihnen zuerst aus einer Karaffe die Hände mit Wasser begossen – sogar in den einfachen Restaurants gibt es einen Wasserhahn, an dem der Gast sich die Hände waschen kann. Anschließend werden die Speisen aufgetragen und in die Mitte gestellt. Es kann vorkommen, dass die Gerichte vom Gastgeber vorgekostet werden. Das ist ein Symbol dafür, dass die Speisen nicht vergiftet sind; das Vergiften mit verwirrenden Drogen war früher ein beliebtes Mittel, um die sich dann auffällig gebärdenden Gegner gesellschaftlich unmöglich zu machen. Eine besondere Auszeichnung ist es, wenn

Sie vom Gastgeber oder Freunden mit einem guten Bissen *(gurscha)* gefüttert werden.

Zum Nachtisch wird manchmal eine **Honigwabe** gereicht, die man auslutschen kann. Anschließend folgt oft die Kaffeezeremonie. Zu solch einer Einladung sollten Sie auf jeden Fall genügend Zeit mitbringen, es gilt in Äthiopien als äußerst unhöflich, z. B. vor Ende der Kaffeezeremonie zu gehen. In der Gegend von Harar brüht man aus den Blättern des Kaffeestrauches eine Art Tee *(hojja)*.

Dort, wie inzwischen in vielen Teilen Äthiopiens, ist auch das Kauen der Blätter der **Khat-Pflanze** verbreitet, das eine leichte Narkotisierung bewirkt, vor allem aber ein Kommunikationsmedium ist: Freunde treffen sich zum Khat-Kauen, um zu diskutieren, zu politisieren oder einfach in Ruhe zusammenzusitzen.

In Harar bereitet man auch ein besonderes Brot aus Hirse zu, das **biddena** genannt wird. **Kwalima** ist eine weitere Spezialität aus Harar, ein besonderes Rinderragout. In Südäthiopien ist **ensete,** die „falsche Banane", das Grundnahrungsmittel. Die Stiele der den Scheinstamm bildenden großen Blätter enthalten Stärke. Diese Masse wird ausgeschabt und fermentiert. Der auf diese Art gewonnene Teig wird gleich gebacken oder getrocknet und zu Mehl verarbeitet.

Das daraus gebackene **Brot** wird *kojo* genannt. Hier werden die frischen Kaffeekirschen auch noch manchmal in alter Sitte mit ihrem Fruchtfleisch in Butter geschmort. Diese von den Oromo *bunna qala* genannte Mischung ist heilig und wird bei Segnungen und Gebeten gegessen. Butter ist im Süden bei Salbungszeremonien wichtig und wird bei Feierlichkeiten in kleinen Bergen auf den Kopf aufgetragen.

Die Nomaden des Flachlandes essen häufig fast gar keine Pflanzenprodukte, sondern leben ausschließlich von den Produkten ihrer Herden, vor allem von **Milch.**

Kleidung und Schmuck

Die traditionelle Kleidung der **Hochlandäthiopier** ist aus weißem Baumwollstoff gefertigt. **Männer** tragen auch heute noch zu festlichen Anlässen Beinkleider im Schnitt von Reithosen *(surri),* die nach unten hin eng werden, und ein tunikaartiges Hemd *(kemis/shemis),* darüber die *shamma,* ein langer weißer Baumwollumhang oder -tuch mit farbigen Borten, das typische Kleidungsstück der Nordäthiopier. Die Oromo nennen dieses Kleidungsstück *waya*. Die dickere Form der *shamma,* die unglaublich gut warm hält und jedem Reisenden als, wenn auch schweres, Mitbringsel wärmstens zu empfehlen ist für die langen europäischen Winterabende, heißt *gabi.*

Eine leichtere Form der shamma ist die *natala,* verziert mit einem bunten, gewebten Randstreifen, *tibeb* genannt. Diese Streifen verzieren auch das lange Kleid der **Frauen,** *kemis* genannt, das zusätzlich auf Brust und Rücken mit bunten Stickereien, oft in Form von Kreuzen, geschmückt ist. Die kemis gibt es mit engen, bis zu den Handgelenken reichenden oder mit kurzen weiten Ärmeln. Frauen tragen dazu die *kuta,* einem der shamma der Männer ähnelnder Schal.

In der **kalten Jahreszeit** wärmen die Äthiopier sich mit dicken Baumwolldecken, *buluko,* die oft mit farbigen Streifen verziert sind. Der traditionelle Mantel wird *burnos* genannt, ein Cape aus schwarzem, dicken Stoff. In der Kaiserzeit zeigten die bestickten Kragen des als *kaba* bezeichneten Mantels mit Stehkragen den Rang eines Fürsten an. Verschiedene Formen von Stroh-, Fell- oder Wollmützen werden getragen, die äthiopischen Frauen tragen außerdem oft ein weißes, schwarzes oder besticktes Kopftuch *(shash).*

Heute wird die traditionelle Männerkleidung immer mehr von Hosen und Jackets nach europäischem Stil abgelöst, während die Frauen noch häufiger die traditionelle Kleidung tragen, ausgenommen die Bewohner/innen der Hauptstadt. Im **Hochland** tragen die Bauern auch oft kurze Shorts und ein Hemd, darüber aber die shamma. Charakteristisch ist der lange Stock *(dula),* der meist quer über die Schultern gelegt wird.

Früher waren **Schuhe** in Äthiopien unüblich, selbst die Kaiser gingen barfuß, und zum Reiten wurde nur die große Zehe in den Steigbügel geschoben, wie auf alten Malereien zu sehen ist. Auf dem Lande ist das auch heute noch so, oft aus Geldmangel, ansonsten werden Sandalen oder Halbschuhe *(chama)* getragen.

Ein wichtiges Utensil der Frauen ist der **Sonnenschirm,** hergestellt aus verschiedenstem Material und inzwischen an jeder Straßenecke erhältlich. Im Gegensatz zu uns Europäern fürchten die Äthiopier geradezu die Sonne und versuchen sich um jeden Preis vor ihren Strahlen zu schützen.

Ein eigenartiges Kleidungsstück war der *lembd,* der **Ehrenmantel der Krieger.** Er imitiert die Haut eines Löwen mit zwei über die Brust des Trägers fallenden Läufen und war mit Stickereien, Löwenhaar (oder Affenhaar) und Silberschmuck reichlich dekoriert. Diese Tracht, wie auch die **Kriegerkrone** aus Löwenhaar, können wir heute nur noch auf alten Fotos oder bei Traditionsfesten bewundern. Die prächtigen Kleider der Kleriker jedoch werden noch immer getragen und lassen etwas von dem Glanz des alten Äthiopien erahnen.

Im **muslimischen Osten** des Landes, besonders in Harar und den von Oromo und Somali bewohnten Gebieten, tragen die Frauen farbenprächtige Gewänder aus großen, bunt bedruckten Stoffbahnen. Heute sind diese Stoffe übrigens meist aus Indien oder China importiert, doch schon früher bevorzugten die Hararifrauen importierte Luxusgüter wie Seide und Brokat. Unter den Umhängen tragen die Frauen bestickte Hosen.

Die Frauen der Afar und auch teilweise die der Somali kleiden sich hingegen in schwarze Tücher *(shash/mushal),* die Männer tragen *shirit* genannte **Schurze.**

Im Hochland von Shoa und Wollo sind aus **Pflanzenfasern** gewebte Decken und Mützen üblich, die vor allem von Schäfern als Schutz gegen Nässe und Kälte getragen werden. **Lederklei-**

dung, die vor der Einführung der Baumwolle im Hochland allgemein üblich war, wird dort auch noch getragen. Besonders die mit Kaurimuscheln besetzten Gurte, mit denen Kinder auf den Rücken der Mutter gebunden werden, sind aus Leder gefertigt. Viel mehr verbreitet sind lederne Kleidungsstücke aber im Gebiet des Grabenbruchs und den angrenzenden Savannen, in denen viehzüchtende Nomaden leben. Große lederne Decken, bestickt mit Perlen, werden noch von den Oromo getragen. Die hier übliche Baumwollkleidung ist bunter als im Norden, oft mit breiten roten, schwarzen, gelben und braunen Streifen verziert.

Häufigster **Schmuck** der christlichen Äthiopier ist ein **Halskreuz** aus Holz, Stein, Messing oder Silber *(mateb)*. Angeblich soll Kaiser *Zara Yaqob* (1434–1468) angewiesen haben, dass jeder Christ ein solches Kreuz an einem Band zu tragen habe. Daneben tragen die Frauen Hals- und Armreifen mit Silberperlen und Amulettkapseln. **Kaurimuscheln** haben durch ihre an das weibliche Geschlechtsorgan erinnernde Form eine Beziehung zur Fruchtbarkeit und werden von Müttern und kleinen Kindern getragen. Die Frauen der Nomaden schmücken sich mit großen Arm- und Fußreifen aus Messing oder Silber. Goldschmuck wird vor allem von den wohlhabenderen Städterinnen, besonders in Addis Abeba und in Harar, getragen.

Männerschmuck sind **Waffen** – kein Afar geht ohne seinen langen Krummdolch *(jile)* und möglichst seiner Kalaschnikow ebenso wie (fast) kein Bauer des Hochlandes ohne sein Gewehr zu sehen ist.

Oromo und Somali tragen, so sie noch keine Kalaschnikow einhandeln konnten, lange Speere und den zu jedem Mann gehörenden langen Stock. Federn oder bestimmte Trophäen als Amulette zeigen an, dass ein Mann einen Gegner oder ein großes Tier getötet hat.

Die **Haartrachten** unterscheiden die Völkerschaften. So ist es bei den **Muslimen** üblich, dass die Frauen das Haar mit einem Tuch bedecken, mitunter tragen die Männer einen Turban. Die Afar tragen das krause Haar in einem großen Busch offen und pflegen es durch häufiges Kämmen mit einem spitzen Kamm. Im **christlichen Hochland** werden von den Frauen aufwendige Zöpfchenfrisuren getragen. Ganz typisch ist die *shiruba* genannte Frisur der tigrinischen Frauen, die ihr Haar in feinen Zöpfen eng am Kopf anliegen lassen, das sich im Nacken in einem Haarbusch öffnet. Die Haare werden bei vielen Völkern Äthiopiens mit Butter eingerieben, was mitunter recht intensiv riecht. Kleinen Kindern werden die Haare bis auf einen kleinen Schopf über der Stirn geschoren.

Auch die **Völker am Omo** haben typische Kleidungs- und Schmucksitten. Baumwoll- oder Lederbekleidung ist hier aber häufig nur auf einen schmalen

Traditionell geschmückte und gekleidete Hamer-Frauen (Omo-Gebiet)

Hüftgürtel beschränkt. Um so reicher aber gestaltet sich die **Verzierung des Körpers** selbst: Bemalungen, Schmucknarben, Ohren- und Lippenpflöcke verschönern in jeweils ganz charakteristischer Art die Frauen und Männer der verschiedenen Ethnien. Der Kopf wird oft fast kahlgeschoren, einige Völker formen mit rotem Lehm phantastische kronenartige Frisuren, die in der Sonne steinhart werden.

Auch im **christlichen Hochland** werden Kreuze auf die Stirn und die Hand tätowiert, die Lippen durch Tätowierung blaugefärbt und gelegentlich sieht man Schmucknarben. Mit dem Farbstoff *ensosela* werden die Handflächen und Fußsohlen rot gefärbt.

Handwerk

Schnitz-, Flecht- und Töpferhandwerk

Die äthiopischen **Töpfer** stellen eine Vielzahl besonderer Gegenstände aus schwarz gefärbter Keramik her, darunter auch die typischen kleinen Kaffeekannen *(jabana),* Kochtöpfe und Trinkhörner, große Schalen oder Kerzenständer. Doch beim Transport ist Vorsicht geboten, sie können leicht zerbrechen, da nicht alle gut gebrannt sind.

Berühmt sind auch die vielfältigen, farbenfrohen **Korbflechtereien,** besonders die aus **Harar.** Verschiedene farbige Gräser werden zu Gefäßen, z. B. zu **injera-Behältern** *(agelgil),* Wandbehän-

esc142 Foto: bs

esc144 Foto: bs

Die Borana in Südäthiopien tragen kunstvoll gewebte Stoffe

gen und den **mesob** genannten runden Tischen mit konischem Deckel geflochten und oft noch mit Kaurimuscheln verziert.

Auf Wunsch flechten die Handwerker auch an Ort und Stelle Ihre Bestellungen, in diesem Falle sollten Sie aber ein Foto oder eine Zeichnung dabei haben, damit das Endprodukt auch Ihren Vorstellungen entspricht. Und immer vorher den **Preis aushandeln!**

Ebenfalls aus Gräsern geflochten und dann mit Leder überzogen werden die in ganz verschiedenen Größen hergestellten **Transportkörbe** für Nahrungsmittel *agelgil,* die ebenfalls mit einem konischen Deckel geschlossen und durch Lederriemen festgezogen werden können. Besonders schöne *agelgil* können Sie auf dem Markt in **Bahir Dar** finden.

Aus **Horn** sind vor allem die kleinen Schnapsbecher für *araqi* und große Trinkbecker für *talla* gedreht.

Die aus einem Stück **Holz** geschnitzten Kaffa-Hocker (auch Jimma-Hocker genannt) mit drei Beinen werden vor allem im Süden und Osten des Landes geschnitzt, in Harar sind auch wunderschön geschnitzte Truhen und Koranständer zu finden.

Schneiderei, Stickerei und Weberei

Die traditionelle **Kleidung** der Äthiopier bestand aus Leder, hinzu kamen importierte Stoffe aus Seide und Baumwolle (daher *ferendji* = ausländisch genannt), daneben gab es aber schon früh eigene Baumwollstoffe *(buluko).* Die Kunst der **Weberei** wird ausschließlich von Männern betrieben, die an einem ebenerdigen Webstuhl sitzen, wobei sie die Beine in einem Loch in der Erde haben. Berühmt sind vor allem die Weber des südäthiopischen Volkes der Dorse mit ihren wunderschönen buntgestreiften Baumwollstoffen.

Auch die Gurage stellen eine Vielzahl von Webarbeiten her, so u. a. die bekannten bunten Randstreifen an Schals und Gewändern *(tibeb).* Von den Konso im Süden des Landes werden wiederum die *buluko* genannten dicken Decken produziert, und im Hochland stellt man aus Wolle schwarz-weiße **Teppiche** (meistens mit Kreuzmustern) und die charakteristischen **Hüte** her. Der Großteil der im Land hergestellten

Stoffe ist an den Rändern mit **Stickereien** verziert, in den christlichen Gebieten vor allem in Form von variierten Kreuzmustern.

Alle diese Stoffe und Muster können – abgesehen von der jeweiligen Region, in der sie hergestellt werden – am besten auf dem berühmten Mercato in Addis Abeba bewundert und erstanden werden.

Silberschmiedekunst

Der vielfach traditionelle aber auch sehr originelle **Silberschmuck** wird vor allem von muslimischen Silberschmieden (früher auch von den Falasha) für die Nomaden und die Frauen von Harar hergestellt.

Typisch für das christliche Äthiopien sind die silbernen (oder hölzernen) Halskreuze mit einer unglaublichen Vielfalt an Formen, die sich in der Regel aus den drei Grundformen Axum-, Lalibela- und Gondarkreuz ergeben (siehe entsprechende Städtekapitel). Das Silbermaterial stammt übrigens meist von **Maria-Theresien-Talern.** Diese Taler waren noch bis 1945 das einzige wirklich akzeptierte Zahlungsmittel, weder von *Menelik II.* (1889–1913) 1894 noch von *Haile Selassie* (1930–1974) 1935 herausgegebene Silbermünzen konnten bis dahin den Taler ablösen. Dabei war wichtig, dass der Taler das Jahr 1780 und das Prägezeichen SF trug. Außerdem mussten die sieben Perlen des Diadems gut erkennbar sein.

Ein von *Franz Josef I.* herausgegebener Taler gleichen Gewichtes hatte in Äthiopien etwa ein Viertel weniger Wert. Der Taler (= Dollar) hatte seinerseits weitestgehend die im Mittelalter übliche Wertmessung in **Salzbarren** *(amole)* abgelöst.

Religiöses Kunsthandwerk

Das Kunsthandwerk des christlichen Hochlandes war über Jahrhunderte mit der Religion verbunden. **Halskreuze** werden traditionell aus Stein, Holz, Eisen, Messing und Silber hergestellt, seltener aus Gold, es sei denn für die besser situierten Frauen aus Addis Abeba. Meisterwerke der Schnitzkunst sind die **Handkreuze** der Priester, deren unterer Teil gelegentlich noch mit einer verschließbaren Ikone geschmückt ist. Die Kreuze werden auch aus Messing oder Silber hergestellt, die größten Ausführungen sind die **Prozessionskreuze** aus Metall (Eisen, Messing und Silber). Jede Kirche besitzt ein solches, oft mehrere hundert Jahre alt und von einer bekannten Persönlichkeit oder einem Kaiser gestiftet. Metallkreuze aller Formate werden meist im Wachsausschmelzverfahren hergestellt, d. h., das Modell wird in Wachs gefertigt, mit Formmasse umgeben und gebrannt. Beim Brennprozeß wird das Wachs geschmolzen und läuft aus der Form bzw. verbrennt. In den so entstandenen Hohlraum wird das flüssige Metall gegossen. Billigere Exemplare werden aus Metallplatten geschnitten und gefeilt.

Auch die **Malerei** blieb lange auf religiöse Themen beschränkt. Älteste Belege sind einige Illuminationen alter **Handschriften,** deren früheste Exemplare aus dem 11. oder 12. Jh. noch byzantinischen Einfluss zeigen (z. B. das Evangeliar vom Kloster Abba Garima bei Adua). Auch **Wandmalereien** einiger Felskirchen in Tigray können bis in das 13. Jh. zurückdatiert werden (z. B. in Korkor), sie zeigen die großen, strengen Heiligenfiguren, die in spätbyzantinischer Zeit im ganzen Orient bis Nubien verbreitet waren.

Im 14. und 15. Jh. lassen sich in der **Buchmalerei** und den Wandmalereien orientalische (arabische und persische) Einflüsse erkennen. Die Figuren verteilen sich isoliert in der Fläche, Sitzhaltungen mit untergeschlagenen Beinen (Kirche von Dabra Salam in Tigray), bewegt flatternde Bänder und verschlungene Arabesken (Psalter von Kebran im Tana-See) treten auf, in einigen Miniaturen haben die Personen sogar asiatisch geschnittene Schlitzaugen (Manuskript der Kirche Gennata Maryam in Lasta).

Die **Kriegszüge des Imam Ahmad Grang** von 1527 bis 1543 brachten eine solche Zerstörung, dass ältere Denkmäler sehr selten sind. Ikonen, d. h. Tafelbilder auf Holz, sind erst aus den späteren Jahrhunderten erhalten. In der auf die Grang-Kriege folgenden **Shoa-Periode** ist der Einfluss der Jesuiten auch in der Malerei erkennbar. Es wurden **europäische Andachtsbilder** eingeführt und kopiert, so dass europäische Elemente die byzantinischen und orientalischen Einflüsse ablösten. Etliche Szenen, etwa Dornenkrönung, Kreuzabnahme und Maria mit dem Kind, wurden übernommen bzw. unter europäischem Einfluss modifiziert. Wandgemälde für Kirchen sind nun meist auf Leinwand gemalt und dann an den Wänden befestigt.

eph147 Foto: ph

Typisch ist die Darstellung von guten Menschen en face, während die Bösen en profil gezeigt werden, damit deren böser Blick die Betrachter nicht treffen kann. Die großen, „sprechenden" Augen stellen durch ihre Blickrichtung so vielfältige Verbindungen zwischen den dargestellten Personen her, dass Handlungsabläufe und die emotionale Verfassung der Handelnden ungemein plastisch nachvollzogen werden können.

Die **Gondar-Stile** entwickelten sich als Residenzkunst der von Kaiser *Fasilidas* (1632–1667) gegründeten Hauptstadt, verbreiteten sich aber über das ganze Land. Der frühe (erste) Stil ist durch große, strenge, stark farbige Figuren gekennzeichnet. Im zweiten Stil, der ab dem 18. Jh. üblich wird, sind die Darstellungen bewegter, kleinteiliger und in der Ausmalung von Schrecklichkeiten naturalistischer.

Aus diesem Stil entwickelte sich im 19. Jh. eine Form **profaner, erzählender Malerei,** die Ereignisse des Alltags und historische Begebenheiten darstellt. In deren Tradition stehen auch die heute vor allem für Touristen angefertigten Bilder.

Seit der **Modernisierung um die Jahrhundertwende** beschäftigten sich äthiopische Künstler mit der europäischen Malerei, der Perspektive und verschiedenen internationalen Modetrends. Der bekannteste moderne Künstler ist wahrscheinlich **Afework Tekle,** von dem einige Werke in Addis Abeba zu sehen sind.

Priester in Axum Maryam mit Prozessionskreuz, Kaiserkronen und Kesselpauke negarit

Eine hohe Qualität hat die **äthiopische Kalligrafie,** die im christlichen Gebiet von Klerikern gepflegt wird, die nach wie vor die in Ge'ez verfassten Schriften auf Ziegen- oder anderes Pergament kopieren. Auch die **arabische Kalligrafie** wird in Harar gepflegt.

Plastische Kunst hat sich in Äthiopien nur in Ausnahmefällen entwickelt, eine wirkliche Tradition gibt es nur unter den Falasha, die kleine Tonfiguren herstellen. Sie zeigen Rabbiner (Moses), den Löwen von Juda, weitere Tiere und Menschen und in kleinen Tonschachteln König Salomon und die Königin von Saba in inniger Umarmung.

Die **Architektur,** die vor allem in Kirchen und einigen Palästen Denkmäler hinterlassen hat, wird in den entsprechenden Stadtkapiteln detaillierter behandelt.

Musik und Tanz

Die klassische äthiopische Musik ist ebenfalls eng mit der Kirche verbunden, wo sie von den **debteras** gepflegt wird (siehe Kapitel „Religion"). Weltliche Musik dagegen wird von **azmari,** fahrenden Sängern, unter das Volk gebracht. Dieser Stand, dessen Mitglieder traditionell aus einer kleinen Region südlich von Gondar kommen, reist seit alter Zeit umher und tritt zu festlichen Anlässen oder abends in den tedj-Häusern auf, wo sie oft improvisierte Gesänge, deren Thema dem azmari häufig von den Zuhörern zugerufen wird, vortragen und gelegentlich auch zum Tanz aufspielen. Zur Zeit der italienischen Okkupation waren sie als Agitatoren von den Faschisten gefürchtet und wurden zusammen mit den wandernden Bettelmönchen gnadenlos verfolgt.

Die Lieder der azmari sind entweder **improvisierte Gesänge,** die auf anwesende Personen oder bestimmte Ereignisse Bezug nehmen, oder *zefen,* bekannte **Volkslieder.** Dazu führen Männer und Frauen oft den typischen Tanz der Hochlandäthiopier, den **iskista** auf. Dabei werden die Schultern und der Oberkörper ruckartig und in unglaublicher Schnelligkeit vor- und zurückgeworfen. Auch gibt es noch die *mush* und *lesko* genannten Trauerlieder und die *fukara,* die Kampflieder.

Azmari begleiten ihren Gesang auf der einsaitigen Geige *masinko* oder der meist sechssaitigen Leier *krar (kerar).* Weitere traditionelle Instrumente sind die Bambusflöte *washint,* die zehnsaitige Harfe *begena,* die Trommel *keberee,* die etwas kleinere Trommel *atamo* und das Horn *melekit.* Die Kesselpauke *negarit* war einst nur dem Kaiser und anderen Würdenträgern vorbehalten. Zusammen mit der Zeremonialflöte *embilta* erklang sie bei offiziellen Verlautbarungen oder wenn die Männer in den Krieg gerufen wurden.

Die **moderne äthiopische Musik** verbindet Tradition und Anleihen westlicher, vor allem aber amerikanischer Instrumentation recht geschickt miteinander; auch die italienische Militärmusik hatte einigen Einfluss auf die in Hotels und für Radio und Kassetten produzierten Titel. Natürlich gibt es in Musik und Tanz auch viele **lokale Traditionen,** es seien hier nur noch die berühmten Improvisationen und tradierten Gedichte der Somali genannt, die diesem Volk den Namen „Volk der Dichter" einbrachte. Die Völker, bei denen die Haltung von Rindern im Mittelpunkt des Lebens steht *(cattle complex),* preisen in Liedern die Vorzüge ihrer Rinder, so die Anyak im Südwesten.

Namensgebung und sonstige Bräuche

Christliche Äthiopier tragen einen **Taufnamen** und dahinter den **Taufnamen des Vaters.** Die Namen sind oft der Bibel entlehnt oder besitzen eine christliche Symbolik. Häufig sind Verbindungen von Heiligennamen mit *Gebre* ... (Diener des ...), *Wolde* ... (Sohn des ...), *Walatta* ... (Tochter des ...), *Tesfa* ... (Hoffnung des ...), *Tekle* ... (Pflanze des ...), *Haile* ... (Macht des ...), *Habte* ... (Gabe des ...) oder Namen wie *Hagos* (Jubel), *Desta* (Freude), *Ababa* (Blume), *Zawditu* (Krone). Das Kind, das nach dem Tod eines Kindes geboren wird, heißt häufig *Kassa* (Ersatz).

Ein alter Brauch ist das Tragen von **Kriegsnamen,** die meist von dem Pferd des betreffenden Kriegers übernommen wurden. Besonders im Süden sind manche Helden überhaupt nur unter dem Namen ihres Schlachtrosses bekannt, aber auch Kaiser wurden so benannt. Jeder Kaiser nahm zudem bei seiner Krönung einen programmatischen **Krönungsnamen** an (was mitunter zu Verwirrung führt). Nur noch von historischer Bedeutung sind die **amharischen Fürstentitel** der Kaiserzeit, die bis zur Revolution in Gebrauch waren wie zum Beispiel *Negus* (König), *Ras* (Fürst), *Abeto* (Herzog) etc. Aus dem Titel Abeto hat sich die heutige Anrede *ato* (Herr) entwickelt, *woyzero* ist die übliche Anrede für Frauen.

Im **Todesfall** versammeln sich die Trauernden im Haus des Verstorbenen, nach der Beisetzung wird eine oft tagelange Gedenkfeier veranstaltet, zu der alle Verwandten und Bekannten gehen. Diese Trauerandacht wiederholt sich im Trauerjahr mehrmals, oft in Form gewaltiger Bankette. In der Trauerzeit scheren die Männer sich den Kopf, Frauen tragen die weißen Baumwolltücher *(shamma)* verkehrt herum, so dass die bunten Streifen verdeckt sind.

Die über das ganze Jahr verteilten **kirchlichen Feste** bestimmen den Lebensrhythmus besonders im nördlichen Hochland. Neben den Feiern in der Kirche, den Prozessionen und Banketten, gibt es auch typische **Wettspiele** zu diesen Anlässen. **Genna,** ein Hockeyspiel auf großem Feld, wird zu Weihnachten *(genna,* 7. Januar) gespielt. Die **gugs** genannten **Reiterwettkämpfe,** bei denen festlich geschmückte Reiter sich in Kunststücken und Scheinattacken zu übertreffen versuchen, finden vor allem zu Neujahr (11. September) und am Masqal-Fest (27. September) statt.

Die Sprachen Äthiopiens

unter maßgeblicher Mitarbeit
von **Dr. Karina Pfützner**

Nicht weniger verschieden als die geografischen Gegebenheiten sind die in dem Land lebenden Völker und Volksstämme. In Äthiopien werden **82 verschiedene Sprachen** mit **über 200 Dialekten** gesprochen. Die sprachliche Situation in Äthiopien ist – zumindest aus europäischer Sicht – unglaublich vielgestaltig und für den Laien auf den ersten Blick möglicherweise etwas verwirrend. Der Überblick zu den Sprachen kann daher nur sehr allgemeiner Natur sein. Stets sollte auch bedacht werden, dass sich Sprachgebrauch und Sprachverwendung in ständiger Entwicklung und Veränderung befinden. Da die unterschiedlichen Bevölkerungsgruppen miteinander in ständiger Wechselbeziehung leben, führt dies auch oft zu Zwei- oder Mehrsprachigkeit.

Zu den Sprachen in Äthiopien gehören **funktional bedeutende Sprachen** mit mehreren Millionen Sprechern (wie z. B. das Amharinya, das Tigrinya und das Orominya). Die Endung -inya kennzeichnet im Amharischen die Sprachen. Aus Gründen der Vereinheitlichung wird sie in diesem Buch durchgehend verwendet, selbst wenn z. B. die Sprache der Oromos von ihnen selber als *Oromifa* bezeichnet wird. Aber auch Sprachen mit sehr wenigen Sprechern zählen dazu, teilweise sterben sie langsam aus oder sie sind bereits ganz verschwunden. Wurden z. B. für das *Argobba,* eine semitische Sprache, 1976 noch ca. 1000 Sprecher gezählt, so ist es wahrscheinlich, dass diese Sprache demnächst ausstirbt.

Äthiopiens Sprachen gehören zu zwei großen **Sprachfamilien.** Dies ist zum einen die afroasiatische (früher auch hamito-semitische) Sprachfamilie, zum anderen die Familie der nilosaharanischen Sprachen.

Nilosaharanische Sprachen

Die nilosaharanischen Sprachen werden im zentralen, östlichen und westlichen Afrika gesprochen. Sie kommen aber nicht in einem geschlossenen Gebiet vor, sondern verteilen sich auf zahlreiche **Sprachinseln.**

Nilosaharanische Sprachen sind vor allem im **Nordwesten** und **Westen** Äthiopiens verbreitet. Dazu gehören u. a. das Kunama (ca. 43.000 Sprecher, im Grenzgebiet Eritrea-Sudan), das Anyak (auch Anwak, ca. 70.000 Sprecher), das Nuer (ca. 500.000 Sprecher), das Gumuz (im sudanesisch-äthiopischen Grenzgebiet) und das Nara (auch *Barea* genannt).

Die Vertreter der nilosaharanischen Sprachen bilden vermutlich die älteste Bevölkerungsgruppe Äthiopiens.

Die afroasiatische Sprachfamilie

Weitaus bedeutungsvoller als die nilosaharanischen Sprachen sind die Sprachen, die der afroasiatischen (bzw. hamito-semitischen) Sprachfamilie angehören. Die afroasiatischen Sprachen haben ein **großes Verbreitungsgebiet:** über die arabische Halbinsel, Jordanien und Syrien an der Küste des Roten Meeres entlang bis nach Nordtansania. Aber auch in Westafrika (z. B. in Nigeria) sind sie vertreten. Der Begriff „semitisch“ wurde 1781 von *Schlözer* geprägt; bis dahin wurden die Sprachen als „orientalisch“ bezeichnet. Innerhalb dieser Sprachfamilie gibt es mehrere Zweige: die tschadischen Sprachen, die Berbersprachen, das Altägyptische, die semitischen Sprachen, die kuschitischen Sprachen und die omotischen Sprachen.

In **Äthiopen** sind **drei Gruppen** dieser Sprachfamilie vertreten: die semitischen, die kuschitischen und die omotischen Sprachen. Betrachten wir zunächst die **semitischen Sprachen** etwas genauer, wobei in der Aufzählung dieser Sprachen nur die wichtigsten Erwähnung finden.

Die semitischen Sprachen

Zu den wichtigsten semitischen Sprachen gehören das **Tigre** und das **Tigrinya,** die im Norden Äthiopiens, vor allem aber in Eritrea gesprochen werden, sowie das **Aderinya** und das **Guraginya** im Süden. Von besonderer Bedeutung ist das **Amharische (Amharinya),** auf das wir später noch näher eingehen werden.

Unbedingt Erwähnung finden muss auch eine alte semitische Sprache, die großen Einfluss auf die Entwicklung des Amharischen hatte und noch heute (in Form von Prä- und Suffixen oder Lehn-

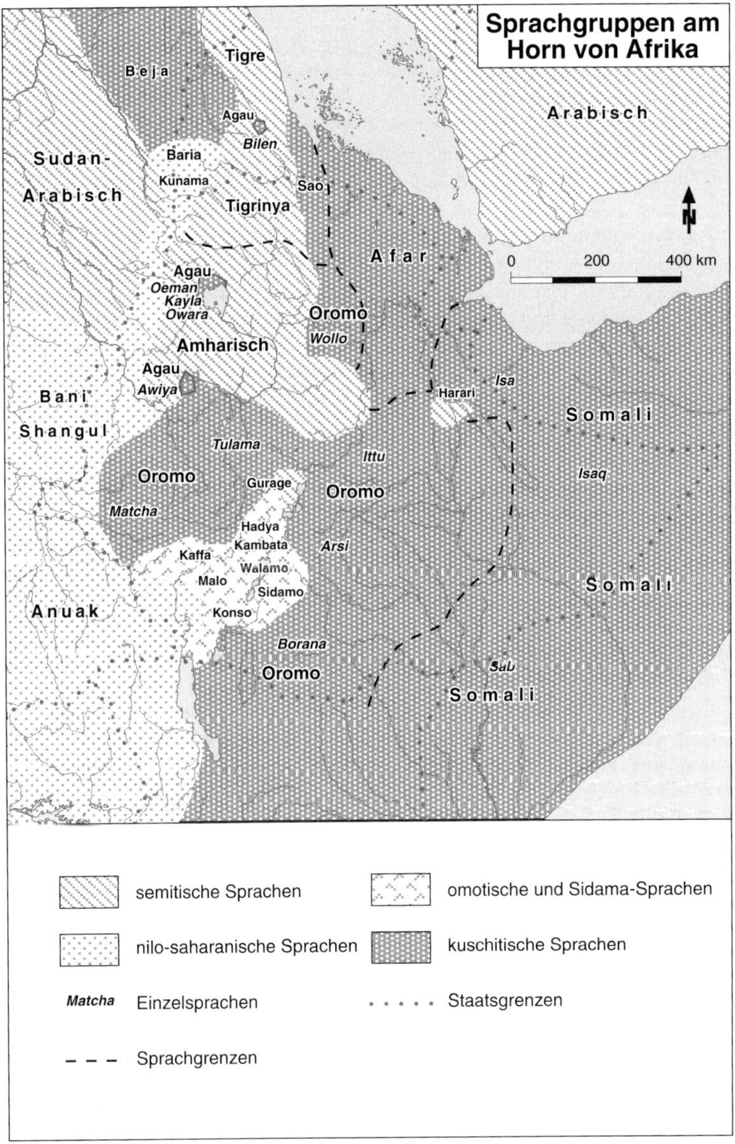
Sprachgruppen am Horn von Afrika
Beja
Tigre
Agau
Bilen
Arabisch
Sudan-Arabisch
Baria
Kunama
Sao
Tigrinya
Afar
Agau
Oeman
Kayla
Owara
Oromo
Wollo
Amharisch
Agau
Awiya
Harari
Isa
Bani Shangul
Somali
Tulama
Ittu
Isaq
Oromo
Gurage
Oromo
Matcha
Hadya
Kambata
Arsi
Kaffa
Walamo
Malo
Sidamo
Somali
Anuak
Konso
Borana
Oromo
Sab
Somali
0
200
400 km
N
semitische Sprachen
omotische und Sidama-Sprachen
nilo-saharanische Sprachen
kuschitische Sprachen
Matcha Einzelsprachen
Staatsgrenzen
Sprachgrenzen

wörtern) im Amharischen und in anderen Sprachen Äthiopiens „weiterlebt“: das **Ge'ez,** auch Altäthiopisch genannt. Es ist die Sprache der Habashat, der Einwanderer, die von Südarabien auf das afrikanische Festland kamen und sich im Gebiet des heutigen Äthiopien ansiedelten. Das Ge'ez ist also sprachlich eng mit dem Altsüdarabischen verwandt. Die ältesten Quellen des Ge'ez sind Inschriften, die aus dem 1. Jh. n. Chr. stammen. Das Ge'ez war auch die Literatursprache des Reiches von Axum und hat sich bis ins 19. Jh. hinein als Schriftsprache erhalten; die religiöse und weltliche Literatur Äthiopiens bediente sich bis in die zweite Hälfte des 19. Jh. ausschließlich dieser Sprache. Als Umgangssprache wurde es aber bereits im 11. Jh. vom Amharischen verdrängt, als **Kirchensprache** existiert es auch heute noch.

Das Amharische (Amharinya)

Nach der Verdrängung des Ge'ez entwickelte sich das Amharische, dessen älteste bekannte Schriftdenkmäler aus dem 13. Jh. datieren, allmählich zur offiziellen Sprache des äthiopischen Kaiserhofs und später zur **Staatssprache** ganz Äthiopiens.

Kalmer/Huyn (1935) beschreiben das Amharische als eine „... blütenreiche Sprache mit höchst komplizierter Grammatik und Schrift ... Das Alphabet besteht aus nicht weniger als 267 Zeichen. Es gibt Sprachforscher, die das Ge'ez und die amharische Schrift für die ältesten der Welt halten, und ihr Duktus erinnert so sehr an weitergebildete Hieroglyphen, dass man daran ungern zweifelt.“ Mitte der vierziger Jahre des 20. Jahrhunderts erließ Kaiser *Haile Selassie* ein Gesetz, das den schriftlichen Gebrauch aller äthiopischen Sprachen außer des Amharischen verbot. Es durfte auch kein Unterricht in einer anderen äthiopischen Sprache mehr durchgeführt werden. Dieses Verbot betraf sogar die Missionsschulen. 1955 wurde das Amharische die offizielle Staatssprache des Äthiopischen Kaiserreiches. Nach dem Umsturz von 1974 wurde zwar die Gleichheit aller Völker und Sprachen propagiert, aber praktisch nicht durchgesetzt. Das Amharische war im Grunde keine Staatssprache mehr, sie wurde jedoch zur „Arbeitssprache“ der äthiopischen Regierung deklariert. Auch wurde **1974** – wohl in bester Absicht – eine **Alphabetisierungskampagne** gestartet, um die Analphabetenrate, die bei über 90% lag, zu senken, jedoch behielt das Amharische einen dominierenden Einfluss. Die Kampagne wurde in fünf äthiopischen Sprachen (Amharinya, Orominya, Tigrinya, Wolayta und Somali) durchgeführt und außerdem Alphabetisierungsmaterial in neun weiteren Sprachen erarbeitet – allerdings auf der Grundlage der amharischen Silbenschrift, die für die Wiedergabe einiger anderer äthiopischer Sprachen, wie z. B. dem Orominya, nicht optimal ist, da bestimmte sprachliche Sachverhalte dieser Sprachen (Vokallängen, Konsonantendopplungen, spezifische Laute) nicht eindeutig ausgedrückt werden können. Das Amharische dient auch heute als nationale Verkehrs- und Umgangssprache. Es ist die Muttersprache von über einem Viertel der äthiopischen Bevölkerung mit einer geschätzten Sprecherzahl von etwa 22 Millionen Menschen. Daneben ist Amharisch für eine Reihe anderer Völkerschaften Zweit- oder Drittsprache in Folge der Urbanisierung und Industrialisierung, so dass noch einmal einige Millionen Sprecher dazugerechnet werden können. Amharisch kann demzufolge als **Lingua franca Äthiopiens** bezeichnet werden.

Das Amharische kennt keine Dialektunterschiede, sondern lediglich **regional bedingte Varianten.** Es hat viele Gemeinsamkeiten mit der Lexik anderer semitischer Sprachen. Der große **Einfluss des Ge'ez** wurde bereits angesprochen; Ge'ez-Elemente finden sich in Form von Prä- oder Suffixen, Ge'ez-Verben oder -Nomina wurden (und werden) mit amharischen Lexemen kombiniert.

Im Amharischen gibt es aber auch zahlreiche **Lehnwörter** aus dem Arabischen, dem Griechischen und aus anderen europäischen Sprachen wie Italienisch, Französisch und Englisch. Vor allem in der naturwissenschaftlich-technischen Lexik des Amharischen findet man häufig Lehnwörter aus europäischen Sprachen bzw. Internationalismen, z. B. *teknik* (Technik) oder *sayns* (Wissenschaft).

Die **amharische Schrift** nahm ihre Entwicklung auf der Basis der **äthiopischen Silbenschrift,** die ihrerseits auf die sabäische Schrift Südarabiens zurückgeht. Diese war ursprünglich eine reine Konsonantenschrift, d. h. es existieren keine Vokale (ähnlich dem Arabischen).

Im 4. Jh. n. Chr. führte König *Ezana* im Axumitischen Reich eine **Schriftreform** durch. Dabei wurden an die Konsonantenschrift Vokalzeichen angefügt. Die so entstandene Silbenschrift war eindeutig und sorgte für bessere Lesbarkeit. In ihrer Grundform wird diese Silbenschrift noch heute für das Amharische sowie für eine Reihe anderer äthiopischer Sprachen verwendet.

Die amharische Schrift wird von links oben nach rechts unten geschrieben. Sie besteht aus **33 Konsonantenzeichen,** die jeweils mit den Vokalen ä, u, i, o, e, einem offenen e oder a verbunden werden. Dies ergibt **231 Grundzei-**

Alphabet Ge'ez – Amharisch

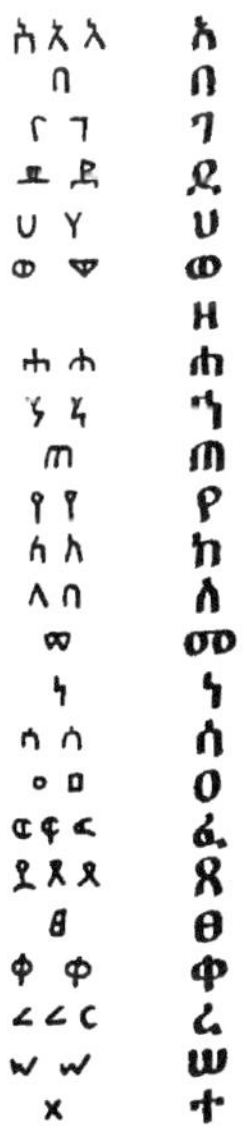

chen. Daneben gibt es noch weitere 48 Schriftzeichen für Diphthonge, emphatische Laute (Explosivlaute) oder für Phoneme, die aus Fremdsprachen entlehnt wurden. Zusammengerechnet ergibt dies also 279 Silbenzeichen, die erlernt werden müssen, um das Amharische schreiben und lesen zu können.

Aber nicht nur das Schriftsystem bereitet den Lernenden anfangs große Schwierigkeiten, sondern auch die komplizierte Grammatik dieser Sprache. Besonders derjenige, der sich noch nie mit der Struktur semitischer Sprachen befasst hat, wird wohl anfänglich schier verzweifeln.

Die kuschitischen Sprachen

Einen weiteren wichtigen Unterzweig der afroasiatischen Sprachfamilie bilden die so genannten kuschitischen Sprachen. Zu dieser Familie gehören ungefähr **30 Sprachen und Dialektbündel.**

Ihr Verbreitungsgebiet umfasst den nordöstlichen Sudan von der ägyptischen Grenze an, Djibouti, Somalia, einen großen Teil Äthiopiens und Kenias sowie einige Teile Tansanias. Bei der Untersuchung einiger Sprachen wie Orominya, Somali, Afar, Saho erkannte man bereits im 9. Jh. Strukturähnlichkeiten mit den semitischen Sprachen.

Aufgrund der zu jener Zeit in der Wissenschaft vorherrschenden **„Hamitischen These"** wurden diese Sprachen als Unterabteilung der „hamitischen Sprachfamilie" angesehen und „... in getreulicher Weiterführung der Benennungsprinzipien taufte man die neue Gruppe ... kuschitisch" (nach *Kusch,* einem Sohn *Hams;* Gen 10.6).

Erst später erkannte man, dass die kuschitischen Sprachen sowie das Semitische, Berberische und Ägyptische gleichberechtigte, nebeneinanderstehende **Unterfamilien** einer großen Sprachfamilie sind, der afroasiatischen. Die systematische Erforschung der kuschitischen Sprachen begann jedoch erst in den 50er und 60er Jahren des 20. Jahrhunderts.

Die kuschitischen Sprachen werden heute im allgemeinen in vier parallele Untergruppen eingeteilt: Nord-, Zentral-, Ost- und Südkuschitisch. Zu den kuschitischen Sprachen, die in Äthiopien gesprochen werden, gehören das Beja, das Agau, das Afar, das Saho und – last but not least – das Orominya. Das **Orominya** ist die wohl **bedeutendste kuschitische Sprache Äthiopiens.**

Das Oromo (Orominya)

Das Orominya wird nicht nur in Äthiopien, sondern auch in Nordkenia und Somalia gesprochen. Von der Sprecherzahl her ist es nach Arabisch, Swahili und Hausa die bedeutendste Sprache Afrikas – man schätzt die Zahl der Muttersprachler auf **20–30 Millionen.**

Zu den Oromo gehören mehrere – in der älteren Literatur zumeist als „Stämme" bezeichnete Gruppen, deren Zahl auf über 200 geschätzt wird. Alle Oromo waren früher unter der Bezeichnung „Galla" bekannt: „Bis in unser Jahrhundert hinein war es bei den Amhara und den europäischen Reisenden üblich, die Völker zwischen Omo und Bilate als „Galla" zu bezeichnen. Dieser Name soll „Landsuchende", „Herumstreuner" bedeuten und wurde offenbar als eine bewusst verächtlich machende Bezeichnung geprägt. Als solche wurde sie auch verstanden und mit einem während der letzten Jahre erwachten ethnischen Selbstbewusstsein von den Angehörigen dieser Gruppe abgelehnt." *(Braukämper,* 1980).

Heute lautet die Selbstbezeichnung dieser Gruppe *oromoo.* Dieser Terminus geht zurück auf eine alte, von einem Vorfahren abgeleitete Bezeichnung.

Aufgrund seiner großen Verbreitung hat das Orominya mehrere **Dialektvarianten** (nach *Jungraithmayer/Möhlig,* 1983): **Nord:** Wello und Raya; Tulama (Shoa-Oromo); **West:** Mecha/Matcha (Wolega-Oromo); Ittu und Arsi; **Süd:** Borana, Orma, Garri, Gabra. In welchem Maße sich die Oromo-Dialekte voneinander unterscheiden ist bisher ebenso umstritten wie eine exakte Festlegung der Dialektgrenzen. Betrachtet man aber den Grundwortschatz der verschiedenen Dialekte, kann davon ausgegangen werden, dass es sich beim Orominya um eine Sprache mit mehreren Dialektvarianten handelt.

Die **schriftsprachliche Fixierung** des Orominya wurde bis in die jüngste Gegenwart recht unterschiedlich gehandhabt und führte oft zu Kontroversen. Dafür gibt es verschiedene Ursachen. Wie bereits erwähnt, war es durch ein Gesetz aus den 40er Jahren verboten, andere Sprachen als das Amharische im Schriftverkehr und im Unterricht zu benutzen. Auch die – vom Ansatz her positive – in 15 äthiopischen Sprachen durchgeführte Alphabetisierungskampagne nach dem Sturz des Kaiserhauses 1974 wurde nur auf der Basis der äthiopischen (also der amharischen) Silbenschrift durchgeführt. Probleme ergaben sich, weil in den kuschitischen Sprachen die **Länge von Konsonanten und Vokalen** bedeutungsdifferenzierend ist, die äthiopische Schrift jedoch nicht zwischen einfachen und verdoppelten (geminierten) Konsonanten sowie zwischen langen und kurzen Vokalen unterscheidet. Die völlig unterschiedliche Wortstruktur der semitischen und kuschitischen Sprachen ist die Ursache dafür, dass die äthiopische (amharische) Schrift – vor allem für die Wiedergabe von Vokallängen – für die kuschitischen Sprachen nicht unbedingt geeignet ist.

Nach den politischen Veränderungen Anfang der 90er Jahre einigte man sich, künftig wieder das **lateinische Alphabet** zur Wiedergabe des Orominya zu benutzen. Seit 1992 findet das Orominya auch in den vorwiegend von Oromo bewohnten Gebieten als Unterrichtssprache bis zur 6. Klasse sowie als Amtssprache Verwendung. Es ist allerdings zu bemerken, dass es für das Orominya bisher weder eine standardisierte Orthografie noch eine standardisierte Grammatik gibt.

Interessierten Lesern, die sich mit dem Orominya befassen möchten, sei das **„Lehrbuch des Oromo"** von *C. Griefenow-Mewis* und *Tamene Bitima* (einem Oromo), Köln 1994, empfohlen. Es ist für Selbstlerner geeignet, da es auf dem lateinischen Alphabet basiert; außerdem enthält es Hinweise zur Aussprache sowie ein Glossar Oromo – Deutsch/Deutsch – Oromo, das für

efi_075 Foto: mf

Reisende ins Oromo-Gebiet sicher sehr nützlich ist. Es ist die einzige moderne deutschsprachige Abhandlung des Oromo.

Zum Abschluss noch ein Kuriosum zur schriftsprachlichen Fixierung des Oromo: die „Erfindung" eines **indigenen Oromo-Schriftsystems.** Dieses Oromo-Alphabet wurde 1956 von *Abubakar Usman,* auch bekannt als *Shaykh Bakri Sapalo,* erstellt. *Shaykh Bakri,* Islamgelehrter und Schriftsteller, nutzte „sein" Alphabet, um Gedichte zu schreiben, und er verbreitete es vor allem unter seinen Schülern. Es gab dann sogar Leute, die das Alphabet nutzten, um Briefe auszutauschen. Es ist anzunehmen, dass es Menschen gibt, die dieses Alphabet noch heute benutzen könn(t)en.

Die omotischen Sprachen

Die omotischen Sprachen bilden eine bis heute in ihrer Klassifizierung **umstrittene Sprachgruppe**. Ursprünglich wurden diese Sprachen innerhalb der kuschitischen Sprachfamilie als **westkuschitische Sprachen** geführt. Der italienische Linguist *Moreno* kam bei seinen Studien bereits in den dreißiger Jahren zu der Erkenntnis, dass die als „kuschitisch" bezeichneten Sprachen zwei deutlich gegeneinander abzugrenzende Einheiten bilden, die sich u. a. im Grundwortschatz radikal unterscheiden. Damit war der erste Schritt zur Abspaltung des Westkuschitischen von der kuschitischen Sprachfamilie getan. Aber erst Ende der 1960er Jahre wurde das Westkuschitische von den amerikanischen Linguisten *Fleming* und *Bender* ausgegliedert und taxonomisch zu einer Sprachfamilie erhoben. Weil die betroffenen Gebiete überwiegend im Einzugsgebiet des Omo-Flusses auftreten, nannte man sie kurzerhand omotische Sprachen. Wie gesagt ist diese Einteilung auch heute noch zum Teil sehr umstritten.

Zu diesen Sprachen gehören u. a. das Wolayta, das Kefa (oder Kefficho/Kaffa, ca. 100.000 Sprecher), das Mocha (ca. 50.000 Sprecher), das Bako (ca. 40.000 Sprecher), das Dime (östlich des Omo, ca. 2300 Sprecher), das Janjero (auch Jämmä, westlich des Omo, ca. 20.000 Sprecher) u. a.

Schulkinder in Gondar

Religion

Die Vielfalt der Völker, Volksstämme und -gruppen Äthiopiens bringt natürlicher Weise eine ebenso große Bandbreite an Religionen und Glaubensrichtungen mit sich. Vor diesem Hintergrund ist die besonders hohe Anzahl **orthodoxer Christen** in diesem Land (ca. 35–40%) hervorzuheben. Doch auch der **Islam** ist von großer Bedeutung in Äthiopien (ca. 40–45%), gefolgt von einer stetig wachsenden Zahl von Protestanten (10%), Katholiken (1%) und anderen Religionen (6%). Das ergibt ein recht buntes Bild an verschiedenen Religionszugehörigkeiten, das am besten mit Hilfe der historischen Entwicklung zu erklären ist.

Die Götter der ältesten Zeit

In den Inschriften der **präaxumitischen Periode** (ca. 5.–3. Jh. v. Chr.) werden Gottheiten des auch in Südarabien bekannten **Pantheons** angerufen. Diese Götter waren im gesamten semitischen Sprachraum verbreitet. So werden genannt *Asthar* - die Venus (männlich, in Vorderasien meist weiblich als Ishtar), *Almaqah* und *Habas* - Aspekte des Mondes, *Dhat Himyam* und *Dhat Ba'adan* - Aspekte der Sonne.

In den **axumitischen Inschriften**, die vor Annahme des Christentums entstanden sind (1.–3. Jh. n. Chr.), werden einige nur in Äthiopien bekannte Götter genannt: *Meder* - die Erde, *Beher* - das Meer (Poseidon in den griechischen Texten) und der Kriegsgott *Mahrem* - Ares (Mars) in den griechischen Texten, aber auch der alte semitische Gott *Asthar* (Zeus im Griechischen). Offensichtlich war Mahrem eine Art Königsgott.

Religionen der Agau-Völker

Unter den Völkern des äthiopischen Hochlandes, die keine semitischen Sprachen sprechen, haben sich lange Zeit nichtchristliche Religionen erhalten. Die Chroniken der Kaiser berichten immer wieder von Kämpfen mit diesen sehr selbstbewussten Völkern, vor allem den **Falasha.** Neben diesen gab es noch andere, so wurden z. B. unter Kaiser *Zara Yakob* (1434–1468) die **Anbeter des Gottes Desk** (oder *Dino)* grausam verfolgt.

Neben den Falasha haben sich bis in neuere Zeit nur kleine Gruppen der **Qamant** südlich von Gondar erhalten. Diese beten einen nicht dargestellten Schöpfergott *Mezgana* an und verehren ihn und die Ahnen und Geister in Quellen und Bäumen. Solche, bei den Qamant *qedus* genannten, heiligen Haine sind als Reste alter Religionen auch bei anderen Völkern noch zu erkennen, so bei den Amharen und Oromo, bei denen bestimmte große Bäume als Zeichen göttlicher Macht Verehrung genießen.

Oft werden Stoffstreifen oder andere Gaben in die Äste dieser Bäume gehängt. Die **Priester** der Qamant, die den Titel *Wambar* führen, entstammen einer *Keber* genannten „echten" Qamant-Klasse, während die übrigen Qamant zu den *Yetanti* gehören. Sie opfern zu bestimmten Anlässen ein weißes Schaf und ein weißes Rind für den Schöpfergott, um von ihm Regen und Fruchtbarkeit zu erhalten.

Die Falasha

Die Falasha, die **äthiopischen Juden,** sehen sich selbst als die Nachfahren der mit *Menelik,* dem Sohn der Königin von Saba und König Salomons, aus Jerusalem gezogenen Jünglinge der jüdischen Stämme an. Oft bringt man sie auch mit den, nach der Zerstörung des ersten Tempels von Jerusalem (587 v. Chr.), in die Diaspora gezogenen Juden in Verbindung, besonders mit denen, die auf der ägyptischen Insel Elephantine, beim

esc158 Foto: bs

heutigen Aswan, einen Tempel errichtet hatten.

Die äthiopischen Juden seien der „verlorene Stamm" des auserwählten Volkes, der nach seiner Vertreibung und Wanderung schließlich nach Äthiopien gekommen sei. Wahrscheinlicher als diese legendären Erklärungen ist, dass ihre Religion ein **Substrat jüdisch arabischer Glaubensvorstellungen** ist, die um die Zeitenwende auf der arabischen Halbinsel und in den angrenzenden Gebieten verbreitet waren.

Solche „jüdischen" Stämme gab es z. B. zu Lebzeiten des Propheten Muhammad in *Yathrib* (= Medina), und der vom axumitischen König *Kaleb* (ca. 514–542) bekämpfte südarabische König *Dhu Nuwas* hing ebenfalls einer jüdischen Religion an. Etwa zeitgleich mit dem Christentum, möglicherweise schon früher, waren diese Vorstellungen auch in das in engem Kontakt mit der arabischen Halbinsel stehende **Reich von Axum** gelangt. In der äthiopischen christlichen Tradition wird zwar die Christianisierung in die Zeit der legendären Könige *Abreha* und *Asbeha* gelegt, die eigentliche Reinigung des Glaubens aber erst den späteren Neun Heiligen zugeschrieben. Es bestanden also lange Zeit Glaubensvorstellungen nebeneinander, denen allen ein starker Bezug zum jüdischen Alten Testament eigen war.

Grundlage des Glaubens der Falasha ist die **Thora,** das Alte Testament, während jüngere Überlieferungen des Ju-

Grabstätten am Wegesrand in Südäthiopien bei Shasheme

dentums nicht in ihre Religion integriert wurden. Sie feiern **keine der nachexilischen Feste,** z. B. Purim (das Fest der Befreiung der exilierten Juden aus der Gewalt des *Haman* durch *Judith)* und besitzen weder Mishna noch Talmud. Dafür gibt es bei ihnen das **Opfern von Tieren,** das im Alten Testament noch beschrieben, von den nachexilischen Juden aber nicht praktiziert wird. Den Sabbath betrachten die Falasha nicht nur als ein Fest, sondern als eine Art weibliche Gottheit, die **Sanbat.** Ihr Gebetsplatz heißt **masjid** (eine Rundhütte mit einem Davidsstern auf dem Dach und zwei Eingängen), wobei sich der Opferplatz vor deren Osttor befindet.

Die Priester tragen den Titel *Kahen.* Charakteristisch ist die strenge Beachtung des Sabbath und bestimmter Reinheitsvorschriften. Eine Ortschaft muss immer in der Nähe eines Flusses liegen, damit den notwendigen **Waschungen** nachgekommen werden kann. Beide Geschlechter werden am achten Tag beschnitten. Die Beschneidung der Mädchen ist ein nichtjüdischer, afrikanischer Ritus. Aus dem äthiopischen Christentum ist übernommen, dass es unter den Falasha **Mönche** und **Nonnen** gibt, die in Klöstern oder Einsiedeleien leben.

Die Tradition der **Falasha-Klöster** soll auf einen zum Judentum konvertierten Sohn des Kaisers *Zara Yakob* (1434–1468) zurückgehen.

Die Falasha (das Wort kommt von *falasi,* was Fremder oder Einwanderer bedeutet) sprechen **Agau,** ihre heiligen Bücher (Altes Testament, Auszüge aus dem Pentateuch, Lebensgeschichten von Propheten, die Gesetze des Sabbath) sind in **Ge'ez** geschrieben. Hebräisch ist ihnen unbekannt. Die Falasha bezeichnen sich selbst als **„Bete Israel",** als „Haus Israel".

Die Falasha waren einst in weiten Teilen des **Hochlandes** verbreitet. Erste Kunde von freien und kriegerischen Juden in Äthiopien gibt der mittelalterliche jüdische Reisende *Eldad had-Dani* im 9. Jh. Offensichtlich bestanden eigene **Falasha-Königreiche,** deren Könige sich aus der Verbindung König Salomons mit einer Magd der Königin von Saba herleiteten.

Zur Zeit des Kaisers *Susenyos* (1607–1632) unterstützte der Führer der Falasha im Simien-Gebiet mit Namen *Gedewon* (1586–1624) verschiedene Prätendenten auf den Kaiserthron. In den folgenden Jahrhunderten wurden die Falasha häufig **zum Christentum zwangsbekehrt,** so dass nur noch kleine Gruppen im Gebiet um **Gondar** und am **Tanasee** leben.

Da ihnen der Landbesitz untersagt war, üben sie **Handwerksberufe** aus, die unter den Amharen wenig verbreitet sind, so als Schmiede, Weber und Gerber, die Frauen als Töpferinnen und Korbflechterinnen. Auch als Silberschmiede sind die Falasha berühmt.

Seit den großen **Hungersnöten** wurden viele der in den siebziger Jahren noch auf 40.000 geschätzten Falasha **nach Israel ausgeflogen.** So steht auch diese Religionsgemeinschaft in Äthiopien vor dem Aussterben. In Israel wurden sie übrigens überhaupt erst 1973 von dem sephardischen und 1974 von dem ashkenasischen Oberrabbiner als

Juden anerkannt. Erst damit war ihnen die Möglichkeit gegeben, nach Israel einzuwandern.

Naturreligionen

Mit der etwas hilflosen Bezeichnung Naturreligionen oder **Animismus** versucht man, Glaubensgemeinschaften zu umfassen, die nicht zu den großen Schriftreligionen gehören. Zu diesen Gemeinschaften gehören etwa 5% der Bevölkerung Äthiopiens. Naturreligionen sind meist **an eine bestimmte ethnische Gruppe gebunden,** die durch gemeinsame **Abstammung von einem Ahn** verbunden ist und sich niemals bemüht, andere Völker zu missionieren.

Häufig besitzen sie die Vorstellung von einem **Schöpfergott,** der seit der Schöpfung müßig und unzugänglich ist. Kontakte mit der spirituellen Sphäre werden über **Ahnen und Geister** hergestellt. Bestimmte Tiere und Menschen können dafür als Medien dienen.

Die Völkerschaften an der äthiopischen Westgrenze und im Südwesten des Landes hangen dieser Art von religiösen Vorstellungen an. Bei einigen Völkern kam es zur Herausbildung eines **sakralen Königtums,** wo ein König als Verkörperung von Fruchtbarkeit und Prosperität des Volkes eine streng rituell gebundene Macht ausübte, so in den **Sidama-Königreichen,** z. B. im Königreich Kaffa.

Unter den nomadisierenden **Oromo-Gruppen** des Südens (besonders den *Borana)* ist ein **Qallu** genannter Oberpriester für die Verbindung zu den Schöpfermächten verantwortlich. Sein Amt vererbt sich in seiner Familie und unterliegt nicht dem Generationsklassensystem *(gada).* Sowohl beim sakralen Königtum als auch bei der erblichen Priesterwürde können die spirituellen Führer für Ausbleiben der Fruchtbarkeit und andere Katastrophen verantwortlich gemacht, gelegentlich sogar getötet werden (auf die Naturreligionen Äthiopiens wird ausführlicher in den Kapiteln „Süd- und Südostäthiopien" und „Südwestäthiopien" eingegangen).

Die äthiopische Christlich-orthodoxe Kirche

Aufbau und Wesen

Das orthodoxe äthiopische Christentum ist eine **Staatskirche,** die in kaum zu überschätzender Weise die Geschichte und die Traditionen Äthiopiens bestimmt hat. Bis 1974 verstand sich der äthiopische Kaiser als „Verteidiger des Glaubens", und seine legendäre Abstammung aus dem Geschlecht Davids, damit aus demselben Geschlecht, dem auch Jesus Christus entstammte, gab ihm eine weit über rationale Begriffe gehende Legitimation.

Neben diesem Charakter als Staatskirche hat die christliche Religion aber auch **tiefe Wurzeln** in den Gefühlen und Lebensvorstellungen der Bewohner des Hochlandes. Kirchliche Gebote und Feste bestimmen das Leben der Bauern, und schon *James Bruce* bemerkte, dass er kaum ein Land mit so vielen Kirchen gesehen habe. Etwa 35–40% der Bevölkerung Äthiopiens bekennen sich zum orthodoxen Christentum.

Die äthiopische Kirche versteht sich als eine **monophysitische Kirche,** d. h., sie erkennt nur eine Natur Christi, die göttliche *(physis),* an. Sie sieht sich als Verteidigerin der Reinheit der Jungfrau Maria als Gottesgebärerin. Im Äthiopischen wird das Bekenntnis mit dem Ausdruck *tewahedo* (vereinigt) ausgedrückt, der die Verbindung der menschlichen und göttlichen Natur Christi in einer ungetrennten Wesensheit beschreibt; man zieht deshalb die Bezeichnung **nicht-calzedonische Kirche** der Bezeichnung monophysitisch vor. Die äthiopische Kirche lehnt die das monophysitische Bekenntnis verdammenden Beschlüsse des Konzils von Calzedon (451) ab, erkennt aber die Konzile von Nicea (325), Konstantinopel (381) und Ephesus (431) an. Als monophysitisch bzw. nicht-calzedonisch sehen sich noch die koptische, die armenische, die syrische und die indische (Thomas-Christen) Kirche an, zu denen die äthiopische Kirche enge Beziehungen unterhält. Die im Gegensatz zum monophysitischen Glauben stehenden Dyophysiten, z. B. griechisch-orthodoxe und katholische Christen, sehen in Christus göttliche und menschliche Eigenschaften, z. B. die Leidensfähigkeit, vereint. Nestorianer und Arianer, in Asien noch an einigen Stellen vertretende Sekten, sehen in Christus nur den Menschen.

Die religiösen Schriften der äthiopischen Kirche umfassen neben dem Alten und dem Neuen Testament einige **apokryphe Schriften,** so das in anderen Sprachen nicht mehr vollständig erhaltene **apokalyptische Buch Enoch.** Die verwendeten liturgischen Schriften, die den Ablauf des Gottesdienstes regeln, Hymnen und Gesänge, sind originale äthiopische Schöpfungen, die sich an den Psalmen und Kultusvorschriften des Alten Testaments orientieren.

Ursprünglich unterstand die äthiopische Kirche dem (koptischen) **Patriarchen von Alexandria.** Dieser wählte einen ägyptischen Mönch aus, den er zum *Abuna,* dem **Oberhaupt** der äthiopischen Kirche ernannte. Nur der Abuna war in der Lage, Priester und Bischöfe zu weihen. Die gelegentlich verwendete Bezeichnung „koptische Kirche“

eph161 Foto: ph

Äthiopisch-orthodoxer Bischof

für die äthiopische orthodoxe Kirche geht auf diesen Umstand zurück, ist aber falsch, da sich beide in grundsätzlichen Fragen wie Ritus und Hierarchie unterscheiden. Diese Konstellation blieb bis 1951 erhalten, als der Patriarch von Alexandria zum ersten Mal einen Äthiopier zum Abuna weihte. Seit 1959 ist die äthiopische orthodoxe Kirche **autokephal,** d. h., die Bischöfe wählen den Abuna selbst, der nun den Titel Patriarch trägt.

Dem im allgemeinen mit der äthiopischen Situation nicht vertrauten Abuna stand der *Etchege* zur Seite, der Vorsteher sämtlicher Klöster und faktisch höchste äthiopische Priester. Traditionell hatte der **Vorsteher des Klosters Debre Libanos** in Shoa dieses Amt inne. Abuna und Etchege hielten sich gewöhnlich am Kaiserhof auf. Seit 1951 ist der Etchege auf seine klösterliche Rolle beschränkt.

Ursprünglich große Bedeutung hatte das Amt des *Nebura Ed,* des **Bischofs von Axum.** Noch heute ist er geistlicher und weltlicher Machthaber der heiligsten Stadt Äthiopiens. Ein zweites Amt als Nebura Ed wurde von Kaiser *Menelik II.* (1889–1913) an der von ihm als südliches Axum gegründeten **Kathedrale von Addis Alem** eingerichtet.

Neben den Bischöfen kennt die äthiopische Geistlichkeit Priester und Debteras. Priester müssen eine längere Ausbildung als Diakon durchlaufen und vor ihrer Weihe verheiratet sein. Sie sind berechtigt, die Sakramente auszuteilen. Sie leben von Spenden und früher vom dem *gult* genannten steuerfreien Kirchenland.

Ein für die äthiopische Kirche charakteristisches Amt ist das des **Debtera.** Die Debteras erhalten in der Regel keine Weihe und können nicht in der kirchlichen Hierarchie aufsteigen. Sie sind für die **Kirchenmusik** und den **rituellen Ablauf** des Gottesdienstes zuständig. In ihrer bis zu 40 Jahre dauernden Ausbildung lernen sie den gesamten Korpus geistlicher Hymnen auswendig. Sie kennen die Regeln der äthiopischen Kirchenmusik und Notenschrift, schreiben die Texte in Ge'ez ab und agieren auch als Lehrer.

Nicht zuletzt gelten sie als Spezialisten der Magie; von ihnen werden kleine Schriftrollen hergestellt, mit Sprüchen gegen Krankheiten und den bösen Blick, mit einem Bild des Erzengels Michael oder einem Symbol des großen Magiers Salomon. Die Debteras tragen an Festtagen weiße Mäntel mit einem breiten roten Streifen im unteren Bereich.

Sehr verbreitet sind **Klöster,** für Männer und für Frauen. Die Mönche und Nonnen leben (natürlich getrennt) entweder nach bestimmten Regeln in Klostergemeinschaften, meist einfachen Hütten, und bebauen kirchliches Land. Es gibt aber auch gänzlich zurückgezogene **Einsiedler,** die oft in Höhlen hausen und nur einmal am Tag etwas Nahrung bekommen. Im Allgemeinen gibt es kein bindendes Klostergelübde, man kann jederzeit austreten. Kirchen und Klöster haben Asylcharakter.

Das äthiopische Christentum enthält eine Reihe **jüdischer Elemente.** So werden Jungen und Mädchen am achten Tag beschnitten. Der **Samstag** (ähnlich dem Sabbath) ist **neben dem Sonntag Feiertag.** Schweinefleisch wird nicht gegessen und alttestamentliche Reinheitsvorschriften werden beachtet. Die äthiopische Kirche kennt viele **Fastentage,** an denen nur Mahlzeiten zu sich genommen werden dürfen, die nicht aus Fleisch, Ei oder Milchprodukten bestehen, und an denen auch zum Beispiel Geschlechtsverkehr verboten ist. Grundsätzlich sind jeder Mittwoch und Freitag Fastentage, längere Fastenzeiten gibt es vor Weihnachten, Ostern und *Kusqwam* (zur Erinnerung an die Flucht nach Ägypten). Laien halten etwa 180 Fastentage im Jahr, Priester ca. 250.

Es gibt eine große Anzahl **kirchlicher Feste,** darunter allein dreiunddreißig für die Jungfrau Maria. Feststehende überregionale Feste sind die folgenden:

- Am 11. September wird **Neujahr** und zugleich das Fest Johannes des Täufers begangen *(Kiddus Yohannis, Enkutatash).*
- **Masqal,** das Fest der Auffindung des Heiligen Kreuzes (an das Jesus geschlagen wurde), eigentlich ein Frühlingsfest am Ende der Regenzeit, am 17. meskerem (27. September). Dabei werden große Scheiterhaufen errichtet und entzündet. (Das eigentliche Fest der Auffindung des Kreuzes im Jahre 326 durch *Helena,* die Mutter des römischen Kaisers *Konstantin,* findet am 19. März statt, denn mit dem äthiopischen Frühling fällt nur das Datum der Rückeroberung des Kreuzes von den Persern durch den byzantinischen Kaiser *Heraklios* zusammen.)
- **Lidet** oder **Genna,** das Weihnachtsfest, wird am 29. tahsas (7. Januar) gefeiert.
- **Timkat,** das Fest der Taufe Christi (Epiphania), am 11. ter (19. Januar). Dabei wird das Wasser geweiht und der Taufe gedacht; es ist aber keine Neutaufe der Festteilnehmer, eher eine Segnung.
- **Fasika,** das Osterfest, eingeleitet durch ein fünfundfünfzigtägiges Fasten.
- An jedem 5. Monatstag ist das Fest des Gebre Manfus Qiddus, an jedem 12. das Fest des Erzengels Michael, an jedem 16. das Fest Kidana Mehrat (Bund der Barmherzigkeit, ein Marienfest) und an jedem 29. das Fest der Geburt des Herren. Fast jeder Tag des Monats ist Festtag eines Heiligen. Diese Tage werden **regional unterschiedlich** gefeiert. An Festtagen muss zum Beispiel die Feldarbeit ruhen.
- **Bewegliche Feste sind Karfreitag und Ostern.**

Die **Gottesdienste** beinhalten ausführliche Lesungen aus den heiligen Schriften und Hymnen – gesungen und getanzt von den Debteras. Gottesdienste beginnen in der Regel vor Sonnenaufgang und dauern mehrere Stunden. Wer an einem Gottesdienst teilnehmen will, darf davor nichts gegessen haben.

Weit verbreitet ist in der äthiopischen Kirche der Glaube an den **bösen Blick** und an die **Magie.** So werden beispielsweise in religiösen Gemälden die „Bösen“ stets im Profil dargestellt, damit ihr Blick nicht den Betrachter treffen kann. Aus diesem Grunde ist eine besondere Spezialität der Debteras die Herstellung übelabwehrender Amulette geworden.

Kirchenformen und Ausstattung

Die älteste Form der äthiopischen Kirche ist die **Basilika,** eine dreischiffige Halle mit (in der Regel) erhöhtem Mittelschiff. Im Westen befindet sich eine Vorhalle (Narthex), im Osten die Cella mit dem Allerheiligsten, meist mit Nebenräumen. Diese Kirchenform wurde aus dem Mittelmeerraum übernommen und war bis zum Ende des Mittelalters im Gebrauch. Reste von Basiliken kann man an Fundplätzen axumitischer Zeit

(Axum, Matara, Adulis) finden. Auch sind die tigrinischen Kirchen des Mittelalters in der Basilika-Form gebaut (Debre Damo).

Die **Felsenkirchen** imitieren oft den Aufbau einer Basilika, es existieren jedoch auch andere Formen, beispielsweise die kreuzförmige Gyorgis-Kirche in Lalibela.

Die heute **allgemein verbreitete Kirchenform** ist die **Rundkirche.** Sie stellt eine für sakrale Zwecke weiterentwickelte Form der einheimischen Rundhütte dar. Ob sie von Zentralkirchen der Ostkirche beeinflusst ist, kann nicht als sicher angesehen werden, der Aufbau und auch die kultische Funktion der Bauteile sind ganz typisch und **exklusiv äthiopisch.**

Im Zentrum der Kirche befindet sich das **Allerheiligste** *(qeddus qeddusan)* mit dem **maqdas.** Es handelt sich dabei nicht um einen Altar im Sinne europäischer Kirchen, sondern um einen Schrein, in dem die *tabot* aufbewahrt werden. Die **tabot** sind hölzerne oder steinerne **Tafeln,** die verziert und beschriftet sein können. Es sind Nachbildungen der Gesetzestafeln, auf denen Moses die zehn Gebote niedergeschrieben hat. Die Originale dieser Tafeln sollen sich in der Heiligen Bundeslade befinden, die angeblich in Axum als Hauptheiligtum der äthiopischen Kirche aufbewahrt wird. Es sind in jeder Kirche nur die tabot von Bedeutung, die vom Bischof geweiht sind, die Kirche selbst ist nichts als eine Hütte für die Tafeln. **Nur Priester dürfen den maqdas betreten;** Fremden ist der Zutritt strengstens untersagt. Werden die tabot bei Prozessionen umhergetragen, sind sie dick mit Brokat umwickelt und dürfen vor allem von Laien nicht betrachtet werden. Man trägt sie auf dem Kopf, und Sonnenschirme werden über sie gehalten. Bleiben sie längere Zeit außerhalb der Kirche, etwa zum **Timkat-Fest,** werden sie in *manbar,* in kleinen hölzernen Schreinen, aufbewahrt. Der maqdas ist oft reich mit **Malereien** geschmückt.

Auf den nach Westen gehenden Türen sind die Erzengel mit erhobenen Schwertern dargestellt, zudem rechts meist Maria mit dem Kind und über der Tür die Dreieinigkeit. Die Stifter der Kirche liegen häufig zu Füßen der Maria. Auf der linken Seite ist gewöhnlich der Heilige *Gyorgis* zu Pferde abgebildet und auf den anderen Wänden sind weitere Heilige und Szenen aus der Heilsgeschichte dargestellt.

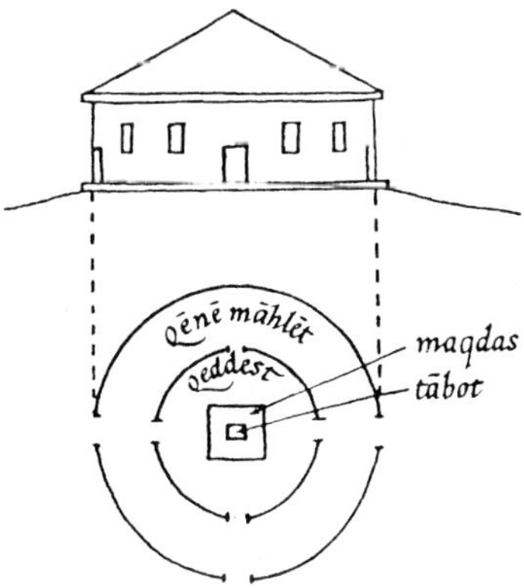

Grund- und Aufriss einer äthiopischen Rundkirche

Der Umgang um den maqdas heißt **qeddest** und ist der Platz der Geistlichen beim Gottesdienst. Vier Eingänge führen in den qeddest: Der im Osten zum maqdas führende Eingang ist nur für Priester, der im Süden für Frauen, der im Norden für Männer, der im Westen ist ein allgemeiner Zugang, nur gehen die Frauen dann jeweils auf die südliche, die Männer auf die nördliche Seite.

Der dritte, äußere Bereich heißt **qene mahlet** und ist für die Debteras und Laien, wobei in der Regel das Volk außerhalb der Kirche dem Gottesdienst beiwohnt. Die zwölf Pfeiler des Umganges sollen die zwölf Apostel symbolisieren, wie auch die Dreiteilung des Inneren als Symbol der Dreieinigkeit interpretiert wird.

Beim Betreten einer Kirche müssen die **Schuhe ausgezogen** werden. Die Kleidung sollte dem Kirchenbesuch angemessen sein, von Frauen kann erwartet werden, dass sie den Kopf bedecken. Rauchen ist im Bereich der Kirchen ebenso verboten wie Fotografieren.

Nach dem Kirchenbesuch erwarten die Priester in der Regel eine **Spende.**

Jedes Kirchendach ist mit einem großen Kreuz geschmückt, auf das häufig leere **Straußeneier** gesteckt sind. Diese Straußeneier stellen ein altes **Schutzsymbol** dar, das man auch auf Hütten im nichtchristlichen Süden Äthiopiens beobachten kann. Im christlichen Bereich werden die Straußeneier nach dem *Physilologos,* einem frühchristlichen Tierbuch, entweder als Zeichen der Barmherzigkeit Gottes interpretiert, da der unbekümmerte Strauß die Eier angeblich von der Sonne ausbrüten lässt, oder, genaues Gegenteil, als Zeichen des Schutzes durch die Kirche (und durch Maria), da der Strauß seine Eier durch die Hitze seines scharfen Auges ausbrütet. Neben der Kirche gibt es häufig eine Glocke oder einen Satz **Klangsteine:** große, waagerecht aufgehängte Steinblöcke, die mit einem Stein angeschlagen werden.

Ein besonderer Platz ist das **bieta lehem,** in dem nach besonderen Reinheitsvorschriften das Brot für das Abendmahl hergestellt wird. Wein musste bis vor kurzem entweder importiert werden (meist aus Ägypten), oder er wurde durch den Saft gepresster Rosinen ersetzt.

Ob die vor allem in Tigray häufigen **rechteckigen Kirchen** eine Weiterentwicklung des alten Basilikatyps sind, oder eine Anpassung der Rundkirche an die dort üblichere Rechteckbauweise, ist noch unklar. Ihre grundsätzliche Aufteilung und ihr Ritus gleichen dem der Rundkirchen.

Zur Ausstattung einer jeden Kirche gehört ein großes **Vortragekreuz;** alte Exemplare sind aus Eisen und Bronze, neuere aus Silber oder Messing. Diese kostbaren Objekte repräsentieren den Formenreichtum äthiopischer Kreuze. Neben vielen Variationen (es gibt lange Klassifikationen äthiopischer Kreuze) werden vor allem drei Grundformen unterschieden: das in der Silhouette rhombische **Axum-Kreuz,** das nach un-

Klangsteine und Glocken einer Kirche auf der Insel Kebran im Tana-See

efi_165 Foto: mf

ten ausgeschwungene **Lalibela-Kreuz** und das kreuzförmige, mit einem oben bogenförmig endenen Mittelarm ausgestattete **Gondar-Kreuz.** Viele Kirchen besitzen **Handschriften** (noch heute werden die heiligen Schriften in Ge'ez auf Ziegenpergament geschrieben), darunter einige mit sehr schönen Illuminationen. In der Regel zeigen die Priester bereitwillig ihre Schätze.

Die Priester tragen ein **Handkreuz,** das sie den Gläubigen zum Kuss reichen. Ein **Fliegenwedel** gehört ebenfalls zu ihren unentbehrlichen Abzeichen. Meist tragen sie einen **Turban** oder eine Kappe. Altertümliche Mäntel mit Stehkragen *(kaba)* werden über der Tunika *(kamis)* getragen, um die Schultern ist eine besondere Form des netela-Schales gelegt. Zu Festtagen sind sie mit prächtigen **Brokatmänteln** in Gelb, Rot, Schwarz, Grün, Blau gekleidet, und zum Teil werden **Kirchenkronen** getragen, die den kaiserlichen Kronen nicht nachstehen.

Die bunt bestickten **Sonnenschirme** symbolisieren das Firmament mit Sonne und Sternen. Die Debteras tragen weiße Turbane und weiße Mäntel mit einem breiten roten Streifen am unteren Saum. Da sie für die Musik im Gottesdienst zuständig sind, benutzen sie das **Sistrum (sanasel),** ein schon im pharaonischen Ägypten verwendetes Rasselinstrument, und die **Trommel kebera** oder **nagarit.** Ebenfalls Teil ihrer Ausrüstung ist der **Gebets- und Tanzstock maqwamiya,** der bei den in Gruppen aufgeführten Kirchentänzen rhythmisch bewegt wird und zugleich dazu dient, sich während langer Gottesdienste abzustützen. Dieser Stock soll an den Stock Moses' erinnern, mit dem er Wasser aus dem Felsen schlug. Auch findet die **Harfe (bagana)** in der Kirchenmusik Verwendung.

Die äthiopische **Kirchenmusik (zema)** gehört zu den Eigenarten der äthiopischen Nationalkirche. Man sieht in ihr das Weiterleben alter Kultmusik, wobei Verbindungen zu altjüdischer Kultmusik und Kulttanz gezogen werden. Auch das Amt der **Debteras** (s. o.) ist ein ganz eigenständiges Element der äthiopischen Kirche, dessen Bestehen auf den Heiligen *Yared,* den Ur-Schöpfer äthiopischer Kirchenmusik, zurückgeführt wird.

Heilige (Qiddus, fem. Qiddist)

Der Heilige **Yared** als vermeintlicher Begründer der äthiopischen Kirchenmusik führt noch den Beinamen **re'es liqwant** (oberster Lehrer). Seine Legende erzählt, dass er, aus priesterlichem Geschlecht, zuerst ein sehr schlechter Schüler der Theologie gewesen sei, dann aber, durch den immensen Fleiß einer von ihm beobachteten Raupe angespornt, zu lernen begann und zu großen Ehren kam. Als Gott wünschte, die Kirchenmusik einzuführen, sandte er ihm drei Vögel des Paradieses, die ihm Hymnen vorsangen; anschließend wurde er in den Himmel entrückt und sah und hörte Engel mit den oben genannten Instrumenten spielen. Daraufhin führte er das Gelernte in die äthiopische Kirche ein, deren Liturgie bis heute auf den ihm zugeschriebenen Werken beruht. Die Notenschrift, die wesentlichen Melodien oder Modi der äthiopischen Musik (eher indischen Ragas – „Stimmungen" – ähnelnd als den kurzen europäischen Melodiefloskeln), aber auch die theologische Poesie sowie die gesamte religiöse Ausbildung werden mit seinem Namen verbunden.

Der axumitische König **Gebre Masqal** (sagenhafter Sohn König *Kalebs,* ca. 514–542, nicht in axumitischen Quellen belegt), zu dessen Zeit er lebte, war, wie alle anderen, verzückt von dieser Kunst. Einmal bohrte er versehentlich seinen Speer in den Fuß des Yared, als dieser in Ekstase sang. Beide bemerkten dieses in ihrer Verzückung nicht.

Weitere wichtige Heilige der äthiopischen Kirche sind der Heilige *Tekle Haymanot, Gebre Manfus Qiddus* und *Abuna Samuel.* **Tekle Haymanot** ist als historische Person mit der Erneuerung der salomonischen Dynastie 1268 verbunden. Als Vorsteher des Klosters Debre Azbo (später Debre Libanos in Shoa) soll er die Abdankung des letzten Königs der Zagwe-Dynastie und die Einsetzung Kaiser *Yekuno Amlaks* (1268–1283) betrieben haben. Er ist auch als großer Missionar, besonders in Südäthiopien, berühmt. Darstellungen zeigen ihn stehend zwischen Speerspitzen, mit nur einem Bein und Flügeln. Um ein Gelübde siebenjährigen ständigen Gebetes zu halten, hatte er sich zwischen den Speeren plaziert. Als vom langen Stehen das eine Bein abstarb, gab Gott ihm Flügel, damit er aufrecht bleiben könne.

Gebre Manfus Qiddus, auch *Abo* genannt, ist ein in Haare oder Fell gekleideter Einsiedler, zu dessen Füßen wilde Tiere lagern. Er war dreihundert Jahre durch das Land gezogen, aß nie und predigte den Tieren. Einst fand er einen Vogel, der am Verdursten war, und ließ ihn das Wasser seiner Augen trinken. Dieser trinkende Vogel ist auch oft dargestellt.

Abuna Samuel war ein heiliger Mönch, dem ein Löwe diente, weshalb er auf diesem reitend abgebildet wird.

Sehr beliebt sind außerdem die **Reiterheiligen,** die zu Pferde beim Speeren abscheulicher Drachen dargestellt werden (besonders auf den Nordseiten der maqdas). Die wichtigsten sind **Fasilidas, Merqorewos** (Mercurius), **Gyorgis** (Georg), **Tewodros** (Theodoros), **Galawdeos, Victorius, Sisinnios, Philataos, Esteros** und **Salomon.** Auch der Heilige **Cherkos** *(Qirkos, Cyriacus)* und seine Mutter **Julietta** sind beide sehr häufig vertreten. Diese frühchristlichen Märtyrer hatten um 200 den Feuertod erlitten.

Ebenfalls unendliche Qualen muss der **Heilige Gyorgis** (Georg) in der äthiopischen Version seiner Legende erleiden (in der Westkirche wurde diese Fassung im Jahr 494 verboten). Danach war er zu einem nicht enden wollenden Martyrium verurteilt, das die äthiopischen Buchmaler offensichtlich inspirierte. Oft wird er von Pfeilen durchbohrt, wie in Westeuropa der Heilige Sebastian, dargestellt, oder als berittener Drachentöter.

Große Bedeutung haben die **Erzengel Michael, Gabriel** (dargestellt als Retter von drei Jünglingen, die vom babylonischen König *Nebukadnezar* in einen Feuerofen gesteckt wurden) und **Raphael** *(Rufael).*

In besonderer Weise wird die **Dreifaltigkeit** dargestellt: als dreifaches Bild eines bärtigen Mannes, die „drei Sonnen mit einem Licht". Über die Frage, ob man die Dreifaltigkeit Gottes mit menschlichem Antlitz darstellen könne, hatte es im Mittelalter erbitterte Auseinandersetzungen gegeben. Die Bemerkung der Bibel, Gott habe den Menschen nach seinem Bild geschaffen, diente als Beleg, dass Gott mit menschlichem Aussehen darzustellen sei. Mannigfaltig sind die Darstellungen von **Marienlegenden.**

Geschichte der äthiopischen Kirche

Rufinus (345–410), ein spätantiker Schriftsteller, berichtet in seiner **Historia ecclesiastica,** dass zwei christliche Brüder aus Tyros bei einer Indienreise

Kirchenkrone des Negus Tekle Haymanot im Museum der Insel Zeghie im Tana-See

efi_113 Foto: mf

von den Axumiten versklavt und an den Königshof gebracht wurden. *Frumentius,* der Intelligentere der beiden, wurde bald Schatzmeister und Erzieher des Thronfolgers, *Edesius* wurde Mundschenk. Nach dem Tod des Königs wurde ihnen die Freiheit gegeben, die Witwe des Königs bat sie aber, als Berater zu bleiben, solange der Thronfolger noch minderjährig sei. Darauf blieben die beiden, wobei sie sich auch um die Verbreitung der christlichen Lehre bemühten, die im axumitischen Reich durch Reisende schon bekannt war.

Nachdem der König volljährig war, kehrte *Edesius* nach Tyros zurück, *Frumentius* begab sich aber nach Alexandria zum Patriarchen *Athanasius,* um von ihm die Entsendung eines Bischofs für die axumitischen Christen zu erbitten. *Athanasius* befand, dass es keinen besseren als *Frumentius* gäbe, weihte ihn und sandte ihn nach Axum.

Dieser Bericht, den *Rufinus* aus *Edesius'* eigenem Mund gehört haben will, deckt sich mit der äthiopischen Tradition, nach der zur Zeit der axumitischen **Könige Abreha** („der das Licht brachte") und **Asbeha** („der die Morgenröte brachte") das Christentum von dem vom alexandrinischen Patriarchen ernannten *Abba Salama* gebracht wurde. Spätere Legenden verbinden die Einführung des Christentums schon mit

der äthiopischen **Königin Kandake,** deren Kämmerer vom Apostel *Phillipus* getauft wurde (Apostelgeschichte 8, 26–40). *Kandake* ist jedoch die Bezeichnung der Königsmutter im Reich von Meroe im heutigen Sudan gewesen.

Die archäologischen Zeugnisse datieren den Übergang von der Anrufung der traditionellen Götter zum jüdisch-christlichen Allherren in die Regierungszeit des axumitischen Königs *Ezana* (ca. 325–355). Wenig später schrieb der römische Kaiser *Constantinus II.* (337–361) an den axumitischen König *Aisanas* und seinen Bruder *Saisanas* einen Brief, in dem er die sofortige Rücksendung des vom monophysitischen Bischof Athanasius ernannten Bischofs forderte, den er als Ketzer verfolgte. Auf das Schreiben wurde wohl nicht reagiert; die beiden Adressaten werden allgemein mit den sagenhaften Königen *Abreha* und *Asbeha* in Verbindung gebracht, für die es keine Quellen aus axumitischer Zeit gibt. Mit der Weihe des Frumentius hatte sich in Äthiopien die monophysitische Glaubensrichtung etabliert und damit die Tradition, dass der Patriarch von Alexandria den äthiopischen Abuna aus Ägypten entsendet.

In der äthiopischen Tradition wird die endgültige Festigung und Ordnung der christlichen Lehre mit den **Neun Heiligen** verbunden, die aus dem byzantinischen Machtbereich zur Zeit des Königs *Ella Amida*, dem Vorgänger König *Kalebs* (ca. 514–542), nach Äthiopien geflohen sein sollen. In Byzanz war es nach dem Konzil von Calzedon (451) zur blutigen Verfolgung von Verfechtern der monophysitischen Glaubensrichtung gekommen.

Leben und Wirken dieser Heiligen sind von vielen Legenden umgeben. Jeder von ihnen gründete eine Kirche in Tigray, und auf sie werden die Regeln des klösterlichen Lebens zurückgeführt. Es sind folgende Heilige: **Abba Aregawi** oder **Za-Mikael,** angeblich aus Rom stammend, der das Kloster von *Debre Damo* gegründet haben soll. Sein Fest wird am 14. tikemt gefeiert. **Abba Alef** soll aus Cesarea stammen, gründete das Kloster Debre Hayle Luya in Ahasa bei Axum und wird am 11. megabit geehrt. Aus Antiochia soll **Abba Tsahma** stammen, der sein Kloster Enda Abba Tsahma in Tsedia südöstlich von Axum gründete und am 16. ter ein Fest hat. **Abba Aftse** aus Kleinasien ließ sich bei Yeha nieder und hat sein Fest am 29. genbot. **Abba Gerima,** auch **Isac** genannt, kam aus Rom und gründete ein Kloster in Medera, bei Adwa. Sein Fest ist der 17. senee. **Abba Liqanos** kam aus Konstantinopel, gründete Debre Qonatsil bei Axum und wird am 28. hedar geehrt. **Abba Guba** aus Kilkia gründete ein Kloster in Ghu. Sein Fest ist der 29. genbot. Ein Kloster in Gerealta soll der aus Kosia stammende **Abba Yemata** gegründet haben.

In Axum schließlich zeigt man den Berg, auf dem sich **Abba Pantaleon** aus Yeromia niederließ. Sein Fest ist der 6. tikemt.

Typische Handkreuze der äthiopisch-orthodoxen Kirche

Mit dem Ende des axumitischen Reiches blieb die äthiopische orthodoxe Kirche bestehen und scheint sich als ein einigendes Band bewährt zu haben. Die **Verbindung zwischen Kirche und Herrschaft** wurde mit der Erneuerung der salomonischen Dynastie 1268 noch gefestigt, als ein Drittel des Kronlandes in den Besitz der Kirche ging. (Wobei der Vertragstext durchaus eine spätere Zusammenstellung sein kann.)

Kaiser *Zara Yakob* (1434–1468) setzte eine Vereinheitlichung der Glaubensgrundsätze und des Ritus durch, auf ihn geht die Heiligung der „beiden Sabbaths", Samstag und Sonntag, zurück. Auch die herausragende Rolle der **Maria** wurde von ihm, der selbst theologische Werke verfasste, festgeschrieben.

Nach den Kämpfen gegen die Muslime unter dem Imam *Ahmad Grang* und der immer stärkeren Präsenz katholischer Portugiesen bestätigte Kaiser *Galawdeos* (1540–1559) in seiner **Confessio Claudii** die grundsätzlichen Besonderheiten der äthiopischen Kirche, besonders im Gegensatz zum römischen Katholizismus.

In den folgenden **Auseinandersetzungen mit den Jesuiten** wurden von diesen besonders die jüdischen Elemente im äthiopischen Ritus (Sabbath, Beschneidung, tabot als Allerheiligstes) bekämpft. Nachdem der Versuch Kaiser *Susenyos'* (1607–1632) gescheitert war, den Katholizismus als Staatsreligion einzuführen, kehrte Kaiser *Fasilidas* (1632–1667) zur Tradition zurück.

In der **Gondar-Zeit** bestimmten Streitigkeiten der verschiedenen Mönchsorden die Theologie, die erst unter Kaiser *Yohannes IV.* (1872–1889) mehr oder weniger gewaltsam beigelegt wurden. Kaiser *Menelik II.* (1889–1913) konnte bei seiner Neuordnung des Reiches auf eine einigermaßen geeinte Nationalkirche zurückgreifen.

Mit der endgültigen **Unabhängigkeit vom Patriarchen von Alexandria** 1959 ist die äthiopische orthodoxe Kirche auch nominell eine Nationalkirche geworden.

Christliche Missionskirchen

Nach dem völligen Scheitern der katholischen Mission der Jesuiten blieb das äthiopische Hochland jeglichen Missionsversuchen europäischer Kirchen versperrt. Erhalten blieb das schon 1529 im Vatikan gegründete Hospiz für aus Jerusalem kommende Pilger, das den Namen **Santo Stafano dei Mori** trug. 1919 wurde es in **Pontificio Collegio Etiopico** umbenannt und dient besonders der Ausbildung katholischer Priester aus Schwarzafrika.

Erst dem italienischen Lazeristen *Giustino de Jacobis* (gest. 1860) gelang es, im Gebiet des heutigen Eritrea eine dem orthodoxen Glauben angepasste Form des **Katholizismus** einzuführen, die vor allem in der ehemaligen italienischen Kolonie eine gewisse Ausbreitung erlangte. Südlich der Kerngebiete des christlichen äthiopischen Reiches, in den Oromo-Reichen der Gibe-Region, hatte 1847 *Guglielmo Masaia* begonnen, den katholischen Glauben besonders unter den Oromo zu verbreiten. Die kurz vor ihm einsetzende Verbreitung des Islam in diesem Gebiet begrenzte allerdings den Erfolg der Mission. Ein interessantes Detail über die eventuelle Anwesenheit von **Protestanten** zur Zeit der jesuitischen Mission gibt der zeitgenössische Bericht des *Torquato Parisiani* über das Ende der Jesuiten in Äthiopien. Sein Bericht beruht auf Erzählungen, die er in Kairo gehört hatte. Danach sei ein aus Lübeck stammender Protestant mit Namen *Peter Heyling* am Hofe des Kaisers *Fasilidas* (1632–1667) gewesen. Er war bekannt als Arzt und Lehrer für Hebräisch und Griechisch und wurde vom Kaiser angeblich mit einer seiner Töchter verheiratet. Von Peter Heyling soll der Rat erteilt worden sein, das Land für Katholiken zu schließen. Schließlich habe er aber versucht, seine Schüler vom Marienkult abzubringen, worauf man ihn, ausgestattet mit Dienern und Geschenken, des Landes verwies. In Sawakin sei er dann vom dortigen türkischen Pascha geköpft worden.

Seit der Jahrhundertwende war in Äthiopien besonders die **schwedische Mission** aktiv und half, eine eigenständige evangelische äthiopische Kirche aufzubauen. Es ist dies die Mekane Iyesus Kirche, die 1921 als eine protestantische Kongregation in Addis Abeba gegründet wurde. 1959 ging der Name auf alle Kongregationen Äthiopiens über. Von der Mekane Iyesus Kirche wurde die Bibel ins Amharische und ins Oromo übersetzt. Durch ein kaiserliches Gesetz von 1944 war den Missionskirchen die Mission nur unter der nichtchristlichen äthiopischen Bevölkerung erlaubt, dennoch verbreiteten sie sich auch im christlichen Hochland.

Besonders unter Intellektuellen finden die sozial stark engagierten Missionskirchen Zuspruch. Etwa 7% der Bevölkerung gehören Missionskirchen an.

Eine interessante Entwicklung bahnte sich nach dem zweiten Weltkrieg an, als in verschiedenen afrikanischen und amerikanischen Staaten eine Bewegung entstand, eine ursprüngliche, afrikanische Form des Christentums einzuführen. Man bemühte sich um **Missionare aus Äthiopien** und um die Einführung eines vereinfachten, äthiopisch-orthodoxen Ritus. In den meisten Fällen sind die Übernahmen aus dem äthiopisch-orthodoxen Christentum aber nur oberflächlich auf bestimmte Abzeichen, Kreuzformen oder Titel beschränkt.

Der Islam

Geschichte

Neben dem orthodoxen Christentum ist der Islam die bedeutendste Religion Äthiopiens, nicht nur im Osten und Süden, sondern auch im zentralen Hochland. Die kulturelle Dominanz der orthodoxen Staatskirche hat dazu geführt, dass in Europa die Bedeutung des Islam für die äthiopische Geschichte und Kultur eher unterbewertet wird. Heute gewinnt der Islam im Hochland vor allem durch seine starke **soziale Komponente** an Boden: kaum eine Moschee ohne Schule und Waisenhaus. Etwa 45% der Äthiopier sind Muslime.

Die ersten Kontakte zwischen dem Islam und Äthiopien gehen bis in die Zeit der Entstehung des Islam zurück. Als die ersten Gefolgsleute des **Propheten**

Muhammad (570–632) in Mekka zunehmend verfolgt wurden, sandte sie der Prophet in der so genannten **ersten Hidjra** im Jahre 615 in mehreren Gruppen nach Äthiopien. Der dortige König nahm sie auf und lieferte sie trotz des Ansuchens der Führung von Mekka nicht aus. Dieses Verhalten soll den Propheten veranlasst haben, seine Gefolgschaft anzuweisen, Äthiopien vom Jihad, der gewaltsamen Verbreitung des Islam, auszunehmen. Die arabisch-islamische Expansion richtete sich jedenfalls nicht gegen Äthiopien, sondern gegen die beiden anderen Großreiche Byzanz und Persien.

Der Islam begann sich erst allmählich entlang der Küste auszubreiten. Beja-Stämme der Westküste des Roten Meeres und einige Stämme um den somalischen Hafen Zeila werden von den arabischen Geografen *Ibn Hawqal* und *al Yaqubi* im 10. Jh. als muslimisch bezeichnet. In einer späteren Chronik wird festgehalten, dass im Gebiet von Shoa ein **Sultanat der Machzumi** schon 896/97 gegründet worden sei.

Zur Zeit der **Zagwe-Dynastie** sollen die muslimischen Herrscher Ägyptens versucht haben, Einfluss auf die Islamisierung des Hochlandes zu nehmen. Sie zwangen den Patriarchen von Alexandria, einen Abuna zu ernennen, der dem Islam wohlgesonnen war. Als dieser *Abba Sawiros* um 1080 aber begann, in Äthiopien Moscheen zu bauen, wurde er wieder abgesetzt. Sicher ist, dass um 1200 im südlichen Shoa das **Sultanat Ifat** unter der Dynastie der *Walashma* bestand. Dieses Sultanat sah sich unter den ersten Salomoniden ständigen Angriffen ausgesetzt und wurde im Rahmen der Südexpansion von Kaiser *Yeshak I.* (1414–1429) und Kaiser *Zara Yaqob* (1434–1468) vernichtet. Sein Nachfolger wurde **Adal** mit der **Hauptstadt Harar.** Ende des 15. Jh. begannen im Hochland die immer häufigeren Razzias muslimischer Emire, die Gruppen von Kriegern zum Heiligen Krieg gegen die Christen führten. Der bedeutendste dieser Emire war der Imam **Ahmad ibn Ibrahim al-Ghazi,** genannt **Grang** („der Linkshänder"), der zwischen 1527 und 1543 das christliche Reich mit Krieg überzog, Kirchen zerstörte und die Bevölkerung zur Annahme des Islam zwang. Sein Tod 1543 und die folgende Invasion der Oromo beschränkten die Muslime wieder auf Harar und den Küstenstreifen.

In den Jahren nach der Vertreibung der Jesuiten aus Äthiopien, als Kaiser *Fasilidas* (1632–1667) um gute Kontakte zu seinen muslimischen Nachbarn bemüht war, verbreitete sich der Islam auf friedliche Weise im Hochland. *Yohannes I.* (1667–1682) ließ zwar 1668 die **Trennung von Christen, Falasha und Muslimen** verkünden, dennoch spielten die Muslime, vor allem als Händler, weiterhin eine wichtige Rolle.

Die Gruppen der **Oromo,** die sich südlich von Gojam im Gebiet um den Fluss Gibe niedergelassen hatten und anstelle der alten Sidama-Reiche eigene Staaten gründeten, wurden um 1800 allmählich von islamischen Händlern und reisenden islamischen Gelehrten missioniert. Auch im christlichen Hochland erlangten teilweise islamisierte Gruppen der Oromo mehr Einfluss, so die Yajju-Oromo unter dem (allerdings offiziell zum Christentum konvertierten) Geschlecht der *Gwangwel,* die zeitweise die Rolle der „Königsmacher" in Gondar zur Zeit der *Mesafint* (ca. 1767–1855) innehatten, sowie die Wollo-Oromo unter dem von *Yohannes IV.* getauften *Ras Mikael,* dem Vater des späteren Kaisers *Lij Iyasu* (1913–1916).

Im Gebiet des späteren **Eritrea** führte die Besetzung weiter Teile durch Ägypten ab 1840 ebenfalls zur Ausbreitung des Islam, der auch von den seit dem Jahr 1885 herrschenden Italienern gefördert wurde.

Die um die Einigung des christlichen Äthiopien kämpfenden Kaiser *Tewodros II.* (1855–1868) sowie *Yohannes IV.* (1872–1889) waren entschiedene Feinde des Islam und ordneten in ihrem Machtbereich Zwangstaufen an, ohne damit tiefgreifende Erfolge zu haben. Kaiser *Menelik II.* (1889–1913) verhielt sich im Rahmen seiner Eroberungspolitik den Muslimen gegenüber tolerant.

Unter seinem Nachfolger *Lij Iyasu* (1913–1916) kam eine Gruppierung an die Macht, die den Islam offen förderte; so wurden Moscheen gebaut und Kontakte zu dem in Somalia gegen die englischen Kolonialherren kämpfenden Mahdi *Muhammad ibn Abd Allah Hasan* (von den Engländern als „Mad Mullah" bezeichnet) aufgenommen. Außerdem sollte im Ersten Weltkrieg dem Aufruf der Türkei zum Jihad gegen die Kolonialmächte gefolgt werden.

Nach der Entthronung von Kaiser *Lij Iyasu* stellten wieder die Christen die Führungsschicht in Äthiopien. Die Verfassung von 1931 stellte Christen und Muslime de jure gleich, wobei aber traditionelle Barrieren nicht überwunden werden konnten. Während der Besetzung des Landes durch das faschistische Italien 1935–1941 wurde der Islam als Gegengewicht zur Nationalkirche gefördert.

Nach der Wiedererlangung der **Unabhängigkeit** entwickelte sich ein weitgehend **friedliches Nebeneinander** der beiden großen Religionen. Auch im Bürgerkrieg spielten religiöse Unterschiede keine vordergründige Rolle, so kämpfte die „christliche" tigrinische Befreiungsfront gemeinsam mit den „muslimischen" Oromo gegen das **Mengistu-Regime,** und in der eritreischen Befreiungsfront wie auch in der derzeitigen Regierung Eritreas sind Christen und Muslime vertreten.

Charakteristisch für die **Ausbreitung** des Islam in Äthiopien ist, dass sie nicht mit einer Arabisierung, wie in weiten Teilen Nordafrikas und des Sudan, verbunden war. Arabische Stämme wanderten nicht nach Äthiopien ein, vielmehr wurde der Islam weitgehend friedlich von Händlern und Gelehrten in die Region getragen und dort von einheimischen Gruppierungen (Somali, Oromo, Amharen) weiterverbreitet.

Verbreitung

Die Gruppe der **im zentralen Hochland lebenden Muslime** wird häufig unter dem Begriff **Jabarti** zusammengefasst. Ursprünglich war dies das amharische Wort für das muslimische Gebiet um den Hafen von Zeila (in Somalia), später wurde es auf Muslime allgemein übertragen. Unter den Jabarti des

Moschee in Harar

Hochlandes versteht man Amharinya, Tigrinya oder Agau sprechende Muslime, die unter der christlichen Bevölkerung leben. Sie unterscheiden sich kaum von ihren Mitbewohnern, waren aber Restriktionen ausgesetzt. So konnten sie häufig kein Land besitzen und hatten in bestimmten Stadtvierteln zu leben. In der Regel waren sie Händler und Handwerker. Sie führen ihre Islamisierung auf *Ahmad an-Najashi,* einen Gefolgsmann des Propheten Muhammad, zurück, dessen Grab südlich von Adigrat eine Pilgerstätte ist. Wahrscheinlich gehen viele Jabarti auch auf die zwangsweise Konvertierung von Christen unter dem Imam *Ahmad Grang* (1527–1543) zurück.

Im Gebiet des heutigen **Eritrea** hatte der Islam auf den Dahlak-Inseln schon im 8. Jh. Fuß gefasst. Von dort breitete er sich in der Handelsstadt Massawa und im umliegenden Gebiet aus. Die im **östlichen Eritrea** und in angrenzenden äthiopischen Gebieten der **Danakil-Ebene** lebenden Afar wurden, wie auch die die Spitze und den Süden des Horns von Afrika besiedelnden Somali, schon im frühen Mittelalter vom Jemen aus islamisiert, wenn auch der Islam häufig nur als eine Art Kulturschicht über den traditionellen Bräuchen und Vorstellungen liegt. Die im **nördlichen Eritrea** lebenden Nomaden wurden größtenteils vom Sudan aus islamisiert, so die Bani Amir. Zu Beginn des 19. Jh. waren eine Reihe dort lebender, meist Tigre sprechender Stämme (Beit Asgade, Mansa, Beit Juk) noch orthodoxe Christen, traten dann aber zunehmend zum Islam über. Legenden berichten, dass dieses geschehen sei, weil die christlichen Priester den Genuss von Kamelmilch und Kamelfleisch als unrein verboten hätten und so die Nomaden sich gezwungen sahen, zu konvertieren (das geschah z. B. auch durch die Annahme einer Mahlzeit von Fleisch aus von Muslimen geschlachteten Tieren, da das Essen von Nahrung, die nach den Vorschriften einer anderen Religion zubereitet ist, als Übertritt zählt). Die Mansa erzählten, bei einem Überfall habe ihr Priester die hölzernen tabot in einer Höhle versteckt, und als man sie wieder holen wollte, waren sie von Termiten gefressen. So des zentralen Elementes des christlichen Kultus verlustig gegangen, trat man, um weiterhin eine Religion und Gesetze zu haben, zum Islam über.

Die **Handelsstadt Harar** ist, wie das Küstengebiet und besonders die alte Hafenstadt Zeila in Somalia, ein altes **muslimisches Zentrum.** Von hier breitete sich schon im frühen Mittelalter der Islam in das Gebiet des südlichen Shoa und die Gibe-Region aus. Nach dem Untergang der dortigen Reiche durch den Ansturm der Oromo wurden auch die Oromo allmählich islamisiert. Im Gebiet der ehemaligen Oromo-Reiche Gomma, Limmu Enarya, Guma, Gera und Jimma Abba Jifar ist der Islam verbreitet. Nach der Eroberung durch *Menelik II.* (1889–1913) war auch wieder das Christentum vermehrt vertreten; ebenfalls verbreitet sind Naturreligionen, besonders im Gebiet der Sidama-Reiche um Kaffa.

Entlang der Westgrenze von Eritrea und Äthiopien gibt es noch einige Stämme der alten nilotischen Bevölkerung des Sudan. Sie wurden zum Teil vom Sudan aus islamisiert, so die Baria und Kunama in Eritrea und die Bani Shangul und auch die am Tanasee lebenden Woytos in Äthiopien.

Grundelemente des Islam

Der in den **fünf Säulen des Islam** formulierte Anspruch an jeden Muslim umfasst **1.** das Glaubensbekenntnis, d. h., dass man nur einem Gott anhängt, und zwar Allah, dessen Prophet Muhammad ist, **2.** fünf Mal am Tag das Gebet, wenn möglich in der Gemeinschaft, zu verrichten, **3.** den Fastenmonat Ramadan zu halten, **4.** den Armen Almosen zu geben und **5.** sich zu bemühen, einmal im Leben die Pilgerfahrt nach Mekka durchzuführen. Diese Pflichten sollen den Muslimen ein Leben in der Gemeinschaft ermöglichen und das Gefühl der Solidarität entwickeln. Mit der **Sharia** besitzen die Muslime eine Form der Rechtsprechung, die sich an Entscheidungen des Propheten orientiert, sei es durch direkte Parallelen oder durch Ableitungen.

Das verlangt von jedem Muslim eine **gute Kenntnis des Quran** (Koran), die er im Zuge einer Ausbildung erwerben muss. Besonders Gebildete werden als Richter und Lehrer in Koranschulen eingesetzt. Einen Priesterstand kennt der Islam nicht, das gemeinschaftliche Gebet (besonders am Freitag, dem muslimischen Feiertag) soll von einem gelehrten und geachteten Muslim *(Imam)* geleitet werden.

Gebetsort ist die **Moschee** (*masjid,* die spezielle Freitagsmoschee *djamia*), ein begrenzter Platz oder eine Halle. Die **Gebetsrichtung** (*qibla,* immer nach Mekka) wird durch eine **mihrab** genannte Nische markiert. Eine Kanzel *(minbar)* wird bei der Predigt am Freitag benutzt. Einen erhöhten Aufbau oder einen Turm (**Minarett** – *ma'zana*) benutzt der Gebetsrufer *(mu'azin),* der fünfmal am Tag zum Gebet ruft. Die Moschee dient auch dem gelehrten Gespräch, der Meditation und der Ruhe. Frauen und Männer haben getrennte Bereiche, manche Moscheen sind nur Männern vorbehalten. Vor dem Betreten der Moschee zieht man die Schuhe aus.

Die Welt wird eingeteilt in den Bereich, in dem die Muslime in der Mehrheit und im Besitz der Macht sind *(dar al-islam)*, und den Bereich, in dem die Muslime in der Minderheit sind (*dar al-harb*, wörtl.: „Haus des Krieges"). Dabei ist zu beachten, dass Muhammad angewiesen hat, Anhänger der „Buchreligionen" Judentum, Christentum und die nicht näher spezifizierten Sabäer zu tolerieren. Insgesamt vier so genannte **islamische Rechtsschulen** *(madhab)* geben bestimmte Lesarten des Koran, Formen des Ritus und Prinzipien der Rechtsprechung vor. Diese Schulen werden nach ihren Begründern benannt. In Äthiopien ist vor allem die von der Arabischen Halbinsel kommende Shafi'itische Rechtschule verbreitet, so unter den Somali, den Oromo und in Harar. Im Grenzgebiet zum Sudan wurde die im Sudan übliche Malikitische Rechtsschule verbreitet, von den Ägyptern (und später Italienern) in Eritrea auch die Hanifitische Rechtsschule.

Dieser **orthodoxe Islam** ist in seiner „reinen" Form nur in den städtischen Zentren, vor allem in Harar, verbreitet. Im Allgemeinen ist der Islam stark mit Stammestraditionen und Resten alter Religionen verbunden. So hat die **Beschneidung** bei vielen muslimischen Stämmen den Charakter von Initiationsriten bewahrt. Der Glauben an *zar* genannte böse Geister ist weit verbreitet, und es wird versucht, diese durch bestimmte Zeremonien auszutreiben. Ländliche islamische Gelehrte haben selten eine umfassende Ausbildung in islamischer Theologie, sind dafür aber als Zauberer, Heiler und Regenmacher berühmt. Auch alte Heiligtümer und heilige Haine leben fort.

Ein charakteristisches Element des Volksislam ist die Verehrung von **Heiligengräbern.** Während der orthodoxe Islam die Verehrung von Menschen, einschließlich Muhammads, strikt ablehnt, sind im Volksislam die Grabstätten örtlicher Heiliger Ziel von Pilgerfahrten und Bittgängen. Die *Qubba* genannten weißen Kuppelgräber sind auch in Äthiopien anzutreffen. Bekannt sind das Grab des *Ahmad an-Najashi* südlich von Adigrat, die Gräber der *Mirghani*-Familie in Eritrea und die Gräber des Emir *Nur* und des Scheichs *Omar Abadir al-Bukri* in Harar. Einer der berühmtesten Wallfahrtsorte Äthiopiens ist Scheikh Husein in der Region Bale. Dort sind Grabmal, Moschee und eine Reihe heiliger Grotten zu einem Heiligtum verbunden, das besonders im Februar zum Fest des Heiligen von Tausenden aufgesucht wird.

Ebenfalls nicht in den Bereich des orthodoxen Islam fallen die so genannten **religiösen Orden.** Diese Vereinigungen gehen auf den mittelalterlichen Sufismus zurück, einer mystischen Strömung des Islam, die die spirituelle Vereinigung mit Allah anstrebte. Besonders in Afrika (aber auch sonst in der islamischen Welt) haben sich eine Reihe von Spielarten entwickelt, die arabisch **tariqa** (Pl.: *turuq*) genannt werden. Das Wort bedeutet eigentlich „Methode/ Art und Weise": die tariqa umfasst die Regeln und Verhaltensweisen dieser spirituellen Vereinigungen; sie zeigt eine spezielle „Methode", durch Auslegung, Gebet und Versenkung höchstes

Seelenheil zu erlangen. Das geschieht unter Führung eines mit besonderem Segen *(baraka)* versehenen Scheichs, meist eines Nachkommen des Ordensgründers. Im Rahmen von *dhikr* genannten religiösen Übungen und Gebeten stellt sich bei den Teilnehmern ein Gefühl der Entrücktheit ein. Die Teilnehmer können bestimmte Grade der Einweihung erreichen, in der Regel sind es aber Laien, die sich regelmäßig im Rahmen dieser Übungen treffen.

Einer der ältesten und am weitesten verbreiteten Orden ist die **Qadiriya,** die von *Abd al-Qadir al-Jilani* (1077–1166) begründet wurde. Sie ist, aus dem Jemen kommend, in allen größeren Orten, vor allem aber in Harar, zu finden. In Massawa soll die Moschee auf dem Platz gebaut sein, an dem *Abd al-Qadir* angeblich begraben ist.

Anfang des 19. Jh. gab es in der islamischen Welt eine religiöse Neubesinnung, die sich einer verstarkten Missionierung nach Innen und Außen widmete. Auch die im heutigen Saudi-Arabien regierenden Wahabiten waren Teil dieser islamischen Renaissance.

In Nordafrika trat besonders *Sayyid Ahmad ibn Idris al-Faris* (1760–1837) als Ordensgründer hervor. Sein Schüler *Osman al-Mirghani* (1793–1853) begründete im Gebiet um Kassala im Sudan einen Orden, dessen islamische Lehre besonders von seinem in dieser Region als Heiligen verehrten Sohn *al-Hasan* (gest. 1869) im östlichen Sudan und in Eritrea verkündet wurde **(Mirghaniya** oder **Khatmiya).** Ebenfalls ein Schüler des *Ahmad ibn Idris* begründete die in Somalia verbreitete Salihiya, der auch der Mahdi *Muhammad Ibn abd Allah al-Hasan* („Mad Mullah") angehörte.

Der **Mahdi** der muslimischen Vorstellung ist ein Auserwählter, der im Vorfeld des Jüngsten Gerichts einen islamischen Gottesstaat errichtet. Im Kampf gegen den Kolonialismus traten häufiger Mahdis auf; oft, wie im Falle des sudanesischen und des somalischen Mahdis, mit dem Anspruch, anstelle der zerstrittenen Stämme eine neue, religiöse Gemeinschaft zu setzen.

Im Hochland sind unter den Jabarti und den muslimischen Oromo auch die Sammaniya und Tijaniya genannten Orden vertreten.

Buchtipp:

Zur Vorbereitung auf eine Reise in ein (auch) islamisches Land, das sich in vielerlei Hinsicht von unserem Kulturkreis und unserer Alltagswelt unterscheidet, hält Reise Know-How einen nützlichen Praxis-Band bereit:

- Kirstin Kabasci, **Islam erleben**

Eth02_11 Foto: ph

Unterwegs in Äthiopien

Eth02_12 Foto: ph

Eth02_06 Foto: ph

Einzelgehöft in Menz (Amhara)

Diakonschüler

Viehhaltung - auch im Süden Versicherung für schlechte Zeiten

Addis Abeba ⇗X,B2/3

Addis Abeba ist die **Hauptstadt Äthiopiens.** Sie ist mit **über 2,6 Millionen Einwohnern** (genaue Angaben sind unmöglich, Schätzungen gehen je nach Abgrenzung bis zu 5 Mio.) auch die größte Stadt des Landes. Addis Abeba liegt **zwischen ca. 1800 m und 2450 m** über dem Meeresspiegel und ist damit die dritthöchst gelegene Hauptstadt der Welt. Aus diesem Grund sollten Sie sich dort auch nie ohne Sonnenschutz mit hohem Lichtschutzfilter bewegen.

Für die meisten Besucher wird eine Reise nach Äthiopien in der Hauptstadt beginnen, denn hier befindet sich der **internationale Flughafen** des Landes, der **Bole International Airport.** Alle **wichtigen Ämter und Institutionen** haben ihre Büros in der Stadt. Die großflächige (250 km²), manchmal hektische, manchmal verschlafene Stadt, eine Mischung aus Wolkenkratzern, Vorortvillen, Wellblechhütten, städtisch und ländlich zugleich, bewohnt und besucht von ganz Äthiopien, Afrika und Übersee, ist ein Spiegelbild des Landes und zugleich eine Ausnahme.

Unangefochten beherrscht die Stadt das **Horn von Afrika:** als größter Marktplatz, als Verkehrsknotenpunkt und politisches Zentrum. Die Stadt vereint das Land wie in einem Reagenzglas: Noch immer, vor allem auch intellektuell, **amharisch geprägt,** liegt die Stadt doch im Zentrum der **Oromo-Region,** die derzeitige Regierung wird von Tigray dominiert. Hunger und die Folgen des Bürgerkrieges bestimmen das Antlitz der Stadt genauso wie der Stolz Afrikas auf seine Unabhängigkeit.

Addis Abeba ist keine „schöne" Stadt, aber eine extreme Stadt. Wer Städte mag, große Städte, die mit ihrem Land blühen und mit ihm leiden, die von der Geschichte künden und tausende Geschichten erzählen, der wird Addis Abeba mögen.

Der Verkehr ist chaotisch. **Straßennamen** existieren in Addis Abeba zwar auf dem Stadtplan, es benutzt sie nur niemand. Orientieren Sie sich an den **vier Hauptstraßen** (Churchill Road, Menelik II. Avenue, King George Street, Bole Road), drei, vier zentralen Plätzen (Mercato, Piazza, Abiot bzw. Masqal Square, Arat Kilo) oder an den Namen von Hotels oder Behörden. Das reicht im Normalfall aus, wenn man sich durchfragen muss oder einem Taxifahrer die Richtung angibt. Selbst die Bezeichnungen der Hauptstraßen wechseln; aber ob die Churchill Road nun eine Avenue ist oder nicht – wen kümmert's?

Jeder hat es eilig in der großen Stadt, das Schlendern oder Bummeln ist nur in einigen wenigen Straßen empfehlenswert. Sollten Sie doch das Bedürfnis haben, einen Spaziergang durch die Stadt zu machen, dann müssen Sie damit rechnen, nicht lange allein zu bleiben: Eine Traube von Straßenkindern, Bettlern oder Guides wird sich im Normalfall bilden. Wer das zu akzeptieren bereit ist, der kann einigermaßen sicher durch die Stadt gehen, ausgenommen nachts. Taschendiebe lungern meist in Gruppen an den großen Hotels herum.

Dennoch: Versuchen Sie einmal, das **große Viereck,** das zwischen Masqal-

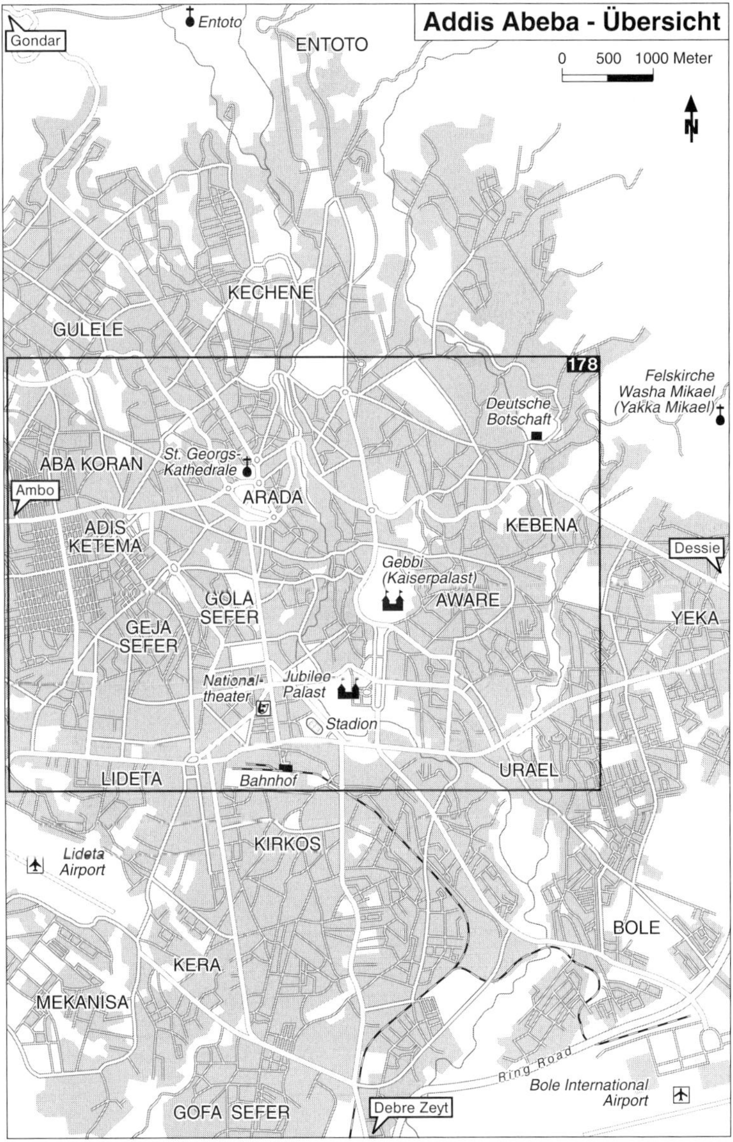
Addis Abeba - Übersicht
0 500 1000 Meter
N
Entoto
ENTOTO
Gondar
KECHENE
GULELE
178
Felskirche
Washa Mikael
(Yakka Mikael)
Deutsche
Botschaft
St. Georgs-
Kathedrale
ABA KORAN
Ambo
ARADA
KEBENA
ADIS
KETEMA
Dessie
Gebbi
(Kaiserpalast)
AWARE
GOLA
SEFER
YEKA
GEJA
SEFER
National-
theater
Jubileo-
Palast
Stadion
LIDETA
Bahnhof
URAEL
KIRKOS
Lideta
Airport
BOLE
KERA
MEKANISA
Ring Road
Bole International
Airport
GOFA SEFER
Debre Zeyt

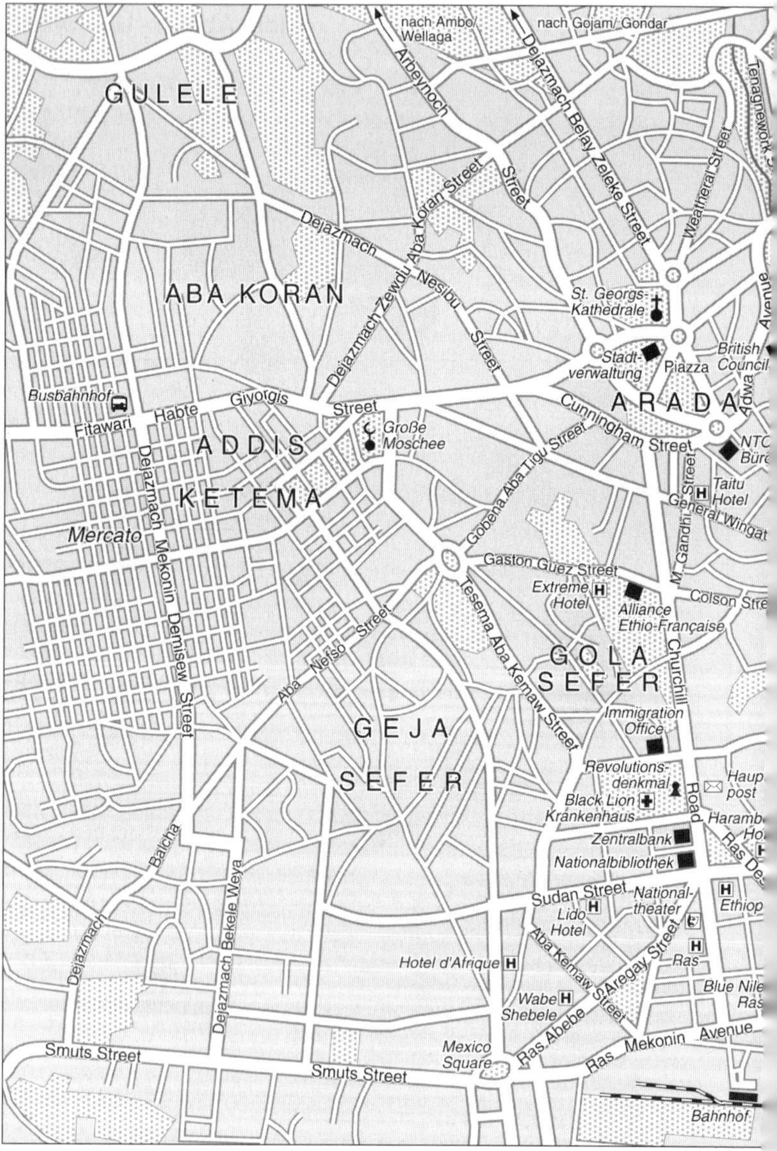
nach Ambo/
Wellaga
nach Gojam/ Gondar
GULELE
Arbeynoch
Dejazmach Belay Zeleke Street
Tenagnework
Weatheral Street
Street
Aba Koran Street
Dejazmach
ABA KORAN
Dejazmach Zewdu
Nesibu
Street
St. Georgs-
Kathedrale
Stadt-
verwaltung
Piazza
British
Council
Avenue
Adwa
ARADA
Busbahnhof
Fitawari
Habte
Giyorgis
Street
Große
Moschee
Cunningham Street
NTO
Büro
ADDIS
KETEMA
Dejazmach Mekonin Demisew Street
Gobena Aba Tigu Street
M. Gandhi Street
Taitu
Hotel
General Wingate
Mercato
Gaston Guez Street
Extreme
Hotel
Alliance
Ethio-Française
Colson Street
Tesema Aba Kemaw Street
Aba Nefso Street
GOLA
SEFER
Churchill Road
GEJA
SEFER
Immigration
Office
Revolutions-
denkmal
Haupt-
post
Black Lion
Krankenhaus
Zentralbank
Nationalbibliothek
Ras Des
Balcha
Dejazmach Bekele Weya
Sudan Street
Lido
Hotel
National-
theater
Ethiop
Dejazmach
Hotel d'Afrique
Aba Kemaw Street
Aregay Street
Ras
Blue Nile
Ras
Wabe
Shebele
Ras Abebe
Ras Mekonin Avenue
Mexico
Square
Smuts Street
Smuts Street
Bahnhof

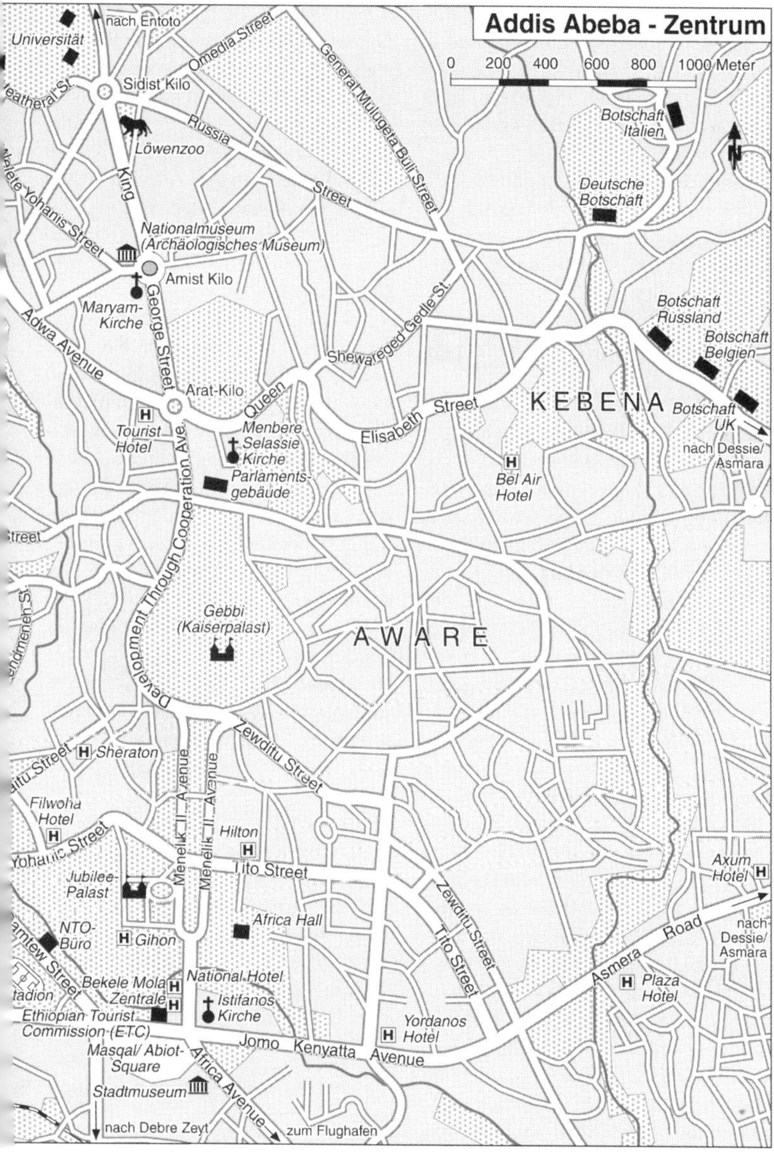
Addis Abeba - Zentrum
0 200 400 600 800 1000 Meter
nach Entoto
Universität
Omedia Street
General Mulugeta Buli Street
Sidist Kilo
Meatheral St.
Russia Street
Löwenzoo
King George Street
Yohanis Street
Nationalmuseum (Archäologisches Museum)
Amist Kilo
Maryam-Kirche
Adwa Avenue
Shewareged Gedle St.
Queen Elisabeth Street
Arat-Kilo
Tourist Hotel
Menbere Selassie Kirche
Parlaments-gebäude
Botschaft Italien
Deutsche Botschaft
Botschaft Russland
Botschaft Belgien
Botschaft UK
KEBENA
nach Dessie/ Asmara
Bel Air Hotel
Development Through Cooperation Ave.
Gebbi (Kaiserpalast)
AWARE
Zewditu Street
Sheraton
Filwoha Hotel
Yohanis Street
Menelik II. Avenue
Hilton
Tito Street
Jubilee-Palast
Africa Hall
NTO-Büro
Gihon
Bekele Mola
Zentrale
National Hotel
Istifanos Kirche
Stadion
Ethiopian Tourist Commission (ETC)
Yordanos Hotel
Jomo Kenyatta Avenue
Masqal/ Abiot-Square
Africa Avenue
Stadtmuseum
nach Debre Zeyt
zum Flughafen
Asmera Road
Axum Hotel
nach Dessie/ Asmara
Plaza Hotel

Square, Universität, Piazza und Bahnhof das Zentrum bildet, einmal zu Fuß zu erkunden. Dann kennen Sie zumindest die wichtigsten Plätze der Stadt und können sich ein Bild von Addis Abeba machen.

Amharisch ist die verbreitetste Sprache in der Hauptstadt, mit Englisch, Italienisch, manchmal auch Französisch, kommt man aber auf einer Besichtigungstour recht weit.

Stadtentwicklung

Addis Abeba ist gerade etwas mehr als **hundert Jahre alt.** Seine Entstehung ist eng mit den Ereignissen verbunden, die Ende des 19. Jahrhunderts dazu führten, dass sich der äthiopische Staat in seinen heutigen Grenzen bildete.

Die **Stadt liegt in Shoa,** dem Königreich, dessen Herrscher *Menelik,* der nach dem Ableben von Kaiser *Tewodros II.* (1855–1868) neben *Kassa von Tigray* der mächtigste Fürst in Äthiopien war. *Kassa* ließ sich als *Yohannes IV.* (1872–1889) zum Kaiser krönen, Menelik behielt aber den Südosten unter Kontrolle und die Anwärterschaft auf den Kaiserthron. Er begann, sein Einflussgebiet systematisch nach Süden und Osten auszudehnen. Sein Hauptlager hatte Menelik 1881 auf dem **Bergzug Entoto** im Norden des heutigen Addis Abeba aufgeschlagen. Das dortige raue Klima veranlasste den Hof häufiger, die **im Tal** liegenden **warmen Quellen** (amharisch: *Felweha,* Oromo: *Finfine)* zu besuchen. 1886 ließ sich die Königin *Taytu* an einer davon ein Haus bauen, und 1887 (1879 nach äthiopischem Kalender) gab sie dem Platz den **Namen Addis Abeba – „Neue Blume".** Diesen Mädchennamen soll sie entweder der Stadt gegeben haben, weil sie nie eine Tochter mit Menelik hatte, oder weil es dort aufgrund der Quellen so schöne Blumen gab. Angeblich hatte schon der *Negus Sahle Selassie,* der Großvater *Meneliks,* dort geweilt und den Platz als Sitz der Hauptstadt prophezeit.

Die Königin konnte ihren Mann überreden, sein Hauptquartier in die angenehmere Umgebung zu verlegen, und es wurde Land an die obersten Würdenträger verteilt. Die recht weit verstreut liegenden Lager (denn jeder Fürst besaß Hofstaat und Soldaten) prägen den heutigen Grundriss der Stadt. Der König pendelte noch zwischen Entoto und Addis Abeba, aber 1889, im Jahr der Kaiserkrönung *Meneliks II.* (1889–1913), wurde mit dem Bau des Palastes begonnen. 1891 standen die ersten Steinhäuser. Der Palast *(gebbi)* erregte viel Aufsehen, als in ihm die **erste Wasserleitung** verlegt wurde.

Meneliks Interesse an jeder Art technischer Neuerung lässt sich nirgends besser beobachten als in seiner Hauptstadt: Bald gab es das **erste Telegraphenamt** (in einer Rundhütte natürlich), im Palast sogar Elektrizität. 1903 wurde eine Pferderennbahn gebaut, 1905 die Bank of Abyssinia eröffnet, 1908 die Menelik II.-Schule, 1910 das Menelik II.-Hospital, 1911 die staatliche

Der Masqal Square, bekannter unter seinem Namen Abiot Square

Druckerei. In den Jahren 1911/12 wurde ein kleines Wasserkraftwerk am Akaki-Fluss installiert. Schon 1898 hatte es ein Kino gegeben, das im Volksmund *saytan bet* – übersetzt „Teufelshaus" – genannt wurde.

Ein Hauptproblem war die **Versorgung der Stadt mit Brenn- und Bauholz,** so dass es anfangs so aussah, als ob bald wieder ein neuer Standort für den Kaiserhof gesucht werden müsste. Man sah vor, in **Addis Alem** („Neue Welt") westlich von Addis Abeba die nächste Hauptstadt zu errichten. In den 90er Jahren des 19. Jahrhunderts hatten Europäer jedoch damit begonnen, **Eukalyptus** aus Australien in ihren Gärten anzupflanzen. Diese schnell wachsenden Pflanzen fanden große Verbreitung, ab 1904/5 begann die systematische Einfuhr von Samen. Damit war das Holzproblem fürs erste gelöst. Es ist nicht zuletzt auf das Betreiben der **europäischen Gesandten** zurückzuführen, dass die Hauptstadt in Addis Abeba verblieb. Diese hatten Boden erworben, Residenzen erbaut und wenig Interesse, wieder von vorn anzufangen.

Machte die Stadt um 1900 noch den Eindruck einer ländlichen Siedlung mit versprengten Häusern, Hütten und Zelten, in der man zur Regenzeit wegen des Schlammes nicht von einem Haus zum anderen kam, wurde durch die Einfuhr von Wellblech und die Einrichtung von Ziegeleien das Erscheinungsbild zunehmend verändert. 1904 hatte *Menelik* die erste Dampfwalze zum Straßenbau anschaffen lassen. 1917 erreichte die **Eisenbahnlinie** von Djibouti die Stadt.

Addis Abeba

efi_187 Foto: mf

Addis Abeba – die neue Blume?

Momentaufnahmen von Peter Hildemann

Der Reisende wird Addis Abeba als eine Stadt riesiger Gegensätze erfahren. Ein gut gepflegtes, repräsentatives Zentrum der Stadt, mit Hochhäusern, Villengegenden, Supermärkten und guten Geschäften mit fast allem, was das Herz begehrt – und gar nicht so weit entfernt, aber oft gut getarnt, die Gegenden der Ärmsten der Armen.

Doch selbst diese Viertel lassen sich nicht als Slum bezeichnen, es gibt auch hier eine Minderheit, die in gepflegten und modernen Häusern lebt; Seite an Seite mit Menschen in Häusern, die uns als Ruine erscheinen.

Addis Abeba, die „neue Blume", erfüllt die Erwartungen, die man mit dem Namen verbinden möchte, kaum. Besonders in der Regenzeit ist die Situation abseits befestigter Straßen, vor allem in den älteren Stadtteilen, unbeschreiblich. Die Wege haben sich oft in tiefen Schlamm verwandelt, sind zu Gräben geworden, die Dächer der Häuser sind undicht, die Lehmböden der Holzhütten durchnässt, Latrinen randvoll, Kinder sind fast immer verschnupft. Zeitweise kommt der Verkehr auf überfluteten Straßen zum Erliegen, oder aber einzelne Autos fallen einem Schlagloch in einer überschwemmten Straße zum Opfer und lassen die Insassen wie Gestrandete erscheinen. In der Trockenzeit fällt es der Stadt – zumindest in einigen Gegenden – leichter, schön zu erscheinen, mit ihren vielen Eukalypten, Jacarandas und anderen Bäumen, die die Hauptstraßen säumen.

Addis ist eine Stadt, die Anfang des Jahrhunderts gegründet wurde und die aus den Zeltlagern der Fürsten, die sich auf den Hügeln um den Königspalast angesiedelt hatten, gewachsen ist. Städtebauliche Anstrengungen sind zur Zeit der italienischen Besatzung unternommen worden, betrafen aber nur einige wenige Stadtteile.

Einige Ursachen für die heutige Situation sind in der topografischen Lage begründet. Der Höhenunterschied zwischen manchen Stadtteilen beträgt einige hundert Meter, die technischen Voraussetzungen für Straßenbau, Kanalisation und sogar für Wasserversorgung sind deshalb schlecht und werden noch dadurch verschlimmert, dass manche Stadtteile praktisch auf blankem Fels gebaut sind, in dem Latrinen oder Ver- und Entsorgungsleitungen kaum angelegt werden können.

Heutzutage leben zwischen 3 und 5 Millionen Menschen in Addis. Nach Ende des Bürgerkrieges 1991 waren es schätzungsweise nur 60 % dieser Bevölkerungszahl. Demzufolge ist die Wasser- und Stromversorgung für weniger als zwei Millionen Menschen ausgelegt. Das führt im späten Frühjahr sowohl zu Engpässen in der Strom- als auch in der Wasserversorgung. Ein Großteil der Häuser besitzt keinen eigenen Wasseranschluss oder sanitäre Einrichtungen. Wasser muss also von öffentlichen Verteilstellen oder vom nächsten Laden gekauft werden, und mit viel Glück gibt es eine Gemeinschaftslatrine irgendwo im Umkreis von einigen hundert Metern.

Mit dem Bevölkerungswachstum nach dem Bürgerkrieg konnte die Administration nicht fertig werden, ihre Ressourcen sind erschöpft. Internationale Hilfsprojekte haben besonders die Verbesserung des Wasserverteilungssystems zum Ziel, die in Staudämmen bereitgestellte Trinkwassermenge kann aber nur langfristig erhöht werden. Die Menschen werden sich also wohl noch einige Jahre auf unzureichende Wasserversorgung einstellen müssen.

Stärker noch im Argen liegt die Entsorgung von Abwässern. Ein kaum existentes, fehlerhaftes Kanalsystem, das mangels Bewusstsein für Umweltbelange sowohl bei Behörden als auch bei Industriebetrieben und der Bevölkerung nicht weiter ausgebaut wird. Was wiederum dadurch erklärbar wird, dass die Probleme der Menschen naturgemäß zunächst auf das Überleben gerichtet sind und erst dann Umweltaspekte berücksichtigt werden können.

Ausdruck der Not und der sozialen Lage sind die Scharen von bettelnden Kindern, Behinderten, Arbeitslosen, Ex-Soldaten, ledigen Müttern. Unzählige Schuhputzer, blühende Prostitution, Straßenkinder und Erwachsene ohne Dach über dem Kopf sind weitere Zeichen der Armut und Hoffnungslosigkeit. Selbst die Familien, die über eine Behausung verfügen, können mit dem Einkommen, das die Eltern nach Hause bringen (häufig nicht mehr als umgerechnet 25 US$ im Monat für eine mehrköpfige Familie) kaum überleben. Der Minimalbedarf eines Erwachsenen kann mit 2–3 Injeras und etwas Linsen oder Erbsenbrei angesetzt werden. Diese Grundnahrung schlägt etwa mit 30 Cents pro Person und Tag zu Buche, für durchschnittlich 5 Personen im Haushalt bedeutet das 45 US$ pro Monat, nur zum Überleben. Die Mieten sind zum Glück lächerlich gering, aber der tägliche Wasser- und Strombedarf für eine Familie kann noch einmal mit 3 US$ pro Monat berechnet werden. Kleidung, ärztliche Versorgung, Schulmaterial, Fahrgeld für Busse kommen hinzu. Die minimalen Lebenshaltungskosten für einen Haushalt dürften also etwa bei 50 US$ (400 Birr) pro Monat liegen, doch viele Familien können selbst das nicht aufbringen. Die Folge davon ist, dass auch die kleinsten Kinder in der Familie schon auf die eine oder andere Weise Geld nach Hause bringen müssen, oder dass am Essen gespart wird, oder aber, dass Familienmitglieder die Familie verlassen und sich unabhängig auf die Suche nach einem Einkommen machen.

Aufgrund der Situation ist an Schulbesuch in vielen Fällen nicht zu denken, an Ausbildung schon gar nicht, und eine formale Erwerbstätigkeit liegt oft gänzlich außer Reichweite der Betroffenen. Es bleiben also als Einkommensquellen: Hilfsarbeiten, Autos bewachen, Fahrpreise von Taxis oder Bussen kassieren, betteln, Schuhe putzen, Verkauf von Losen, Gelegenheitsdiebstähle, Prostitution. Da dieses Schicksal vermutlich mehr als 50% der Bevölkerung betrifft, ist der Konkurrenzkampf bei all diesen Tätigkeiten natürlich immens und führt häufig zu gewalttätigen Auseinandersetzungen.

Für die Absolventen der Oberschulen gibt es keine Ausbildungs- oder Studienplätze und wenn ja, dann suchen sie danach vergeblich einen Arbeitsplatz, erst recht beim Staat, der sie, obwohl benötigt, mangels Geld nicht einstellen kann. Der private Sektor investiert kaum in Produktion oder Verarbeitung, sondern in den Bau von Hotels und Supermarkten. Massennachfrage kann nicht aufkommen, da die Bevölkerung zu arm ist, um sich höherwertige Produkte zu leisten, und ohne Nachfrage kann die Produktion nicht in Gang kommen. Ein Teufelskreis.

Die Lage von Kranken ist oft aussichtslos. Schwere Krankheiten wie AIDS, TBC, Lungenentzündung oder Geschlechtskrankheiten können zwar von den meistens erfahrenen und guten Ärzten diagnostiziert werden, für die Therapie fehlen aber in der Regel Medikamente, Krankenhausbetten und Pflege. Um ein Krankenhausbett selbst in Notfällen zu ergattern, müssen Familienangehörige häufig tagelang durch die Hospitäler der Hauptstadt irren. Wenn sie eines gefunden haben, muss bei schweren Pflegefällen ständig jemand am Bett sitzen und die Kranken betreuen, da das Pflegepersonal völlig überlastet ist. Häufig muss auch die gesamte Verpflegung von den Familien in die Klinik gebracht werden. Weil es keine Krankenversicherung gibt, führen schwere Krankheiten daher häufig zum endgültigen Abrutschen in die Armut.

Diese Eindrücke sind oft deprimierend, vor allem für denjenigen, der zum ersten Mal diese Stadt besucht. Und dennoch sind überall Menschen zu sehen, die trotz des täglichen Überlebenskampfes noch Zeit finden, zu lachen, zu singen und in ihrer Gemeinschaft einen Halt zu finden – eine beeindruckende Lebenseinstellung, die dem verwöhnten und ganz auf sich bedachten „Westler" zu denken geben sollte.

efi_182 Foto: mf

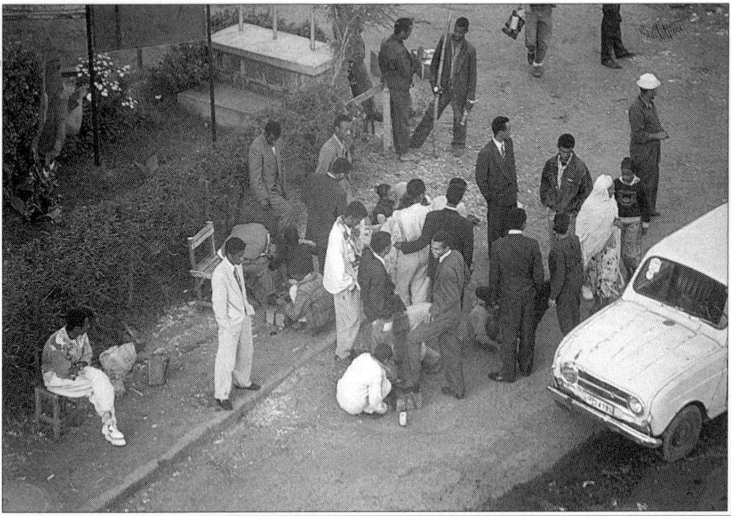

In den 1920er Jahren wuchs die Stadt vehement weiter, es gab **erste Verkehrspolizisten** (uniformiert und barfuß); zunehmend wurden öffentliche Bauten errichtet, wie z. B. das **Parlament** 1934. In der Zeit der italienischen Besatzung wurden einige Maßnahmen zur Raumordnung, besonders im Gebiet des Mercato, vorgenommen.

Noch Anfang der 1950er Jahre wurde Addis Abeba mit einem sauberen Vorort einer europäischen Hauptstadt verglichen, mit einer Stadt aus Bungalows und Gärten. In den 1960ern entwickelte sich Addis Abeba zu einem wichtigen **Zentrum der afrikanischen und internationalen Politik.** Bauten wie die Africa Hall zeugen von dieser mit großen Hoffnungen verbundenen Periode. Der Kaiser und das Regime unter *Mengistu* prägten u. a. durch eine Reihe von Denkmälern und eigenartigen Toren (für die es schon Vorbilder bei den Krönungsfeierlichkeiten Anfang des 20. Jahrhunderts gab) das Stadtbild.

Aus den für die Versorgung des Kaiserhofes (mindestens 15.000 Personen) notwendigen Werkstätten entwickelte sich in und um Addis Abeba eine verarbeitende Industrie, so dass die Stadt heute der **bedeutendste Industriestandort Äthiopiens** ist, mit einem südlich von Addis Abeba in Akaki (Richtung Debre Zeyt) gelegenen Industrieviertel. Auf diese Weise ist Addis Abeba auch zum bedeutendsten **Umschlagplatz** des Landes geworden.

Der ganze Stolz der Stadtplaner ist neuerdings die moderne, vierspurige **Ring Road.** Dank dieser neuen Umgehungsstraße ist es viel einfacher geworden, sich mit dem Auto durch Addis zu bewegen. Allerdings muss man sich schon ein wenig auskennen, da an Straßen- und Hinweisschildern, vor allem an den Ausfahrten, gespart worden ist. Einheimische machen ihren Standort einfach an irgendwelchen Gebäuden am Straßenrand fest. Außerdem kann das Fahren zu einer riskanten Aktion werden, da immer wieder Menschen, vor allem jugendliche Kamikaze-Spaziergänger, über die Absperrungen klettern und über die Straße rennen, ohne die hohe Geschwindigkeit der Autos richtig einschätzen zu können.

Stadtbesichtigung

Das Zentrum der Stadt bildet in etwa ein Viereck mit dem **Masqal-Square** im Südosten, dem **Bahnhof** im Südwesten, der **Piazza** im Nordwesten und der **Universität** im Nordosten. Zwei Hauptstraßen durchziehen von Nord nach Süd die Stadt: Im Westen ist es die **Churchill Road,** im Osten die **Menelik II. Avenue** und die anschließende **King George Street.** Zwischen diesen beiden Hauptstraßen zieht sich das Tal des Flüsschens Kechene. Die Einteilung der Stadt ist eigentlich recht einfach: Im Osten, von Masqal/Abiot Square bis zur Universität, liegen die staatlichen und kulturellen Einrichtungen; im Westen, entlang der Churchill Road bis zur Piazza, ist alles angesiedelt, was mit Kommerz, Handel und Verkehr zu tun hat. Im Nordwesten schließt sich dann noch das große Marktviertel mit dem **Mercato** und den muslimischen Wohnvierteln an.

Momentaufnahme in den Straßen von Addis Abeba

Die östliche Achse – Masqal-Square bis Universität

Ganz im Süden liegt der **Masqal-Square,** der Kreuz-Platz. Der Platz mit der amphitheatrischen Einfassung hat seinen Namen u. a., weil hier der große Scheiterhaufen mit dem Kreuz zum Masqal-Fest abgebrannt wird. Das Fest erinnert an die Auffindung des Heiligen Kreuzes und seine Rückeroberung von den Persern. Am 27. September (also zur Zeit des äthiopischen Frühjahrsbe-

Sicherheit

Es sollte an dieser Stelle noch einmal darauf hingewiesen werden, dass leichtsinnige Touristen in Addis Abeba leichte Beute für **Taschendiebe** sind. Das heißt aber nicht, dass Gewalt und Überfälle das Leben in der Stadt bestimmen, im Gegenteil: Beachtet man ein paar einfache Regeln, kann man sich sehr gut gegen Diebe schützen. Taschendiebe konzentrieren sich auf Neuankömmlinge, die unsicher wirken. Dementsprechend treten sie vor allem vor den großen Hotels und Reisebüros auf. Ein heißes Pflaster ist der Bereich zwischen Masqal-Square und Churchill Road. Der Mercato ist ebenfalls ein beliebtes Revier für Kleinkriminelle.

Bewahren Sie kein Geld, Wertsachen oder Papiere lose in der Tasche auf; alles, was Sie nicht brauchen, ist in einem Bauchgurt oder unter der Kleidung zu tragen oder zu verstauen (noch besser, wenn möglich, im Hotelsafe). Die Summe Geld, die Sie in absehbarer Zeit benötigen, sollten Sie parat haben, am besten auf mehrere, verschließbare Taschen verteilt, keinesfalls jedoch in der Gesäßtasche!

ginns) wird ein Scheiterhaufen mit einem Kreuz an der Spitze errichtet und abends von den kirchlichen Honoratioren (früher vom Kaiser) in Brand gesetzt. Aus der Richtung, in die das Kreuz fällt, können weise Männer die Zukunft des kommenden Jahres lesen. Der Platz wurde in den 1970ern in **Abiot Square,** Revolutionsplatz, umbenannt, mit gigantischen Porträts von *Marx, Engels, Lenin* und *Mengistu* geschmückt, und er hat in der Umgangssprache diesen Namen behalten.

1975 hat man die 100.000 Personen fassende Arena eingeweiht. Die Tribüne fasst 300 Ehrengäste. An der Nordseite befindet sich ein großes NTC-Büro.

Nach Südosten geht die **Bole-Road** (offiziell Africa-Avenue) in Richtung **Flughafen** ab. Hinter der amphitheatrischen Einfassung liegt das Gebäude des **Stadtmuseums,** das zum 100. Jahrestag der Gründung der Stadt eingerichtet wurde. Es ist in einem der Palais untergebracht, die die ersten Gebäude in der neugegründeten Stadt darstellten, als Kaiser Menelik Grundstücke an seine Würdenträger vergab. Besitzer war der Kriegsminister des Kaisers, *Ras Biru Habtegabriel.* Der etwas verspielte Landhausstil ist typisch für die teilweise von europäischen und indischen Handwerkern errichteten Bauten. Das 1986 eröffnete Museum hat eine Sammlung zur Stadtgeschichte (einschließlich der zum Teil recht kuriosen Ehrengeschenke zum 100. Geburtstag) und eine schöne Sammlung von Hofgewändern aus der Kaiserzeit. Gleich um die Ecke gibt es ein **Ausstellungszentrum** mit wechselnden Präsentationen.

Nach Nordwesten geht die **Ras Desta Damtew Street** in Richtung **Churchill Road** vom Masqal-Square ab. *Ras Desta Damtew* war einer der Führer des äthiopischen Widerstandes, der 1937 von den italienischen Faschisten getötet wurde. Gegenüber vom **Stadion** (erbaut 1968, 27.000 Plätze) befindet sich das **Ghion-Hotel,** und nicht weit von hier liegen auch die warmen Quellen *(Filwoha),* die Kaiserin *Taytu* veranlassten, ihren Mann zu überreden, die Residenz hierher zu verlegen.

In Richtung Westen vom Masqal-Square abzweigend steht gleich am Beginn der **Menelik-II.-Avenue** rechts die **Istifanos-Kirche,** ein moderner Bau, typisch für heutige Rundkirchen. Rechts folgt die moderne **Africa-Hall,** 1951–1961 erbaut und 1963 Gründungsort der **Organisation für Afrikanische Einheit (OAU).** Außerdem ist sie Sitz der UN-Wirtschaftskommission für Afrika (ECA) und Veranstaltungsort wichtiger Konferenzen.

Es sei daran erinnert, dass Äthiopien der einzige Staat Afrikas war, der der kolonialen Unterdrückung weitgehend entging und eine hervorragende Rolle bei der Entkolonialisierung Afrikas spielte. Bekannt ist das große Glasfenster „Afrika: Vergangenheit, Gegenwart, Zukunft", das von *Afework Tekle* geschaffen wurde. Es lohnt sich, an diesem Platz innezuhalten und das Kunstwerk zu betrachten. Gegenüber liegt das Gelände des ehemaligen **Jubiläums-Palastes** (Jubilee-Palast), den Kaiser *Haile Selassie* 1955 zu seinem 25. Regierungsjubiläum errichten ließ. Gebäude und Park kann man zur Zeit nicht besuchen, da hier heute der Sitz des Präsidenten ist. Es folgen Ministerien und das **Hilton,** bis man vor dem von einer Mauer umgebenen Hügel steht, der den Bezirk des eigentlichen alten **Palastes (Gebbi)** darstellt. Hierher hatte *Menelik II.* seinen Regierungssitz verlegt. Berühmt war die große dreischiffige Empfangshalle *(Addarash),* in der bis zu 7000 Gäste bei festlichen Anlässen, meist schichtweise, beköstigt wurden. Der Kaiser saß den Gelagen vor und sandte zum Zeichen seiner Gunst Speisen von seiner Tafel den verdienten Getreuen. Für Europäer gab es einen Extratisch und einen griechischen Koch, der für weniger scharfe Speisen sorgte. Die Halle ist nicht mehr erhalten, im Museum der Universität kann man aber Gemälde sehen, die solche Feste darstellen. 1890–92 wurde der Palast errichtet. Außerdem befindet sich hier die Kirche mit dem **Mausoleum Meneliks II.** (1911 von dem deutschen Architekten *H. Härtel* erbaut, mit den Gräbern *Meneliks II.,* seiner Frau *Taytu,* seiner Nachfolgerin Kaiserin *Zawditu* und des Abuna Mateos, der Menelik gekrönt hat), sowie die **Kidane-Meret-Kirche.** Der Palastbezirk dient heute dem Premierminister als Wohnsitz und ist nicht zugänglich, in seiner Umgebung ist auch das **Fotografieren verboten.**

Biegt man links vom Regierungspalast in die Taitu Street ein, ist bald schon das äußerst luxuriöse **Sheraton Hotel** mit seiner schönen Gartenanlage zu erkennen. Beim Betreten der Hotelhalle hat man den Eindruck, in eine völlig andere, beinahe unwirkliche Welt zu kommen, die so gar nicht zu der oft auch harten und traurigen Realität in der Stadt passen will.

Der dritte Teil der Achse beginnt mit dem ehemaligen **Parlamentsgebäude,** 1934 eröffnet und 1941 erweitert; der

Sylvia Pankhurst

Sylvia Pankhurst (1882–1960) hat die englische Frauenrechtsbewegung zu Anfang des 20. Jahrhunderts bedeutend beeinflusst. In den dreißiger Jahren bekämpfte sie vehement die Politik des englischen Premiers *Chamberlain,* die faschistischen Staaten Deutschland und Italien durch Zugeständnisse zu beschwichtigen (Appeasement-Politik). Sie stand an der Spitze einer Solidaritätsbewegung für Äthiopien, das von England, Frankreich und dem Völkerbund an das faschistische Italien ausgeliefert wurde, ebenso wie Österreich und die Tschechoslowakei an das Deutsche Reich. Eine enge Freundschaft verband sie mit dem in England im Exil lebenden Kaiser *Haile Selassie.* Seit 1936 gab sie zusammen mit ihrem Mann *Silvio Corio* die Zeitschrift „New Times and Ethiopian News" heraus. 1955 erschien ihr für die äthiopische Kulturgeschichte bahnbrechendes Werk „Ethiopia: A Cultural History".

1956 siedelte sie auf Einladung des Kaisers nach Äthiopien über und gab von dort die in „Ethiopia Observer" umbenannte Zeitschrift heraus. Nach ihrem Tod übernahm ihr 1927 geborener Sohn *Richard Pankhurst* die Herausgeberschaft. Der bedeutende und bekannte Äthiopist war 1963 bis 1975 Direktor des von ihm gegründeten Institute of Ethiopian Studies. Nach dem Sturz des Kaisers verließ er Äthiopien, kehrte aber 1988 wieder an die Universität zurück.

Äthiopische Kaiser in Addis Abeba

Kaiser Menelik II. (1844–1913)

Kaiser *Menelik II.* wurde 1844 als Sohn des Königs (Negus) von Shoa, *Haile Melekot*, geboren. Sein Geburtsname war *Sahle Maryam*. 1855 eroberte Kaiser *Tewodros II.* (1855–1868) Shoa, der Negus starb und sein Sohn wurde auf der Festung Maqdala festgesetzt. 1865 gelang ihm die Flucht, und er ließ sich zum König von Shoa ausrufen. Er begann, seine Truppen zu reorganisieren und bemühte sich vor allem, Feuerwaffen zu erhalten. Mit dem Nachfolger des Tewodros, Kaiser *Yohannes IV.* (1872–1889), einigte er sich dahingehend, dass er dessen Position anerkannte, aber freie Hand in seinen Unternehmungen im Süden und Westen hatte. Er ließ sich von Frankreich und vor allem von Italien, das ihn als Konkurrenten seines Gegners *Yohannes IV.* für die Pläne der Errichtung der Kolonie Eritrea nutzen wollte, mit Waffen ausrüsten. Auch war er allen technischen Neuerungen aufgeschlossen und hatte europäische Techniker an seinem Hof, so den Schweizer *Alfred Ilg*. Dennoch besaß er ein gesundes Misstrauen gegenüber den Europäern, die oft genug hofften, einen leicht zu übertölpelnden Wilden vor sich zu haben. Einer derjenigen, die sich in dieser Hoffnung bitter enttäuscht und um den Profit gebracht sahen, hieß übrigens *Arthur Rimbaud* (siehe entsprechenden Exkurs).

1875 besetzte *Sahle Maryam* das nördliche Gurage-Gebiet, 1881 die Oromo-Königtümer Jima, Limu, Gera und Guma sowie das Königtum Kefa (Kaffa), alle im Südwesten Äthiopiens. 1882 wurde das Gebiet von Arusi besetzt und 1887 Harar.

Nach dem Tod des Kaisers *Yohannes IV.* 1889 setzte er seinen Thronanspruch durch und wurde zum Kaiser gekrönt. Er nahm den Thronnamen *Menelik II.* an, womit er programmatisch auf seine Herkunft aus der salomonischen Dynastie verwies. *Menelik* (I.) soll der Sohn König Salomons und der Königin von Saba geheißen haben, der erste Spross der gottbestimmten Herrscherfamilie.

In den letzten zehn Jahren des 19. Jh. und noch bis in die ersten Jahre dieses Jahrhunderts wurden im Osten (Ogaden) und Süden (Borana) weitere Gebiete erobert, so dass Äthiopien in seinen heutigen Grenzen entstand.

Neben dieser expansionistischen Politik war *Menelik* darum bemüht, sein Reich vor dem Zugriff der europäischen Kolonialmächte zu schützen. Mit seinem alten Bündnispartner Italien schloss er 1889 den Vertrag von Wetcale (Uccialli). Der italienische Text unterschied sich vom amharischen und enthielt eine Passage, die der italienischen Regierung quasi das Protektorat über Äthiopien in allen internationalen Beziehungen übertrug. *Menelik* ließ sich das nicht bieten, 1895 kam es zum Krieg. In der berühmten Schlacht von Adua fügte der gut vorbereitete Kaiser (nicht zuletzt durch italienische Waffenlieferungen) 1896 den Italienern eine vernichtende Niederlage bei. Die europäischen Mächte verzichteten im Interesse eines Machtgleichgewichtes auf weitere Angriffe und eröffneten Gesandtschaften in Addis Abeba; Äthiopien behielt seine Unabhängigkeit.

Viel Kraft investierte *Menelik* in die Modernisierung des Landes, vor allem in die der Hauptstadt. Er ließ die ersten Münzen schlagen (die aber kaum akzeptiert wurden, man hing sehr am Maria-Theresien-Thaler), Telegrafenverbindungen aufbauen und forcierte den Eisenbahnbau nach Djibouti, um einen Zugang zum Meer zu haben.

In den letzten Jahren seines Lebens war der Kaiser weitgehend durch Krankheit paralysiert, und es kam zu einem Kräftemessen zwischen den nach wie vor mächtigen Fürsten um die Nachfolge, das mit der kurzen Regierung des *Lij Iyasu* (1913–1916) und dessen Ablösung durch die Tochter *Meneliks*, Kaiserin *Zawditu* (1916-1930), unter der Regentschaft des *Ras Tafari Makonnen* (später Kaiser *Haile Selassie I.*) endete. *Menelik II.* vollendete die Einigung und Modernisierung Äthiopiens, die *Tewodros II.* und *Yohannes IV.* begonnen hatten, und er wahrte die Unabhängigkeit des Landes in der Zeit des europäischen Kolonialismus. Seine Expansionspolitik im Süden und Osten legte zugleich einen Grundstein für die heutigen Probleme im Vielvölkerstaat Äthiopien.

Kaiser Haile Selassie I. (1892–1975)

Kaiser *Haile Selassie* wurde 1892 als Sohn des *Ras Makonnen,* Gouverneur von Harar, geboren. Sein Geburtsname lautete *Tafari Makonnen.* Der Vater starb 1906; der ausgesprochen intelligente und zielstrebige *Tafari* führte damals schon den Titel eines Dejazmatch. In den Wirren nach dem Tod Kaiser *Meneliks II.* (1889-1913) wurde er zum Haupt der gegen den zum Kaiser gekrönten Enkel Meneliks, Kaiser *Lij Iyasu* (1913–1916), konspirierenden Partei. Es gelang, den Kaiser wegen seines angeblichen Übertritts zum Islam abzusetzen und *Meneliks* Tochter *Zawditu* zur Kaiserin zu krönen (1916–1930). *Tafari* erhielt den Titel eines Ras und wurde Regent und designierter Thronfolger.

Geschickt setzte er die Modernisierungs- und Zentralisierungspolitik Kaiser *Meneliks* fort. Außenpolitisch war er bemüht, sein Land gegen kolonialistische Attacken abzusichern, und erreichte 1924 die Aufnahme Äthiopiens in den Völkerbund. 1930 starb die Kaiserin *Zawditu,* und der inzwischen den Titel Negus führende *Tafari* bestieg den Thron als *Haile Selassie I.* (Macht der Dreifaltigkeit), als 237. Kaiser seit *Menelik I.,* dem Sohn von König Salomons. 1931 verkündete er die erste Verfassung Äthiopiens, die zwei Kammern aus ernannten Abgeordneten vorsah und zugleich die Kaiserwürde in der Dynastie festschrieb, die sich auf König Salomon gründet. Es wurde begonnen, das Geldwesen (Münzen, Banknoten) und das Militär zu reorganisieren.

Ende 1934 forcierte Italien seine Provokationen an der Grenze zwischen Äthiopien und Italienisch-Somalia und marschierte schließlich 1935 in Äthiopien ein. Die Kolonialmächte Frankreich und England erklärten sich neutral und lieferten keine Waffen an die kriegführenden Seiten (mit der Ausnahme von Erdöl – über das Italien nicht verfügte, dessen Lieferung also eine eindeutige Begünstigung war). Zugleich steckten sie ihre Einflusssphären mit Italien ab. Der äthiopische Kaiser kämpfte auf der Seite seiner Armee, verließ aber am 2. Mai 1936 das Land, ein Vorgehen, das ihm teilweise schwer vorgehalten wurde. Er reiste nach Genf, um am 30. Juni 1936 vor dem Völkerbund zu sprechen. Niemand stand seinem Land zur Seite.

1940 erklärte Italien England und Frankreich den Krieg. Die Alliierten sahen sich nun zum Handeln gezwungen: der Kaiser kehrte, unterstützt von englischen Truppen, von Khartoum aus am 2. Januar 1941 auf äthiopischen Boden zurück. Die Italiener waren bald geschlagen. Am 5. Mai 1941 traf der Kaiser im befreiten Addis Abeba ein.

Äthiopien und besonders die Person *Haile Selassies* wurden in der Nachkriegszeit zum Symbol für ein neues, unabhängiges Afrika. 1955 wurde die äthiopische Verfassung erneuert, 1963 die Organisation für afrikanische Einheit (OAU) in Addis Abeba gegründet.

Die andere Seite Äthiopiens unter *Haile Selassie* waren jedoch die alten feudalen Strukturen, die ungeachtet der Neuerungen fortlebten. Korruption und Vetternwirtschaft waren Grundübel des nach wie vor auf Ernennung beruhenden kaiserlichen Systems. Etliche Projekte konnten nur vollendet werden, weil der Kaiser aus seiner Privatschatulle die veruntreuten Mittel ersetzte. Die kaiserliche Familie war der größte Grundeigentümer und besaß die meisten Wirtschaftsbetriebe des Landes; der Staatshaushalt und das Privatvermögen der Kaiserfamilie waren faktisch kaum getrennt. (Fortsetzung nächste Seite)

(Fortsetzung von Seite 189)
Nach dem Anschluss Eritreas 1962 herrschte dort Bürgerkrieg. Es kam zu Bauernaufständen in den Provinzen. 1960 hatten Offiziere der kaiserlichen Leibgarde die Abwesenheit des Kaisers während einer Auslandsreise genutzt und einen von den Traditionalisten bald niedergeschlagenen Putschversuch unternommen. Mit den Hungersnöten begann die Popularität des als Landesvater und Freiheitshelden verehrten Kaisers endgültig zu sinken. Als sich der greise Monarch 1973 weigerte, die Hungersnot in Wollo überhaupt wahrzunehmen, und Nachrichten von der verschwenderischen Hofhaltung nach außen drangen, war sein Ansehen endgültig dahin. Im Juni 1974 putschte die Armee, am 12. September wurde der Kaiser abgesetzt und verhaftet, am 21. März 1975 wurden die Ansprüche des Thronfolgers *Asfa Wossen* annulliert und alle feudalen Titel und Rechte abgeschafft. Am 27. August 1975 wurde der Tod des Ex-Kaisers bekannt gegeben. *Asfa Wossen* starb 1997.

Entwurf stammt von dem deutschen Architekten *E. Kametz*. Der große Uhrenturm wird „Little Big Ben" genannt. Auch das heutige Parlament tagt in diesem Gebäude.

Hinter dem Parlamentsgebäude befindet sich die **Menbere Selassie Kirche,** die Begräbnisstelle der letzten Kaiserfamilie sowie von Widerstandskämpfern gegen die italienische Besatzung. Kaiserin Menen, die Frau Kaiser Haile Selassies, und zwei Prinzen wurden dort bestattet. Das offizielle Begräbnis Kaiser Haile Selassies, der kurz nach seiner Absetzung 1975 unter ungeklärten Umständen starb, fand am 5.11.2002 statt, obwohl es schon für den Herbst 1993 vorgesehen war. Die Kirche wurde 1941 geweiht und ist recht prunkvoll ausgestattet. Vor der Kirche befindet sich das **Grab von Sylvia Pankhurst** (s. o.).

Der folgende Platz hat wie üblich mehrere Bezeichnungen: Allgemein heißt er **Arat Kilo** (Vier-Straßen-Platz), offiziell Miazzia 27 Square (Platz des 5. Mai, Tag der Befreiung von den italienischen Faschisten 1941 bzw. der Tag, an dem der Kaiser in Addis Abeba einzog) bzw. Megabit 28 Square (der Tag, an dem Addis Abeba zurückgewonnen wurde, noch bevor der Kaiser zurückkam). Der vom Löwen von Juda (das Wappensymbol des *Haile Selassie*) gekrönte Obelisk erinnert an den Sieg, die Uhr zeigt 11, die Stunde der Befreiung.

Es folgt die recht elegante **King-George VI.-Street** mit einigen Geschäften und dem Goethe Institut. Nach dem Platz kommt an der nächsten Ecke die 1937 erbaute **Maryam-Kirche** sowie der 1997 fertig gestellte **Palast des Patriarchen** der äthiopischen orthodoxen Kirche. Dahinter folgt das **National Museum (Archäologisches Museum).**

Weiter nach Norden kommt man zum Platz **Ammist Kilo** (Fünf-Straßen-Platz), der offiziell Yekatit 12 Square (Platz des 19. Februar) heißt. Das Denkmal erinnert an die von den italienischen Faschisten am 19. Februar 1937 hingerichteten Äthiopier. Nach einem missglückten Attentat auf den Vizekönig Marschall *Graziani* wurden von den „Schwarzhemden" allein in Addis Abeba 30.000 Menschen, besonders Angehörige der Intelligenz, bestialisch umgebracht.

Südlich vom Platz befindet sich der **Löwenzoo.** Früher wurden hier die Löwen des Kaisers, die vor allem Symbole seiner Macht darstellten, gehalten (Löwenkäfige gab es in jedem kaiserlichen Lager, so auch im Palastbezirk von Gondar), heute ist der kleine Park eine Art Minizoo mit nur noch wenigen Löwen.

efi_193 Foto: mf

Arat Kilo mit Obelisk

Das National Museum

Das Museum ist in dem **Palast des italienischen Vizekönigs** von Äthiopien aus der Zeit der Besetzung des Landes 1935–41 untergebracht. Heute umgibt ein schöner Garten das Museum, rechts befindet sich ein Café in einer Rundhütte (tukul).

In dem **Office,** in dem die Eintrittskarten verkauft werden, sind einige **Publikationen** zur Geschichte Äthiopiens erhältlich. Normalerweise bietet sich im Museum ein Angestellter als Führer an.

Im **Untergeschoss** des Museums sind prähistorische Funde ausgestellt, so eine Kopie des Skeletts der berühmten **„Lucy",** einer bei Hadar in der Danakil-Ebene gefundenen Dame aus der Gattung der Australopithecus afarensis, die vor 2,9 bis 3,8 Millionen Jahren lebte. (Das Originalskelett befindet sich im Museum in besonderer konservatorischer Verwahrung.) Das Skelett der etwa 105 cm großen Lucy wurde 1974 von *Dr. Donald Johanson* entdeckt. Ähnliche Skelette der zu den Vormenschen (Affenartige) gehörenden Gruppe wurden auch in Tansania gefunden. Ihren Eigennamen verdankt Lucy dem Song „Lucy in the Sky with Diamonds" von den *Beatles*. Die Äthiopier nennen sie *Dinkinesh* – „Du bist wundervoll". Weitere sensationelle **Funde aus der Frühgeschichte** des Menschen stammen vom Fundplatz Melka Kunture südlich von Addis Abeba und vom Unterlauf des Omo, den berühmten Omo Beds im äußersten Süden Äthiopiens.

Das Gebiet des afrikanischen Grabenbruches ist einer der wichtigsten paläologischen Fundplätze der Welt. Durch die bis heute andauernden seismischen Verwerfungen treten hier Erdschichten an die Oberfläche, die normalerweise viel tiefer liegen. So kommt es, dass man mancherorts gewissermaßen „durch die Zeiten" gehen kann, da Erdprofile umgekippt und angehoben wurden. Nicht nur Reste der menschlichen Vorfahren, sondern auch

Tiere und Pflanzen der Urzeit werden so entdeckt.

Es folgen Funde von den wichtigsten Plätzen der **prä-axumitischen Kultur:** Weihrauchbrenner mit Inschriften in altsüdarabischer Sprache, die berühmten Bronzestempel aus Yeha (zur Kennzeichnung von Besitz oder Opfergaben?), Keramik. Der Schrein aus Hawlti (in der Nähe von Axum, gefunden 1959) ist auf den Seiten mit dem Relief einer bärtigen Person geschmückt, die eine Art Sonnenschirm über eine kleinere Figur mit Stock und Mantel hält. Ein Fries mit Steinböcken fasst die Öffnung des Schreines ein, in dem vielleicht ein Götterbild stand. Der Schrein steht auf Füßen in Form eines Paarhufers. Kleidung, Ornamentik und die Beischrift auf der linken Seite zeigen südarabischen Einfluss.

Ein weiteres Hauptwerk der prä-axumitischen Periode ist die Statuette einer sitzenden Frau aus Hawlti, ganz ähnlich einem anderen Exemplar aus Addi-Gelamo in Tigray. Haartracht und Kleidung weisen auch hier nach Südarabien. Die prä-axumitische Kultur wird in das 5. bis 3. Jh. v. Chr. datiert.

Es folgen **Funde aus der axumitischen Zeit** (1.–7. Jh.), darunter sehr schöne Bronzeobjekte aus Matara in Eritrea, einige davon wahrscheinlich Importe aus dem römischen Reich (Öllampe aus Bronze mit Hund, der einen Bock verfolgt). Außerdem sind **Münzen** ausgestellt, die von den axumitischen Königen vom 3. bis 7. Jh. n. Chr. geschlagen wurden. Der Wechsel vom Emblem aus Sonne und Halbmond zum Kreuz kennzeichnet den Übertritt zum Christentum im 4. Jh.

Am Ende des Raumes stehen **Stelen** aus dem Seengebiet im südlichen Shoa, von dem Ort Tiya. Auf ihnen sind mehrere Reihen von Speeren im Relief abgebildet. Es handelt sich um Grabmale einer Kultur, die in diesem Gebiet vor

Der Löwe von Juda

Der Löwe als Symboltier königlicher Macht hat in Afrika eine lange Tradition. Oft ist der Löwe das Totemtier des Königsklans, d. h., die Familie leitet sich von einem Löwen als Vorfahren ab und steht in besonderer Beziehung zu diesem Tier. Im südlichen Äthiopien gibt es die Vorstellung, dass ein gestorbener König sich in einen Löwen verwandelt.

Auch die Verbindung des äthiopischen Kaisers mit dem Löwen wird auf diese alte Verbindung mit einem Prestigetier zurückgehen. Als nach der Machtübernahme durch die salomonische Dynastie die Abkunft des Königshauses vom biblischen König Salomon propagandistisch erklärt wurde, verband man die biblische und die afrikanische Vorstellung in der Bezeichnung des Kaisers (und darin verkörpert des äthiopischen Kaiserreiches) als „Löwen vom Stamme Juda“ (dem Stamm Davids und dessen Sohnes Salomon; 1. Moses, 49:9). Diese theologische Auslegung des Machtanspruches der äthiopischen Königshäuser soll auf den Einfluss portugiesischer Jesuiten im 16. Jh. zurückgehen.

Der ausschreitende Löwe mit dem erhobenen Haupt, mit der Kaiserkrone auf der Mähne und dem Kreuz in der Vorderpranke, wurde so zum Wappentier Äthiopiens.

der Einwanderung der Oromo im 14. Jh. beheimatet war (siehe auch die Stelen in der Universität).

Im **Treppenhaus** hängen die Waffen des Kaisers *Tewodros II.* (1855–1868), die die Engländer nach der Eroberung von Maqdala mitgenommen und später zurückgegeben haben. Im **Obergeschoss** sind Hofgewänder der Zeit *Meneliks II.* (1889–1913), dessen Thronsitz und Porträts von Kaisern ausgestellt. Zwei Räume sind der modernen äthiopischen Kunst gewidmet.

Die Gebäude des Museums werden auch für **Sonderveranstaltungen** genutzt; so fand z. B. eine Ausstellung über die deutsch-äthiopischen Beziehungen 1996 anlässlich des Besuches des deutschen Bundespräsidenten *Roman Herzog* statt. Aus diesem Grunde ist der Besuch der oben beschriebenen Ausstellungsstücke nicht immer möglich.

Öffnungszeiten des Nationalmuseums: täglich 8.30–17.30 Uhr. **Eintritt:** ca. 2 US$.

Achtung: Ältere Karten verzeichnen ein Archaeological Museum westlich der Churchill Road. Dieses Museum gibt es nicht.

Im Universitätsgelände

Das Gelände der Universität war bis 1955 der **Genet-Leul-Palast.** 1961 wurde es vom Kaiser an die seinen Namen tragende Universität übergeben. Viele Neubauten ergänzen den historischen Kern. Wenn Sie die Hauptallee hinaufgehen (am Tor wird man, wie in jedem offiziellen Gebäude, auf Waffen untersucht, das Gelände ist jedoch zugänglich), kommen Sie zum Hauptgebäude.

Im Erdgeschoss befinden sich prunkvolle neobarocke Säle, im Obergeschoss die sehenswerte **Sammlung des Institute of Ethiopian Studies.** Der häufig zu sehende dreistrahlige Stern ist nicht das Symbol einer Autofirma, sondern der Dreifaltigkeit. Es ist das Emblem Kaiser *Haile Selassies* (= Macht der Dreifaltigkeit).

Links hinter dem Eingang der Universität befindet sich eine große **Buchhandlung,** die Publikationen der Universität in der Regel günstiger verkauft als die Läden in der Stadt. Gegenüber der Universität gibt es einen Park mit einem Restaurant, den **Karl-Marx-Park.** Das Denkmal wurde von dem Rostocker Bildhauer *Jo Jastram* gestaltet und kam als Geschenk der DDR nach Äthiopien.

Museum des Institute of Ethiopian Studies

Die untere Etage des zweistöckigen Museums zeigt auf großer Fläche die **Ethnografische Sammlung.** Der erste Raum beschäftigt sich mit traditionellen Anbau- und Handwerkstechniken in Äthiopien. Im zweiten Teil werden alle äthiopischen Provinzen und ihre charakteristischen Trachten, Erzeugnisse und Lebensweise vorgestellt. Man kann hier vor einer Reise in die betreffenden Regionen sein „ethnografisches Auge" schulen oder nach einer Reise die Eindrücke noch einmal Revue passieren lassen. Zu den wertvollsten Stücken der Sammlung gehören die **Krone und der Stuhl des Königs von Kaffa.** Das alte Königreich von Kaffa wurde von einem „sakralen König" beherrscht, der als

efi_197 Foto: mf

Verkörperung der Fruchtbarkeit seines Landes und der Bevölkerung galt. Den dreibeinigen Stuhl als Thron solcher Könige findet man auch in anderen Gebieten Afrikas; im Stirnschmuck der Krone wollten Wissenschaftler Bezüge zur pharaonischen Stirnschlange (Uräus) sehen, was aber wohl nicht zutrifft, denn der Schmuck ist eher ein Phallussymbol, der auch den Stirnphalli der Konso, die nur 100 km südlich von Kaffa leben, ähnelt.

Im darüber liegenden Geschoss ist die **Sammlung christlicher äthiopischer Kunst** ausgestellt. Es ist wahrscheinlich die umfassendste Kollektion von Handschriften, Illuminationen, Gemälden, Kreuzen und Schnitzereien aus äthiopischen Kirchen; sie verfolgt die Entwicklung der äthiopischen Sakralkunst von den Felskirchen, die z. T. christlich-nubischen und -syrischen Einfluss zeigen (präsentiert meist auf Fotografien der oft unzugänglichen Wandmalereien), über die Kunst des Mittelalters mit verschiedenen orientalischen Einflüssen bis zu den Spuren europäischer Sakralmalerei, die von den Portugiesen nach Äthiopien gebracht wurde (Shoa-Stil). Die folgenden Malereien der Gondar-Zeit stellen einen neuen Höhepunkt äthiopischer Malerei dar. Charakteristisch sind die „sprechenden Augen", mit denen die einzelnen Personen zu handlungsreichen Bildkompositionen zusammengeführt werden. Man kann auch Einflüsse der griechischen

Das Hauptgebäude der Universität von Addis Abeba

Ikonenmalerei auf die äthiopische Kunst feststellen. Neben der stilistischen Entwicklung ist auch die ganze thematische Bandbreite der äthiopischen Kunst zu sehen: Heiligenbilder, besonders die beliebten Reiterheiligen, Maria mit dem Kind, Heiligenlegenden (die des armen Gyorgis, der in der äthiopischen Tradition Züge des Heiligen Sebastian übernommen hat), Erzengel, Stifter.

Ein weiterer Raum ist den **volkstümlichen Gemälden** vom Ende des letzten und Anfang dieses Jahrhunderts gewidmet. Die ungemein lebendigen Bilder geben in szenenreicher Darstellung Ereignisse des täglichen Lebens (Bauernleben, Jagd, Sport), aber auch Legenden (Geschichte der Königin von Saba) und historische Ereignisse (Schlachten, Bankette am Kaiserhof) wieder. Besonders amüsant ist die Darstellung von Europäern und ihres typischen Verhaltens.

Einige große steinerne **Stelen** sind im Gang ausgestellt. Diese Stelen, z. T. stark stilisierte menschliche Figuren mit hochgezogenen Schultern und (abgebrochenen) Köpfen, mit einer Vielzahl von Darstellungen auf den Flächen, oder hohe Steinmale mit einer unterschiedlichen Anzahl von Speeren, stammen aus dem Seengebiet südlich von Addis Abeba, vom südlichen Shoa bis Sidamo. Es handelt sich um Grabmale einer kaum bekannten Kultur. Die Datierung ist unklar, sie entstanden aber vor der Besiedlung des Gebietes durch die Oromo im 14. Jh. Die Oromo im Arusi-Gebiet errichteten jedoch noch bis in neuere Zeit Stelen mit geometrischen Mustern.

Außerdem gibt es eine separate **Kollektion von Musikinstrumenten** der Ethnografischen Sammlung, die in einem alten Gebäude am Menelik-Palast untergebracht ist. Ein Besuch ist nur in Begleitung eines Angestellten des Museums möglich.

Im Museum gibt es schöne **Postkarten** mit Motiven klassischer äthiopischer Malerei zu kaufen, eine ganze Reihe kulturgeschichtlicher und ethnografischer Publikationen sowie Originale äthiopischen Kunsthandwerks. Ein 1988 herausgegebener Führer durch die Sammlung ist hier erhältlich.

Öffnungszeiten: Mo. bis Do. 8–12 und 13–17 Uhr, Fr. 8–11.30 und 13.30–17 Uhr, Sa./So. geschlossen.

Die westliche Achse – Bahnhof bis Piazza

Der **Bahnhof** ist die Endhaltestelle der Eisenbahn, die Addis Abeba mit Djibouti verbindet. Er wurde 1929 eröffnet und erbaut von dem französischen Architekten *Paul Barrias* (die Bahnlinie hatte Addis Abeba 1917 erreicht). Vor dem Bahnhofsgebäude steht ein Denkmal mit der **Figur des Löwen von Juda**, von dem Franzosen *Morris Calka*. Auch dieses Emblem führt auf die Bezeichnung des äthiopischen Kaisers als „Löwe vom Stamme Juda" zurück. Auf dem Sockel sind Medaillons mit den Porträts von Kaiser *Menelik II.* und seiner Frau *Taytu* angebracht. Zur Zeit der italienischen Okkupation war das Denkmal nach Rom verschleppt worden und wurde nach der Befreiung zurückgegeben.

Der folgende erste Teil der **Churchill Road** ist von Banken und Geschäftshäusern gesäumt, u. a. von dem Büro der Lufthansa. Es folgt der **Haile Selassie** oder **Andinet Square.** Hier befindet sich das etwas klotzige **Nationaltheater.** Es wurde von den Italienern begonnen und 1955 fertiggestellt. Ein weiteres Denkmal des Löwen von Juda kann hier bewundert werden, es wurde von dem österreichischen Bildhauer *Seiler* geschaffen.

Nördlich des Platzes erhebt sich das moderne Gebäude der **Post** mit dem **Postmuseum.**

Gegenüber der Post steht das **Revolutionsdenkmal.** Es wurde zwar die Inschrift entfernt, aber sonst ziehen Arbeiter und Soldaten noch unbeschadet auf den Obelisken mit dem Roten Stern zu. Es ist auffällig, dass sich ein Großteil der Oppositionsgruppen, die 1991 die Macht übernahmen, ebenfalls der sozialistischen Orientierung verschrieben hatte und es deshalb nicht zur rigorosen Zerstörung von sozialistischen Symbolen gekommen ist.

Gegenüber der Post befindet sich die **Nationalbibliothek,** der bedeutendste Hort alter äthiopischer Handschriften. Zugleich ist die Bibliothek verantwortlich, alle in Äthiopien gedruckten Werke zu sammeln. Die wertvollen Handschriften sind aus restauratorischen Gründen nicht öffentlich ausgestellt.

Der folgende Teil der Churchill Road wird von einer Kette von **Souvenirgeschäften** geprägt, in denen Sie sich erst in Ruhe über Angebot und Preise informieren sollten, dann aber eine Menge hübscher Sachen kaufen können.

Die Straße endet oben, am Gebäude der **Stadtverwaltung,** mit dem turmartigen Mittelbau. In dem 1965 eröffneten Gebäude gibt es ein Restaurant, ein Kino und einen Theatersaal. Hier befinden sich auch Fernsehstudios.

Damit ist man schon im Bereich der **Piazza,** wie vor allem der Bereich am De Gaulle Square (natürlich verwendet niemand diese Bezeichnung) genannt wird. Hier ist ein großer Endpunkt für Sammeltaxis und Busse und eines der Hauptgeschäftsviertel, in dem Sie auch ruhig ein bisschen auf Einkaufsbummel gehen können. Südlich der Piazza, eine Nebenstraße weiter, steht das **Etege-Hotel,** das älteste Hotel der Stadt. In

Die äthiopische Post

Das Symbol der äthiopischen Post ist ein Arm, der einen oben gespaltenen Stock hält, in dessen Schlitz ein Brief steckt. Der Stock war das Zeichen der kaiserlichen Boten *(melektegna),* die ihre Botschaft damit transportierten. Erschien ein Bote mit diesem Zeichen, so musste ihn jeder beherbergen und verköstigen und für sein Weiterkommen sorgen.

Im Zusammenhang mit den Überlegungen, Äthiopien an den Welthandel, u. a. durch den Bau einer Eisenbahnlinie, anzuschließen, entstand auch die äthiopische Post. 1892 wurden erste Briefmarken, die man in Frankreich herstellen ließ, verkauft, im Jahr 1894 wurde ein Postsystem eingeführt. Dagegen protestierte übrigens Italien auf das Schärfste, das zu jener Zeit Äthiopien als sein Protektorat ansah. Nach der Niederlage in Adua war dieses Problem ausgeräumt. 1908 wurde Äthiopien Mitglied im Weltpostverein. Im 1975 gegründeten Postmuseum sind alle von der äthiopischen Post je herausgegebenen Briefmarken zu sehen.

Mengistu Haile Maryam

Mengistu Haile Maryam wurde 1935 geboren. Er stammte aus einfachen Verhältnissen und trat in die Armee ein, wo er die Offizierslaufbahn einschlug. Als 1974 die Armee die Macht übernahm, gehörte der Major zum Provisional Military Council, dem Militärrat, der den Derg, das neue Machtorgan, beherrschte. Im Zuge der Auseinandersetzungen zwischen Militär und zivilen Gruppen und innerhalb der Militärführung wurde *Mengistu* 1976 aus dem Derg auf den weniger wichtigen Posten des Vorsitzenden des Ministerrats versetzt. Am 3. Februar 1977 ließ er bei einem Handstreich die Führung des Derg erschießen und entfesselte den „Roten Terror" gegen Maoisten und andere Oppositionelle.

Mit sowjetischer und kubanischer Unterstützung konnte *Mengistu* seine Macht stabilisieren. 1987 wurde er zum Präsidenten der von ihm ausgerufenen Volksrepublik Äthiopien gewählt. In der Selbstdarstellung wurden ihm Anklänge zum Kaisertum nachgesagt, so soll er zu feierlichen Anlässen gelegentlich den Kaiserthron benutzt haben.

Mit dem Machtverlust seiner Regierung, besonders durch das Ende der sowjetischen Militärhilfe, musste er im März 1990 das Scheitern der Pläne zum Aufbau des Sozialismus einräumen. Eine Verständigung mit den Aufständischen war jedoch nicht mehr möglich; am 21.05.1991 setzte sich *Mengistu* nach Simbabwe ab, wo er immer noch lebt. Am 28.05.1991 rückten die Truppen der EPRDF in Addis Abeba ein.

Auf dem Fahnenmeer der Reliefs des Revolutionsdenkmals in Addis Abeba ist noch das Porträt *Mengistu Haile Maryams* zu sehen (siehe Abb. unten).

eti_200 Foto: m

Revolutionsdenkmal in Addis Abeba

der Umgebung findet sich eine Reihe preiswerter **Hotels und Restaurants.**

Am nördlichen Ende der großen freien Fläche befindet sich der Menelik II. Square mit der **Gyorgis-Kirche** sowie dem 1930 enthüllten silbrigen **Reiterstandbild** des Kaisers. 1937 wurde das Denkmal von den Italienern gestürzt und 1941 wieder aufgestellt.

Etwas erhöht über diesem Platz liegt der Bezirk der **St. Georgs-Kathedrale.** Sie wurde nach der Schlacht von Adua dem Schutzheiligen der Soldaten errichtet. Kaiser Menelik ließ die Kathedrale an einem Platz gründen, an dem man die Reste einer alten Kirche gefunden hatte. Die jetzige Kirche ist schon der zweite Bau, sie wurde von dem Griechen *Orphanides* entworfen und von dem Italiener *Castagna* 1906 errichtet. Alle Kaiserkrönungen fanden seitdem hier statt. Nach der italienischen Besetzung wurde die Kathedrale restauriert und von *Afework Tekle* ausgemalt. Die Kirche kann auch von innen besichtigt werden. Hinter ihr gibt es ein kleines, sehr modern eingerichtetes **Museum** zu dieser Kirche und zum äthiopischen Christentum überhaupt. Neben Informationen zum äthiopischen Patriarchat ist eine kleine Sammlung sakraler Kunstgegenstände aus dem Ende des 19. Jh. und dem Anfang des 20. Jh. zu besichtigen. Es handelt sich zum Teil um das Krönungsornat Kaiser *Haile Selassies,* der hier 1930 gekrönt wurde.

Geht man von der Kathedrale in Richtung Westen, kommt man zum **Abuna Petros Square** mit einem Denkmal des gleichnamigen Bischofs der einer der fünf Äthiopier war, die im Jahre 1929 von dem damaligen koptischen Patriarchen zu Bischöfen verschiedener Diözesen ordiniert wurden. Er hatte sich geweigert, mit den italienischen Faschisten zusammenzuarbeiten und an einem Angriff der Partisanen auf das von Italienern besetzte Addis Abeba teilgenommen. Er wurde deshalb, wie viele andere auch, öffentlich hingerichtet.

Östlich der Piazza verbindet die **Adua-Avenue** die westliche Achse mit dem Stadtviertel um die Universität. An dieser Straße liegen einige gute Buch- und Kunsthandwerksgeschäfte sowie das Gebäude des British Council.

Von der Piazza in Richtung Westen kommt man zum **Mercato** und der **Großen Moschee.** Obwohl ein großer Teil der äthiopischen Bevölkerung, auch im zentralen Hochland, Muslime sind, stammen die Moscheen meist erst aus jüngster Zeit. Besonders die Italiener bemühten sich, durch Förderung der Muslime und den Bau von Moscheen Unterstützung zu erhalten. Vorher war es den Muslimen häufig verboten, Moscheen zu errichten. Dass die Moschee im Gebiet des Marktes liegt, kommt nicht von ungefähr: Die Muslime waren vor allem eine Händlerschicht, die **Jabarti,** und kontrollierten faktisch den Handel. Heute soll der Mercato von Addis Abeba der größte Markt in Afrika überhaupt sein. Das unglaublich ausgedehnte Gelände aus Ladenstraßen und Ständen bietet so ziemlich alles, was käuflich ist. Neulinge sollten sich einen Führer nehmen (wobei die meisten Schlepper sind), der die Stände kennt und zugleich aufpasst, dass Sie nicht beraubt werden. Denn man sagt in Addis: „Die einen gehen zum Mercato um zu kaufen, die anderen um zu klauen." Und die Schlepper, die einem beim Einkauf „helfen" und „beraten", sind auch nicht ohne. Hier ist hartes Feilschen angesagt: „Du kannst um alles feilschen, auch um eine neue Seele!" Trotzdem sollte kein Äthiopien-Reisender einen Bummel über diesen faszinierenden Markt versäumen. Allein die Atmosphäre, das farbenfrohe Bild der vielen Menschen, das Sammelsurium an Waren und Gerüchen sind beeindruckend.

In zwei großen Hallen, als **„Neuer Markt"** bezeichnet, befinden sich vor allem Stände mit traditioneller Bekleidung, Kunsthandwerk und vielen Souvenirshops, eine Fundgrube für Mitbringsel und Reiseerinnerungen.

Nördlich vom Mercato liegt der **Busbahnhof** für den Fernverkehr.

Sehenswertes in der Umgebung

Ausflug auf den Entoto

Wer einmal Addis Abeba aus der Vogelperspektive bewundern, die vielen Eukalyptuswälder schnuppern oder einfach einen Spaziergang machen möchte, der sollte einen Ausflug auf den Bergzug Entoto unternehmen. Der Berg im Norden von Addis Abeba war der Platz des ersten Lagers *Meneliks* in dieser Region. Davor war Ankobar die Hauptstadt von Shoa gewesen. Gegen 1878 hielt sich der König in der Gegend auf, wo schon der König *Lebna Dengel* (1508–1540) ein Lager gehabt haben soll. Auch die Entdeckung der unvollendeten Felsenkirche von Yakka Mikael (bei Kiddus Raguel) und die am Südhang des Berges noch teilweise sichtbaren Reste des Grabens einer großen mittelalterlichen Festung trugen dazu bei, hier ein Lager zu errichten. Wo einst die Kaiser der salomonischen Dynastie lagerten, sollten die nun schon lange von Oromo besiedelten Gebiete zurückgewonnen werden. 1882 wurde der Bau eines Palastes begonnen, der Ort verlor seine Bedeutung jedoch schnell an die „Neue Blume".

Zwei Kirchen aus der Zeit als Hauptstadt sind zu besichtigen: Die **Maryam-Kirche** wurde auf Veranlassung der Königin *Taytu* 1884–86 von Handwerkern aus Gondar errichtet. In ihr wurde *Menelik II.* vom Abuna *Mateos* 1889 zum Kaiser gekrönt. Etwas westlich davon liegt die **Kidus Raguel-Kirche.** Die Kirche wurde unter der Leitung des Inders *Haji Khawas* und der persönlichen Mithilfe Meneliks 1885 erbaut. Wahrscheinlich verdankt sie ihre ungewöhnliche Form ihrem indischen Erbauer: Sie ist achteckig (nicht traditionell rund) und hat zwei Stockwerke. Hier befand sich auch der alte Palast. An die Kirche grenzt eine Gruft, in der der Kaiser bestattet wurde, bevor man ihn in das Mausoleum im Palast in Addis Abeba überführte. Ein kleines **Museum** erinnert an den Kaiser.

Felskirche Washa Mikael (Yakka Mikael)

Auch in Addis Abeba kann man die Ruine einer der berühmten äthiopischen **Felskirchen** besuchen. Washa Mikael befindet sich im Osten der

Stadt, in einem bewaldeten Gebiet hinter dem Botschaftsviertel. Der ca. 8 km lange Pfad beginnt gegenüber dem Gelände der Deutschen Botschaft, auf der anderen Seite des Flüsschens. Auch wenn diese Kirche nicht mit den Weltwundern von Lalibela mithalten kann, gibt sie dem eiligen Durchreisenden doch wenigstens einen Eindruck solcher Kirchen.

Die nahe gelegene **Tekle Haymanot Kirche** dient heute als Gotteshaus, da das Dach der alten, ganz in den Felsen geschlagenen Kirche durch eine italienische Bombe zerstört wurde. Die Legende lässt auch hier (wie bei vielen Felskirchen in Tigray und Wollo) die heiligen Könige *Abreha* und *Asbeha* als Baumeister auftreten, höchstwahrscheinlich stammt der Bau aus dem 12./13. Jh. Da die Kirche zerstört ist und ihre Funktion nicht mehr erfüllt, kann man an ihr den Aufbau einer Felskirche, einschließlich des sonst immer unzugänglichen Teils des Allerheiligsten, sehr gut studieren.

efi_211 Foto: mf

Nationalmuseum: Statue eines Kämpfers in der Schlacht von Adua

Touristeninformation

- **Ethiopian Tourist Comission (ETC)**
An Abiot/Masqal Square, P.O. Box 2183, Tel. 517470, Fax 513899. Die Zentrale der ETC befindet sich am Abiot/Masqal Square. Hier bekommt man Informationen und Material für alle touristischen Ziele im Lande. Die Broschüren über äthiopische Kleidung, Schmuck, Sehenswürdigkeiten und Nationalparks sind ansprechend gemacht, es gibt auch Übersichtskarten.
- **National Tour Operation (NTO)**
An Piazza und Ras Desta Damtew Street (gegenüber vom Stadion), P.O. Box 5709, Tel. 512955, Fax 517688. Die Zentrale des staatliche Fremdenverkehrsamts NTO sitzt ebenfalls in Addis Abeba. Seine Büros sind modern ausgestattet, haben qualifiziertes Personal und bieten neben umfassenden Informationen auch organisierte Touren an.
- **Weitere Reisebüros,** die auf Nationalpark-Safaris spezialisiert sind, finden sich unter dem Stichwort „Reiseveranstalter" im Kapitel „Reiserouten und organisierte Reisen".

Unterkunft (A–Z)

Luxushotels

●Addis Abeba Hilton
Nähe Africa Hall, Menelik II. Av., P.O. Box 1164, Tel. 518400, Fax 510064. Das beste, größte und teuerste Hotel am Horn von Afrika, bevor das Sheraton gebaut wurde. Schwimmbad, Tennisplätze, Sauna, diverse Restaurants. Schöne renovierte Zimmer ab 170 US$.

●Sheraton Addis
Nähe UN-Gebäude, P.O. Box 6002, Tel. 517138, Fax 514029. Das äußerst luxuriöse Hotel bietet allen nur erdenklichen Komfort zu atemberaubenden Preisen. 295 Zimmer, Luxussuiten, Bungalows (Villastil), Schwimmbad, Fitness-Center, Konferenzräume, vier verschiedene Restaurants, für jeden Geschmack etwas dabei. Zimmer ab 220 US$, Bungalows ab 4200 US$.

Staatliche Hotels

Die Hotels der staatlichen Ketten können jeweils über ihre Zentrale gebucht werden. Alle genannten Hotels haben Restaurants mit europäischer und äthiopischer Küche.

Buchungszentralen:

●Ethiopia-Gruppe
P.O. Box 1131, Tel. 517400

●Ghion-Gruppe
P.O. Box 1643, Tel. 513222, Fax 515381

●Wabe Shebele Gruppe
P.O. Box 3154, Tel. 517187

●Ras-Gruppe
P.O. Box 1632, Tel. 517060 und 517063, Fax 517533

Hotels:

●Blue Nile Ras (Ras-Gruppe)
Ras Desta Damtew St., in der Nähe des Stadions, P.O. Box 1138, Tel. 511355, Zimmer 40–70 US$.

●Ghion-Hotel
Eingang Ras Desta Damtew St., P.O. Box 1643, Tel. 513222, Fax 515381, großes Schwimmbecken, für 8 ETB Eintritt jedem zugänglich. Auch separate Bungalows möglich. Zimmer 70–150 US$.

●Harambee (Ethiopia-Gruppe)
Ras Desta Damtew St., nahe Hauptpostamt, P.O. Box 3340, Tel. 01/514000 und 514482, Zimmer 25–70 US$.

●Hotel D'Afrique (Ras-Gruppe)
Dej. Wolde Mikael St., unweit vom Mexico-Sq., P.O. Box 1120, Tel. 517385 und 519614, Zimmer 50–100 US$.

●Meskel Flower Hotel
(Wabe Shebele Gruppe) P.O. Box 3145, Tel. 651900, Zimmer 30–50 US$.

●National Hotel (Ghion-Gruppe)
Menelik II. Av., nahe Masqal-Sq., gegenüber der Istifanos-Kirche, P.O. Box 100051, Tel. 515166, Fax 515381, Zimmer 50–100 US$.

●Ras Hotel
Churchill Road, zwischen Bahnhof und Nationaltheater, P.O. Box 1632, Tel. 517060 und 517063, Fax 517533, Zimmer 30–100 US$.

●Taitu Hotel (Ghion-Gruppe)
Südlich der Piazza, P.O. Box 7, Tel. 552643 und 553244. Ältestes Hotel der Stadt, momentan etwas heruntergekommen, soll renoviert werden. Zimmer 30–40 US$.

●Wabe Shebele
Am Eleni Square, Nähe Mexico-Square, westlich vom Bahnhof, P.O. Box 3154, Tel. 517187, Zimmer 50–100 US$.

Private Hotels

Die Reservierungszentrale der **Hotelkette Bekele Mola** (v. a. Rift-Valley) befindet sich an der Ecke Masqal-Square und Menelik II. Avenue P.O. Box 1349, Tel. 117404/514601, Fax 518223.

●Airport Motel
P.O. Box 100520, Tel. 610422 und 610577, Fax 610577.

●Awraris Hotel
Hotel 15 Min. vom Bole Airport entfernt, mit Restaurant, Doppelzimmer 150 Birr.

●Axum Hotel
Asmara Road, P.O. Box 40318, Tel. 613917, 613916 und 188832, sauberes Hotel, Zimmer etwa 30 US$.

●Beer Garden Inn
Neues und sehr beliebtes Hotel zwischen der Orthodox Medhani Alem Church und der Bole Road, DZ 85 US$, EZ 65 US$; mit **Restaurant Europa,** Biergarten mit eigener Brau-

erei, der Inhaber hat das Brauen in Deutschland gelernt und braut mit deutschen Zutaten und Geräten drei verschiedene Biersorten; Tel. 011/6182591/95, Fax 116/183118.

- **Bel Air Hotel**
Queen Elizabeth Street, Straße zur Deutschen Botschaft, Nähe Indische Botschaft, Tel. 114655, sauber, Gemeinschaftsdusche, sicherer Parkplatz. Doppelzimmer 50 Birr. Campingmöglichkeit für 30 Birr/Nacht/Fahrzeug mit 2 Personen, Treffpunkt der Fernreisenden, Restaurant.
- **Buffet de la Gare**
Am Bahnhof, nette Atmosphäre, am Wochenende Tanz. Zimmer 150–240 Birr.
- **Central Shoa Hotel**
Asmara Road, Tel. 611454, Zimmer 20–45 US$.
- **Central Venue Hotel**
Hinter der Africa Hall, P.O. Box 5695, Tel. 712255.
- **Crown Hotel**
Debre Zeyt Road, ca 15 km von Stadtmitte entfernt, Tel. 341444, Fax 341428, gute äthiopische und internationale Küche, interessante traditionelle Bauweise, Musikprogramm. Zimmer 40–60 US$.
- **Debre Damo Hotel**
Asmara Road, Tel. 612630, einfach und billig.
- **Dessalegn Hotel**
P.O. Box 6342, Tel. 624524. Hotel direkt gegenüber der EU-Vertretung. Schöne Zimmer und netter Service, Restaurant und Bar. Doppelzimmer 150–200 Birr, empfehlenswert.
- **Extreme Hotel**
Gaston Guez Street, westlich Tewodros Sq., P.O. Box 6948, Tel. 553777 und 118983, Zimmer etwa 30 US$.
- **Filwoha Hotel**
Yohanis Str., zwischen Ethiopia Hotel und Jubiläumspalast, P.O. Box 2450, Tel. 511403, 519316, Fax 517533, 151497, mit sehr guter äthiopischer Küche. Zimmer etwa 40 US$.
- **The Golf Club Hotel**
Am Old Airport, in der Nähe der Western Ring Road, Tel. 011/3201893. Sauna, Gymnastik-Raum, Reitclub, schöne Aussicht auf die Stadt und die Entoto-Berge.
- **Hawi Hotel**
Debre Zeyt Road (Ras Biru Av.), P.O. Box 32709, Tel. 654499 und 164713.
- **Holiday Hotel**
Asmara Road, Tel. 612081, Fax 612627, Zimmer 20–30 US$.
- **Hotel de Leopol**
Neues großes Hotel im Zentrum der Stadt im Kasanchez-Viertel, Tagungsräume.
- **Ibex Hotel**
An der Verbindungsstraße Bole Road zur Debre Zeyt Road, P.O. Box 21429, Tel. 654400 und 653736, Fax 653737, gute äthiopische Küche. Zimmer 50–96 US$.
- **Imperial Hotel**
An der Straße zwischen Asmara Road und Flughafen, Nähe AMICE. Neues, gutes und sauberes Hotel. 60–100 US$.
- **Lido Hotel**
Nähe Churchill Road, P.O. Box 5383, Tel. 514488, empfehlenswert, 20–30 US$.
- **Plaza Hotel**
Asmara Road, P.O. Box 4935/6615, Tel. 612200, Fax 613044, Zimmer 50–60 US$.
- **Tourist Hotel**
Arat Kilo Richtung Piazza, P.O. Box 5518, Tel. 550122.
- **Yordanos Hotel**
Asmara Road, P.O. Box 1647, Tel. 515711 und 512470, Fax 516655, einfach, zentral gelegen, empfehlenswert. Zimmer 30–50 US$.

Einfache und billige Unterkünfte

Einfache Pensionen, in denen die Nacht **unter 10 US$** zu verbringen ist, gibt es sehr viele. Südlich der Piazza, zwischen Abiot-Square und Hauptpost, und entlang der vom Masqal-Square nach Süden abgehenden Bole-Road (zum Flughafen) und Debre Zeyt-Road (Ras Biru Avenue) findet man an jeder Ecke eine Unterkunft. Die Qualität ist sehr unterschiedlich, da ist gutes Gespür vonnöten. Leider sind die jeweiligen Gegenden auch Reviere der Taschendiebe, besonders entlang der Churchill Avenue.

Folgende **Pensionen und Herbergen** in diesem Bereich sind empfehlenswert:

- **Asmara Pension,** Churchill Avenue, 7 US$.
- **Baro Hotel**
Piazza, schöner Hof, kein Restaurant, 60–100 Birr.
- **Fasika Hotel,** Piazza, 5–7 US$.
- **Harar Pension,** Churchill Avenue, 7 US$.

•Hegel Hotel
Debre Zeyt Road, etwas außerhalb bei Mobil Garage, 5 US$.
•Itegue Taitu Hotel
Piazza, City Centre, empfohlen für Rucksacktouristen mit schmaler Geldbörse, die das alte Addis erforschen möchten, Tel. 011/1560787.
•National Hotel, Piazza, 5–10 US$.
•Omer Khajam-Rest
Schräg gegenüber vom Taitu, preiswert.
•Pension Almaz, Bole Road, 10 US$.
•Taitu Hotel
200 m vom Baro entfernt, etwas veraltet.
•Teigist Hotel, Churchill Avenue, 7 US$.
•Wanza Hotel, Bole Road, 10 US$.
•Wanaiderish Hotel
Debre Zeyt Road, 10 US$.
•Wutma Hotel
Piazza, gut für Traveller, recht abgewohnt, nette Leute, 60 Birr.

5 km Richtung Süden:
•Funeti Selam Hotel
Sehr gutes Preis-Leistungs-Verhältnis, 5 US$.
•Maharis Hotel, 5 US$.
•Dama, 5–10 US$.

Essen und Trinken (A–Z)

Alle Hotels und zahlreiche Pensionen haben angeschlossene Restaurants. In der Umgebung der Hotelbezirke (südlich der Piazza, zwischen Masqal-Square und Churchill Road und entlang der beiden südlichen Ausfallstraßen) gibt es viele Restaurants, Cafés, Bäckereien. Selbst in den großen Lokalen sind die Preise für europäischen Standard billig (keine Speise über 5 US$), im Vergleich zum Landesinneren aber natürlich relativ teuer.

Gute Restaurants mit äthiopischer Küche

In der oberen Preisklasse, genauso wie die Restaurants der großen Hotels, die ebenfalls nationale Speisen servieren, bewegen sich:
•Abasha Restaurant
Bole Road. Gute einheimische Speisen.
•Addis Abeba Restaurant
Piazza, bei der St. Georgs-Kirche in Richtung Siddist Kilo. Traditionelles Ambiente in einem großen, typisch äthiopisch aufgemachten Restaurant.
•African Queens Snack Bar & Restaurant
An der Bole Road, gegenüber der Pizzeria deli Roma gelegen. Hervorragende äthiopische und europäische Küche von einer in Deutschland ausgebildeten Köchin in geschmackvollem und nettem Ambiente. Äußerst empfehlenswert!
•Agelgil Restaurant
Im Villa-Verdi-Gebäude. Hier werden die Speisen auf dem traditionellen Agelgil-Tisch in vielen Variationen serviert.
•Assfaw Wossen Hotel
Mercato. Bekannt für Ketfo und Tibs.
•Crown Hotel
An der Straße nach Debre Zeyt. Schönes traditionelles Ambiente und gute Ketfo-Speisen.
•Dashen Restaurant
Nähe Post Office. Traditionell eingerichtetes Restaurant mit leckerem Essen.
•Fasika
Bole Road. Gute äthiopische Küche. Abends gibt es Livemusik.
•Finfine Adarash
Yohanis Str., Tel. 519100. Sehr gute äthiopische Küche.
•Green Forest Restaurant
Bole Road. Äthiopische Küche.
•Ibex Lalibela Restaurant
Gegenüber vom Stadion, Sahle Selassie Building. Gute Fastenspeisen.
•Karamara
Bole Road. Mit dem Shoa Gate vergleichbar, Live-Musik.
•Lalibela Restaurant
Ras Makonnen Av., nahe Masqal Sq. Live-Musik.
•Shangri La
Direkt neben der EEC-Delegation. Hübsch eingerichtetes Restaurant, sehr gutes äthiopisches Essen, nette Terrasse.
•Shoa Gate
Kenyatta/Asmara Road, nahe Masqal Sq. Gutes Essen in netter traditioneller Atmosphäre, wochenends Livemusik und Tanz.
•The Skyline Restaurant (The Captain's)
Debre Zeyt Road (Ras Biru Av.), weiter Richtung Cherkos.
•Wabe Shebele Hotel
Do. und Sa. Buffet mit Live-Musik.

• Yod Abissinia Traditional Food
In der Nähe des Hotels Desalegn. Hier wird u. a. auch Tedj (Honigwein) gereicht.

Gute Restaurants mit internationaler Küche

Es gibt eine Reihe internationaler Lokalitäten, die von den Bessersituierten der Hauptstadt besucht werden. Nach einer Reise durch das Land und bei der Rückkehr nach Addis Abeba ist die kulinarische Abwechslung zur Injera sehr reizvoll.

• Acropolis
An der Verbindungsstraße Bole Road – Debre Zeyt Road, die gegenüber von Olympia abzweigt. Griechische Küche.
• Ajanta Restaurant
Gegenüber der Bole Clinic. Indische Küche.
• Armenian Club
Westlich Ammist Kilo (fragen!), Tel. 113572. Armenische/levantinische Küche, theoretisch nur für Mitglieder, aber keine Kontrolle, nur geringer Aufpreis, empfehlenswert.
• Bejing Restaurant
Ras Desta Damtew Str. Chinesische Küche.
• Blue Tops
Zwischen Arat- und Amist Kilo, Tel. 550934. Italienische Küche.
• Castellis Restaurant
Piazza, Tel. 111058. Ausgezeichnete italienische Küche, Meeresfrüchte-Spezialitäten, tolles Antipasti-Buffet.
• China Bar and Restaurant
Ras Desta Damtew Str., beim Eingang zum Ghion Hotel. Chinesische Küche, empfohlen.
• Cottage
Ras Desta Damtew Str./Ecke Yohanes Str. Schweizerische Küche (!), beliebter Treffpunkt, schöne, gemütliche Bar.
• Don Vito
Debre Zeyt Road. Italienische Küche, ausgezeichnete Pizzas.
• German Restaurant
Bole Road. Deutsches Essen und Bier.
• Hong Kong
In der Nähe des Ras Hotels. China-Küche.
• Jewel of India
Nähe Bole Road beim Meskel Flower Hotel. Bekannt für Tandooris und Tikkas.
• Le Jardin Pizzeria
Nördlich des General Post Office. Gute italienische Küche.
• Le Petit Paris
Old Airport, Tel. 204880. Gute französische Küche und Weine.
• Pizza Deli Roma
Bole Road. Bekannt für gute Pizzen.
• Pizzeria im Hilton Hotel, leckere Antipasti.
• Raj Restaurant
Ras Makonnen Av., nahe Masqal Square. Indische Küche.
• Rico's
Bole Road. Italienische und äthiopische Gerichte, netter Service, schöne Atmosphäre.
• Sangham Restaurant
Bole Road, Tel. 518976. Indische Gerichte in etwas ungemütlicher Atmosphäre.
• Shaheen
Im Sheraton Hotel. Exquisite indische Küche.
• Sindbad
Bole Road, gegenüber von Olympia. Arabische Küche.

Preiswerte Restaurants und Cafés

Preiswerter und einfacher geht es in den kleineren Restaurants zu. Die Speisekarte ist hier nur als Anregung zu verstehen und hat meist nicht sehr viel mit dem tatsächlichen Speisenangebot zu tun.

Empfohlen werden z. B. **InterLangano Restaurant, GK Restaurant** (Mahatma Ghandi Road) und **Omar Khayam** (südliche Piazza) mit äthiopisch-arabische Küche.

Außerdem gibt es viele **gute Pizzerien;** zu empfehlen sind u. a. die im Hilton, **Zodiac** (Nähe Ibex-Hotel), **La Hermita** (auch an der Straße, die zum Ibex-Hotel führt) sowie einige an der Bole Road.

Cafés und Konditoreien, *pastry* genannt, bieten meist exzellenten Kaffee und Tee sowie gute Gebäcke an, vor allem die **Tsahay-Pastry** an der Bole Road. Zu erwähnen sind auch das **La Parisienne** in der Nähe der Bole Road beim Olympia-Gebäude (leckere Croissants und Brote) und das **Temptations** im Sheraton Hotel mit einer großen Auswahl an verschiedenen Brotsorten.

Mehrere (preiswerte) **Internet-Cafés** befinden sich an den Hauptstraßen im Zentrum (Ortskundige fragen).

Nachtleben

Wer sich in das Nachtleben von Addis Abeba stürzen möchte, der kann an der **Bole Road und in der näheren Umgebung** viele Bars und Diskotheken finden, in denen traditionelle, aber auch moderne (Live-)Musik gespielt wird. Momentan ist das **Coffee House** am Siddist Kilo ein beliebter Treffpunkt.

Verkehrsverbindungen

Flugzeug

Normalerweise beginnt jeder Reisende seinen Äthiopienaufenthalt in Addis Abeba. Man kommt auf dem **Bole International Airport** im Südosten der Stadt an. Von hier aus gibt es die Möglichkeit, mit Taxi oder Bus in die Stadt zu fahren. Gleich am Ausgang gibt es einen Schalter der **NTO** (National Tour Operation), wo Tickets für eines der NTO-Taxis verkauft werden, die vor dem Flughafen stehen. Allerdings zahlt man einen höheren Preis (die NTO-Taxis sind grundsätzlich teurer, und man kann nicht handeln). Dafür kommen Sie beim ersten Mal aber recht bequem an Ihr Ziel.

Wer sich sicherer fühlt und nicht zu viel Gepäck hat, geht über den Vorplatz (der den Taxis der NTO vorbehalten ist) auf die andere Straßenseite. Hier ist der Parkplatz für normale (Kontrakt-)**Taxis, Sammeltaxis und Busse.** Damit lässt sich bedeutend billiger vorankommen (10–15 Birr).

Die **nationale Fluggesellschaft EAL,** die neben internationalen Destinationen auch zahlreiche Inlandsziele anfliegt, und die wichtigsten ausländischen Fluggesellschaften sind in Addis Abeba vertreten:

- **Ethiopian Airlines (EAL)**
  Büros u. a. an der Churchill Road, gegenüber vom Nationaltheater, an der Piazza/De Gaulle Sq., im ECA-Gebäude, im Hilton, P.O. Box 1755, Tel. 612222, Fax 611474, www.flyethiopian.de
- **Lufthansa**
  Gegenüber Bahnhofsgebäude, P.O. Box 3484, Tel. 515666, Fax 512988, www.lufthansa.de
- **British Airways,** www.britishairways.de
- **Egypt Air,** www.egyptair.de
- **Kenya Airways/KLM,**
  www.kenya-airways. com, www.klm.nl
- **Yemenia,** www.yemenia.de

Eisenbahn

Der Bahnhof liegt im Südwesten, am Ende der Churchill Road. Es gibt nur die **Bahnlinie nach Djibouti, die Dire Dawa passiert.** Da die über 700 km lange Strecke eingleisig ist, verkehren die Züge nur zweimal täglich. Die Abfahrt ist auf 11 und 14 Uhr anberaumt. Eine einfache Fahrt 2. Klasse nach Dire Dawa kostet ca. 55 Birr.

Am Bahnhof kann man auf Busse, Sammeltaxis und Taxis umsteigen.

Bus

Der **Busbahnhof** befindet sich im Nordwesten der Stadt, am nördlichen Ende des Mercato. Von hier fahren alle Überlandbusse in jede gewünschte Richtung des Landes ab bzw. kommen an. Der Busbahnhof besteht aus zwei großen umzäunten Arealen.

Das östliche in Richtung Piazza gelegene Areal ist dem **Nahverkehr** (Umgebung von Addis Abeba) vorbehalten, das weiter stadtauswärts gelegene dient dem **Fernverkehr.** Die Schalter liegen in dem Gebäude hinter den Bushalteplätzen. Vor dem Busbahnhof halten außer Bussen Taxis und Sammeltaxis.

Ein **kleinerer Busbahnhof** befindet sich am Bahnhof, an der Ras Mekkonen Avenue. Von hier fahren die **Busse nach Nazaret und Debre Zeyt** ab.

Busse fahren auch auf bestimmten, längeren **Stadtlinien.** Sie verkehren seltener als Sammeltaxis, sind dafür noch etwas billiger. Die Linien kreuzen sich mit den Haupthaltepunkten der Sammeltaxis. Leider sind die überfüllten Busse ein beliebtes Terrain für Diebe.

Taxis und Sammeltaxis

Für den, der in Addis Abeba kein Auto hat und nicht zu Fuß gehen möchte, bieten sich neben den Bussen **Taxis** als Fortbewegungsmittel an. Es gibt sie in **zwei Kategorien.**

Zunächst sind da die gepflegten Wagen der **NTO,** auch telefonisch zu bestellen. Sie warten am Flughafen, am Hilton- und am Ghion-Hotel und fahren auch nachts. Die Preise sind hoch und fest. Der erhöhte Nachttarif beträgt 5 Birr pro Kilometer. Eine Fahrt vom Flughafen Richtung Innenstadt kostet in etwa 50–100 Birr.

Normale Taxis fallen oft durch Gebrechlichkeit auf. Aber man kommt voran, auch wenn man z. B. mal die Tür festhalten muss. Sie sind billiger, der Preis muss aber vorher ausgehandelt werden (Kontrakt-Taxis). Sie sind blau-weiß gekennzeichnet.

Sammeltaxis/Minibusse, ebenfalls blau-weiß, sind eine wunderbare Erfindung. Sie verkehren unentwegt auf den Hauptverbindungen in der Stadt. Die kleinen Transporter mit drei Sitzbänken haben feste Routen und Halteplätze, halten aber auch auf Zuruf. Die Halteplätze erkennen Sie an den dort wartenden Menschen. Die Endhaltestelle der Fahrt wird von den Kassierern, häufig Jugendlichen, ausgerufen. Eine grobe Orientierung ist also wichtig. Sie können auch fragen und merken dann daran, ob nur abgewunken wird oder Sie ins Auto gezerrt werden, ob die Richtung stimmt.

Der **Fahrpreis** ist **niedrig,** und man wird kaum betrogen, wenn man einfach etwas Geld gibt und auf Rückgabe wartet; die reichlich vorhandenen Mitfahrer passen meist mit auf. Innerstädtisch kostet kaum eine Strecke mehr als 2 Birr.

Haupthalte- und Umsteigepunkte der Sammeltaxis und Hauptrichtungen sind:

- vor dem Bahnhof
- an der Churchill Avenue, bei der Hauptpost
- am Südostende der Piazza (De Gaulle Square)
- vor dem Busbahnhof nördl. vom Mercato
- bei Arat Kilo
- „Piazza, Piazza" – Richtung Piazza, meist über Churchill Road
- „Bole, Bole" – Richtung Flughafen „Ammist Kilo" – Universität
- „Arat Kilo" – der genannte Platz nördlich vom Kaiserpalast
- „Mercato" – der Markt im Westen der Stadt, auch Busbahnhof
- „Abiot, Abiot" – Masqal-Square, der aber immer noch Abiot-Square (Revolutionsplatz) genannt wird

Autovermietungen

Autovermietungen und Tour Agencies gibt es bis jetzt nur in Addis. Es ist sicher sinnvoll, schon vor der Abreise ein paar Angebote einzuholen.

- **Royal Enterprise**
Haile G/Selassie Road, P.O. Box 180024, Tel. 614528, Fax 614699
- **Hess Travel**
Bole Road, P.O. Box 80298, Tel. 515820/156058, Fax 512675
- **Greenland Tours**
P.O. Box 19018, Tel. 517972, Fax 615408
- **National Tour Operation (NTO)**
Büros an der Piazza und in der Ras Desta Damtew Street, P.O. Box 5709, Tel. 512955, Fax 517688
- **Aki Haddis (Budget)**
P.O. Box 5923, Tel. 654889 und 516735, Fax 511699
- **Galaxy Express (Avis Car Hire)**
Im Ras Hotel, Churchill Road, P.O. Box 8309, Tel. 510355, Fax 511236
- **Brana Tourist & Travel Agency Rent a Car**
P.O. Box 1255, Tel. 550980 und 117787, Fax 553660
- **Experience Ethiopia Travel (EET)**
Kontakt: *Tony Hickey.* Zwischen Ras Hotel und dem Nationaltheater, P.O. Box 9354, Tel. 152336 und 519291
- **Avis Ethiopia**
Ras Hotel Bldg., Churchill Rd., Addis Abeba Tel. 00251/1/510355
- Ein weiterer, recht günstiger Anbieter findet sich **im Ghion Hotel** (120 US$/Tag inkl. Versicherung, Benzin und Kilometer).

Karl-Marx-Denkmal von Jo Jastram
im Park des Universitätsgeländes

Apotheken

Apotheken gibt es inzwischen viele in Addis Abeba, folgende haben ein gutes Sortiment:

- **Lion Pharmacy**
(Mahatma Ghandi Road, Parallelstraße zur Churchill Road). Deutsche Besitzer, die in allen medizinischen Belangen kompetent und sehr freundlich beraten.
- **Bole Pharmacy** (Bole Road)
- **Nabandian Pharmacy** (Bole Road)
- **Hilton Pharmacy** (Masqal Square)
- **Lion Pharmacy** (Old Churchill Road)

Krankenhäuser und Kliniken

Die Krankenhäuser in der Hauptstadt sind **oft überfüllt** und nicht unbedingt immer Vertrauen erweckend. Die privaten Kliniken sind teurer, dafür nähern sie sich meist dem europäischen Standard. Eine kleine Auswahl:

Krankenhäuser

- **St. Gabriel,** Tel. 614400
- **Hayat Clinic,** Tel. 517848
- **Ghandi Hospital**
Ras Desta Damtew Street, P.O. Box 782, Tel. 515364
- **Black Lion Hospital**
Gegenüber Hauptpost, P.O. Box 5657, Tel. 516170; Universitätsklinik mit im Ausland ausgebildeten Ärzten
- **Balcha Hospital (Russia Red Cross)**
Lideta, Tel. 516263

Privatkliniken

Die meisten Ärzte sprechen hervorragend englisch und sind hilfsbereit und kompetent.

- **Brass Clinic,** Tel. 189696/614884
- **Bethzatha Clinic,** Tel. 533453
- **Senay Clinic,** Tel. 661421
- **ALERT Hospital**
P.O. Box 165, Tel. 711256 und 711200
- **Brook Medical Service**
Ras Desta Damtew Str., Tel. 513435

eth07_20 Foto: mf

● **Ethio Swedish Children's Hospital**
P.O. Box 5657, Tel. 521211
● **St. Gabriel Clinic**
Asmara Road, Tel. 613622
● **Sunshine Clinic**
Dr. Dietz (Vertrauensarzt der Dt. Botschaft und der Lufthansa), Tel. 600092; die Klinik befindet sich oberhalb der deutschen Botschaft in etwa 1,5 km Entfernung.

Geldwechsel

Die **Staatsbank,** die **Commercial Bank of Ethiopia,** hat viele Filialen in Addis Abeba. Die Filiale am Flughafen ist täglich geöffnet, aber nur bei Abflug oder Ankunft zugänglich.

● **Commercial Bank of Ethiopia**
Zentrale an der Churchill Road gegenüber dem Hauptpostamt, P.O. Box 255, Tel. 515004 und 515028, Fax 514522, 517866 und 517822. Öffnungszeiten: Mo. bis Do. 8–12 und 13–16 Uhr, Fr. 8.30–11.30 Uhr, Sa. 8–12 Uhr.

eth07_208 Foto: mf

Theater

● **City Hall Theatre**
Im Gebäude der Stadtverwaltung, Tel. 112516
● **National Theatre**
Churchill Road, Tel. 516347
● **Children & Youth Theatre**
P.O. Box 335, Tel. 122558

Museen

● **Addis Abeba Museum**
Masqal-Sq., Tel. 119113 und 153180
● **Ethiopian Postal Museum**
Im Hauptpostamt, P.O. Box 1629, Tel. 515011
● **Institute of Ethiopian Studies**
Universität, Tel. 119469
● **National Museum and Archaeological Institute**
Nördlich von Arat Kilo, P.O. Box 76, Tel. 117150

Kulturinstitute, Bibliotheken, Buchhandlungen

● **Alliance Ethio-Française**
Bei Tewodros II.-Sq. nach Westen, P.O. Box 1733, Tel. 550213/120812; Gelände mit alten Villen, Ausstellungsräumen und einem Café.
● **British Council**
An der Piazza, P.O. Box 1043, Tel. 550022, Fax 552544
● **Goethe Institut**
Oberhalb des Sidist Kilo Richtung Entoto etwa 200 m hinter dem Uni-Haupteingang auf der gegenüberliegenden Straßenseite
● **Italian Cultural Institute**
Nördlich vom Menelik-Square, P.O. Box 1635, Tel. 553427, Fax 552670
● **Russian Centre for Science and Culture**
Nähe Tewodros II.-Square, Richtung Mercato, P.O. Box 1140, Tel. 551343 und 551004

Historische Darstellung des Teufels im Feuer (christliche Wandmalerei)

● **Kennedy Library**
Universität, P.O. Box 1176, Tel. 122875 und 117786
● **National Public Library and National Archives**
Gegenüber dem Hauptpostamt, P.O. Box 1903, Tel. 512242
● **Africa Bookshop**
Adua Road, beim British Council
● **Ethiopian Mapping Authority (EMA)**
Gegenüber Hilton, P.O. Box 597, Tel. 518445, Fax 515189; Touristenpläne; mit Erlaubnis (im selben Gebäude) auch Verkauf von topografischen Karten.

Souvenirs

Typische Kleidung, Lederwaren, Schmuck, ethnografische Kostbarkeiten, Bilder auf Pergament, Musikinstrumente, Teppiche und Korbflechtereien – der Koffer kann ganz schön voll werden in Addis Abeba! Souvenirläden gibt es natürlich in den großen Hotels (Sheraton, Hilton, staatliche Hotels) und am Flughafen (Duty Free). Weitere Geschäfte befinden sich im nördlichen Teil der Churchill Road, nahe der Hauptpost, und auf dem Mercato (in den Hallen). Ebenfalls viele, zum Teil hervorragend bestückte Läden (aber nicht billig) sind auf der Bole Road zu finden.

● **Ethiopian Tourist Trading Enterprise (ETTC)**
Verschiedene Geschäfte, u. a. am Flughafen und im Hilton, P.O. Box 8640, Tel. 111878 und 512777, Fax 610511.
● **Bethlehem Craft Centre**
Abzweig der Asmara Road an der ersten Ampel nach Süden.
● **Cotton Shops**
Churchill Avenue. Traditionelle und modern-folkloristische Kleidung, witzige T-Shirts.
● **Alert Crochet & Embroidery Group**
Im Lepra-Hospital
● **Ethiopian Rugs**
Arat Kilo, im Gebäude von Child Care & Community Development, Tel. 119565.
● **St. George Gallery**
Tel. 510983. Möbel und Schmuck, entworfen von *Saba Alene,* Kunstausstellungen.

● **Haile Selassie**
Churchill Road. Äthiopischer Schmuck, großes Angebot.
● **Befekadu**
Obere Churchill Road. Schmuck, geschmackvolle originelle Mischung aus alten und modernen Stücken.
● **Sheba's Pillows**
Gegenüber OAU-Gebäude. Stoffe und Kleidung, Schmuck gestaltet von *Ingrid Worede.*
● **Universal Leather Articles Shop**
Piazza, Arada Building, im ersten Stock.
● Das **älteste Souvenirgeschäft** in der Stadt liegt direkt neben der Lion Pharmacy. Sie haben eine sehr gute Auswahl und zeigen eventuell auch ihre selteneren Schätze im Hinterzimmer. Verhandeln nicht vergessen!
● Andere, private und sehr gute **Ledergeschäfte** finden Sie u. a. direkt am Stadion. Außerdem sei auf die Verkaufsvitrine im Museum der Universität hingewiesen, wo es tatsächlich „Originale" zu kaufen gibt.

Achtung: Haben Sie **Antiquitäten** gekauft, sollten Sie diese am Nationalmuseum vorzeigen und **zur Ausfuhr freigeben lassen.** Es kann sonst bei der Ausreise Ärger geben! Montag-, Mittwoch- und Freitagnachmittag prüfen dort Angestellte die Objekte und versiegeln sie anschließend. Man sollte Verpackungspapier mitbringen, in das die Objekte gewickelt werden.

Die Provinz Shoa

Die äthiopische Hauptstadt liegt im Zentrum der **historischen Provinz Shoa.** Nach der Gebietsreform ist Addis Abeba nicht nur die Hauptstadt der besonders von Oromo bewohnten **Region 4** geworden, sondern sie besitzt als Hauptstadt Äthiopiens auch den Status einer eigenen Region (Region 14). Im Nordwesten reicht die Provinz Shoa weit in das Hochland hinein, der Canyon des Abay bildet dort die Grenze. Über die östliche Hochlandkante dehnt sich die Provinz in den Grabenbruch bis zum Awash aus. Im Süden zählt eine Reihe der Seen des Grabenbruches bis in die Gegend von Shashemene zu Shoa, im Südwesten auch die Berge von Gurage. Im Westen begrenzen die Flüsse Guder und Gibe die Provinz.

Die **Hochebenen** von Shoa liegen im Durchschnitt bei 2400 m über dem Meer, die Ortschaften im **Grabenbruch** bei 1200 m. Die Provinz ist wasserreich, in weiten Teilen grün und besitzt ein ganzjährig angenehmes Klima, in Höhenlagen kann es jedoch sehr kühl werden, im Grabenbruch selbst wiederum recht heiß. Die großen Seen und die Savanne am Awash sind Tierparadiese, in denen **Nationalparks** angelegt wurden. Entlang des Grabenbruches sind inaktive Vulkane und Krater verteilt, die den tektonisch sensiblen Charakter der Landschaft bezeugen.

Historisch war Shoa lange ein **Zentrum der Amharen.** Nach der Übernahme der Macht im äthiopischen Kaiserreich durch die zweite salomonische Dynastie 1268 wurde diese Volksgruppe zur führenden im Kaiserreich. Die Kaiser des Mittelalters entstammten dem Hochland der Provinz Shoa und hatten hier ihre Residenzen. Kerngebiete waren das eigentliche Shoa und die nach Norden anschließenden Landschaften Tegullet und Menz. Von hier aus unternahmen die Kaiser ihre Feldzüge gegen die muslimischen Reiche, die im Grabenbruch lagen: Ifat am unteren Awash, Fetegar am oberen Awash und Hadiya im Gebiet der Seen nördlich von Shashemene. Außerdem drangen sie nach Südwesten, in das Gebiet der alten Sidama-Königreiche Damot südlich des Abay, Enariya am Gibe und bis Wolega im Westen und Kaffa im Südwesten vor.

Im 16. Jh. wurde die Expansion jäh gestoppt: Das starke **Sultanat von Adal,** mit dem Zentrum in Harar, brach in den Kriegen des Imam *Ahmad Grang* die Vormachtstellung des amharischen Kaiserreiches, die Wanderbewegung der Oromo zwang schließlich zur Aufgabe der gesamten Provinz Shoa, die nun mehrheitlich von Oromo besiedelt wurde.

Reste der alten, **semitische Sprachen** sprechenden Bevölkerung blieben neben den Oromo aber erhalten: die Gurage im Gebiet westlich der Seen und Gruppen von Amharen im Hochland, die weiterhin der orthodoxen Kirche anhingen.

Die Oromo im Grabenbruch wurden größtenteils islamisiert, unter ihnen verbreitete sich die Glaubensrichtung bis in das Hochland. Dort spielten sie eine bedeutende Rolle in der Zeit des Zerfalls der Kaisermacht in Gondar, während der *Zaman Mesafint* (1777–1855). Im 18. Jh. gelang es amharischen Fürsten, im Gebiet um Debre Berhan das **Fürstentum Shoa** zu erneuern. Bald stieg es, an strategisch günstiger Stelle, unerreichbar für die Kaiser in Gondar und mit guten Verbindungen zu den Handelswegen im östlichen Horn von Afrika, zu einem der wichtigsten Machtzentren bei den Kämpfen um die Einigung Äthiopiens auf. Zuerst von Kaiser *Tewodros II.* besiegt, dann von *Yohannes IV.* von Tigray noch einmal in die Schranken verwiesen, war 1889 die Stunde Shoas gekommen: Der Negus von Shoa bestieg als *Menelik II.* den Kaiserthron und vollendete die Einigung Äthiopiens. Schon vorher hatte er systematisch Gebiete im Osten und Süden erobert, so dass Shoa um die Jahrhundertwende von einer Randprovinz des christlichen Äthiopien zur Zentralprovinz des Vielvölkerstaates geworden war. Die Bevölkerung der stark vergrößerten Provinz, so vielgestaltig wie die des ganzen Reiches, wurde verstärkt christianisiert; so bestimmen heute in weiten Teilen Shoas **Kirchen** das Landschaftsbild. Ein großer Teil der Oromo sind jedoch weiterhin Muslime.

Die folgenden Abschnitte beschreiben einige **Routen** in Shoa, die sich auch als Tages- oder Wochenendausflüge von Addis Abeba aus anbieten. Die Straßen in Shoa sind wahrscheinlich die bestausgebauten in ganz Äthiopien, nur um zu entlegenen Plätzen zu gelangen, ist ein Allradfahrzeug nötig. Alle größeren Orte werden mehrmals täglich von Addis Abeba mit Bussen angefahren, sind also auch für Kurztrips gut erreichbar. Die **Überlandbusse** fahren vom Busbahnhof am Mercato, mit Ausnahme der Busse nach Debre Zeyt und Nazaret, die nicht weit vom Bahnhof abfahren.

Im Gebiet des Grabenbruches gibt es neben den staatlichen Hotels der Wabe Shebele-Gruppe die einfacheren und billigeren Hotels der privaten Bekele Mola-Kette, die einen ansprechenden Standard besitzen und auch von Addis Abeba vorgebucht werden können. Ansonsten sind überall Herbergen von einfach bis ganz einfach vorhanden.

Route Richtung Tana-See

Addis Abeba – Debre Libanos (110 km)

Gut ausgebaute und stark befahrene Straße.

Die Straße nach Nordwesten verbindet Addis Abeba mit der ehemaligen Provinz Gojam. Sie führt in das **Hochland,** das jäh vom **Canyon des Abay** durchschnitten wird. Der Fluss mit seiner dramatischen Schlucht bildet die Grenze zwischen den früheren Provinzen Shoa und Gojam.

Sie verlassen die Stadt in Richtung der Entoto-Berge und passieren nach 36 km **Chencho,** von wo aus ein Abstecher zur **Schlucht des Flusses Mugher** möglich ist. Die Schlucht liegt beim Dorf **Durba,** ca. 20 km westlich der Hauptstraße. Nach etwa 100 km auf der Hauptstraße geht rechts ein markierter Abzweig ab, der zum berühmten Kloster Debre Libanos führt.

Debre Libanos X,B1/2

Debre Libanos liegt 15 km südlich von **Fiche,** dem nächsten größeren Ort, in dem es auch einfache Herbergen gibt. Dorthin fahren Busse von Addis Abeba. Von Fiche kann man mit Pick-Ups nach Debre Libanos fahren. Von der Hauptstraße sind es ca. 5 km steiler Weg, wenn man zu Fuß zum Kloster laufen will. Das Kloster liegt auf einem Plateau über einer steil abfallenden Schlucht. **Das eigentliche Kloster darf nicht von Frauen betreten werden,** die weitere Klosterumgebung ist Frauen aber zugänglich.

Die **achteckige Kirche** mit der silbernen Kuppel und dem Kreuz auf einer Stange wurde erst in den fünfziger Jahren errichtet. Die Malereien und Glasfenster wurden von *Afework Tekle* entworfen, der auch die Fenster der Africa Hall in der Hauptstadt gestaltete. Die alten Klostergebäude waren von den italienischen Besatzern 1937 niedergebrannt worden. Im Rahmen der Vergeltungsmaßnahmen nach dem missglückten Attentat auf den italienischen Vizekönig Marschall *Graziani* am 19. Februar 1937 war grausam gegen alle Bevölkerungsgruppen vorgegangen worden, von denen man Widerstand erwartete. Dazu gehörte auch die äthiopische Geistlichkeit. 320 Mönche in Debre Libanos – alle, die man im Kloster fand – wurden auf Befehl vom 24. Mai 1937 erschossen. Zu den Opfern der Säuberungswelle gehörten übrigens

Der Heilige Tekle Haymanot und die Erneuerung der salomonischen Dynastie

Möglicherweise wurde die Gründung des berühmten Klosters von Debre Libanos dem Heiligen Tekle Haymanot aufgrund seiner Popularität erst nachträglich zugeschrieben. Dieser Heilige ist noch heute eine beliebte Figur der äthiopischen Kirche und wird sehr häufig dargestellt. Man sieht ihn auf einem Bein stehen, die Augen und Arme ins Gebet versunken zum Himmel gewendet, und von Speeren umgeben, damit er nicht einschlafe und umfalle. Er hatte nämlich das Gelübde ewigen Gebetes im Stehen abgelegt. Als sein linkes Bein, das er, wie auch heute noch die Hirten, beim bequemen Stehen angezogen hatte, abstarb, schenkte ihm Gott Flügel, damit er weiter stehen könne. Außerdem war er als großer Missionar berühmt, der im Süden Äthiopiens viele Kirchen gründete.

Die Legende des Tekle Haymanot ist auch historisch von großem Interesse, mit ihr verbindet sich der Übergang von der Zagwe-Dynastie zur erneuerten Salomonischen Dynastie. Dabei unterstützte der Mönch die Ansprüche des Prätendenten *Tesfa Iyesus,* der seine Herkunft vom alten Königshaus von Axum herleitete, das von der Zagwe-Dynastie entthront worden war. Der letzte König der Zagwe, *Neakuto Leab,* soll sehr fromm gewesen sein und stimmte dem von einem so heiligen Mann wie *Tekle Haymanot* ausgearbeiteten Friedensplan zu (wobei andere Traditionen auch handfestere Gründe für seine Unterwerfung angeben): Die Königswürde ging an die neue Dynastie, die Nachkommen der Zagwe behielten die Herrschaft in Lasta, ihrem Stammsitz, und durften weiterhin königliche Abzeichen, wie die großen Trommeln, nutzen und, last but not least, ein Drittel des Landes ging in den Besitz der Kirche über. Der neue König nahm den Namen *Yekuno Amlak* an. Mit seiner Regierung (1268–1283) war die Dynastie auf den Thron zurückgekehrt, die ihren Ursprung von König Salomon herleitete. (Die Zagwe führten sich auf Moses zurück.) Der Vorsteher des Klosters Debre Azbo erhielt im Rahmen der Neuordnung des Staates das Amt des Etchege zugesprochen, eine Position am Kaiserhof, die ihn als oberste Instanz in allen religiösen Fragen und Oberhaupt der Geistlichkeit überhaupt auswies. Da der Abuna, der eigentliche Patriarch, ein vom Patriarchen von Alexandria gesandter koptischer Mönch war, der von Äthiopien kaum etwas wusste, war der Etchege faktisch der hochrangigste Geistliche Äthiopiens. Der Vorsteher des zweiten bedeutenden Klosters dieser Zeit, das des Heiligen Stefan auf dem Hayk-See, erhielt das Hofamt des Aqabe Seat, des „Aufsehers der Stunden", eine Art Zeremonienmeister, der den Tagesablauf regelte. Inwieweit diese Legende historische Tatsachen wiedergibt oder nachträglich interpretiert, ist jedoch unsicher.

auch die *azmari,* fahrende Sänger, von denen ebenfalls anti-italienische Propaganda befürchtet wurde.

Das Kloster soll im 13. Jh. unter dem Namen **Debre Azbo** vom Heiligen *Tekle Haymanot* gegründet worden sein. Im 15. Jh. übertrug der Kaiser *Zara Yaqob* (1434–1468) den Namen des berühmten alten Klosters von Debre Libanos bei Ham an der heutigen Grenze von Eritrea nach Äthiopien auf das in seiner Bedeutung immer mehr wachsende Kloster Debre Azbo, das nun **Debre Libanos in Shoa** genannt wurde. Im Zuge der Kriege des *Imam Ahmad Grang* (1527–1543) wurden die *tabot* des Klosters nach *Azezo* bei Gondar in Sicherheit gebracht und erst 1889 von *Menelik II.* (1889–1913) zurückgeführt.

Als eine besondere Reliquie wird in Debre Libanos ein Stück vom Kreuz des Heiligen *Tekle Haymanot* in einem besonderen Gebäude aufbewahrt. Hier befindet sich das (moderne) Grab des Heiligen.

Beim Kloster gibt es eine heilige **Quelle,** die von Pilgern besucht wird. Auch Kaiser *Menelik II.* hat in seinen letzten, von Krankheit gezeichneten Lebensjahren diese Quelle aufgesucht. In der Nähe finden Sie auch eine der üblicherweise den Portugiesen zugeschriebenen **alten Brücken.** In diesem Fall ist aber bekannt, dass sie im letzten Jahrhundert von *Ras Darge,* dem Onkel Kaiser *Meneliks,* errichtet wurde.

Nahebei ist ein 600 m tiefer **Wasserfall** zu sehen. Der Abstecher lohnt sich

efi_218 Foto: mf

auf jeden Fall, die Landschaft mit der tiefen Schlucht ist beeindruckend. Eine Wanderung über die sog. **Portugiesische Brücke** am Rande des Felsens entlang mit Blick auf den Wasserfall und die Umgebung sollte auf jeden Fall eingeplant werden.

Debre Libanos – Abay Canyon (100 km)

Auf der Fahrt von Debre Libanos in Richtung Tana-See erreicht man nach ca. 100 km die 1000 m tiefe **Schlucht des Abay** (Blauer Nil). Dieser Fluss markiert die Grenze zwischen den historischen Provinzen Shoa und Gojam. Die Fahrt auf der Straße bietet ein unglaubliches Naturschauspiel, wenn man an den Canyon kommt, in dem der Fluss fließt. Am Fuße der Schlucht ist es heiß und stickig – bis 40°C.

Für Fahrzeuge, egal ob Bus oder Allrad, ist die Schlucht eine Tortur. Auf der zur Zeit der italienischen Besetzung angelegten Straße schrauben sich die Fahrzeuge im Schneckentempo die Schlucht hinunter und schon etwas schneller wieder hinauf. Autowracks am Wegesrand künden von weniger glücklichen Versuchen. Wer noch nicht im äthiopischen Hochland gefahren ist: Der Canyon ist lediglich ein Vorgeschmack auf das, was noch kommt.

Achtung: Das Fotografieren und Anhalten direkt an der Brücke ist verboten! Etwas oberhalb gibt es aber weniger Probleme und sowieso bessere Sicht, aber auch hier können sich noch Soldaten aufhalten und das Treiben der Touristen bewachen.

Bei **Dejen** auf der anderen Seite steht ein Kontrollposten, der den die Provinzgrenzen überschreitenden Verkehr kontrolliert. Hier gibt es diverse Restaurants, denn die Busse stoppen meist länger, und einfache, ordentliche Herbergen. Empfehlenswert ist das erste, zweistöckige Hotel auf der linken Seite.

Zur Weiterfahrt Richtung Tana-See siehe Kapitel „Gojam und Tana-See", „Route Tana-See und Nilfälle".

Route nördlich von Addis Abeba

Addis Abeba – Debre Berhan (131 km)

Fahrzeit 3–5 Stunden mit Auto bzw. Bus.

Nördlich von Addis Abeba an der nach Asmara führenden Straße liegt Debre Berhan. Man passiert auf dem Weg den 1970 fertig gestellten **Damm am Legedadi,** von dem u. a. die Hauptstadt mit Wasser versorgt wird. Sehr schnell sind Sie hier in einer Höhe angelangt, in der die Vegetation schon sparsamer wird und die Nächte empfindlich kalt sein können.

Nördlich von Debre Berhan liegt die **Landschaft Menz,** das Grenzgebiet zur Provinz Wollo.

Der vom Blauen Nil in den Fels gegrabene Abay Canyon

Zwischen Debre Berhan und Muketuri auf der Straße Addis – Gojam gibt es **eine der wenigen Querverbindungen** zwischen den nach Norden führenden Routen. An der Mobil-Tankstelle können Sie in Richtung Deneba nach Westen abbiegen und auf dieser Strecke nach etwa zwei Stunden Fahrzeit **Muketuri** erreichen. Doch nicht nur die Querverbindung ist lohnend, auch die Fahrt nach **Inewari,** die in Deneba nördlich abzweigt, ist beeindruckend. Bei Inewari fällt das Hochlandplateau plötzlich senkrecht mehrere hundert Meter ab. Man steht an der Kante und hat einen beeindruckenden Blick, sollte aber schwindelfrei sein. Wenn Sie in Deneba weiter nach Westen fahren, gelangen Sie nach etwa 25 km auf eine etwas breitere Piste, auf der Sie, westlich weiterfahrend, Muketuri erreichen können. Interessant ist aber auch ein Abstecher in nördlicher Richtung nach **Merhabete,** der Sie nach etwa 55 km in die Stadt **Alem Ketema,** die „Weltstadt", führt. Es ist geplant, von dort die Straße weiter nach Norden zu verlängern und eine weitere Verbindung nach Dessie zu schaffen. Inwieweit es möglich ist, hier weiterzufahren, kann nur jeweils vor Ort geklärt werden.

Debre Berhan ⇗XI,C2

Die Stadt ist ein recht großer Ort mit etwa 9000 Einwohnern, sie liegt 2840 m über dem Meer. Von Addis Abeba ist Debre Berhan in vier bis fünf Stunden mit dem **Bus** zu erreichen, die Fahrzeit von Debre Berhan nach Dessie beträgt einen Tag.

In der Gegend am **Busbahnhof** gibt es die üblichen **Herbergen,** darunter das empfehlenswerte Helen Hotel (am Ortseingang, 3–5 US$/20 Birr), Tsigedera Hotel und Ambassador Hotel. Bekannt sind die Wollwebereien aus der Stadt, darunter Decken und schwarzweiß-braune Teppiche. Markttag ist der Samstag.

Debre Berhan, der „Berg des Lichtes", ist berühmt als die **erste äthiopische Hauptstadt des Mittelalters.** Sie wurde von Kaiser *Zara Yakob* gegründet, der angeblich auch die moderne **Kirche Debre Berhan Selassie** erbaut haben soll, doch der Bau ist auf jeden Fall jüngeren Datums. Im Kirchhof gibt es einen eingezäunten Bereich, der den Platz markiert, an dem das berühmte Licht erscheinen soll. Die Kirche besitzt eine Reihe der üblichen Kirchenschätze wie Kronen, Kreuze und Manuskripte.

Der moderne Ort ist mit der Geschichte des neu erstehenden **Königreiches Shoa** verbunden. Nachdem das Gebiet nach den Kriegen gegen Grang von Oromo-Stämmen besetzt worden war, etablierte sich nach 1700 eine amharische Dynastie, die in dieser Gegend einige Residenzen besaß. Neben Ankobar, Qundi und Angolala wurde Debre Berhan ausgebaut. *Sahle Sellasie* (1813–1847), der Großvater Kaiser *Meneliks II.* (1889–1913) und erster Herrscher von Shoa, der den Titel Negus (König) annahm, baute mehrere Kirchen. 1878 wurde Menelik nach seiner Aussöhnung mit Kaiser *Yohannes IV.* (1872–1889) hier zum König von Shoa und Wollo gekrönt. Auf den angestrebten Kaisertitel musste er vorerst verzichten. 1906 ließ Kaiser Menelik die **Selassie-Kirche** errichten.

Menelik hatte 1865 kurzzeitig **Liche,** 5 km nordöstlich von Debre Berhan, zu seiner Residenz ausbauen lassen, verließ sie aber bald darauf wieder. Es sollen sich dort noch Ruinen der Bauten befinden.

Debre Berhan – Ankobar (41 km)

Piste von Debre Berhan nach Osten.

Ankobar

XI,C2

Der kleine Ort besaß einst große Bedeutung als **Durchgangsort für Karawanen,** die aus dem Osten kommend hier das Hochland betraten. Der Name bedeutet wahrscheinlich Bar/Ber (= Zolltor) von **Anko,** wobei Letzteres entweder der Name der Frau eines Oromo-Herrschers der Gegend gewesen sein soll oder von „Holz" oder „Affen" kommt. Ein früher Herrscher von Shoa, *Amha Iyasus* (1745–1775), errichtete hier seine Residenz. Er ist bei der **Marien-Kirche** beigesetzt.

Der erste Negus von Shoa, *Sahle Selassie* (1813–1847) ließ sich eine Residenz errichten, die auch eine Reihe von Steinbauten enthielt, bei deren Bau griechische Fachleute beteiligt waren. In Ankobar führte er Verhandlungen mit Engländern und Franzosen, durch deren Waffenlieferungen er eine starke Position im von Bürgerkrieg geschüttelten Äthiopien zur Zeit der Mesafint aufbauen konnte. Zu den 1843 von den Franzosen mitgebrachten Geschenken gehörte auch ein Porträt des französischen Königs *Louis Philippe,* das *Sahle Selassie* dem Reisebericht nach besonders gut gefiel. König *Sahle Selassie* starb in Ankober und ist bei der **Michael-Kirche** begraben, wo die Ruine seines Mausoleums noch zu sehen ist.

Sein Nachfolger *Haile Melekot* ließ beim Anmarsch der Truppen des Kaisers *Tewodros II.* (1855–1868) im Jahre 1855 den Palast niederbrennen. Er starb im selben Jahr auf der Flucht. Sein erst elfjähriger Sohn *Menelik* (damals noch mit Namen *Sahle Maryam)* wurde von Tewodros gefangengenommen und auf der Festung Maqdala interniert. 1865 gelang Menelik die Flucht. In den folgenden Jahren baute er die Macht Shoas wieder auf, musste in der Auseinandersetzung mit dem Kaiser *Yohannes IV.* (1872–1889) noch auf die Kaiserwürde verzichten, konnte sich aber nach dessen Tod durchsetzen und bestieg 1889 den äthiopischen Kaiserthron. Bis zur Verlegung des königlichen Lagers nach Entoto im Jahre 1878 war Ankobar sein Hauptsitz.

In der **Medhane Alem-Kirche** der Stadt heiratete Menelik 1883 *Taytu Betul,* die als Kaiserin einen bedeutenden Einfluss hatte. Zu seiner Regierungszeit war das in den Bergen gelegene Ankobar eine Art **Staatsgefängnis,** hier wurden u. a. der König *Kennito* von Kaffa zwischen 1897 und 1902 sowie *Ras Mangasha* von Tigray, der Sohn Kaiser *Yohannes IV.,* von 1902–1907 festgehalten. Der moderne Ort wurde während der italienischen Besetzung teilweise auf ein besser zugängliches Plateau umgesiedelt.

Kaiser Zara Yakob und der Berg des Lichtes

Kaiser *Zara Yakob* (1434–1468) war der erste Kaiser der zweiten salomonischen Dynastie, der durch straffe Zentralisation versuchte, das Reich zusammenzufassen. Zuerst galt es, die äußeren Feinde, vor allem das Sultanat von Ifat (in der Gegend der modernen Stadt Awash im Gebiet des afrikanischen Grabens) zu besiegen. 1445 wurden die Truppen des Sultans *Ahmad Beday* vernichtend geschlagen. Das Sultanat Ifat ging unter, die Führungsrolle unter den muslimischen Staaten darauf an Adal im Gebiet von Harar.

War damit das Territorium des äthiopischen Kaiserreiches weitgehend gesichert (es reichte als ein breiter Streifen vom heutigen Eritrea bis in die Gegend des Awasa-Sees), ging es dem Kaiser nun vor allem um den inneren Zusammenhalt des Landes. Wichtiges Instrument dazu war der christliche Glauben. Zwischen den Anhängern der verschiedenen Richtungen gab es erbitterte Auseinandersetzungen um Ritualvorschriften und religiöse Auslegungen. Hauptkontrahenten waren der im Norden beheimatete Ewostatewos-Orden um das Kloster Debre Bizen (beim heutigen Asmara) – der den Samstag (Sabbat) heiligte – und der um das Kloster Debre Azbo gescharte Tewahdo-Orden, der den Sonntag heiligte. Das Kloster von Debre Azbo wurde vom Kaiser, um dessen Ansehen zu heben, in Debre Libanos umbenannt. Der Kaiser hatte während der langen Jahre, die er auf dem „Prinzenberg" Amba Geshen festgesetzt war, eine ausgezeichnete Bildung erhalten und griff aktiv in die religiösen Auseinandersetzungen ein.

Er setzte die Feiertage wie folgt fest: Samstag und Sonntag, das monatliche Fest der Maria (siehe Abb.) und des Michael, der Tag des Sieges über Ifat (der 29. jeden Monats) und die festen Tage der Heiligen und hohen Feste (Timkat etc.). Desgleichen wurden Vorschriften für den Bau von Kirchen, Aufstellung von Altären (tabot) und des „Teufelssteines" (außerhalb der Kirche) erlassen, auch für Gebete und Predigten. Es wurde das Dogma der einen Gottheit in drei Verkörperungen und der zweifachen Geburt Christi – geistig aus dem Vater ohne Mutter, körperlich aus der Mutter ohne Vater – verkündet. Auch die starke Betonung des Marienkultes in der äthiopischen Kirche geht auf diesen Kaiser zurück.

Suchte *Zara Yakob* so die Unterstützung der bedeutendsten religiösen Gruppen zu gewinnen, ging er gegen andere Sekten und heidnische Religionen mit äußerster Härte vor. Die Sekten der Stephaniten und der Michaeliten wurden ausgerottet, die Anhänger eines alten Gottes (Desk oder Dino) ebenso grausam verfolgt. Die Denunziation, einer der verfemten Religionen anzugehören, war ein beliebtes Mittel, Widersacher auszuschalten. Aus Misstrauen gegen die Landesfürsten besetzte der Kaiser viele Posten mit weiblichen Angehörigen seiner Familie (den Männern seiner Familie misstraute er auch). Jedoch fielen auch von diesen viele in Ungnade und wurden zum Entsetzen der Beistehenden zu Tode gemartert. Shum-Sher, „ernannt – abgesetzt", war der Terminus für die häufigen Säuberungen. Durch diese Maßnahmen erreichte *Zara Yakob* eine bis dahin nicht gekannte Festigung seiner Macht. Er konnte es sich daher leisten, ein festes Hauptlager zu errichten und musste nicht mehr, wie seine Vorgänger (und auch Nachfolger), in ständigem Zug durch das Land seine Herrschaft durchsetzen. Zwölf seiner letzten vierzehn Regierungsjahre verbrachte er in Debre Berhan, wo er auch 1468 starb.

Gegründet wurde Debre Berhan im Jahre 1456, und zwar an einem Ort, an dem achtunddreißig Tage nach der Steinigung von herätischen Stefaniten ein Licht erschienen sein soll, das achtunddreißig Tage anhielt (daher der Name „Berg des Lichtes"). Möglicherweise hängt das Ereignis mit dem Erscheinen des Halley'schen Kometen in diesem Jahr zusammen.

efi_221 Foto: mf

Aus der Chronik des Kaisers wissen wir in etwa, wie dieses Lager ausgesehen hat. Ein Palisadenzaun (gawal) von 10 Ellen Höhe umgab den Palastbereich. In diesem Bereich standen der Palast mit einem großen goldenen Kreuz auf dem Dach und eine Reihe weiterer Gebäude, darunter auch Zelte. Vier Tore führten in den Bezirk, die jeweils nur zu bestimmten Zwecken benutzt werden durften, so eines nur für den Aqabe Seat („Hüter der Stunden", Zeremonienmeister und Vertrauter des Königs), eines zur Versorgung usw. Ein Palisadengang führte vom Palast zur Kirche, damit der Kaiser ungesehen zum Gottesdienst gehen konnte. Dieser Weg durfte nur vom Kaiser, dem Aqabe Seat und einigen Pagen benutzt werden. Außerhalb befanden sich das Nazeret Bet (Gebetsstätte), sechzig Zelte für die Tribute der Provinzen, und der La'elay genannte Platz für Bankette. Dazu kam ein Platz, wo der König Gericht hielt, Ställe, Küchen und diverse Werkstätten. Es wird berichtet, dass zum Tragen jeden Stammes der Palisaden mehrere Männer gebraucht wurden, dass die Stämme schlohweiß geschält waren und so eng gesetzt, dass man nicht hindurchsehen konnte. In den Umfriedungen und Gängen liefen ständig betende Mönche, um Unheil abzuwehren und Hexerei fernzuhalten. Der sehr scheue und mißtrauische Herrscher verkehrte nur mit den engsten Vertrauten und durfte von niemandem sonst auch nur gesehen werden.

Nach dem Tod des Kaisers gab dessen Nachfolger *Baeda Maryam* (1468–1478) die Residenz auf und zog mit seinem Hof nach Haya in Tigray. Debre Berhan verlor schnell an Bedeutung und wurde spätestens im Krieg mit dem Imam *Ahmad Grang* zerstört (1527–1543). Von der berühmten Burg *Zara Yakobs* sind keine Reste erhalten. *David Buxton* sah im letzten Jahrhundert einige Höhlen etwa 3 km südöstlich vom modernen Ort, die vielleicht mit der Anlage zu tun hatten.

In der Umgebung von Ankobar gab es zur Zeit der Könige von Shoa eine spezielle **Siedlung der Taybots,** einer Handwerkerkaste, die sich auf Elfenbeinschnitzerei und Eisenverarbeitung verstand. Sie wurden von der übrigen Bevölkerung als Zauberer gemieden und sind vielleicht ursprünglich Falasha gewesen.

Zur Weiterfahrt Richtung Dessie siehe Kapitel „Wollo, Lasta und Wag", „Route Menz, westliches Wollo und Begemder".

Route Seen südlich von Addis Abeba

Südlich von Addis Abeba zieht sich eine Seenkette hin, die sich im ostafrikanischen Graben gebildet hat. Die Seen, z. T. Kraterseen sowie einige Stauseen in der Nähe der Hauptstadt, sind beliebte **Ausflugsziele,** besonders über die Wochenenden fahren die Bewohner von Addis Abeba zum Baden und Erholen in dieses Gebiet. Es ist auf der Straße zur kenianischen Grenze gut erreichen, die Straßen sind normalerweise in gutem Zustand.

Das Klima im Grabenbruch ist heißer als im Hochland. Wer einen der Orte besucht, sollte sich darauf einstellen und sich besonders auch vor **Insekten** schützen. **Vorsicht vor Malaria** und in den meisten Seen leider auch vor **Bilharziose.**

Busse bis Nazaret fahren in Addis Abeba am Bahnhof ab, nicht vom großen Busbahnhof am Mercato. Fahrzeit bis Nazaret ist etwa drei Stunden. Die Ausfallstraße nach Debre Zeyt/Nazaret ist die Debre Zeyt Road (Ras Biru Av.), die vom Masqal Square abgeht. Busse fahren von Addis Abeba an einem guten halben Tag bis nach Shashemene.

Eine **Sage** berichtet, dass das Gebiet der Seen ursprünglich trocken war und es nur einige Brunnen gab, die jede Nacht sorgfältig verschlossen wurden. Eines Tages kam eine Frau noch spät am Abend zu einem Brunnen, um Wasser für ihre durstigen Kinder zu holen. In der Eile vergaß sie, den Brunnen wieder zu verschließen. Das Wasser stieg die ganze Nacht, überflutete die Gegend und am nächsten Tag hatten sich die Seen gebildet.

Historisch ist dieser Teil des Grabenbruches die Region, wo im frühen Mittelalter **islamisierte Reiche** bestanden haben: Ifat um die heutige Stadt Awash Station, Fetegar um Nazaret und Debre Zeyt, Dawaro und Hadiya südlich davon. Im 15. Jh. waren die Gebiete von den äthiopischen Kaisern erobert worden, gingen aber infolge der Kriege mit dem Imam *Ahmad Grang* und v. a. durch die Einwanderung der Oromo wieder verloren.

Addis Abeba – Debre Zeyt (50 km)

Von Addis Abeba nach Südosten verlässt man das Hochland und kommt in die tiefer gelegenen Gebiete des Afrikanischen Grabenbruches. Bei **Akaki** passieren Sie ein Feuchtgebiet, in dem sich viele Vögel versammeln, vor allem auch Zugvögel auf dem Weg nach Europa.

Debre Zeyt (Bishoftu) ⇗IV,A/B3

Debre Zeyt liegt inmitten einer Gruppe von **Kraterseen,** Lake Bishoftu im Süden der Hauptstraße direkt an der Stadt, Lake Chalaklaka, Lake Hora und Lake Bishoftu Guda im Norden.

Weiter nördlich liegen zwei **Stauseen,** an denen Flamingos und Pelikane zu bewundern sind. Vom Baden wird wegen der Bilharziosegefahr abgeraten. Man kann die Seen zu Fuß oder mit Kutschen besuchen.

Der **Ort** mit 22.000 Einwohnern ist die „Wiege der äthiopischen Luftwaffe", die mit schwedischer Unterstützung aufgebaut wurde. Die skandinavischen Länder hatten sich vor und nach dem Zweiten Weltkrieg bei der technischen und administrativen Modernisierung des Landes engagiert.

Debre Zeyt ist das Zentrum der umliegenden Ausflugsgebiete, es gibt auch einen ehemaligen Kaiserpalast.

Unterkunft

- **Hora Ras Hotel**
Unmittelbar am Lake Hora, P.O. Box 126, Tel. 338666, schöne Terrasse und toller Blick auf den Lake Hora, an Sonntagen großes Buffet, Zimmer 30 US$.
- **Bekele Mola Hotel**
Im Zentrum von Debre Zeyt, Tel. 338005, Zimmer 5 US$.
- Einfache, empfohlene Herbergen sind das **Bishoftu Hotel** (8 US$), das **Terminal Hotel** und das **Tourist Hotel.**
- **Airforce Officer's Club**
Von der Hauptstraße links Richtung Lake Hora. Sehr gute äthiopische Küche mit großer Auswahl (15 Birr). Swimmingpool. Große Zimmer.
- **Kuriftu Resort Spa**
Wunderschöne neue Hotelanlage direkt am Lake Kuriftu.

Verkehrsverbindungen

Zwischen Addis Abeba und Debre Zeyt verkehren regelmäßig **Überlandbusse;** die Fahrzeit beträgt etwa eine Stunde.

Ausflug zum Mount Zuqualla

Ein gewaltiger, baumbestandener, von Affen und Antilopen bevölkerter **Vulkan,** an dessen Spitze sich ein heiliger Kratersee befindet, liegt 35 km südlich von Debre Zeyt. Die Straße ist nur mit Allradfahrzeugen zu bewältigen. Am Busbahnhof in Debre Zeyt kann man einen Landrover mit Fahrer für 200 Birr mieten oder ein Sammeltaxi nehmen. (Donnerstags ist hier Markt.) Der Abzweig ist 10 km vor Debre Zeyt beim Ort **Dukem.** Der nächste Ort

efi_223 Foto: mf

Im Rift Valley nahe des Langano-Sees

beim Krater heißt **Wember Maryam.** Zwischen Dukam und Wember Mariam zweigt rechts ein unauffälliger Weg nach Süden ab. Eine andere Piste führt direkt aus Debre Zeyt nach rechts (Südwesten) zum Krater. Der See liegt 600 m über der Umgebung, ein Aufstieg per pedes dauert etwa drei Stunden, mit noch einmal zweieinhalb Stunden für den Abstieg. In oder kurz nach der Regenzeit ist der steile Weg auch nicht mit dem Allradfahrzeug zu bewältigen, ansonsten sollten Sie Ihre Kräfte für den Rundweg um den Kratersee aufsparen und die Strecke fahren, die Umgebung und der Ausblick vom Kraterrand bis nach Addis Abeba sind überwältigend. Der Krater hat 1 km Durchmesser und ist 60 m tief. Baden ist in dem See nicht gestattet, da er heilig ist. Das Kloster **Zuqualla Maryam** soll vom Heiligen *Gebre Manfus Qiddus* im 12. Jh. gegründet worden sein. Ein Stein bei der Kirche markiert das **Grab** des Heiligen, der nur mit einem zottigen Fell bekleidet den Tieren predigte, so dass die wilden Löwen sich an seine Beine schmiegten. Aus Mitleid gab er gar einem dürstenden Vogel das Wasser seiner Augen zu trinken. Die Kirche ist dem Heiligen geweiht. Am 15. Oktober sowie im März ist der Festtag des Heiligen, der gleichzeitig auch für die Oromo eines der wichtigsten Feste ist.

Debre Zeyt – Nazaret (43 km)

26 km hinter Debre Zeyt passiert man Mojo nach Osten. Der Abzweig gen Süden führt nach Shahshemene.

Nazaret

↗XI,C3

Nazaret (auch: Nazret oder Adama in Orominya) ist bei Ausländern vor allem wegen seiner **heißen Quellen** in Sodere bekannt. Der Ort ist auch ein beliebtes Ausflugsziel der Bewohner der Hauptstadt.

Die Region Nazaret-Debre Zeyt ist außerdem ein wichtiges Industriegebiet Äthiopiens.

Unterkunft

- **Plaza Hotel**
Beim Markt/Busbahnhof, Tel. 111088, Fax 613044, Zimmer 15–25 US$.
- **Adama Ras Hotel**
Hauptstraße, in Richtung Addis Abeba, P.O. Box 133, Tel. 112188, Zimmer 15–25 US$.
- **Alifs Bedrooms**
Hauptstraße, an der Tankstelle, empfohlen; Zimmer 10 US$.
- **Bekele Mola Hotel**
Hauptstraße, in Richtung Awash, Tel. 112312, Zimmer 5 US$.
- **Herbergen Franco, Organ, Karamara** an der Hauptstraße, viele am Busbahnhof.

Verkehrsverbindungen

Überlandbusse fahren mehrmals am Tag nach Awash; nach Addis Abeba und nach Dire Dawa/Harar fahren sie bei Sonnenaufgang ab.Von Addis Abeba sind es etwa vier Stunden mit dem Auto, mit Bussen muss man bis Nazaret und von dort weiter, man braucht also etwa eineinhalb Tage.

Ausflug zum Hippopool

Bei **Koka** liegen ein Stausee und ein als *Hippopool* bezeichneter See. Zum Besuch braucht man einen Führer und muss einen geringen Eintritt bezahlen. Dafür können Sie mit etwas Glück Krokodile und Nilpferde zu Gesicht bekommen. In der Nähe können Sie auch campen.

Ausflug nach Sodere

In **Sodere** – 25 km südlich von Nazaret – gibt es heiße Quellen und eine große Anlage mit Hotel, Restaurant, Schwimmbad und heißen Duschen. An der Hauptstraße in Nazaret geht es an der ersten großen Kreuzung nach rechts Richtung Asela und Arsi, dann ungefähr nach 20 km im Dorf nach links abbiegen. Das zur Wabe Shebele-Hotelkette gehörende **Sodere Resort Hotel** (40–60 US$) befindet sich in der Anlage. Die heißen Quellen liefern das Wasser für den Swimmingpool, das oft ersehnte kühle Bad ist deshalb nicht möglich. Doch die heißen Massage-Duschen sorgen für Entspannung. Es bestehen auch Campingmöglichkeiten.

Route Nationalpark Awash

Nazaret – Awash

Nazaret – Awash (126 km)
Addis Abeba – Awash (220 km)

Von Nazaret führt die gut ausgebaute Straße nach Nordosten zum Awash-Nationalpark und nach Harar.

Auf dieser Strecke wird die **Savannenlandschaft** entlang des *Awash*-Flusses durchquert. Formationen erkalteter Lava bezeugen die tektonisch sensible Zone des afrikanischen Grabens mit einer Reihe von aktiven Vulkanen. Im Basaqa-See bei **Metahara** kann man Hunderte von Flamingos sehen. Es soll hier auch Krokodile und sogar Nilpferde geben. Zwischen Metahara und Awash empfiehlt sich ein Besuch im Awash-Nationalpark.

Zur Weiterfahrt Richtung Harar/Danakil-Wüste siehe Kapitel „Harar".

Nationalpark Awash ⇗ XI,C2

Naturlandschaft und Tierwelt dieses 850 km² großen Nationalparkes, der ca. 900 m über dem Meer liegt, lohnen einen Besuch. Affen (Anubis, Hamadrya), Gazellen (Sömmering, Dik Dik), Antilopen (Oryx, Kudu), Kuhantilopen (Hartebeest), Wasserschweine und vielleicht auch Leoparden und Löwen können beobachtet werden. Im Awash-Fluss tummeln sich Krokodile und auch Nilpferde. Nördlich der Hauptstraße, nicht weit vom Haupteingang, liegen die **Awash-Fälle** und im Zentrum des Parkgeländes die bizarre Lavawelt des **Fantale-Vulkans.** Die sichtbaren Lavawülste stammen von einem Ausbruch im Jahre 1820, z. Z. ruht der Vulkan.

Im Norden des Parks, ca. 40 km entfernt, befinden sich die **heißen Quellen Filwoha** („heißes Wasser"), die in einer tropisch anmutenden Oase liegen, aber ohne Führer schlecht zu finden sind. Auf keinen Fall sollten Sie ein Bad in dieser Quelle versäumen, deren Wasser zunächst unglaublich heiß ist. Die Temperaturen erreichen mittags über 40°C, legen Sie einen Besuch möglichst in die Morgen- oder Abendstunden.

Es soll wegen der Gefahr, beraubt zu werden, mitunter verboten sein, den Park ohne Fahrzeug und bewaffneten Guide zu betreten. Es kommt öfter zu bewaffneten Streitigkeiten zwischen den hier lebenden Afar und Kereyu, die auch mit der Parkverwaltung wegen der Weiderechte im Streit liegen.

Der Ort **Awash** ist vor allem wegen der Eisenbahnstation erwähnenswert; im Ort ist die Mitte und tiefste Stelle der Strecke erreicht. Da die Züge hier Mittagspause machen (bzw. in glanzvolleren Tagen machten), gibt es das einst renommierte Buffet de la Gare, auch heute noch eine beliebtes Hotel und Restaurant, das von einer Griechin betrieben wird und Wagen mit Fahrer für eine Fahrt durch den Nationalpark vermittelt. Der Preis liegt bei 350–500 Birr für einen halben Tag. Hinzu kommt der Eintrittspreis für den Park (50 Birr/Pers.) und den Wagen (20 Birr).

Unterkunft

- **In Awash: Buffet de la Gare/Buffet D'Aouche Hotel** (5 US$), **St. George Hotel, Mesrak Hotel.**
- **Im Parkgelände** selbst gibt es ein Hotel, das sehr einfache Wohnwagen als Bungalows anbietet: **Kereyu Lodge,** c/o P.O. Box 1632, Addis Abeba, 20–30 US$.

Markt

Montags wird hier der **große Markt der Afar** abgehalten, die die Awash-Niederungen und das anschließende Danakil-Tiefland bewohnen.

Sonstiges

Der **Haupteingang des Parks** liegt auf der rechten Straßenseite von Metehara Richtung Awash. Dort erhält man **Tickets** (70 Birr für 48 Stunden) und die nötigen Informationen. Im Parkhauptquartier sind auch ein kleiner **Zoo** und ein **Museum** untergebracht.

Routen Zway-See und Shashemene

Addis Abeba – Mojo – Zway

Addis Abeba – Mojo (71 km)
Addis Abeba – Zway (130 km)

Fahrzeit mit dem Auto 3–4, mit dem Bus 4–5 Stunden.

Von Addis Abeba auf der Straße nach Awash kommend, kann man auch südwärts Richtung Shashemene weiterfahren. Kurz vor Nazaret, bei **Mojo,** folgt ein Abzweig: Shashmene ist 179 km entfernt. Die Straße wurde von der Europäischen Union finanziert und neu gebaut. Vor Raserei wird wegen der vielen Unfälle gewarnt.

Zway-See

XVI,A1

Der Zway-See **(Ziway Hayk)** ist bekannt für seinen Reichtum an Vögeln (Pelikane); sogar Nilpferde soll es hier geben. Auf dem See werden **Papyrusboote** (hier *shafat* genannt) benutzt, ähnlich denen vom Tana-See. Die Boote, die hier aus drei Bündeln Papyrus gebaut sind, haben einen hohen Bug und sind stabiler. Im Gegensatz zum Tana-See, wo ein Stock zur Fortbewegung benutzt wird, treibt man das Boot hier mit einem Paddel an.

Insgesamt gibt es fünf Inseln auf dem See. Auf der **Insel Debre Sion** (Berg Zion), heute auf Oromo **Tullo Gudo** genannt, befindet sich eine Kirche mit einer wertvollen Bibliothek.

Die Insel hat ihren alten Namen daher, dass im 9./10. Jh. die **Heilige Bundeslade aus Axum** aus der Zions-Kathedrale hierher gebracht worden sein soll. Man musste sie damals vor dem Ansturm der sagenhaften jüdischen Königin *Gwudit* retten. 72 Jahre soll die Lade hier aufbewahrt worden sein. Einige Quellen berichten, die Mönche der Insel sprächen immer noch Tigrinya und nicht Amharinya oder Orominya, wie in dieser Gegend üblich, denn sie gelten als die Nachfahren der mit der Bundeslade aus Tigray gekommenen Mönche. Allerdings ist es nicht Tigrinya, was die Bevölkerung der Inseln spricht, sondern eine semitische Sprache aus der Gruppe des Gurage (Guraginya).

Von den Oromo wurde diese alte Bevölkerung der Seegegend im 16. Jh. auf die Inseln vertrieben, wo sie vor den wasserscheuen Oromo sicher waren. Sie behielten, umgeben von den ihnen nicht freundlich gesinnten Arsi-Oromo, nicht nur ihre Sprache, sondern auch das Christentum bei, wenn auch in sehr vereinfachter Form. Da sie vom christlichen Norden abgeschnitten waren, kamen nur selten Priester zu ihnen, die nur der Abuna der äthiopischen Kirche weihen konnte. Dennoch hielten sie die Kirchen der Inseln in Stand und befolgten einige christliche Riten. 1894 wurden die Inseln von *Menelik II.* (1889–1913) seinem Reich einverleibt. In der Region westlich des Zway-Sees leben größere Gruppen der Gurage.

Unterkunft

Im Ort Zway gibt es einige einfache Hotels und Herbergen an der Hauptstraße.

- **Bekele Mola Hotel**
  An der Hauptstraße Richtung Shashemene, Tel. 21, auf Nachfrage gute Fischgerichte, Zimmer 35 Birr.
- **Jibal Hotel**
  An der Hauptstraße, Zimmer 3 US$.
- **Brothers Hotel**
  An der Hauptstraße, Zimmer 3 US$.

Verkehrsverbindungen

Von Zway gibt es einen Abzweig mit **Sammeltaxiverbindung nach Butajira** (siehe weiter unten).

Addis Abeba – Butajira – Zway

Addis Abeba – Zway (155 km)
Addis Abeba – Butajira (107 km)

Alternative, weniger befahrene Strecke als die über Mojo.

Die Straße führt von Addis Abeba durch das westliche Shoa nach Zway. Auf diesem Weg passiert man **archäologisch sehr interessantes Gebiet,** am Awash und um Tiya historische Fundplätze und bei Adadi eine der südlichsten Felsenkirchen des Landes.

Ein größerer Ort in dieser Gegend ist **Butajira,** der von Addis Abeba mit dem Bus zu erreichen ist (Busbahnhof am Mercato). Unterwegs kann man in **Melka Awash** Station machen, wo es Unterkünfte gibt. Auf dem Weg nach Butajira, etwa 50 km südlich von Addis Abeba, am Ufer des Awash, liegt der **steinzeitliche Fundplatz Melka Kunture.** Der französische Archäologe *Jean Chavaillon* hat hier über Jahre hinweg Hinterlassenschaften aus der Frühzeit der menschlichen Entwicklung aus den bis zu 18 m starken Sedimenten gegraben.

Wasser für Mikaelo

von Peter Hildemann

Fatoma hat Glück. Sie wohnt einige Kilometer von Butajira entfernt in dem Dorf Mikaelo. Die Handpumpe ist nicht weit, Feuerholz gibt es genügend in dem kleinen Wäldchen, das sie zusammen mit ihrem Mann gepflanzt hat. Das geräumige Haus steht direkt an dem Ensete-Feld, den „falschen Bananen", aus denen sie morgen zusammen mit den Nachbarinnen wieder Kotcho, ein stärkehaltiges saures Brot, bereiten wird. Die Mühle für den Mais rattert beruhigend in der Ferne und die Kühe und Ziegen grasen, beaufsichtigt von ihrem Ältesten, der gerade aus der Schule zurückgekommen ist. Außerdem ist die Moschee nicht weit, die drei Kinder gehen zur Schule, ihr Mann hat nur zwei Frauen und die ganze Familie ist gesund. Ein großes Gut in Äthiopien.

Das war nicht immer so. Noch bei der Geburt von Ashenafi, des zweiten Kindes vor fünf Jahren, gegen Ende der Trockenzeit, war sie verzweifelt. Der Älteste und sie selber waren ständig krank, geschwächt von Darminfektionen, und trotzdem musste sie vom Fluss Wasser holen. Der war fast ausgetrocknet und es gab nur noch einige schmutzige Pfützen, die sich Mensch und Tier teilen mussten. Für den Hinweg brauchte sie eine Stunde und wusste, dass sie dabei noch Glück hatte. Ihre Schwester, die in die nahen Berge geheiratet hatte, musste in der Regenzeit einer dreistündigen Marsch zur Quelle und vier Stunden zurücklegen, mit dem vollen 30 Liter Wasserkrug und nur bergauf. Aber selbst Fatomas eine Stunde und der Weg zurück mit dem schweren Krug, hochschwanger, krank, der Haushalt zu versorgen, eine elende Zeit. Sie hatten weder sauberes Wasser zum Trinken noch konnte sie den kranken Ashenafi mit dem wenigen schmutzigen Wasser vernünftig waschen. Und kaum war der Junge gesund, fingen die Bauchschmerzen wieder an. Fatoma hatte den Verdacht, dass die ständigen Krankheiten mit dem Wasser zusammenhingen, denn sie traten immer dann auf, wenn der Fluss besonders schmutzig oder die Wassermenge nicht ausreichend war.

Aber dann hatte Haji, dem die Mühle gehörte, jemanden getroffen, der von Trinkwasserversorgung, sauberem Wasser und anderen Menschen in Addis Abeba und im Ausland gesprochen hatte, die ihnen helfen wollten, sauberes Wasser zu bekommen. Eine Gruppe von äthiopischen Wasserexperten, ehemals aus dem Staatsdienst, hatte sich zusammengeschlossen, um Entwicklungsprojekte im Bereich Wasserversorgung auf Dorfebene durchzuführen. Um dieses Vorhaben zu finanzieren, hatte sich die Organisation an Vertreter internationaler Organisationen in Addis Abeba gewandt und zunächst ein Pilotprojekt bewilligt bekommen. Dieses hatte zum Ziel, unter Beteiligung der Bevölkerung in Mikaelo geeignete Stellen auszuwählen, Brunnen zu graben und diese mit Handpumpen auszustatten. Der Dorfrat hatte unter Leitung von Haji zunächst zwei zentrale Standorte im Dorf ausgesucht, einen sogar auf dem Land von Fatoma und ihrem Mann. An diesen Orten hatte die Organisation dann Messungen durchgeführt und behauptet, dass in 15 Meter Tiefe sauberes Wasser zu finden sei. Fatoma und ihr Mann Mussa mussten sich bereit erklären, den Brunnen auf ihrem Land graben zu lassen und dann den umliegenden Bauern den Zugang zu dem Brunnen über ihr Land zu gestatten.

Die Organisation vereinbarte mit denjenigen Dorfbewohnern, die das Wasser nutzen würden, dass sie ein Komitee wählen, sich am Bau des Brunnens beteiligen und nach Abschluss des Projektes den Brunnen und seine Wartung und Reparatur in Eigenverantwortung organisieren würden. Die Beteiligung am Bau sollte in Form von Hilfsarbeit, Versorgung der Brunnenbauer mit Essen und Schlafplatz sowie der Lieferung von lokal verfügbarem Baumaterial zu Vorzugspreisen stattfinden. Ferner schlug die Organisation vor, Bauernjungen aus der Umgebung als Lehrlinge im Brunnenbau und der Handpumpeninstallation, Wartung und Reparatur durch Mitarbeit im Projekt auszubilden. Es sollten nämlich nicht nur diese zwei Brunnen gegraben werden, sondern im Laufe der nächsten Jahre insgesamt etwa fünfzig, auch in den umliegenden Dörfern. Dabei könnten die ausgebildeten Bauern dann zum einen beim Bau Geld verdienen und wären zum zweiten in Zukunft in der Lage, Pumpen zu reparieren und Brunnen zu reinigen. Auch wären sie eventuell in Zukunft und mit zunehmender praktischer Erfahrung ausreichend ausgebildet, sogar selber Brunnen zu bauen, Pumpen zu installieren und daraus ein Gewerbe zu machen.

Der erste Brunnen war dann auch gebaut worden, und wie vorausgesagt fanden die Brunnenbauer in ungefähr 20 Meter Tiefe Wasser. Aber was war das für eine Arbeit gewesen! Der Brunnen wurde mit der Hand gegraben, etwa einen Meter im Durchmesser, und jeden Tag wurde er ein bis zwei Meter tiefer. Die Arbeiter wurden an einem Seil in den Brunnen heruntergelassen – am Ende konnte man sie gar nicht mehr sehen – und die Erde in Eimern nach oben gezogen. Ganz schwierig wurde das in der wasserführenden Schicht, die Organisation musste mit einer Motorpumpe das Wasser herauspumpen, damit die Arbeit weitergehen konnte. Zweimal war sogar der volle Eimer wieder in den Brunnen gefallen, hatte den Gräber aber zum Glück knapp verfehlt. Und während der Brunnen tiefer wurde, machten sich die Männer und „Lehrlinge" daran, Betonringe herzustellen, damit der Brunnen nicht einstürze und das Wasser sauber bliebe. Diese Ringe wurden an der Brunnenbaustelle hergestellt. Sand, Schotter und Zement wurden gemischt, Wasser dazugetan und dann in eine Metallform gestampft. Nachdem die Ringe ausgehärtet waren, wurden sie mit einem dreibeinigen Hebezug angehoben und nacheinander in den Schacht gelassen. Als alle Ringe im Schacht waren, wurde eine Betonplatte gegossen, als Abschluss des Brunnens nach oben. Auf dieser Platte entstand auch der Sockel für die Pumpe.

Die Pumpe war aus Indien und hatte sich dort bewährt. Metallrohre mit 3 Zentimeter Durchmesser wurden in den Brunnen gelassen und fest installiert. Als Abschluss kam der Pumpenkopf, mit einem Schwengel und Auslauf. Unter dem Auslauf war ein Betonring, als Stand für die Wasserkrüge. Das Pumpen war nicht schwer, sogar Kinder konnten das tun. Nachdem die Arbeit fertig war, Mussa und die anderen Dorfbewohner einen Zaun gebaut hatten, damit die Kühe nicht an den Wasserplatz kommen konnten, wurde der Brunnen endlich eingeweiht. Und jetzt war er seit zwei Jahren fertig. Herrlich war das, Fatoma brauchte nicht mehr weit zum Wasser zu laufen, das Wasser war sauber, die Kinder und Familie gesünder, die Bauchschmerzen kamen nur noch selten. Obwohl Fatoma im Monat einen kleinen Betrag für das Wasser als Notpfenning für eventuell anfallende Reparaturen bezahlen muss (15 Cents pro Monat und Familie), ist es das mehr als wert.

efi_228 Foto: mf

Wasserhyazinthen am Zway-See

Die Funde sind im Nationalmuseum in Addis Abeba zu besichtigen. Menschen des Mittel- und Spätpaläolithikums hatten hier ihre Lagerplätze und haben reiche Zeugnisse hinterlassen, so verschiedene Steinwerkzeuge aus Obsidian. Daneben fand man Knochen ihrer Jagdbeute, darunter Nilpferde, Nashörner, Elefanten und Antilopen.

Westlich der Straße nach Butajira befindet sich eine **Felsenkirche, Adadi Maryam.** Die Kirche liegt 5 km von Melka Awash bei dem Ort **Adadi,** die Zufahrt ist markiert. Von Adadi bis zur Kirche sind es ca. 10 km, man sollte einen Führer nehmen. Die Kirche wurde zur Zeit der ersten Südexpansion des äthiopischen Kaiserreiches im 13./14. Jh. errichtet und wahrscheinlich infolge der Kriege des Imam *Ahmad Grang* (1527–1542) aufgegeben. Erst unter Kaiser *Menelik II.* (1889–1913), zur Zeit der zweiten Südexpansion, wurde die Kirche wiederentdeckt und erneut in Benutzung genommen.

30 km südlich von Melka Awash an der Straße nach Butajira liegt **Tiya** mit einem 500 m vom Ort entfernten großen **Stelenfeld.** Solche historischen Plätze gibt es im südlichen Shoa eine ganze Reihe. Schwerpunkte sind die Landschaft Soddo um Tiya, Meskan um Butàjira und Silte südlich von Butajira. An diesen Plätzen gibt es Felder, auf denen Dutzende Stelen mit einer Höhe bis zu fünf Metern zu finden sind, die meisten davon umgestürzt. Die Stelen

haben verschiedene Formen und Dekorationen. Ein charakteristischer Typ ist mit Reliefbildern von einem oder mehreren Dolchen mit einer charakteristischen Mittelrille verziert, dazu immer ein baumartiges Symbol und einige Punkte. Stelen dieser Art sind auch in Addis Abeba im Nationalmuseum zu sehen. Achtundzwanzig dieser Stelen stammen aus Tiya. Andere Stelen haben den Umriss einer stilisierten menschlichen Figur mit eckigen Schultern, einem schmalen Kopfstück, manchmal sind die Arme markiert.

Auf der „Brust" sind diese Stelen gelegentlich mit Reliefbildern von Menschen, Tieren, Waffen und weiteren Geräten verziert. Die schönste Stele dieses Typs befindet sich heute im Museum der Universität in Addis Abeba.

Die Stelen markierten **Grabstätten,** wie Ausgrabungen der siebziger und achtziger Jahre ergeben haben. Die Tradition, Gräber mit dekorierten Stelen zu kennzeichnen, ist in ganz Äthiopien verbreitet, von den Stelen in Axum über diese Plätze im südlichen Shoa reichen die Funde bis in die Provinz Sidamo. Noch heute errichten die Konso in Südäthiopien hölzerne Totenstelen und die Arsi-Oromo in den Provinzen Shoa und Arsi solche aus Stein oder Beton. Die Stelen in Soddo werden z. Z. in das 12./13. Jh. datiert, wobei aber noch viele Fragen der Datierung offen bleiben.

Das **Stelenfeld von Silte** ist 20–30 km südlich von Butajira auf der Straße nach Hosaina zu finden. Alte Stelen in diesem Gebiet werden häufig einem Heros mit Namen *Gingamo* zugeschrieben, einem furchtbaren Helden, der sie in den Boden rammte, um sein Pferd daran anzubinden. Weil er so grausam und ruhelos war, wurde er schließlich getötet, indem man ihm ein Gefäß voll Abführmittel zu trinken gab.

Im nördlichen Hochland soll einer Legende nach Kaiser *Tewodros II.* (1855–1868), dessen arme Mutter während seiner Jugend die abführende Pflanze *kosso* verkaufen musste, einen Widersacher, der ihn als „Sohn der kosso-Verkäuferin" verhöhnt hatte, auf eben diese Weise hingerichtet haben.

In anderen Versionen ist der Imam *Ahmad Grang* der Urheber der Steine, der ebenfalls sein Pferd daran anzubinden pflegte.

Grabstele der Arsi-Oromo

eph_232 Foto: ph

Die Provinz Shoa

Zway – Shashemene

Zway – Shashemene (100 km)
Addis Abeba – Shashemene (179 km)
Fahrzeit mit dem Bus von Addis Abeba ein guter halber Tag (6–7 Stunden).

Etwa 10 km südlich vom Zway-See passiert man den Ort **Adami Tulu** (Adams Berg), wo 1910 der Deutsche *Götz* eine Straußenfarm gegründet hatte. In einem Tuff-Felsen hatte er eine Art Burg gebaut, die 1935 von den Arsi-Oromo zerstört wurde. *Götz* lebte noch in den fünfziger Jahren als uralter Mann am Fuße der Ruine.

efi_236 Foto: mf

Langano und der Abyata-Shala-Nationalpark

⇗XVI,A1

Einige Kilometer weiter auf der Hauptstraße liegt der kleine Ort **Bulbula,** von dem aus der **Abyata-Shala-Nationalpark** sowie auf der gegenüberliegenden Straßenseite der Langano besucht werden können. Von Addis Abeba kommend liegt der Eingang zum Nationalpark auf der rechten Seite. Der Eintritt beträgt 30 Birr, für einen Führer müssen Sie ungefähr 20–30 Birr bezahlen, je nach Verhandlungsgeschick. Direkt am Eingang können, sogar von der Straße aus, viele **Strauße** bewundert werden, mit Glück gibt es auch ein Straußenei zu kaufen. Im Park selbst, der vor allem der **Vögel** wegen sehenswert ist, liegen die beiden **Seen Shala und Abyata.** Pelikane, Flamingos, der afrikanische Fischadler, Kormorane und viele andere bunte Vögel tummeln sich vor allem an den Ufern der beiden Seen. Am Nord-Ost-Ufer des Shala sind auch viele kleine **heiße Quellen,** in denen die Menschen ihre Kartoffeln kochen, per PKW zu erreichen.

Gegenüber dem Nationalpark liegt der **Langano-See,** ca. 4 km von der Hauptstraße entfernt. Vorsicht: Es fahren keine Taxen oder Busse bis an die Lodges oder Hotels.

Der Langano ist ein sehr beliebtes **Ausflugsziel** für Touristen und Hauptstadtbewohner. Das Baden im See ist aufgrund des hohen Soda-Gehalts absolut ungefährlich – es besteht **keine Bilharziose-Gefahr,** auch wenn das Wasser rötlich braun gefärbt ist und sich sehr seifig anfühlt.

Hier gibt es Entspannung pur nach einer langen staubigen Auto- oder Busfahrt: am Strand liegen, schwimmen, Wassersport treiben, die Ruhe und Vegetation genießen oder einfach ein kühles Bier auf der Hotelterrasse herunterspülen und dabei die vielen Weber-Vögel beobachten. An Wochenenden kann es schon mal etwas lebhafter werden, in der Woche haben Sie den See ganz für sich allein.

Unterkunft

Auch am Langano gibt es Bungalows der beiden Hotelketten des Südens:

- **Bekele Mola Hotel**

P.O. Box 1349, Tel. 522001/522000, Fax 518223, Doppelzimmer ca. 150 Birr, Bungalow für 4 Pers./Wochenende ca. 400 Birr, Zufahrt direkt gegenüber dem Nationalpark, dann noch ungefähr 4 km. Sehr empfehlenswert, wunderschöne parkähnliche Anlage mit Bougainvilleas und Jacarandas, große Terrasse, die Zimmer wurden jüngst renoviert. Im Restaurant kann man auch für größere Gruppen ein Barbecue anmelden, das dann am Strand serviert wird. Ein Ausflugsboot steht für kleinere Bootstouren zur Verfügung, Wasserski ist an Wochenenden möglich. Der große Strand am Bekele Mola mit der schönen Vegetation und Schatten spendenden Bäumen lädt zum Faulenzen ein. Am Wochenende kann es ausgebucht sein, eine Vorausbuchung in Addis ist daher für die Wochenenden zu empfehlen.

- **Wabe Shebele Resort**

Reservierungen über die Zentrale in Addis: Wabe Shebele Hotels, P.O. Box 3154, Tel. 517187, Zufahrt einige Kilometer südliche der Ortschaft Bulbula. Bungalows, Strand, Campingmöglichkeiten, 20–50 US$/Bungalow.

- **Abule Bassuma Lodge (Lacona Lodge)**

Zu buchen unter: Agelgel Travel & Tour, Addis Abeba, Tel. 615593, Fax 620227; 13 km von der Hauptstraße entfernt, Abzweig in Bulbula (keine Busverbindung!). Privates Hotel mit Bungalows oder preiswerteren Unterkünften mit Dusche und WC im Nebengebäude, Strand, Swimmingpool, Grillplatz, Restaurant mit tollem Blick auf den See, 2-Zimmer-Bungalow z. B. 345 Birr/Wochenende.

- **Bishangari Lodge**

P.O. Box 5790, Addis Abeba, Tel. 600962, Handy: 09-200069, Reservierung notwendig, von Shashemene kommend Richtung Addis Abeba beim Schild „KHC“ rechts ab, nach 10 km nochmals links und weitere 9 km bis zur Anlage. Sehr idyllisch zwischen Akazien versteckt liegen die modernen Bungalows, eine kleine Bucht lädt zum Baden und Sonnen ein. Schönes Restaurant mit Blick auf den See, Baumhaus-Bar. 65 US$/Pers./Tag incl. Vollpension an Wochentagen; 150 US$/Pers./Tag an Wochenenden und Feiertagen.

Shashemene ⇗ XVI,A2

Shashemene ist ein größerer Ort in der Provinz Shoa mit etwa 8000 Einwohnern. Der Ort ist ein **Verkehrsknotenpunkt,** hier kreuzen sich viele Überlandbuslinien. Entsprechend gibt es entlang der Hauptstraße die übliche Zahl einfacher **Herbergen.** In Shashemene gibt es ebenfalls ein **Bekele Mola Hotel** (Tel. 100599); es ist an der Abzweigung der Straße nach Arba Minch zu finden.

Bei Shashemene lebt der größte Teil der in den sechziger und siebziger Jahren eingewanderten **Rastas aus Jamaika** (siehe auch Exkurs „Rastafaris in Äthiopien“).

Zur Weiterfahrt nach Bale, zum Abaya-See und zur kenianischen Grenze siehe Kapitel „Süd- und Südostäthiopien, „Route Sidamo bis zur kenianischen Grenze“.

Agrarlandschaft in Shoa

Rastafaris in Äthiopien

Die Bewegung der Rastafaris (bekannt vor allem durch *Bob Marley*) wurde Anfang des 20. Jahrhunderts auf Jamaika begründet. Der farbige Prediger *Marcus Garvey*, 1887 in Jamaika geboren, hatte 1916 in den USA die Universal Negro Improvement Association (UNIA) gegründet. Sein Ziel war es, einen neuen schwarzen Staat in Afrika für die Nachkommen der nach Amerika verschleppten Sklaven zu gründen. Die Bewegung erlangte großen Einfluss, *Garvey* wurde inoffiziell zum „ersten provisorischen Präsidenten Afrikas" ernannt und verhandelte mit dem Völkerbund, um in den ehemaligen deutschen Kolonien ein Empire of Africa zu gründen. 1919 wurde die „Black Star Line" als Schifffahrtsgesellschaft gegründet, die schwarze Amerikaner zurück nach Afrika bringen sollte. Im Zusammenhang mit Aktienverkäufen dieser Linie, die nur von Schwarzen erworben werden durften, wurde eine Betrugsanklage gegen Spitzenfunktionäre der UNIA erhoben, *Garvey* wurde verhaftet und anschließend nach Jamaika ausgewiesen. Bemühungen, seine Bewegung dort neu zu beleben, scheiterten, *Garvey* ging nach England, wo er 1935 verstarb.

Paradoxerweise hatte sich *Garvey* stets von einer Bewegung und einer ihm in den Mund gelegten Aussage distanziert, als deren Urheber er dennoch gilt: „Seht nach Afrika, dort wird ein schwarzer König gekrönt werden, durch ihn wird der Tag der Befreiung kommen." Die Bewegung der „Holy Piby", einer Schriftensammlung mystisch-religiöser Texte, die eine Vorherrschaft der Schwarzen als gottgewollt darstellte, nahm diese Prophezeiung auf. Diese Texte waren von afroamerikanischen Geistlichen in Jamaika auf St. Thomas in den zwanziger Jahren zusammengestellt und verbreitet worden.

Als 1930 der Regent *Ras Tafari Makonnen* zum Kaiser von Äthiopien gekrönt wurde (unter dem Namen *Haile Selassie*), sahen die Anhänger der Holy Piby in ihm den von ihren Führern prophezeiten schwarzen König, der die schwarze Rasse befreien wird. Der Prediger *Leonard Howell* lehrte, *Haile Selassie* sei Gott, Afrika die Heimat der Schwarzen, die aus der Diaspora zurückgeführt werden müssten, das „babylonische System" der Weißen müsse zugrunde gehen und die überlegene schwarze Rasse herrschen. Die Gleichsetzung der Schwarzen mit den nach Babylon verschleppten Juden und von *Haile Selassie* mit dem verheißenden Messias ging einher mit der Feststellung, die „weiße Bibel" sei eine Fälschung, die wieder auf ihren schwarzen Kern zurückgeführt werden müsse.

Howell formte diese Vorstellungen zu einer religiösen Heilslehre, die in den Ghettos große Verbreitung fand. Die Anhänger befolgen bestimmte Speisevorschriften (kein Schweinefleisch, Alkohol, Schalentiere, schuppenloser Fisch oder Salz), sammeln sich zum Niyabingi genannten Gottesdienst, bei dem das Rauchen von „wisdom weed" (Marihuana) Bestandteil der Kommunikation ist, sie reden sich alle in der ersten Person an.

Von der Polizei verfolgt, zogen sich viele Rastas in die Berge zurück, wo sie keine Steuern zahlten, von eigener Landwirtschaft lebten, auch Marihuana (Ganja) anbauten und die Haare als Bekenntnis zur afrikanischen Identität in Dreadlocks wachsen ließen. *Howell* verkündete schließlich, selbst Gott zu sein; 1954 wurde sein Camp von der Polizei gestürmt und er in eine Irrenanstalt eingeliefert. Die Bewegung bestand jedoch weiter, für den 5. Oktober 1959 prophezeite einer ihrer Führer die definitive Abreise nach Afrika, zu der Tausende Anhänger ihre Habe verkauften, um dann obdachlos die Verhaftung ihres Propheten zu erleben. Nach einer Reihe bewaffneter Zwischenfälle zwischen Polizei und Rastas nahm sich der Politiker *Norman Manley* der Bewegung an. Er trat mit Kaiser *Haile Selassie* in Verbindung, um Möglichkeiten einer Umsiedlung zu erkunden. Der Kaiser war aber nur an qualifizierten Fachleuten interessiert.

Als der Kaiser 1966 Jamaika besuchte, wurde er begeistert empfangen; das plötzliche Aufklaren des wolkenverhangenen Himmels bei seiner Ankunft interpretierten die Rastas als ein Wunderzeichen. Angeblich habe er bei diesem Besuch eine geheime Botschaft an die Rastas übergeben: liberation before emigration – zuerst die Beseitigung des „babylonischen Systems" in Jamaika, dann die Heimkehr ins gelobte Land. Dennoch kamen einige Auswanderergruppen nach Äthiopien, die vom Kaiser und noch in den siebziger Jahren im Gebiet um Shashemene angesiedelt wurden. Das gelobte Land erwies sich aber als eine Enttäuschung. Heute sind die Rastafaris eine in Äthiopien kaum beachtete Minderheit, die als verarmte Bauern dahinlebt.

Rastafaris aus aller Welt kommen immer noch zu Besuch nach Äthiopien, besonders um die Zeit des Geburtstages von *Haile Selassie* (23. Juli), der selbst nie eine Beziehung zu der Bewegung hatte. Die vom Rastafarismus inspirierte Reggae-Musik hat einige Elemente des äthiopischen Kaisertums entlehnt, so die Farben Grün-Gelb-Rot, die als die Farben Afrikas interpretiert werden (die jamaikanische Flagge führt Grün-Gelb-Schwarz), den Löwen und den Titel Ras.

Route westlich von Addis Abeba

Addis Abeba – Addis Alem – Ambo/Hagere Hywot

Addis Abeba – Addis Alem (55 km)
Addis Abeba – Ambo/Hagere Hywot (90 km)
Busfahrt bis Ambo ca. 3 Stunden. Der Bus in diese Richtung fährt vom Busbahnhof am Mercato ab.

Von Addis Abeba Richtung Westen befährt man eine historische Straße. Die Verbindung zwischen Addis Abeba und Addis Alem wurde 1902 als **erste moderne Straße** Äthiopiens, u. a. unter Benutzung einer Dampfwalze, erbaut.

Addis Alem X,B2

Addis Alem – „Neue Welt" wurde von *Menelik II.* (1889–1913) **als Hauptstadt geplant,** die Addis Abeba ablösen sollte. Mit der Ausnahme der Gondar-Zeit hatten die äthiopischen Kaiser ihre Residenzen häufig verlegt, und auch *Menelik* sah keinen Grund, in Addis Abeba zu bleiben. Vor allem war der nahe gelegene **Menangesha-Berg** gut bewaldet und schien besser zur Versorgung der Residenz mit Brenn- und Bauholz geeignet zu sein, auch war die Wasserversorgung günstiger.

Ursprünglich befand sich hier eine nach dem dort lebenden Oromo-Stamm **Matcha** benannte Siedlung. 1900 wurde mit dem Bau eines Palastes

Die Gurage

Um Welkite liegt die Heimat des Volkes der Gurage. Die Gurage sprechen wie die im nördlichen Hochland lebenden Amharen und Tigray eine semitische Sprache (Guraginya). Bei ihnen ist aber das kuschitische Sprachelement, das schon im Amharischen stark hervortritt, noch deutlicher ausgeprägt. Die räumliche Nähe zu den Oromo und die nach den großen Oromozügen erfolgte Trennung der Gurage von den Bewohnern des äthiopischen Kernlandes werden zu diesem Phänomen beigetragen haben. Die Herkunft der Gurage ist nicht sicher geklärt; entweder es handelt sich um eine hier schon zu Zeiten des axumitischen Reiches siedelnde semitische Bevölkerung oder um amharische Militärkolonisten, die im Zuge der Südexpansion erst im Mittelalter angesiedelt wurden.

Typisch für die Gurage ist ihr offen getragenes, um den Kopf gebauschtes krauses Haar. Die Rundhütten der Gurage sind aus pflanzlichem Material gefertigt und stehen jeweils isoliert inmitten des umliegenden Feldbesitzes. Die Hütten sind in mehrere Räume unterteilt und mit farbigen Flechtarbeiten entlang der Wände verziert. Diese Tukuls gehören zu den schönsten und kunstvollsten Rundhütten in ganz Äthiopien.

Nahrungsgrundlage der Gurage ist die Ensete, die „falsche Banane", deren Scheinstamm ein nährstoffreiches Mark liefert, das zu Brot verarbeitet werden kann. Weiterhin werden Kaffee, Khat und Tabak für den Markt angebaut. Im Gegensatz zu vielen Nachbarvölkern, bei denen es prestigeträchtige Arbeiten, z. B. die Viehzucht, und verachtete Arbeiten gibt, kennen die Gurage keine „schlechten" Arbeiten. Auch ist bei ihnen die Arbeitsteilung zwischen Frau und Mann weniger scharf als bei anderen Völkern. Gurage-Männer können ebenso im Haushalt arbeiten wie Gurage-Frauen auf den Feldern.

Vor den Oromo-Einfällen wohl christianisiert, gibt es bei den Gurage Anhänger des christlichen und des muslimischen Glaubens. Da die Gurage als sehr fleißig und sparsam gelten, werden sie nicht nur mit Neid, sondern teilweise auch mit Missgunst angesehen. Junge Gurage ziehen oft in die Hauptstadt, um sich dort mit Arbeiten verschiedenster Art ihren Unterhalt zu verdienen und später ein Unternehmen oder ein Geschäft eröffnen zu können. Das Betteln ist bei ihnen verpönt und sie verweigern keine auch noch so schwere Arbeit. So ist teils ein fälschliches Bild vom „Diener" dieser so fleißigen Volksgruppe entstanden, unter dem die Gurage vor allem in der Hauptstadt auch heute noch leiden.

begonnen und umgebendes Land an die hohen Würdenträger verteilt. Der Kaiser pendelte häufig zwischen Addis Abeba und Addis Alem, so dass Letzteres von dem Franzosen *Le Roux* als „Meneliks Versailles", vom Deutschen *F. Rosen* als sein „Sanssouci" bezeichnet wurde. Italien, das nach seiner Schlappe bei Adua um gute Beziehungen bemüht war, errichtete ein großes Gesandtschaftsgebäude.

Es gab aber unter den anderen ausländischen Vertretungen massiven Widerstand gegen die Verlegung der Hauptstadt; mit dem Bau der Eisenbahn nach Djibouti erwies sich der Platz als ungünstig, und durch die Einführung des Eukalyptusbaumes entschärfte sich das Holzproblem. Auch Kaiserin *Taytu* war gegen die Verlegung der Residenz. So gab *Menelik* 1902 nach. Er verkündete: „Das himmlische Königreich ist wichtiger als das irdische Königreich" und ließ den begonnenen Palast in eine **Kirche** umwandeln. Beim Bau soll sich ein Wunder ereignet haben, als das Gerüst einstürzte und niemand zu Schaden kam. Die Kirche erhielt den

Namen **Debre Sion** (Berg Zion), denselben, den die Kathedrale in Axum trägt. Auch ihr rechteckiger Grundriss zeigt die bewusste Errichtung eines „südlichen Axum“ an dieser Stelle. Wie ihr großes Vorbild wurde die Kirche 1905 zum Asylplatz erklärt, ihr Vorsteher erhielt den sonst nur in Axum üblichen Titel **Nebura Ed.** Erster Vorsteher wurde 1911 der berühmte Chronist Kaiser *Meneliks, Gebre Selassie*. Trotz dieser Förderung hat die Kirche aber keine überregionale Bedeutung. Die Kirche ist mit sehenswerten Malereien geschmückt, die u. a. eine Reihe äthiopischer Herrscher zeigen. Weitere Gebäude in der Umgebung sind der **Palast** des Kaisers und die große **Empfangshalle.** Es gibt auch ein kleines **Museum.** Kirche und weitere Gebäude der geplanten Hauptstadt liegen auf einem Hugel über der Stadt, den man über eine Straße im Westen der Ortschaft erreicht.

Im nahe gelegenen **Holeta** wurde 1935 die erste äthiopische **Militärakademie** von schwedischen Offizieren eröffnet.

Ambo/Hagere Hywot ⇗X,A2

Attraktion der Ortschaft sind die **heißen Quellen.** Hier wird auch das in ganz Äthiopien bekannte Mineralwasser abgefüllt *(Ambo)*. In einem Pool an den Quellen kann gebadet werden, die Umgebung ist ein **Vogelparadies.** Man muss einen geringen Eintritt bezahlen.

Zur Weiterfahrt Richtung Nekemte siehe Kap. „Südwestäthiopien“, „Route Illugabor (Welaga) und Gambela“.

Unterkunft

- In Ambo gibt es das staatliche **Ethiopia Ambo Hotel,** in dem Sie Zimmer für 15–20 US$ bzw. 60–150 Birr über die Zentrale der Ethiopia Hotel-Kette in Addis (P.O. Box 46, Tel. 514601) reservieren können.
- **Abebech Metafeira Hotel**
300–400 m nach dem Ortseingang, P.O. Box 287, Ambo, Tel. 362365, 362366. Schöne Zimmer, guter Service. Neu und sehr empfohlen. DZ ca. 80 Birr.
- Außerdem findet man eine Reihe Herbergen unterschiedlicher Qualität vor, wie das **Jibat and Mecha Hotel** oder das **Barambarass Hotel.**

Essen und Trinken

- Etwa 200 m hinter dem Schwimmbad liegt das **Gimbi Restaurant,** empfehlenswert für Liebhaber der äthiopischen Küche.

Ausflug zu den Guder-Fällen und zum Mount Wonchi

13 km westlich von Ambo/Hagere Hywot liegt die Ortschaft Guder, mit den **Wasserfällen** des gleichnamigen Flusses. Hier wird **Wein** angebaut, aus dem der gleichnamige äthiopische Rotwein gekeltert wird.

35 km südlich von Ambo liegt der 3386 m hohe **Vulkan Wonchi,** der von Ambo aus über eine Piste zu erreichen ist. Einen Ausflug an den Krater des wunderschön gelegenen **Lake Wonchi** sollten Sie auf jeden Fall unternehmen, die landschaftlich fantastische Umgebung ist einen Besuch wert. Wanderungen um den See sind auch möglich, der Rundweg dauert etwa fünf Stunden. Direkt am See wird zurzeit ein neues Hotel gebaut, das 2005 fertig sein soll, mit Tukuls aus Bambus und einem schön gelegenen Restaurant.

Gojam und Tana-See

Die alte Provinz Gojam, die heute größtenteils zur **Amhara-Region** und zum kleineren Teil (besonders im Westen entlang der sudanesischen Grenze) zur **Region Beni Shangul und Gumuz** gehört, wird im Norden, Osten und Süden von dem in einem großen Bogen aus dem Tana-See in den Sudan abfließenden Abay (Blauer Nil) umschlossen. Der größte Teil Gojams wird von einer ausgedehnten, hügeligen **Hochebene** um 2500 m über dem Meer gebildet, aus der sich mit **4052 m** der **Mount Choke** im Osten zwischen Debre Markos und Mota als höchster Berg erhebt. Weiterhin liegen in diesem Gebiet der Mount Amedamit südlich von Bahir Dar mit 3619 m und westlich des Tana-Sees mit 3131 m der Mount Beleya, zu dessen Füßen schon der Abfall des Hochlandes in die Tieflandebene, die bis in den Sudan reicht, beginnt. In Gojam leben vorwiegend Amharen. Das Gebiet ist entlang der Straßen dicht besiedelt, überall sieht man Dörfer mit strohgedeckten Rundhütten.

Auf den Feldern der Hochebene um Debre Markos bis nach Bahir Dar wird überwiegend **teff** angebaut, ursprünglich das Brotgetreide des nördlichen Hochlandes und heute des gesamten Landes. Die zahlreichen **Rundkirchen** mit ihren bunten Dachverzierungen zeigen den alten orthodoxen Glauben der Bewohner an.

Weiter im **Westen** ist die Landschaft zunehmend undurchdringlich und nur dünn besiedelt. Auf einem Streifen, der parallel zur sudanesischen Grenze und entlang des Hochlandabfalls verläuft, leben verschiedene Völker, die von ihren Nachbarn als **Beni Shangul/ Shanqila** bezeichnet wurden. Dies sind hauptsächlich die Gumuz, Shinasha, Berta und andere kleinere Volksgruppen der nilosaharanischen Sprachfamilie, die Naturreligionen oder dem Islam anhängen und Wanderfeldbau oder Viehzucht betreiben. In den Bergen um den Tana-See sowie westlich und südlich davon, in der alten Landschaft Agaumeder und Qwara, leben noch Gruppen der Urbevölkerung des Hochlandes. Es sind Sprecher der zur **kuschitischen Familie** gehörenden Agau-Sprachen, die wahrscheinlich vor Ankunft der Semiten im ganzen Hochland verbreitet waren, deren Sprache aber heute auch schon vom Amharischen überfremdet ist. Die Beziehung zwischen den Agau und den Tieflandvölkern ist wesentlich besser als die zwischen Oromo bzw. Amharen und den Tieflandvölkern. Am südwestlichen Ufer des Tana-Sees leben marginalisiert noch heute die Woytos, die z. T. von Sklavenjägern zum Islam bekehrt wurden.

Im **Hochland** von Gojam herrscht das typische Hochlandklima mit angenehmen Höchsttemperaturen bis 25°C, aber auch mit Nachtfrösten. Zweimal im Jahr, im März/April und dann vor allem von Juni bis September, herrscht die Regenzeit.

Um den **Tana-See** herum ist das Klima durch den See bedingt sehr viel wärmer und feuchter. Durch die zahlreich vorkommenden Moskitos tritt hier allerdings häufig **Malaria** – gelegentlich epidemisch – auf. Im See ist auch mit Bilharziose zu rechnen, vom Baden im Uferbereich sollte daher abgesehen werden. In der Seemitte ist das Baden jedoch, z. B. von einem Ausflugsboot aus, möglich.

Route Tana-See und Nilfälle

Dejen – Debre Markos – Bahir Dar

Dejen – Debre Markos (71 km)
Debre Markos – Bahir Dar (279 km)
Gondar – Bahir Dar (183 km)
Addis Abeba – Bahir Dar (578 km)

Bis zur Schlucht des Abay siehe Kapitel „Shoa".

Von Dejen (Provinzgrenze mit Kontrollposten) auf der westlichen Seite der Schlucht sind es 71 km auf der teilweise löchrigen Asphaltstraße bis nach Debre Markos. Von hier geht es weitere 250 km auf einer guten Asphaltstraße bis nach Bahir Dar.

Debre Markos X,A1

Debre Markos, die **alte Hauptstadt der Provinz Gojam,** liegt auf einer Höhe von 2515 m über NN. Hier leben ca. 41.000 Menschen. Der Ort hieß ursprünglich Manqorar, „kalter Platz". 1860 wurde er **Sitz des Gouverneurs** von Gojam, des späteren *Negus Tekle Haymanot* von Gojam. Nach der Einrichtung seiner Residenz in Manqorar ließ *Tekle Haymanot* die **Markos-Kirche** erbauen und die Stadt umbenennen. Die **Kirche** ist bald danach abgebrannt

Negus Tekle Haymanot von Gojam

Tekle Haymanot (1847–1901) war der bedeutendste Rivale *Meneliks* von Shoa im Kampf um die Hegemonie im südlichen Äthiopien. Sein ursprünglicher Name war *Ras Adal,* 1860 übernahm er die Macht in Gojam. 1870 wurde er vom kurzzeitigen Kaiser *Tekle Gyorgis* (1869–1872) zum Negus von Gojam ernannt. Den Anspruch Kaiser *Yohannes IV.* (1872–1889) auf den Thron erkannte er erst 1874 an. Der Kaiser versuchte die Streitigkeiten der Fürsten von Gojam und Shoa für sich zu nutzen, besonders um den militärisch starken *Menelik* zu kontrollieren. Beide waren nämlich bestrebt, im Süden Äthiopiens die dortigen Oromo- und Sidama-Reiche ihrem Herrschaftsbereich einzuverleiben.

1881 ernannte *Yohannes* den Negus von Gojam auch zum Herren des noch nicht eroberten Kaffa. Das führte zum Krieg mit *Menelik,* der sein Territorium schon seit einiger Zeit nach Süden erweitert hatte. Allerdings hatte der Negus von Gojam die schlechteren Chancen, da er, im Gegensatz zu *Menelik* und *Yohannes IV.,* keinen Zugang zu ausländischen Waffenlieferungen hatte. 1882 wurde *Tekle Haymanot* von den Truppen Shoas geschlagen und gefangen genommen. Er wurde auf Befehl des Kaisers zwar freigelassen, musste aber auf alle Ansprüche südlich des Abay verzichten. 1887/88 stellte er sich auf Befehl Kaiser *Yohannes IV.* den aus dem Sudan eindringenden Mahdisten in den Weg und wurde nach Anfangserfolgen geschlagen, die Mahdisten plünderten daraufhin Gondar, verheerten die Gegend um den Tana-See und führten viele Äthiopier in die Sklaverei.

Der Kaiser war dem Negus nicht zu Hilfe geeilt, weshalb dieser auf die Seite *Meneliks* wechselte. Nach dem Tod *Yohannes IV.* in Metemma verhielt sich *Tekle Haymanot* loyal zu *Menelik II.* (1889–1913). Er kämpfte auch an der Seite des Kaisers gegen die Italiener in der Schlacht von Adua 1896.

efi_243 Foto: mf

und wurde schnellstens erneuert. Der Negus wurde hier 1901 begraben. Auf den z. T. historischen Darstellungen, mit denen die Kirche geschmückt ist, kann man *Tekle Haymanot* im Kampf gegen die Mahdisten aus dem Sudan sehen. Die Krone des Königs wird im Kloster auf der Halbinsel Zeghie am Tana-See aufbewahrt.

Unterkunft

Diverse Restaurants und Herbergen um den Busbahnhof; ganz in der Nähe empfehlenswertes **Tourist Hotel** (5 US$); einige neuere Hotels nordwestlich des Kreisels; kein staatliches Hotel.

Verkehrsverbindungen

- Vom Busbahnhof in Debre Markos fahren die **Busse** in Richtung Addis Abeba und Bahir Dar ab; beide Städte sind von hier an einem Tag zu erreichen.
- Der Ort besitzt auch einen **Flugplatz,** der dreimal die Woche von Addis Abeba angeflogen wird.

Dejen – Mota – Bahir Dar

Mota – Bahir Dar (109 km); Alternativroute zu der über Debre Markos.

Eine recht gute **Schotterstraße** führt von Dejen **über Mota** nach Bahir Dar. Man kann über diese kürzere, wenn auch nicht ganz so schöne Route Bahir Dar von Addis Abeba in einem Tag erreichen. Nach ca. 120 km gelangen Sie auf dieser Strecke nach Gunde Woin (auf der Michelin-Karte steht Nedatra), wo eine Piste zum 30 km entfernten **Kloster Mertula Maryam** abgeht. Weiter geht es durch die Ortschaften Dima Giyorgis, Bichena und Debre Worq, in denen es jeweils recht interessante, teilweise sehr vom Weg abgelegene Kirchen zu sehen gibt.

In Gunde Woin führt dann eine Piste 28 km nach **Mertule Maryam** (Sitz der Maria), einer angeblich von den sagenhaften Königen *Abreha* und *Asbeha* gegründeten Kirche. Hier befinden sich die Ruinen einer ehemals katholischen Kirche aus portugiesischer Zeit mit interessanten barocken Schmuckelementen. In der Nähe liegt außerdem das Kloster Shimbirma. In der weiteren Umgebung von Mota (ca. 6 Std. Fußmarsch) sind die Reste einer **Steinbrücke** aus dem 17. Jh. zu besichtigen. Diese **Sebara Dildiy** genannte Brücke wurde im Kampf gegen die italienischen Faschisten zerstört und nur durch Seile repariert. Bei diesem Ausflug ist eine Übernachtung einzuplanen. Von Mota dort sind es weitere 109 km bis **Bahir Dar.** Auch auf dieser Strecke durch das Hochland ist zu sehen, wie sehr inzwischen die Bauern bemüht sind, Bäume wirksam zu nutzen anstatt sie lediglich abzuholzen.

Der Tana-See V,C1/2

Das **Südufer** des Tana-Sees liegt in der **alten Provinz Gojam,** der derzeitigen Region 3 (Amhara) mit dem **Verwaltungszentrum Bahir Dar.** Das **Nordufer** liegt in der **alten Provinz Gondar** (Begemder), die ebenfalls zur neuen Region der Amharen gehört. Die Landschaft am Ostufer heißt Fogara, die am Nordufer Dembiya. Das Westufer wird von Takusa und das Südufer von Agaumeder gebildet, einer Landschaft, in der die Völker der Qwara und der Woytos leben. Der Tana-See ist der **größte See des äthiopischen Hochlandes,** er liegt etwa 1860 m über dem Meeresspiegel, ist maximal 85 km breit und bedeckt eine Fläche von etwa 3600 km². Seine Tiefe ist nicht genau bekannt, die Angaben schwanken zwischen 15 m und 72 m. Viele kleinere Flüsse speisen den See, aus dem sich der **Blaue Nil (Abay)** in einem großen Bogen vom äthiopischen Hochland hinab in den Sudan ergießt, um sich bei Khartoum mit dem Weißen Nil zu vereinigen.

Der Fluss Tinish Abay (Kleiner Abay), der vom Süden in den See mündet, entspringt an der eigentlichen **Nilquelle (Gish Abay)** etwa 50 km vom Ort Tilili (zwischen Bure und Injibara) in einem heiligen Wäldchen bei einem Kloster. Der **Blaue Nil** wird in Äthiopien mit dem Ghion gleichgesetzt, einem der in der Genesis genannten vier Paradiesströme, der „um das ganze Morgenland" fließt (1. Mose, 2:13).

Der Fluss spielt bis heute eine wichtige Rolle in den Beziehungen Äthiopiens zu seinen Nachbarn, besonders aber zu Ägypten. Die Kontrolle über den Zufluss zum für Ägypten lebenswichtigen Nil war ein Ziel der ägyptischen Expansion in den Sudan um 1820 und bis in die jüngste Zeit wurde in ägyptisch-äthiopischen Verträgen die Versicherung aufgenommen, dass Äthiopien nicht den Abfluss des Nilwassers verhindere. Mehrmals hatten im Mittelalter äthiopische Kaiser den ägyptischen Sultanen damit gedroht, den Nil zu sperren und Ägypten auszuhungern. Berühmtes Kennzeichen des Tana-Sees ist außerdem seine Ufervegetation, bestehend aus **Papyrus-Dickichten** (amh. *dongola),* eine Vegetation, die zur pharaonischen Zeit noch bis in das Nildelta verbreitet war, inzwischen aber bis südlich des Zusammenflusses der beiden Nile zurückgegangen ist. Dasselbe gilt für die Fauna des Sees: hier soll man mit etwas Glück noch **Nilpferde** zu Gesicht bekommen, die zwar nach dem „Fluss Ägyptens" benannt, jedoch im Norden längst nicht mehr anzutreffen sind. Angeblich trug der Brauch des entlang der Ufer lebenden Stammes der Woyto, dass ein Mann durch die Erlegung eines

efi_247 Foto: mf

Papyrusboot am Tana-See

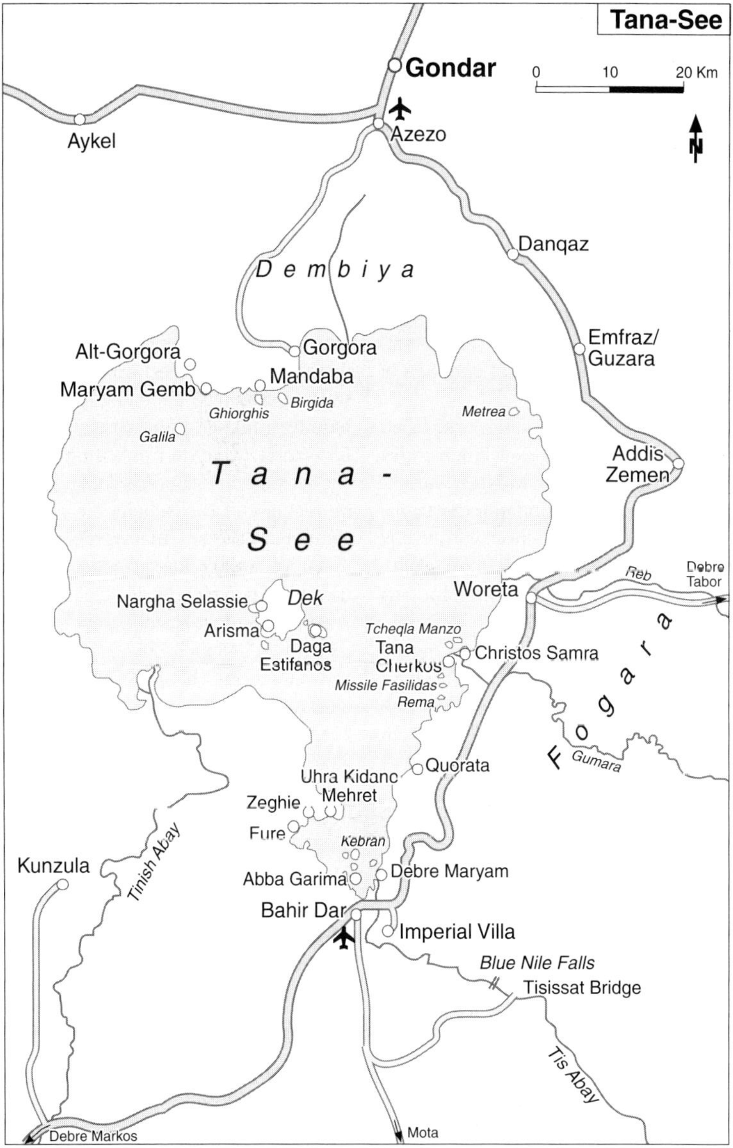
Tana-See
Gondar
0
10
20 Km
Aykel
Azezo
Danqaz
D e m b i y a
Emfraz/
Guzara
Alt-Gorgora
Gorgora
Mandaba
Maryam Gemb
Birgida
Ghiorghis
Metrea
Galila
Addis
Zemen
T a n a -
S e e
Reb
Debre
Tabor
Woreta
Nargha Selassie
Dek
Arisma
Daga
Estifanos
Tcheqla Manzo
Tana
Cherkos
Christos Samra
Missile Fasilidas
Rema
F o g a r a
Gumara
Quorata
Uhra Kidane
Mehret
Zeghie
Fure
Kebran
Tinish Abay
Kunzula
Abba Garima
Debre Maryam
Bahir Dar
Imperial Villa
Blue Nile Falls
Tisissat Bridge
Tis Abay
Debre Markos
Mota

Nilpferdes heiratsfähig wird, zur Dezimierung der Nilpferde bei. Dieser alte Volksstamm zählt heute nur noch wenige Köpfe, seine Angehörigen leben an der Westküste des Sees. Das Fehlen von Krokodilen im See wird damit erklärt, dass dies das Resultat eines Vertrages zwischen einem sehr heiligen Mönch von einem der Inselklöster und den Krokodilen selbst sei.

In die Zeit des pharaonischen Ägypten wird man beim Anblick der **Papyrusboote** (amh. *tankwa*) zurückversetzt, die nach wie vor auf dem See in Gebrauch sind.

Der Tana-See und seine Inseln sind mit der Geschichte des Hochlandes eng verbunden. Die **Klöster** wurden von den ersten Missionaren der Christenheit gegründet. Schon vorher soll die von *Menelik*, dem Sohn König Salomons und der Königin von Saba, aus dem Tempel von Jerusalem geraubte **Bundeslade** auf der Insel Tana Cherkos aufbewahrt worden sein. Tatsächlich erfolgte die Gründung der meisten Inselklöster aber erst im 14. Jh., besonders in der Zeit des Kaisers *Amda Sion* (1314–1344).

Eine besondere Rolle spielte die Region im 16. und 17. Jh., z. T. als Rückzugsgebiet der Kaiser und der Kirchenführung in unruhigen Perioden (Invasionen des Imam *Ahmad Grang* und der Oromo), aber auch als **Grabstätte von Herrschern der Gondar-Zeit.** Während der Regenzeit verbrachten die Kaiser einige Zeit in Gebet und Kontemplation in einem der Inselklöster, bevor sie in der Trockenzeit zu Kriegszügen aufbrachen.

Bahir Dar

V,C2

Bahir Dar ist der **Hauptort der südlichen Gegend des Tana-Sees** und Ausgangspunkt der Besichtigungsboote zu den Inseln. Die schnell wachsende Stadt hat wohl mehr als 170.000 Einwohner und liegt 1880 m über NN.

Bahir Dar ist seit dem späten 16. Jh. bekannt und entwickelte sich zu einem wichtigen Ort am See, als im Zuge des Drucks der Oromo das Zentrum des äthiopischen Kaiserreiches aus Shoa in diese Gegend verlagert wurde. Als **Verwaltungssitz** der neuen **Region 3 (Amhara National Regional State)** soll der Ort auch weiterhin industriell entwickelt werden (Schuhfabrik). Es gibt eine technische Fachschule, die mit sowjetischer Hilfe errichtet wurde und an der noch immer Russen lehren (man passiert das Gelände des College am Weg zum Tana-Hotel), sowie eine pädagogische Hochschule.

Zwei schöne, baumbestandene Alleen teilen die Stadt, an deren Kreuzung befindet sich das Standbild eines äthiopischen Kriegers, gegenüber eine orthodoxe Kirche. Die **Kirche des Heiligen Georg** soll den in Äthiopien einzigen noch bekannten portugiesischen Altar mit dem jesuitischen Monogramm besitzen. Im Bereich der Kirche steht ein seinerzeit sehr bestauntes zweistöckiges Gebäude, das von dem portugiesischen Jesuiten *Pero Pais* zur Zeit des Kaisers *Susenyos* (1606–1632) errichtet wurde. Die Kirche besaß einen bedeutenden Ruf. Bahir Dar war daraufhin auch unter dem Namen *Bahir Dar Gyorgis* bekannt.

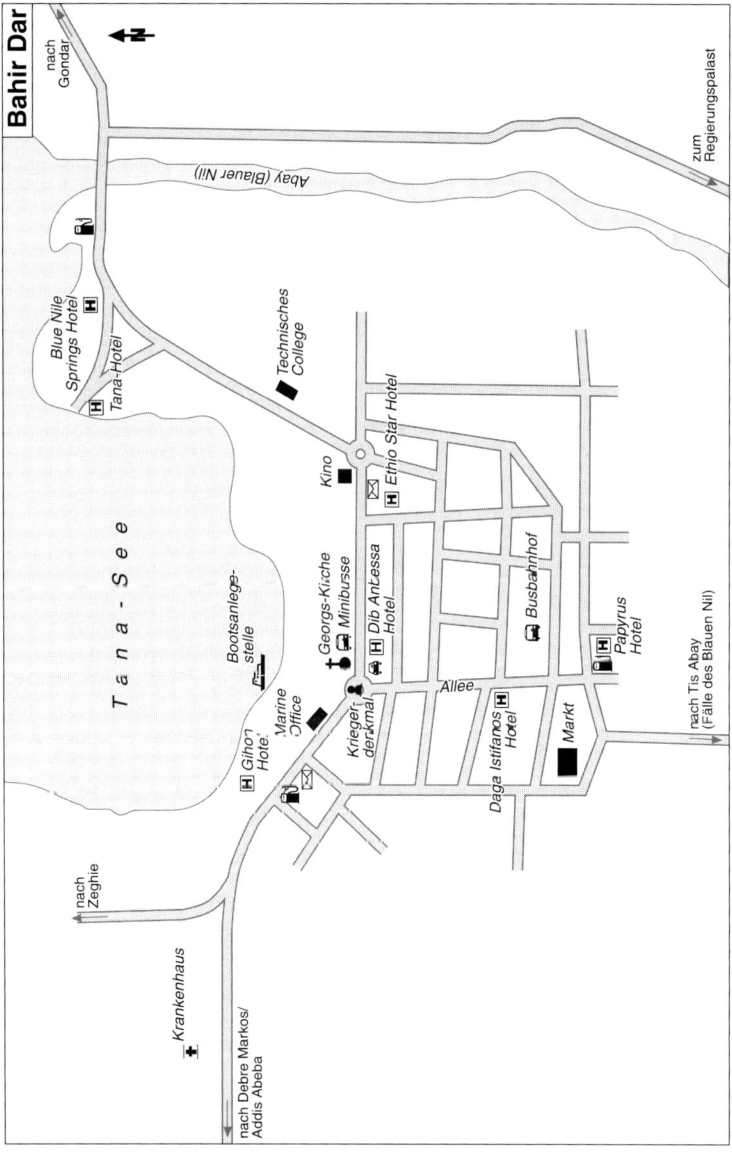
Bahir Dar
nach Gondar
Abay (Blauer Nil)
zum Regierungspalast
Blue Nile Springs Hotel
Tana-Hotel
Technisches College
Ethio Star Hotel
Kino
T a n a - S e e
Georgs-Kirche
Minibusse
Dib Anbessa Hotel
Busbahnhof
Papyrus Hotel
Bootsanlegestelle
Allee
Marine Office
Kriegerdenkmal
Gihon Hotel
Daga Istifanos Hotel
Markt
nach Tis Abay (Fälle des Blauen Nil)
nach Zeghie
Krankenhaus
nach Debre Markos/ Addis Abeba

Papyrusboote

Boote dieser Art benutzt man auch auf dem Hayk-See und Zway-See in Äthiopien, auf dem Tschad-See (Tschad/Nigeria) und dem Baringo-See (Kenia), außerdem in Südamerika auf dem Titicaca-See.

Papyrusboote sind von 2 m bis über 10 m lang und werden aus den im Querschnitt dreieckigen Papyrusstengeln gebaut, die man zu Bündeln zusammenschnürt. Als Schnur werden Fasern aus dem Inneren des Feigenbaumes genutzt.

Mehrere Bündel werden zu einem Boot verbunden, wobei der Bug etwas hochgebunden ist. In der Bootsmitte zwischen den Bordwänden befindet sich ein kompaktes Bündel von Papyrusstengeln, das sowohl Schwimmkörper als auch Sitz ist. Ist ein Papyrusboot länger im Wasser, muss es, je nach Bauart und Masse, eine gewisse Zeit trocknen. Dann steht es aufgerichtet an Bäumen oder Häusern in der Sonne.

Getrieben wird das Boot durch ein einfaches Rohr aus einer Bambusart (amh. *shambuko).* Da die Boote extrem leicht sind, reicht es zum Steuern und Rudern aus. (Auf dem Zway-See nutzt man hölzerne zweiseitige Paddel.) Man traut seinen Augen kaum, wenn mitten auf dem See plötzlich ein winziges Papyrusboot auftaucht, hoch mit Holz oder anderen Gütern beladen. Aber bis heute wird ein großer Teil aller Güter zwischen den Inseln und dem Festland mit solchen Booten transportiert. Angeblich soll es Boote geben, die bis zu einer halben Tonne Kaffee laden können. Ein eigenartiges „Wunder" wird aus der Zeit Kaiser *Iyasu I.* (1682–1706) berichtet: Sein Pferd habe sich bei der Überfahrt im Papyrusboot nicht gerührt, obwohl es nicht angebunden war.

Die Stadt ist ein belebter, weitläufiger und, im Gegensatz zu vielen Ortschaften im kargen Hochland, sehr grüner Ort. Einerseits pulsiert hier das Leben, die Stadt ist bunt bevölkert. Andererseits ist Bahir Dar auch ein Ort der Entspannung und Erholung mit dem See und den vielen grünen Plätzen und Straßen. Entlang der Allee zum Busbahnhof und Markt gibt es nette Restaurants und Bars, diverse Shops. Alles ist ruhiger als in Addis Abeba, dennoch sei auch hier vor Dieben gewarnt. Einen Drink auf der Terrasse des Tana-Hotels sowie auf der des Ghion-Hotels mit dem wunderschönen alten Park sollte sich jeder Durchreisende leisten, möglichst bei Sonnenuntergang. Dem Liebhaber ausgefallener Events ist das **Kino** zu empfehlen, auf dessen nackter Betonwand meist Filme aus Indien oder Hongkong flimmern. Neueste Attraktion von Bahir Dar sind eine Reihe **Nachtclubs,** in denen traditionelle Musik und Tanz geboten werden („As you know – music is an universal language"), der Eintritt ist kostenlos, die Preise für Getränke sind jedoch entsprechend höher.

Zu den Sehenswürdigkeiten kann der **Regierungspalast** etwa 8 km nordöstlich der Stadt gezählt werden, ein villenartiges Bauwerk Kaiser *Haile Selassies.* Um ihn zu erreichen, verlässt man die Stadt auf der Straße nach Gondar (nach Osten), überquert die Brücke über den Abay und biegt dort gleich rechts nach Süden ab. Ca. 3 km vom Abzweig liegt der Palast. Von dort aus hat man einen sehr schönen Blick auf die Stadt, den See und den Blauen Nil, der etwas unterhalb den See verlässt.

Zu erreichen ist der Regierungspalast (der manchmal geöffnet ist, manchmal nicht) mit dem Taxi oder per Fahrrad (Mietmöglichkeiten am Busbahnhof).

Unterkunft

Staatliche Hotels:

- **Tana Hotel**

P.O. Box 78, Tel. 200554, Fax 515381, das Tana-Hotel liegt etwas außerhalb am Ufer des Sees. Fahren Sie von der Hauptkreuzung die Straße nach Osten (nach Gondar), nächste Allee nach Norden, am Kino und der Regionalverwaltung vorbei (zwei Zementlöwen künden vom offiziellen Charakter der Gebäude hinter dem Zaun), ebenfalls am technischen College vorbei und geradeaus bis zum Hotel. Schöne Terrasse mit Blick auf den See. Im Hotel gibt es auch ein NTO-Büro. 30–40 US$ pro Zimmer.

- **Bahar Dar Ghion Hotel**

P.O. Box 78, Tel. 200111, Fax 515381, nordwestlich der Hauptkreuzung, wo sich auch ein NTO-Büro befindet. Schöne alte Parkanlage mit Blick auf den See. Die Zimmer sind allerdings schon recht betagt und bzgl. Qualität nicht alle gleich. Auch der Service ist nicht immer zuverlässig. Dennoch bleibt es wegen der Anlage empfehlenswert hier zu übernachten oder einen Abend auf der Terrasse mit dem herrlichen Ausblick zu verbringen. Campingmöglichkeit: Ein Zimmer wird dafür in Rechnung gestellt. DZ ca. 125 Birr.

Private Hotels:

- **Blue Nile Springs Hotel**

An der Straße nach Gondar, Nähe Tana-Hotel. Kein Restaurant. 10 US$ pro Person.

- **Enkutatash**

Schräg gegenüber vom Ghion Hotel, DZ mit Dusche 50 Birr, Moskitonetz nicht vergessen!

- **Papyrus Hotel**

Tel. 205100, sehr schönes Hotel mit Swimmingpool, Bar, Konferenzräumen und Restaurant. DZ 25–31 US$, Suite 62 US$.

- **Dib Anbessa Hotel**

Tel. 201436/201818, neues Hotel an der Hauptstraße, Restaurant und Bar im ersten Stock mit Blick auf den See, DZ 140 Birr.

- **Ethio Star Hotel**

Tel. 202026, modernes, 5-stöckiges Hotel, gegenüber dem Regierungsgebäude, große Lobby, schöne Terrasse mit Blick auf den See, Restaurant mit preiswertem Essen. DZ 100 Birr.

Herbergen:

- Hotels der einfachen Art findet man in der Gegend südlich des Busbahnhofs, z. B. das **Axum Hotel** (50 Birr) und das **East African Hotel** (20 Birr).
- In der Gegend finden sich auch **diverse Bars, Pastrys und Geschäfte.** Die Preise in den einfachen Herbergen sind in Bahir Dar etwas höher als auf dem Land, so zwischen 30 und 50 Birr (5–8 US$).

Café

- Empfohlen wird das **Melilik Café** direkt an der Nilbrücke, von dessen Terrasse man auch Nilpferde beim Grasen beobachten können soll.

Verkehrsverbindungen

Stadtverkehr:

In Bahir Dar gibt es **Sammeltaxis.** Der Umsteigepunkt ist der Kreisverkehr, wo die Straße von Debre Markos nach Gondar und die Allee zusammentreffen und das Kriegerdenkmal steht.

efi_250 Foto: mf

Da Bahir Dar relativ eben liegt, kann der sportlichere Reisende die Sehenswürdigkeiten, z. B. den Kaiserpalast, mit dem **Fahrrad** erkunden. Räder werden in der Nähe des Busbahnhofes und der Hauptkreuzung vermietet (3 Birr pro Stunde).

Überlandbusse:

Die Busfahrt von Addis Abeba dauert zwei Tage, mit Station in Debre Markos, wobei man das Kloster Debre Libanos und den grandiosen Canyon des Abay (Blauer Nil) passiert; von Debre Markos etwa ein halber Tag bis Bahir Dar. Bus von Gondar, etwa halber Tag; Bus von Weldiya über Addis Zemen, zwei Tage.

Flugzeug:

Flughafen in der Nähe von Bahir Dar, täglich Verbindungen. Flugzeit von Addis Abeba ca. 45 min.; Preis etwa 360 Birr. Ab Flughafen mit Taxi (10–20 Birr) oder Sammeltaxi (etwa 5 Birr).

Sonstiges

- Der **Führer Molla Tilahun** wird von Reisenden empfohlen (mollatilahun@yahoo.com).

Zu den Fällen des Blauen Nil

Von Bahir Dar aus sollten Sie es nicht versäumen, die berühmten Fälle des Blauen Nil zu besuchen, die allerdings durch den Bau eines Wasserkraftwerks vor allem in der Trockenzeit viel von ihrer Faszination verloren haben. Mit dem Auto die Stadt nach Süden verlassen, dann die **Straße nach Tis Abay** finden, etwa 35 km (Taxi ca. 200 Birr, über NTO zu buchen). Mit dem Bus ist es ebenfalls möglich, nach Tis Abay zu gelangen (mehrmals täglich), etwa eine Stunde Fahrt, 5 Birr für Hin- und Rückfahrt.

In Tis Abay sollten Sie sich auf jeden Fall einen **Führer** suchen, das ist in Anbetracht der verschlungenen Pfade einfach empfehlenswert. Junge Burschen bieten sich neben dem Ticket Office an, wo man auch ein Informationsblatt mit Plan erhalten kann.

Die Nilflut

Die Nilflut, die das Leben im nördlichen Sudan und vor allem in Ägypten bis zum Bau des großen Aswan-Staudammes 1959–1969 bestimmte, geht auf die Regenfälle im äthiopischen Hochland zurück. Während der Trockenzeit ist der Weiße Nil, der im Gebiet der großen Seen Zentralafrikas entspringt und im südlichen Sudan durch das Sumpfgebiet des Sudd und den von Westen kommenden Bahr al-Ghazal gespeist wird, der Hauptwasserlieferant. Im Mai/Juni, zur Zeit des niedrigsten Wasserstandes, liefert er ungefähr 83% des Nilwassers, nur 17% trägt der Blaue Nil bei. Mit Beginn der Regenzeit im äthiopischen Hochland von August bis September drehen sich die Verhältnisse fast um: Nun liefert der Blaue Nil 68% des Nilwassers. Ende August erreicht dieses Hochwasser Aswan, Anfang September werden in Kairo die höchsten Nilstände gemessen.

Regenfälle im nördlichen Hochland lassen das Flusssystem des sudanesischen Atbara (gespeist aus den Takazze/Setit und Mereb/Gash) im August so stark anschwellen, dass dieser Fluss, der zur Trockenzeit häufig in der sudanesischen Steppe austrocknet, 22% des Wassers der Nilflut liefert. Ende September/Anfang Oktober endet die Wasserzufuhr durch den Atbara abrupt, im Oktober/November führt aber der aus dem südlichen äthiopischen Hochland kommende Sobat noch einmal Hochwasser und verlangsamt den Wasserrückgang. Über den Winter verringert sich die Wasserführung des Nils aber immer mehr, bis im Mai der Tiefststand wieder erreicht wird.

eph252 Foto: ph

Es gibt einen **festen Eintritt** zu den Fällen (15 Birr pro Person). Für Videoaufnahmen muss eine zusätzliche Gebühr von 50 Birr entrichtet werden.

Der Weg führt in Fahrtrichtung halb rechts aus dem Dorf hinaus, in Richtung der Rundkirche, am **Wasserkraftwerk** vorbei, und überquert den Abay auf einer Brücke aus der Zeit des Kaiser *Fasilidas* (1632–1667). Das Kraftwerk versorgt die ganze Region per Ringleitung bis Gondar mit Strom; dadurch nimmt es vor allem in der Trockenzeit den Wasserfällen das Wasser und den nötigen Schwung. Mit der Überquerung des Abay hat man auch die alte **Provinzgrenze** zwischen der Provinz Gojam und der Provinz Begemder passiert. Von hier geht es nach links einen Berg hinauf zu einer Anhöhe gegenüber den Fällen, von wo ein Blick auf den (theoretisch) ca. 45 m tiefen Absturz auf einer Breite von 400 m möglich ist. **Besichtigungen** der Nilfälle sind nur noch an den Wochenenden oder in der Regenzeit anzuraten, obwohl die Umgebung immer eine Reise wert ist. Mit viel Glück ist es auch möglich, sich einer organisierten Reisegruppe anzuschließen, denn dann wird für kurze Zeit das Kraftwerk ausgestellt und die Nilfälle sind fast wie früher in ihrer ganzen Schönheit zu bewundern.

Die Fälle werden **Tissisat (Tis Issat)** genannt, was etwa „dampfendes Wasser" bedeutet und sich auf den (früher vorhandenen) Nebel aus feinen Wassertropfen bezieht.

Man kann den Fluss wenig oberhalb der Fälle mit einem **Motorboot** (10 Birr pro Person) überqueren. Leider sind die Preisvorstellungen der Bootsleute häu-

Tis Issat – die Fälle des Blauen Nil (vor dem Bau des Wasserkraftwerks)

fig überhöht und müssen massiv ausgehandelt werden. Etwa 3 km stromab befindet sich ein weiterer, kleiner Fall mit dem *gumare wuha*, dem „Teich der Nilpferde".

Die Inseln des Tana-Sees

Der Besuch der Inseln mit ihren **Klöstern** gleicht einer Reise ins 14. Jh. Kaum sonst in Äthiopien fühlen Sie sich derart in die Vergangenheit versetzt, wenn Sie nach einer längeren Bootsfahrt eine der „verwunschenen" Inseln betreten und im Dickicht eine Kirche besuchen.

Die Idylle trügt insofern, als dass diese Klöster durchaus Zentren politischen Geschehens waren. Die Geschichte der Inselklöster tritt aus dem Dunkel sagenhafter Erzählungen etwa unter der Regierung des Kaisers *Amda Sion* (1314–1344) und seines Nachfolgers *Newaya Kristos* (1344–1372). Damals wurden auf **Tana Cherkos, Galila** und **Kebran** die ersten Klöster von Mönchen aus Tigray und Shoa (vom Kloster Debre Libanos) gegründet. Aus dieser Zeit sind nur wenige Denkmäler erhalten. Zurzeit der Invasion des Imam *Ahmad Grang* (1527–1543) wurden einige **Kirchenschätze** auf die Inseln gerettet, die als **beinahe einzige Dokumente** aus älterer Zeit die Zerstörungen überstanden. *Ahmad Grang* selbst fiel 1543 ganz in der Nähe des Tana-Sees. Während des Ansturms der Oromo auf das Gebiet Shoa zog sich der Kaiserhof schrittweise aus Shoa an den See zurück, und die Klöster erlebten eine neue Blüte. Kaiser *Susenyos* (1607–1632) ließ sich u. a. die Residenz in **Alt-Gorgora** errichten, sein Nachfolger *Fasilidas* (1632–1667) gründete in Gondar, nördlich des Sees, eine Hauptstadt, die es für zwei Jahrhunderte bleiben sollte.

Einerseits Refugien in unruhigen Zeiten, waren die Inseln zugleich auch **Verbannungsorte** für missliebige Würdenträger (besonders Dek und Metrea). Bedeutende Bauwerke stammen vor allem aus der Zeit der Gondar-Kaiser, von denen einige auf den Inseln begraben wurden. Diese **Gräber** befinden sich auf den **Inseln Daga, Rema** und **Metrea.** Kaiser *Iyasu I.* (1682–1706) ließ sich auf der **Insel Tcheqla Manzo** eine kleine Residenz errichten, in der er dann auch ermordet wurde.

Die **Kirchen der Inselklöster** sind bis auf die Kirchen von Daga Estifanos und Tana Cherkos (Tana Qirkos) **Rundkirchen** mit ganz regelmäßigem Aufbau: Zwei Umgänge, das *qene mahlet* außen und das *qeddest* innen, stützen ein Strohdach, in dessen Zentrum sich der rechteckige, mit einer Tür verschlossene Schrein der maqdas mit den heiligen tabot befindet. Die maqdas ist von einem Tambur bekrönt. Maqdas und Tambur sind gewöhnlich mit Malereien geschmückt, seltener auch die Wände des Umganges (zum Aufbau einer Rundkirche siehe Illustrationen auf den Seiten 159 und 254).

Anreise mit Schiff und Boot

Die Reise zu den Inseln beginnen Sie am günstigsten **in Bahir Dar.** Im Tana Hotel oder beim Büro der NTO östlich der Hauptkreuzung im Ghion Hotel kann man sich nach dem **Boot der Maritime Transport Authority** erkundigen, die als einzige autorisierte Fahrten mit Touristen unternehmen darf. Der Vorzug dieses Bootes sind seine Geschwindigkeit und der relative Komfort, der Nachteil der hohe Preis (ca. 350 Birr pro Person).

Billiger ist es mit einem **Privatboot;** solche Boote kann man in der Gegend der Nilbrücke im Norden der Stadt auftreiben (im Hotel neben der Tankstelle fragen). Hier beträgt der Preis etwa 500 Birr pro Boot (das meist mit anderen Touristen geteilt werden kann) für eine Reise zu den drei nächstliegenden Inseln. Mehr ist bei den langsamen Booten auch kaum zu schaffen (die Fahrt zu den drei Inseln dauert 6–7 Std.). Sicherheitsbedenken muss jeder für sich selbst verantworten ...

Eine **Fähre** verkehrt **zwischen Bahir Dar und Gorgora,** Fahrzeit zwei Tage. Mit der Fähre kann man nur zur großen Insel Dek gelangen. Die Benutzung durch Touristen war durch ein altes Gesetz verboten, scheint aber nun möglich zu sein. Die Fähre fährt jeden Sonntag/Montag nach Gorgora und kehrt von dort am Dienstag/Mittwoch zurück. Man muss sich selbst versorgen, in Konzula wird ein Nachtstopp eingelegt, jeder muss sich selbst um einen Schlafplatz kümmern (Herbergen vorhanden). Die Halbinsel *Zeghie* kann auch mit einer **Fähre** erreicht werden mit demselben Problem. Sie ist in der trockenen Jahreszeit jedoch auch über eine Straße zugänglich, die von Bahir Dar nach Westen führt (ca. 20 km Weg).

Auf den Inseln ist der Besuch touristisch „organisiert", ein **Führer** wartet meist schon. Im Allgemeinen werden auf einem Rundweg alle Kirchen und Malereien besucht. Für die Besichtigung jeder Kirche wird ein offizieller **Eintrittspreis** von 15 Birr pro Person verlangt (Video-Kamera-Gebühren extra). Dazu kommen diverse Trinkgelder für Wächter, Priester, Herumstehende.

Alle Inseln werden Sie kaum besuchen können, außerdem ist **Frauen nicht auf allen Inseln der Zutritt gestattet.** Von Bahir Dar sind in einer Tagestour die Halbinsel Zeghie sowie die Inseln Kebran und Debre Maryam gut zu schaffen.

Mit dem schnelleren Regierungsboot kann diese Tour deutlich erweitert werden. Von Gorgora am Nordufer des Sees ist die Insel Dek mit den Nebeninseln Nargha Selassie und Dara Etifanos schneller zu erreichen. Auf jeden Fall sollten Sie sich vor einer Fahrt zu den Klöstern mit **Essen und Trinken** ausrüsten. **Sonnenschutz** und Sonnenbrille nicht vergessen, auf dem See ist die Einstrahlung besonders stark!

Die Inseln bei Bahir Dar

Kebran

Die kleine Insel Kebran mit dem **Kloster Bete Kebran Gabriel** liegt etwa 40 Bootsminuten von Bahir Dar entfernt. Das Betreten dieser äußerst romantischen Insel ist **allen weiblichen Wesen verboten,** Mensch oder Tier. Nur wenige Mönche leben hier zwischen ebenfalls männlichen Tieren. Das Kloster auf Kebran zählt zu den ältesten im Tana-See, um 1350 ließ sich hier Abba *Za-Yohannes*, aus Shoa kommend, nieder, um die Gegend zu missionieren. Im Innern der Kirche markiert eine Steinplatte mit einem Kreuz sein Grab. Die Kirche zählt zu den schönsten, da ihr Äußeres noch den strengen Stil der frühen Kirchen zeigt. Der erste Bau datiert in die Zeit des Kaisers *Amda Sion* (1314–1344), er wurde jedoch 1687 unter Kaiser *Iyasu I.* in rotem Stein renoviert, „aus Liebe zum Erzengel Gabriel, der seit seiner Kindheit sein Schutzengel war".

Sehr schöne Gitter schmücken die Fenster der Kirche. Wenige Reste der ursprünglichen Malereien sind an den Wänden und Säulen erhalten. Die zwölf Säulen des Inneren symbolisieren die zwölf Apostel. Die Malereien des maqdas stammen aus der Gondar-Zeit (18./frühes 19. Jh.). Einige Malereien auf

Leinwand und Holz stammen von einer durch Blitzschlag zerstörten Kirche auf der Nachbarinsel Entons (wo sich früher ein Nonnenkloster befand), aus der Zeit des Kaisers *Iyasu I.,* sie repräsentieren den frühen Gondar-Stil.

Im inneren Rundgang kann man, da diese Kirche keine Kaiserkronen wie so manche andere besitzt, immerhin die **Betten zweier Kaiser** sehen, eines davon zweistöckig: In der unteren Etage soll das Kind des Kaisers (oder der Kaiser als Kind?) gelegen haben.

Zwei Söhne des Kaisers *Iyasu* wurden hier beigesetzt: sein ältester Sohn *Abetto Fasilidas,* der 1701 verstarb, und 1708 *Tekle Haymanot (I.),* „der Verfluchte", der Mörder seines Vaters, der ihn nur um zwei Jahre überlebte. Im Hof der Kirche befinden sich zwei **Klangsteine,** die als Glocken verwendet werden. Der Sage nach soll der Heilige *Ewastotewos* aus Ägypten auf einem dieser Steine den Nil aufwärts bis nach Kebran geschwommen sein. Die **Bronzeglocke** daneben soll Kaiser *Fasilidas* (1632–1667) gestiftet haben (Inschrift).

Nahebei steht der Turm, das *iqa-bet* (Zeughaus), der die **Bibliothek** aus fünfzig Bänden beherbergt, darunter ein Evangeliar von 1420 und ein *Mashafa mestir* („Buch der Wunder") von 1424, beides seltene Belege des frühen Stils der Buchmalerei. Hier bewahrt man auch ein wertvolles **Tryptichon** mit der Jungfrau mit dem Kind und zwei Erzengeln auf, dazu eine Reihe von liturgischen Gefäßen, die z. T. aus Indien

efi_255 Foto: mf

und Persien stammen. Es soll hier auch ein Bild des Erzengels Gabriel geben, das mit den Tränen eines heiligen Mönchs gemalt wurde. Seine Besonderheit besteht darin, dass es sogar bei Nässe trocken und unversehrt bleibt.

Zeghie

Zeghie ist eine **Halbinsel,** eine bis eineinhalb Bootsstunden von Bahir Dar entfernt. Der **Zutritt ist Frauen gestattet.** Von Oktober bis Juni ist die Halbinsel auch über eine Straße zu erreichen, in der Regenzeit ist dies jedoch nicht möglich. Wer sich ein Bild vom Paradies machen möchte, sollte diese Insel in jedem Fall vom See aus anfahren.

Hier gibt es überall wild wachsenden **Kaffee,** der von den ersten Mönchen angebaut worden sein soll. Sie können sich auch den **Gesho-Strauch** zeigen lassen, dessen Blätter zur *tedj*-Bereitung (Honigwein) als Gewürz, wie Hopfen bei Bier, und Fermentierhilfe dienen.

Ein schmaler Pfad führt vom Anleger hinauf zu einer Anfang des 17. Jh. gegründeten **Klosterfestung,** deren Mauern man ansieht, dass sie in unruhigen Zeiten als Fluchtburg diente. Diese Mauer soll von Engeln gebaut sein, da die Steine viel zu groß und schwer seien, um von Menschen bewegt worden zu sein. An einer Stelle ist sogar der Hufabdruck des Pferdes vom Heiligen Georg zu sehen.

Tor zum Klosterbezirk auf der Insel Zeghie

Die **Klosterkirche** heißt **Uhra Kidane Mehret.** Ihre Malereien stammen zumeist aus dem Ende des vorigen Jahrhunderts. Sehr lebendig sind hier die verschiedenen Heiligen und ihre Legenden gemalt, Szenen aus der Bibel, z. B. die Flucht der Israeliten aus Ägypten durch das Rote Meer mit dem darin ertrinkenden Heer des Pharaos. Moses und sein Gefolge sind dabei in traditioneller äthiopischer Kirchentracht dargestellt. Oder die **Geschichte des Menschenfressers Belay.** Dieser soll zwar seine ganze Familie und jeden seiner Umgebung gefressen haben, als ihn ein Bettler aber im Namen der Jungfrau Maria um Wasser bat, gab er es ihm. Als dann der Teufel seine Seele forderte, wurden die Knochen der Gefressenen gegen dieses Wasser aufgewogen, in das Maria ihren Schatten fallen ließ, wodurch die Schale zugunsten des Menschenfressers beschwert wurde. So entging er der Hölle. Interessant auch die **Stifterbilder,** die vornehme Äthiopier mit ihrem bewaffneten Gefolge zeigen. Es handelt sich u. a. um den letzten Negus von Gojam, *Tekle Haymanot,* der mit seinem Gefolge einem religiösen Fest beiwohnt. An der Tür der maqdas ist das Bild des *Batra Maryam* zu sehen, eines Heiligen aus dem 14. Jh. Er wird mit der Verbreitung des Kaffees in Verbindung gebracht: Das Bild zeigt, wie aus seinem Priesterstab der erste Kaffeestrauß spross. Neben dieser Kirche befindet sich eine weitere, die nach einem Brand wieder aufgebaut werden musste.

Außerhalb der Klostermauer steht ein Gebäude, das zwar einer Kirche gleicht,

eph256 Foto: ph

jedoch als **Museum** dient: ein Lager, in dem die Schätze verborgen sind. Hier holt ein Mönch bei Ankunft von Besuchern einen Teppich aus dem Inneren, auf dem er dann nach und nach vier **Kronen,** ein **Krönungsgewand** und eine illuminierte **Handschrift** aufbaut. Die Kronen sollen den Kaisern *Amda Sion (?)* (1314–1344), *Yohannes (II.?)* (1769), *Bakaffa* (1721–1730) und dem Negus von Gojam *Tekle Haymanot* gehört haben, die Illuminationen der Handschrift aus dem 19. Jahrhundert zeigen in aller Ausführlichkeit die grausamen Martern, die der Heilige Georg *(Gyorgis)* nach der äthiopischen Tradition erleiden musste.

Tewodros II. (1855–1868) spielte mit dem Gedanken, Zeghie zu seiner Hauptstadt zu machen, wozu ihn wohl nicht zuletzt deren Tradition als Fluchtburgen bewog. Er ließ hier im Zuge einer seiner Modernisierungsbemühungen ein riesiges Boot mit Schwimmern, Rädern und Kurbeln bauen, das angeblich mit hundert Leuten bemannt werden musste, damit seine Ruder überhaupt ins Wasser reichten. Leider erwies es sich als manövrierunfähig (zu diesem Kaiser siehe auch den Exkurs „Tewodros II. – der Fall von Maqdala").

Debre Maryam

Inmitten von Papyrusdickichten liegt diese kleine Insel nahe der Stelle, an der der Abay (Blauer Nil) den See verlässt. Auch auf dieser Insel ist **Frauen der Zutritt erlaubt.**

Der Legende nach hatte sich das Wasser geteilt, als der Heilige *Tadewos* um 1340 den Weg zur Insel nahm. Heute lässt die kleine Kirche kaum ahnen, dass sich hier einst ein berühmtes Kloster mit fünf beigeordneten Kirchen befand. Gegründet wurde das Kloster unter Kaiser *Amda Sion* (1314– 1344), die Kirche wurde von Kaiser *Tewodros II.* (1855–1868) erneuert. Zur Zeit der zahllosen Streitigkeiten der verschiedenen Mönchsorden über die Natur Christi versuchte Kaiser *Iyasu I.* 1688 eine Einigung mit einem **Konzil** auf der Insel zu erzwingen. Er schickte Butter und Eier an die verfeindeten Parteien und ließ all jene, die sich mit vorgeblichen Krankheiten den Auseinandersetzungen ent-

Kirchentür von Uhra Kidane Mehret (li. Menschenfresser Belay)

ziehen wollten, mit Bahren zum Konzil tragen. Einen Konsens erbrachte dieses Konzil jedoch auch nicht.

Eine der ältesten äthiopischen Handschriften befindet sich im Besitz der Kirche, der **Tetra-Psalter** mit wertvollen Illustrationen, der zwischen 1360 und 1380 datiert wird. Ein weiterer Psalter, der zwischen 1640 und 1660 entstand, wird ebenfalls hier aufbewahrt.

Dek und Umgebung

Etwa in der Mitte des Sees liegt die große Insel Dek (dreieinhalb Bootsstunden von Bahir Dar, drei Bootsstunden von Gorgora); **Zutritt für Frauen gestattet.** Berühmt war die Insel für ihren **Honig,** von dem sie 300 Krüge jährlich an den Kaiserhof lieferte. Der Honig steht in besonderer Beziehung zum äthiopischen Kaiser. Die **Biene** war, wie auch der Löwe, ein **königliches Tier.** Bienen weissagten Kaiser *Lalibela* schon als Kind sein späteres Amt. Honig und Honigprodukte waren eine übliche, dem Kaiser zustehende Abgabe. Das berühmte **Honigbier tedj** durfte ursprünglich nur vom Kaiser und der Nobilität getrunken werden. Und Adlige hatten ein besonderes Hinrichtungsprivileg: Sie wurden in wachsgetrankte Binden gewickelt und angezündet.

Insgesamt **vier Kirchen** besitzt die Insel (Arsima, Qota Maryam, Daga Yohannes, Gadena). Im Süden liegt die **Kirche der Arsima Sematat** (Heilige Ripsimie), einer Märtyrerin, die zusammen mit siebenundzwanzig Gefährtinnen auf Veranlassung des parthischen Königs *Dertades* (*Tiridates I.,* um 73 n. Chr.) gemartert und geköpft wurde. Auf der Darstellung ihres Martyriums wird ihr Tod jedoch mit dem klassischen Kaiser der Christenverfolgung, *Diokletian,* und dem Jahr 312 (?) verbunden. Die Kirche besitzt ein wertvolles Manuskript der Apostelbriefe, das um 1430 datiert wird. Vor der Westküste der Insel liegt die kleine **Insel Nargha Selassie,** die in der Trockenzeit über einen Steinpfad betreten werden kann. Zwei „Wassertore" und der Glockenturm sind mit ihren runden Zementkuppeln typische Bauwerke des Gondar-Stils.

Die **Selassie-Kirche** wurde auf Befehl der Kaiserin *Mentewab* zur Regierungszeit ihres Sohnes, Kaiser *Iyasu II.* (1730–1755), für den sie die Amtsgeschäfte führte, im Jahre 1746 erbaut. 1956 wurde der Bau restauriert. Vierundzwanzig steinerne Pfeiler stützen das Runddach. Die Gemälde des Inneren zählen zu den schönsten und am besten erhaltenen des sog. „zweiten Gondar-Stils", (um 1750). Ein Gemälde auf Leinwand an der Westseite des maqdas zeigt die Kaiserin *Mentewab* in der üblichen Stifterpose zu Füßen der Jungfrau Maria liegen. Weitaus imposanter ist ihre Abbildung auf einem reich geschmückten Pferd (siehe auch das Kapitel zu Gondar).

Auf der Tür zum Allerheiligsten ist der Erzengel *Michael* dargestellt, wie er den Israeliten den Durchzug durch das Rote Meer ermöglicht, das Heer des Pharao aber mit Mann und Maus darin versinkt. Neben den Reiterheiligen der Nordfassade sieht man auch das Flammenmartyrium des Heiligen *Cherkos* und seiner Mutter *Julia, Jakobs* Traum von der Himmelsleiter, der Heilige *Georg* von Pfeilen durchbohrt, die Geburt der *Eva* aus der Seite des *Adam.* An der Ostseite die äthiopischen Nationalheiligen, u. a. die „Neun Heiligen", die im 6. Jh. nach Äthiopien kamen und das Christentum reformierten. Bemerkenswert ist die Darstellung eines Christus mit der Dornenkrone über dem Bild der Jungfrau *Maria.* Es handelt sich hierbei um eine äthiopische Kopie eines als **Kwer'at Re'esu** (Schlagen seines Kopfes) bekannten Gemäldes, das in der äthiopischen Geschichte eine wichtige Rolle gespielt hat (siehe Exkurs „Das Kwer'at Re'esu").

Etwas westlich von Dek ragt die kegelförmige Insel **Daga Estifanos** aus dem See, in der Trockenzeit ist sie ebenfalls zu Fuß erreichbar. Das **Kloster** der Insel zählte zu den bedeutendsten des gesamten Sees, doch auch hier ist die Annäherung **allen weiblichen Lebewesen verboten.** Auf der Insel soll man die Heilige Bundeslade aus Axum vor der Vernichtung durch die Feldzüge des *Ahmad Grang* in Sicherheit gebracht haben. Die rechteckige Kirche – ihr für die Region ungewöhnlicher Grundriss zeigt Einflüsse aus dem Norden – wurde unter Kaiser *Yohannes IV.* (1872– 1889) restauriert, besitzt aber Fragmente von Wandgemälden aus dem 16. und 17. Jh. Diese Fragmente zeigen in der Gestaltung des Christuskindes Einflüsse der portugiesischen Jesuiten.

Das Kwer'at Re'esu

Die Geschichte des Gemäldes gleicht einem Kriminalroman. Das Original hatte möglicherweise der portugiesische Maler *Lazaro de Andrade* geschaffen. Nach Äthiopien kam es zur Zeit der jesuitischen Mission. Die europäischen Andachtsbilder erfreuten sich großer Beliebtheit, etliche neue Motive der äthiopischen Malerei gehen auf Anregungen dieser Zeit zurück (Shoa-Stil). Das Bild des gemarterten Jesus und der in Äthiopien hoch verehrten Jungfrau Maria ging über in kaiserlichen Besitz und wurde in höchsten Ehren gehalten. Als Schutzbild der Armee nahm es Kaiser *Iyasu II.* (1730–1755) mit auf seinen Feldzug gegen das Sultanat der Funj von Sennar. Der auch sonst glücklose Kaiser wurde geschlagen, die wertvolle Ikone gelangte in die Hände des Feindes, von dem sie gegen eine horrende Summe zurückgekauft werden musste.

Zusammen mit anderen Kirchenschätzen aus der alten Kaiserstadt Gondar brachte Kaiser *Tewodros II.* (1855–1868) das Bild auf seine Festung Maqdala. Nachdem die Engländer 1868 die Festung erobert hatten, wurden die dort erbeuteten Schätze versteigert und zu einem großen Teil von *Richard Holmes* für das Britische Museum erworben. Als Kaiser *Yohannes IV.* (1872–1889) mit der Bitte um Rückgabe des symbolträchtigen Bildes an England herantrat, befand sich dieses Gemälde nicht im Britischen Museum. Im 20. Jahrhundert tauchte es in der Holms'schen Privatsammlung auf und wurde 1917 bei Sotheby's verkauft. Versuche der äthiopischen Regierung, das Heiligtum 1950 zu erwerben, blieben erfolglos, da die äthiopische Botschaft bei der Versteigerung überboten wurde. 1980 wurde das Bild in portugiesischem Privatbesitz gemeldet.

Hier befinden sich die **Gräber von 18 Kaisern.** Anfang des 20. Jahrhunderts sah der britische Konsul *R. E. Cheesman* die Mumie des Kaisers *Fasilidas* (1632–1667): „Sein Kopf war mit einem Tuch bedeckt, das, als es entfernt wurde, das Gesicht eines gutaussehenden Mannes mit feinen Gesichtszügen, einer dünnen Nase und dünnen Lippen freigab. Er muss über sechs Fuß (1,80 m) groß gewesen sein."

Mit dem Kaiser ist ein Kind bestattet, angeblich sein Sohn *Izur,* der während der Trauerfeierlichkeiten für den verstorbenen Vater durch das Gewicht der ihm aufgesetzten Krone getötet wurde. In einem **Mausoleum** (dem *iqa-bet,* Schatzhaus und Speicher) werden (inzwischen sehr zerfallene) Mumien in einfachen Holzsärgen aufbewahrt, die man u. a. den Kaisern *Yekuno Amlak* (1268–1283), *Dawit* (1382–1411), *Tewodros I.* (1411–1414), *Zara Yaqob* (1434–1468) und *Za Dengel* (1603–1604) zuschreibt. Vielleicht liegt hier auch Kaiser *Bakaffa* (1721–1730), was jedoch nicht sicher ist, denn er hat sich möglicherweise zum Zeitpunkt seines Todes in Verkleidung unter das Volk begeben, so wie er es zur Zeit seiner Regierung einmal tat, um die Treue seiner Untertanen zu testen. Diese Kaiser wurden zumeist erst lange nach ihrem Tod hierher gebracht. Etliche Trompeten und Kronen werden Kaiser *Fasilidas* zugeschrieben; aus den Chroniken ist bekannt, dass dieses Kloster von mehreren Kaisern der Gondar-Zeit besucht und beschenkt wurde. Ein Holzkreuz des Schatzes stammt aus Jerusalem. Bemerkenswert ist das Fragment eines **Tryptichons** mit der Gottesmutter, die das Kind säugt, das mit *Frere Sion* signiert und in die Zeit des Kaisers *Zara Yaqob* (1434–1468) datiert ist – eines der frühesten signierten Meisterwerke äthiopischer Kunst.

Die Inseln an der Ostküste

Rema

Diese Insel liegt abseits der üblichen Wege, und die **Kirche Medhane Alem** ist kaum zugänglich. Sie wurde vom Bruder des Kaisers *Yeshak* (1414–1429) gegründet und Ende des letzten Jahrhundert von *Ras Gugsa* renoviert.

Einige Malereien sind gewiss älter, so das auf stuckiertes Holz gemalte Bildnis der Jungfrau, die das Christuskind säugt, das sehr dem in die Zeit des *Zara Yaqob* (1434–1468) datierten Bildes auf der Insel Daga Estifanos ähnelt. In der Kirche werden neben anderen Schätzen in einer chinesischen Porzellanvase die Eingeweide des Kaisers *Sarsa Dengel* (1563–1597) aufbewahrt.

Missile Fasilidas

Diese Kirche ist dem Reiterheiligen *Fasilidas* geweiht und wurde schon zum Ende des 13. Jh. gegründet. In den Annalen der Gondar-Könige wird sie des öfteren erwähnt, Kaiser *Iyasu I.* (1682–1706) besuchte die Kirche, Höflinge stifteten dem Reiterheiligen Kriegsbeute. Der heutige Bau ist relativ modern.

Auch diese Kirche besitzt wertvolle Handschriften, darunter auch ein Buch mit Märtyrerlegenden, besonders des Heiligen *Fasilidas,* datiert um 1425.

Tana Cherkos (Tana Qirkos)

Auch diese Insel ist in der Trockenzeit mit dem Land verbunden und darf wegen ihrer Heiligkeit **nicht von Frauen betreten** werden.

Die wohl phantastischsten **Legenden** ranken sich um diese Insel: So soll die Heilige Familie bei ihrer Flucht von Palästina nach Ägypten hier einhundert Tage gerastet haben. Es gibt sogar ein Halsband, das die Jungfrau Maria zurückgelassen haben soll.

Auch mit der **Bundeslade** ist die Insel verbunden: Hier wurde sie zuerst aufbewahrt, nachdem *Menelik I.* sie aus Jerusalem entführt hatte. *Azarius,* der Enkel oder Sohn des *Zadok,* des Hohepriesters von Jerusalem dieser Zeit, der die Lade mit anderen transportierte, hat hier sein Grab.

Ein alter jüdischer Tempel soll auf Tana Cherkos gestanden haben, bis der Heilige *Frumentius* Mitte des 4. Jh. auch hierher kam und seinen eisernen Priesterstab auf dem Opferplatz aufstellte. *Frumentius* soll sogar auf der Insel begraben sein. Drei Steine markieren die alte jüdische Opferstelle, oder, nach anderer Tradition, die Stelle, an der die Jungfrau Maria rastete.

Es ist durchaus wahrscheinlich, dass es sich dabei um eine Opferstätte des vorjüdischen Kults handelt. Auch der Heilige *Yared,* der Schöpfer der äthiopischen Kirchenmusik, ist mit einigen Reliquien und einem Grab vertreten. Sogar der Speer des sagenhaften axumitischen Königs *Gebra Masqal* (Mitte des 6. Jh.), mit dem dieser versehentlich den Fuß des *Yared* durchbohrte, als jener in Verzückung tanzte und davon nichts spürte, ist hier zu bewundern.

Es heißt auch, das große Opferbecken sei das Tintenfass des *Yared* gewesen, als er seine großen Werke zur äthiopischen Liturgie schrieb.

Schnitt durch eine Rundkirche am Tana-See

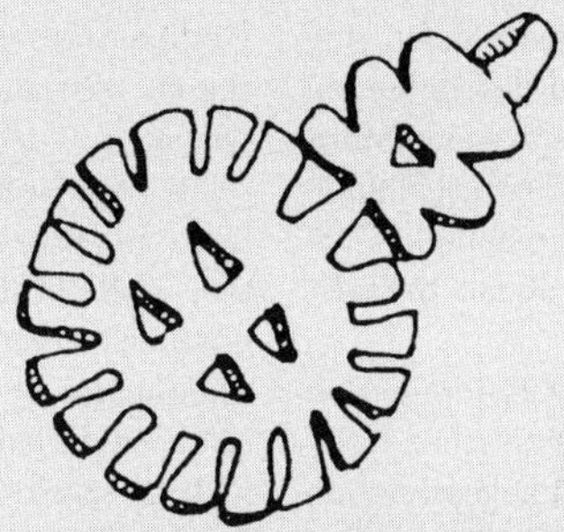

Yekuno Amlak, Dawit und Tewodros I.

Yekuno Amlak ist der achte Nachfahre des letzten, durch die Dynastie der Zagwe abgesetzten Herrschers des alten axumitischen Königshauses. Seine Vorfahren hatten sich aus Furcht vor Nachstellungen weit nach Süden, bis nach Shoa, zurückgezogen. Hier wuchs er unter der Obhut berühmter Geistlicher seiner Zeit auf: *Iyessus Moa* vom Kloster im Hayk-See und Tekle Haymanot vom Kloster Debre Azbo (später in Debre Libanos umbenannt). Nach seiner Ausbildung in Shoa ging er in Verkleidung an den Hof des regierenden Kaisers in Lasta, um das Hofzeremoniell zu erlernen.

Eine Legende erzählt, dass der dort lebende Herrscher einmal einen Hahn sprechen hörte: „Wer meinen Kopf isst, wird das Königtum Davids erben". Auf den Rat eines Geistlichen hin ließ der König den Hahn schlachten und sich zum Mahle bereiten. Die Köchin aber warf den als wertlos erachteten Kopf fort, den der wie alle Pagen immer hungrige *Yekuno Amlak* fand und aß.

Die beiden Mönche, die später heilig gesprochen wurden, begannen inzwischen, die Rückkehr der alten, sich von König Salomon herleitenden Dynastie zu propagieren. Der fromme letzte König der Zagwe-Dynastie, *Neakuto Leab,* sah sich schließlich gezwungen, auf den Thron zu verzichten. Seine Nachkommen behielten aber die Herrschaft über Lasta.

Unter *Yekuno Amlak* wurde der Staat neu geordnet, die Geistlichkeit erhielt für ihre Unterstützung ein Drittel des Kronlandes zugesprochen. Die von *Yekuno Amlak* begründete neue salomonische Dynastie behielt die Macht bis zu Kaiser *Haile Selassie,* der die Kaiserwürde durch die Verfassung in dieser Familie festschreiben ließ.

Dawit ist berühmt für die Delegation, die er 1387 nach Ägypten entsandte, um einen neuen Abuna zu holen. Der Reichtum der Gesandtschaft mit zwanzig beladenen Kamelen beeindruckte die Zeitgenossen so sehr, dass dieses Ereignis in den Chroniken festgehalten wurde. *Dawit* soll durch eine Weissagung der Mönche vom Hayk-See gezwungen worden sein, zurückzutreten und die Herrschaft seinem Sohn *Tewodros* zu überlassen.

Tewodros hat zwar die Rechte der Kirche eingeschränkt, gilt aber dennoch als ein Heiliger, weil er sich nur auf eine Frau beschränkt hatte. Über ihn gab es die Weissagung, ein Kaiser mit Namen *Tewodros* solle dereinst dem Reich wieder den Frieden bringen. Auf diese bezog sich Kaiser *Tewodros II.* (1855–1868) bei der Wahl seines Krönungsnamens.

In der Auseinandersetzung mit den Jesuiten zur Zeit des Kaisers *Susenyos* (1607–1632) spielte das Kloster eine wichtige Rolle, da man hier entgegen der von den Jesuiten vertretenen **Mariendarstellung** eine traditionell äthiopische verehrte. Diese, die denen in Daga Estifanos und Rema ähnelt, befindet sich noch am Ort.

Die **Kirche,** deren Gründung den ebenso legendären axumitischen Königen *Abreha* und *Azbeha* zugeschrieben wird (das Christentum erreichte diese Gegend wohl erst fast tausend Jahre später), wurde in ihrer heutigen Gestalt unter *Menelik II.* (1889–1913) von *Ras Gugsa* erbaut und hat, ebenfalls eine Ausnahme, den rechteckigen Grundriss der Kirchen in Tigray.

Nahebei, auf der **Insel Tcheqla Manzo,** besaß *Iyasu I.* (1682–1706) einen Palast, gegenüber auf dem Festland, in **Christos Samra,** einen weiteren. Die Kirche dieses Ortes besitzt einige schöne Stücke in ihrem Kirchenschatz.

Metrea

Diese Insel liegt weit nördlich. Hier ließen sich Kaiser *Yohannes I.* (1667–1682) mit seiner Frau *Sabla Wangel* und ihren Kindern bestatten. Sein Sohn, Kaiser *Iyasu I.* (1682–1706), soll der Legende nach so vom Tod seiner Mutter betroffen gewesen sein, dass er entgegen aller Tradition, die einen Kaiser vom Begräbnis seiner Eltern ausschloss, ihrem Begräbnis beiwohnte. *Iyasu* ließ sich eine Residenz auf der Insel Tcheqla Manzo bauen, in der er auf Weisung seiner Frau *Malakotawit* und seines Sohnes, *Tekle Haymanot I.* (1706–1708), ermordet wurde. Der Kaiser wurde auf Metrea in einem kleinen Bau im typischen Gondar-Stil beigesetzt, während man seinen missratenen Sohn auf Kebran bestattete.

Die heutige **Kirche** ist ein moderner Bau und besitzt einige alte Handschriften. 1840 besuchte *Th. Lefebvre* die noch intakte Kirche, Anfang des 20. Jh. *Cheesman* deren Ruinen (1887 von den Mahdisten niedergebrannt). Beide berichten von einer Anzahl byzantinischer Ikonen, die wohl zur Zeit des Kaisers *Dawit III.* (= *Lebna Dengel,* 1508–1540) dorthin gebracht wurden.

Gondar/ Begemder

Die Bergwelt der **alten Provinz Gondar** (davor Begemder genannt und jetzt zur Amhara-Region gehörend) umfasst mit dem **Simien-Gebirge** die **höchste Erhebung** des äthiopischen Hochlandes überhaupt. Der Ras Dashen erreicht 4620 m über dem Meer, die umliegende Bergwelt fällt kaum unter 2500 m ab. Die Berge liegen im Zentrum der alten Provinz, deren Ost- und Nordgrenze der im großen Bogen – ähnlich dem Abay, nur genau spiegelverkehrt – durch das Hochland verlaufende **Fluss Tekezze** bildet. An seinem Unterlauf als *Setit* bezeichnet, bildet er zum Teil die Grenze zu Eritrea, im Sudan mündet er in das Flusssystem des Atbara, des nördlichsten Nilzuflusses.

Östlich des Tana-Sees liegt die **Landschaft Fogara** und das wichtige **Begemder,** nach dem die Provinz gelegentlich auch insgesamt benannt wurde. Nördlich vom See breitet sich die **Dembiya** genannte Landschaft aus, westlich davon **Takusa,** Heimat der Falasha und Qwara. Im Westen markiert der Hochlandabfall die Grenze zum Sudan. Die Berge von Simien gehen im Westen in die Landschaften **Weldebba** und **Welqait** über.

Am See ist es noch recht warm, in den Bergen um Gondar können die **Temperaturen** aber nachts schon unter den Gefrierpunkt fallen, während am Tage bis zu 30°C gemessen werden. Weiter nördlich im Gebirge ist die Hochlandkälte allenthalben zu spüren.

Das Gebirge südlich des Tekezze war lange Zeit die Hochburg der Agau-Sprachen sprechenden Bevölkerung Äthiopiens. Hier gab es noch bis in das

17. Jh. Fürstentümer der **Falasha,** die die Oberherrschaft des äthiopischen Kaisers zeitweise anerkannten, sich aber genauso oft (wie alle anderen Fürsten des Landes auch) im Aufstand gegen diesen befanden. Seit der Übersiedlungsaktion der 1970er Jahre und besonders 1991 nach Israel sind nur noch Reste der einst mächtigen und kulturell einzigartigen Falasha-Bevölkerung im Hochland um Gondar verblieben (siehe Kapitel „Religion").

Eine ebenfalls zu den voramharischen Völkern zählende Gruppe von **Qamant,** die einen unsichtbaren Schöpfer in einer Mischung aus animistischem und jüdisch-christlichem Ritus verehrten, gab es bis vor kurzem noch südlich von Gondar. Im Gebiet westlich des Tana-Sees leben die **Qwara,** auch Agausprecher und christlichen Glaubens. Besonders zur Zeit der Kaiserin *Mentewab* (1730–1755), die selbst eine Qwara war, hatten ihre Fürsten großen Einfluss am Hof von Gondar. Auch Kaiser *Tewodros II.* (1855–1868) stammte aus dieser Region. Erst mit der Verlagerung der kaiserlichen Residenzen zuerst an den Tana-See nach Gorgora und schließlich unter Kaiser *Fasilidas* (1632–1667) nach Gondar setzte sich auch hier das amharische Element durch, das heute bestimmend ist.

Die **Amhara** sind zwar zum großen Teil orthodoxe Christen, entlang der Handelsstraßen, in den Tälern und besonders in der Stadt Gondar gibt es jedoch eine bedeutende Gruppe von **Jabarti,** amharischen Muslimen.

Die Bauern pflanzen in den mittleren Lagen das traditionelle Getreide *teff* an, auf höher gelegenen Feldern Weizen, Gerste und Hafer, nebst den Leguminosen Pferdebohnen, Felderbsen und Lein bzw. *noug* als Ölsaaten. In den Tälern und tiefer gelegenen Regionen sind auch Mais und Sorghum sowie Kolbenhirse-Arten zu finden. Selbst steile Berghänge werden im Gebirge zum Anbau genutzt; man kann im Winter häufig sehen, wie die Felder zur Verbesserung der Fruchtbarkeit abgebrannt werden. Leider haben der jahrtausendelange Pflugbau, die Hangneigung, hohe Bevölkerungsdichte und Feldzüge, die viel Feuerholz benötigten, die Berge weitgehend ihrer Vegetation beraubt und die **Bodenerosion** gefördert. So müssen die Bauern in immer schwierigere Hanglagen ausweichen. Bienenzucht ist vor allem in tieferen Lagen sehr verbreitet, der daraus hergestellte *tedj* (Honigwein) der Gegend von Gondar ist bis Addis Abeba berühmt.

Die typische äthiopische **Rundhütte** aus Lehm oder Stein mit einem Strohdach ist hier vorherrschend, in den Bergen stehen aber auch Steinhäuser mit Stroh- oder Wellblechdächern.

Die **Amhara der Berge** sind ein verschlossenes, selbstbewusstes und wehrfähiges Volk – selbst bei der Feldarbeit sind die Bauern mit einem mehr oder weniger modernen Gewehr ausgerüstet, denn für Äthiopier ist nur ein Mann in Waffen ein wirklicher Mann. Leider hat das Gebaren seine Gründe, denn es gibt in dieser Gegend immer noch **Räuberbanden** *(shifta)*. Die Mengistu-Revolution und der spätere Bürgerkrieg haben ein Übriges getan, alle Seiten mit Waffen zu versorgen.

Entlang des Westabfalls der Berge leben den Niloten verwandte **Berta, Gumuz** und **Shinasha,** auch sie Reste einst mächtiger und verbreiteter Volksgruppen, die auf diesem Landstreifen von sudanesischen und äthiopischen Herrschern und zum Teil Sklavenjägern regelrecht „zusammengedrückt" wurden.

An- und Weiterreise

Über die **Straße von Addis Abeba zum Tana-See** sowie über den „Highway" von Weldiya an der Straße Addis Abeba – Asmara ist Gondar gut erreichbar; die Straße nach Norden in die Provinz Tigray ist wegen der bergigen, kurvenreichen Strecke über den 3200 m hohen Wolkefit-Pass relativ anspruchsvoll.

Abgesehen von dieser über Gondar führenden Strecke gibt es **kaum Durchgangsstraßen** in der Provinz, der Großteil des Berglandes ist für Fahrzeuge praktisch unerschlossen. Ausnahmen sind zwei Straßen an die sudanesische Grenze: Eine führt von *Azezo* zum Grenzübergang bei Metemma/Gallabat, die andere, eine Piste, verläuft zum Dreiländereck zwischen Äthiopien, Eritrea und dem Sudan bei Humera.

Busse fahren auf den Hauptstrecken zwischen Tana-See, Gondar und, aufgrund der schwierigen Straße in geringerem Maße, der Provinz Tigray.

Gondar wird **täglich von Addis Abeba aus** über Bahir Dar **angeflogen.**

Nordostufer des Tana-Sees/Dembiya

Bahir Dar – Addis Zemen (85 km)

Die Gesamtstrecke von Addis Abeba aus beträgt etwa 663 km (845 km über Weldiya).

Zur Route bis Bahir Dar siehe „Route Richtung Tana-See" im Kapitel zur Provinz Shoa, nach Gojam „Route Tana-See und Nilfälle" im Kapitel „Gojam und Tana-See".

Von der Hauptstadt führen **zwei gut ausgebaute Straßen** nach Addis Zemen. Die eine Strecke folgt der „historischen Route" über Debre Libanos, Debre Markos und Bahir Dar.

Die alternative Strecke führt über die Hauptverbindung Addis Abeba – Asmara bis nach Weldiya, dort biegt man auf den „Highway" nach Westen zum Tana-See ab, der in Werota erreicht wird. Diese Strecke beträgt etwa 845 km.

Addis Zemen V,D1

Die kleine Stadt Addis Zemen liegt etwa auf halber Strecke zwischen Bahir Dar und Azezo und ist von beiden Orten mit dem **Bus** oder mit dem Auto zu erreichen (etwa drei Stunden Fahrzeit). Auch von Weldiya aus fährt ein Bus nach Addis Zemen.

Etwa 10 km nördlich von Addis Zemen in Richtung Gondar befindet sich eine Funkstation. Hier kann man nach der **Höhlenkirche Washa Andreas** fragen und sich zu ihr führen lassen. Sie ist in eine Felsenhöhle eingebaut und nicht in den Felsen getrieben wie die Kirchen in Lalibela. Angeblich hat der Heilige Andreas einen Drachen aus dieser Höhle vertrieben. Der Höhlenraum wurde nach außen geschlossen, sein Inneres in drei Räume geteilt. Neben dem Allerheiligsten *(maqdas)* befinden sich hier auch die Unterkunft der Mönche und der Vorratsraum. Verschiedene Reliquien erinnern an den Heiligen Andreas, u. a. sein Stuhl und sein Hocker. Im hinteren Teil der Höhle werden die mumifizierten Körper der toten Mönche abgelegt.

Unweit gibt es die Reste einer weiteren **Kirche, Washa Tekle Haymanot,** einer Rundkirche, die zur Zeit der italienischen Besetzung zerstört wurde.

Abstecher nach Belessa

Von Addis Zemen (nicht der Hauptstraße nach links abbiegend folgen, sondern rechts nach Addis Zemen und dann weiter) können Sie mit eigenem Fahrzeug oder trampend in die bis heute recht archaisch anmutende Stadt **Ibenat** und von dort weiter nach Belessa mit der Stadt **Hamusit** fahren, wo es auch eine berühmte **Felsenkirche** gibt. Belessa ist eine Region, die früher für ihre teff-Produktion berühmt war, heute aber wegen häufiger Trockenheiten und der Vernachlässigung während der Mengistu-Zeit zu einem der am stärksten betroffenen Hungergebiete zählt. Diese **kaum zugängliche Region** war das Hinterland der amharischen Rebellen gegen Mengistu, die zusammen mit der tigrinischen Rebellenfront den Diktator gestützt haben und heute die Regierung in Bahir Dar stellen.

Die Residenzen um Azezo ↗ V,C1

Addis Zemen – Azezo (86 km)
Gondar – Azezo (11 km)
Gondar – Emfraz/Guzara (ca. 65 km)
Gondar – Danqaz (ca. 25 km)

Bevor Kaiser *Fasilidas* (1632–1666) die Residenz in Gondar anlegen ließ, hatten **mehrere Kaiser** aus dem Zeitalter der Oromo-Kriege und des starken portugiesischen Einflusses zeitweise oder auch für längere Perioden ihre **Residenzen** am Tana-See angelegt. Die Wahl einiger der Orte soll auf eine Prophezeiung zurückgehen, die der Erzengel *Urael* dem Kaiser *Lebna Dengel* (1508–1540) gemacht haben soll: Einer seiner Nachfolger würde in einer Hauptstadt leben, deren Name mit „G" beginnt. Zuerst auf Guzara bezogen, soll auch die Wahl von Gorgora durch *Susenyos* (1607–1632) und Gondar durch *Fasilidas* (1632–1667) auf diese Prophezeiung zurückgehen.

Von Azezo, wo sich die Straßen von Addis Zemen, der sudanesischen Grenze, Gondar und Gorgora kreuzen und sich der **Flughafen von Gondar** befindet, sind die Plätze nicht weit entfernt.

Emfraz/Guzara ↗ V,D1

Etwa 65 km von Gondar und 54 km von Azezo am Nordostufer des Tana-Sees (an der Straße nach Addis Zemen) entfernt befindet sich die Ruine der **Burg von Guzara.** Der Ort soll schon unter Kaiser *Minas* (1559–1563) Platz für Winterlager gewesen sein, unter seinem Nachfolger *Sarsa Dengel* (1563–1597) ist dann wohl der feste Palastbau errichtet worden. Dieser interessante Bau wäre damit der älteste der aus Stein errichteten Burgen, wie sie für die folgende **Gondar-Zeit** typisch sind. Der rechteckige Bau mit zwei runden Ecktürmen prägt den späteren Gondar-Stil deutlich vor.

In der Nähe, ca. 35 km vor Azezo, passiert man die eindrucksvollen **Ruinen Barye Gemp** sowie die **Kirche Kiddus Mikael,** die im frühen 16. Jh. erbaut und von den Truppen des Imam *Ahmad Grang* 1540 zerstört wurde.

Danqaz ⇗V,C1

Danqaz liegt etwa 25 km südöstlich von Gondar, in der Nähe von Azezo.

Kaiser *Susenyos* (1607–1632) verlegte seine **Residenz** 1618 von Gorgora hierher, weil ihm das Klima am See zu ungesund war. Der alte Name des Ortes soll *Gomnage* gewesen sein, so dass auch hier die oben erwähnte „G-Prophezeiung" zuträfe. Es wurde hier ein **Palast** gebaut, bei dem der von den Portugiesen geholte Inder *Abdel Kerim* die Leitung hatte und der (wahrscheinlich koptische) Ägypter *Sadaqa Nesrani* Vorarbeiter war. Zum ersten Mal wurde hier Mörtel als Bindemittel verwendet, wofür der Inder den Rohstoff gefunden hatte (in Gorgora hielt nur Lehm die Steine zusammen).

Grundrisse der Burg des Sarsa Dengel und der Kirche Kiddus Mikael

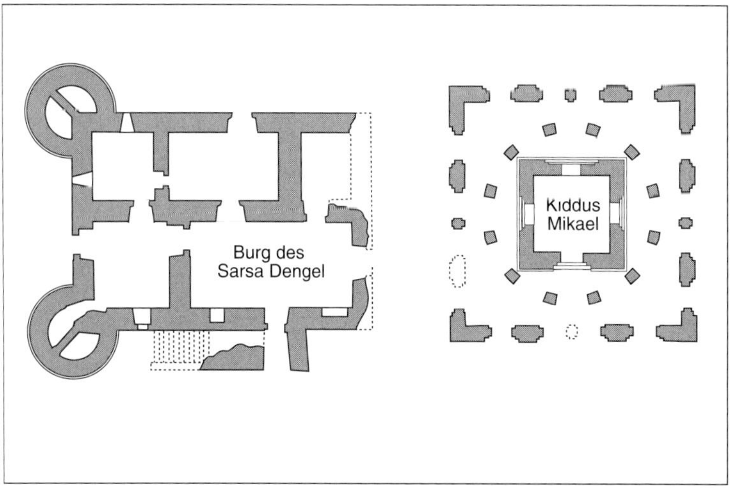

efi_266 Foto: mf

Daneben gab es eine **Kathedrale** im europäischen Stil, ähnlich der in Gorgora, die, so berichteten die Jesuiten stolz, europäischen Kathedralen in nichts nachgestanden haben soll. Zur Finanzierung dieses Prachtbaus hatte sogar der Kaiser eine seiner Kronen gestiftet.

1628 nahm der Kaiser in diesem Palast feierlich den katholischen Glauben an. Von einem Thron, der ebenso hoch war wie der des Kaisers, verkündete der Jesuit *Alfonso Mendez* die Oberhoheit des Papstes über Äthiopien. Von der Anlage sollen noch einige Reste erhalten sein.

Azezo ⇗V,C1

Azezo heißt auch *Gennata Maryam* („Garten der Maria"). Kaiser *Susenyos* (1607–1632) ließ sich einen **Park** oder Garten nach dem Muster europäischer Lustgärten anlegen. Es gab hier ein Schloss, in dessen Park Pflanzen und Bäume aus Indien und Portugal standen. Der Kaiser selbst ist hier in einem von dem Jesuiten *Pero Pais* errichteten Kirchlein begraben. Kaiser *Fasilidas* (1632–1667) übergab nach der Vertreibung der Jesuiten den Ort den Mönchen vom Kloster Debre Libanos in Shoa, die wegen der Oromo-Gefahr ihr Kloster zusammen mit den tabot verlassen mussten. Er selbst wurde auch hier bestattet, später aber auf die Insel Daga Estifanos überführt. Die tabot von Debre Libanos wurden von *Menelik II.* (1889–1913) wieder in ihr Stammkloster überführt.

Aus der Zeit Kaiser *Iyasus II.* (1730–1755) datieren eine Kirche für den Heiligen *Tekle Haymanot* und ein kleiner Palast im Gondar-Stil auf der anderen Seite der Straße. Die **Ruinen** befinden sich südlich des Ortes.

Gorgora und Alt-Gorgora

Azezo – Gorgora (54 km)

Stichstraße zur Nordspitze des Tana-Sees, von Azezo nach Süden.

Der Ort Gorgora ⇗V,C1

Gorgora liegt direkt am Nordufer des Tana-Sees, über den eine **Personenfähre** nach Bahir Dar verkehrt. Am Landungssteg der Fähre ist die **Marine Authority** angesiedelt, auf deren Gelände sich auch eine Vogelbeobachtungsstation befindet. Nahe des Landungsstegs steht die Kirche Debre Sina.

Die Kirche Debre Sina

Die **Malereien** der von Kaiser *Amda Sion* (1314–1344) gegründeten Kirche wurden nach einer Beischrift von einer Frau mit Namen *Woyzero Malakotawit* gestiftet. Damit könnte eine Tochter des Kaisers *Susenyos* (1607–1632), Schwester des Kaisers *Fasilidas* (1632–1667), gemeint sein, aber auch die Frau des Kaisers *Iyasu I.* (1682–1706). Diese wurde 1710 gehängt, weil sie an der Ermordung ihres Mannes mitgewirkt haben soll. Sie selbst hatte, nach der Ermordung ihres Sohnes und Mittäters *Tekle Haymanot I.* (1706–1708), für zwei Jahre die Regierungsgeschäfte geführt. Die Mönche behaupten allerdings, die Malereien gingen auf das 14. Jh. zurück.

Papyrus am Nordostufer des Tana-Sees

Die auf gespannte Leinwand gemalten Wandbilder sind der älteste **vollständig erhaltene Zyklus von Wandmalereien** am Tana-See. Glücklicherweise sind sie den Zerstörungen durch die Mahdisten im Jahre 1887 entgangen. Die Gemälde sind typische Repräsentanten des frühen Gondar-Stils.

Die **Malereien des Maqdas** zeigen die auf der nächsten Seite abgebildeten Motive (nach *Jäger, O.A.* und *I. Pearce:* Antiquities of North Ethiopia, Stuttgart, 1974).

Unterkunft

- Am Landungssteg befindet sich die Marine Authority, auf deren Gelände das empfehlenswerte **Gorgora-Hotel/Gorgora Workers Club** (10–20 US$) steht.
- Es gibt mindestens noch eine Herberge (**Birihen Hotel**) im Ort.

Verkehrsverbindungen

- **Busse** von Bahir Dar fahren bei Sonnenaufgang (12 Uhr äthiopischer Zeit/6 Uhr europäischer Zeit und gegen 4 Uhr äthiopischer Zeit/10 Uhr europäischer Zeit), die Fahrt dauert drei bis vier Stunden. Von Gondar brauchen die Busse etwa zwei Stunden.
- Die **Personenfähre** verlässt Gorgora einmal wöchentlich am Mittwochmorgen nach Bahir Dar, wo sie am Donnerstagabend ankommt. Von Bahir Dar aus ist Abfahrt am Sonntag und Ankunft am Montag.

Ob die Benutzung für Ausländer gestattet ist, variiert von Einzelfall zu Einzelfall.

Alt-Gorgora ⇗V,C1

Etwa eine Stunde Autofahrt von Gorgora nach Westen (anderthalb Stunden mit dem Boot) befindet sich **Mariam Ghemb Susenyos** (Alt-Gorgora), der Palast und die Kathedrale des Kaisers *Susenyos* (1607–1632). Diese Anlage

Malereien in Debre Sina

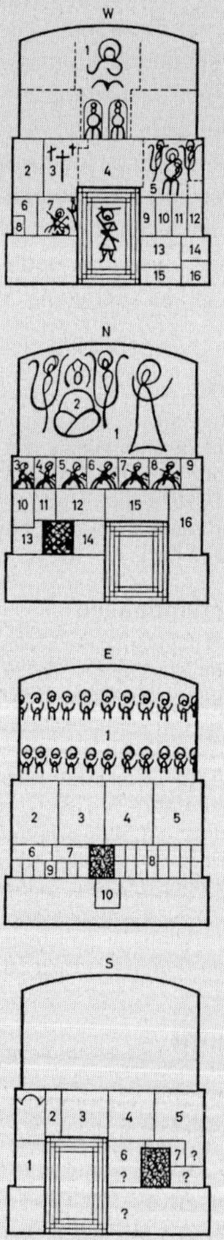

Westwand
Tür: Erzengel Raphael
1. Die 24 Ältesten
2. Höllenfahrt Jesu
3. Kreuzigung,
4. Verkündigung
5. Maria mit dem Jesuskind
6. St. Fasilidas,
8. Cherkos
9. Tekle Haymanot
10. Ewostatewos
11. Gebre Manfus Qiddus
12. Abba Samuel
13. Maria als Himmelskönigin
14. St. Georg, König der Heiligen
15. Leben des Tekle Haymanot
16. St. Michael

Nordwand
1. Verklärung,
2. Maria mit Engeln
3.–8. Reiterheilige, 9. Auferstehung
10. Taufe Christi
11. Drei Jünglinge im Feuerofen
12 Tod von Petrus, Paulus und Stephanus
13. Tod Johannes des Täufers
14. Cherkos und Julietta, 15. ?
16. Abraham opfert Isaak

Ostwand
1. 22 Heilige werden in den Tana-See geworfen, aber vom Wasser getragen
2.–5. Die Könige David, Salomon, Jesekias, Josias
6. Einzug nach Jerusalem
7. Daniel, Josa, Menasse
8.+ 9. Heilige Bischöfe
10. Maria mit dem Jesuskind

Südwand
1. Jüngstes Gericht
2. ?, 3. Geburt Christi
4. Anbetung der Hl. Drei Könige
5. Flucht nach Ägypten
6. Kindermord von Bethlehem?
7. Jesus und die 12 Apostel, ein Engel bringt den Mönchsgürtel zu St. Antonius, zwei Heilige

wurde für den Kaiser unter der Leitung des portugiesischen Jesuitenpaters *Pero Pais (Pedro Paez)* erbaut. Die Errichtung einer festen Residenz war zu dieser Zeit noch eine Neuerung. Die Kaiser der vorhergehenden Periode hatten zumeist in ständig mobilen Feldlagern gelebt. Diese Zeltstädte sollen bis zu 100.000 Menschen beherbergt haben und waren – nach den Beschreibungen der europäischen Besucher – große Anlagen mit Palastbezirk, Gerichtsplatz, Markt und Militärlagern. Unter *Sarsa Dengel* (1563–1597) begann man mit dem Bau fester Residenzen (siehe „Emfraz/Guzara“). Es blieb aber üblich, dass jeder Herrscher eine neue Residenz errichtete.

1619 ließ sich der von Europa begeisterte *Susenyos* von Paes in Alt-Gorgora eine **Kirche im portugiesischen Stil** errichten. Sie war 1621 fertig gestellt, hatte einen rechteckigen Grundriss, eine Apsis, die Fassade war mit Säulen geschmückt und im Glockenturm hing eine aus Indien geholte Kupferglocke. Der für Äthiopien ungewöhnliche Bau entzückte den Kaiser; er war aber nicht sehr stabil, denn die Steine wurden nur mit Lehm zusammengehalten, da man noch keinen Rohstoff für die Mörtelbereitung gefunden hatte. So brach die

Kaiser Susenyos

Kaiser *Susenyos* (auch: *Susneyos)* erlangte die Herrschaft in Folge der Kriege mit den um 1550 aus dem Süden einwandernden Oromo. Besonders die Provinzen Shoa und Gojam wurden schwer heimgesucht, die Vasallenstaaten im Süden, wie das Königreich Enarya, schließlich gänzlich überrannt.

Kaiser *Susenyos* stammte aus der Provinz Gojam und verbrachte seine Jugend als Chef von Shifta-Banden (irreguläre Söldner und Räuber). Dabei geriet er etwa 1585 in die Gefangenschaft der Oromo, wurde dort aber adoptiert und führte die Oromo selbst zeitweise im Krieg gegen Enarya. Als Cousin des Kaisers *Sarsa Dengel* (1563–1597) bekämpfte er dessen Nachfolger *Yaqob* (1597–1603) und *Za Dengel* (1603–1604) sowie den wieder zur Macht gelangten *Yaqob* (1604–1607). Er wurde dabei von den Portugiesen und auch Oromo-Söldnern unterstützt. Nach seiner Machtübernahme schaffte er eine Reihe von Hofzeremoniellen ab, z. B. jenes, dass der Herrscher immer unsichtbar hinter einem Vorhang mit seinen Untertanen verkehrte. Er nahm den Söhnen der Fürsten eine Reihe erblicher Hofämter und ersetzte sie durch von den Jesuiten erzogene Oromo und Agau. Zugleich fügte er den weiter gen Süden plündernden Oromo schwere Verluste zu. 1614 verbot er den Verkauf von Sklaven an Muslime (Sklavenjagd war eine der Haupteinnahmequellen der Fürsten).

Die gegen ihn kämpfende Opposition fand Unterstützung beim Abuna der äthiopischen Kirche, so dass der Kaiser sich Hilfe von den katholischen Portugiesen versprach. Er ließ sich 1622 nach römischem Ritus taufen und erkannte 1628 offiziell die Oberhoheit des Papstes an. Die erhoffte Unterstützung aus Europa blieb aber aus; und obwohl der Kaiser seine Gegner militärisch schlagen konnte, blieb das Land unregierbar. Als der Kaiser das Scheitern seiner politischen Pläne erkannte, erklärte er 1632 öffentlich, dass die Einführung des katholischen Glaubens ein Fehler war und gestattete die Wiederaufnahme des orthodoxen Ritus. Er dankte anschließend zugunsten seines Sohnes *Fasilidas* (1632–1667) ab und verstarb im selben Jahr.

Kirche unter dem Druck des Daches bald zusammen.

Als nächstes ließ der Kaiser sich auf der Halbinsel den in Resten noch sichtbaren **Palast** mit einer **Kathedrale** erbauen. Die Kathedrale wurde auf Wunsch des Kaisers eingewölbt, die Leitung dieser Arbeiten hatte der Jesuit *Giovanni Martines* inne. 1629 war der Bau fertig und wurde mit einer katholischen Messe geweiht. Susenyos hatte zu dieser Zeit aufgrund einer Epidemie die Residenz schon aufgegeben und war nach Danqaz umgesiedelt.

Die **Residenzanlage** umfasste den Palast und die Kathedrale. An die Kathedrale schließt sich ein **Kloster** mit Innenhof und einer Rundkirche an. Eine Mauer trennt Palast und Kathedrale, in diese Mauer ist eine Treppe eingelassen, angeblich zu einem Notausgang, durch den der Kaiser einem Mordanschlag entkam. Der Palast bestand aus einem Flügel mit acht Zimmern, bewehrt mit zwei Türmen. Die barocke Dekoration mit Bögen, Rosetten und Muscheln zeigt den fremden, europäischen Baustil.

Die Stadt Gondar

⇗ **II,B3/V,C1**

Von Gorgora über Azezo nach Gondar sind es 97 km, von Addis Abeba nach Gondar 748 km, von Bahir Dar 183 km, von Axum 360 km.

Gondar liegt etwa 97 Autokilometer nördlich vom Ufer des Tana-Sees. Die berühmte äthiopische **Königsstadt des 17. und 18. Jh.** befindet sich etwa auf halbem Wege zwischen dem See und dem Simien-Hochgebirge mit dem Ras Dashen als höchster Erhebung Äthiopiens überhaupt (4620 m). Gondar selbst liegt immerhin auf einer Höhe von 2270 m. Der **Hauptort der alten Provinz Begemder** (bzw. Gondar) hat heute etwa 142.000 Einwohner. Neben verschiedenen Verwaltungsbehörden gibt es im Westen der Stadt eine medizinische Hochschule. Als alte Kaiserstadt gehört Gondar zu den großen **religiösen Zentren** des Landes, besonders Weihnachten *(genna)* am 7. Januar und das Tauffest *(timkat)* am 19. Januar haben überregionale Bedeutung.

Gondar ist heute eine lebendige und farbenfrohe Stadt, die in rasantem Tempo wächst und an überregionaler Bedeutung gewinnt. So beeindruckt z. B. eine mit modernster Technologie ausgestattete Brauerei, die **Dashen Brewery.** An dieser Straße ist auch die bekannte medizinische Hochschule zu finden. Weithin sichtbar erhebt sich der **Gemp,** der **Palastbezirk** in der Mitte der Stadt, nördlich davon befindet sich die **Piazza,** wo die Straße vom Tana-See auf die Hauptstraße trifft. Hier befinden sich einige Hotels und Restaurants. An der Piazza gibt es auch ein Büro der NTO, wo es u. a. Bücher und Souvenirs zu kaufen gibt.

Ein sehr gutes Hotel, das staatliche **Goha-Hotel,** liegt auf einer Anhöhe im

Ansicht von Gondar

Norden der Stadt: Den wunderbaren Blick von der Hotelterrasse sollten Sie keineswegs versäumen. An den Wochenenden kann man hier mit etwas Glück mehrere Hochzeiten beobachten, bei denen besonders der Einzug des Brautpaares, begleitet vom Gesang der *azmari* und dem Jubel der herausgeputzten Anverwandten, sehr eindrucksvoll ist. Im Hotel können Sie auch (am besten) nach einem Führer für den Gemp fragen, so werden z. B. die Herren *Mangesha* und *Nega Tobiaw* wärmstens empfohlen.

Die Hauptstraße führt nach Süden, an der Westseite des Gemp vorbei (hier ist auch dessen Haupteingang) bis in die südliche Vorstadt. Hier befinden sich der **Busbahnhof** und einige Herbergen, vor allem auch sehr stimmungsvolle und gute Restaurants (beraten lassen!). Hier beginnt das **Stadtviertel der Muslime,** denen ursprünglich das Wohnen im eigentlichen Stadtgebiet verboten war (südlich des Marktes ist das alte muslimische Dorf zu sehen). Mehrere **Moscheen** (eine davon besitzt ein Badehaus) und das zum Teil typisch muslimische Speiseangebot der Restaurants weisen auf die bedeutende Rolle der Muslime im Leben der Stadt hin.

Der **Markt,** der faktisch schon in der zu ihm führenden Straße beginnt, ist ein wichtiger Wirtschaftsfaktor und bietet auch an traditionellen Handwerksprodukten alles, was für die Region Gondar typisch ist, z. B. die Frauengewänder mit Kreuzverzierung (100–200 Birr).

Als Spezialität gilt in Gondar der lokale **tedj** (Honigwein oder -bier). Er wird vor allem in den **traditionellen tedj-Häusern** ausgeschenkt, wo die Männer

ef_278 Foto: mf

Die Portugiesen in Äthiopien

Bei der Suche nach einem Verbündeten gegen das erstarkende osmanische Reich entsann man sich in Europa der alten Legende vom Priesterkönig Johannes, der in Asien oder Afrika ein großes christliches Reich regieren sollte. Wenn auch nur sehr vage, so hatte man doch auch Nachrichten von einem christlichen Reich in Äthiopien, das mit dem Reich des sagenhaften Priesterkönigs gleichgesetzt wurde.

Im Zuge ihrer Afrikaexpansion drangen die Portugiesen vom Süden kommend zum Roten Meer vor. 1495 hatte *Vasco da Gama* das Kap umsegelt, 1509 hatten die Portugiesen eine arabische Flotte vor dem Roten Meer geschlagen. Ihr Ziel war es, den Indienhandel unabhängig von den Handelswegen durch den islamischen Orient zu machen. Als natürlichen Verbündeten sahen sie Äthiopien, mit dem sie sich bemühten, Kontakt aufzunehmen.

Diesen ersten Kontakten Europas mit Äthiopien verdanken wir eine Reihe sehr wertvoller Berichte. Der Italiener *Pietro Rombulo* war der erste Europäer der Neuzeit, dessen Aufenthalt in Äthiopien belegt ist. 1407–1444 weilte er in dem Land und kehrte schließlich mit einer Botschaft des Kaisers *Zara Yakob* (1434–1468) an *Alfonso von Aragon* zurück. Vom portugiesischen König *Joao II.* wurden 1487 zwei Delegationen nach Äthiopien entsandt; nur eine, die unter Leitung von *Pedro de Covilham* stand, erreichte das Land, wurde hoch geehrt, durfte es aber nicht wieder verlassen. *De Covilham* heiratete eine Äthiopierin und verblieb am Kaiserhof. Genauso erging es dem Priester *Joao Gomes,* der 1507 Äthiopien erreichte. Sie waren die ersten Portugiesen, die in Äthiopien – gezwungenermaßen – heimisch wurden. Die für ihren noch unmündigen Sohn *Lebna Dengel* regierende Kaiserin *Eleni* schlug dem portugiesischen König *Manuel I.* 1509 ein Bündnis vor, um sich gegen die im Roten Meer vordringenden Türken zu schützen.

1520–1526 weilte eine portugiesische Delegation unter *Rodrigo de Lima* in Äthiopien, um einen Bündnisvertrag abzuschließen. Kaiser *Lebna Dengel* (1508–1540), nun Alleinregent, stand den Europäern jedoch misstrauisch gegenüber, so dass sie schließlich unverrichteter Dinge abreisten. Teilnehmer der Delegation war *Francisco Alvarez,* dem wir die erste große Beschreibung Äthiopiens verdanken. Ein Jahr nach der Abreise begannen die Kämpfe mit dem Imam *Ahmad Grang,* die den äthiopischen Staat in schwere Bedrängnis brachten, da *Grang* von den Türken u. a. mit Feuerwaffen unterstützt wurde. Man suchte nun doch ein Bündnis mit Portugal, und 1541 landete *Christovao da Gama,* ein Sohn des Weltumseglers, mit 400 Musketieren in Massawa, um dem inzwischen regierenden Kaiser *Galawdeos* (1540–1559) beizustehen. *Christovao* wurde mit der Hälfte seiner Streitmacht getötet, den Übrigen gelang es aber, sich mit dem äthiopischen Heer zu vereinen. Ihre Feuerkraft hatte einen nicht geringen Anteil am Sieg über *Grang* im Jahre 1543.

Die überlebenden Portugiesen blieben im Lande. Sie heirateten äthiopische Frauen und bildeten eine eigene Gesellschaft, die portugiesisch sprach, portugiesische Namen hatte und dem katholischen Glauben anhing. Besonders wichtig war wahrscheinlich, dass sie die Technik der Feuerwaffen an ihre Nachkommen weitergaben. So bildeten sie eine kleine Gruppe, die einerseits für die Kaiser eine wertvolle militärische Einheit, andererseits durch ihren fremden Glauben und die Verbindungen zum Ausland unbeliebt waren. Sie wurden deshalb mehrmals in verschiedene Grenzregionen umgesiedelt. Gleichzeitig waren die Portugiesen bemüht, in Äthiopien eine katholische Missionierung durchzuführen. 1557 kam eine Gruppe von Priestern unter Leitung von *Andrea de Oviedo* ins Land, sie wurden unter Kaiser *Minas* (1559–1563) nach Fremona bei Axum verbannt, wo sie ein Kloster gründeten. 1603 schließlich kam eine Gruppe unter der Leitung des Jesuiten *Pero Pais (Pedro Paez)*. Dieser sehr fähige und begabte Missionar konnte die Kaiser *Za Dengel* (1603–1604) und *Susenyos* (1607–1632) zum katholischen Glauben bekehren. Dabei spielte in den unruhigen Zeiten der inneren und äußeren Kämpfe die Aussicht auf Unterstützung durch Portugal eine Rolle. *Pais* leitete den Bau des Schlosses in Gorgora, wovon *Bruce* über 100 Jahre später noch berichtete, dass der Jesuit sich dabei nicht nur als Architekt, sondern auch als Maurer, Tischler und Schmied gemüht hatte.

Die Konvertierung des Kaisers zum katholischen Glauben führte zu schweren Zerwürfnissen mit der äthiopischen Kirche und einer Reihe von Fürsten. Die Konfrontation spitzte sich zu, als der Jesuit *Alfonso Mendez* zum Nachfolger des 1622 verstorbenen *Pais* ernannt wurde. Dieser besaß nicht das Geschick seines Vorgängers und drängte auf eine vollständige Katholisierung des Landes: Abschaffung der Heiligung des Sabbats, Abschaffung der Beschneidung, Unterwerfung unter den Papst. 1628 wurde von *Susenyos* und *Mendez* eine entsprechende Erklärung in Danqaz verkündet. Die Folge war ein Bürgerkrieg. Der Plan Kaiser *Susenyos'*, mit Hilfe des katholischen Glaubens seine Stellung zu festigen, war gescheitert. 1632 dankte er zugunsten seines Sohnes ab.

Kaiser *Fasilidas* (1632–1667) verfolgte eine gänzlich andere Linie: Er baute seine Herrschaft auf dem orthodoxen Glauben auf. Da eine Reihe seiner Gegner mit dem Katholizismus sympathisierte, verfügte er die Ausweisung der Jesuiten und unterband jeden Kontakt mit dem christlichen Europa.

Die noch im Lande lebenden Nachkommen der Portugiesen behielten noch einige Zeit ihre Sonderstellung, es setzte aber eine allmähliche Assimilierung ein. 1695 berichtet der Kapuziner *Melchior de Sylva* in einem Brief, dass in Äthiopien noch Nachkommen der Portugiesen leben und einen Capitano mit portugiesischem Namen zum Oberhaupt haben, aber kaum noch portugiesisch sprechen können und die Beschneidung übernommen haben. Das sind die letzten Nachrichten über die immerhin 150-jährige Kolonie von Portugiesen in Äthiopien. Päpstliche Gesandtschaften versuchten vergeblich, um 1700 im Grenzgebiet zwischen Äthiopien und dem Sultanat der Funj im Sudan noch Reste der portugiesischen Gemeinde zu finden.

Portugiesische Brücke über den Nil in Nordwestäthiopien

efi_273 Foto: mf

entlang der Wände sitzen, vor sich die runde Phiole *(berille)*, und die Dinge des Lebens besprechen. Als das berühmteste gilt das Haus der *Abakillesh Yimer*, die damit ein Vermögen erwarb und wie eine Kaiserin in ihrem Palast dem Saal vorsitzt - ein Abbild dessen, was einst in den Hallen des Gemp geschah.

Stadtgeschichte

Kaiser Fasilidas (1632–1667) begann etwa 1636, in Gondar eine Residenz zu bauen. Das war ganz in der Tradition seiner Vorgänger, von denen sich jeder Kaiser ein neues Lager bauen ließ.

Die Kaiser jener Zeit waren die gesamte Trockenzeit über auf Feldzügen, und nur in der Regenzeit verblieb der Hof an einem Platz. So war auch Gondar für *Fasilidas* vor allem das feste Lager für die Regenzeit.

Bei der Wahl des Ortes soll auch die alte Prophezeiung des Kaisers *Lebna Dengel* (1508–1540) eine Rolle gespielt haben, einer seiner Nachfolger würde in einer Stadt residieren, deren Name mit „G" beginnt.

Besondere Stadtviertel wurden bei der Anlage der Stadt dem *Abuna* (Patriarch) und dem *Etchege* (Oberster Abt) zugewiesen. Ihre Wohnsitze waren **Asylstätten,** in denen jeder frei von Verfolgung war. Nach den bitteren Erfahrungen der portugiesisch-jesuitischen Einflussnahme in der Regierungszeit seines Vaters *Susenyos* (1607–1632), die zum Bürgerkrieg geführt hatte, ließ *Fasilidas* die Stadt für alle Ausländer sperren.

Die Position Gondars als Hauptstadt wurde gefestigt, als sein Nachfolger *Yohannes I. (Tsadik* = der Gerechte, 1667–1682) entgegen der Tradition keine neue Residenz gründete, sondern weiterhin hier, in der Stadt seines Vaters, die Regenzeit verbrachte. Während der Trockenzeit zog auch dieser Kaiser zu jährlichen Feldzügen bzw. zum Eintreiben von Tributen und Steuern aus.

Ein Konzil im Jahr 1668 zwang die letzten Katholiken zum Übertritt zum orthodoxen Glauben oder zur Emigration. Zugleich wurde festgelegt, dass Muslime und Falasha getrennt von der christlichen Bevölkerung zu leben hätten. In Gondar wurde **im Süden** das **„Islam Bet",** das muslimische Dorf, gegründet, während man den Falasha befahl, sich **im Norden** der Stadt (beim **„Falasha village"**) anzusiedeln.

Die **Zeit der ersten Gondar-Kaiser** gilt als eine der bedeutendsten Perioden der äthiopischen Geschichte, nicht nur was die territoriale Ausdehnung und politische Geschlossenheit des Landes angeht. Sie war vor allem auch eine **Blütezeit der Kunst und Literatur.** Begann nach 1700 die Bedeutung der Kaiser auch zu sinken, so blieb das hohe kulturelle Niveau in Gondar noch bis in das letzte Viertel des 18. Jh. erhalten, als die äthiopische Zentralmacht endgültig zerfiel.

Von der Zeit der **Kaiserin Mentewab** (1730–1755) wird berichtet, dass jeder, der lernen wollte, eine Mahlzeit am Hof erhalten habe, jeder, der lesen und schreiben konnte, bekam die Mahlzeit und dazu Bier *(tella)*, für Dichter gab es statt Bier den Honigwein *(tedj)*.

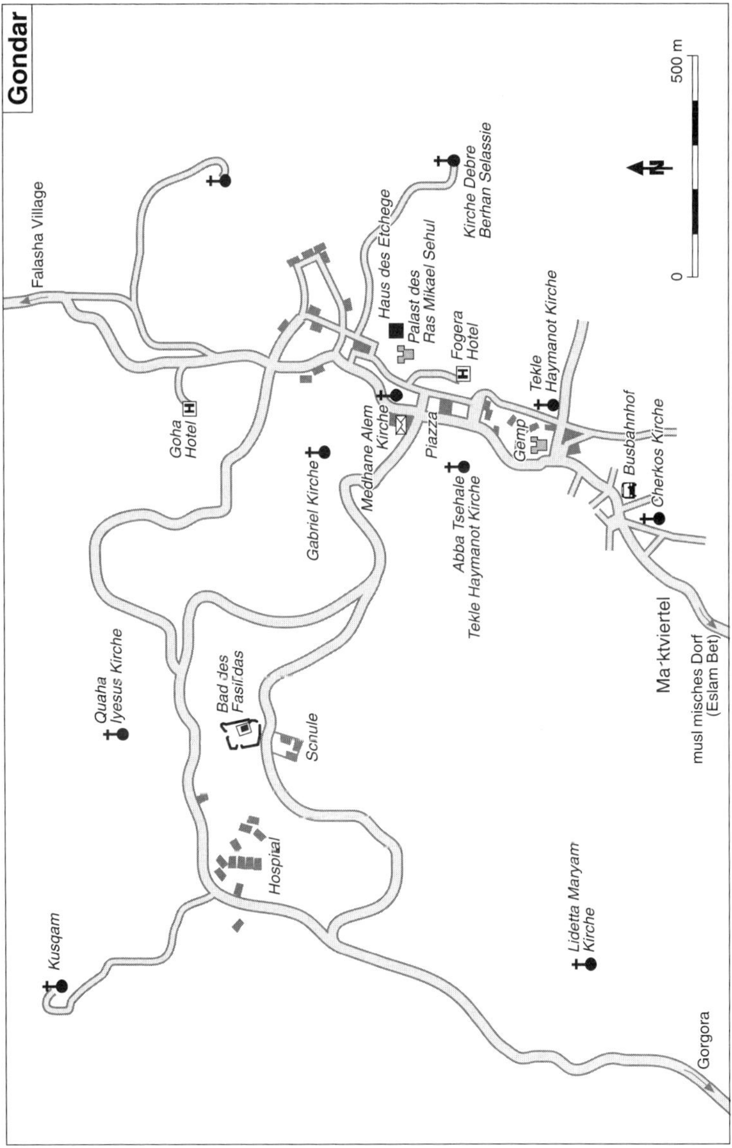
Gondar
Falasha Village
Haus des Etchege
Palast des Ras Mikael Sehul
Kirche Debre Berhan Selassie
Fogera Hotel
Tekle Haymanot Kirche
Goha Hotel
Medhane Alem Kirche
Piazza
Gemp
Busbahnhof
Cherkos Kirche
Gabriel Kirche
Abba Tsehale Tekle Haymanot Kirche
Quaha Iyesus Kirche
Bad des Fasilidas
Schule
Hospital
Marktviertel
muslimisches Dorf (Eslam Bet)
Kusqam
Lidetta Maryam Kirche
Gorgora
0
500 m
N

Zu ihrer Blütezeit soll die Stadt 80.000 Einwohner gehabt und Schulen, Ausbildungsstätten für Recht, Theologie und Kirchenmusik besessen haben, dazu eine prunkvolle Hofhaltung, die man den wenigen Reisenden, die Gondar sahen, in Europa einfach nicht glaubte – dass es mitten in Afrika einen König geben sollte, dessen Hof dem der europäischen Potentaten in nichts nachstand, lag außerhalb des Vorstellbaren.

Da in Gondar ein großer Teil der Oberschicht des Reiches vereint war, konnten sich **Werkstätten zur Erzeugung von Luxusgütern** etablieren. Besonders die immer mehr aus den ländlichen Gebieten verdrängten Falasha (Juden durften kein Land besitzen) waren geschickte Handwerker. Hofhaltung und Repräsentation zogen viele Menschen an, und Gondar wurde zu einer kosmopolitischen Stadt, etwas, was es in Äthiopien seit axumitischer Zeit kaum gegeben hatte. Die hier lebenden Muslime empfingen ihre Glaubensbrüder aus den umliegenden Ländern, der Handel mit fremden Waren und einheimischen Erzeugnissen blühte.

Die **Institutionalisierung des Kaiserhofes** und der wichtigsten Ämter, vor allem der religiösen Führer, an einem Ort hatte auch Nachteile. Es wurde zunehmend gefährlich für den Kaiser, die Stadt zu verlassen, denn würde sie von einem Rebellen genommen werden, besäße der Rebell alle ihn zur Herrschaft legitimierenden Mittel. So wurden die Kaiser unbeweglich und waren nicht mehr in der Lage, die Provinzen zu kontrollieren. Mehr und mehr agierten die erblichen Gouverneure nach Gutdünken, das Reich zerfiel. Mit dem Beginn der **„Fürstenzeit"** (Zaman Mesafint) Ende des 18. Jh. begann der Abstieg der Stadt, deren rasch wechselnde Herrscher zum Spielball der Fürsten geworden waren. Gondar wurde mehrmals geplündert, nicht einmal die Kirchen boten mehr Schutz.

Tewodros II. (1855–1868) musste sich bei seinen Bemühungen um die Einheit Äthiopiens gegen die Ansprüche der Stadt, besonders der Geistlichkeit, durchsetzen; er zerstörte und plünderte Gondar 1864 und 1866. Als er dabei auch sämtliche Kirchen plündern ließ, wurde Gondar von den Chronisten mit Jerusalem verglichen, das *Nebukadnezar* geplündert hatte. Seitdem war Gondar auch nicht mehr Sitz des Abuna und des Etchege, die sich von nun an im kaiserlichen Lager aufhalten mussten, das sich zuerst in Debre Tabor und dann auf der Festung Maqdala befand. Im Januar 1888 und noch einmal 1889 plünderten die Mahdisten aus dem Sudan die Stadt und versklavten Teile der Bevölkerung. Inzwischen war die Einwohnerzahl auf etwa 4000 gesunken. Viele Handwerker, die in Gondar, der einzigen wirklichen Stadt Äthiopiens, alte Traditionen gepflegt hatten, mussten Bauern werden. Dennoch blieb die Stadt ein wichtiger Handelsplatz und begann um die Jahrhundertwende, sich in den Ruinen alter Pracht zu erholen.

1941 wurde die Stadt im Krieg gegen das faschistische Italien **von englischen Flugzeugen bombardiert.** Die Italiener erlitten hier im November 1941 eine letzte entscheidende Niederlage.

Sehenswürdigkeiten

Der Gemp

Der Bau des Palastbezirks wurde unter Kaiser *Fasilidas* (1632–1667) begonnen, und bis in die Zeit der Kaiserin *Mentewab* (1730–1755) wurde Bauwerk um Bauwerk hinzugefügt. Jeder Reisende war von dieser Anlage auf seine Weise beeindruckt. Der Jemenit *El Haimi* schrieb: „In dieser Stadt und in ganz Äthiopien gibt es kein Haus, das ihm gleichkommt, denn alles andere an diesem Ort sind nur Nester aus Gras." Der ganze Komplex umfasst etwa 7000 m², umgeben von einer starken **Umfassungsmauer mit 12 Toren,** in deren Bereich noch sieben größere Gebäude der Gondar-Kaiser stehen.

Die Bauweise der Paläste hat europäische Reisende an mittelalterliche Burgen erinnert, und man hat den Einfluss der Portugiesen auf den Baustil von Gondar geltend gemacht. Allerdings zeigen die Bauten der Portugiesen in Gorgora einen anderen, barocken Stil. Es ist daher anzunehmen, dass im Stil der Gondar-Paläste vor allem lokale Traditionen umgesetzt wurden. Das zeigt sich im **Grundriss,** der ganz der **Tradition eines äthiopischen Fürstensitzes** folgt. Stets besteht ein Palast aus einer großen Halle für festliche Bankette (*addarash,* immer im Erdgeschoss) und einigen, oft sehr kleinen, Privatgemächern des Kaisers. Ein Fürst hatte zu repräsentieren und einen großen Hofstaat zu unterhalten, je größer der Fürst, desto größer der Hofstaat. Dazu kommen Türme und Versorgungsanlagen, wie Zisternen und Verwaltungsbauten. Dieser funktionale Aufbau ist noch bis in die Zeit der ersten Repräsentationsbauten Kaiser *Meneliks II.* (1889–1913) in Addis Abeba zu verfolgen und war in den temporären Feldlagern der Kaiser früherer Zeit vorgeprägt. Das dem Kaiser *Sarsa Dengel* (1563–1597) zugeschriebene Schloss in Emfraz/Guzara zeigt, dass der „Gondar-Stil" in der Architektur schon älter ist als die Bauten in Gondar selbst.

El-Haimi und *Bruce* überliefern, dass ein Inder Bauherr des ersten Palastes gewesen sei, andere Autoren sahen auch den Einfluss der jemenitischen Architektur. Der indische Einfluss ist gerade bei den aus natürlichem Zementmörtel gefertigten Kuppelabschlüssen, die typisch für den **Gondar-Stil** sind, nicht unwahrscheinlich. Der Rohstoff für Mörtel soll von einem Inder gefunden worden sein, bis dahin benutzte man nur Lehm als Bindemittel. Vor allem kann in den Bauten von Gondar aber auch eine Weiterführung des zu axumitischer Zeit entwickelten Steinbaus gesehen werden, wie er in den nördlichen Regionen bis auf den heutigen Tag lebendig ist.

Sind die frühen Bauten noch schlicht und nur durch Gurtbänder und Zinnen gegliedert, so kann man an den Bauten aus der Zeit der Kaiserin *Mentewab* (1730–1755) Verzierungen in rotem Stein bewundern, die z. T. rein ornamental, teils auch figürlich die Maueröffnungen und Wände schmücken. Bei einigen Gebäuden ist wahrscheinlich ein gelber Verputz verwendet worden, wie er an der Bibliothek Kaiser Yohannes' noch zu sehen ist. Dieser Putz

efi_282 Foto: mf

erhält seine Farbe durch Beigabe des Öls der Pflanze *noug*. Ursprünglich muss man sich das Innere des Gemp sehr viel dichter bebaut vorstellen; eine ganze Reihe von Bauten sind zerstört, außerdem waren nicht alle aus Stein.

Rundgang durch den Gemp

Der **Eingang zum Gelände** liegt im Westen und führt durch das Tor der Prinzessin Inkoi. Hier befindet sich auch das **Ticket-Office.** Für Ausländer beträgt der **Eintritt** 50 Birr (für Videoaufnahmen zusätzlich 75 Birr), die Karte gilt auch für das **Bad des Fasilidas** (momentan wegen Restaurierung geschlossen), aber nicht für den **Kusquam-Palast.** Dort können keine Tickets gekauft werden! **Geöffnet** ist der Gemp 8–12 und 13.30–17.30 Uhr (europäische Zeit).

Unweit vom Office gibt es einen **Teepavillon,** in dem Sie sehr schön sitzen und über die große Zeit von Gondar sinnieren können.

Folgende **Tore** besitzt der Komplex (entgegen dem Uhrzeigersinn): I. Tor der Prinzessin Inkoi; II. Tor Gemija Bet Marijam; III. Tor der großen Wache; IV. Tor der Richter; V. Tor der Begräbnisse; VI. Tor des Kammerherren; VII. Tor der Spinner (oder Teppichknüpfer); VIII. Hochzeits-Tor; IX. Tor der Flötenspieler; X. Tor der Empfangshalle; XI. Tor der Fürsten (Ras Ber).

Die Bibliothek des Kaisers Yohannes und das Archiv

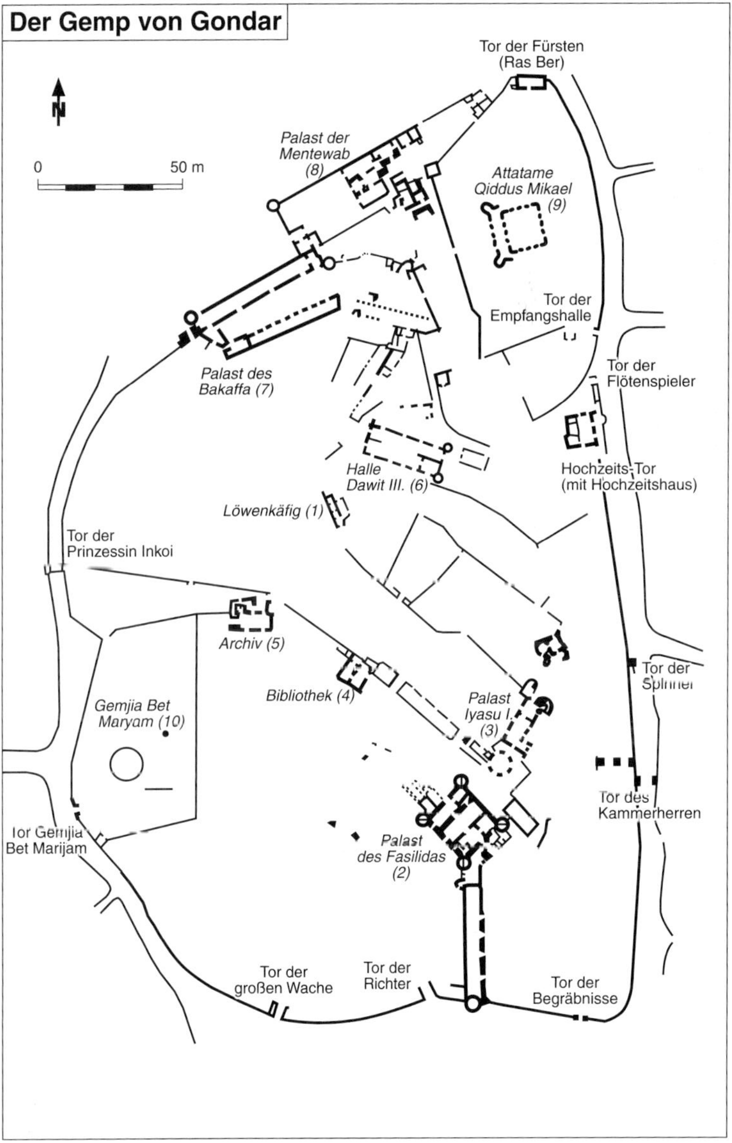
Der Gemp von Gondar
N
0
50 m
Tor der Fürsten
(Ras Ber)
Palast der
Mentewab
(8)
Attatame
Qiddus Mikael
(9)
Tor der
Empfangshalle
Palast des
Bakaffa (7)
Tor der
Flötenspieler
Halle
Dawit III. (6)
Hochzeits-Tor
(mit Hochzeitshaus)
Löwenkäfig (1)
Tor der
Prinzessin Inkoi
Archiv (5)
Tor der
Spinner
Bibliothek (4)
Palast
Iyasu I.
(3)
Gemjia Bet
Maryam (10)
Tor des
Kammerherren
Tor Gemjia
Bet Marijam
Palast
des Fasilidas
(2)
Tor der
großen Wache
Tor der
Richter
Tor der
Begräbnisse

Die Gründung von Gondar

Legenden berichten, Kaiser *Fasilidas* habe sich auf der Jagd in der Bergwelt verlaufen, als ein alter Mann aus einem Teich aufstieg und ihm verkündete, er solle an dieser Stelle ein Schloss errichten. So geschah es, angeblich steht der älteste Teil des Gemp, der Palast des Fasilidas, an der Stelle dieses Sees.

Dieselbe Legende berichtet auch, warum *Fasilidas* so viele Kirchen errichten musste: Der Kaiser hatte viele Konkubinen, was Gott erzürnte. So kam eine Epidemie über die Stadt, und der Kaiser wusste nicht, was zu tun sei. Da erschien ihm wieder der alte Mann und hieß ihn, die Kirche Fit Mikael (Alte Michaelskirche) zu erbauen. Allerdings ließ der Kaiser nicht von seinem Treiben, und es drangen zur Strafe viele wilde Tiere in Gondar ein. Diesmal hieß ihn der alte Mann, die Fit Abbo (= Gebre Manfus Qiddus)-Kirche zu errichten. Die nächste Plage war, dass alles bei Nacht einstürzte, was bei Tage errichtet wurde. Diesmal sollten die Jesus- und die Maria-Kirche erbaut werden. Nach dieser Prophezeiung verstarb der geheimnisvolle Alte und wurde in der Jesus-Kirche bestattet.

Das Unglück ging weiter, als der Kaiser zwei Töchter des „Königs von Rom" heiratete. Er wurde dafür von der Geistlichkeit angeklagt, da diese Hochzeiten mit Angehörigen anderer Konfessionen verbot. Der erboste Kaiser ließ die unbotmäßigen Mönche köpfen. Kaum waren jedoch die Köpfe abgeschlagen, bekamen sie Flügel und flogen direkt auf zum Himmel. Dieses Wunder trieb immer mehr Menschen an, den Kaiser anzuklagen, und sie drängelten sich regelrecht auf der Richtstätte, auch Laien und sogar Muslime, denn jeder Kopf flog jauchzend auf zum Himmel. Der Kaiser ließ 9099 Mönche köpfen (die Laien und Muslime wurden gar nicht erst mitgezählt), bis er davon abließ und drei weitere Kirchen stiftete. Der Kaiser fand trotzdem keine Ruhe; auch wollte ihm keiner die Absolution erteilen. Eine alte Sklavin wies ihn schließlich an, sieben Brücken zu bauen, und noch heute sollte jeder, der über diese Brücken geht (von denen es tatsächlich einige in der Umgebung von Gondar gibt), ausrufen: „Gott rette die Seele des Fasilidas!"

Die Blüte Gondars

Die Bauten der drei Kaiser *Fasilidas, Yohannes I.* und *Yasu I.* stehen für den ersten Komplex von Residenzgebäuden in Gondar und zugleich für die Blüte der Kaiserherrschaft dieser Periode der äthiopischen Geschichte. Nach den Zeiten der Krisen, die mit den Kriegen gegen den Imam *Ahmed Grang,* gegen die Oromo und anschließend mit der Auseinandersetzung mit den portugiesischen Missionaren verbunden waren, hatte unter Kaiser *Fasilidas* (1632–1667) eine Stabilisierung eingesetzt. Auch kulturell schlugen sich die neuen gesellschaftlichen Bedingungen nieder. Vor allem in der Residenz, aber auch sonst sind an Kirchen und einigen erhaltenen Profanbauten die Spuren des neuen „Gondar-Stils" zu bewundern. Eine schlichte und nur wenig gegliederte Monumentalität zeichnet die Bauten aus; in seit der axumitischen Zeit nicht gekanntem Maße wurden offizielle Bauten wieder massiv aus Stein errichtet. (Im Mittelalter hatte man zwar Kirchen in den Fels geschlagen, freistehende Bauten wurden aber in kombinierter Bauweise aus Holz, Lehm und Feldsteinen errichtet.) Buch- und Wandmalereien zeigen massige Figuren mit großen Augen und reichen Gewändern, ein gewisser Hang zum Luxus wird deutlich.

Auf der politischen Bühne hatte Kaiser *Fasilidas* weiterhin gegen die Oromo zu kämpfen; innenpolitisch gab es die Revolten von mindestens zwei Onkeln des Kaisers (*Se'ala Kristos* und *Malke'a Kristos*), die dabei mit den Katholiken konspirierten. Kaiser *Fasilidas* nahm dagegen Kontakte zum türkischen Sultan und zum Kaiser des indischen Moghulreiches auf.

Westeuropäern war seit der Vertreibung der Missionare das Betreten Äthiopiens verboten, und unter Kaiser *Yohannes I.* (1667–1682) wurden mindestens zwei „Franken" bei dem Versuch, nach Äthiopien einzudringen, getötet. Kaiser Yohannes I. bemühte sich um die Beilegung der innerkirchlichen Streitigkeiten um die Natur Christi (auf der Synode im Jahr 1682), daneben betrieb er die Abgrenzung von Christen und Muslimen in seinem Reich.

Iyasu I. (1682–1706) nahm wieder Kontakte nach Westeuropa auf. Er empfing Abgesandte des Papstes und sandte seinerseits eine Delegation nach Rom. Aus Ägypten ließ er 1699 den französischen Arzt *Charles Poncet* zu sich kommen, von dem eine lebendige Beschreibung des Hofstaates des Kaisers stammt, die man in Europa schlicht für Übertreibung hielt: „Nachdem man mich durch mehr als zwanzig Räume geführt hat, gelangte ich in eine Halle, wo der Kaiser auf seinem Thron saß. Es war eine Art Couch, bedeckt mit einer roten Damastdecke mit goldenen Blumen. Der Thron, dessen Füße aus massivem Silber waren, stand in einem Alkoven unter einem von Gold und Blau glänzenden Baldachin. Der Kaiser hatte ein seidenes, goldbordiertes Kleid mit sehr langen Ärmeln und eine ebenso bordierte Schärpe an. Er saß mit bloßem Haupte, und seine Haare waren sehr zierlich geflochten. Ein großer Smaragd funkelte auf seiner Stirn und gab ihm ein majestätisches Aussehen. Die Großen des Reiches standen zu beiden Seiten aufrecht und in Reihen, die Hände kreuzweise übereinander geschlagen, und beobachteten das größte Stillschweigen."

1706 wurde Kaiser *Iyasu* auf einer Insel des Tana-Sees ermordet. Möglicherweise hatten seine Kontakte zur katholischen Kirche Teile des Establishments gegen ihn aufgebracht. Mit seinem Tod begannen unruhige Zeiten im Gemp von Gondar: Sein Sohn, Mörder und Nachfolger *Tekle Haymanot* (1706–1708), wurde selbst ermordet, seine Mutter und Mittäterin *Malakotawit* gehängt; *Tewoflos* (1708–1711), ein Bruder des Kaisers *Iyasu*, schon alt, wurde vom Fürsten *Yostos* auf den Thron gesetzt und von diesem beerbt, obwohl *Yostos* (1711–1716) nicht zur eigentlichen königlichen Familie gehörte. Von nun an begannen die mächtigen Fürsten mehr und mehr die Geschicke des Landes (und das persönliche Geschick der Kaiser) zu bestimmen.

Der Niedergang Gondars

Mit *Iyoas* (1755–1769) endet die große Zeit von Gondar. Bauten wurden nicht mehr errichtet, und die folgenden Kaiser waren Marionetten in den Händen der großen Fürsten, insbesondere des *Ras Mikael Sehul*, der *Iyoas* unterstützte und ihn dann ermorden ließ (als dieser sich seiner entledigen wollte), danach *Yohannes II.* einsetzte und sofort wieder vergiften ließ, und schließlich *Tekle Haymanot II.* (1769–1777) als Puppe auf den Thron schob. Revolten und Revanchen erschütterten den Gemp.

1770–1771 weilte der schottische Reisende *James Bruce* in Gondar und gab einen Bericht der traurigen Zustände: „... ein Teil des Turms ist zerstört ... kleine Häuser wurden an verschiedenen Plätzen des Areals gebaut ... aus den vergänglichen Materialien des Landes, Holz und Lehm ..."

Ras Mikael unterlag 1771; sein Nachfolger als „Königsmacher" war *Ras Goshu*. In der nun folgenden Periode zerfällt das Land in sich bekämpfende Fürstentümer, und in Gondar lebten einige Kaiser, von denen man gerade noch die Namen und das Datum ihrer Ermordung kennt. Als Beispiel sei nur der sechs Mal von den sich bekriegenden Parteien auf den Thron gesetzte Kaiser *Tekle Giyorgis* (1779–84, 1788–89, 1794–95, 1795–96, 1797–99, 1800) genannt.

Linker Hand sieht man den **Löwenkäfig (1),** in dem noch bis 1992 ein Löwe Kaiser *Haile Selassies I.* (1930–1973) gehalten wurde.

Wenden wir uns zuerst nach rechts, zum ältesten Gebäude des Gemp, dem **Palast des Kaisers Fasilidas (2).** Er steht im Südostteil des Geländes, ist das **Wahrzeichen von Gondar** und wurde originalgetreu mit Holzdecken und Lehmputz restauriert. Unter Kaiser *Fasilidas* (1632–1667) wurde der Bau begonnen, Kaiser *Yohannes I.* (1667–1682) setzte ihn fort, unter Kaiser *Iyasu I.* (1682–1706) wurde er vollendet. Die Legende berichtet, ein alter Mann habe den Kaiser angewiesen, hier seinen Palast anstelle eines Teiches zu bauen. Dieser habe erst vier Türme errichten lassen: einen für sich, einen für seine Frau zur Rechten, einen für seine Frau zur Linken, einen für Audienzen und Gericht. Der Raum dazwischen sei erst später für Bankette überdacht worden.

Der Palast hat einen annähernd **quadratischen Grundriss** (ca. 25 m x 25 m) mit vier runden Ecktürmen und einem rechteckigen Hauptturm. Im Inneren ist er durch Zwischenmauern in drei Abschnitte geteilt.

Im Palast führt eine Treppe ins „Hochparterre", dessen Säle heute gelegentlich zu offiziellen Ereignissen genutzt werden. Die als Verzierung angebrachten Blendfenster könnten auf indischen Einfluss zurückgehen.

Über eine Treppe gelangt man auf das Dach, und von dort etwas halsbrecherisch auf den 32 m hohen **Mittelturm.** Von dort ist das gesamte Gelände des Gemp und die Stadt gut zu übersehen. Ein gedeckter Gang führte vom Palast zum „Tor der Richter". Von einer etwa 39 m x 14 m großen Halle vor dem Palast haben sich nur noch Mauerreste und ein Tor erhalten.

Nördlich steht die **Ruine des Palastes des Kaisers Iyasu I. (3).** Zwischen beiden Gebäuden befinden sich die Reste einer Konstruktion von 24 m Länge und 14 m Breite, wahrscheinlich einer Zisterne (oder eine Art türkisches Bad?). Die Touristenführer bezeichnen diese Einrichtung häufig als Bad des Fasilidas, dieser Name ist jedoch nicht korrekt, das eigentliche Bad befindet sich an anderer Stelle. Der Palast *Iyasu I.* (des „Großen", 1682–1706) ist ebenfalls zweistöckig und wird nach der Form des Daches des nordwestlichen Turms „Sattelschloss" genannt. Der Palast ist 24 m breit und 40 m lang und wird insgesamt von drei Türmen bewehrt. Dieser Bau wurde im Zweiten Weltkrieg zerstört; man kann aber im Innern einen Eindruck der hohen, gewölbten Halle gewinnen und die Art der aufwendigen Dachkonstruktion bewundern. Als Architekt wird *Walda Giyorgis* genannt. Die hinter den Palästen liegende **Brücke,** die den Zugang zum Palast und zur dort gelegenen Tekle Haymanot-Kirche ermöglichte, wurde ebenfalls unter Kaiser *Iyasu I.* erbaut.

Ein wenig vor den beiden Palästen befindet sich die **Bibliothek des Kaisers Yohannes (4).** Der kleine zweistöckige Bau ist gelb verputzt. Zum Obergeschoss gelangt man über eine Treppe an der Außenseite. Heute ist in dem Gebäude, das unter Kaiser *Yohannes I.* (1667–1682) erbaut wurde, die

Verwaltung des Gemp untergebracht. Angeblich gab es früher eine direkte Verbindung zwischen der Bibliothek und dem **Archiv (5),** die etwas westlich steht. Dieser zweistöckige Bau mit Eckturm ist heute eine Ruine. Auch dieser Bau wurde von dem Baumeister *Walda Giyorgis* errichtet.

Dawit III. (1716–1721), ein Sohn des Kaises *Iyasu,* ließ wieder im Gemp bauen. Aus seiner Zeit stammt der **erste Palast im nördlichen Teil** der Anlage **(6),** auch „Sängerhalle" *(Debbal Gemp)* genannt. Das Erdgeschoss des 12,50 m x 30 m großen Gebäudes wurde fast vollständig von einem großen Festsaal eingenommen. Bei den hier stattfindenden Sängerwettstreiten der *azmari* (fahrende Sänger) soll der Kaiser, seinem biblischen Namensvetter folgend, selbst zur Harfe gegriffen haben. Auch sonst eher von unorthodoxer Natur, da er mit Hilfe der Oromo amharische Opponenten bekämpfte, wurde der Kaiser schließlich vergiftet.

Unter Kaiser *Bakaffa* (1721–1730) wurde die kaiserliche Macht ein letztes Mal gefestigt. Der 50 m lange, zweiflügelige **Palast des Bakaffa (7)** entlang der nördlichen Mauer wurde für ihn errichtet. Der große Mittelhof wurde für Empfänge mit einem Zeltdach überdeckt. Neben Privatgemächern umfasste dieser nüchterne, einstöckige Palast auch die Ställe. Im Westen des Palastes befindet sich der so genannte Tauben-Turm, von dem aus der astronomisch-magisch interessierte Kaiser die Sterne beobachtet haben soll.

Kaiserin *Mentewab* (eigentlich *Wellata Giorgis)* regierte die meiste Zeit für ihren Sohn *Iyasu II.* („den Kleinen", 1730–1755). Einer letzten Blüte der höfischen Kultur verdanken wir den schönen **Palast der Kaiserin (8)** und die Anlage in *Kusqam* (siehe dort). Der zweistöckige Palast liegt in einem Graben, in das Obergeschoss gelangt man über eine Brücke. Der kleine Turm wirkt ebenso wie die Zinnen eher schmückend als wehrhaft, wie es noch im Falle der südlichen Paläste war. Auch die Bauornamentik zeigt diese Tendenz zur Verspieltheit: Tür- und Fenstereinfassungen sind schön gegliedert und die Wände mit kleinen Reliefs geschmückt. Im Palast befindet sich heute die Stadtbibliothek von Gonder. Hinter dem Palast, im Graben südlich der Umfassungsmauer, wurde ein **„Paradiesgarten"** mit einem Badehaus angelegt.

Noch prächtiger wird der **Palast des Sohnes der Kaiserin** beschrieben, der nie vollendet wurde und dessen Ruinen sich zwischen der „Sängerhalle" und dem Palast der Kaiserin befinden. Einer seiner Innenräume soll, so berichtet *Bruce,* vollständig mit Elfenbein ausgekleidet gewesen sein, ein weiterer bis zur Hälfte und ein dritter gänzlich mit venezianischen Spiegeln. Die Innenausstattung soll mit Hilfe von christlichen Handwerkern ausgeführt worden sein, die aus Smyrna (Izmir) geflohen waren. Sie leiteten einheimische Handwerker an (vor allem Falasha), und auch der Kaiser selbst soll sich an der Arbeit beteiligt haben.

Infolge der Verschwendungssucht des Kaisers und einer missglückten Operation gegen das Sultanat von Sennar im Sudan leerten sich die Staatskassen. Das wurde schmerzhaft deutlich, als ein neuer Abuna aus Ägypten geholt werden sollte. Es war kaum noch Geld da, um die Gesandtschaft auszurüsten, der dann noch vom türkischen Statthalter in Massawa übel mitgespielt wurde.

Östlich von der „Sängerhalle", an der Umfassungsmauer, befindet sich das **Brauthaus,** in dem die Braut für die Hochzeit angekleidet wurde. Es handelt sich um einen quadratischen Bau mit einem Eckturm.

Der Palastbezirk ist von einer Reihe von Kirchen umgeben. Im Norden, östlich vom Palast der Kaiserin Mentewab, befindet sich die **Kirche Attatame Qiddus Mikael (9).** Der Zugang zum Bereich dieser Kirche liegt im Norden (Tor der Fürsten, *Ras Ber*). Die Kirche wurde unter *Dawit III.* (1716–1721) errichtet. Der eigenartige Grundriss mit zwei Turmstümpfen im Westen und den Grundmauern zweier weiterer Türme im Osten lässt vermuten, dass es sich um einen umgebauten **Profanbau** handelt (der Grundriss ähnelt dem des Palastes des Fasilidas). Im Innern ist die Kirche in drei Schiffe gegliedert. Zwei Gemälde auf Leinwand (Michael und die Jungfrau Maria) werden in das 15. Jh. datiert.

Im selben Bereich, der einst auch ein Kloster beherbergte, befindet sich etwas südlich die **Kirche Ilfis-Giyorgis** („der Heilige Georg in meinem Haus"), eine Rundkirche, die schon unter Kaiser *Fasilidas* (1632–1667) gegründet wurde. Hier befinden sich sechs Gemälde

efi_287 Foto: mf

des Heiligen Georg, ebenfalls aus dem 15. Jahrhundert.

Auf der anderen Seite des Gemp, etwas südlich vom modernen Haupteingang, befindet sich der **Kirchenbezirk von Gemjia Bet Maryiam** („Schatzhaus der Maria") **(10).** Ursprünglich von Kaiser *Fasilidas* gegründet, wurde die Kirche in jüngster Zeit erneuert. Das berühmteste Gemälde der Kirche ist ein Bildnis der Jungfrau Maria, für das die Farben angeblich mit den Tränen des Kaisers *Yohannes' I.* (1667–1682) angerührt wurden.

Auf dem **Friedhof** neben der Kirche befindet sich das Grab des *Walter B. Plowden,* britischer Konsul und Freund Kaiser *Tewodros II.* (1855–1868). *Plowden* war ein wichtiger Berater des Kaisers, der sein Land mit europäischer Hilfe modernisieren wollte. Nach dem Tod *Plowdens* 1860 setzte die Verschlechterung der Beziehungen zwischen *Tewodros* und der englischen Regierung ein, die mit der Eroberung der Festung *Maqdala* durch die Engländer und dem Tod des Kaisers endete (siehe Exkurs „Tewodros II. – der Fall von Maqdala").

An der **Südwestecke** gegenüber dem Gemp befindet sich eine ebenfalls neuere Kirche an älterer Stelle, **Adebabay Iyasu.** Hier wird ein Gemälde aufbewahrt, das auf der einen Seite die Kaiser *Fasilidas* und *Iyasu I.* knieend zeigt, auf der anderen Seite die Kaiserin *Mentewab* in einem Waschzuber. Der Legende nach übte sie diese Form der Anbetung, in Imitation der Mönche des 5. Jahrhunderts, die beim Gebet in kaltes Wasser tauchten. Der große Platz im Süden der Palastanlage wird von einem riesigen Feigenbaum beherrscht und wurde zur Bekanntgabe wichtiger Neuigkeiten benutzt.

Etwas weiter nach Osten befindet sich die **Kirche Adebabay Tekle Haymanot,** die von *Iyasu I.* (1682–1706) als Grabkirche für einen seiner Söhne errichtet wurde. Hier wurden die königlichen Chroniken aufbewahrt. Die Kirche ist ein Pilgerort für Gebrechliche, die sich Heilung durch eine Reliquie aus einem Stück Knochen des Beines erhoffen, das dem Heiligen Tekle Haymanot bei seiner immerwährenden Andacht abgefallen war (Gott schenkte ihm Flügel, damit er sich weiter aufrecht halten und stehen könne).

Damit sind nur einige der Kirchen genannt, die sich in der näheren Umgebung des Gemp befinden.

Der Palast der Kaiserin Mentewab

Kirche Medhane Alem

Im Stadtgebiet nördlich des Gemp ist die Medhane Alem (Erlöser-)Kirche zu sehen, ein **Bau des späten 19. Jh.,** aber schon eine ältere Gründung. Diese Kirche soll als einzige im Stadtgebiet 1888 dem Ansturm der aus dem Sudan kommenden Mahdisten widerstanden haben – durch ein Wunder: Das Holz fing trotz größter Trockenheit kein Feuer. Einer anderen Legende zufolge soll eine Vision der Jungfrau Maria die Mahdisten abgehalten haben. Die Besichtigung der Kirche ist für Touristen nicht möglich.

Ras Mikael Sehul

Ras Mikael Sehul („der Schlaue", ursprünglich *Mikael Balatta,* 1686–1780) hatte 1759 den Herrscher von Tigray, *Anda Haymanot,* gestürzt, angeblich, weil dieser sich zu sehr mit Frauen abgab. Der Ras hatte schon gegen Kaiser *Iyasu II.* (1730–1755) rebelliert, musste sich schließlich aber unterwerfen. Von den Türken mit Waffen unterstützt, rückte er 1767 mit seinen Truppen in Gondar ein, vorgeblich, um seine Steuern zu bringen. De facto errichtete er eine Militärdiktatur. Nach einem missglückten Attentat auf seine Person ließ er den Kaiser *Iyoas* (1755–1769) töten, noch im selben Jahr auch dessen Nachfolger *Yohannes II.* Der war als alter Mann in die Kaiserrolle gezwungen worden und versuchte ständig, wieder auf seinen geliebten „Prinzenberg", die Internierungsstätte für Angehörige des Königshauses auf dem unzugänglichen Amba Wahni östlich des Tana-Sees, zurückzukommen. Kaiser *Tekle Haymanot II.* (1769–1777) war *Ras Mikael* vollkommen untergeordnet. Es gelang *Mikael* jedoch nicht, eine effektive Kontrolle im Land durchzusetzen, Gondar wurde mehrfach von Rebellen eingekreist und von der Versorgung abgeschnitten. Zuletzt schafften es 1771 die Truppen von *Ras Goshu,* die tigrinischen Truppen zu überwinden.

Der greise *Mikael* kehrte nach Tigray zurück und verstarb in der Nähe von Axum. (Andere Quellen geben seine Hinrichtung an.) Sein Auftreten gilt als Beginn der nach biblischem Muster als „Zeit der Richter" oder „Zeit der Fürsten" (Zemen Mesafint) benannten Periode, die erst mit dem Regierungsantritt Kaiser *Tewodros II.* (1855–1868) endet.

Etwas östlich von dieser Kirche befindet sich der **Palast des Ras Mikael Sehul (Ras Gemp).** Das Gebäude geht vielleicht schon auf die Zeit Kaiser *Fasilidas'* zurück, wofür der strenge Baustil spricht. Auch dieser Bau hat einen quadratischen Grundriss, zwei runde Ecktürme und eine zu einem eckigen Turm verstärkte Ecke. Eine Freitreppe führt in die erste Etage, von dort gelangt man auf die Dachterrasse und den Turm.

Dieser Palast wurde seiner guten Erhaltung wegen als Residenz von Kaiser *Haile Selassie* genutzt, wenn dieser in Gondar weilte. Das Gebäude ist nicht immer für Touristen zugänglich.

Im Gewirr der Gassen beim Ras Gemp liegt auch das ehemalige **Haus des Etchege,** des wichtigsten Repräsentanten der äthiopischen Kirche nach dem Abuna. Das runde Gebäude hat die Adresse House No. 1, Kebele 11, so kann man sich durchfragen.

Kloster Debre Berhan Selassie

Etwa einen Kilometer außerhalb des eigentlichen Stadtgebietes, **auf einem Hügel im Nordosten vom Gemp,** wurde die Kirche Debre Berhan Selassie errichtet. Das Kloster der „Dreieinigkeit auf dem Berg des Lichts" wurde unter Kaiser *Iyasu I.* (1682–1706) gebaut und 1694 geweiht. Berühmt war der Glockenturm mit einer von den Holländern erworbenen Glocke. Der Klosterbezirk erstreckte sich früher über den ganzen Hügel, wie Baureste zeigen.

Man betritt den von einer Mauer umgebenen Bezirk der Kirche durch einen Torbau mit Turm (**Eintritt:** 25 Birr). In die Umfassungsmauer sind mehrere

Türme eingefügt, die Mönchen als Wohnung dienen.

Der Legende nach war es nicht nur diese starke Mauer, die 1888 das Kloster vor dem Ansturm der Mahdisten rettete: ein Bienenschwarm fiel über die Angreifer her, die darauf vom Kloster abließen.

Die Kirche ist in einer für die Entstehungszeit und die Region ungewöhnlichen Form errichtet: der langrechteckige Bau kopiert die **Form einer axumitischen Basilika** mit Pfeilerumgang, wie ihn die antike Kathedrale von Axum oder die Felskirche Medhane Alem in Lalibela repräsentieren. Das Innere ist **zweigeteilt:** ein **Vorraum** erinnert an das Kirchenschiff der Basilika, den Versammlungsplatz der Gläubigen (in der äthiopischen Rundkirche versammeln sich die Gläubigen normalerweise außerhalb der Kirche), der hintere, annähernd quadratische Teil repräsentiert die eigentliche „Rundkirche" mit dem **Allerheiligsten** *(maqdas)* und dem **Umgang.** Aufgrund dieser einmaligen Raumaufteilung versammeln sich bei dieser Kirche die Männer im ersten Raum, die Frauen vor der Kirche zum Gottesdienst. Eine Außentreppe führt auf eine Empore. Warum die ungewöhnliche Form gewählt wurde, ist nicht ganz klar. Offensichtlich wurde die alte Kathedrale von Axum imitiert, die von Imam *Ahmad Grang* zerstört worden war. Kaiser *Fasilidas* (1632–1667) hatte an deren Stelle eine neue, die heutige Kathedrale von Axum, errichten lassen.

Wunderbarer Schmuck der Kirche sind die **Wandmalereien,** die zu den schönsten in ganz Äthiopien zählen. An den Balken der Decke sind die geflügelten Köpfe von Engeln gemalt, mit ihren großen Augen typische Vertreter der Kunst des Gondar-Stils. Sie waren vielleicht Anlass für die eigenartige Sage von den Köpfungen zur Zeit Kaiser *Fasilidas'.* Die heutigen Malereien sind wohl zum großen Teil im 19. Jh. erneuert worden, doch hat man sich bemüht, der Tradition der Malerei des 17. Jh. zu folgen. An den Wänden sind so gut wie alle Themen der religiösen Malerei Äthiopiens vertreten (nach *Jäger, O.A. u. I. Pearce:* Antiquities of North Ethiopia, Stuttgart, 1974).

Deckengemälde in der Kirche Debre Berhan Selassie

ep1292 Foto: ph

Malereien in der Debre Berhan Selassie

Ostwand (Eingang)

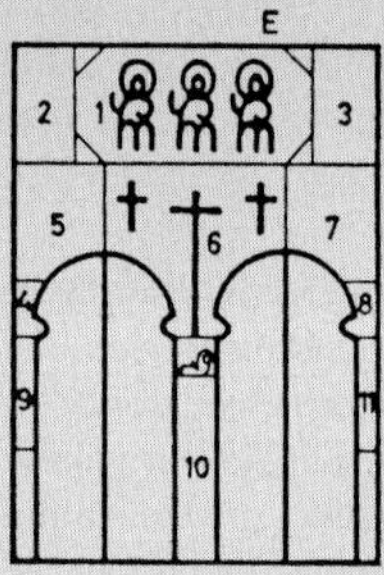

1. Dreifaltigkeit
2./3. Heilige vor Gottes Thron
4. Maria und das Kind leben im Tempel von Jerusalem
5. Verkündigung
6. Kreuzigung (Kaiser Iyasu unter dem Kreuz)
7. Geburt Christi
8. Genna spielende Kinder (zu Weihnachten gespieltes Hockeyspiel)
9. Bischöfe
10. Christi Sieg über den Satan
11. Bischöfe

Westwand (Wand zum Allerheiligsten)

1. Maria als Himmelskönigin
2. fromme Frauen
3. fromme Bischöfe und Priester
4. fromme Könige
5. König David
6. Mohammed liegt vor Maria

Südwand

1. Christi Versuchung
2. St. Maria
3. Taufe Christi
4. Verklärung
5. Bergpredigt
6. Einzug nach Jerusalem
7. Fußwaschung
8. Abendmahl
9. Gebet am Ölberg
10. Judaskuss
11. Gefangennahme
12. Geißelung
13. Dornenkrönung
14. Kreuzweg
15. Kreuzigung
16. Kreuzabnahme
17. Beweinung
18. Pieta
19. Grablegung
20. Christi Höllenfahrt (Rettung von Adam und Eva)
21. Auferstehung

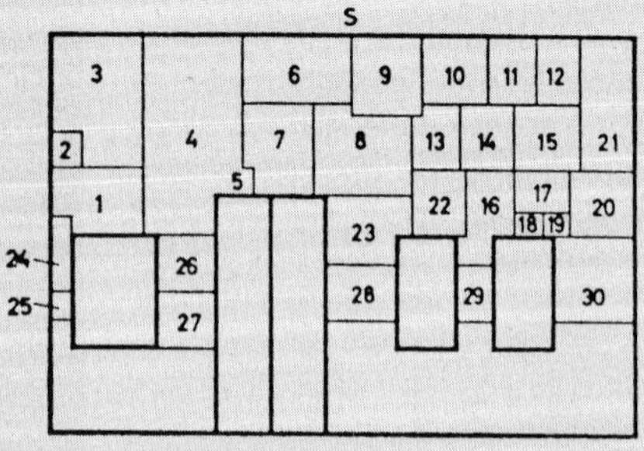

22. Jüngstes Gericht
23. Satan mit Mädchen im Mund
24. Kiddus Tsadik
25. Kiddus Sarkano
26.–27. Tod von Petrus und Paulus
28.–29. Tod zweier Apostel
30. Engel verkündet Auferstehung

Nordwand (Marienlegenden der äthiopischen Kirche)

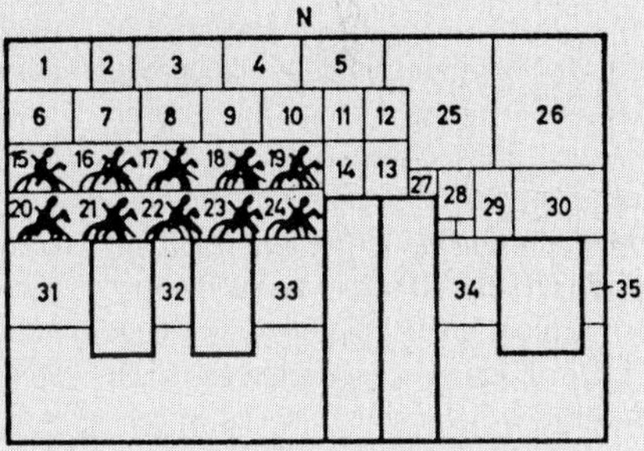

1. Anna und Joachim beten um Nachkommen
2. Geburt der Maria
3. Die 13-jährige Maria im Tempel
4. Maria trinkt das Wasser der Milde
5. Kindermord und Flucht
6. Verfolger wird zur Salzsäule
7. Herodes Pferd scheut bei der Verfolgung der heiligen Familie
8. Flucht nach Ägypten
9. Herodes verfolgt Marienanhänger
10. Kotiva wirft Jesus zu Boden
11. Gnadenbund
12. Auferstehung Mariae
13. Marientod
14. Rettung der Seele des Menschenfressers Belay durch den Schatten Marias
15.–24. Reiterheilige: Philataos, Menas, Claudius, Theodorus, Georg, Mercurius, Victorius, Susenios, Esteros, Fasilides
25. St. Georg, König der Heiligen
26. Madonna
27. Gebre Christos (ein heiliger Prinz, der sich all seines Hab und Gutes entledigte, als Bettler lebte und nur von seinen Hunden wiedererkannt wurde)
28. Gottvater und Erschaffung von Adam und Eva
29. Heiliger Michael
30. Kaiser Iyasu I.
31. Tod Johannes' des Täufers
32. Verbrennung von Cherkos und Julietta
33. Gebre Manfus Quiddus
34. Tekle Haymanot
35. Quiddus Tsadik

Bad des Fasilidas und Kusquam

Auf dem Weg von der Piazza im Zentrum westwärts, auf der Straße zum Tana-See, passiert man die Tribüne und das amphitheatrische Zuschauerrund des ehemaligen Revolution-Square. Nach etwa zweieinhalb Kilometern gelangen Sie so zum so genannten **Bad des Fasilidas.** Das kleine **Wasserschloss** soll für Kaiser *Fasilidas* (1632–1667) oder auch *Iyasu I.* (1682–1706) errichtet worden sein. Der eigenartige Bau steht inmitten eines mit großen Bäumen bewachsenen Gartens, der von einer starken Mauer umgeben ist. Innerhalb der Mauer befindet sich ein Bassin (70 m x 40 m), in dem wiederum das Schloss auf Stützpfeilern errichtet ist. Der Zugang zum Garten ist durch ein großes Tor markiert, sechs weitere Türme (vier sind erhalten) unterbrechen die Mauer (**Eintritt:** 15 Birr).

Das **Schloss innerhalb eines großen Bassins** ist über eine Brücke zu erreichen (wegen Restaurierungsarbeiten ist es jedoch für längere Zeit geschlossen). Im Erdgeschoss gibt es zwei Räume. Laut Erklärungen der Führer und Wächter soll der Kaiser in der Nische des ersten Raumes seine Insignien abgelegt haben; in der Fensternische wurde er entkleidet, vom Balkon des zweiten Raumes aus nahm er dann sein Bad.

Wir folgen dann dem Kaiser ins Obergeschoss, wo er sich im Turmzimmer trocknete oder vom Dach aus den schönen Blick in die Umgebung genoss. Der einerseits leichte und verspielte, andererseits auch strenge Bau ist ein sehr schönes Beispiel der frühen Gondar-Architektur. Das Lustschloss wurde gegen Ende der Gondar-Zeit in eine, dem heilig gesprochenen *Fasilidas* geweihte, **Kirche** umgewandelt. Das Bassin ist das ganze Jahr, auch aus Gründen des Denkmalschutzes, leer. Zum **Timkat-Fest,** dem Fest der Taufe Christi am 19. Januar, wird es über eine Wasserleitung vom nahebei fließenden Fluss aus gefüllt. Dafür gibt es einen unterirdischen Zu- und Abfluss. Nachdem man die tabot der Kirchen von Gondar am Vorabend hierher gebracht und die Nacht betend und singend verbracht hat, weiht der **Bischof von Gondar** das Wasser durch Eintauchen seines Tragekreuzes, womit auch für die Kinder das Signal gegeben ist, sich in das geweihte Wasser des Bassins zu stürzen, ein wirklich beeindruckendes Schauspiel. Ein hölzernes Kreuz lässt man auf dem Wasser treiben, aus der Richtung seiner Fahrt lesen die Priester die Zukunft.

In der Umgebung befinden sich die **Ruinen eines Rundbaus** mit sechs Bögen. Wahrscheinlich wurde das Gebäude auch unter Kaiser Fasilidas errichtet. Sein ursprünglicher Zweck ist unbekannt, in der Legende ist es jedoch das **Grab eines Pferdes.** Welches Pferd welchen Kaisers und warum, darüber gibt es verschiedene Ansichten. Informationen besagen, dass für das Pferd *Sobel,* das Pferd von Kaiser *Fasilidas,* von dessen Sohn (eigentlich Enkel) *Iyasu* dieses Grab gebaut wurde. Nach anderen Angaben soll es gar das Pferd des axumitischen Königs *Kaleb* (ca. 514–542) gewesen sein, aber auch das des Kaisers *Yohannes I.* (1667–1682), der im Sudan fiel und auf dessen Ross sich sein Sohn *Iyasu* (1682–1706) retten

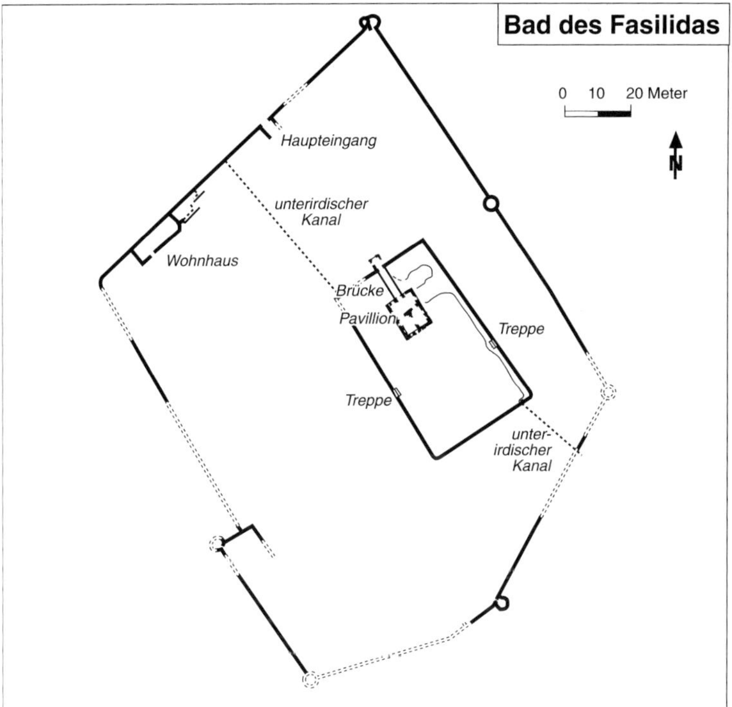
Bad des Fasilidas
0 10 20 Meter
N
Haupteingang
unterirdischer Kanal
Wohnhaus
Brücke
Pavillion
Treppe
Treppe
unter-irdischer Kanal

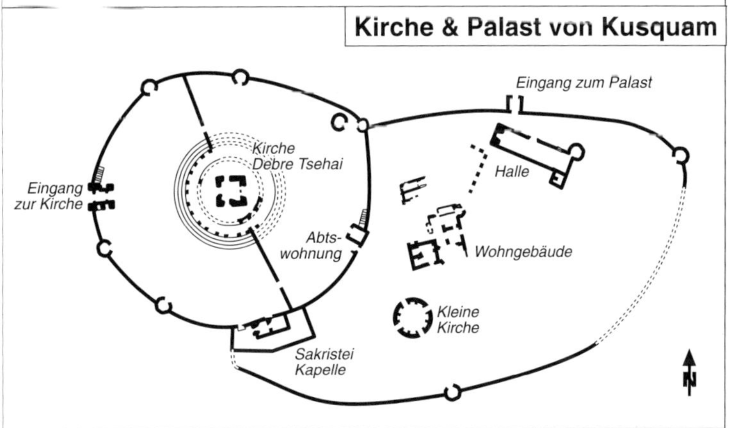
Kirche & Palast von Kusquam
Eingang zum Palast
Kirche Debre Tsehai
Halle
Eingang zur Kirche
Abts-wohnung
Wohngebäude
Kleine Kirche
Sakristei Kapelle
N

efi_297 Foto: mf

konnte (wobei Ross und Reiter in einen Abgrund stürzten und die Muslime von der Verfolgung absahen; die beiden überlebten und erreichten Gondar; dort brach das Pferd tot zusammen, weshalb *Iyasu* das Grab errichten ließ).

Ein Stück weiter erheben sich direkt an der Straße einige Mauerreste, die vom **Geflügelhof des Kaisers Fasilidas** stammen sollen. Das eigenartige Gebäude hat viele kleine Räume, „Hühnerappartments". Möglicherweise war es eine Art Bad oder Heilanstalt.

Noch eine Strecke weiter und einen Hügel hinauf liegt der **Komplex von Kusquam.** Die Anlage umfasst eine Kirche und die Ruinen eines Palastes. Zwei Mauerringe fassen die Bereiche ein.

Marienfest in Kusquam

Die **Kirche Debre Tsehai** („Berg der Sonne") war nach den Berichten von Zeitgenossen ungemein prächtig ausgestattet. Sie fiel dem Ansturm der Mahdisten zum Opfer, ist inzwischen renoviert und bietet besonders zum lokalen **Marienfest** (6. November des äthiopischen Kalenders, etwa 15. November europäischer Kalender) einen belebten Anblick. Im Inneren (**Eintritt:** 10 Birr) kann man in einer Gruft drei Skelette in einem Sarg besichtigen. Es soll sich um die Gebeine der Kaiserin *Mentewab*, ihres von ihr dominierten Sohnes *Iyasu II.* (1730–1755) und des Kaisers *Iyoas* (1755–1769) handeln.

Mit dem Namen der Kaiserin *Mentewab* verbindet sich die **letzte Blüte der Gondar-Architektur.** Neben ihrem Palast im Gemp gründete sie die Kusquam-Klosteranlage mit dem daneben liegenden Palast. Das Kloster soll in Anlehnung an ein Kloster in Ägypten gegründet worden sein, das an einer Stelle steht, an der die Heilige Familie auf der Flucht nach Ägypten gerastet hatte *(Kusquam)*. In den **Türmen** entlang der Mauer, die ganz typische Beispiele der Gondar-Architektur sind, leben die Mönche. Durch eine Tür in der Umfassungsmauer der Kirche gelangt man in den zweiten ummauerten Bereich mit den Ruinen der wunderbar über der Stadt gelegenen Wohnanlage. Den vorderen Teil nimmt ein stark zerstörter Baukomplex ein, der Wohnbereich der Kaiserin, die sich angeblich durch eine Holzwand jederzeit mit dem Abt des Klosters beraten konnte. Der idyllische Platz und der festungsartige Charakter der Anlage bekommen einen Sinn, wenn man die unruhigen Zeiten in Erwägung zieht, die im Gemp angebrochen waren. In einem der Räume soll angeblich *James Bruce* während seines Aufenthalts 1770–1771 in Gondar gewohnt haben. Er selbst gibt aber an, ein Haus im islamischen Viertel bezogen zu haben. Südlich befinden sich die **Reste der runden Privatkirche** der Kaiserin *Mentewab.*

Das zweite Gebäude war eine große **Halle,** mit zwei Türmen zur Stadt hin, einer davon ist erhalten. Die Wände und Fenstereinfassungen sind mit Reliefs geschmückt, darunter ein bärtiger Kopf, ein Elefant, eine Löwin, der auf einem Löwen reitende Heilige *Abuna Samuel* und diverse Kreuze. Erhalten sind nur noch Reste der hölzernen Decke.

Unterkunft

Eine angemessene Unterkunft in Gondar zu finden, ist ein Problem. In malerischer Lage wohnt man im Goha Hotel ohne eigenes Auto recht abgeschieden vom Zentrum (4 km). Die anderen großen Hotels (das Terrara und das Foguera Hotel) liegen zwar zentral, sind aber recht heruntergekommen. Die einzige Alternative ist, Pensionen zu finden, die recht einfache und billige Unterkunft bieten. Auch gibt es in Gondar – trotz eines 2002 erbauten Wasserreservoirs – erhebliche **Probleme mit der Wasserversorgung.**

Staatliche Hotels

- **Goha Hotel**

P.O. Box 182, Tel. 110634, Fax 515381, gut ausgestattet, dafür aber recht teuer, auf dem Hügel im Norden der Stadt mit Blick auf den Gemp, 4 km zum Zentrum, wird regelmäßig von der NTO angefahren, nachts dorthin zu kommen ist eher schwierig. Zimmer 50 US$.

Kaiserin Mentewab

Um die Person der Kaiserin *Mentewab* ranken sich Legenden. So soll Kaiser *Bakaffa* (1721–1730) auf einer Reise in das Gebiet der Qwara nordwestlich des Tana-Sees erkrankt sein. Er wurde von einem schönen Mädchen gepflegt, *Walata Gyorgis,* die er zu seiner Kaiserin mit dem Namen *Mentewab* machte. Seinen Tod hielt die kluge und energische Frau solange geheim, bis sie wichtige Positionen am Hof mit Angehörigen der Qwara besetzt hatte. So konnte sie die Macht in Händen halten und regierte mit ihrem Sohn *Iyasu II.* (1730–1755). Unter ihrer Herrschaft erlebte Gondar noch einmal eine Blüte des Luxus und der Gelehrsamkeit. Der zweite Gondar-Stil in der Malerei, belebter und bunter als in der vorhergehenden Periode, ist in diese Zeit zu datieren.

Angeblich kam es aber zu einer Verstimmung zwischen Mutter und Sohn, weil diese nach dem Tod ihres Mannes mit dem Cousin des *Bakaffa, Melmel Iyasu* mit Namen, ein Verhältnis hatte. Der Kaiser ließ den Geliebten seiner Mutter in einen Abgrund stürzen. Eine von dessen Schwestern soll darauf *Iyasu II.* vergiftet haben.

Auch nach dem Tod ihres Sohnes behielt *Mentewab* großen Einfluss, so ernannte sie ihren Bruder zum Statthalter von Gondar. Zunehmende Gegensätze zwischen den sich um die Macht am Hofe streitenden Adelsgeschlechtern führten zum Einmarsch von *Ras Mikael Sehul. Mentewab* sah sich in den Hintergrund gedrängt und suchte Zwietracht zwischen dem Ras und Kaiser *Iyoas* (1755–1769) zu säen, was ihr auch gelang (der Kaiser wurde umgebracht), aber keinen Machtzuwachs verschaffte. Sie zog sich daraufhin auf ihren Sitz in Kusquam zurück, wo sie auch verstarb.

James Bruce of Kinnaird

James Bruce of Kinnaird wurde 1730 als Sohn eines schottischen Landedelmannes geboren. Ungemein sprachbegabt und von gewaltiger Körpergröße, wird er zugleich als aufbrausend und eitel beschrieben. Nach einer kurzen Ehe mit der Tochter eines Weinhändlers, die mit dem Tod seiner geliebten Frau in Frankreich jäh endete, reiste er herum, studierte die Länder des Mittelmeers und nahm schließlich den gefährlichen Posten eines britischen Konsuls in der Piratenrepublik Algir an. Sein Ziel schien es seit einiger Zeit gewesen zu sein, die schon in der Antike beschriebenen Nilquellen zu finden. 1768 begann er von Kairo aus seine abenteuerliche Reise nach Äthiopien, begleitet von dem italienischen Zeichner und Sekretär *Luigi Balugani* und einer Menge wissenschaftlicher Geräte. 1769 startete die Expedition von Massawa aus, im Februar 1770 erreichte sie Gondar. Es gelang dem hünenhaften *Bruce,* ein gewisses Vertrauen bei *Ras Mikael* zu erwerben, so dass es ihm möglich war, mit einer Militärexpedition bis zu den Quellen des Blauen Nils südlich des Tana-Sees zu gelangen. Allerdings hatte der portugiesische Jesuit *Pero Pais* diese Quellen schon 1618 besucht und beschrieben. In Gondar verstarb *Balugani, Bruce* sammelte weiter eine große Menge von biologischen, geografischen und historischen Informationen über Äthiopien. 1772 begab er sich nach Sennar im Sudan und kehrte den Nil entlang nach Ägypten zurück. Auf der Reise büßte er fast alle Habseligkeiten ein, entdeckte aber u. a. nahe der sudanesischen Stadt Shendi die Ruinen der antiken Hauptstadt Meroe. 1773 erreichte er Europa. Während seine Leistung in Frankreich große Anerkennung fand, stieß er in England eher auf Ablehnung. Sein rechthaberischer Charakter, der ihn die Leistungen *Pero Pais'* schlicht ignorieren ließ, war daran nicht ganz unschuldig. Man glaubte ihm aber auch seine Geschichten einfach nicht, was den großen Reisenden schwer kränkte. So war eine berühmte Begebenheit, die *Bruce* in der Gegend von Axum erlebt hatte, Anlass für viel Spott: Dort hatte er beobachtet, wie man einer lebenden Kuh ein Stück Fleisch aus der Flanke schnitt, die Wunde wieder verschloss, die Kuh wieder auf die Weide schickte und das Fleisch roh aß. Als wieder einmal jemand in England sich über das vorgeblich unmögliche Essen von rohem Fleisch lustig machte, zwang ihn der erzürnte *Bruce,* ein nach äthiopischer Sitte (also tüchtig) gepfeffertes Stück rohes Rind zu schlucken.

Erst Jahre später konnten Freunde ihn überreden, seine Reiseerlebnisse mit Hilfe von *Benjamin Latrobe* (mit dem er sich dabei zerstritt) zu Papier zu bringen; sie erschienen 1790 unter dem Titel „Travels to discover the Sources of the Nile, in the years 1768, 1769, 1770, 1771, 1772, and 1773, by James Bruce of Kinnaird Ssq., F.R.S.".

Bruce starb 1794 nach einem Sturz von der Treppe seines Hauses.

•Terrara Hotel
Sehr renovierungsbedürftig, 125 Birr/Person.
•Fogera Hotel
(Ghion Branch), vom Gemp aus in östlicher Richtung, P.O. Box 182, Tel. 110405, Fax 515381. Renovierungsbedürftige ehemalige Villa italienischen Stils, schöner Garten mit tollem Blick auf die Umgebung und das Wasserreservoir. Freundliches und sehr bemühtes Personal. 20–25 US$.

Private Hotels

•Beleguez Pension
Direkt hinter dem Terrara Hotel. Saubere und einfache Zimmer, Dusche im Innenhof. Gut für Individual-Reisende: Parkmöglichkeiten im Innenhof. DZ 50–60 Birr.
•Misrak Pension
Schräg gegenüber dem Fogera Hotel. Sauber, einfach, schöner Innenhof. DZ 30–50 Birr.
•Empfohlen werden auch die **Hotels Yimam, Fasil** und **Gonder Circle** (jeweils 30 Birr).

Herbergen

Besonders um den Busbahnhof und in Richtung Markt gibt es jede Menge einfacher, hier eher schmutziger, wasserloser usw. Unterkünfte.

Bessere Hotels (Herbergen) findet man in der Umgebung des Gemp und an der Piazza:
•**Ethiopia Hotel** (10–20 Birr)
•**Yalew Ayiker** (10–15 Birr)
•**Patres Lubumba** (10–15 Birr)
•**Kassiegne Alemayehu** (10 Birr)
•**Axum Hotel** (10 Birr)

Essen und Trinken

•**Restaurants und Bars** der volkstümlichen und oft vorzüglichen Art gibt es im ganzen Ort, europäische Kost (die aber nicht sehr gut und zu teuer ist) in den drei staatlichen Hotels.
•Gute äthiopische Küche gibt es im **Tinish Fogera,** einem kleinen, einfachen Restaurant schräg gegenüber vom Hotel.
•Unbedingt probieren müssen Sie den berühmten **tedj** (Honigwein/-bier) von Gondar.
•Empfohlen wird auch das Essen im **Gonder Circle Hotel.**

Verkehrsverbindungen

Flugzeug

Von Addis Abeba und Bahir Dar ist die Anreise mit dem Flugzeug möglich (täglich), der renovierte Flughafen liegt ca. 30 km südlich der Stadt in Azezo; Verbindung mit Taxi oder Bus, 50–100 Birr.

Busse und andere Verkehrsmittel

•**Busse** mehrmals im Laufe des Vormittages von Bahir Dar (etwa ein halber Tag Fahrzeit), Addis Zemen oder Gorgora (je etwa vier Stunden Fahrzeit). Zur Anreise aus dem Norden siehe weiter unten im Abschnitt zum Simien-Gebirge. Von Addis Abeba fahren durchgehende Busse nach Gondar, Fahrzeit zwei Tage, mit einer Übernachtung in Debre Markos oder Umgebung. Ebenfalls zwei Tage brauchen Busse von und nach Dessie/Weldiya in Wollo. Anreise vom Grenzübergang Metema (vom Sudan) mit Pickup oder Bus, z. Z. jedoch nicht möglich.
•In Gondar und der näheren Umgebung verkehren übliche **Taxis und billige Pferdedroschken** *(Ghari)*.

Geldwechsel

Die **Commercial Bank of Ethiopia** in Gondar wechselt Devisen und Reiseschecks.

Sonstiges

Immer **warmes Wasser** gibt es **im Duschhaus etwas südlich der Piazza** (fragen), dort werden die Duschen nämlich von einer Bäckerei betrieben. Nach der Wäsche kann man sich an einem Stück Kuchen erfreuen.

Ausflug nach Lidetta Maryam

Etwas außerhalb von Gondar, an der Straße in Richtung Tana-See, kommt man etwa 2 km hinter der Medizinischen Hochschule zu der mit einer turmbewehrten Mauer umgebenen **Kirche Lidetta Maryam.** Sie soll unter Kaiser *Yostos* (1711–1716) erbaut worden sein, der hier begraben ist.

Ausflug ins Falasha-Dorf

Verlassen Sie Gondar nordwärts auf der Straße, die nach Tigray führt, so gelangen Sie nach etwa 3 km an einen *Falasha village* genannten Platz. Das Dorf heißt Wolleka. Von „village" ist nicht viel zu sehen, es handelt sich mehr um eine Wegkreuzung mit einigen Hütten, von denen eine einen Davidstern auf der Spitze trägt. Dieser Stern verweist darauf, dass die Bewohner des Fleckens Falasha waren, **jüdischen Glaubens** und mutmaßlich vom Volk der Agew abstammen, die in größeren Gruppen in der Gegend von Gondar gelebt hatten, bis sie in mehreren Umsiedlungsaktionen nach Israel ausgewandert sind. Inzwischen sind die ersten Falasha wieder zurückgekehrt. Unter anderem gibt es hier ein Töpferprojekt für ledige Mütter, die ihr mageres Einkommen auf diese Weise etwas aufbessern können. Die **Töpferinnen** stellen vor allem für Touristen ihre traditionellen **Keramikfigürchen** her. Die bärtigen Rabbiner, Löwen, Vögel, die sich zur Zeugung *Meneliks* (I.) umarmenden Könige *Salomon* und *Makeda* (die Königin von Saba) in einer Schatulle sind schöne Erinnerungsgegenstände an eine der bemerkenswerten Kulturen Äthiopiens. Hinter dem Dorf liegt ein schöner jüdischer Friedhof.

Der Ort ist beispielsweise mit einer **Pferdekalesche** zu erreichen, die in

efi_300 Foto: mf

Gondar verkehren. Dabei sollte man jedoch Reste europäisch-sentimentaler Tierliebe abgelegt haben – die Pferde sind in wirklich bedauernswertem Zustand.

Simien-Gebirge und -Nationalpark

Auf dem Weg von Gondar in Richtung Norden erreicht man den **Simien-Nationalpark.** Unvergesslich wird eine Fahrt in diesem Gebirge zwischen Gondar und Shirie (Inda Selassie) sein, über den Wolkefit-Pass mit 3200 m Höhe, durch eine bizarre Bergwelt mit unglaublichen Schluchten, Tafelbergen *(ambas),* Abhängen und halsbrecherischen Serpentinen. Immer wieder sind in der gesamten Region Affen am Straßenrand zu beobachten. Panzer und Kampfgeschütze sind hier Relikte der im Grenzgebiet zwischen Gondar und Tigray stattgefundenen Kämpfe der Tigrinischen Befreiungsfront und den Truppen der Mengistu-Regierung.

Das Gebirge endet abrupt, sobald man nach einer unglaublichen Serpentine den **Tekezze** überquert hat. Kaum zu glauben, dass dieser Fluss, nachdem er sich mit dem Atbara vereinigt hat und als Atbara weiterfließt, im Sudan allmählich in der Wüste austrocknet und nur in der Regenzeit den Nil erreicht. Hier verläuft auch die Grenze zwischen der Region der Amharen (Region 3) und der Tigray (Region 1). Im Tal des Tekezze ist es extrem heiß.

An- und Weiterreise

Wem das, was folgt, zuviel ist: Man kann ganz problemlos mit dem **Flugzeug von Gondar nach Axum** fliegen und hat den Blick von oben auf das Simien-Gebirge.

Die **Durchfahrt mit dem Bus von Gondar nach Axum** ist nicht immer problemlos möglich, da zeitweise der Straßenzustand eine Busfahrt risikoreich erscheinen lässt. Wer einen **Besuch im Simien Nationalpark** unternehmen möchte, muss **von Gondar bis Debark mit dem Bus** fahren (etwa vier Stunden Fahrt, Abfahrt bei Sonnenaufgang), was überhaupt kein Problem ist.

Will man von hier weiter Richtung Axum, muss man einen der privaten **Pick-Ups** besteigen, die von geschäftstüchtigen Besitzern mit Menschen und Gütern überladen auf die Reise **bis Shirie** (Inda Selassie) geschickt werden. Sind die Preise auch gepfeffert (30 Birr pro Person, Gepäck extra – das wird auch von Äthiopiern verlangt), so ist dennoch nicht mit Komfort oder Pünktlichkeit zu rechnen: Geladen wird solange, wie es irgend geht, und abgefahren wird, wenn der Wagen entsprechend voll ist und der Fahrer Lust hat. Da nachts gehalten wird und auch unterwegs zugeladen, abgeladen etc. wird, sind für die etwa 200 km zwei Tage einzuplanen.

Etwas weiter kommt man mit dem **Bus,** der **von Gondar bis Adi Arkay**

Synagoge (masjid) im
Falasha village von Gondar

efi_305 Foto: mf

fährt. Die Fahrt dauert einen Tag. Zwischen Debark und Adi Arkay müssen Sie einen **Fensterplatz** haben, sonst war die Reise umsonst, denn die Landschaft ist grandios, bei der Fahrt entlang der Hänge bleibt einem oft die Luft weg. Wer nicht den Nationalpark besucht hat, bekommt hier einen guten Einblick in die dramatische Bergwelt – und in die Dramatik der Kämpfe in den 1980er Jahren: Ausgebrannte Panzer und Militärlastwagen liegen am Wegesrand.

In **Adi Arkay** muss man **übernachten,** und zwar in einer Ortschaft ohne Strom – Taschenlampen bereithalten. Für diejenigen, die mit dem Pick-Up irgendeine andere Ortschaft zum Haltepunkt gewählt haben, gilt dasselbe. Es gibt die üblichen Herbergen. Von hier fahren bei Sonnenaufgang **Busse nach Shirie** (Inda Selassie) in Tigray, eventuell auch **bis Axum und Adua.** Sie müssen sich aber noch **am Abend, und zwar sofort bei der Ankunft, um Plätze kümmern!**

In jedem Fall gilt: Wer einmal, mit welcher Art Fahrzeug auch immer (Trampen empfohlen), Shirie erreicht hat, für den ist die Weiterfahrt kein Problem mehr. **Von Shirie** (Inda Selassie) besteht regelmäßiger **Busverkehr in Richtung Adua über Axum** (etwa vier Stunden Fahrzeit). Shirie hat die üblichen Herbergen. Von hier bis Axum sind es ca. 60 km.

Nationalpark Simien

⇗ III,C2

Im Simien-Nationalpark wird deutlich, warum dieses Land auch als das **„Dach Afrikas“** bezeichnet wird: Viele Gipfel des Simien-Gebirges erreichen 4000 m, der Gipfel des **Ras Dashen,** höchster Berg Äthiopiens und vierthöchster Afrikas, liegt bei 4620 m. Im Südwesten der Bergwelt liegt der 179 km² große Nationalpark auf einer Höhe zwischen 2000 und 4430 m. Weite Hochplateaus wechseln sich hier mit steil abfallenden Schluchten ab.

Der Besuch des Ras Dashen und des in der Umgebung liegenden Simien Mountains Park ist ein Erlebnis. Unabhängig davon, ob Sie sich entscheiden, den Park zu Fuß mit Packtieren oder aber fahrend und überwiegend mit Fahrzeugen zu erkunden.

Beginnen wird der Ausflug in jedem Fall in **Debark,** einer kleinen, etwa 100 km nördlich von Gondar gelegenen Marktstadt. Hier befindet sich das **Parkhauptquartier,** das mit finanzieller Hilfe der GTZ neu gebaut wurde und sich 2004 der Vollendung näherte. Die weißen, mit Stroh gedeckten gemauerten Tukuls fügen sich zwar ebenso wie das im „neogondarischen" Stil gehaltene Hauptgebäude gut in die Landschaft, wirken aber dennoch etwas zu akkurat für den Ort.

• Simien Mountains National Park Office
P.O. Box 13, Debark, North Gonder
Tel. 08-113482
waliasmnp@telecom.net.et

Hat man das Haupttor passiert, muss man sich zum **Ticket-Office** begeben und die nötigen Eintrittskarten für Mann, Maus und Fahrzeug beschaffen. Meist wird es auch nicht ohne einen bewaffneten Führer gehen, der einem von der Parkverwaltung zugewiesen wird und der auch noch Platz im Auto finden muss.

Entscheidet man sich für die **Trekkingvariante,** können hier auch Campinggerätschaften sowie Packtiere und Begleiter angeheurt werden. **Proviant** darf natürlich nicht fehlen und kann in Debark beschafft werden.

In Debark gibt es zwei **Hotels:** das Hotel Simen und das Hotel Simen Park. Letzteres verfügt über ein ordentliches Restaurant und vor allem über Duschen! Im Souvenirshop ist eine sehr gute Karte mit Wanderwegen zu erstehen, sie ist allerdings nicht ganz billig (200 Birr) und bisweilen ausverkauft.

Beachten Sie bitte bei der Planung Ihrer Tour die **Höhenlage,** die Auswirkungen auf die Leistungsfähigkeit haben kann und die Gefahr eines Sonnenbrands erheblich steigert. Die Tagestemperaturen liegen zwischen 12° und 25° C, nachts kann es sogar bis unter den Gefrierpunkt gehen – also warme Sachen für das Campen einpacken!

• Parkgebühren
Eintritt: Erw. 50 Birr, Kinder 25 Birr
Campingplatz: Erw. 20 Birr, Kinder 10 Birr
Leihgebühren/Tag: Auto 20 Birr, Führer 75 Birr, Koch 50 Birr, Begleiter 30 Birr, Treiber 20 Birr, Packtier 20 Birr, Töpfe und Pfannen 30 Birr, Zwei-Mann-Zelt 25 Birr, Schlafsack 10 Birr

Es gibt verschiedene Reisevarianten in den Park, abhängig davon, wie weit Sie in welcher verfügbaren Zeit gelangen wollen. Um den Gipfel des Ras Dashen selber zu besuchen und zurück nach Debark zu kommen, werden für erfahrene Wanderer mindestens drei Tage zu

Felsformationen im Simien-Gebirge

veranschlagen sein. Das klappt aber auch nur, wenn man so weit fährt wie überhaupt mit dem Fahrzeug erlaubt ist, und das wäre das **Chennek Camp.**

Bricht man dort früh morgens auf, ist der etwa 30 km lange Weg eine Herausforderung, wenn man ihn an einem Tag schaffen will, nicht zuletzt, weil es nicht stetig bergan geht, sondern ein Profil zwischen 2500 m und 4500 m NN zu bewandern ist. Die Empfehlung der Einheimischen wird sein, das in drei Tagen anzugehen und die Strecken, die per Reittier zurückgelegt werden können, auch zu nutzen. Selbst wenn Äthiopier, die hier leben und an die Höhe angepasst sind, die Strecke mühelos bewältigen könnten. Flachländer sind hier wohl eher benachteiligt ...

Es gibt sowohl an der nördlichen Strecke über **Amdir** einen Lagerplatz südlich von **Menta Ber** als auch an der südlichen Strecke nahe **Ambiko.** Vermutlich werden Sie aber versuchen wollen, so viel unterschiedliche Landschaft wie möglich zu sehen und nicht so viel Zeit zu investieren. Vom ersten Camp, dem noch am besten ausgestatteten **Sankaber-Camp,** kann das **Gich-Camp** mit spektakulären Aussichtspunkten am Wege in etwa einem halben Tag über das Dorf Gich erreicht werden. Von dort bietet es sich bei gutem Wetter an, bis zum Aussichtspunkt bei **Imet Gogo** weiterzulaufen und zu versuchen, den endemischen *Walia Ibex,* den **Abessinischen Steinbock,** oder den **Semienfuchs,** den **Klippspringer** sowie verschiedene Hochgebirgsgreife zu sehen. Zu bewundern sind eventuell auch der Dschelada, ein zur Familie der Paviane gehöriger Affe, Hyänen, Schakale, Lämmergeier und viele ander Vogelarten. Vom Gich-Camp können Sie südlich zurückwandern und dann je nach Zeitbudget entscheiden, ob Sie sich Richtung Chennek Camp oder zurück nach Sankaber begeben. Von der Kreuzung bis zum Chennek Camp laufen Sie etwa 3 Stunden, nach Sankaber zurück dagegen 3½ Stunden. Zusammengefasst wird auch der trainierte erfahrene Trekker für den **Rundweg** von Sankaber zum Ras Dejen und zurück wohl **eine Woche** unterwegs sein.

Auf der Habenseite steht die Chance, neben der o.g. Fauna die zum Teil selten gewordenen Spezies der endemischen Flora der afrikanischen Gebirgsregion zu entdecken. In diesem Habitat findet sich **Wacholder** *(Juniperus procera),* **Baumheide** *(Erica arborea),* der **Kosso-Baum** *(Hagenia abyssinica),* aus dessen Blütenständen und Samen eine traditionelle Bandwurmmedizin gewonnen wird, **Johanniskraut** *(Hypericum revolutum)* und die Riesenlobelie (*Lobelia rynchopetalum,* über 3500 m NN). Dazu kommt die vielleicht einmalige Gelegenheit, in relativ kurzer Zeit äthiopische Traditionen, Gebräuche und Lebensweisen kennen und bewundern zu lernen, sehen wie die Menschen in dieser recht unwirtlichen Gegend ihr Leben meistern. Trotz vieler Ernteausfälle, Kriegen, Hungersnöten, nicht versorgten Krankheiten und Armut verlieren sie weder ihren Glauben an Gott oder Allah noch die Zuversicht, dass sich die Dinge bessern werden und die Kinder es leichter haben werden als ihre Eltern.

Wollo, Lasta und Wag

Die **ehemalige Provinz Wollo** lag zwischen Shoa und Tigray, im Westen vom Abay und dem Tekezze begrenzt, im Osten weit in die Tiefebene der **Danakil-Depression** ausgreifend. Benannt war die Provinz nach den hier im 16. bis 18. Jh. eingewanderten **Wollo- und Yeju-Oromo,** die noch heute einen großen Teil der Bevölkerung ausmachen. Sie leben vor allem in der Gegend von Dessie (Dese). Ursprünglich Muslime, sind viele Oromo im vorigen Jahrhundert christianisiert worden und unterscheiden sich für einen Außenstehenden kaum von den Amharen, der größten Bevölkerungsgruppe im Hochland zwischen Tana-See und Danakil-Tiefebene. Ein Großteil der Oromo ist aber muslimisch geblieben. Die östlichen Gebiete im Grabenbruch gehören heute zu der von den Afar dominierten Region 2, während das Hochland zur amharischen Region 3 zählt.

Große Teile des **Hochlandes** liegen über 2600 m, so dass hier der Pflanzenbewuchs schon spärlich und die Nächte sehr kalt werden. Nähert man sich auf der Hauptstraße von Addis Abeba nach Asmara aber den tieferen Gebieten entlang des Ostabfalls des Hochlandes, wird es heiß und die Sonne brennt erbarmungslos. Hier begegnet man auch schon Angehörigen des Volksstammes der Afar. Am Ashenge-See liegt die **Landschaft Angot.**

Historisch gehörten die Gebiete im Hochland zu den **Landschaften Lasta** um Lalibela und **Wag** um Sekota, zum Kerngebiet der mittelalterlichen *Zagwe*-Dynastie (914 oder 1137–1268). Der wichtigste Ort dieser Region war Lali-

602ae Foto: ph

bela, wo unter der Regierung dieser Dynastie eine Residenz und ein „zweites Jerusalem" in den Fels geschlagen wurden. Die Bevölkerung dieser Berge gehörte zur Gruppe der Agaw, die eine kuschitische Sprache sprechen, die noch in einigen Orten verbreitet ist. Insgesamt aber dominiert Amharisch.

Nach dem Übergang der Kaiserwürde an die aus Shoa stammende zweite salomonische Dynastie 1268 verlor die Provinz an Bedeutung, wurde aber weiterhin von einem eigenen Fürsten, der den Titel *Wagshum* (Herrscher von Wag) führte, regiert.

Noch einmal wurde diese Landschaft im 19. Jahrhundert zum Schauplatz historischer Ereignisse, als hier, im Mittelpunkt der Territorien der rivalisierenden Fürsten von Begemder, Shoa, Tigray und Gojam, die Weichen zur erneuten Einigung Äthiopiens gestellt wurden.

Die **Straße von Addis Abeba nach Asmara** verläuft entlang der östlichen Hochlandkante, erreicht dabei am Tarmaber-Pass kurz vor Debre Sina eine Höhe von 3250 m, fällt aber hinter Weldiya auch bis in die Tiefebene ab. Die Fahrt entlang der Kante, mit weiten Ausblicken in die Ebene, ist besonders im nördlichen Wollo und in Tigray unvergleichlich.

Nach Westen biegt in Weldiya bei Alamata eine Straße in Richtung Tana-See ab, die den Ort Woreta, südlich von Addis Zemen, erreicht.

Auf dieser so genannten „Chinese Road" durchquert man das **Hochland von Lasta und Begemder.** Die Hochebene erreicht hier mehr als 3000 m über NN, und es ist faszinierend, dass in dieser kargen Landschaft, in der kaum Pflanzen gedeihen, immer wieder kleinere Ortschaften anzutreffen sind.

Abseits dieser beiden Straßen gibt es kaum Verbindungen im Bergland, die wenigen Pisten sind außerdem in der Regenzeit unbefahrbar.

Eine kirchliche Ausbildung kann jungen Äthiopiern zu hohem Ansehen verhelfen

Route Menz, westliches Wollo und Begemder

Debre Berhan – Debre Sina – Shewa Robit – Kombolcha – Dessie (Dese)

Debre Berhan – Dessie (267 km)
Addis Abeba – Dessie (397 km)
Mekele – Dessie (352 km)

Straße gut befahrbar; bis Debre Berhan siehe Kapitel „Provinz Shoa", „Route nördlich von Addis Abeba".

Etwa 25 km nördlich von Debre Berhan führt die **Straße** zunächst **zum Tarmaber-Pass,** durch den ein **Tunnel** führt, der von den Italienern angelegt und Mussolini-Tunnel genannt wurde. Er ist 587 m lang und liegt auf einer Höhe von 3250 m. Dahinter beginnt der Abstieg ins Tal. Einige Kilometer bevor man den Tunnel erreicht, lohnt es sich an einigen Stellen anzuhalten, wo die östlich der Straße gelegenen Berge eingeschnitten sind und einen atemberaubenden Blick auf das Tiefland erlauben mit den Städten Debre Sina, Shewa-Robit und in der Ferne dem Awash-Fluss. Die nächste Ortschaft ist dann Debre Sina, von wo sich der Abstieg ins Tal fortsetzt. Kurz vor dem Tunnel zweigt eine Schotterstraße nach Osten ab und führt dann über den Tunnel in nördlicher Richtung in die alte Region Menz. Dieses Gebiet gehört traditionell zu Shoa und weist eine faszinierende **Hochgebirgslandschaft** auf, wo sich gelegentlich auch noch der Simien-Fuchs und Hochgebirgsflora finden. Die größeren Städte Mehal Meda und Molale sind aber eher uninteressant. Ein Abstecher in diese Richtung lohnt sich hauptsächlich wegen der Landschaft und den traditionellen **Dörfern mit steinernen Rundhäusern.**

Nördlich von Debre Sina im Tiefland leben mehrheitlich Nachfahren der bereits erwähnten Wollo- und Yejiu-Oromo sowie das **Volk der Argoba.** Diese muslimische Volksgruppe besitzt in einer Reihe von Ortschaften entlang der Straße **Moscheen** und **muslimische Heiligtümer.** Charakteristisch für die Kultur der Hochland-Muslime ist, dass viele kulturelle Ausdrucksformen denen der christlichen Bewohner ähneln. Die Moscheen haben außerdem häufig die Form der traditionellen Rundhütte.

Von den angeblich einst vorhandenen 40 alten Moscheen der Region haben sich noch einige in den folgenden Orten erhalten:

Abstecher zu den Moscheen zwischen Shewa Robit und Kombolcha

Nach einer 4 km langen Piste von Shewa Robit und dann einem ca. 40-minütigen Marsch auf den Berg folgt die Ortschaft **Gozie,** in der eine **steinerne Moschee** zu besichtigen ist.

Drei muslimische Orte liegen in der Umgebung von **Kemisie,** die nur über Pisten zu erreichen sind. **Dewe Rahmedo** ist etwa 20 km von Kemisie entfernt und besitzt eine Moschee. 23 km von Kemisie entfernt liegt **Shonkey,** ein pittoreskes Dorf, in dessen alter Moschee eine Reihe von Gegenständen zu finden sind, die von Pilgern aus Mekka mitgebracht wurden.

Etwa 12 km südlich von Kemisie gibt es einen Abzweig nach Osten, von wo eine Piste nach ca. 5 km zum Ort **Tiru Sina** führt. Hier steht ein muslimisches Kloster für Frauen und Männer. Die Gläubigen leben ähnlich den christlichen Mönchen und Nonnen abgeschieden in Rundhütten, die im Gelände verteilt sind. Die große, beeindruckende Moschee ist, ebenfalls in Anlehnung an die alten Traditionen des Hochlandes, in Form einer Rundhütte gebaut.

Ca. 12 km südlich von Kombolcha befindet sich die Ortschaft **Charkoti.** Von dort führt ein Weg zum etwa 4 km entfernten Hügel **Geta.** An diesem Hügel können Sie eine monumentale **Steinskulptur eines liegenden Löwen** finden. Der Ursprung dieser Skulptur ist unbekannt, an den Krallen des Löwen befindet sich ein Kreuz, und angeblich sind einige sabäische Schriftzeichen erkennbar, die auf ein sehr hohes Alter schließen lassen.

In der Umgebung von Geta gibt es außerdem ein **muslimisches Pilgerzentrum.**

- **Hotels in Kombolcha: Tekele** und **Meron** an der Straße von Addis Abeba nach Dessie, 25–100 ETB.

Renovierung des Dachs einer traditionellen Rundhütte

Dessie (Dese) ⇗VI,B3

Dessie – oder auch Dese – ist die **Hauptstadt der ehemaligen Provinz Wollo.** Die Stadt hat etwa 123.000 Einwohner und liegt 2540 m über dem Meer, an der wichtigen Straße von Addis Abeba nach Asmara. In der Nähe geht ein Abzweig bei Kombolcha nach Assab am Roten Meer. Die moderne Stadt zieht sich entlang der langen Hauptstraße hin, im Süden befindet sich der Busbahnhof, Hotels aller Kategorien finden sich in der Umgebung.

Kaiser *Yohannes IV.* (1872–1889) gründete die Stadt um 1883. Als der Kaiser 1882 sein Lager in der Nähe aufgeschlagen hatte, sah man nachts einen leuchtenden Stern und eine Feuersäule. Daraufhin wurde eine Kirche gebaut und der Ort Dessie („meine Freude") genannt. Bei der Lichterscheinung hatte es sich um einen Kometen gehandelt (eine ähnliche Erscheinung hatte zur Gründung von Debre Berhan geführt).

Dessie, am Ausgangspunkt einer Straße in die Danakil-Ebene und zum Hafen Assab gelegen, wurde zur Hauptstadt der Provinz. Hier residierte *Ras Mikael*, der Vater des späteren Kaisers *Lij Iyasu* (1913–1916). Aus der Zeit *Ras Mikaels* stammen ein **Palast** und die **Kirche Enda Medhane Alem,** die angeblich an der Stelle einer vom Imam *Ahmad Grang* zerstörten Kirche gebaut wurde. Hier befinden sich Malereien, auf denen u. a. der Ras und sein Sohn zu sehen sind.

Auf dem **Hügel Jeme Korebta** befindet sich die große, etwas heruntergekommene **Ayiteyef Addarash,** eine Halle, die unter *Ras Mikael* Anfang des

eph308 Foto: ph

20. Jh. als offizielle Fest- und Versammlungshalle erbaut wurde. In solchen Hallen, wesentlicher Bestandteil eines jeden Herrensitzes, wurden Versammlungen und vor allem große Festbankette abgehalten. In unmittelbarer Umgebung finden sich weitere Palastbauten, die auf *Ras Immiru* zurückgehen.

Dessie besitzt ein **Regionalmuseum** mit historischen, ethnografischen und naturkundlichen Objekten.

Eine Erinnerung an die Zeit der italienischen Besatzung ist **Wollo Bahil Amba,** ein etwas heruntergekommenes **Kino,** das als Kulturzentrum genutzt wird.

Unterkunft

Staatliches Hotel:

- **Ghion Ambassel Hotel**
  Im Norden der Hauptstraße, P.O. Box 32, Tel. 111115, Fax 515381. Zimmer 20–35 US$. Gutes Restaurant und Campingmöglichkeit (40 Birr).

Private Hotels:

- **Dessie Hotel**
  Im Norden der Hauptstraße. Zimmer 5 US$.
- **Fasika Hotel**
  Im Norden der Hauptstraße. 80 Birr, sehr sauber, TV.
- Die **Hotels Tossa** und **Lalibela** werden von Reisenden empfohlen.

Herbergen:

Einfachere Herbergen findet man im Bereich der Piazza und des Busbahnhofs (**Kabada Abagasi, National, Wanza, Ethiopia**).

Essen und Trinken

- Die **Addis Pastry** soll sehr gut sein.

Verkehrsverbindungen

- Mit dem **Auto** ist Dessie an einem Tag von Addis Abeba aus erreichbar. Die Straße ist gut ausgebaut und auch recht stark befahren.
- **Busse** von Addis Abeba brauchen einen Tag, von Mekele ebenso, von Weldiya etwa drei Stunden.
- Der **Flugplatz** von Dessie liegt bei Kombolcha und wird von Addis Abeba angeflogen. Man kann von hier jedoch nicht nach Lalibela fliegen.

Ausflug in die Danakil-Ebene

Vom 25 km südlich von Dessie gelegenen **Kombolcha** können Sie einen Abstecher in die bizarre Welt der Danakil-Wüste und zur modernen Hafenstadt Assab in Eritrea unternehmen (falls die Grenze in absehbarer Zeit wieder geöffnet wird). Der Ort besitzt an der Piazza gute Restaurants und Hotels, die auf jeden Fall eine Alternative zu den Unterkünften in Dessie bieten, wie z. B. die **Harego Lodge** am Ortsende in Richtung Dessie neben der Total-Tankstelle. Hier finden Sie einfache und saubere Zimmer für 50 Birr. (Zur Fahrt in die Danakil-Wüste siehe Kapitel „Danakil-Ebene und Harar".)

Ausflug nach Maqdala

Der Platz der **alten Festung** befindet sich 80 km westlich von Dessie, nahe Tenta, 2760 m über dem Meer.

Wer mit Minibussen fährt, muss von Dessie bis Wagel Tena und von dort weiter bis Tenta fahren. In **Tenta** steht die **Mikael-Kirche,** die Grabstätte von *Ras Mikael,* die Anfang des 20. Jh. von ausländischen Baumeistern errichtet wurde. Von Tenta sind es ca. 25 km den Berg hinauf bis zur Festung (einen halben Tag, möglichst ein Zelt mitnehmen). Auf dem *amba* (Tafelberg) von Maqdala kann man die **Kanone** von Tewodros, die **Sewastopol,** liegen sehen,

Ras Mikael und Kaiser Lij Iyasu

Mikael (ca. 1850–1918) war erst kurz vor seiner Ernennung zum Ras durch *Yohannes IV.* vom Islam zum Christentum konvertiert; sein ursprünglicher Name war Imam *Muhammad Ali.* Er war Führer der muslimischen Wollo-Oromo und einer der mächtigsten Fürsten Äthiopiens. 1892 verheiratete Kaiser *Menelik II.* (1889–1913) ihn mit seiner Tochter *Shawaragga.* Der Sohn der beiden, *Lij Iyasu,* wurde von dem seit 1908 weitgehend paralysierten Kaiser im Jahr 1909 zu seinem Nachfolger ernannt, sein Vater erhielt den Titel eines Negus.

In den Wirren nach dem Tod des Kaisers setzten sich die Wollo-Truppen durch, 1913 bestieg *Lij Iyasu* als 17-jähriger den Thron. Er sah sich einer starken Opposition gegenüber, vor allem aus der um ihre Privilegien fürchtenden Shoa-Aristokratie. Rückhalt hatte er in den Truppen seines Vaters und in den muslimischen Provinzen (Oromo-Gebiete und Harar). Da die drei Kolonialmächte England, Frankreich und Italien das Land 1906 in Interessensphären aufgeteilt hatten, die sie nach dem Tod Kaiser *Meneliks* wahrzunehmen gedachten, suchten der Kaiser und seine Berater Unterstützung und fanden sie nach Ausbruch des Ersten Weltkrieges in den Mittelmächten (Türkei und Deutsches Reich). Die Beziehungen zum türkischen Sultan und zu dem in Somalia gegen die Kolonialmächte kämpfenden Mahdi führten dazu, dass sich der Kaiser immer mehr auf die muslimischen Verbündeten stützte. Angeblich begann er offen den Islam zu praktizieren und begab sich nach Harar, wo er ein Harem aus den Töchtern muslimischer Fürsten anlegte und zum „Heiligen Krieg" gegen seine Widersacher aufrief.

Das rief die Engländer und Franzosen auf den Plan, die die Shoa-Opposition massiv unterstützten. 1916 wurde *Lij Iyasu* vom Abuna exkommuniziert und für abgesetzt erklärt. Stattdessen übertrug man *Zawditu,* einer Tochter *Meneliks,* die Macht (1916–1930). Als Regent wurde ihr der junge *Ras Tafari* beigeordnet, der spätere Kaiser *Haile Selassie* (1930–1974).

Der Widerstand des abgesetzten Kaisers und seines Vaters wurde in einer Schlacht bei Seqele durch Maschinengewehre gebrochen, die von den Franzosen geliefert worden waren. Negus *Mikael* wurde gefangen genommen, *Lij Iyasu* führte noch mehrere Jahre einen Kleinkrieg, besonders von Wollo aus. 1921 wurde er in Tigray verhaftet. Nach der Kaiserkrönung *Haile Selassies* und der Verkündung einer Verfassung begannen unzufriedene Fürsten um *Ras Haylu* von Gojam 1931 einen Aufstand. 1932 befreiten sie *Lij Iyasu* aus der Gefangenschaft. Der Aufstand, den die Italiener unterstützt hatten, brach im selben Jahr zusammen, der Ex-Kaiser wurde erneut gefangen und starb drei Jahre später unter ungeklärten Umständen.

Tewodros II. – der Fall von Maqdala

Der spätere Kaiser *Tewodros II.* wurde unter dem Namen *Kassa* in Sharge als Sohn eines Stammesfürsten der Qwara geboren. Der Vater verstarb früh, und seine Mutter musste durch einfache Arbeit für den Unterhalt aufkommen. *Kassa* wurde in einem Kloster aufgezogen. Nach einem Massaker in dem Kloster schloss er sich den Shifta, den umherziehenden Räuberbanden, an, und es gelang ihm bald, weite Gebiete westlich des Tana-Sees zu kontrollieren. 1846 befreite er die von den im Sudan einmarschierten Ägyptern gefangene Tochter der Kaiserin *Menen* (eine der Gefangenen in der Hand der Gwangwel), *Tewabetc,* die er nach Gondar zurücksandte. Nach einer Zeit des Arrangements mit *Ras Ali* („dem Kleinen"), in deren Verlauf er die Prinzessin zur Frau bekam, kam es ab 1852 zu einer Reihe von Schlachten, die mit dem vollständigen Sieg *Kassas* endeten. Er war nun Herr von Zentraläthiopien. Zwei mächtige Feinde blieben noch: der König von Shoa, *Haile Melekot,* und der Herrscher von Simien und Tigray, *Dezatch Webe.*

1854 schloss *Kassa* eine Vereinbarung mit dem Abuna *Selama,* um die Unterstützung der Geistlichkeit zu erhalten. 1855 konnte er *Dezatch Webe* besiegen. Am 7. Februar 1855 ließ er sich in der kleinen Ortschaft Deresge, in der Nähe des Schlachtfeldes, vom Abuna zum Kaiser *Tewodros II.* krönen. Nach einer alten Legende sollte ein Kaiser *Tewodros* eine tausendjährige Periode des Glücks in Äthiopien bringen. Noch im selben Jahr wurde Shoa unterworfen.

Mit derselben Tatkraft machte sich der Kaiser an die Reorganisation des Landes. Er beseitigte das Bandenunwesen, nahm den Fürsten Privilegien, führte ein neues Steuersystem ein und beschnitt die Macht der Geistlichkeit. Der Widerstand blieb nicht aus. 1864 ließ er den Abuna in Maqdala festsetzen, wo dieser 1867 starb. In Shoa und in Lasta begannen Aufstände. Der Herrscher von Lasta berief sich auf seine Abstammung von den Zagwe und strebte selbst die Kaiserwürde an. In Tigray erstarkte *Dedjaschmatch Kassa,* ein Nachkomme des berühmten *Ras Mikael Sehul.* 1867 war die Macht Kaiser *Tewodros'* nur noch auf Begemder und einige Randgebiete beschränkt

Erfüllt von dem Ehrgeiz, sein Reich zu modernisieren, hatte *Tewodros II.* begonnen, eine ganze Reihe von Reformen in Angriff zu nehmen. Hilfe erwartete er von den europäischen Staaten, deren technischen Fortschritt er grenzenlos bewunderte und die er als natürliche christliche Verbündete in seinem Kampf gegen die sein Reich vom Sudan und vom Roten Meer aus bedrohenden türkisch-ägyptischen Truppen sah.

Bestärkt wurde er in diesem Glauben von dem englischen Konsul *Plowden,* mit dem ihn eine echte Freundschaft verband. 1860 wurde *Plowden* in der Nähe von Gondar getötet (sein Grab befindet sich im Palastbezirk von Gondar), der tief getroffene *Tewodros* ließ ein Gemetzel unter den Verantwortlichen anrichten. Von da ab wandelt sich sein Bild in der europäischen Presse: Aus dem aufgeklärten Monarchen wird ein unberechenbarer Despot. Nach dem Tod seiner ersten Frau soll er sich zunehmend dem Trunk ergeben und sein Land mit Terror überzogen haben.

Die verhängnisvolle Geschichte, die in Maqdala ihr Ende fand, begann 1862, als *Charles Duncan Cameron* zum Nachfolger des getöteten *Plowden* ernannt wurde. Der höchst erfreute Tewodros erhoffte sich engere Beziehungen zu Großbritannien und ließ über *Cameron* eine Botschaft an Königin *Victoria* senden, in der er um Hilfe gegen die ägyptischen Angriffe bat. Dieser Brief wurde nicht beachtet. *Tewodros* fühlte sich hintergangen, zumal die Briten offensichtlich gute Beziehungen zu seinen Feinden pflegten. 1864 ließ er *Cameron* und eine Reihe von Europäern verhaften. Nun fühlte Großbritannien sich doch betroffen und entsandte einen Verhandlungsführer, den Iraker mit britischer Staatsbürgerschaft *Rassam,* mit einem freundlichen, unverbindlichen Brief nach Äthiopien. 1866 wurde er zum Kaiser vorgelassen und nach einigem diplomatischen Geplänkel ebenfalls festgesetzt. *Tewodros* ließ England wissen, er würde die Gefangenen nur im Austausch gegen technische Spezialisten freilassen.

Die Verhandlungen zogen sich hin. Inzwischen hatte man die Gefangenen, auch die für ihn mehr oder minder freiwillig arbeitenden Missionare, nach Maqdala verlegt. Diese auf einem Felsplateau gelegene Festung hatte *Tewodros* 1855 den hier siedelnden Wollo-Oromo abgenommen. Auf dem Plateau hatte er zwei alte Kirchen wiedererrichtet und ließ dort seinen Staatsschatz unterbringen. Etwas später wurde Maqdala, für damalige Verhältnisse schon eine große Siedlung, zum Staatsgefängnis. Die Gefangenen, unter ihnen der Abuna *Salama* und der junge Sohn des Königs von Shoa, *Sahla Maryam* (der spätere Kaiser *Menelik II.),* lebten in einem ummauerten Dorf. Das Gefängnis war im Süden des Plateaus untergebracht, wo die hohen Gefangenen oft mehrere Hütten besaßen. 1865 konnten *Sahla Maryam* und sein Onkel von dort entkommen.

In dieser Situation entschloss man sich in London, eine militärische Operation zur Befreiung der Europäer durchzuführen. 1867 begann die in Indien stationierte Bombay-Armee unter General (später Feldmarschall Lord) *Robert Napier* eine Invasion vorzubereiten. Modernste Militärtechnik, Telegrafen, eine Feldeisenbahn und Elefanten wurden aufgeboten. Englische und indische Truppen und ein Tross von Beobachtern und Wissenschaftlern landeten bei Zeila, im ägyptisch kontrollierten Küstenstreifen. 32.000 Menschen (davon nur 13.000 Soldaten) und 55.000 Tiere machten sich auf, die etwa 30 Europäer zu befreien. Sie konnten sich ohne Widerstand durch das Land bewegen, das im Aufstand gegen *Tewodros* begriffen war. Es scheint, als habe dieser mit einer Art selbstmörderischer Faszination die britischen Truppen erwartet. Er ließ Maqdala ausbauen und sich von den Handwerkern aus Europa u. a. in Debre Tabor den etwa sieben Tonnen schweren Mörser Sewastopol gießen, eine „Wunderwaffe", für die man 400 Mann brauchte, um sie nach Maqdala hinaufzuschleppen, militärisch völlig sinnlos.

Der Herrscher von Tigray, *Dejazmatch Bezbiz Kassa,* der spätere Kaiser *Yohannes IV.,* empfing *Napier* freundlich und gab ihm alle Unterstützung. Die Wollo-Oromo unter ihrer Königin *Werqitu* schnitten den Kaiser von der Versorgung ab. Am 5. April 1868 erschienen die Briten vor Maqdala, am Karfreitag, dem 10. April, kam es zur Schlacht – die äthiopischen Truppen hatten keine Chance. Die gefangenen Europäer wurden an den folgenden zwei Tagen freigelassen, am Ostermontag stürmten die Engländer die Festung. *Tewodros,* von den meisten seiner Kämpfer verlassen, verteidigte die letzten beiden Tore und erschoss sich selbst, als keine Aussicht auf Entkommen mehr bestand. Der Kaiser wurde in der von ihm erbauten Medhane Alem-Kirche bestattet. In dieser Kirche hatte er die vor allem durch die Plünderung von Gondar angehäuften Kirchenschätze konzentriert, darunter eine große Anzahl wertvoller Handschriften. Die umfangreiche Beute wurde am 18. April in Maqdala versteigert, besonders das Britische Museum verdankt einen großen Teil seiner äthiopischen Schätze diesem Feldzug. Die Festung wurde vollständig gesprengt, die Briten fuhren am 10. Juni nach England ab. Der Sohn des *Tewodros* mit seiner zweiten Frau, *Alamayo,* wurde nach England mitgenommen, wo er britisch erzogen werden sollte. Er starb dort mit 19 Jahren.

In Äthiopien steht die Tragödie von Maqdala vor allem als Symbol des Kampfes für ein neues, unabhängiges Äthiopien. Die gespaltene Figur des *Tewodros* ist der Ausgangspunkt einer neuen Zeit. Die Lektion von Maqdala wurde besonders von Kaiser *Menelik II.* (1889–1913) gut gelernt, der 1896 den Italienern mit einem gut ausgerüsteten, hoch motivierten Heer bei Adua entgegentreten und Äthiopien als einzigem afrikanischen Land die Unabhängigkeit sichern konnte.

deren Gewicht mit sieben Tonnen angegeben wird. Auf dem Plateau stehen die **Maqdala Mariam Kirche,** die schon unter Kaiser *Yishak* (1414–1442) gegründet worden sein soll, sowie die **Felsenkirche Fula-Amba Giyorgis,** deren Gründung wie die vieler Felsenkirchen in Wollo König *Lalibela* zugeschrieben wird. Eine dritte Kirche ist die sogar schon auf *Abreha* und *Asbeha* datierte **Selamgie Selassie Kirche.** Als Kaiser *Tewodros II.* (1855–1868) von Debre Tabor hierher zog, ließ er eine der ersten Straßen Äthiopiens überhaupt erbauen.

Ausflug nach Amba Geshen

Nördlich von Maqdala gab es eine schon ältere Festung auf dem Amba Geshen, die ebenfalls mit der äthiopischen Geschichte verbunden ist: Es ist einer der so genannten **Prinzenberge** gewesen. Diese ehemalige Festung, auch *Geshen Debre Kerbe* genannt, befindet sich auf einem *amba* (Tafelberg), ca. 74 km nordwestlich von Dessie.

10 km von Dessie in Richtung Geshen passieren Sie **Boru Meda,** den Ort, an dem es 1883/84 zum Ausgleich zwischen den konkurrierenden Fürsten *Yohannes, Menelik* und *Tekle Haymanot* kam, in dessen Folge *Yohannes* die Kaiserwürde erhielt, *Menelik* sich aber seine Machtposition erhalten konnte.

Am selben Ort führte Kaiser *Yohannes IV.* die **Synode von 1889** durch, auf der er sich um die endgültige Einigung der äthiopischen Kirche bemühte.

Bis in das 19. Jahrhundert war der berühmte und heilige Berg Geshen fast unerreichbar. Erst im 20. Jahrhundert wurde eine Treppe zum Plateau erbaut, zuvor war es nur über ein Seil erreichbar. Das **Kloster** auf dem Berg ist berühmt und wird auch „zweites Jerusalem" genannt, da sich als heilige Reliquie ein Stück vom „wahren Kreuz" dort befindet, das zur Zeit *Dawit I.* (1382–1411) nach Äthiopien gekommen sein soll. In der Zeit der salomonischen Kaiser des Mittelalters wurden auf dem Amba Geshen die kaiserlichen Prinzen festgehalten, um sie vom Hof zu isolieren. Diese Neuerung machte es unnötig, die Brüder eines neu gekrönten Kaisers aus Gründen der Staatsraison alle zu ermorden. Um Thronstreitigkeiten zu verhindern, war das zuvor üblich gewesen und geschah gelegentlich immer noch, aber stets so, dass nie ein Tropfen des königlichen Blutes vergossen wurde, also durch Erwürgen oder Ersticken. Dieselbe Tradition war auch in anderen Königreichen bekannt, z. B. im Sultanat der Funj im Sudan.

Oben auf dem Berg lebten die Prinzen ein beschauliches Leben, wo sie sich in Dichtkunst, Gesang und Theologie üben konnten, falls der Verwalter nicht zuviel von den zum Unterhalt der Prinzen vorgesehenen Mitteln unterschlug.

Kaiser *Zara Yaqob* (1434–1468) ließ auf dem Amba Geshen eine **Kirche** mit einem Stück des Heiligen Kreuzes errichten und auch den Staatsschatz unterbringen. Folgerichtig wurde der Berg vom Imam *Ahmad Grang* während der Kriegszüge 1527–1543 geplündert.

Zur Zeit der Konsolidierung des Reiches unter Kaiser *Fasilidas* (1632–1667) wurde ein neuer Prinzenberg auf dem

Amba Wahni östlich vom Tana-See eingerichtet. Er war eine Art Reservoir, aus dem sich die „Königsmacher" der Zaman Mesafint bedienten. Möglicherweise war das Kloster Debre Damo in Tigray der älteste dieser Internierungsorte für Angehörige der Königsfamilie.

Am 1. Oktober findet ein großes religiöses Fest statt, zu dem sich viele Gläubige versammeln.

Dessie (Dese) – Hayk-See – Wetcale – Weldiya

Dessie – Hayk-See (ca. 30 km)
Dessie – Weldiya (144 km)
Mekele – Weldiya (230 km)

Relativ schlechte Piste von Dessie aus Richtung Norden/Weldiya.

Etwa 30 km nördlich von Dessie liegt der **Hayk-See.** Auch auf ihm fahren **Papyrusboote,** die hier jedoch nur aus einem Papyrusbündel bestehen. Wie auch auf dem Tana-See und dem Zway-See steht auf einer Halbinsel dieses Sees ein berühmtes Kloster. Das **Stephanskloster** soll schon um 850 gegründet worden sein. Besondere Bedeutung besaß dieses Kloster im frühen Mittelalter, als der Prior *Abba Iyessus Moa* hier den angeblich letzten Nachfahren des axumitischen Königshauses versteckte. Zusammen mit dem Heiligen *Tekle Haymanot,* dem Begründer des berühmten Klosters *Debre Azbo* (später Debre Libanos) in Shoa, soll er beschlossen haben, die alte salomonische Königslinie zu erneuern. Der letzte Herrscher der Zagwe-Dynastie, *Neakuto Leab,* wurde zum Abdanken gezwungen, und der Kaiser *Yekuno Amlak* (1268–1283) bestieg den Thron. Als Gegenleistung wurden zwei wichtige Positionen bei Hof an die Vorsteher der beiden Klöster gebunden: Der Vorsteher von Debre Azbo wurde Etchege, Oberhaupt aller Klöster, der Vorsteher von Hayk erhielt den Posten des *Aqabe Seat,* des „Hüters der Stunden". Diese Position kontrollierte den zeremoniellen Ablauf des Tages am Kaiserhof.

Das Kloster wurde im Krieg mit dem Imam *Ahmad Grang* (1527–1543) zerstört und später wieder aufgebaut. Die berühmte **Bibliothek** befindet sich heute zum großen Teil in Addis Abeba. **Der Besuch des Klosters ist Frauen nicht gestattet.**

Etwa auf halber Strecke zwischen Dessie und Weldiya fahren Sie durch die Ortschaft **Wetcale,** bekannt durch den hier am 2. Mai 1889 abgeschlossenen **Vertrag** (siehe Exkurs auf der nächsten Seite).

Weldiya ⇗ VI,B1

Der Ort an der Straßengabelung, wo die zum Tana-See führende Straße (als „Highway" ausgeschildert) auf die Straße Addis Abeba – Asmara trifft, wird vor allem für all jene Station sein, die nach Lalibela reisen wollen.

Die **Straßengabelung** bildet das **Zentrum der Stadt,** gekennzeichnet durch das Minarett einer Moschee und einen kleinen Marktplatz mit einer ganzen Reihe von Geschäften, Cafés, Restaurants und den besseren Hotels. Gleich an der Straßengabelung gibt es ein sehr schönes Café mit Pastry und in der Um-

Der Vertrag von Ucciali (Wetcale)

In diesem Vertrag, unterzeichnet von dem noch nicht gekrönten Kaiser *Menelik II.* und dem italienischen Gesandten *Pietro Antonelli,* erkannten die Italiener den von ihnen schon länger unterstützten *Menelik* von Shoa als Kaiser Äthiopiens an, im Gegenzug überließ ihnen der Kaiser Massawa und die Provinz Hamasien im eriträischen Hochland. 1889 wurden in Rom von *Ras Makonnen* Zusatzprotokolle unterzeichnet, in denen auch von Italien zusätzlich besetzte Gebiete bis an den Mereb anerkannt wurden.

Der Artikel XVII des Vertrages gab dem äthiopischen Kaiser die Möglichkeit, die diplomatischen Missionen Italiens für außenpolitische Kontakte zu nutzen. In der italienischen Fassung des Textes war dieser Passus so formuliert, dass Äthiopien verpflichtet wurde, alle Außenbeziehungen von Italien wahrnehmen zu lassen, was einem Protektoratsstatus gleichkam. Als Kaiser *Menelik* diese Situation erkannte, annullierte er 1893 den Vertrag. Italien benutzte die Vertragskündigung als Vorwand, um nach Tigray einzumarschieren. Der Krieg endete mit dem historischen Sieg der Äthiopier in Adua 1896.

gebung gute, auch muslimische Restaurants. Der **Busbahnhof** von Weldiya liegt etwa 1 km westlich der Gabelung, an der Straße zum Tana-See.

Unterkunft

In der Nähe des Busbahnhofs gibt es die üblichen Herbergen, die aber, je näher man dem Stadtzentrum kommt, etwas besser werden. Die besten liegen an der Gabelung und entlang der Straße in Richtung Mekele **(Kiddis Mikael Hotel, Abiata Sema Hotel, Alika Woldo Yohannis Hotel).**

Verkehrsverbindungen

Der **Bus** braucht von Dessie (Dese) nach Weldiya drei bis vier Stunden. Von Weldiya nach Mekele beträgt die Fahrzeit mit dem Bus einen Tag, wenn der Bus durchfährt. Sonst kann es sein, dass man sich über Alamata und Korem in Etappen bis nach Mekele durchschlagen muss. Busse von hier nach Gondar brauchen zwei Tage.

Zur Weiterfahrt nach Lalibela siehe unter „Lalibela", nach Tigray siehe „Route Angot und Enderta".

Weldiya – Nefas Mewcha – Debre Tabor

Weldiya – Debre Tabor (243 km)
Bahir Dar – Debre Tabor (170 km)
Werota – Debre Tabor (57 km)
Gondar – Debre Tabor (180 km)

300 km lange Verbindungsstraße, die einzige Ost-West-Querverbindung des nördlichen Hochlandes, zwischen Weldiya und Werota am Tana-See. Die Straße ist gut befahrbar und wird auf dem Hinweisschild als „Highway" bezeichnet.

Der Name „Highway" hat volle Berechtigung, denn schon wenige Kilometer nach Weldiya schraubt sich die Straße auf eine **Hochebene.** Hier geht die Abzweigung nach Lalibela ab. Weiter nach Westen führt die Straße in die **alte Provinz Begemder,** nach Debre Tabor, und von dort weiter nach Werota oder Addis Zemen am Tana-See. Die erst in den 1970er Jahren von den Chinesen gebaute Straße führt durch die faszinierende äthiopische Bergwelt. Sie verläuft in weiten Teilen in Höhenlagen mehr als 3000 m über dem Meer und durchquert das **amharische Kernland.** Die Orte an dieser Straße sind weniger interessant, obwohl sie teilweise auf eine lange Geschichte zurückblicken.

Die Stadt **Nefas Mewcha** zum Beispiel wurde schon auf den ersten Karten des *Hiob Ludolf* im 16. Jh. verzeichnet; Orte wie **Chechaho** lagen entlang wichtiger, seit dem Altertum bekannter, Handelsstraßen. Besonders beeindruckend ist eine Brücke östlich von Chechaho, wo das Gelände beiderseits der Straße mehrere hundert Meter abfällt und sich ein mehrere hundert Jahre altes Kloster befindet.

Einige Kilometer südlich der Straße zwischen Debre Tabor und Nefas Mewcha liegt noch die bedeutende **Kirche Bethlehem Mariam,** die zu einem Kloster, das die traditionelle Kirchenschule für Liturgie beherbergt, gehört.

Wer sich die Zeit nimmt, hier ab und zu das Auto verlässt und rechts und links der Straße in die Täler schaut, wird durch atemberaubende Steilabstürze und Landschaften belohnt.

Parallel zur heutigen Straße muss Kaiser Tewodros seinen gewaltigen **Mörser Sewastopol** von Debre Tabor nach Maqdala transportiert haben lassen. Es erscheint völlig unmöglich, durch jenes Gelände eine mehrere Tonnen schwere Lafette zu fahren, aber Tewodros und seine Armee haben es geschafft.

Transport der in Debre Tabor gegossenen Kanone „Sewastopol" nach Maqdala

Debre Tabor ⇗V,D2

Debre Tabor liegt noch in der grandiosen Bergwelt der Hochebene. Der Ort wurde von **Ras Gugsa Marsa** gegründet, der von 1798–1825 Herrscher der Provinz Begemder und vor allem der Residenz Gondar war. Er war Neffe des **Ras Ali Gwangwel,** der, ursprünglich Muslim, aus politischen Gründen zum Christentum übergetreten war. Beide waren Angehörige der Yejju-Oromo und stützten ihre Macht vor allem auf diese Ethnie. Schon 1774 hatte *Ras Ali* in Begemder die Macht übernommen, 1784 wurde er Statthalter von Gondar. Damit hatte er die nur noch als Marionetten regierenden Kaiser der *Zaman Mesafint* in der Hand. Bis 1855 konnte sein Geschlecht der Seru Gwangwel diese Position behaupten.

Debre Tabor wurde von *Ras Gugsa* an einem strategisch günstigen Punkt als **Bergfestung** gegründet, von der aus weite Teile des zentralen Hochlandes zu kontrollieren waren. Es gibt auch eine Legende über die Gründung: Ein Mönch hätte dem mächtigen Ras gesagt, er müsse eine Leopardin finden, diese töten und an jener Stelle seine Residenz bauen. *Ras Gugsa* starb hier 1825 und wurde in der **Iyasu-Kirche** neben seinem Palast beigesetzt, ebenso seine Söhne und Nachfolger, *Imam, Marye* und *Dori,* sowie sein Enkel *Ras Ali Alula,* der letzte bedeutende Fürst des Geschlechts. Ein kleines Denkmal mit einer Kuppel im Gondar-Stil neben der Kirche erinnert an sie.

Neben der Kirche gab es einen **Palast,** der aus zwei umzäunten Bereichen bestand, in denen mehrere Gebäude untergebracht waren. Hier empfing *Ras Ali Alula* („Ali der Kleine") eine Reihe ausländischer Delegationen; von diesem ganzen Bereich ist noch der Wambar zu sehen, der Stein, auf dem *Ras Ali* zu Gericht gesessen haben soll.

Die Macht der unter dem amharischen Adel verhassten Oromo wurde 1852 von *Kassa von Qwara* gebrochen, als er *Ras Ali* in der Nähe von Debre Tabor schlug. 1854 versuchte Ali den Ort zurückzuerobern, wurde wieder geschlagen und ging für den Rest seines Lebens in ein Kloster.

Im folgenden Jahr ließ sich Kassa als **Kaiser Tewodros II.** (1855–1868) krönen. Der kriegerische und allem Pomp abholde Kaiser verabscheute es, in festen Hütten zu leben, und noch mehr verabscheute er Gondar, das Symbol der zugrundegegangenen Puppenkaiser. Wie die Kaiser des Mittelalters durchzog er mit seinem gewaltigen Heer das Land. Dennoch verbrachte er etliche Regenzeiten in Debre Tabor.

1855 waren bei *Tewodros* die ersten **Missionare** aus Deutschland und der Schweiz eingetroffen. Diese in St. Chrischona in der Schweiz geschulten Protestanten waren zugleich Handwerker, deren Kunst von Tewodros äußerst bewundert wurde. Er siedelte sie in **Gafat,** etwa eine Stunde Fußweg von Debre Tabor, an. Die bald angewachsene Gruppe baute ein kleines Zentrum der Missionstätigkeit auf und bekam die Erlaubnis, eine Schule zu eröffnen und Handwerksbetriebe einzurichten.

Bald erwies sich die kleine Welt der Missionare aber als ein goldener Käfig, in dem sich *Tewodros* seine Rüstungsindustrie aufbauen ließ. Der begeisterte Kaiser überhäufte seine „weißen Sklaven" mit Gunstbeweisen, wies ihnen unbegrenztes Personal zu und verschaffte die Rohstoffe, u. a. für den Kanonenguss, durch die Plünderung von Kirchen und Klöstern.

Es wurden Kanäle zur Nutzung der Wasserkraft, ein Wasserrad und etliche Maschinen installiert. Als die Missionare, die von den gar nicht auf Missionierung, sondern auf den Bau von Maschinen und Waffen gerichteten Wünschen des Kaisers zuerst äußerst verblüfft waren, es schließlich geschafft hatten, die erste Kanone zu gießen, war der Kaiser außer sich vor Freude und rief: „Jetzt bin ich überzeugt, dass es möglich ist, alles in Habascha herzustellen. Dank sei Gott, der sich uns zugewendet hat!"

1867 zwang der wachsende Widerstand den Kaiser, Gafat zu verlassen. Es sollen aber noch Ruinen seiner Waffenschmiede, vor allem Reste der Wasserregulierung, sichtbar sein.

In Debre Tabor wurde am 21. September 1867 noch eine **Kanone** gegossen, die gigantische **Sewastopol,** benannt nach der im Krim-Krieg belagerten Schwarzmeerfestung. Anschließend begann *Tewodros* den Marsch nach Maqdala, wobei vierhundert Leute allein zum Schleppen der Riesenkanone gebraucht wurden. Debre Tabor wurde bis auf die von *Tewodros* errichtete **Medhane Alem-Kirche** abgebrannt. Im Hof dieser Kirche liegt die Glocke, die zu schwer war, als dass man sie aufhängen konnte. Zur Zeit der italienischen Besatzung hatte man einen Glockenturm gebaut, der aber durch einen Blitzeinschlag zerstört wurde.

Kaiser *Yohannes IV.* (1868–1889) weilte öfter in Debre Tabor und traf sich hier u. a. 1879 mit General *Gordon*, der im Sudan im ägyptischen Dienst stand. Aus der Zeit dieses Kaisers stammt die **Heruy Gyorgis Kirche,** in der Ausstattungsstücke gezeigt werden, die vom Kaiser stammen.

Um die Jahrhundertwende war die Stadt Sitz von *Ras Gugsa Wale*, dem Schwiegersohn *Meneliks II.* (1889–1913). Als seine Frau *Zawditu* zur Kaiserin eingesetzt wurde (1916–1930), musste sie sich von ihm trennen. Er wurde 1930, wenige Monate vor ihrem Tod, abgelöst und wegen angeblicher Meuterei gegen den Regenten *Ras Tafari* (später Kaiser *Haile Selassie I.*) hingerichtet. Von ihm stammen ein **Palastbau** und eine ganze Reihe von Kirchen.

Busse von Dessie (Dese) bzw. Weldiya sind einen Tag unterwegs, von Gondar und Bahir Dar einen halben.

Lalibela

VI,A1

Dessie – Lalibela (241 km)
Addis Abeba – Lalibela (642 km)
Mekele – Lalibela (279 km)

In der Regenzeit schlecht erreichbar. In der Trockenzeit von Weldiya kommend den „Highway" in Richtung Tana-See nehmen. Auf der Hälfte der Strecke Weldiya – Debre Tabor liegt der Ort Gashema, hier biegt die Straße nach Lalibela ab, dann noch 2 Std. auf recht guter Schotterstraße.

Lasta – auf dem Weg nach Lalibela

„Es ist mir genug, weiter über diese Denkmäler zu schreiben, denn wahrscheinlich wird mir niemand glauben, wenn ich noch weiter schreibe, und weil man mich schon wegen dessen, was ich bereits geschrieben habe, für einen Lügner halten wird. Deshalb schwöre ich bei Gott, in dessen Gewalt ich bin, daß alles, was ich geschrieben habe, die Wahrheit ist, und daß ich sogar einiges ausgelassen habe, aus Furcht, man würde mich der Fälschung verdächtigen (so groß ist mein Bedürfnis, dieses Wunder der Welt bekannt zu machen)..." So schrieb der Portugiese *Francisco Alvarez* Anfang des 16. Jh. über Lalibela, und jeder Besucher möchte sich dem wohl anschließen. Wir können zwar die Kirchen aufzählen, beschreiben aber lässt sich der unglaubliche Eindruck kaum, den dieses **Labyrinth aus Stein und Höhle, Licht, Schatten, unförmigen Gängen und wunderbar klaren Formen** hinterlässt, dazu noch die mittelalterlich anmutenden Priester, die ihre Kreuze präsentieren, die verhutzelten Mönche und die neugierigen Kinder. Lalibela muss man gesehen und erlebt haben.

Der kleine Ort im Innern der Bergwelt von Lasta liegt heute weit ab der großen Straßen und der wichtigen Verwaltungszentren. Dennoch ist er für den Äthiopier, wie für den ausländischen Touristen, neben Axum **eine der bedeutendsten Manifestationen der äthiopischen Kultur.** Nirgendwo sonst findet man die für Äthiopien so eigenartige Form der **Felsenkirchen** in dieser Konzentration und Qualität. Neben dieser vor allem kulturgeschichtlichen Bedeutung sind die Kirchen von Lalibela bis heute eines der wichtigsten Heiligtümer der äthiopischen Kirche.

Die Stadt Lalibela

Lalibela liegt 2630 m über dem Meeresspiegel und erstreckt sich an den Hängen der Berge von Lasta, dominiert von dem 4190 m hohen Abuna Yosef.

Der **ursprüngliche Name** des Ortes Lalibela war **Roha.** Der Ort verdankt seinen Aufstieg dem Machtwechsel zum Ende der axumitischen Zeit, als die Herrschaft an eine Dynastie aus dem Volk der eine kuschitische Sprache sprechenden Agaw überging. Die Vertreter dieser Zagwe-Dynastie regierten von ca. 914–1268 im äthiopischen

Hochland von ihrem Kernland Lasta aus. Der bedeutendste Herrscher der Dynastie war König *Lalibela* (1167–1207), auf den die Errichtung der Kirchen von Roha zurückgeführt wird. Ihm zu Ehren wurde der Ort in Lalibela umbenannt, er selbst wurde ein Heiliger der äthiopischen Kirche.

Um das heutige Lalibela führt eine neue geteerte **Umgehungsstraße.** Die vom modernen Flughafen kommende Straße trifft direkt auf diese Ortsumfahrung. Sie führt in großem Bogen östlich an Lalibela vorbei. Man kann bis zum Asheten-Hotel fahren, wo die neue Straße mit der alten Ortsstraße wieder zusammentrifft. Die weiteste Ausbuchtung nach Westen liegt in der Gegend des **Marktes** und der **Felsenkirchen,** dahinter folgt ein **zentraler Platz,** an dem auch Fahrzeuge halten können, schließlich verläuft sich der Ort wieder.

Da Lalibela sehr klein ist und von vielen Touristen besucht wird, ist alles et-

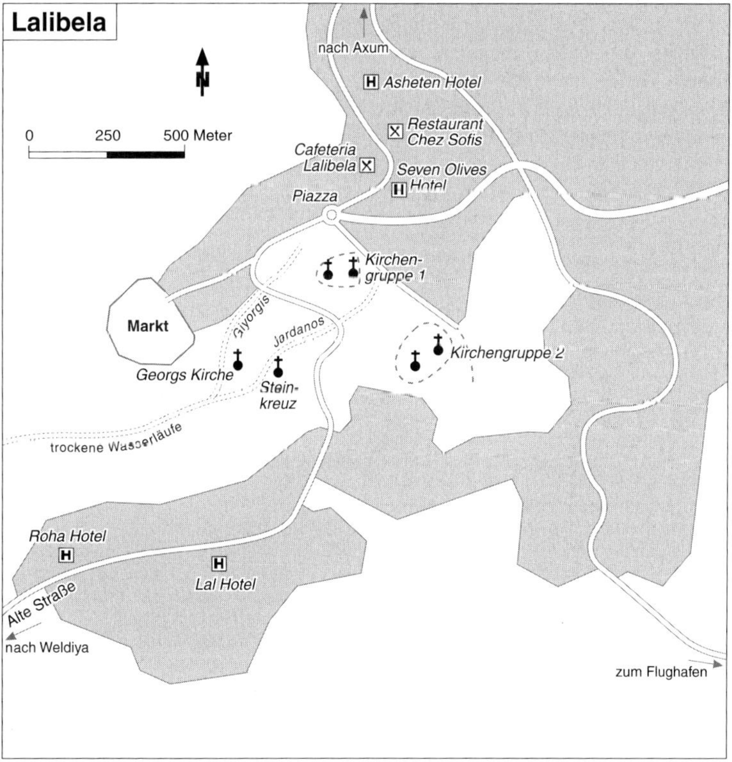

was teurer. An den wichtigen Feiertagen wie *Genna* (Weihnachten) und *Epiphanias* (Dreikönigsfest), die natürlich ein sehenswertes Schauspiel bieten, sind die Hotelpreise doppelt so hoch. In dieser Zeit sind alle Hotels ausgebucht, also bitte immer im Voraus buchen. Essbares erhalten Sie in den Hotels, es gibt aber auch genügend Bars und Restaurants, wie z. B. das dem Seven Olives Hotel gegenüberliegende **Restaurant Chez Sofie,** das eine Vielzahl an äthiopischen und europäischen Speisen in rustikaler Atmosphäre unter Strohdächern anbietet. Kleine **Souvenir-Shops** befinden sich am zentralen Platz. Das **Tourist Office** finden Sie im Zentrum, etwas unterhalb des Platzes und des Seven Olives Hotels, an der Hauptstraße. Dort erhält man für 100 Birr das 3 Tage gültige **Ticket für alle Felsenkirchen.**

Die die einzelnen Kirchen beaufsichtigenden **Geistlichen** erwarten stets auch ein **Trinkgeld,** dafür posieren sie dann auch mit dem jeweiligen Vortragekreuz und einem bunten Mantel für Fotos. Es empfiehlt sich in der Regel, einen **Führer** zu nehmen, der bei Bedarf die Schlüssel zu den Kirchen besorgen kann. Gleich **nahe dem Tourist Office** befindet sich der **Eingang zur ersten Gruppe (Nordgruppe)** der Felsenkirchen. In seiner Umgebung liegt auch die eigentliche Stadt Lalibela. Typisch für die alten Häuser der Stadt sind runde, turmartige Bauten mit zwei Geschossen. Auf dem kargen, felsigen Boden wachsen knorrige Olivenbäume.

Wichtig: Zum Besuch der Kirchen sollte man unbedingt eine gute **Taschenlampe** mitnehmen, da einem sonst viele schöne Details entgehen!

Die Zagwe-Dynastie

Die Geschichte der Zagwe-Dynastie ist nur in späteren Legenden überliefert. *Mera Tekle Haymanot* mit dem Beinamen Zagwe soll 922 seinen Schwiegervater *Del Nead,* den letzten Angehörigen des axumitischen Königshauses, das sich auf König *Salomon* zurückführte, abgesetzt und die Macht übernommen haben. Sich selbst sehen die zum Volk der Agaw gehörenden Zagwe in der Nachfolge von Moses.

In den Traditionen um diese Dynastie spielen Erinnerungen an die Zeit nach dem Fall des Reiches von Axum mit, als offensichtlich andere Volksstämme als die bis dahin herrschenden Semiten zunehmend eine Rolle spielten. Es ist möglich, dass die neuen Herrscher ursprünglich nicht dem Christentum, sondern der jüdisch-arabischen Religion anhingen, wie sie auch die Falasha praktizierten. Dennoch nahmen sie wohl sehr bald den christlichen Glauben an. Das Christentum bildete ein einigendes Band in der äthiopischen Kultur, wie auch die Tradition des Oberkönigs über weitgehend selbstständige Fürsten einen gewissen Zusammenhalt brachte. Es wurden auch zu dieser Zeit Abunas vom Patriarchen von Alexandria ernannt, wenn auch unter Schwierigkeiten. Es sollen sich auch Personen mit gefälschten Schriftstücken dieses Amt erschlichen haben.

1268 kam es zur berühmten Erneuerung der salomonischen Dynastie, als mit *Yekuno Amlak* (1268–1283) ein aus Shoa stammender Fürst den Thron bestieg, der seine Abkunft von den axumitischen Königen herleitete. Den Nachkommen der Zagwe wurde aber das Recht zuerkannt, in Lasta mit den Insignien eines Königs (Trommeln, Thron, Zeremoniell) zu regieren und den Titel Wagshum (Herrscher von Wag) zu führen.

Viele Felskirchen sind zum Schutz mit Gerüsten und Wellblechdächern ausgestattet, so dass das **Fotografieren** und Filmen schwierig werden kann. Wer es dennoch probieren möchte, muss mit einer Gebühr von ca. 15 Euro rechnen.

Die Felsenkirchen von Lalibela

Die Kirchen von Lalibela sind der Höhepunkt einer langen Tradition des Felsenkirchenbaus. Sie gehören zu den letzten ausgeführten Felsenkirchen und wurden im 12./13. Jh. gebaut. In der Architektur scheint man die wichtigsten Traditionen des Kirchenbaus der vorhergehenden Zeit förmlich zusammengefasst zu haben: Lalibela ist fast ein Museum der **Baustile der axumitischen Zeit** und der **Zeit der Zagwe-Dynastie.** Es fällt auf, dass der Grundriss der klassischen äthiopischen Rundkirche nicht auftritt, wie er spätestens im 16. Jh. die Regel geworden ist. Dafür wird noch der altertümliche, aus Byzanz übernommene Grundriss verwendet. Dennoch hat jede der elf Kirchen und Kapellen einen ganz eigenen Charakter und unterscheidet sich in Anlage und Dekoration von den anderen.

Die Legende besagt, König *Lalibela* habe die Kirchen während seiner vierzigjährigen Regierungszeit in das **rote, weiche Tuffgestein** hauen lassen. Dabei hätten nicht nur Menschen, sondern auch Engel mitgewirkt, die in der Nacht weiterarbeiteten und dabei sogar, von den Menschen ungestört, die doppelte Arbeitsleistung vollbrachten. Wahrscheinlich wurden die Kirchen unter der Herrschaft mehrerer Zagwe-Könige errichtet, wobei an der besonderen Bedeutung von König Lalibela aber einiges wahr sein könnte.

In den Fels gehauene Kultbauten kannte man schon im pharaonischen Ägypten und im antiken Jordanien (Petra). Zeitgleich mit den Kirchen von Lalibela wurden derartige Bauten in Armenien, Kappadokien und Indien errichtet. Die Tradition berichtet auch, König *Lalibela* habe zur Arbeit *gibetas* (ägyptische Kopten) herangeholt. Es ist auch zu beachten, dass Äthiopien zu dieser Zeit nach wie vor regelmäßige Kontakte mit seinen Nachbarn, besonders Ägypten und Palästina, pflegte.

Viele **Dekorationselemente,** etwa Kreuzformen, Fenster, Ornamentik, haben Anregungen der zeitgenössischen Kunst des Vorderen Orients übernommen. Von woher aber auch immer technische Anregungen beim Bau der Kirchen kamen: Ihrer Architektur, ihrer Dekoration und ihrer Zweckbestimmung nach sind es typische Denkmäler der äthiopischen Kultur, Höhepunkt einer jahrhundertelangen Tradition, Kirchen in Höhlen und an Felshängen zu erbauen. Eine Legende nennt den Namen des Architekten: *Sidi Masqal,* der in der großen Kirche Bete Medhane Alem begraben sein soll.

Noch nicht endgültig geklärt ist der Grund, warum es in Lalibela diese einmalige Konzentration verschiedenster Felsbauten gibt. Eine Überlieferung besagt, König *Lalibela* habe den Wunsch gehabt, nach Jerusalem zu ziehen und dort begraben zu werden. Daraufhin sei ihm Gott im Traum erschienen und

Felsenkirchen in Äthiopien

Felsenkirchen sind im ganzen äthiopischen Hochland zu finden. Diese eigenartige Kirchenform wurde offensichtlich schon in der axumitischen Zeit entwickelt. Legenden schreiben den Bau vieler dieser Kirchen den ersten christlichen Herrschern *Abreha* und *Asbeha* zu, doch können diese „Frühdatierungen" auch damit zu tun haben, dass man die Könige der Zagwe-Dynastie (ca. 914–1268) zeitweise nicht mehr nennen wollte, da sie von den ursprünglich im Hochland lebenden Agaw abstammten und nicht der salomonischen Königslinie angehörten. Im Gebiet von Tigray kann man Felsenkirchen bis in das 8. Jahrhundert zurückverfolgen. Vielleicht leben in einigen dieser Kirchen alte heidnische Felsheiligtümer fort.

Es ist nicht mit Bestimmtheit festzustellen, ob sich die „reine" monolithische Felsenkirche aus der in einer Höhle erbauten Kirche entwickelt hat. Aus den in Höhlen gebauten Kirchen hätte man nach dieser Theorie Bauten abgeleitet, die teilweise in den Felsen geschlagen wurden, und schließlich Felsenkirchen, die gänzlich in eine Felswand getrieben wurden. Dafür spricht, dass die Felsenkirchen viele Bauelemente freistehender Kirchen, wie „Holzbalken", einfach imitieren. Andererseits kann der Typ der Felsenkirchen auch aus der Tradition axumitischer Felsgräber und den Gräbern von Heiligen entstanden sein (z. B. Degum, siehe im Kapitel zur Provinz Tigray). Damit stünden die in Höhlen errichteten Steinkirchen und die verschiedenen Formen der Felsenkirchen als etwa gleichzeitig entwickelte Kirchenformen nebeneinander.

Die Kirchen möglichst an verborgenen Plätzen zu errichten, mag an den unruhigen Zeiten nach dem Zerfall des axumitischen Reiches gelegen haben, um die Kirchen vor Feinden zu schützen. Doch sind die Felsenkirchen zwar mitunter versteckt, lassen sich aber kaum gut verteidigen. Dafür bieten sich die Berggipfel mehr als das Innere der Felsen an; so liegt das berühmte Kloster Debre Damo auf einem Tafelberg (amba) und diente tatsächlich als Zuflucht. Es ist also anzunehmen, dass die äthiopischen Felsenkirchen ihren Ursprung eher einer ganz eigenen religiösen Vorstellung denn strategischen Überlegungen verdanken.

Die bemerkenswertesten Felsenkirchen sind jene, bei denen die Räume nicht nur in die Fassade einer Felswand getrieben wurden, sondern dieser Block anschließend noch freigestellt wurde, also ein echtes Gebäude im Fels entstand. Dabei kann die Kirche an einer der Seiten oder ihr Dach noch mit dem Mutterfelsen verbunden bleiben, sie kann aber auch gänzlich freistehen. Bei der letzten Form steht die Kirche meist in einer Art Grube, und man kann vom umgebenden Bodenniveau auf sie herabsehen. Die schönsten Kirchen in dieser eigenwilligen Bauweise befinden sich zweifellos in Lalibela.

Solche Kirchen zu bauen, war mit großem Aufwand verbunden: Der Bauplan musste zu Baubeginn bis ins kleinste Detail vorliegen, da jede Säule, jede Wölbung, jede Treppe und sogar jedes Fenstergitter im Gestein modelliert wurden. Zunächst hat man die freistehenden Kirchen von oben her abgetieft. Wahrscheinlich wurde erst der den Hof bildende Schacht ausgehoben und dann die Kirche ausgehöhlt. Durch die schmalen Tür- und Fensteröffnungen wurde der Abraum entfernt.

Die Dekoration wurde entweder auch in den Stein geschlagen oder aufgemalt, zum Teil direkt auf den Stein, zum Teil auf eine Putzschicht. Spätere Malereien entstanden auch auf Leinwand und an den Wänden.

Felsenkirchen sind im ganzen äthiopischen Hochland verbreitet, man schätzt ihre Zahl auf etwa 150, wobei sicher noch nicht alle den Wissenschaftlern bekannt sind (die 1970er Jahre brachten einen regelrechten Boom der „Entdeckung“ von Felsenkirchen, die den Bewohnern natürlich gut bekannt waren und immer noch von ihnen genutzt werden). Diese Bauweise war offensichtlich auf das äthiopische Mittelalter beschränkt, alle bekannten Kirchen sind spätestens bis zum 15. Jh. errichtet worden. Dabei dehnte sich diese Bauweise bis südlich vom heutigen Addis Abeba, bis in die Provinzen Bale und Kaffa, aus. Im Kapitel Tigray finden Sie einige Angaben zu Felsenkirchen in dieser Region.

Wer genug Zeit und Möglichkeiten hat, kann sich mit einem guten Führer zu diesen Plätzen durchschlagen, für einen ersten Eindruck reicht das grandiose Ensemble von Lalibela allemal. Es sei auch auf die Ausstellung im Museum des Institute of Ethiopian Studies in der Universität von Addis Abeba verwiesen, die die wichtigsten Felsenkirchen und ihre Malereien in Fotografien präsentiert, ergänzt mit einer Kollektion wunderbarer Originalmalereien.

Die Felsenkirche Bete Abba Libanos in der Südgruppe von Lalibela

efi_325 Foto: mf

habe ihn aufgefordert, in Roha zu bleiben und ein neues Jerusalem zu errichten. Eine Variante der Legende besagt, Gott habe den König im Traum nach Jerusalem geführt, ihm die Geheimnisse der heiligen Stätten enthüllt und ihn dann aufgefordert, ein Abbild davon in Roha zu erbauen. Dass der Komplex von Lalibela Bezüge zu den heiligen Stätten Palästinas aufweist, steht außer Frage: Der kleine, nur in der Regenzeit Wasser führende Fluss, der die beiden Kirchenkomplexe trennt, heißt **Yordanos,** es gibt einen Platz **Golgatha** und **Sinai,** einen als **Grab des Adam** bezeichneten Bau und auch ein **Grab des Jesus** (alle in der ersten Gruppe).

Eventuell steht die Errichtung dieses **symbolischen Jerusalem** im Zusammenhang mit dem Ende der Kreuzzüge. 1187 hatte *Salah ad-Din (Saladin)* Jerusalem den Kreuzrittern entrissen. Obgleich der ägyptische Sultan den Christen gegenüber tolerant war, verschlechterten sich die Möglichkeiten der Pilgerfahrt. So sah sich der äthiopische Herrscher möglicherweise veranlasst, einen schon begonnenen Komplex von Felsenkirchen zu einem „echten Jerusalem" umzugestalten.

Wahrscheinlich waren nicht alle Felsenkirchen von Anfang an als Kirchen geplant, wenigstens einige der Kirchen der zweiten Gruppe waren ursprünglich eher **Profanbauten.**

Die Kirchen der ersten Gruppe (Nordgruppe)

Wenige Meter vom Tourist Office befindet sich der Eingang zur ersten Gruppe. Diese Gruppe setzt sich aus **drei Komplexen** zusammen: **1.** der **Kirche Bete Medhane-Alem; 2.** der **Kirche Bete Maryam** mit den Seitenkapellen Bete Masqal und Bete Danagel; **3.** der **Doppelkirche Bete Debre Sina und Bete Golgota.**

Bete Medhane Alem

Normalerweise beginnt jeder Tourist die Besichtigung nahe dem Ticket Office. Durch einen schmalen Gang steigt man hinab in einen Hof von etwa 45 m x 43 m. Die Kirche „Erlöser der Welt" ist die größte der Kirchen von Lalibela: 33,50 m lang, 23,50 m breit und bis 11,50 m hoch, die Mauern sind im Schnitt 2 m dick. Die Kirche steht auf einem Podium, das bis 1,30 m hoch ist. Nur die alte Kathedrale von Axum war größer als diese Kirche. Von dieser größten und wichtigsten Kirche des äthiopischen Christentums hat die Kirche in Lalibela auch ihren Grundriss entlehnt: eine gewaltige **Basilika,** deren Inneres durch vier Pfeilerreihen in **fünf Schiffe** geteilt ist. Der **Umgang** aus vierunddreißig viereckigen Pfeilern besitzt Vorläufer in der altsüdarabischen Architektur, das sanfte Spitzdach und der Attikagiebel sind Relikte der axumitischen Architektur, die ihrerseits Elemente des byzantinischen Kirchenbaus übernahm (Teile des eingestürzten Daches und der Pfeiler wurden erneuert.) Vielleicht ist auch die Dachverzierung aus einer Reihe von Kreuzen, die Bögen verbinden, auf solche Vorbilder zurückzuführen. **Zwei Reihen von Fenstern** sind in die Wände gebrochen: Die untere Reihe imitiert „axumitische" Fenster mit den typischen Balkenenden („Affen-

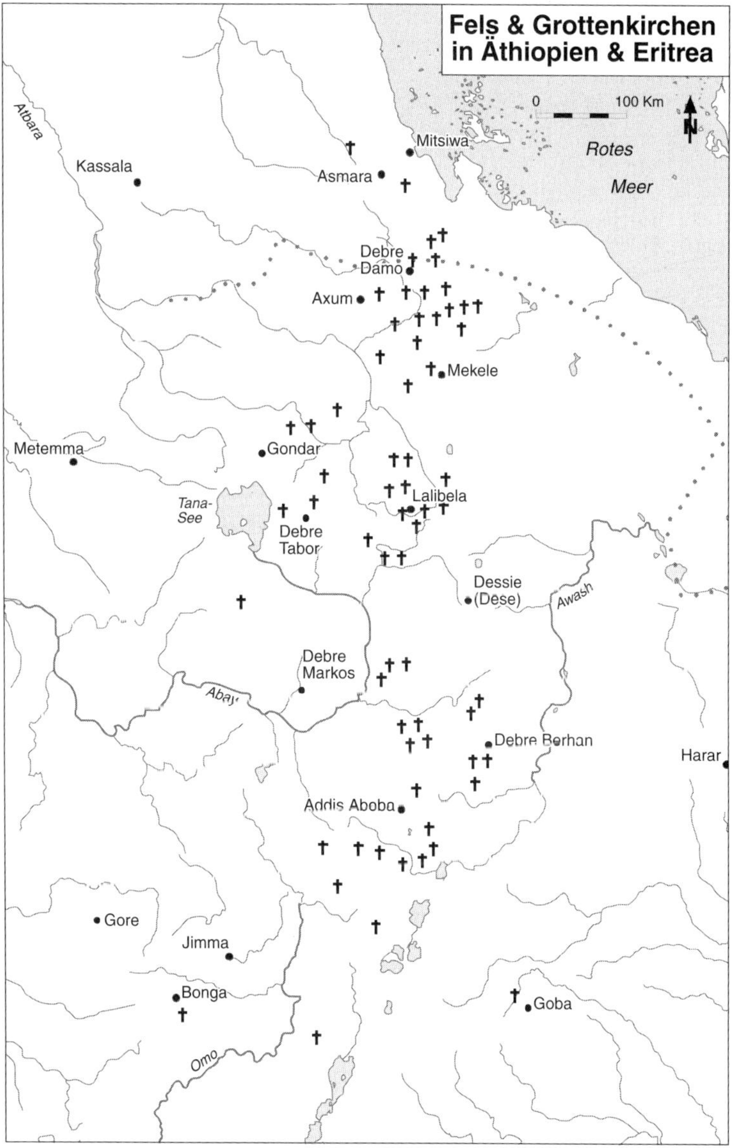
Fels & Grottenkirchen
in Äthiopien & Eritrea
0
100 Km
N
Rotes
Meer
Atbara
Kassala
Mitsiwa
Asmara
Debre
Damo
Axum
Mekele
Metemma
Gondar
Lalibela
Tana-
See
Debre
Tabor
Dessie
(Dese)
Awash
Debre
Markos
Abay
Debre Berhan
Harar
Addis Aboba
Gore
Jimma
Bonga
Goba
Omo

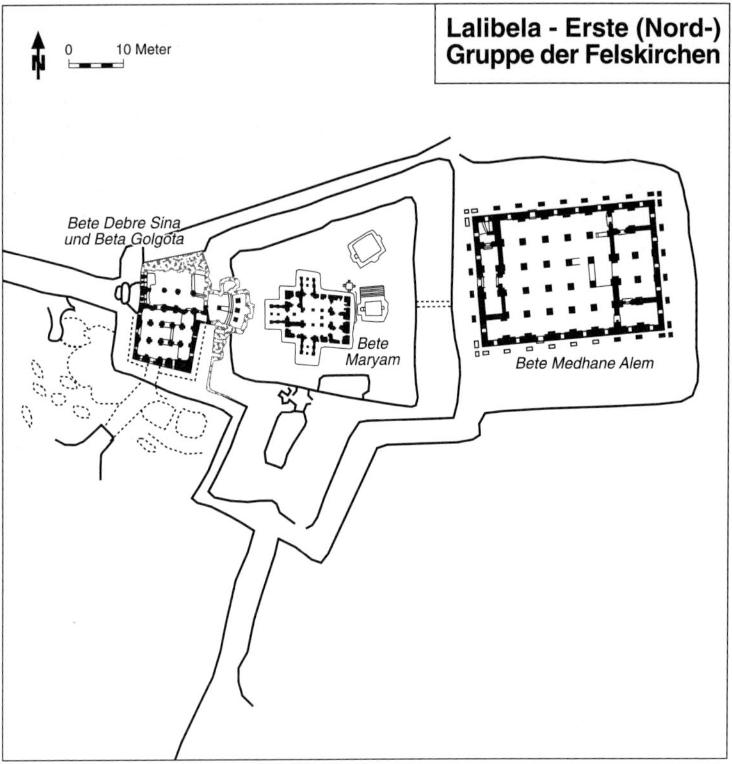

köpfe"), die obere Reihe zeigt die in Lalibela häufig vorkommenden schlüssellochartigen Fenster, dem „Lalibela-Kreuz" ähnlich.

Der **Haupteingang** befindet sich im Westen, an den Seiten gibt es Nebeneingänge. Auch **im Innern** wird die Architektur einer **Basilika in Stein imitiert:** Das Mittelschiff ist gewölbt, die Seitenschiffe sind flach. Im Westen gibt es einen Vorraum (Narthex) mit einem kleinen Treppenhaus, von wo aus man normalerweise auf die Empore gelangt, die es in dieser Kirche aber nicht gibt.

Die Halle ist etwa 18,50 m lang, nur das südlichste Schiff hat eine Länge von 22 m. Die Breite der Halle beträgt etwa 18,50 m. Das gewölbte Mittelschiff erreicht eine Höhe bis zu 7,50 m. Der Bereich der **zentralen Cella** ist drei Schiffe breit, es sind zwei Nebenräume vorhanden. Im Nordosten der Halle, nahe der

Cella, befinden sich drei **Grabgruben** im Boden.

Die Kirche ist nicht ausgemalt, an den Gesimsen sind aber feine **Dekorationen** in den Stein gehauen. Schmuck der Kirche sind auch die durchbrochenen Fenster. Zapfen imitieren die Holzbalken der traditionellen Holz-Stein-Bauweise. Mit dieser Kirche war nicht nur ein symbolisches Jerusalem nach Lalibela verpflanzt, sondern auch das wichtigste Heiligtum der äthiopischen Christenheit: die **Kathedrale von Axum,** die Heimstatt der heiligen Bundeslade.

Bete Maryam, Bete Masqal und Bete Danagel

Durch einen 8 m langen Tunnel gelangt man in den Hof der **Kirche Bete Maryam.** Der **Hof** ist im Süden und Norden etwa 37 m breit, im Westen 21 m und im Osten 39 m. Insgesamt drei **Becken** im östlichen Teil fangen das Regenwasser auf. Sie haben sich aus den großen frühchristlichen Taufbecken außerhalb der Kirche entwickelt; wie diese haben sie zum Teil Stufen. Die Becken spielen eine wichtige Rolle bei den Feiern zum timkat-Fest (Taufe Christi). Das tiefe Becken in der nordwestlichen Ecke hat hier eine besondere Bedeutung: Noch heute sollen Frauen, die keine Kinder bekommen, durch ein Bad in diesem Becken von ihrer Unfruchtbarkeit geheilt werden.

Die Kirche hat wohl die besondere Gunst des Königs *Lalibela* besessen, weshalb man gegenüber dem Haupteingang eine königliche Loge in die westliche Felswand gemeißelt hat. Diese Loge hat ihren Zugang über einen Graben, der über dem darunter befindlichen Komplex der Bete Debre Sina- und Bete Golgota-Kirchen verläuft.

Die rechteckige Kirche (Länge ca. 13 m, Breite und Höhe ca. 9 m) besitzt drei mit Portiken geschmückte Eingänge. Ihr Äußeres ist verhältnismäßig schlicht gehalten, dafür ist sie im Innern die am reichsten geschmückte Kirche von Lalibela. Bemerkenswert ist schon das **Relief über dem Haupteingang,** das zwei Lanzenreiter zeigt, die Tiere speeren, darunter eine Eidechse und einen Greifen. Dieses Relief in der Art der von Gemälden der in Äthiopien so beliebten Reiterheiligen ist einmalig, überhaupt sind plastische Dekorationen in

Bete Medhane Alem ist die größte Felsenkirche von Lalibela

efi_329 Foto: rrf

der äthiopischen Kunst nur sehr selten. Möglicherweise ist das Relief eine spätere Zutat.

Das **Innere der Kirche** ist in der Art einer klassischen frühchristlich-orientalischen Kirche gestaltet (entsprechende Grundrisse findet man im mittelalterlichen Nubien): ein Vorraum (Narthex) mit Treppe zur Empore, die quadratische zentrale Halle mit dem erhöhten Mittelschiff und die Cella mit Nebenräumen. Das Mittelschiff ist gewölbt, das Allerheiligste (tabot) überkuppelt.

Bedeutend sind die auf die Zeit zwischen 13. und 15. Jh. datierten **Malereien.** Ornamente überziehen die Decke und Säulen, dazwischen figürliche Motive wie der zweiköpfige Adler und die lachende Sonne. Dazu sind eine Reihe Szenen aus dem Leben der Jungfrau Maria und Jesus' zu sehen: die Heimsuchung (Maria und Elisabeth), die Verkündigung, die Flucht nach Ägypten, die Heilung des Gelähmten, Jesus und die Samariterin.

Vor der Cella steht ein ungewöhnlich langer Pfeiler, der weder konstruktiv noch statisch eine Rolle spielt und in anderen Kirchen mit diesem Grundriss nicht auftritt. Der Pfeiler ist mit Stoff verhüllt. Er soll die „Einigkeit des Glaubens" *(amd)* darstellen, und der Legende nach sah König *Lalibela* im Traum, wie sich Christus gegen diesen Pfeiler lehnte. Deshalb darf ihn kein menschliches Auge sehen, er wurde verhüllt.

Entlang der nördlichen Hofwand ist die 11 m lange Fassade der **Kapelle Bete Masqal** (Haus des Kreuzes) zu sehen. Diese schmale Kapelle ist in den Fels gehauen, vier Pfeiler teilen das Innere in zwei Schiffe. Wir haben hier eine sehr einfache höhlenartige Felsenkirche vor uns, deren Grundriss sich nicht an den einer „normalen" Kirche anlehnt. Sie besitzt eine Reihe **schöner Fenster,** deren Gitter in Form des griechischen Kreuzes, des Malteserkreuzes und des Hakenkreuzes (Swastika) gebildet sind.

In die gegenüberliegende Wand wurde die der Jungfrau geweihte **Kapelle Bete Danagel** in den Fels geschlagen. Die Kapelle wurde zu Ehren von fünfzig Nonnen errichtet, die unter dem römischen Kaiser *Julian Apostata* in Edessa in Kleinasien das Martyrium erlitten. Auch dieser unregelmäßige Bau macht einen sehr urtümlichen Eindruck. Dennoch zeigt der Grundriss eine dreischiffige Halle mit vier Pfeilern und im Westen eine Vorhalle. Von hier aus gelangt man zu den ältesten unterirdischen Gängen, die die Kirchen miteinander verbinden und zum Teil unter Wasser stehen.

Bete Debre Sina und Bete Golgota

Bei dem Komplex handelt es sich um einen der geheimnisvollsten Plätze von Lalibela, das eigentliche „zweite Jerusalem", mit einer Reihe mythischer Stätten. Das verwirrende Ensemble besteht aus den **Zwillingskapellen Bete Mikael** (Michael-Kirche) an der nördlichen Seite **und Bete Debre Sina** (Berg-Sinai-Kirche) an der südlichen Seite, und einer anschließenden **Doppelkapelle Bete Golgota** (Golgata-Kirche) **und Bete Selassie** (Dreifaltigkeits-Kirche) im Osten. Die Kapellen liegen unterhalb des Hofniveaus der Bete Maryam-Kirche.

Der Gesamtblock dieser Kirchen ist im Westen etwa 19,50 m breit.

Der **Zugang** befindet sich im Süden, **durch die Sinai-Kirche.** Diese ist ein an drei Seiten freistehender Monolith von etwa 9 m x 8,50 m, durch acht kreuzförmige Pfeiler in drei Schiffe geteilt. Die Kirche besitzt nach drei Seiten Fenster und entspricht noch den Prinzipien des traditionellen Kirchenbaus.

Durch die Sinai-Kirche kann man auch **in die Michael-Kirche** gelangen. Diese ist etwa 12 m lang, 6 m breit und 4,50 m hoch. Durch drei Pfeiler wird der Raum in zwei ungleiche Schiffe geteilt. Licht erhält dieser Raum nur durch Fenster an der Westseite. In Wandnischen befinden sich die **Reliefs** von sieben überlebensgroßen Heiligen, Kreuz und Buch in den Händen, einen Turban auf dem Kopf. Es handelt sich nach den Beischriften um die Heiligen: an der Ostseite Maryam (Maria); an der Südseite Yohannes, Qirqos/Cherkos und Gyorgis; an der Nordseite Gebre Kristos, Estifanos und Mikael. Diese Zuschreibung erfolgte aber wahrscheinlich erst später, wie die unregelmäßig gesetzten Inschriften und die fehlenden Attribute der Heiligen vermuten lassen. Diese Reliefs werden aufgrund von Vergleichen mit der Buchmalerei erst an das Ende des 14. Jh. datiert.

Neben diesen einmaligen Reliefs befindet sich in einer vergitterten Nische in der Nordostecke das Relief einer liegenden Figur, zu deren Füßen ein Engel kniet. Das ist das **Grab Christi.** Außerdem markiert eine Steinplatte das **Grab Lalibelas.** (Das alles liegt schon im unzugänglichen Tabot-Bereich.) Daneben wird der Thron des Heiligen *Lalibela* gezeigt, sein Kreuz und sein Gebetsstab; auf einem großen Gemälde kann man neben *Maria,* den Heiligen *Gyorgis* und *Gebre Manfus Qiddus* den Heiligen König selbst sehen.

Von dieser Kapelle aus führt auch der Weg zu der selbst den meisten Priestern **nicht zugänglichen Golgatha- und Selassie-Kapelle.** Da dieser Raum gänzlich ohne Fenster in den Fels gehauen ist, wird er auch als Krypta bezeichnet. Er ist hufeisenförmig gewölbt und hat im Osten ein Podium mit drei Altären, den einzigen Exemplaren mo-

König Lalibela

Das Leben des heiligen Königs, der nach unterschiedlichen Angaben von 1176–1207 oder 1181–1221 gelebt haben soll, ist voll von Legenden: So soll ein Schwarm von Bienen, der den König in seiner Wiege umgab, von seiner Mutter als Zeichen seines zukünftigen Königtums interpretiert worden sein. Lalibela bedeutet in der Sprache der Agaw „die Bienen verkünden sein Königtum“. Sein älterer Bruder *Harbay,* der König war, soll versucht haben, ihn zu vergiften, aber *Lalibela* fiel nur in einen dreitägigen Schlaf. Im Traum zeigte ihm Gott Jerusalem bzw. wies ihn an, in Lalibela ein zweites Jerusalem zu errichten, wozu er genaue Vorgaben erhielt. Andere Legenden berichten sogar, er sei lange Zeit in Jerusalem gewesen. *Harbay* wurde von Gott zum Besseren bekehrt, versöhnte sich mit seinem Bruder und dankte ab. In Roha erbaute Lalibela schließlich mit Hilfe der Engel das zweite Jerusalem. Jährlich wird in Lalibela der 12. Juni, sein Todestag, als Fest begangen.

nolithischer Altäre in Lalibela. Der mittlere ist mit den Darstellungen der apokalyptischen Tiere geschmückt: Wesen mit vier Flügeln und den Köpfen von Mensch, Löwe, Adler und Stier (in der westlichen Kirche sind das die Symbole der Evangelisten). Dahinter befindet sich in der Wand eine leere Nische, flankiert von zwei Männerfiguren, ähnlich denen in der Michael-Kapelle, aber mit zum Gebet erhobenen Händen. Die Gesichter sind zerstört, mancher sagt, es wären die Köpfe eines Ochsen und eines Esels gewesen, was aber wohl unwahrscheinlich ist. In einer Seitenkammer befand sich ein Grab, weitere Grabhöhlen sind in der Umgebung zu finden.

Zum Massiv dieses Komplexes gehört noch ein im Westen liegender Sockel, der das **Grab Adams** genannt wird. Der Block ist etwa 5,50 m hoch und 3,50 m x 2 m in der Grundfläche. An der Vorderseite ist im Relief ein Kreuz mit geflammten Armen angebracht, im Inneren gibt es einen kleinen Raum. Der von hier nach oben führende Gang war wahrscheinlich der Haupteingang zu dieser Gruppe von Felsenkirchen. Weit entfernt davon, eine „normale" Kirche zu sein, ist dieser Komplex mit dem „Grab Adams", der Golgata-Kapelle (dem Ort der Kreuzigung Christi), seinem Grab und Auferstehungsort, einer mit dem Berg Sinai verbundenen Kapelle und einer der Dreieinigkeit geweihten geheimnisvollen Krypta ein höchst spekulatives, spirituelles Gebäude, das die heiligen Stätten Palästinas auf äthiopischem Boden zusammenführt. Dies könnte das „zweite Jerusalem" sein. Man kann bei dieser eigenartigen Kirche aber auch in Betracht ziehen, dass die hier versammelten Bezüge um den Auferstehungsgedanken kreisen. Dann könnte es sich um die **Grabkirche** der Zagwe-Könige handeln, wofür das Grab *Lalibelas* und weitere Grabkammern sprechen.

Die Kirchen der zweiten Gruppe (Südgruppe)

Etwa 200 m südöstlich der ersten Gruppe liegen die Kirchen der zweiten Gruppe. Diese Gruppe ist weniger einheitlich und übersichtlich, die Gebäude scheinen nur in einer losen Beziehung zu stehen. Das Ensemble besteht aus dem Bau der **Kirche Bete Gabriel-Raphael** und einem anschließenden Komplex mit der teilweise eingestürzten **Kirche Bete Marqorewos.** Dieser Teil scheint ursprünglich nicht für religiöse Zwecke errichtet worden zu sein. Es folgen die freistehende **Kirche Bete Emanuel** und schließlich die kleine, nicht ganz vom Felsen gelöste **Kirche Bete Abba Libanos.**

Die Gruppe wird durch einen großen **Umgehungsschacht** zusammengefasst, in dessen östlichem Teil die Hütten eines urtümlichen Klosters gebaut sind. In den Wänden der Gänge und Höfe sind viele Höhlungen geschlagen, in denen z. T. völlig von der Außenwelt abgeschnitten noch heute Mönche leben bzw. deren Gebeine liegen.

Bete Gabriel-Raphael und Bete Marqorewos

Um zu diesen bis auf die Fassade im Felsen verborgenen Kirchen zu gelan-

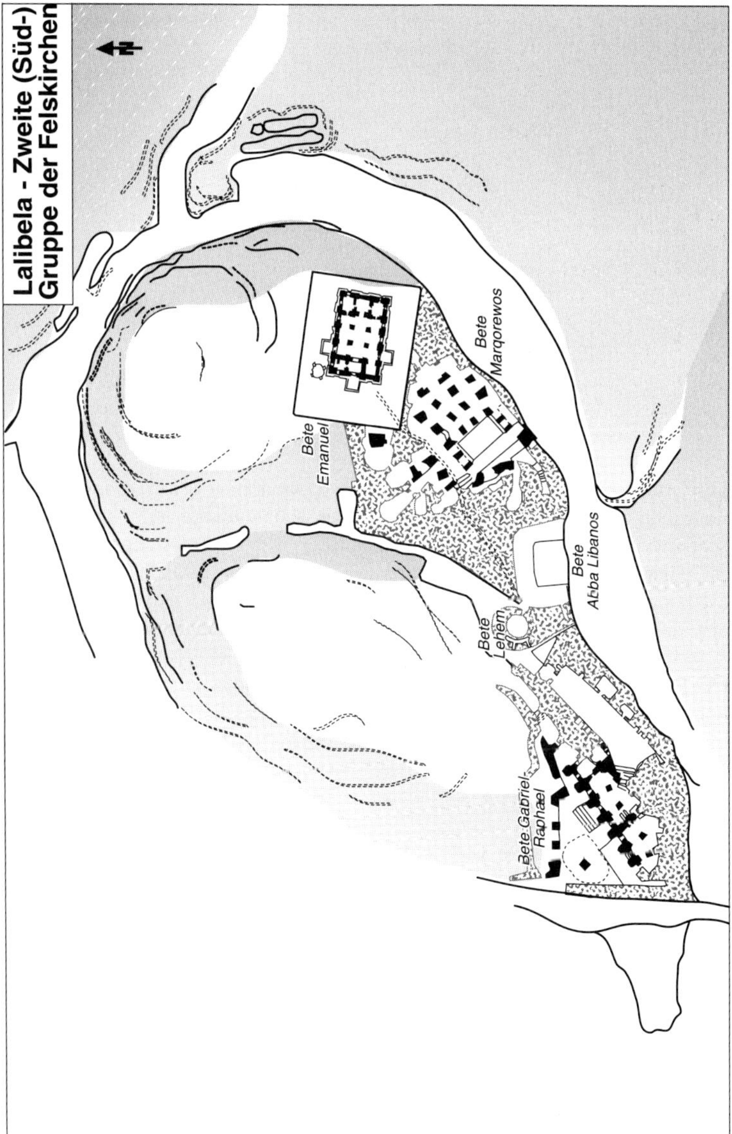
Lalibela - Zweite (Süd-)
Gruppe der Felskirchen
N
Bete Emanuel
Bete Marqorewos
Bete Abba Libanos
Bete Lehem
Bete Gabriel-Raphael

efi_335 Foto: mf

gen, müssen Sie eine kleine Brücke überqueren, den Felskorridor durchschreiten und gelangen so in einen Hof mit einem schroff abfallenden Graben. Sie finden sich dann auf einer Art Balustrade wieder, von wo aus die Fassade der Kirche und das davor befindliche Podium zu sehen sind, ohne dass es einen Zugang dorthin gibt. Dieser ist heute über eine kleine Holzbrücke möglich. Unter dem etwa 18 m tiefen Hof befinden sich zwei Kellerräume (Zisternen?).

Die **Fassade von Bete Gabriel-Raphael** ist ca. 30 m breit und mit sieben Nischen geschmückt, die mit orientalisch anmutenden Bögen abschließen. Es gibt zwei Türen mit je einem Podium davor. Angeblich soll der Platz mit dem tiefen Schacht einst eine **Richtstätte** gewesen sein, bzw. er wird mit dem Platz der Verurteilung Christi in Verbindung gebracht. Es wurde die Ansicht geäußert, dieser Bau sei nicht ursprünglich eine Kirche gewesen, sondern Teil der **Palastanlage** der Zagwe-Herrscher, wozu sein festungsartiger Charakter passen würde. Die Priester nehmen dies wohl auch an, nach einer Legende soll die eigentliche Gabriel-Raphael-Kirche im Felsen verborgen sein, und niemand kennt ihren Zugang. Dort sollen all die Schätze verborgen sein, die man vor den Horden des *Ahmad Grang* einst versteckte.

Die Kirche besteht aus einem zentralen Raum mit zwei Pfeilern, an beiden Seiten schließen sich Nebenräume an. Der im Nordosten ist dem Erzengel *Gabriel* geweiht, der im Südwesten *Raphael*. Die unregelmäßige Orientierung der Altäre und der ganze Grundriss sprechen ebenfalls dagegen, dass dies von Anfang an eine Kirche war.

Wenn Sie diese Kirche auf der anderen Seite verlassen, kommen Sie in eine Art **Innenhof** von 27 m Länge. An dessen Ende gibt es einen **Torbau** mit einer uralten Holztür, dem eigentlichen Zugang zu diesem eigenartigen Bauwerk.

Davor sieht man sich einem stark ruinösen Rundbau gegenüber. Das Gebäude wird **Bete Lehem,** „Haus des Brotes", genannt. Ein solches Gebäude gibt es bei jeder Kirche, in ihm wird das rituelle Brot für das Abendmahl zubereitet. Aber auch hier mag es sich ursprünglich um etwas anderes gehandelt haben, vielleicht um eine Art Turm.

Ein Gang führt von hier, mit einem Ausgang in der Mercurios-Kirche, bis zur **Emanuel-Kirche.** Angeblich soll sich hier die Klause König *Lalibelas* befunden haben, der dort unermüdlich für die Vollendung der Kirchen betete. Unterhalb dieses Baues befindet sich die **Libanos-Kirche.**

Weiter gelangt man zu der teilweise eingestürzten und modern gesicherten **Kirche Bete Marqorewos** (Mercurios-Kirche). Auch dieses Gebäude war ursprünglich wohl keine Kirche. Von der unregelmäßigen fünfschiffigen Halle ist der nordöstliche Teil heute die Kirche, davor befand sich offensichtlich ein freier Platz. Um diese Halle herum gruppierten sich verschiedene, ebenfalls sehr unregelmäßige Räume. Hier sind heute die Mumien verstorbener Mönche abgelegt. Die Durchgänge dieses Gebäudes zeigen einen indisch anmutenden **Spitzbogen.** Hinter dem Allerheiligsten der jetzigen Kirche befindet sich ein Raum, von dem aus man wie von einer Tribüne in den Hof der Emanuel-Kirche sehen kann.

Im Innern der Kirche werden **Malereien** auf Leinwand aufbewahrt, darunter ein neueres Bild des Heiligen Mercurios, der den vom Christentum abgefallenen römischen Kaiser *Julian Apostata* mit der Lanze durchbohrt.

Bete Emanuel

Ganz in der Art der „echten" Kirchen von Lalibela ist die Emanuel-Kirche erbaut: inmitten eines rechteckigen Schachtes von ca. 30 m x 24 m mit unterirdischem Zugang erhebt sich der 17,50 m lange, 11,50 m breite und 11 m hohe Bau. Die **perfekt ausgewogene Kirche** imitiert viele Details der axumitischen Baukunst: die abgestuften, umlaufenden Bänder, die Fenster mit Holzbalkenimitation, den Podest. In der Nordwestecke befindet sich das **Wasserbecken.** Ein rechteckiger Block an der Südwand des Hofes war der Eingang zu einer Treppe zu der Mercurios-Kirche (heute Grabmal), schräg darüber befindet sich das Fenster, von dem aus man von der Mercurios-Kirche in den Hof blicken kann.

Der Aufbau mit drei Zugängen und die Einteilung im Innern in drei Schiffe ähneln der Kirche Bete Maryam, jedoch ist hier der Innenraum durch umlaufende, Holzbalken imitierende Bänder gegliedert. Auch hier haben wir den Vorraum mit der Treppe zur Empore, die quadratische, dreischiffige Halle mit gewölbtem Mittelschiff und die Cella mit Nebenräumen. Im südlichen Seitenschiff, hinter dem Vorraum, befindet sich der Eingang zu dem bis zum *Bete Lehem* führenden Gang.

Kinder in Bete Emanuel

Bete Abba Libanos

Durch eine Öffnung im Südosten des Hofes gelangen Sie in den den ganzen Komplex umfassenden Gang und von dort zu der kleinen, einem der Neun Heiligen geweihten Kirche. Diese 9,50 m lange, 7 m breite und 7,50 m hohe Kirche ist an allen vier Seiten aus dem Fels getrennt, ihr Dach aber blieb mit der Felswand verwachsen, in die sie geschlagen wurde. Sie liegt am tiefsten Punkt der zweiten Gruppe von Felsenkirchen. Pilaster und „axumitische" Fenster gliedern das Äußere der Kirche, in die man über eine Treppe gelangt. Der eigentliche Haupteingang liegt natürlich im Westen, und der ganze Grundriss gleicht, wenn auch in reduzierter Form, dem der Marien- und der Emanuel-Kirche. Im Innern sind die Deckenbalken in Stein imitiert. Es soll hier ein geheimnisvolles Licht zu sehen sein, das auch in der Nacht brennt.

Eine Legende besagt, dass Engel diese Kirche zusammen mit der Frau König *Lalibelas* in einer Nacht errichtet hätten. Diese soll nämlich ob der unermüdlichen Aktivität ihres Mannes, Tag und Nacht an seinen Kirchen zu bauen, misstrauisch und eifersüchtig geworden sein. Als sie ihren Irrtum erkannte, bat sie um Verzeihung und um die Gnade, mitarbeiten zu dürfen, worauf ihr diese Kirche zufiel.

Um diese Hauptgebäude der zweiten Gruppe herum ziehen sich weitere Schächte, kleinere Höhlen (heute von Mönchen bewohnt) und eine Reihe aus dem Felsen geschlagener Freiflächen. Der Gesamtzusammenhang des Komplexes ist noch nicht endgültig geklärt, aber es scheint sich um eine Reihe, z. T. vielleicht schon sehr alter, Höhlenbauten zu handeln, zu denen die beiden „echten" Kirchen hinzugefügt wurden, vielleicht eine Palastanlage oder Burg.

Bete Gyorgis

Die **Georgs-Kirche** liegt isoliert im Westen der beiden anderen Gruppen. Angeblich soll König *Lalibela,* nachdem er die anderen Kirchen vollendet hatte, der Heilige Georg im Traum erschienen sein und sich beklagt haben, dass er keine Kirche erhalten habe. Darauf ließ der König dem populären Reiterheiligen diese Kirche errichten. Spuren, die der Legende nach Hufspuren vom Pferd des Heiligen sind, kann man am Boden des Durchganges bis heute sehen.

Es scheint, als seien bei dieser Kirche die Erfahrungen beim Bau von Felsenkirchen noch einmal zusammengefasst worden: die Lage, verborgen in einem tiefen Schacht und doch in ihrer Großartigkeit überblickbar, die Verbindung von schroffer Felswand und feinem Ornament, die Beherrschung von Innen und Außen im Stein, das Spiel von Licht, Schatten und Dunkelheit. Es ist nicht mehr die Imitation in Stein, die das Äußere dieser Kirche bestimmt, sondern der souveräne Umgang mit dem Medium Fels.

Durch einen gewundenen Gang können Sie hinunter in den Hof dieser Kirche gehen. Auf der rechten Seite des Eingangstunnels gibt es einen großen

Die beeindruckende kreuzförmige Felsenkirche Bete Gyorgis

Raum mit einem Mittelpfeiler, „Haus der Armen" genannt. Man kann hier auch den kleinen Kanal sehen, über den das Regenwasser aus dem Hof abläuft. Deshalb hat der Boden aller dieser Felshöfe eine leichte Neigung. Der Hof ist im Osten 19 m breit, im Süden 23 m, im Norden 22 m und im Westen 23 m, er hat eine Höhe von 12 m.

Die Kirche hat die **Form eines griechischen Kreuzes** mit einer gleichmäßigen Ausdehnung von 12,50 m und einer Höhe von 10,50 m. Auf einem dreistufigen Sockel erhebt sich der Bau, dessen Fassade in drei Abschnitte geteilt ist: ein Untergeschoss mit blinden „axumitischen" Fenstern, ein Zwischengeschoss und ein Obergeschoss mit „maurischen" Fenstern. Die Dekoration des Daches wiederholt dreimal das griechische Kreuz, auch hier sind die Kanäle zur Wasserableitung sichtbar. Das Innere besticht durch seine Schlichtheit und Monumentalität.

Die Kirche hat den sonst nicht belegten **Grundriss einer Kreuzkuppelkirche** (im Bereich der griechisch-orthodoxen Kirche sehr verbreitet), allerdings ohne Apsiden und ohne dass der Zentralraum überkuppelt wäre, er ist nur leicht gewölbt. Das Allerheiligste hingegen ist überkuppelt und liegt erhöht. Die Höhe des Zentralraumes erreicht 8,40 m. Die Dekoration des Inneren nimmt die Dreiteilung der Fassade auf.

Das Kreuz im Yordanos

Zwischen den Kirchengruppen zieht sich das Bett des Flusses Yordanos hin. Nahe der ersten Gruppe befindet sich in ihm ein großes **steinernes Kreuz.** Zur Zeit des Timkat-Festes fand hier die

efi_337 Foto: mf

Wollo, Lasta und Wag

Segnung des heiligen Wassers statt, die jetzt in einem Betonbassin nicht weit vom Roha Hotel vorgenommen wird.

Kirchen in der Umgebung von Lalibela

Neakuto Leab

Etwa 6 km von Lalibela in den Bergen liegt die **in eine Höhle gebaute Kirche.** Dieser Bautyp ist auch an anderen Orten, besonders in Tigray, aber auch am Tana-See bekannt. Oft waren die Höhlen Einsiedeleien und Gräber von heiligen Männern gewesen, ehe man dort Kirchen einbaute. In der Höhle gibt es eine Quelle. Die Kirche wirkt sehr altertümlich und wird deshalb für älter als die Felsenkirchen in Lalibela gehalten. Die örtliche Legende schreibt die Kirche dem König *Neakuto Leab* zu, dem letzten König der *Zagwe*-Dynastie, der 1268 die Macht an den ersten Kaiser der neuen salomonischen Linie *Yekuno Amlak* abgeben musste. Man sieht hier in ihm aber den älteren Bruder von König *Lalibela,* der diesem so sehr zusetzte, bis er zu seinen Gunsten abdankte.

Fenster nach axumitischem Vorbild bei Gennata Maryam

efi_339 Foto: mf

Asheten Maryam

Von der Neakuto Leab Kirche, gelangt man in einem 1–1½-stündigen Fußmarsch oder per Muli zur Asheten Maryam Kirche, die auf der anderen Bergseite liegt. Der Weg führt durch eine wunderschöne Berglandschaft mit steilen Abhängen, die schöne Blicke auf die Gegend bieten. Die Kirche selbst ist relativ klein und semi-monolithisch gebaut, wegen der Umgebung und der Lage lohnt sich ein Besuch allemal.

Gennata Maryam

Die Kirche „Garten (oder: Paradies) der Maria" ist neben den Kirchen in Lalibela selbst die einzige echte **Monolithkirche** der Umgebung. Zu finden ist sie auf dem Weg nach Lalibela etwa 15 km vor der Stadt. Hinter einem kleinen Dorf liegt die Kirche auf der westlichen Straßenseite. Schon ihre Lage und das kleine angeschlossene **Kloster** mit seinen Rundhütten auf einer Felsennase machen den Besuch lohnenswert.

Die Kirche ähnelt der großen Kirche Bete Medhane Alem in Lalibela: Wie diese ist sie eine lang gestreckte **Basili-**

ka mit Pfeilerumgang. Wahrscheinlich war auch hier die antike Kathedrale von Axum das Vorbild. Motive der axumitischen Architektur findet man auch bei der Gestaltung der Fenster und Türen. Die Kirche ist 20 m lang, 16 m breit und 11 m hoch. In der Nordwestecke war der Felsen durch Risse gestört, deshalb ist der Pfeilerumgang nur unregelmäßig geschlagen. Das Dach ist mit Bögen und dazwischen mit lateinischen Kreuzen verziert. Der Grundriss des Inneren entspricht dem der meisten Kirchen dieser Periode: Auf einen Vorraum folgt der quadratische, dreischiffige Hauptraum, im Osten liegt die Cella (tabot).

In die Wände des 30 m x 24 m großen Hofes sind **Höhlungen** geschlagen, die als Wohnstätten und Lagerräume für die Mönche dienen. Gegenüber dem Eingang zur Kirche ist eine Art **Tribüne** mit zwei Stufen in die Felswand getrieben. Eine **Zisterne** enthält das zum timkat-Fest gesegnete Wasser.

Besonders sehenswert sind die **Malereien** im Innern der Kirche. Neben fantasievollen Ornamenten sieht man Heilige, entweder stehend oder zu Pferde, und Tiere, darunter zwei Elefanten.

Der Tradition nach ist *Yekuno Amlak* (1268–1283), der Begründer der zweiten salomonischen Dynastie und Überwinder der Zagwe, Stifter dieser Kirche gewesen.

Yemrehanna Krestos und weitere Kirchen am Abuna Yosef

Hoch über Lalibela, im Berg Abuna Yosef, liegt die **Kirche Yemrehanna Krestos,** die nach einem sechsstündigen, relativ beschwerlichen Aufstieg zu Fuß oder mit Maultieren oder inzwischen auch mit Allrad-Pkw zu erreichen ist. Es handelt sich um eine **in eine Grotte gebaute Kirche,** einen Kirchentyp, der in Lalibela selbst nicht vertreten ist. An ihr kann man die traditionelle Bauweise aus Holzfachwerk und Bruchsteinen studieren, die die Felsenkirchen von Lalibela z. T. imitieren.

Die Kirche liegt in einer Höhle von 45 m Breite und 50 m Tiefe, sie ist zwischen 10 m und 12 m hoch. Neben der nach den Himmelsrichtungen orientierten Kirche steht im Westen der Höhle ein zum Kloster gehörendes **Gebäude,** das in gleicher Weise aus Steinlagen mit Holzverstärkung gebaut ist. Der hintere Teil der Höhle ist voll von **Gräbern,** im Westen liegen massenweise mumifizierte Körper. Östlich der Kirche ist ein Bereich abgeteilt, in dem sich u. a. das Bete Lehem, der Platz zur rituellen Brotbereitung, befindet.

Die **Fassade** der 12 m langen, 9,50 m breiten und 6 m hohen Kirche ist durch den Wechsel von hellem, verputztem Stein und dunklem Holz geprägt. Die Fenster besitzen aufwendige, geschnitzte Gitter.

Der **Grundriss** ähnelt dem der kleineren Felsenkirchen von Lalibela, allerdings fehlt der Vorraum (Narthex). Der Zentralraum ist fast quadratisch und in drei gewölbte Schiffe geteilt, im Osten schließt die Cella mit zwei Nebenräumen an. Die vier Pfeiler sind aus verschiedenfarbigem Stein gemauert. Am Dach läuft eine Art Fries aus Blindfenstern ganz aus Holz, wahrscheinlich eine Empore imitierend. Reste von Bemalung mit Rot, Gelb und Blau haben sich

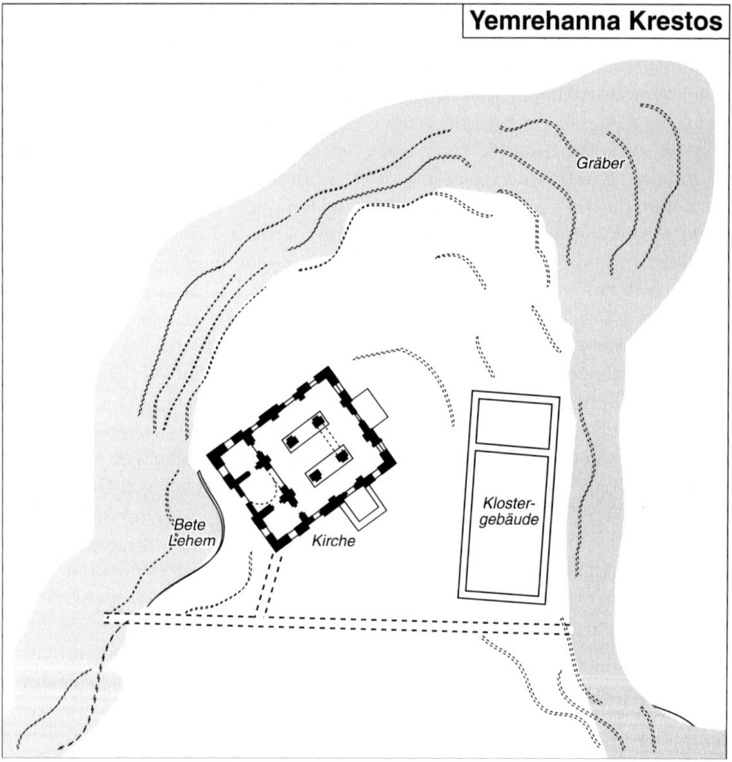

erhalten, kleinere Holzelemente sind geschnitzt. Der Fußboden und die Schwellen sind aus einem Stein gefertigt, der angeblich nicht aus der Gegend stammt. Vielmehr sei er von Engeln aus Jerusalem (oder Rom) gebracht worden. Ob diese Kirche älter ist als die Felsenkirchen in Lalibela, oder ob die äthiopischen Baumeister zur gleichen Zeit verschiedenste Techniken anwandten, ist noch nicht geklärt. Die namensgebende Zuweisung bezieht sich auf *Yemrehanna Krestos,* einen König der Zagwe-Dynastie.

Südwestlich von Yemrehanna Krestos befindet sich die **Felsenkirche Arbatu Ebtzessa.**

Die **Kirche Makina Medhane Alem** wurde ebenfalls in eine Grotte des Abuna Yosef gebaut. Durch die Verwendung von Bruchstein und rötlichem Lavatuff wurde ein Streifenmuster erreicht. Auch diese altertümliche Kirche ist eine **dreischiffige Basilika.** Das Kircheninnere ist reich mit geometrischen und figürlichen Darstellungen ausgeschmückt. Unweit dieser Kirche liegt eine weitere **Grottenkirche: Makina Ledata Maryam.**

Andere Felsenkirchen der weiteren Umgebung, die nur beschwerlich und keinesfalls an einem Tag erreicht werden können, sind **Bilbala Cherkos** und **Bilbala Gyorgis.**

Bei **Sekota,** 80 km nördlich von Lalibela, im Herzen der Landschaft Wag, liegt die **Kirche Ukre Mestale Krestos,** in der die mumifizierten Körper einer Reihe von Wagshums, Herrscher von Wag, aufbewahrt werden.

Unterkunft

Neben den zwei großen staatlichen Hotels gibt es mehrere einfache Herbergen. Recht gut sind vor allem das Lal Hotel oder das Asheten Hotel am nördlichen Ende der Stadt, gleich hinter dem Seven Olives Hotel.

Die größeren Hotels sorgen auch für den Transfer vom Flughafen nach Lalibela und verfügen dort über eigene Stände, wo man das organisieren kann.

Staatliche Hotels

- **Roha Hotel**

Die Zimmer sind wunderschön traditionell eingerichtet, dafür liegt das Hotel etwas außerhalb (2 km) der Stadt, direkt am Ortseingang. Zimmer 30–50 US$.

- **Seven Olives Hotel**

Im Zentrum, direkt am Hauptplatz. Älteres, aber recht sauberes Hotel mit Atmosphäre in schöner Parkanlage. Badezimmer etwas renovierungsbedürftig. DZ 20–30 US$.

Private Hotels und Herbergen

- **Lal Hotel**

Neues Hotel kurz vor dem Ortseingang in der Nähe des Roha Hotel. Schöne Zimmer und gutes Essen. Tolle Aussicht auf die Stadt. Zimmer 20–30 US$. Campingmöglichkeit (pro Auto 50 Birr, Dusche 10 Birr).

- **Asheten Hotel**

Nördlich des Seven Olives Hotel. Zimmer 5–8 US$.

- **Yerusalem Hotel**

20–30 US$, sauber, netter Essplatz im Freien unter einem Strohdach.

- **Blue Lal Hotel**

In der Nähe des Büros von Ethiopian Airlines, ab 130 ETB.

Essen und Trinken

- **Blue Nile Restaurant**

An der neuen Straße vom Seven Olives Hotel zum Ticket-Office. Gutes Essen und netter Service.

Verkehrsverbindungen

Was die Anreise betrifft, hat Lalibela einiges von seiner ursprünglichen Unzugänglichkeit bewahrt, selbst wenn heute nicht mehr eine sechs- bis siebentägige Reise von Addis Abeba aus notwendig ist, wie noch in den 20er Jahren des 20. Jahrhunderts.

Flugzeug

Der schnellste und bequemste Weg nach Lalibela ist sicherlich der mit dem Flugzeug; der Flugplatz liegt 17 km außerhalb der Stadt. Von dort führt eine moderne Asphaltstraße bis nach Lalibela.

Flüge von Addis Abeba gehen meist über Bahir Dar oder Gondar und von dort aus nach Lalibela (ca. 90 US$) Es gibt auch Verbindungen von Lalibela nach Axum.

Eigenes Kfz und Mietwagen

Mit dem Auto ist Lalibela inzwischen auch recht gut zu erreichen. Es gibt eine wetterfeste Schotterstraße (trotzdem vorher erkundigen), die vom Highway zwischen Weldiya (nach ca. 110 km) und Tana-See im kleinen Ort Gashenna abgeht. Wenn Sie jedoch die Strecke von Mekele kommend über Korem wählen, die später über Sekota führt, kann es in der Regenzeit erhebliche Probleme auch mit dem Allradfahrzeug geben.

Öffentliche Verkehrsmittel und Trampen

- **Busse** von Weldiya nach Lalibela starten an der Haltestelle beim Abzweig in Gashema.
- Gibt es den Bus nicht oder haben Sie ihn verpasst, sind Sie darauf angewiesen, einen **Lkw** oder einen **Pick-Up** zu finden, der privat oder dienstlich nach Lalibela fährt. Das kann ziemlich viel Zeit kosten und wird auch nicht ganz billig (etwa 50–80 Birr/10 US$). Die Fahrzeit kann aber, wenn der Fahrer unterwegs nicht tausend Geschäfte zu erledigen hat, bei nur einem halben Tag liegen.

Von dem auf der Straße zwischen Maychew und Weldiya liegenden **Kobbo** aus bietet sich so gut wie keine Möglichkeit, ohne eigenes Fahrzeug nach Lalibela zu kommen.

Die auf der Michelin-Karte verzeichnete Straße wird offensichtlich kaum befahren. Sie können sich auch von Weldiya auf dem „Highway" nach Addis Zemen/Tana-See bis zur Abfahrt nach Lalibela mitnehmen lassen und dort warten.

Die Rückfahrt verläuft entsprechend. Wer auf Mitfahrgelegenheiten angewiesen ist, sollte sich beizeiten nach solchen erkundigen, da nicht viele Fahrzeuge von und nach Lalibela fahren.

Feste

Unvergesslich ist ein Aufenthalt in Lalibela zur Zeit der kirchlichen Feste, wenn an den Kirchen die farbenfrohen **Prozessionen der tabot** und die feierlichen **Gesänge und Tänze der debteras** stattfinden. Solche Zeremonien erlebt man zu Genna (Weihnachten) am 7. Januar, zu Timkat (Taufe Christi) am 19. Januar und zur Osterzeit. Dann sind die Hotels auch voll belegt und Sie müssen lange im Voraus buchen.

Markt

Auf einem Plateau unterhalb des Tourist Office findet jeden Samstag ein sehenswerter Markt statt.

Blick auf den Ort Lalibela

efi_342 Foto: mf

Die Provinz Tigray

Geografie

Die tief eingeschnittene Schlucht des Flusses Tekeze bildet die Grenze der **historischen Provinz Tigre** (heute: **Tigray oder Region 1**) zur südwestlich gelegenen Provinz Gondar. Weniger markant ist die Grenze im Südosten, nach Wollo, und entlang der Hänge des Hochlandes in die Tiefebene des Grabenbruches. Die unwirtliche Wüste der Danakil-Tiefebene gehörte früher zur Provinz Tigray, ist jetzt aber Teil der eigenständigen Region 2 der dort lebenden Afar. Im Norden bildet der Mereb die Grenze zu Eritrea.

Historisch setzt sich die heutige Provinz Tigray aus den **Landschaften Shirie** im Nordwesten, **Geralta** im Zentrum, **Agame** im Nordosten, **Enderta** um Mekele und **Temben** westlich davon zusammen. Schon im heutigen Eritrea liegen die von Tigray bewohnten Landschaften **Seraye** und **Hamasien.**

Die Gegend ist rau, sehr bergig und überwiegend trocken. Wo man in Shoa oder Gojam grüne Wiesen auf den Ebenen sieht, sind es hier häufig braune, steinige Flächen. Brennholz ist so knapp, dass meist getrockneter Kuhdung verwendet wird. Die relativ großen Herden an Ziegen und Schafen weiden das ohnehin karge Land ab, so dass die Vegetation noch mehr leidet. Teff ist auch hier das wichtigste Brotgetreide. Weizen und, in höheren Lagen, Gerste werden ebenfalls angebaut, dazu Bohnen, Linsen und Zwiebeln. Die Felder sind oftmals auf **Terrassen** an steilen Berghängen angelegt – jedes Fleckchen Boden wird hier genutzt.

Kultur

Die Einheimischen sprechen hier **Tigrinya,** das zu einem **Zweig der semitischen Sprachen** gehört und sich weitestgehend aus dem Altäthiopischen (Ge'ez) entwickelt hat. Es ist nicht mit dem Tigre zu verwechseln, einer anderen , überwiegend im östlichen Tiefland und im Norden Eritreas gesprochenen Sprache. Eine Verständigung zwischen den beiden Sprachgruppen Tigrinya und Amharinya ist nur bedingt möglich.

Kulturelle Unterschiede zum amharischen Süden kann man auch in der Tracht, besonders der der Frauen sowie in deren Haartracht erkennen. Ganz typisch z. B. ist die Frisur aus fein geflochtenen, eng am Kopf anliegenden Zöpfen, die am Hinterkopf zu einem buschigen Pferdeschwanz *(shiruba)* gebunden werden (siehe Kapitel „Kultur und Tradition" im landeskundlichen Buchteil). Unverheiratete Frauen tragen die Haare übrigens von einem Mittelscheitel aus in mehreren Reihen seitwärts und die Haare vom Oberkopf nach hinten geflochten. Die verheirateten Frauen dagegen flechten alle Haare von der Stirn her in Dutzenden von Zöpfen streng nach hinten.

Auch ein anderer **Haustyp** herrscht hier vor: Man baut rechteckige Steinhäuser mit Erddächern, ähnlich wie im Hochland Eritreas, und selten Rundhütten wie anderswo in Äthiopien. Auf dem Land sind eher Streusiedlungen zu finden und von Mauern umgebene Einzelgehöfte, die oft wie kleine Burgen aussehen und aus mehreren Häusern bestehen, wobei eine Wand der Häuser immer Bestandteil der umrahmenden Mauer ist. Nachts werden die Ziegen, Schafe, Esel und Rinder innerhalb der Mauern, in einem teilweise überdachten Innenhof, gehalten.

Der **eritreische Teil des Hochlandes** gehörte jahrhundertelang zur Provinz Tigray, die dort lebende Bevölkerung spricht ebenfalls Tigrinya und ist kulturell-historisch mit dieser Region verbunden. Kaiser *Menelik II.* hatte auf die Gebiete nördlich des Mereb verzichtet und sie den Italienern überlassen, wohl u. a. deshalb, weil er damit die ihm feindlich gesinnten tigrinischen Fürsten schwächen wollte.

In Friedenszeiten hat Tigray mehr familiäre und wirtschaftliche **Beziehungen zu Eritrea** als zu den restlichen Provinzen Äthiopiens. Allerdings sind die Abwicklung des Warenaustausches wie auch die bisher unproblematischen Verkehrsverbindungen von Tigray nach Eritrea seit der Einführung des Nakfa in Eritrea umständlicher geworden und seit der Schließung der Grenzen im Zuge der territotialen Konflikte mit Eritrea unterbrochen.

Auch das in Eritrea recht starke **italienisch-katholische Element** ist in Tigray zu spüren. So ist Adigrat Sitz eines katholischen Bischofs. Die katholische Gemeinde ist relativ groß, und der stattlichen Anlage des Doms sind Schulen, ein Kindergarten, ein Kloster und ein Priesterseminar angeschlossen.

Geschichte

Die Bereiche des heutigen Tigray und Eritrea waren das **Kernland des axumi-**

tischen Reiches. Von der antiken Hafenstadt Adulis südlich von *Massawa* in Eritrea zieht sich eine Kette von **Fundplätzen** dieser Zeit über Kohaito und Matara in Eritrea bis nach Yeha und Axum in Tigray. Auch aus der so genannten präaxumitischen Zeit, den Jahrhunderten vor der Zeitenwende, gibt es ähnliche Fundstellen in beiden Ländern.

Tigray ist auch die **Wiege des äthiopischen Christentums.** Hierher brachte der Legende nach Kaiser *Menelik (I.)* die Bundeslade, hier wirkte im 4. Jh. der Heilige *Frumentius* und christianisierte den axumitischen Hof, und hierher zogen im 6. Jh. die Neun Heiligen, die die endgültige Verbreitung des Christentums im Lande vollbracht haben sollen. Jedem der Neun Heiligen wird eine Kloster- bzw. Kirchengründung in der Gegend zwischen Axum und Adigrat zugeschrieben, Orte, die heute noch in hohem Ansehen stehen. Axum aber, die Heimstatt der Bundeslade, ist für jeden christlichen Äthiopier das Zentrum des Glaubens.

Mit dem Niedergang des axumitischen Reiches verlagerte sich der Schwerpunkt des äthiopischen Kaiserreiches nach Süden, zuerst nach Lasta bzw. Lalibela (in der heutigen Provinz Wollo), später nach Shoa.

Die Bevölkerung der Provinz Tigray erkannte zwar die Oberherrschaft des äthiopischen Kaisers aus dem Süden an, nie jedoch einen Provinzherrscher, der nicht aus ihrem Volk stammte. Eine starke Position besaßen die **tigrinischen Fürsten** durch die Kontrolle des Zuganges zum Meer. Tigray spielte auch in der Zeit der Oromo-Kriege und der folgenden Gondar-Zeit eine eigene Rolle, und seine Fürsten verweigerten den Kaisern häufig die Treue, allen voran *Ras Mikael Sehul,* der sich schließlich im 18. Jh. zum „Kaisermacher" in Gondar aufschwang.

Nachdem der aus Shoa stammende *Menelik II.* (1889–1913) zum Nachfolger des aus Tigray stammenden *Yohannes IV.* (1872–1889) gekrönt worden war, spielte der Gegensatz zwischen den beiden alten Kerngebieten des äthiopischen Kaiserreiches immer wieder eine Rolle in der neueren politischen Entwicklung des Landes. So wurde das Mengistu-Regime vor allem von tigrinischen Aufständischen der TPLF (Tigray Peoples Liberation Front) geschlagen, die sich gegen den amharischen Zentralismus zur Wehr setzten. Die Region ist noch heute von den schweren Kämpfen gezeichnet, viele Denkmäler erinnern an die gefallenen Kämpfer.

Die Kirchen des äthiopischen Mittelalters

Bis heute sind viele der **Felsenkirchen** unzugänglich, zum Teil, weil sie weitab der Straßen liegen, zum Teil aber auch, weil sie nicht für Touristen geöffnet werden. Das sollte jeder Reisende beachten und akzeptieren, denn es handelt sich, trotz unseres geschichtlichen Interesses, nach wie vor um die **heiligen Stätten** der Bewohner der Umgebung. Man sollte auf jeden Fall **in Mekele beim Tigray Tourism Bureau Informationen einholen,** welche Art von Genehmigungen zum Besuch der abgelegenen Kirchen notwendig sind. Das Touristenbüro bemüht sich, die Kirchen dem interessierten Besucher besser zu erschließen und erteilt detaillierte Informationen. Hier können Sie auch eine deutschsprachige Beschreibung der Felskirchen erhalten (siehe Literatur im Anhang). Das **Reisebüro Experience Ethiopia Tours (EET)** organisiert **Touren** zu den Kirchen, was zu empfehlen ist, da sich die Führer auskennen, wissen, wo man den Schlüssel zu den Kirchen bekommt und mit den Priestern den Eintritt aushandeln. Aber auch andere **Reiseveranstalter** in Addis Abeba oder Asmara organisieren Touren zu den Felsenkirchen (siehe „Reiserouten und organisierte Reisen").

Für den Besuch einer Felsenkirche wird jeweils von dem zuständigen Priester eine **Gebühr** verlangt, meist 15–20 Birr pro Person, oft aber weit darüber, so dass manchmal unangenehm gehandelt werden muss. Das Tigray Tourism Bureau ist bemüht, hier in Zusammenarbeit mit der orthodoxen Kirche eine einheitliche Regelung durchzusetzen.

Wenn hier einige der bemerkenswertesten Kirchen aufgeführt werden, soll es zum einen dazu dienen, Verbindungslinien von der axumitischen Kultur zu den Kirchen von Lalibela, denen im Tana-See und in Gondar ziehen zu können. Zum anderen soll es demjenigen Anhaltspunkte geben, der genug Zeit, Interesse und Rücksicht mitbringt, auch diese entlegenen Orte besuchen zu können. Es ist zu bedenken, dass diese Kirchen zwar in der Nähe der angegebenen Orte liegen, meist aber erst nach einer beachtlichen Klettertour oder längeren Bergwanderungen bzw. mehrstündigen Maultierritten erreicht werden können.

Kurzausflüge, bei denen mehrere Kirchen hintereinander „absolviert" werden, sind glücklicherweise kaum möglich. Nicht die Anzahl der besuchten Kirchen ist wichtig, sondern einige in ihrer beeindruckenden Lage und Abgeschiedenheit wirklich erlebt zu haben. Möchten Sie zumindest einen Eindruck gewinnen, so sollten Sie das **Kloster Debre Damo** als eines der ältesten der Region sowie ein paar **Felsenkirchen um Degum** in der Gegend von Geralta besuchen.

An- und Weiterreise

Mit dem **Auto** ist die Provinz Tigray über die von Addis Abeba nach Asmara führende Straße zu erreichen, derselbe Weg gilt für den **Bus.** Die Fahrt führt entlang des östlichen Abhanges des äthiopischen Hochlandes, mit wunderbaren Ausblicken sowohl über die Berge als auch über die Danakil-Ebene.

Es gibt **nur wenige Verkehrsverbindungen im zerklüfteten Hochland,** die aufgrund der Kriege weder instandgehalten noch ausgebaut wurden. In Dürreperioden konnten die Menschen deshalb nur schwer versorgt werden – die Folge waren die schrecklichen Hungerkatastrophen in diesem Jahrhundert, die besonders in Tigray und im südlich anschließenden Wollo wüteten. Die Kämpfer aus Tigray sind als Sieger aus dem Kampf gegen das Mengistu-Re-

gime hervorgegangen und fühlen sich besonders motiviert, ihre Heimatprovinz nach den Zerstörungen und Schrecken zu entwickeln. So sind Touristen hier gern gesehen, und man ist auch von behördlicher Seite sehr offen und unternimmt alle Anstrengungen, den Tourismus anzukurbeln.

Die **Hauptverbindungsstrecken** sind mittlerweile relativ gut ausgebaut und ganzjährig befahrbar. Sie werden auch von öffentlichen Bussen genutzt. Für Ausflüge abseits dieser Strecken in das **Innere des Landes,** also besonders zu den entlegenen Klöstern und Felsenkirchen, brauchen Sie auf jeden Fall einen **Geländewagen.**

Sollten Sie per **Flugzeug nach Mekele** reisen, so besteht dort die Möglichkeit, ein Fahrzeug, auch mit Fahrer, zu mieten. Informationen gibt es im Tigray Tourism Bureau oder im Abraha Castle Hotel. Es empfiehlt sich in jedem Fall, einen **Führer** zu nehmen, v. a. bei Fahrten ins Landesinnere. Offizielle, gut geschulte Führer vermittelt ebenfalls das Tigray Tourism Bureau in Mekele.

Musterbeispiel tigrinischer Kirchenarchitektur – die Kirche in Debre Damo

Route Angot und Enderta

Weldiya – Korem – Maychew

Weldiya – Maychew (158 km)
Dessie – Maychew (283 km)
Addis Abeba – Maychew (647 km)

Route bis Weldiya siehe Kapitel „Wollo, Lasta und Wag", „Dessie (Dese) – Hayk-See – Wetcale – Weldiya".

Zwischen Korem und Maychew liegt der wunderschön gelegene **Ashenge-See.** Nach den hier auftretenden vulkanischen Gesteinen sind die in Teilen des gesamten äthiopischen Hochlandes weit verbreitet auftretenden Ashenge-Serien benannt worden. Der Ashenge See liegt im Zentrum eines **alten Vulkankraters.**

Maychew ⇗ III,D3

Sie durchqueren diese Stadt, die sich entlang einer langen Straße zieht, direkt an der Südgrenze der Provinz Tigray zur Provinz Wollo auf der Straße von Addis Abeba nach Asmara. Die **Landschaft** heißt **Angot.**

Maychew ist bekannt durch die Schlacht, welche die entscheidende Niederlage Äthiopiens gegen das faschistische Italien bedeutete. Etwa 30.000 Äthiopier unter persönlicher Führung Kaiser *Haile Selassies I.* griffen hier die eingedrungenen italienischen Truppen am 31. März 1936 an. Obwohl ursprünglich zahlenmäßig und taktisch im Vorteil, hatten die Äthiopier durch tagelangen Kriegsrat und Gebete den Italienern Zeit gegeben, Verstärkung heranzuführen, so dass trotz persönlichen Einsatzes des Kaisers die italienischen Stellungen nicht erobert werden konnten. Im Laufe des folgenden Rückzuges wurde die äthiopische Armee durch italienische Luftangriffe (wobei Gasgranaten eingesetzt wurden) und Kämpfe mit den den Italienern verbündeten Azebu-Oromo aufgerieben. Der Weg nach Addis Abeba war für die Italiener frei, der äthiopische Kaiser musste ins Exil fliehen.

Mekele ⇗ III,D2

Von Maychew nach Mekele sind es 109 km, von Addis Abeba 777 km, von Dessie 352 km. Auf der Straße von Addis Abeba nach Asmara ist Mekele in zwei Tagen gut zu erreichen.

Mekele, die **Hauptstadt der Provinz Tigray** (jetzt Region 1), liegt 2130 m hoch in einer Ebene, die im Norden und Osten von einer Bergkette begrenzt wird, und hat etwa 62.500 Einwohner. Die Stadt liegt in einem Tal, das die Hauptstraße durchzieht. Im Süden der Hauptstraße befindet sich der **alte Busbahnhof.** In seiner Umgebung gibt es mehrere kleine **Hotels,** ganz im Süden das staatliche Abraha Castel Hotel auf einer Anhöhe, im ehemaligen Palast des *Dejazmach Abraha Aura.* Hier sind die Informationen für Besuche der Felsenkirchen der Umgebung erhältlich,

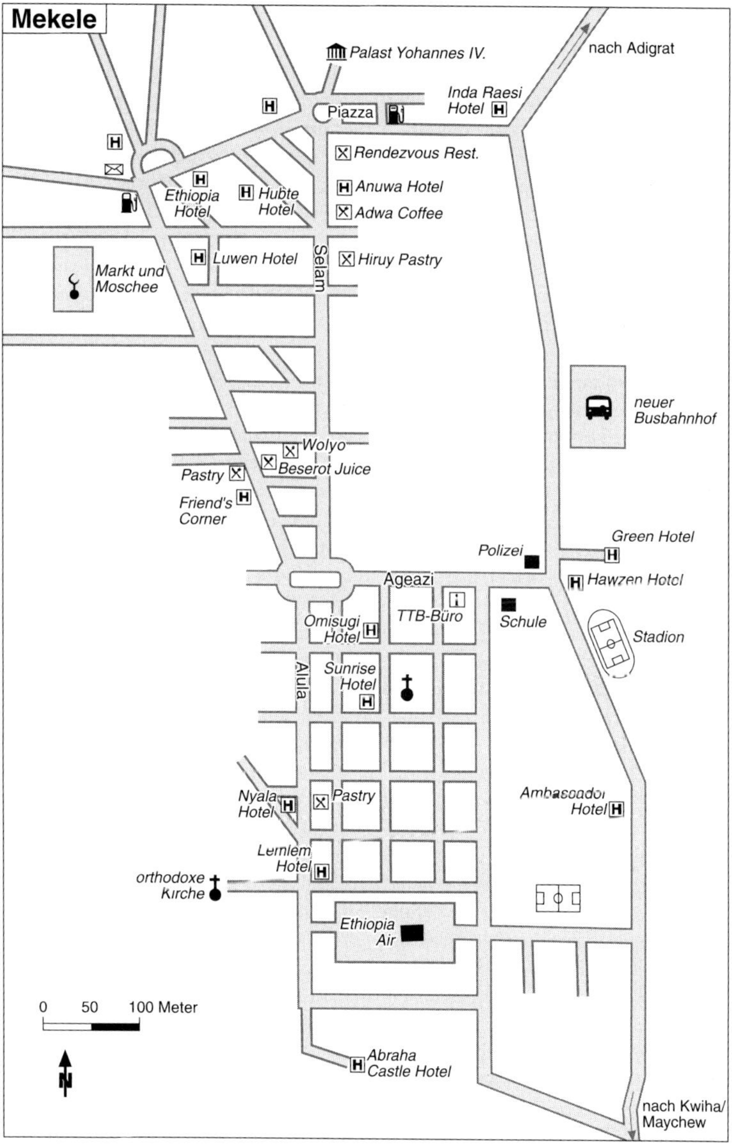
Mekele
Palast Yohannes IV.
nach Adigrat
Inda Raesi Hotel
Piazza
Rendezvous Rest.
Anuwa Hotel
Adwa Coffee
Ethiopia Hotel
Hubte Hotel
Luwen Hotel
Selam
Hiruy Pastry
Markt und Moschee
neuer Busbahnhof
Wolyo
Beserot Juice
Pastry
Friend's Corner
Green Hotel
Polizei
Ageazi
Hawzen Hotel
TTB-Büro
Schule
Omisugi Hotel
Stadion
Alula
Sunrise Hotel
Nyala Hotel
Pastry
Ambassador Hotel
Lemlem Hotel
orthodoxe Kirche
Ethiopia Air
0 50 100 Meter
N
Abraha Castle Hotel
nach Kwiha/ Maychew

bei einigen ist eine Erlaubnis des Bischofs einzuholen.

Der nordöstliche Stadtrand wird vom **Palast Kaiser Yohannes'** beherrscht. Von weitem sichtbar und die Stadt überragend erhebt sich auf einer Anhöhe das 1994 eingeweihte **Märtyrerdenkmal,** welches mit 51 m Höhe das höchste Denkmal Äthiopiens ist.

Stadtgeschichte

Mekele wird seit dem 19. Jh. genannt. Mit **Kaiser Yohannes IV.** (1872–1889) wuchs die Bedeutung der Stadt. Er hatte nach Erringung der Kaiserwürde seinen Sitz zuerst in Debre Tabor (ca. 190 km südöstlich von Gondar) genommen, hielt sich aber häufiger auch in Mekele auf (angeblich, weil seine Mutter *Sellas* hier eine Nacht nach ihrer Hochzeit verbrachte). Nachdem 1884 sein Palast vollendet war, bevorzugte der Kaiser Mekele als **Residenz.**

Im **ersten äthiopisch-italienischen Krieg** 1894 wurde Mekele von den Italienern besetzt. Sie wurden am 2. Dezember desselben Jahres von *Ras Makonnen* geschlagen und in ihrer Festung eingeschlossen. Am 2. Januar 1895 mussten sie kapitulieren, durften aber mit all ihren Waffen abziehen, unter dem Versprechen, dass die abziehenden Soldaten (darunter viele Hilfstruppen aus Eritrea) nicht mehr gegen Äthiopien eingesetzt werden würden. Dieses Versprechen wurde nicht gehalten, in Adua (Adwa) kämpften 1896 wieder dieselben Hilfstruppen und wurden deshalb nach der Schlacht grausam bestraft.

Sehenswürdigkeiten

Mekele ist eine relativ junge und für äthiopische Verhältnisse **moderne Stadt.** Es gibt keine Altertümer wie z. B. in Axum zu besichtigen, weshalb Mekele nicht sehr touristisch geprägt ist.

Nahe dem alten Busbahnhof steht die moderne **orthodoxe Kirche;** eine Reihe von **Rundkirchen** verteilt sich auf die Hügel um die Stadt. Im Nordwesten befindet sich das muslimische Stadtviertel mit dem **Markt** und der **Moschee.** Markttag ist der Montag. Etwas östlich davon liegt das etwas modernere eigentliche Stadtzentrum um die **Piazza** mit Restaurants, Bars und Geschäften.

Am nördlichen Stadtrand befindet sich auf einer kleinen Anhöhe der **Palast des Kaisers Yohannes IV.** Der Palast wurde unter Leitung des italienischen Tischlers *Giacomo Naretti* errichtet, der dem Kaiser schon in Debre Tabor gedient hatte. Ihm zur Seite stand *William Schimper,* der Sohn des deutschen Botanikers *Baron Schimper,* der sich in Adua niedergelassen hatte. 1884 war der Bau beendet. Er besteht aus einem großen **Bankettsaal** und einem zweigeschossigen Anbau, der Wohnräume und im Obergeschoss den Thronsaal enthält. Der Bau verbindet den Stil der Gondar-Paläste in eigenartiger Weise mit einer Art europäischen Neogotik. Die Treppe ins Obergeschoss ist sehr steil. 1886 berichtet der Besucher *Harrison Smith,* dass der Kaiser das ungewohnte Treppensteigen gar nicht liebte, sich aber gewiss bald in seinem schönen Palast heimisch fühlen würde.

Kaiser Yohannes IV.

Der ursprüngliche Name des Kaisers *Yohannes IV.* war *Dajazmach Kassa.* Er beherrschte Tigray als ein Nachfahre des berühmten *Ras Mikael Sehul* in den unruhigen Zeiten nach dem Zusammenbruch der Dynastie von Gondar. 1868 ließ er die gegen Kaiser *Tewodros II.* (1855–1868) ziehenden englischen Truppen passieren und erhielt dafür Waffen. Nach dem Tod von Kaiser *Tewodros* gelang es ihm, sich gegen die anderen Anwärter auf den Kaiserthron, die Herrscher von Lasta und von Shoa, durchzusetzen. Er wurde 1872 unter dem Namen *Yohannes IV.* in Axum zum Kaiser gekrönt. Seine Hauptstädte waren Debre Tabor und Mekele.

Es gelang ihm, im Inneren einen Interessenausgleich der mächtigen Fürsten zu erreichen, besonders mit *Menelik* von Shoa, mit dessen Tochter er seinen Sohn *Ras Araya Yohannes* verheiratete. Nach dem Tod *Ras Arayas* beanspruchte *Menelik* das Thronfolgerecht aber für sich.

Daneben lag *Yohannes* an der Einigung der äthiopischen Kirche. 1878 wurde in Boru Meda in Wollo ein Konzil durchgeführt, das die Glaubensgrundsätze neu festsetzte. Der Kaiser ließ vom Patriarchen von Alexandria vier statt des üblichen einen Abuna zur Missionierung bestimmter Landesteile ernennen. Häretiker wurden grausam verfolgt, Muslime zum Übertritt gezwungen und europäischen Missionaren nahegelegt, das Land zu verlassen. Der Kaiser machte deutlich, dass er nur an europäischen Handwerkern, nicht an Priestern interessiert war. Auf *Yohannes* geht der Neubau der äthiopischen Kirche in Jerusalem zurück, die auf einem Grundstück steht, das schon *Salomon* der Königin von Saba vermacht haben soll.

Zur Zeit seiner Herrschaft versuchte Ägypten, das den Sudan und weite Teile der Küste des Roten Meeres besetzt hatte, nach Äthiopien vorzustoßen. 1875/76 konnte dieser Angriff zurückgeschlagen werden. Nach dem Mahdistenaufstand im Sudan bedrohten die Mahdisten auch Äthiopien, zur gleichen Zeit waren an der Küste die Italiener den Ägyptern gefolgt. 1885 konnten die Mahdisten geschlagen werden, 1887 wurden die Italiener gestoppt. Bei einem zweiten Krieg mit den Mahdisten wurden diese zwar 1889 in der Schlacht bei Metemma besiegt, der Kaiser wurde jedoch tödlich verwundet. Sein Nachfolger wurde *Menelik II.* (1889–1913) aus Shoa; *Yohannes'* Sohn, *Ras Mengesha,* musste sich mit der Herrschaft über Tigray zufrieden geben.

Im **Thronsaal** kann man noch den im neobarocken Geschmack gefertigten Thron sehen (signiert *Naretti 1871*) und Reste der ebenfalls europäisierten einstigen Ausstattung. Gemälde des tigrinischen Herrscherhauses dekorieren die Wände.

Der Palast ist heute als **Regionalmuseum** gestaltet. Von Funden aus den Grabungen in Yeha und Axum, ethnografischen Exponaten wie Kleidungsstücken und Schmuck, Musikinstrumenten, Bildern über die Schlacht von Adua bis zu Teilen einer zoologischen Sammlung gibt es eine Reihe interessanter Exponate.

Touristeninformation

In allen touristischen Fragen, besonders zu den Felsenkirchen, finden Sie sehr fachkundigen Rat bei folgender Adresse:

- **Tigray Tourism Bureau**
An der Ageazi-Str., Nähe Stadion, P.O. Box 124, Tel. 03/400769/401032
- Reisende empfehlen den **Führer Michael Atsbaha** (michaelatsbaha@yahoo.com).

Unterkunft

Staatliche Hotels

- **Abraha Castle Hotel**
(Ghion-Kette) P.O. Box 108, Tel. 400288, Fax 515381. In einem alten Palast am alten Busbahnhof, schön gelegen. Zimmer 25–35 US$/ 170 Birr, etwas heruntergekommen.

Private Hotels

- **Axum Hotel**
Vom Flughafen kommend am Ortseingang links. Empfehlenswert, sehr gutes Restaurant mit Bar, netter Service. DZ 210 Birr.
- **Inda Raesi Hotel**
Östlich der Piazza. Von EET gemanagt. Zimmer 10–15 US$.
- **Hawzen Hotel**
Beim Stadion/neuen Busbahnhof. Zimmer 5–8 US$.
- **Ras Alul Hotel**
100 m vom neuen Ethiopian-Airlines-Büro, 100–150 Birr.

In den folgenden Hotels können Sie über das Tigray Tourism Bureau (s. o.) Zimmer reservieren:

- **Ambassador Hotel**
Beim Stadion/neuen Busbahnhof, Tel. 242, Zimmer 5–8 US$.
- **Green Hotel**
Beim Stadion/neuen Busbahnhof, Tel. 400769, Zimmer 5–8 US$.
- **Adulis Hotel,** Tel. 03/400796
- **Harambee Hotel,** Tel. 636

Herbergen

Die üblichen Herbergen gibt es im Bereich des alten Busbahnhofes **(Lemlem, Nyala)** und in der Gegend der Piazza.

Essen und Trinken

Mekele hat eine ganze Reihe größerer und kleinerer Restaurants und Pastries (Cafés) im Zentrum, darunter auch muslimische. Allerdings kann man nur in den größeren Hotels mit internationalem Standard rechnen.

Verkehrsverbindungen

Flugzeug

Mekele hat einen **Flughafen** im Südosten der Stadt **bei Kwiha** und wird täglich von Addis Abeba angeflogen, von hier gehen auch Flüge nach Gondar und Axum.

Überlandbusse

Busse brauchen zwischen Addis Abeba und Mekele mindestens eineinhalb Tage, Übernachtung auf dem Weg nach Addis Abeba in Debre Birhan. Busse nach Adigrat, Axum und Eritrea (Asmara) brauchen einen Tag. Ein Problem sind Busse nach Weldiya und Dessie, da die kürzeren Strecken nur bis

efi_354 Foto: mf

zur Provinzgrenze nach Wollo bei Alamata bedient werden, von dort kann das Weiterkommen am selben Tag Probleme machen.

Der **alte Busbahnhof** befindet sich am südlichen Stadtrand in der Nähe des Castle Hotels, der **neue Busbahnhof** wird in der Nähe vom Stadion eingerichtet.

Route Atzbi und Danakil-Depression

Mekele – Agula (ca. 20 km)

Bis Agula auf der gut ausgebauten Straße nach Adigrat bzw. Asmara, von dort Piste nach Osten.

Von Agula, ca. 20 km nördlich von Mekele und 16 km südlich von Wukro (Wikro), auf der Straße nach Adigrat nach Nordosten oder auch von Wukro direkt nach Osten gehen raue Pisten bis an den Abbruch des Hochlandes und von dort weiter in die Tiefe der Danakil-Senke. Sie befinden sich hier auf der alten **Strecke der Salzkarawanen,** die in der Danakil-Senke gebrochene Salzbarren auf Kamelen und Eseln in das Hochland transportieren.

In der Landschaft Enderta – Blick auf Mekele

Kirchenarchitektur in Tigray

Die Zeit vom Ende des axumitischen Reiches (7./8. Jh.) bis zur „Restauration der salomonischen Dynastie" 1268 liegt weitgehend im Dunkeln. Dennoch kam es in dieser Zeit zur Herausbildung der eigenständigen christlich-äthiopischen Kultur. Herausragende Zeugnisse dieser Zeit sind die **Klöster** und die **in Fels geschlagenen Kirchen,** die sich überwiegend in Tigray befinden. Weitab der großen Straßen haben sich hier einige bemerkenswerte Denkmäler erhalten. Das Verdienst, diese Kirchen wiederentdeckt und wissenschaftlich dokumentiert zu haben, gebührt einer Reihe von Forschern, die in den 1960er und 1970er Jahren dieses Gebiet besuchten, unter ihnen *Abba Tawelde Medhin, Georg Gerster* und *Claude Lepage.*

Die Kirchen sind meist von kleinem Format. Die Art des äthiopischen Gottesdienstes, bei dem sich die Gemeinde in der Regel außerhalb der Kirche versammelt, hat nie zum Bau von gigantischen Räumen geführt. Sie sind entweder freistehend errichtet, häufig aber in Grotten oder Höhlen oder sogar in den Felsen geschlagen. Die **freistehenden Kirchen** folgen der **Tradition axumitischer Bauten:** Sie sind in einer Technik ausgeführt, die Holzfachwerk mit Stein kombiniert. Die sich ergebende Streifendekoration und die aus dem Mauerwerk herausstehenden Balkenenden (traditionell „Affenköpfe" genannt) prägen das Aussehen. Die hölzernen Bauteile, besonders die Balken der Innenräume und die Decke, sind oft mit Schnitzereien verziert.

Der **Grundriss** ist meist der einer kleinen, dreischiffigen Basilika mit einer **Cella** (dem Allerheiligsten) im Osten und einer Vorhalle **(Narthex),** gelegentlich mit einer darüber liegenden **Empore,** im Westen. Alle diese Elemente können schon in der axumitischen Kultur beobachtet werden (siehe Matara und Adulis in Eritrea) und wurden dem Grundriss frühchristlicher orientalischer Kirchen entlehnt.

Bei den **Felsenkirchen** wird diese Bauweise variiert. Zum Teil imitieren sie den Grundriss und die Bauweise der rechteckigen axumitischen Basilika, einige haben aber schon eher einen quadratischen Grundriss, wie er in der modernen äthiopischen Kirche üblich ist. Vor allem aber wurde hier begonnen, die Wände (die nicht mehr mit geschnitzten horizontalen Balken durchzogen sind) mit **Malereien** zu schmücken. Diese großflächigen Bilder von Heiligen und Szenen aus der Bibel stehen in der Tradition der frühchristlichen orientalischen Kunst (Ägypten, Nubien, Syrien) und unterscheiden sich von den kleinteiligen Bilderteppichen späterer Kirchen, die zumeist auf Leinwand gemalt und an den Kirchenwänden befestigt wurden (z. B. in Gondar und auf den Inseln des Tana-Sees).

Eine genaue **Datierung** der meisten dieser Kirchen ist bisher nicht möglich. Legenden führen ihre Gründung gewöhnlich auf die graue Vorzeit zurück; beliebt sind die sagenhaften axumitischen Könige und Zwillingsbrüder *Abreha* und *Asbeha* als Stifter, unter denen das Christentum in Äthiopien eingeführt worden sein soll. Es ist bei diesen „Frühdatierungen" zu berücksichtigen, dass vom 11. bis 13. Jh. die Könige der später als Usurpatoren angesehenen Zagwe- Dynastie herrschten und man ihre Nennung vermeiden wollte. Nur bei sehr wenigen Kirchen ist die Möglichkeit in Erwägung zu ziehen, dass es sich um vorchristliche Bauten handelt, die erst später in Kirchen umgewandelt wurden. Zu sehr folgen die Felsenkirchen dem klassischen äthiopischen Kirchenschema, wenn auch die Anlehnung an den Basilikagrundriss für eine relativ frühe Datierung spricht. Die Annahme, die Felsenkirchen seien etwa vom 9. bis in das 14. Jh. errichtet worden, ist im Moment am verbreitetsten.

Die Aufzählung der Felsenkirchen von Tigray folgt *Jäger, O.A. & I. Pearce:* Antiquities of North Ethiopia, Stuttgart, 1974, und *Lepage, C.:* Le premier art chrétien de l'Éthiopie, in: Les dossiers de l'archéologie, 8, 1975, S. 34–59.

Mit dem Geländewagen sind diese Pisten relativ gut bis zur Abbruchkante und teilweise auch noch etwas tiefer in den Abbruch hinein befahrbar, doch wer vor dem Abenteuer „Danakil" nicht schon jetzt zurückschreckt, muss sich mit den Afar arrangieren und auf eines ihrer Kamele umsteigen.

Felsenkirchen um Atzbi

Auf dem Teil der Straße, die im Hochland liegt, können einige Kirchen im östlichen Tigray besucht werden, allerdings z. T. nur per Maultier und mit Übernachtung. Von Agula erreicht man das Dorf **Hayk Matsahal,** von wo aus ein Besuch der Kirchen organisiert werden kann. Noch etwas weiter kommt man nach **Atzbi,** in dessen Umgebung sich weitere Kirchen befinden.

Schon vor dem Ort Hayk Matsahal, ca. 18 km östlich von Wukro, befindet sich die **Kirche Mikael Barka** direkt an der von Wukro nach Atzbi führenden Straße. Die Fassade der Kirche ist erst in den siebziger Jahren gemauert worden, das 9 m x 9 m große Innere der dreischiffigen Kirche wurde aber in den Fels gehauen. Besonders interessant sind die Reliefmuster der Decke. Auch diese Kirche soll von der legendären Königin Gwudit zerstört worden sein, wahrscheinlicher ist aber, dass sie erst im 13./14. Jh. errichtet wurde.

Etwa 15 km südöstlich von Atzbi befindet sich die **Kirche Mikael Amba.** Die große, ca. 17 m breite Felsenkirche ist fast ganz aus dem Berg gelöst. Die sehr feine Arbeit lässt sie als einen direkten Vorläufer der Kirchen in Lalibela erscheinen. Zu den Schätzen der Kirche gehört ein schweres eisernes Prozessionskreuz, das zu den ältesten erhaltenen Kreuzen dieser Art zählt. Im Schatzhaus werden auch einige alte Handschriften aufbewahrt. Zwei große Zisternen befinden sich auf dem Gipfel des Berges. Am 12. Hidar (ca. 21. November) findet hier das jährliche Hauptfest statt.

Südlich liegt die **Kirche Gundafru,** eine Felsenkirche mit angebauter Vorhalle. Frauen ist der Zutritt zu dieser Klosterkirche nicht gestattet.

Die 9 km nordwestlich von Atzbi gelegene, eigentlich *Enda Mikael* heißende, aber meist nach dem **Berg Debre Salam** genannte **Kirche,** ist die am höchsten gelegene Kirche Tigrays (3150 m). Sie ist zum Teil in eine Grotte gemauert, zum Teil aber auch in den Felsen gehauen. Der gemauerte Teil ist ein sehr schönes Beispiel der geometrischen axumitischen Bauweise, mit ihrem Wechsel von Balken und Steinlagen und den charakteristischen „Affenköpfen". Der Umgang im Fels, der die Kirche ganz aus dem Stein gelöst hätte, wurde nicht ausgeführt. Eine geschnitzte Schranke teilt die Kirche in den Raum für die Laien und für Kleriker.

Beachtenswert sind die **Wandmalereien,** die zwischen dem 12. und 15. Jh. entstanden sind. In ihnen lassen sich Einflüsse der persisch-islamischen Malerei finden, z. B. in der Darstellung des auf Kissen thronenden Christus.

Die **Kirche Agobo Tcherqos** im Ort Agobo/Agowo befindet sich ebenfalls in der Umgebung von Atzbi. Es handelt sich um eine der in eine Felsgrotte gebauten Kirchen, ähnlich Yemrehanna

Krestos bei der Gegend von Lalibela. Die Kirche stammt aus dem 11. Jh. und wurde im 14. Jh. restauriert. Über dem Bogen, der das Hauptschiff von der „Apsis" trennt, ist noch der Bogen der älteren Baustufe zu erkennen. Wie die anderen Kirchen aus dieser Zeit hat sie den Grundriss einer Basilika und viele Elemente der axumitischen Architektur, wie die Kombination von Balkenfachwerk und Stein und die „Affenköpfe". Die Kassettendecke des Hauptschiffes ist mit einem großen Kreuz geschmückt. 1973 „entdeckte" die französische Expedition unter Leitung von *Claude Lepage* im Ort **Zarema** innerhalb eines Steingebäudes eine der ältesten erhaltenen Kirchen Äthiopiens: Der neuere Bau umgibt ein Gebäude, das möglicherweise bis ins 9. Jh. datiert werden kann. Diese alte Kirche bildet heute das Allerheiligste der neuen Kirche, sie ist daher **nicht zu besichtigen.** Die kleine **Georgs-Kirche** besteht aus einer basilikalen Halle mit einer kreisförmigen Apsis im Westen. Der Grundriss (11,70 m x 10 m) nähert sich schon dem quadratischen Grundriss späterer Kirchen, aus dem sich die moderne äthiopische Kirche entwickelt hat, bei der sich das Allerheiligste *(maqdas)* in der Mitte der Kirche befindet. Die Bauweise steht in axumitischer Tradition. Aussparungen in den Wänden zeigen, dass sich dekorierte Balken an den Wänden entlangzogen. Einiges der geschnitzten Dekoration hat sich erhalten. Die dabei verwendeten Formen ähneln denen koptischer und syrischer Kirchen des 7. und 8. Jh. Eiserne Beschläge sollen ursprünglich die Balken verklammert haben, weshalb der Bau „die eiserne Kirche" genannt wird.

Danakil-Depression ⇗ XXII,A/B1

Die **Danakil-Senke** – ein ausgetrockneter **Seitenarm des Roten Meeres,** bis zu 150 m unter dem Meer gelegen – gilt als **eine der vulkanisch aktivsten Gegenden der Welt.** Ständig raucht einer der vielen Vulkane oder spuckt glühende Lava aus.

Gewaltige **Salzablagerungen** werden jedes Jahr durch die Wassermassen der Regenzeit im Hochland überflutet und bilden einen riesigen Salzsee, der jedoch in der Glut der Sommerhitze, bei 50°C, wieder schnell verdampft. Diese vom Klima her höchst unwirtliche, ja lebensfeindliche Umgebung kann nur in den Wintermonaten **Dezember bis März besucht** werden. In dieser Zeit ziehen endlose Kamelkarawanen in die Senke, um das kostbare Salz zu brechen und es zu den Märkten im Hochland zu bringen. Wer ein eigenes Fahrzeug hat, kann sich von Agula aus auf die Reise in die Ebene begeben. Der nördliche Teil der Tiefebene ist von der Straße nach Assab kaum zu erreichen (siehe Kapitel „Harar", „Route Afar-Gebiet und Danakil-Depression"), so dass sich der leichtere Abstecher von Mekele aus lohnt. Im Gebiet der Hochlandkante leben zur kuschitischen Gruppe zählende Saho, nahe Verwandte der im Tiefland lebenden Afar. Tiefer in die Salzwüste sollte nur der Reisende mit viel Erfahrung und mit der entsprechenden Ausrüstung und in Begleitung von ortskundigen Afar eindringen.

Route Geralta und Agame

Agula – Wukro (Wikro)

Agula – Wukro (16 km)
Mekele – Wukro (40 km)
Nach Norden Richtung Adigrat bzw. Asmara.

Wukro (Wikro)

III,D2

Zu diesem Ort gelangen Sie auf der Straße von Asmara nach Addis Abeba. Die **Qirkos-Kirche** ist an ihrer Rückwand noch mit dem Felsen verbunden und steht sonst frei. Die Tradition schreibt ihre Gründung den sagenhaften axumitischen Königen *Abreha* und *Asbeha* zu. Wenige Reste der Bemalung sind erhalten, in der Vorhalle kann man noch den Heiligen *Qirkos (Cherkos)* erkennen, der im Beisein seiner Mutter *Julietta* das Martyrium in den Flammen erleidet. Interessant ist, dass in dieser Kirche Fenster und Türrahmen aus Holz gefertigt sind, die bei anderen Felsenkirchen in Stein gehauen wurden.

Zur Weiterfahrt nach Adigrat siehe weiter unten „Wukro (Wikro) – Nagash – Adigrat".

Wukro (Wikro) – Degum – Hawzien (Hawzen)

Wukro – Hawzien (ca. 50 km)
Wukro – Degum (ca. 30 km)
Die Straße zweigt bei Wukro nach Nordwesten ab.

Die kleinen Heiligtümer auf dieser Route gehören zu den frühesten bisher bekannten Felsenkirchen. Man nimmt an, dass sie zur Zeit des Niederganges des axumitischen Reiches im 7. und 8. Jh. unter direktem Einfluss der axumitischen Architektur entstanden. Enge Beziehungen bestehen zu den frühen freistehenden Kirchen, wie z. B. Debre Damo. Auffällig ist, dass diese Kirchen häufig mit **Grabanlagen** in Verbindung stehen. Die in den Felsen getriebenen Gräber kennen wir auch aus Axum, möglicherweise ist diese Tradition einer der Ausgangspunkte für die Erfindung des Typs der Felsenkirche gewesen.

Hawzien ist der größte Ort der Gegend, man kann ihn über den Abzweig bei Senkata (25 km) oder über den Abzweig bei Wukro erreichen (ca. 50 km).

Abreha und Azbeha

Diese **Kirche** befindet sich etwa 16 km westlich von Wukro bzw. 20 km vor Degum. Oder man nimmt einen Abzweig auf der Straße von Adigrat nach Mekele, ca. 50 km südlich Adigrat, von dort sind es noch 15 km nach Westen.

Die Kirche ist **eine der größten Felsenkirchen Äthiopiens.** Sie ist nach den **beiden heiligen axumitischen Königen** benannt, unter deren Herrschaft das Christentum nach Äthiopien gekommen sein soll. Ein anderer Name ist *debre nagast*, „Kloster der Könige".

Die zum Teil freistehende Kirche besteht aus einer von Pfeilern gestützten Halle, dem Allerheiligsten, und zwei zu dessen Seiten angeordneten überkuppelten Räumen. Der rechte Raum soll das Grab der namensgebenden Heiligen Könige sein. Am 4. Tikmet (etwa 12. Oktober) feiert man deren großes Fest. Die teilweise Zerstörung des Inneren der Kirche wird der legendären Königin *Gwudit* zugeschrieben, die im 9. Jh. Axum zerstörte und dies auch bei der Kirche versucht haben soll.

Westlich davon liegen die beiden kleinen **Felsenkirchen von Mikael Menda** und **Addi Abbi Mikael.**

Degum

↗ III,D2

Der Ort Degum liegt ca. 30 km nordwestlich von Wukro, 20 km südlich von Hawzien.

Felsenheiligtümer im Ort

Die neuere **Kirche Degum-Selassie** gibt Zugang zu **zwei Felsenheiligtümern,** die wahrscheinlich die ältesten, uns bekannten ihrer Art sind. Ein drittes Felsenheiligtum befindet sich in der Nähe. Von den beiden Heiligtümern in der Kirche war das linke wahrscheinlich ein **Grabbau,** ähnlich den Felsengräbern in Axum. Über eine Treppe gelangte man in die Grabkammer. Oberhalb des Grabes ist eine Vertiefung in die Oberfläche des bedeckenden Felsens geschlagen, die wahrscheinlich als Taufbecken diente. (Solche Baptisterien mit Treppen findet man auch bei den axumitischen Basiliken in Matara und in altnubischen Kirchen. In Lalibela haben sie sich in den Wasserbecken erhalten, die in die Höfe um die Kirchen geschlagen sind.) Das rechte Heiligtum bestand aus einem Vorraum, einer Halle in der Art einer Basilika und einem erhöhten Raum, dem Allerheiligsten *(maqdas)*. Ein Kreuz am Eingang zeigt die christliche Bestimmung des Bauwerkes. Ursprünglich gab es eine hölzerne Dekoration, von der nur noch die Aussparungen in den Wänden sichtbar sind. Das dritte Heiligtum wiederholt die Elemente der anderen beiden. Es wurde vorgeschlagen, in diesen Gebäuden die Verbindung vom Grabmal eines Heiligen und der Kirche zu sehen.

Kirchen in der Umgebung

In der Umgebung von Degum können mehrere Kirchen in den Bergen besucht werden. Sie sollten sich jedoch einen **Führer** nehmen, eventuell gibt es auch Esel oder Maultiere zu mieten.

Abuna Abraham Debre Sion, eine große Felsenkirche mit Gemälden wahrscheinlich aus dem 15. Jh., steht am Debre Sion-Berg, dann **Yohannes Meaquddi** am gleichnamigen Berg mit einer weiteren kleinen Kirche und **Yigad Kidane Mehret** an der Seite des Yohannes-Berges. Yohannes Meaquddi ist reich mit Malereien des 17. Jh. geschmückt, darunter Kaiser *Fasilidas* (1632–1667) zu Pferde. (Das alles ist genug für einen Tag.)

Südlich von Degum erhebt sich der **Debra Maar Gyorgis-Berg.** An seiner Spitze befindet sich die gleichnamige Kirche, die z. T. in den Fels gehauen, z. T. aus Holz gebaut wurde. Ebenfalls im Süden liegt **Degum Mariam Airofeda,** eine ganz in den Fels geschlagene Kirche ohne Bemalung.

Sehr schöne erzählende Malereien des 17./18. Jh. besitzt die Kirche **Maryam Papaseit,** im Westen von Degum.

Ihr Allerheiligstes ist in den Fels gehauen, der Rest gemauert. Interessant ist das Gemälde, das den **Häretiker Areios** (gest. 335) zeigt, wie er dem römischen Kaiser *Konstanin* seine (die arianische) Lehre vorträgt. Wie für böse Personen üblich, ist er im Profil gemalt, während die erschrockenen Rechtgläubigen seiner Umgebung en face gezeigt werden. Die Arianer lehrten, Christus habe nichts von der Göttlichkeit seines Vaters, sondern sei nur ein

Grundriss von Debre Maryam in Korkor (siehe nächste Seite)

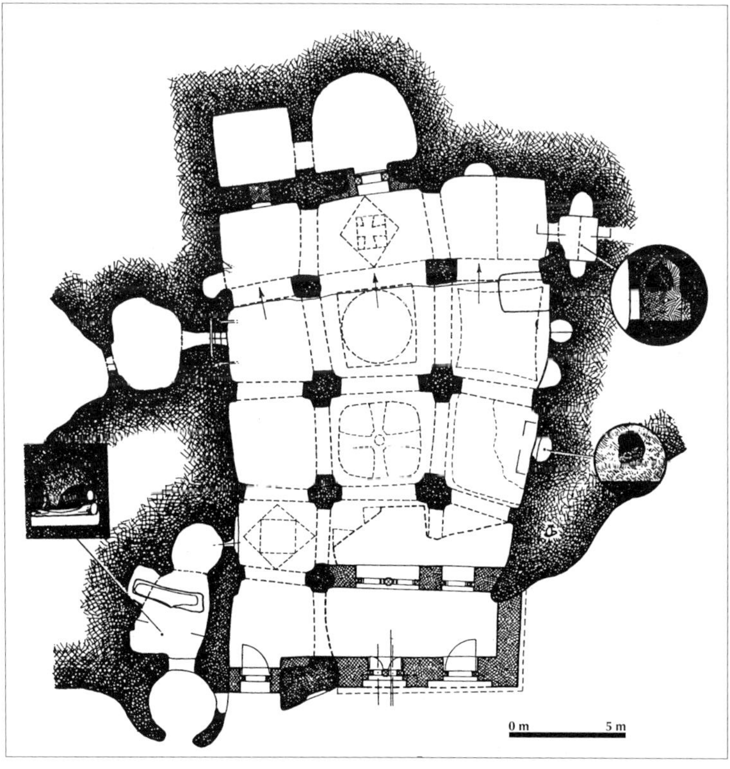

Geschöpf Gottes. Die arianische Sekte wurde besonders von den nur die göttliche Seinsform Jesu anerkennenden Monophysiten, also auch der äthiopischen Kirche, verdammt. Im Norden des römischen Reiches war sie jedoch verbreitet, der arianischen Lehre hingen u. a. die germanischen Goten an.

Die Felsenkirchen von Korkor, Ghu und Berakit

Diese Kirchen sind ebenfalls von Degum aus zu erreichen.

Die **Kirche Debre Maryam von Korkor** ist eine Felsenkirche, deren drei Schiffe recht unregelmäßig in den Stein geschlagen wurden. Das Hauptschiff ist überkuppelt. Besonders beachtenswert sind die Wandmalereien, die wahrscheinlich aus dem 13. Jh. stammen. Sie zeigen große, strenge Figuren von Heiligen, die Parallelen in den Wandmalereien der nubischen Kirchen des Mittelalters haben.

Die kaum zugängliche **Felsenkirche Abba Yemate von Ghu** wurde auf halber Höhe in eine Felswand gemeißelt (nur über halsbrecherische Stufen, am besten mit Seil, zu erreichen). Die urtümliche Grotte enthält einige der bemerkenswertesten Wandmalereien in Äthiopien. In der Kirche befinden sich **drei Kuppeln,** die jeweils mit den Bildern heiliger Männer bemalt sind. Das erste Segment des Kirchenschiffes schmücken Bilder der zwölf Apostel. Die drei wichtigsten Apostel – Petrus, Paulus, Johannes – sind in einer Gruppe an der Wand zu sehen, die übrigen neun zieren die Kuppel. Die zweite Kuppel zeigt Bilder der „Neun Heiligen". *Abba/Abuna Yemate,* selbst einer der Neun Heiligen und sagenhafter Gründer der Kirche, ist an der Wand zu Pferde dargestellt. In der dritten Kuppel sind Gemälde der israelitischen Erzväter zu sehen. Die drei Pfeiler der äthiopischen Kirche – die Lehre des Alten Testaments, die des Neuen Testaments und die nationale Kirchengründung durch die neun Heiligen – sind auf diese Weise sinnvoll und bezugreich in der Dekoration zusammengeführt. Alle Malereien stammen vom Ende des 15. Jh.

20 km westlich von Degum, unweit von Ghu, befindet sich der Ort **Berakit.** Dessen **kleine Felsenkirche** ist 13,50 m lang und etwa 5 m breit. Bemerkenswert ist die Sorgfalt, mit der diese, eine Basilika imitierende Kirche in den Fels geschlagen wurde. Es sind noch Reste der Bemalung erhalten.

Hawzien (Hawzen) ↗ III,D2

Der kleine Ort Hawzien (auch: Hawzen), der durch eine Bombardierung am 22. Juni 1988 während des Markttages, die 2500 Menschen das Leben kostete, traurige Bekanntheit erlangte, befindet sich im Zentrum der **Landschaft Geralta.**

Die hier befindliche **Felsenkirche** soll der Legende nach auf einen vorchristlichen Tempel zurückgehen. Sie ist der Maria geweiht und außerdem mit dem Heiligen *Tekle Haymanot* verbunden, der hierher zum Beten gekommen sein soll. Sie ist heute hinter einer modernen Fassade verborgen. Im Zentrum der Stadt befinden sich **vier grob behauene Stelen,** wie es sie auch in Axum gibt. Diese zweifellos aus der axumitischen Zeit stammenden Denkmäler wurden von den Italienern an diesen Platz gebracht, ursprünglich befanden sie sich westlich der Stadt. Drei der Stelen wurden bei dem schrecklichen Luftangriff beschädigt. In der weiteren Umgebung von Hawzien soll es weitere solcher Stelen geben.

Unterkunft

In Hawzien gibt es einige **Herbergen.** Von ihnen aus können die Kirchen der Umgebung besucht werden, andere Unterkünfte gibt es in dem Gebiet nicht!

Verkehrsverbindungen

Etwa 40 km südlich von Adigrat, auf der Straße nach Mekele (ca. 80 km von dort), befindet sich bei Senkata ein Abzweig nach Westen, auf dem man nach ca. 25 km Hawzien erreicht. Die andere Strecke führt von Wukro über Degum nach Hawzien. Es gibt **keine Busverbindungen,** man muss auf **Pickups** hoffen, die zwischen den Orten fahren.

Wukro (Wikro) – Nagash – Adigrat

Wukro – Nagash (10 km)
Wukro – Adigrat (75 km)
Mekele – Adigrat (119 km)
Adua – Adigrat (103 km)
Axum – Adigrat (120 km)

Alternative zur Route über Hawzien nach Senkata auf der gut ausgebauten Straße von Addis Abeba nach Asmara.

Nagash ↗ III,D2

Kurz hinter Wukro passiert man eine östlich der Straße gelegene, **weiß gestrichene Moschee** mit dem Grab des muslimischen Heiligen *Ahmad an-Najashi,* angeblich ein Gefolgsmann des Propheten *Muhammad.* Auf ihn führen sich die muslimischen Hochlandbewohner, die Jabarti, zurück.

Nagashi war die arabische Bezeichnung für den äthiopischen Kaiser. Die Ortschaft soll schon von den Gläubigen der ersten Hidjra angelegt worden sein, den ersten Muslimen in Äthiopien. Die Moschee ist der wichtigste heilige Platz für die Muslime des Hochlandes, die sich als Nachkommen der Leute der ersten Hidjra sehen. Wahrscheinlicher ist allerdings, dass alle Teilnehmer der ersten Hidjra nach Mekka zurückkehrten und erst später der Islam im Hochland Einzug hielt.

Felsenkirchen zwischen Wukro und Senkata

Von Wukro zum Ort Senkata sind es etwa 37 km in nördlicher Richtung (Straße nach Adigrat). Nach etwa der halben Strecke folgen bis Senkata einige Felsenkirchen, zu denen man von der Straße aus jeweils ein Stück laufen muss. Ausgangspunkt ist am besten der Ort **Takatisfi,** 20 km nördlich von Wukro. **Medhane Alem in Addi Keshio** ist die südlichste dieser Kirchen, ein gutes Stück östlich der Straße gelegen. Die Kirche ist ganz in den Felsen gehauen.

Etwas weiter nördlich folgt die Kirche **Michael Milihayzenghi,** eine kleine, ganz im Felsen versunkene Kirche, verziert mit Reliefkreuzen. Nahebei liegt die **Kirche Petros und Paulos,** halb im Fels und halb gebaut. In einen Abhang gebaut, kann sie nur von guten Kletterern erreicht werden. Es gibt hier eine Reihe interessanter Malereien.

Weiter nördlich, am Fuße einer 200 m hohen Steilwand, liegt **Michael Biet Mahar,** eine wohl **aus einer Höhle gestaltete Kirche,** deren mächtige Pfeiler mit Malereien verziert sind. Eine davon zeigt die Höllenfahrt Christi, eine andere ein Mädchen mit nur einem Auge, das die Schwester des Teufels - *Baraket* - sein soll.

Kurz vor Senkata (60 km südlich von Adigrat), in **Adi Chewa,** befindet sich noch **Arba Ittu Insia** (die vier apokalyptischen Tiere). Die Bilder dieser Tiere der Apokalypse, die nur in der westlichen Kirche die Symbole der Evangelisten sind, sind auf einem Bogen im Innern gemalt.

Adigrat ⇗ III,D1

Die Stadt liegt südlich der äthiopisch-eritreischen Grenze an der Straße von Addis Abeba nach Asmara. Von hier führt ein Abzweig nach Adua. Nach Adua sind es etwa drei Stunden mit dem Bus, nach Axum ca. vier Stunden. Das Zentrum der Stadt liegt an der Kreuzung dieser Straßen.

Adigrat, der **Hauptort der Landschaft Agame,** wurde von *Dejazmatch Sabagades,* einem der mächtigen Fürsten von Tigre, 1818 zu seiner Residenz ausgebaut. 1831 wurde *Sabagades* von den Oromo getötet, womit Adigrat an Bedeutung verlor. Nach der Unabhängigkeit Eritreas 1993 wurde hier auch ein Teil der aus Asmara ausgewiesenen Äthiopier angesiedelt. Das Stadtbild wird von einer großen **katholischen Kirche** im Osten geprägt. Im Süden steht die runde **Qirkos-Kirche** mit schönen Malereien, hier befindet sich auch der Markt. Die rechteckige **Medhane Alem-Kirche** im Norden wurde unter *Dejazmatch Sabagades* von dem deutschen Ex-Missionar und Tischler *Aichinger* erbaut, der auch die Truppen des *Dejazmatch* trainierte. Die Kirche ist kürzlich erneuert worden.

Unterkunft

An der Kreuzung befinden sich mehrere Herbergen. Empfehlenswert sind das **Ethiopia Hotel** (3 US$), das **Modern Hotel** und das **Yohannis IV. Hotel.**

Verkehrsverbindungen

Etwa 200 m vom Zentrum entfernt auf der Straße nach Adua befindet sich der Busbahnhof. **Busse** verkehren nach Adua, Axum, Mekele sowie nach Eritrea. **Sammeltaxis** fahren ständig die nähere Umgebung an.

Ausflug zu den Felsenkirchen bei Adigrat

In der näheren Umgebung von Adigrat gibt es drei Felsenkirchen. **Mayaba Samuel** liegt westlich der Straße nach Mekele. Die Kirche, die mit einem Führer zu Fuß zu erreichen ist, wurde durch ein Feuer stark in Mitleidenschaft gezogen. 5 km nach Norden, Richtung Eritrea, liegt **Mikael Kirsaba,** eine Kirche, die über einer alten Felsenkirche erbaut wurde. **Gebriel Tsilalmao** liegt ca. 2 km südöstlich der Straße nach Mekele, zwischen den Orten Klaga Hamus und May Megelta.

Die erste Hidjra

Der Prophet *Muhammad* (570–632) hatte 614 eine Gruppe von Anhängern – die Quellen sprechen von elf Familien – heimlich für einen halben Dinar auf zwei Schiffen nach Äthiopien bringen lassen. Die Propagierung eines selbstlosen, auf gegenseitige Unterstützung bauenden Lebensstils und eines konsequenten Monotheismus hatten *Muhammad* und seiner kleinen Gemeinde derartig viele Feinde unter dem in Mekka mächtigen Stamm der Quraisch eingebracht (dem *Muhammad* auch angehörte), dass es dem Propheten sinnvoll erschien, die Familien in Sicherheit zu bringen. 615 folgte eine zweite Gruppe von 83 Männern und 18 Frauen. Dieser Zug wird als die erste Hidjra (arab.: Auszug) bezeichnet.

Die Quraisch, die gute Handelsbeziehungen nach Äthiopien hatten, schickten zwei Vertreter mit kostbaren Geschenken an den axumitischen Hof, klagten die Geflohenen an, einer neuen, den Traditionen der Väter und auch dem Christentum feindlichen Religion anzugehören und forderten den König auf, sie nach Mekka zurückzuschicken. *Jafar ibn Abi Talib,* der Wortführer der Muslime, konnte den König – die arabischen Quellen nennen den Namen *Armah* – in einer berühmten Rede aber von der Unschuld der Geflohenen und der Reinheit ihres Glaubens überzeugen. Die Muslime durften im Lande bleiben. Die meisten von ihnen kehrten aber bald nach Mekka zurück, am längsten blieb die Gruppe um *Jafar,* der Äthiopien nach dreizehn Jahren verließ.

Die freundliche Aufnahme der Muslime in Äthiopien soll *Muhammad* veranlasst haben, seine Glaubensgenossen anzuweisen, dass Habascha (Äthiopien) vom Jihad, der gewaltsamen Missionierung, ausgeschlossen wird.

Da von den frühen islamischen Historikern die Berichte über das Leben der ersten Muslime sorgfältig gesammelt wurden, sind diese Kontakte der Muslime nach Äthiopien eine interessante Quelle über das axumitische Reich. Aus ihnen erfahren wir beispielsweise von dem Bildschmuck der ursprünglichen Kathedrale in Axum sowie von dem schon früher durchgeführten Feldzug des axumitischen Generals *Abreha* vom Jemen aus gegen Mekka.

Die zweite Hidjra, bei der Muhammad selbst Mekka verließ und mit seinen Anhängern nach Yathrib, dem heutigen Medina, zog, markiert den Beginn der islamischen Zeitrechnung (622).

Route Grenzgebiet zu Eritrea

Adigrat – Debre Damo – Yeha – Adua (Adwa) (103 km)

Parallel zur Grenze verläuft diese Verbindungsstraße. Von der Straße zweigen zwei Pisten nach Debre Damo und Yeha ab. Busse halten auf Wunsch an den Abzweigungen, es gibt aber keinen Linienverkehr zu den beiden Plätzen.

Debre Damo ⇗ III,D1

Das Kloster mit seiner berühmten Kirche liegt 25 km nördlich der Straße, die Adua und Adigrat verbindet. Der 2216 m (über Meereshöhe) hohe **Tafelberg mit dem Kloster** ist schon von der Straße zu sehen, selbst wenn noch ein gutes Stück Weg vor Ihnen liegt. Mit einem Geländewagen ist es kein Problem, bis zum Klosterfelsen zu fahren. Von dort sind es noch einige Minuten zu Fuß. Die letzten fünfzehn Meter müssen Sie jedoch an einem Seil die senkrechte Felswand erklimmen. **Frauen ist der Zutritt zu diesem Heiligen Platz ganz verwehrt.** (Ein Frauenkloster befindet sich am Fuß des Berges.)

Oben auf dem etwa 600 m x 250 m großen Plateau leben Mönche in **einem der ältesten Klöster Äthiopiens.** Hier wurden, wie in Äthiopien üblich, zeitweise die Angehörigen der königlichen Familie gefangen gehalten, um zu verhindern, dass sie gegen den Kaiser Aufstände anzettelten oder von rivalisierenden Fürsten als vorgeschobene Prätendenten benutzt wurden. Die geschützte Lage bewahrte den Ort vor der Zerstörung in Kriegszeiten und diente im 16. Jh. während der Eroberungszüge des Imam *Ahmed Grang* auch der königlichen Familie als Zuflucht. Der von ihm durch das Land getriebene Kaiser *Lebna Dengel* (1508–1540) soll hier bestattet sein. Angeblich gelang es nur dem türkischen Pascha *Uzdamer,* 1557 oder 1558 den Berg zu erobern und zu brandschatzen. Die berühmte Kirche blieb dabei zum Glück weitgehend verschont.

Zwei Kirchen befinden sich auf dem Berg, umgeben von den Häusern und Wirtschaftsanlagen der Mönche, die ihr Trinkwasser in den Zisternen sammeln. Die ältere Kirche steht im Nordosten der Plattform. Der Bau konserviert bis heute die axumitischen Bauweise: eine Basilika von etwa 20 m Länge und 9 m Breite mit dem Allerheiligsten im Osten und einer kleinen Empore im Westen (vielleicht ursprünglich für Frauen). Die Basilika hat sechs monolithische Säulen. Eine äußere Vorhalle vor dem eigentlichen Narthex wurde später hinzugefügt. Die Wände sind in Holzfachwerk-Stein-Bauweise errichtet, mit den „Affenköpfen" genannten Balkenenden. Die Kirche wurde zwischen dem 7. und dem 11. Jh. errichtet und geht auf einen noch älteren Vorgängerbau zurück. Mehrfache Restaurationen machen es heute schwer, genaue Datierungen zu geben. Die hölzernen Bauteile der Kirche sind mit Schnitzereien verziert.

Die Gründung von Debre Damo

Die Kirchen und das Kloster werden auf einen der Neun Heiligen, auf *Za Mikael Aregawi* („den Alten"), zurückgeführt, dem auch die beiden Kirchen geweiht sind. Ein Engel habe ihm geholfen, das unzugängliche Plateau zu erklimmen, indem er eine Schlange sandte, an der sich der Heilige hinaufzog (die Vorgängerin des heutigen Seiles). Man nimmt an, dass diese Legende auf einen vorchristlichen Schlangenkult an diesem Berg zurückgeht. König *Gebre Masqal* (ca. 550 n. Chr.) habe dann das Kloster errichten lassen. Am 14. Tikmet (25. Oktober) wird hier das große Fest des Heiligen Aregawi gefeiert.

Bedeutendster Schmuck der Kirche ist die **Kassettendecke** im Narthex. Die Schnitzereien der fünfundvierzig Kassetten zeigen hier nicht nur Ornamente, sondern auch Tiere. Darunter gibt es Fabelwesen, die schon in der Kunst Mesopotamiens auftreten. Möglicherweise stammt die Decke, die kaum Bezüge zur christlichen Symbolik aufweist, aus einem spätaxumitischen Palast (ca. 8. Jh.) und wurde hier eingebaut. Einige ähnliche Paneele sind noch aus anderen Orten des Hochlandes bekannt, darunter jene aus einer zerstörten Kirche von Asmara im Museum dieser Stadt. Neben der Kirche befindet sich ein **Schatzhaus.**

Verkehrsverbindungen

Der Abzweig ist etwa 40 km von Adigrat bzw. 65 km von Adua entfernt. Es steht dort ein Schild mit der Aufschrift „Abuna Aregawe Church". Der nächste Ort an der Hauptstraße heißt **Biset,** von dort sind ca. 5 km nach Westen, bis zum Abzweig. Sie können sich vom **Bus oder Sammeltaxi** bis zum Abzweig mitnehmen lassen.

Yeha

III,D1

Der kleine Ort liegt etwa 28 km nordöstlichlich von Adua, an der Straße von Adua nach Adigrat (Hinweisschild). Etwa 5 km von der Hauptstraße entfernt befindet sich Yeha am Fuße eines Felsens, in dem der Kopf eines Löwen erkennbar ist.

Der nächste größere Ort an der Hauptstraße ist **Intichio,** 2 km östlich vom Abzweig. In Yeha gibt es immer einen Wächter, der eventuell Führungen macht und ein geringes Eintrittsgeld verlangt.

Der **Tempel von Yeha** ist das einzige erhaltene monumentale **Denkmal aus voraxumitischer Zeit.** Es verdankt diesen Umstand wahrscheinlich seiner Umwandlung in eine Kirche. Heute steht der Bau leer, an seiner Nordseite wurde eine neue Kirche gebaut. Das hohe Alter des Tempels ist auch in der Umgebung bekannt, er wird als der *Palast der Königin von Saba* bezeichnet.

Der einfache, **kubische Bau** des Tempels ist etwa im 5. Jh. v. Chr. errichtet worden. Die Kultur der vor-axumitischen Zeit stand unter starkem **Einfluss aus Südarabien,** man geht sogar davon aus, dass sie von südarabischen Einwanderern ins Land gebracht worden ist. So besitzt auch dieses Bauwerk viele Elemente, die aus Südarabien bekannt sind, wie zum Beispiel die Ornamente aus Steinböcken und Halbmonden. Der Tempel steht auf einem Podium, der Raum hat die Abmessungen 18,50 m x 15 m. Die Mauern sind z. T. noch bis zu einer Höhe von 12 m erhalten. Das steinerne Mauerwerk aus bis zu 3 m langen Blöcken ist außerordentlich sorgfältig gefügt. Die noch stehenden Wände zeigen keinerlei Schmuck. Aus späterer Zeit stammt ein Taufbecken im Innern des Tempels. Vor dem Tempel steht eine einfache **Stele,** wie es sie auch in Axum gibt. Die **Kirche neben dem Tempel** ist einem der Neun Heiligen, *Abba Asfe,* geweiht, der den Tempel zur Kirche umgewandelt haben soll. Im **Museum** nahe der Kirche sind einige **Inschriften** aufbewahrt, die nicht in Altäthiopisch, sondern noch in Altsüdarabisch abgefasst sind. Die verwendeten südarabischen Schriftzeichen sind die

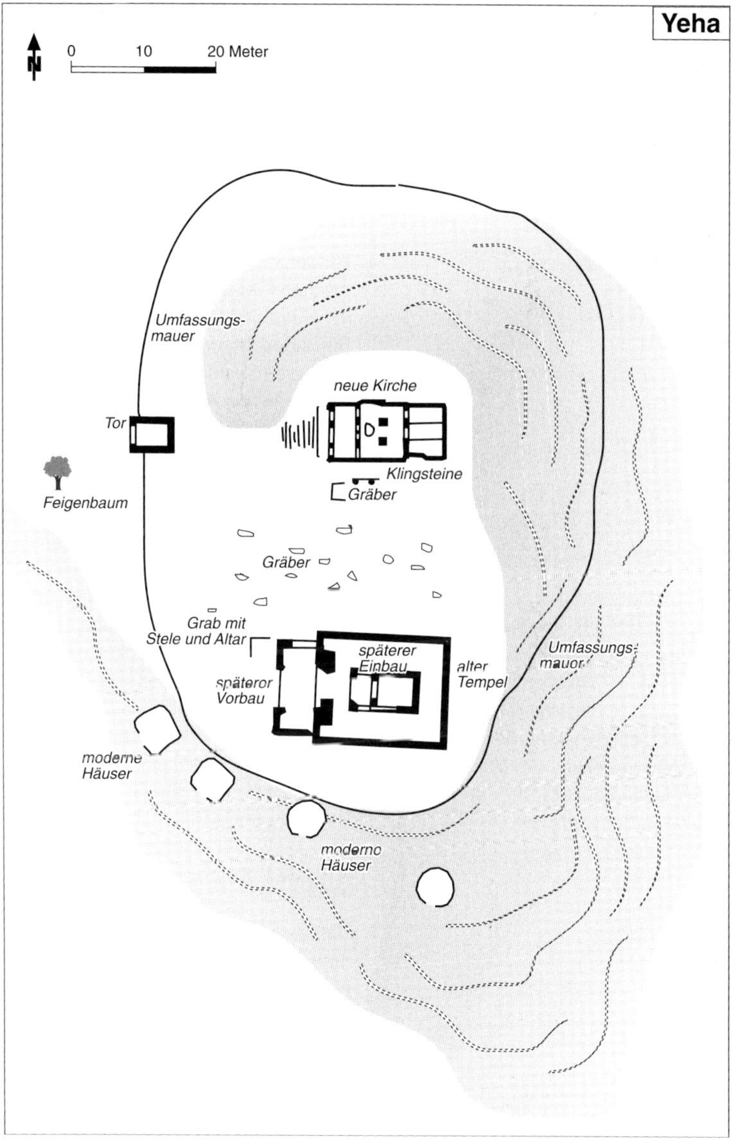
Yeha
0
10
20 Meter
N
Umfassungs-
mauer
neue Kirche
Tor
Klingsteine
Gräber
Feigenbaum
Gräber
Grab mit
Stele und Altar
späterer
Einbau
alter
Tempel
späteror
Vorbau
Umfassungs-
mauor
moderne
Häuser
moderno
Häuser

eds368 Foto: eds

Mauerwerk des Tempels von Yeha

Vorläufer der äthiopischen Schrift. Aus den Inschriften geht hervor, dass der Tempel dem Mondgott *Almaqah* geweiht war. In der Wand der Kirche ist ein Block eingemauert, der einen **Fries von Steinböcken** in Vorderansicht zeigt. Auch dieses Motiv kommt in der südarabischen Kunst vor.

Eine Legende besagt, *Menelik (I.)*, der Sohn der Königin von Saba, habe die geraubte **Heilige Bundeslade** nach Yeha gebracht, wo sie für lange Zeit aufbewahrt wurde, ehe sie nach Axum kam. (Das konkurriert mit der Ansicht, sie sei zum Tana-See gebracht worden.)

Grabungen in der Umgebung des Tempels erbrachten eine Vielzahl von Funden dieser frühen Periode der äthiopischen Geschichte. Sie befinden sich im Nationalmuseum in Addis Abeba. Besonders bemerkenswert sind, neben der Keramik, durchbrochene bronzene Geräte in der Form von Tieren bzw. Schriftzeichen. Es handelt sich vielleicht um Besitzmarken, die als Brenneisen oder zum Stempeln von Gütern oder Opfergaben verwendet wurden. Möglich ist auch, dass sie Verzierungen an Möbeln oder Kleidung waren.

Im Nordwesten vom Tempel kann man die Spuren eines großen Gebäudes, Palast oder Heiligtum, sehen. Ausgegraben wurden bisher ein Torbau und eine große Treppe. Es wurden hier auch die bisher ältesten Belege für die Kombination von Stein- und Holzbau gefunden, wie er für die axumitische Zeit bekannt ist.

Adua (Adwa) ⇗ III,D1

Die Stadt liegt 1900 m über dem Meer und ist von etwa 13.000 Menschen bewohnt. Hier kreuzen sich die **Straßen nach Eritrea, Axum** (25 km entfernt) **und Adigrat.** Westlich von Adigrat durchquert man auf der Fahrt nach Axum das landschaftlich beeindruckende Tal des Hista.

Geschichte

Die Gegend von Adua war schon in axumitischer Zeit besiedelt. König *Gebre Masqal* (der sagenhafte Sohn König *Kalebs*, ca. 514–542) soll dem von *Abba Garima* (einem der neun Heiligen) hier gegründeten Kloster *Madara* Land überwiesen haben. Diese Schenkung wurde von Kaiser *Lebna Dengel* (1508–1540) bestätigt. Unter Kaiser *Minas* (1559–1563) wurden die portugiesischen Jesuiten im Land nach May Gwagwa zwischen Adua und Axum verbannt. Ihr Leiter *Andrea de Oviedo* gründete dort das **Kloster Fremona,** benannt nach dem Heiligen *Frumentius,* der im 4. Jh. das Christentum nach Äthiopien gebracht hatte. Der berühmte Jesuit *Pero Paes* baute hier später eine Kirche sowie Befestigungsanlagen.

In der **Gondar-Zeit** besaß Adua Bedeutung als Zwischenstation vom Hafen Massawa nach Gondar. *Ras Mikael Sehul* residierte zeitweise hier. Im 19. Jahrhundert wurde der alte Ort Adua verlassen und wenige Kilometer entfernt neu angelegt. Kaiser *Tewodros II.* (1855–1868) konnte sich bei seinen Bemühungen, Äthiopien nach den Wirren der Gondar-Zeit zu einen, gegen die Herren von Tigray nicht durchsetzen. Schon vor dem tragischen Ende des Kaisers hatte 1865 *Wagshum Gobaze*, der Herr von Lasta, Adua erobert und ließ sich zum Kaiser *Tekle Giyorgis* proklamieren. Er berief sich dabei auf seine Herkunft von der *Zagwe*-Dynastie. (Im Vertrag der Machtübergabe von der Zagwe-Dynastie an die neue salomonische Dynastie unter Kaiser *Yekono Amlak* von 1268 war vereinbart worden, dass die Nachfahren der Zagwe in Lasta mit dem Titel eines Wagshum weiterherrschten.) 1871 wurde er hier von *Dejazmach Kassa,* dem Herrscher von Tigray, geschlagen, der sich im Januar 1872 in Axum zum Kaiser *Yohannes IV.* (1872–1889) krönen ließ. *Yohannes IV.* residierte häufig in Adua. Zu den Europäern, die hier lebten, gehörte der deutsche Botaniker Baron *Schimper,* der 1878 verstarb.

1889 ließ der italienische General *Baldissera* die Stadt durch den verbündeten Fürsten von Hamasien, *Dejazmatch Hag Anbessa,* besetzen, der Adua plünderte. *Hag Anbessa* wurde darauf 1890 von General *Orero* festgenommen und die Stadt von den Italienern besetzt. Die Italiener zogen sich aber nach dem **Vertrag von Wetcale (Uccialli)** wieder zurück (siehe entsprechenden Exkurs im Kapitel „Wollo, Lasta und Wag"). Kaiser *Menelik II.* (1889–1913) wiederum empfing hier nach seiner Krönung die Huldigung durch den Sohn (und Mitanwärter auf den Kaiserthron) des Kaisers *Yohannes IV., Ras Mangasha.* 1894 begann General *Baratieri* Druck auf *Menelik* auszuüben, er solle das im Vertrag von Wetcale nach italienischer Vertragsauslegung errichtete Protektorat anerkennen. Nach einer Reihe von Kriegshandlungen kam es bei Adua zur **Entscheidungsschlacht.**

Sehenswürdigkeiten

Der auf einer Anhöhe liegende **Palast von Adua** geht auf *Ras Mikael Sehul* zurück. Von seinem Vorgänger *Ras Anda Haymanot*, den *Ras Mikael* beseitigt hatte, stammt die älteste Kirche der

Die Schlacht von Adua

Hier trafen am 1. März 1896 die Truppen der Italiener und Kaiser *Menelik II.* aufeinander. Auf italienischer Seite standen etwa 17.700 Soldaten (10.596 Italiener, der Rest Truppen aus Eritrea) unter der Führung des General *Baratieri*. Die italienische Streitmacht war modern ausgerüstet und trainiert. Auf äthiopischer Seite stand ein fast 100.000 Mann starkes Heer. Kaiser *Menelik* befand sich unter den kämpfenden Soldaten, einfach gekleidet, während sein Liqe Mekwas (Doppelgänger) in pompösem Ornat auftrat, um den Feind von der Person des Kaisers abzulenken. Auf dem Schlachtfeld war auch der Abuna *Matewos* anwesend, das Haupt der äthiopischen Kirche.

Die Italiener hatten sich in vier Kolonnen geteilt und griffen die Äthiopier an unterschiedlichen Stellen an. Das erwies sich als folgenschwerer Fehler, da im unwegsamen Gelände keine Kommunikation aufrechterhalten werden konnte und die Anfangserfolge der Italiener durch fehlenden Nachschub zunichte gemacht wurden. Bald konnten die Italiener dem Ansturm der hoch motivierten äthiopischen Kämpfer nicht mehr standhalten. Der anfänglich noch geordnete Rückzug endete in einer panischen Flucht.

Die Italiener verloren an diesem Tag etwa 11.000 Mann (Tote, Verletzte, Gefangene – die Angaben dazu sind sehr unterschiedlich), darunter zwei Generäle, und die gesamte Artillerie. Die äthiopischen Verluste betrugen etwa 4000 Gefallene und 6000 Verwundete. Unter den Gefallenen befand sich der für seine Tapferkeit berühmte *Fitawrari Gebbeyehu*. Während die italienischen Gefangenen geschont wurden, wurden deren eritreische Hilfstruppen als Landesverräter bestraft: Man hackte ihnen die rechte Hand und den linken Fuß ab.

Die Folgen dieser denkwürdigen Schlacht waren bedeutend. Ein afrikanisches Heer hatte die Streitmacht einer europäischen Kolonialmacht geschlagen. Damit bewahrte Äthiopien als einziges afrikanisches Land seine Unabhängigkeit. Für die Äthiopier steht die Schlacht von Adua als ein Symbol des erfolgreichen Kampfes gegen die Kolonialherren. In Italien löste die Niederlage eine Regierungskrise aus. Dass sich die Kolonie in Eritrea überhaupt halten konnte, lag daran, dass sich *Menelik II.*, wahrscheinlich aus innenpolitischen Erwägungen, nicht gegen die verbliebenen Garnisonen wandte, sondern sich um eine vertragliche Grenzziehung bemühte. Zum einen war er wohl nicht daran interessiert, der Provinz Tigray durch einen Zugang zum Meer zu große Bedeutung zu verschaffen, außerdem war zu befürchten, dass ein Marsch zur Küste die übrigen Kolonialmächte, deren Uneinigkeit Äthiopien bisher genützt hatte, auf den Plan rufen würde.

Jahre später war die „Schmach von Adua" einer der Hauptpunkte der faschistischen Propaganda im Krieg gegen Äthiopien von 1935–41.

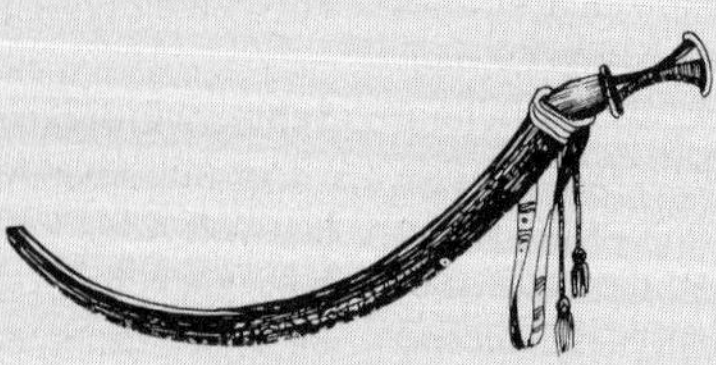

Stadt, die **Marien-Kirche.** Die **Gabriel-Kirche** wurde vom Sohn *Ras Mikaels, Dejazmatch Walda Gabriel,* seinem Schutzheiligen erbaut.

Dejazmatch Sabagadis und sein Sohn *Dejazmatch Webe* ließen um 1823–1825 die **Kirche Medhane Alem** von dem deutschen Tischler *Aichinger* errichten, der auch in Adigrat für diese Fürsten wirkte. Kaiser *Yohannes IV.* ließ die Kirche erweitern, den Palast umbauen und die auf einer Anhöhe im Zentrum liegende **Selassie-Kirche** (auch Debre Berhan Selassie, nach der Kirche gleichen Namens in Gondar) mit Hilfe seines italienischen Zimmermannes *Naretti* erbauen. Sie wurde 1870 geweiht. Hier wurden Trophäen der Kämpfe gegen die Ägypter aufbewahrt. Die **Malereien** mit Heiligengeschichten und Darstellungen von Kämpfen gegen die Ägypter wurden von *Alaqa Luqas* aus Gojam gemalt und sind typische Beispiele des erzählenden Malstils am Ende des 19. Jh., wie er auch in den volkstümlichen Malereien gepflegt wird.

Unterkunft

In der Gegend des Busbahnhofes gibt es die üblichen **Herbergen (Assem, Adua, Saba, Ethiopia).**

Verkehrsverbindungen

Im Zentrum befindet sich der Busbahnhof. **Sammeltaxis** fahren von hier den ganzen Tag über nach Axum, **Busse** verkehren nach Adigrat und Mekele.

Ausflug zum Kloster Abba Garima

Östlich von Adua, schon in Richtung von Yeha, befindet sich das **Kloster Abba Garima.** Die Tradition berichtet, das Kloster sei von *Abba Garima,* auch genannt *Isaak,* einem der „Neun Heiligen" gegründet worden. Gegen eine Gebühr von 10–20 Birr zeigen die Mönche ihre Schätze, darunter Kirchenkronen und vor allem zwei Handschriften mit Illuminationen. Das Fest des Heiligen ist am 24. Juni.

Axum (Aksum)

⇗ III,C1

Von Adua (Adwa) nach Axum (Aksum) sind es 25 km, von Addis Abeba nach Axum 1005 km, von Mekele 220 km, von Adigrat 120 km und von Gondar 360 km.

Axum (auch: Aksum) ist für die christlichen Äthiopier die Stadt, in der sie ihre nationale und religiöse Identität verkörpert sehen, etwa mit Rom im Geschichtsbild der Europäer vergleichbar. Die Monumente der Stadt, allen voran die Stelen, sind **Sinnbilder der jahrtausendealten Kultur,** sie finden sich auf den Emblemen von Parteien und Behörden, auf Briefmarken und Geldscheinen. Die Kathedrale von Axum besitzt angeblich **das größte Heiligtum Äthiopiens,** die **Heilige Bundeslade** mit den Tafeln der Zehn Gebote, die Gott an Moses gesandt hatte. Aus diesem Heiligtum bezieht das äthiopische Christentum seine Eigenart und Unabhängigkeit.

Man kann sich die Bedeutung dieser Stadt vergegenwärtigen, wenn man sieht, dass selbst zwanzig Jahre **Bürger-**

krieg Axum fast ohne Zerstörungen ließen. Die gesamte Umgebung war in der Hand der Aufständischen, man kam nicht einmal bis zum Löwen von Gobedra oder bis Abba Pantaleon, die Stadt aber wurde nicht gestürmt; die Regierungstruppen mussten jahrelang aus der Luft versorgt werden, aber man gab die Stadt nicht auf; und in Axum residierte, keiner der beiden Seiten verpflichtet, der Nebura Ed, das kirchliche Oberhaupt und der eigentliche Herr der heiligen Stadt Äthiopiens. Und wir können nur mit Bewunderung sehen, mit welcher Sorgfalt die historischen Denkmäler erhalten werden, in einem Land, das zu den ärmsten der Welt zählt.

Axum liegt 2150 m hoch **am Fuß zweier Berge, Beta Giyorgis** im Westen und **May Qoho** im Osten, nach Süden erstreckt sich eine Ebene. Die Stadt an der **Ost-West-Verbindungsstraße** von Adua nach Shirie (Inda Selassie) wächst ständig, sie hat heute etwa 30.000 Einwohner. Das Zentrum der Stadt ist die **Piazza,** etwas östlich gelegen. Der Platz wird von einem großen Baum bestimmt, hier halten auch die Busse, Sammeltaxis und alle anderen Fahrzeuge. Es gibt hier auch diverse Läden. In südlicher Richtung geht die Straße zum Flughafen ab, an der mehrere Hotels und Restaurants liegen, weitere Hotels gibt es im östlichen Stadtviertel.

Im Osten hinter dem **Ezana-Park** befindet sich das recht noble **Axum-Hotel,** der runde Speisesaal ist mit Gemälden im traditionellen Stil geschmückt, die die Geschichte der Heiligen Bundeslade und der Christianisierung Äthiopiens zeigen. Vor wenigen Jahren eröffnet wurde das **Yeha-Hotel** auf dem May Qoho-Berg, direkt über der Kathedrale und dem Stelenpark; von dort hat man einen wunderbaren Blick über die Stadt. Der jetzige **Flughafen** liegt am südlichen Stadtrand (ein neuer Flughafen ist an der Straße nach Adua im Bau), daneben im Osten der **Markt,** alles in recht kurzer Entfernung. Es gibt viele Bars und Restaurants, auch einige Pastry-Shops, in denen man Tee oder Kaffee trinken und Kuchen essen kann. **Souvenirgeschäfte** befinden sich besonders entlang der von der Piazza zum Stelenpark führenden Straße. Hier sind traditionelles Handwerk, Repliken und einige ältere Stücke zu finden. Die **Eintrittskarten** für sämtliche Altertümer und die Kathedrale erhalten Sie am Museum oder im Tourist Office an der Piazza. Der Eintritt kostet 50 Birr für die archäologischen Altertümer und 60 Birr für die Kathedrale, das Ticket ist gültig für drei Tage. Man bekommt hier oder im Hotel auch Führer vermittelt, die die Wege zu den Altertümern kennen und ohne die, zumindest beim Besuch der Kathedrale, Schwierigkeiten auftreten können.

Geschichte

Die frühe Geschichte Axums verliert sich im Dunkel. Neuere Funde in der Umgebung datieren die italienischen Ausgräber in die **prä-axumitische Zeit,** also vor die Zeitenwende.

Viele Ortsbezeichnungen in Axum und Umgebung enthalten das semiti-

Die Gründung von Axum und die Königin von Saba

Die Legende des Kebra Nagast, der äthiopischen Königschronik, berichtet, bei Axum habe eine Schlange gelebt, die Menschenopfer forderte. Eines Tages habe ein Mann sich entschlossen, sie zu besiegen. Dazu vergiftete er eine Ziege und brachte sie der Schlange. Die Schlange vergiftete sich an dieser Ziege und wurde von ihm endgültig getötet. Daraufhin wurde der Mann zum König gekrönt.

Nach seinem Tod machte man seine Tochter *Makeda* zu seiner Nachfolgerin (Varianten machen überhaupt sie zur Schlangentöterin). *Makeda,* die sagenhafte Königin von Saba in der äthiopischen Fassung der biblischen Legende (Bilqis in der arabischen Fassung), hörte von der Weisheit des Königs *Salomon.* Der wiederum hörte von einem Kaufmann von ihrer großen Schönheit und lud sie nach Jerusalem ein. Dort vertiefte sich der gegenseitige Eindruck noch, allerdings verweigerte sich die Königin den Werbungen *Salomons.* Der sann auf eine List und lud die äthiopische Gesandtschaft zu einem Festmahl mit scharf gewürzten Speisen. Weil es spät wurde, lud er die Königin ein, in seinem Palast, ja in seiner Kammer zu schlafen. Allerdings sollte sie sich nicht an etwas vergreifen, was ihm gehöre, sonst müsse sie ihm zu Willen sein. Arglos willigte die Königin ein. Nun bekam sie aber großen Durst, und es war nichts zu trinken da, nur im Pokal am Bett *Salomons.* Sie schlich sich dorthin und trank, worauf der König, der sich schlafend gestellt hatte, nur gewartet hatte. Sie musste sich nun zu ihm legen.

Nach ihrer Heimreise gebar *Makeda* einen Sohn, *Menelik* (auch genannt *Ebna Hakim* – „der Sohn des Weisen"), der, als er herangereift war, nach seinem Vater fragte. Die Königin erzählte ihm also von *Salomon,* und *Menelik* wollte diesen besuchen. In Jerusalem wurde er von seinem Vater erkannt und mit großer Freude aufgenommen. Nach einiger Zeit wollte *Menelik* zurück nach Äthiopien und war auch durch die Bitten seines Vaters nicht aufzuhalten. So gab dieser ihm ein großes Gefolge aus den Söhnen der vornehmsten Stämme Israels mit. In der Nacht der Abreise stahlen diese (angeblich ohne Wissen *Meneliks)* die Heilige Bundeslade aus dem Tempel in Jerusalem. Als der Diebstahl bemerkt wurde, versuchte *Salomon,* die Diebe zu verfolgen, aber Gott hatte sie entkommen lassen, und so musste *Salomon* eine Kopie der Lade in den Tempel stellen. Die Bundeslade wurde zuerst auf einer Insel des Tana-Sees verwahrt und kam schließlich nach Axum, so eine Legende. Von *Salomon* leitet sich daher die kaiserliche Dynastie ab, von den Söhnen der Edlen viele äthiopische Fürstengeschlechter.

sche Wort *may* (Wasser), und es ist anzunehmen, dass der Platz seine Besiedlung einem gewissen Wasserreichtum in der sonst so kargen Hochebene verdankt. Das Wort Axum selbst lässt sich wahrscheinlich als „Wasser/Brunnen des Fürsten" übersetzen. Mit der Herausbildung der axumitischen Kultur entwickelt sich die Stadt zu deren Zentrum. Wann genau sie zur **Hauptstadt** wurde, ist ungewiss, im 1. Jahrhundert n. Chr. wird sie das erste Mal in einem griechischen Text erwähnt (im *Periplus maris erythraei,* einem Handbuch für Seefahrer des Roten Meeres).

In den ersten Jahrhunderten n. Chr. wuchs der Einfluss des axumitischen Reiches stetig. Axum nahm eine wichtige Stellung im **Handel** zwischen der Mittelmeerwelt und Indien ein, außerdem war es ein **Hauptumschlagplatz** für afrikanische Luxusgüter, vor allem **Elfenbein.** Die neuesten Grabungen im Stelenpark haben reiche Funde von geschnitzten Elfenbeinplatten erbracht. Im 4. Jh. gelangt der Christ *Frumentius* an den Königshof und es setzt die **Christianisierung,** zumindest die der Oberschicht, ein. Unter König *Ezana* (ca. 325–355) stand das axumitische Reich auf dem Höhepunkt seiner Macht. Auf seinen Stelen, die in Axum besichtigt werden können, berichtet er von seinen Feldzügen, u. a. nach Westen, in das Gebiet des zerfallenden meroitischen Reiches im heutigen Sudan.

Der König von Axum, mit dem Titel Negusa in Ge'ez und Nagashi in Arabisch, beanspruchte die Oberhoheit über ein weites Gebiet, zu dem auch das antike Südarabien gehörte.

Unter König *Kaleb* (ca. 514–542), dem nach *Ezana* bedeutendsten axumitischen Herrscher, wird Südarabien noch einmal für kurze Zeit besetzt. Im 7. Jh. beginnt der allmähliche **Niedergang der Großmacht Axum.** Die Verlagerung der Handelswege und Klimaänderungen mögen dazu beigetragen haben. Das endgültige Ende bringt die legendäre **Zerstörung der Stadt** durch die jüdische Königin *Gwudit* (Judith) im 10. Jh. Die folgende Zagwe-Dynastie verlegt das Zentrum des Reiches in die Provinz Lasta. Danach konnte Axum nie wieder seine ursprüngliche politische Bedeutung erlangen. Das Zentrum des äthiopischen Staates verblieb im Süden. Seine Rolle als religiöses Zentrum büßte Axum jedoch nie ein.

Ein schwerer Schlag für die Stadt war die **Zerstörung durch** die Truppen des **Imam Ahmed Grang 1535.** Zuvor hatte man die Heilige Bundeslade auf den Tana-See retten können. Von der axumitischen Kathedrale blieb jedoch nur das Podium erhalten. Kaiser *Fasilidas* (1632–1667) ließ eine neue errichten. Damit kehrte der Rhythmus aus provinzieller Verträumtheit und großen religiösen Festen in Axum ein, der bis heute anhält. Das Zentrum der Provinz Tigray (heute Region 1) liegt in Mekele, die wichtigen Straßen kreuzen sich in Adua; trotzdem bleibt Axum eine der wichtigsten Städte des Landes. Stadtoberhaupt ist der **Nebura Ed** („der durch Handauflegen sein Amt erhielt"), ein religiöser Würdenträger, der zuständig ist für fast alles in einer Stadt, die zum großen Teil von Klerikern bewohnt wird.

Die Altertümer aus der axumitischen Zeit

„Chaxuma hat vieler schöner Wohnungen uff der Erde gehavet, da eine jede seinen springenden Brunnen hat, und das Wasser den Lewen zum Rachen herausspringet, welche aus gespenkeltem Marmelgestein zierlich gemacht sind ... Man findet auch an den Häusern viel alter seltzamer Figuren, in gar harte und reine Steine gehawen, als Lewen, Hunde, Vogel ..." Diesen Eindruck gewann der Jesuit *Francisco Alvarez,* der 1520–1526 Äthiopien besuchte und dessen Reisebericht seinerzeit auch ins Deutsche übertragen wurde. Andere Reisende berichten von großen Säulen, Türmen, Obelisken, Pyramiden (womit wohl immer die Stelen gemeint waren). Von dem Glanz der Stadt ist nach den Zerstörungen durch die Kriege mit dem Imam *Ahmed Grang* nicht mehr viel geblieben. 100 Jahre nach *Alvarez* sah sein Landsmann *Manoel de Almeida* nur noch eine Ruinenstätte mit etwa 100 Einwohnern. Dennoch haben sich im Stadtgebiet einige Altertümer erhalten, die eine Ahnung von der Größe und Planung der Stadt zur axumitischen Zeit aufkommen lassen.

Das **Zentrum** der Stadt lag damals in der Gegend der heutigen Kathedrale und des Stelenparks. Hier befand sich der königliche Friedhof (im heutigen Stelenpark), und auf dem Gelände der Kathedrale wahrscheinlich das antike Hauptheiligtum der Stadt. Zwischen Kathedrale und Stelenpark liegt die erste Gruppe von Thronen, ebenfalls Indiz für eine zentrale Bedeutung dieser Gegend.

Nach **Norden** setzt sich der königliche Friedhof in dem nördlichen Stelenfeld fort, dem gegenüber am Fuße des May-Qoho die große **Zisterne May-Shum** liegt.

Die nördliche **Stele des Ezana** markierte möglicherweise das Ende der Stadt in dieser Richtung. Weiter im Norden liegt das Grabmahl des *Kaleb* und *Gebre Masqal.*

Vom zentralen Platz führt eine Straße nach **Südosten,** in deren Verlauf weitere Throne aufgestellt sind. Das Ende der **Ostausdehnung** der Stadt wird wieder durch eine Stele des Ezana im Ezana-Park markiert, ganz in der Nähe befindet sich das Grab des *Bazen.* Das **westliche Stadtviertel** war offenbar von den großen Palästen bestimmt.

Anfang des 20. Jahrhunderts konnte die **Deutsche Aksum-Expedition** noch die Grundmauern der Anlagen von *Enda Mikael, Enda Simeon* und *Taaka Maryam* feststellen, die heute völlig in der modernen Stadt verschwunden sind. Im äußersten Westen der Stadt wurde der **Palast von Dongur** ausgegraben, gegenüber befindet sich ein weiterer, wohl früher vor den Toren der Stadt gelegener Friedhof, das Gwudit-Stelenfeld. Damit entsprach die Ausdehnung der antiken Stadt in etwa der modernen; und selbst das Zentrum ist noch dasselbe wie vor beinahe zweitausend Jahren.

Von der Piazza in Richtung Stelenpark gehend erreicht man linker Hand das **kleine Museum.** Ein Besuch lohnt sich schon deshalb, weil hier einige Zeugnisse der prä-axumitischen Periode ausgestellt sind, die in der Gegend

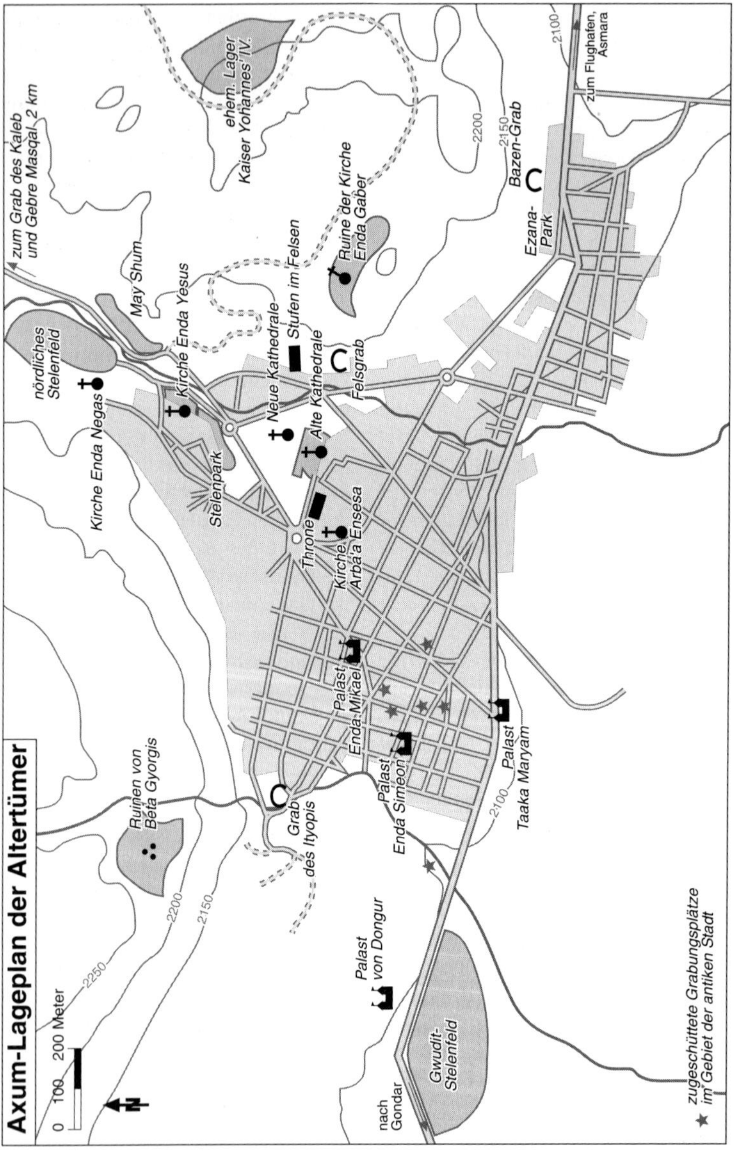

Axum-Lageplan der Altertümer
0 100 200 Meter
N
zum Grab des Kaleb und Gebre Masqal, 2 km
nördliches Stelenfeld
Kirche Enda Negas
May Shum
Kirche Enda Yesus
Stelenpark
ehem. Lager Kaiser Yohannes' IV.
Neue Kathedrale
Stufen im Felsen
Alte Kathedrale
Felsgrab
Ruine der Kirche Enda Gaber
Throne
Kirche Arba'a Ensesa
Bazen-Grab
Ezana-Park
zum Flughafen, Asmara
Ruinen von Beta Gyorgis
Grab des Ityopis
Palast Enda Mikael
Palast Enda Simeon
Palast Taaka Maryam
Palast von Dongur
nach Gondar
Gwudit-Stelenfeld
2250
2200
2150
2100
zugeschüttete Grabungsplätze im Gebiet der antiken Stadt

von Axum gefunden wurden und in die Jahrhunderte vor der Zeitenwende datieren. Daneben sind Funde der Ausgrabungen an den Fundplätzen der axumitischen Zeit zu sehen, darunter eigenartige Glasgefäße, Fußwaschbecken mit Trittflächen für die Füße, Urnen mit einem Deckel in Form eines Menschenkopfes, Keramiken und auch einige steinerne Architekturteile, z. B. Säulenbasen und Kapitelle, die mit Säulen aus Holz kombiniert waren. Das Museum soll umgestaltet werden, um noch besser auch die kleinen Objekte der axumitischen Kultur präsentieren zu können.

● **Buchtipp**
David W. Philipson: **Ancient Ethiopia. Aksum: Its Antecedents and Successors,** British Museum Press, London, 1998. Schöner Überblick über Ausgrabungen mit vielen Fotos und Zeichnungen.

Der Stelenpark

Hinter einer Kreuzung mit einem Rondell, das von Miniaturstelen eingefasst wird, trifft man auf das **Wahrzeichen äthiopischer Kultur,** das Panorama des Stelenparks *(may hedja).*

Neuere Ausgrabungen, die 1972–1974 unter Leitung von *Neville Chittick* und wieder seit 1993 von englischen und äthiopischen Archäologen unter Leitung von *David Phillipson* unternommen werden, haben eindeutig geklärt, dass diese Stelen **Teile von Grabbauten** sind. Sie haben insofern nicht viel mit den ägyptischen Obelisken gemein, mit denen sie häufig verglichen werden. Die ägyptischen Obelisken standen, in der Regel paarweise, vor den Tempeln und hatten eine Beziehung zum Sonnenkult. Die Stelen der axumitischen Kultur entwickelten sich aus rohen Steinmalen, mit denen man die Grabstelle markierte (in den älteren Friedhofsanlagen ist das noch deutlich zu sehen). Offensichtlich führte eine Vorstellung vom Grab als das „Haus des Toten" dazu, dass man die Stelen in der Art von Wohnhäusern zu dekorieren begann. Der Höhepunkt dieser Entwickung sind die so genannten **Stockwerkstelen.** Die Dekoration dieser Stelen imitiert die kombinierte Bauweise von Steinlagen mit Holzbalken. Die nach außen reichenden Balkenenden sind deutlich zu erkennen und werden „Affenköpfe" genannt (ein intaktes Beispiel dieser Bauweise ist die Kirche in Debre Damo). Auch die Fenster und Türen sind angegeben. Die Türform mit mehreren umlaufenden Holzrahmen ist auch heute noch für äthiopische Kirchen typisch. Inwieweit die zehn Stockwerke hohe Stele von Axum einen Eindruck von tatsächlichen „Hochhäusern" gibt, ist nicht ganz klar, aber es wird auf die Hochhäuser im Jemen verwiesen, die in ähnlicher Technik erbaut sind und in derselben Tradition stehen.

Mehrstöckige Häuser, wenn auch nicht unbedingt mit zehn Etagen, sind auch für Axum nicht auszuschließen. Bekrönt wurden die Stockwerkstelen von einem schildartigen Aufsatz, in den ursprünglich eine Metallplatte eingelassen war. Die Befestigungslöcher für die Platte sind an am Boden liegenden Exemplaren noch zu sehen. Es ist denkbar, dass die Metallplatten ein Emblem aus Sonnenscheibe mit darunter liegender Mondsichel zeigten. Dieses in Süd-

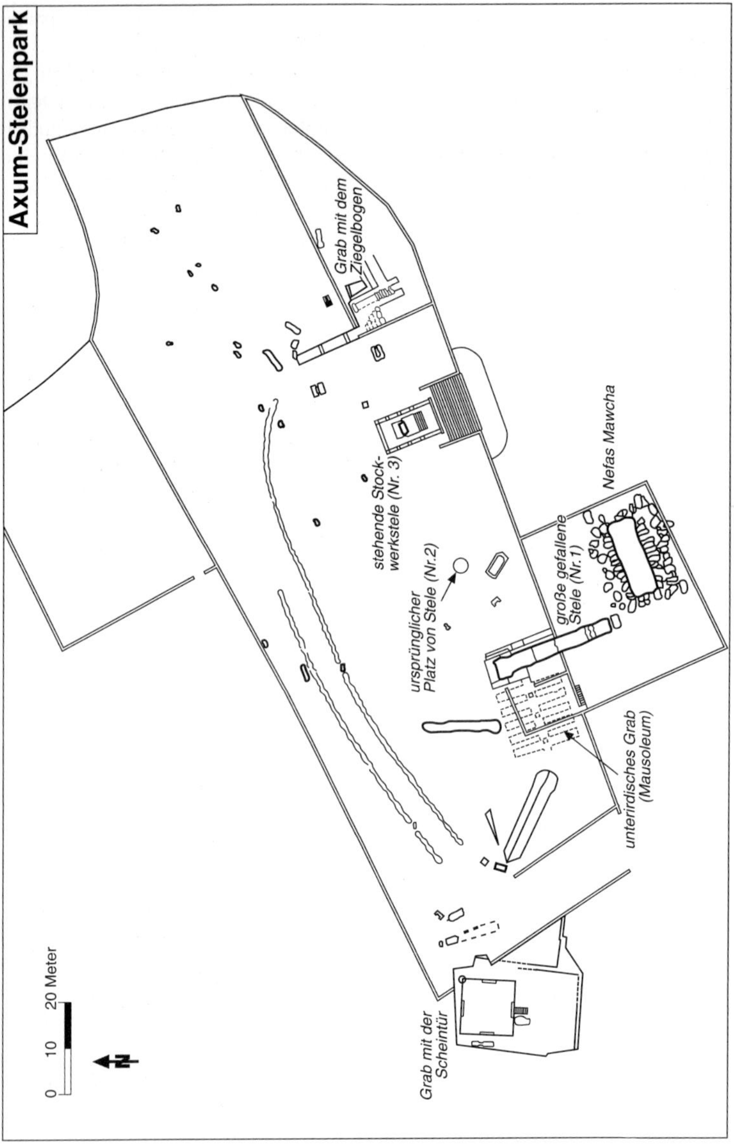
Axum-Stelenpark
Grab mit dem Ziegelbogen
stehende Stockwerkstele (Nr. 3)
ursprünglicher Platz von Stele (Nr.2)
große gefallene Stele (Nr.1)
Nefas Mawcha
unterirdisches Grab (Mausoleum)
Grab mit der Scheintür
0 10 20 Meter
N

arabien und dem antiken Vorderasien häufige Zeichen schmückt eine in Matara in Eritrea stehende Stele.

Die noch stehende **Stele** (**Nr. 3** in der Zählung der Archäologen, eingeführt von der Deutschen Aksum-Expedition 1906) ist insgesamt 24 m hoch, davon erhebt sie sich 21 m über dem Boden.

Vor ihr kann man eine große **dekorierte Platte** sehen, auf der wahrscheinlich Opfer abgelegt wurden. Wozu die kleinen, in regelmäßigen Abständen über die Platte laufenden Löcher gedacht waren, ist unbekannt. Eine Vermutung besagt, dass darin hölzerne Aufbauten befestigt waren. Von Kaiser *Yohannes IV.* (1872–1889) ist bekannt, dass er seinen Speer über diese Stele warf, eine zu seiner Zeit offensichtlich beliebte Geschicklichkeitsübung.

Die größte Stele und **einer der größten bearbeiteten Monolithen der Welt** überhaupt ist **Nr. 1**, die umgestürzt liegt. Ursprünglich 33,50 m hoch und 520 Tonnen schwer, hat diese Stele wahrscheinlich niemals aufrecht gestanden, sondern stürzte bereits während des Aufstellens. Sie ist, im Gegensatz zur stehenden Stockwerkstele, auf allen vier Seiten bearbeitet. An der Basis misst sie 3 x 2 m. Bemerkenswert ist ein Befund an der oben liegenden „Tür" der Stele: Ein ursprünglich vorhandener Türring wurde sorgfältig abgearbeitet. Zum Vergleich: Der größte ägyptische Obelisk aus der Zeit des *Thutmosis III.* (1490–1439 v. Chr.) aus Karnak war 32,18 m hoch, hat aber einen geringeren Durchmesser und steht jetzt in Rom, an der Piazza di S. Giovanni in Laterano.

Die Stele der Piazza di Porta Capena

Stele Nr. 2 befand sich zwischen der noch stehenden Stockwerkstele und der umgestürzten Stele. Lange zierte sie die Piazza di Porta Capena in Rom. 1937 wurde sie von den Faschisten, in Nachahmung der unter den römischen Kaisern üblichen Aufstellung ägyptischer Obelisken in Rom, dorthin verschleppt. Sie stand vor dem ehemaligen Kolonialministerium für das besetzte Ostafrika. Seit dem Ende der italienischen Okkupation bestand ein langer diplomatischer Streit über die Rückführung der Stele, die 24 m hoch ist und zehn „Stockwerke" hat. Nach einem Blitzschlag im Mai 2002, der den Obelisken beschädigte, gab es erneut Bewegung in der Diskussion, und die Stele wurde endgültig an Äthiopien zurückgegeben. Jetzt liegt sie verpackt in riesigen Transportkisten am Rande des Stelenfeldes und wartet auf ihre Zusammensetzung und Aufstellung ...

efi_382 Foto: mf

Die Ausgrabungen hier lassen nachvollziehen, dass die Stelen Gräber markierten. Am Fuße der gestürzten Stele sind zu beiden Seiten **Grabeingänge** freigelegt worden. Diese führen in unterirdische Galerien, von denen wiederum Räume abgehen. Zehn solcher Räume sind in der westlichen Grabanlage (dem Mausoleum) schon gefunden worden. In regelmäßigen Abständen gibt es Schächte, die den Mittelgang mit der Oberfläche verbinden. Im Anbetracht dessen, dass die archäologischen Arbeiten noch im Gange sind, wird gebeten, vom Eindringen in das Grab abzusehen!

Zwei weitere Gräber wurden bisher freigelegt. Eines befindet sich östlich der stehenden Stele. Eine Treppe führt mehrere Meter hinab zum Eingang, der durch einen Ziegelbogen geschmückt ist. Von diesem Bogen erhielt das Grab seinen Namen als **Grab mit dem Ziegelbogen.** Von einem Vorraum gehen hier unregelmäßig mehrere Räume ab. Das Grab wird in das 4. Jh. datiert. Besonders interessant ist der hufeisenförmige (maurische) Bogen. Derartige Bögen treten etwa zeitgleich auch in der indischen und syrischen Architektur zum ersten Mal auf. Das **Grab mit der Scheintür** befindet sich in der Westecke des Stelenparks. Es ist nicht durch eine Stele markiert. Dafür besaß es einen Oberbau, der mit derselben Tür geschmückt ist, die auch die dekorierten Stelen zeigen. Unter dieser Scheintür befindet sich der eigentliche Grabein-

efi_380 Foto: mf

gang. Mit hoher Wahrscheinlichkeit dienten diese Gräber den Königen von Axum als Ruhestätte, ohne dass bisher eine namentliche Zuschreibung möglich ist. Die Bevölkerung von Axum erkennt jedoch in dem Grab mit der Scheintür die letzte Ruhestätte eines legendären Königs *Ramaha,* der in der Gegend einst einen Palast gehabt haben soll.

Das ganze Gelände des Stelenparks ist mit weiteren Gräbern bedeckt, die z. T. durch Stelen markiert sind. Das Gelände wurde schon in der Antike terrassiert und durch Stützmauern abgeteilt. Bei der Erhöhung des Niveaus in späteren Bauetappen wurden ältere Stelen z. T. ganz verschüttet und erst bei den neueren Ausgrabungen freigelegt. Die sichtbare Stützmauer, über die Stele Nr. 1 gestürzt ist, ist eine restaurierte antike Mauer. In seiner heutigen Form wurde der Stelenpark Ende der 1960er Jahre unter dem damaligen Gouverneur von Tigray, *Ras Mengesha Seyum,* gestaltet.

Unterhalb der gestürzten Stele befindet sich eine **riesige Steinplatte,** die **Nefas Mawcha,** übersetzt „der Ursprung der Winde". Diese Platte von 11 m x 17 m deckte die unterirdischen Räume eines Grabbaus ab. Als die große Stele stürzte, schlug sie auf die nordwestliche Ecke der Platte. Durch die Erschütterung wurden die Dachbalken der Seitenräume nach oben geschleudert. Die Masse dieser Platte, an deren Oberseite die Glättung des Steines nicht vollendet wurde, übertrifft noch die der gefallenen Stele. Es handelt sich möglicherweise um den gewaltigsten Monolithen, der in der Antike bearbeitet wurde.

Der Stelenpark – ein Zeugnis der axumitischen Hochkultur

Das nördliche Stelenfeld und May-Shum

Wer sich **vom Stelenpark nach Norden,** in das **Tal** zwischen den beiden die Stadt einschließenden Hügeln, begibt, kann den weiteren Verlauf des nördlichen Stelenfeldes sehen, das sich noch eine ganze Strecke hinzieht. Die meisten der Stelen sind nur grob behauene Steine. Gelegentlich kann man noch an der Kante in regelmäßigen Abständen eingemeißelte Kerben erkennen. Das sind die von den Steinmetzen im Steinbruch geschlagenen Vertiefungen, in die Keile getrieben wurden, um die Monolithen vom Felsen loszusprengen. In der Umgebung befinden sich an den Bergen immer wieder alte Steinbrüche, an denen z. T. schon mit solchen Kerben vorbereitete Blöcke heute noch liegen.

Entlang der Mauer und teilweise auch im Hof der Kirche **Enda-Yesus** befindet sich der erste Abschnitt des nördlichen Stelenfeldes. Hier liegt eine weitere Stockwerkstele, davor die sehr schön dekorierte Opferplatte mit den Vertiefungen in Form von Weinschalen zur Aufnahme von Opfern.

Etwas nördlich davon ist eine **umgestürzte Stele** interessant: Sie hat die nur grob zugehauene Form der frühen Stelen, auf ihrer Oberfläche ist in flachem Relief aber zum ersten Mal die „Stockwerkdekoration" aus Längsbalken und „Affenköpfen" (Enden der Querbalken) angedeutet. Offensichtlich handelt es sich um einen unmittelbaren Vorläufer der Stockwerkstelen.

Im folgenden abgezäunten Teil des Stelenfeldes liegt eine sorgfältig bearbeitete **Stele mit einmaligem Dekor:** In hohem Relief zeigt sie im oberen Teil ein hausartiges Gebilde (das neuerdings von *Hancock* als Bild der Bundeslade bezeichnet wurde – aber Vorsicht: Hausdekorationen sind völlig üblich auf Stelen). Die leider kaum sichtbare Rückseite zeigt eine Säule mit einer Art ionischem Kapitell, darauf denselben hausartigen Aufbau. Im in der Trockenzeit nur spärlich durchflossenen Flußbett vor dem Stelenfeld liegt eine **zerbrochene Stockwerkstele.** An ihrem Kopfteil kann man noch sehr gut die mutmaßlichen Befestigungslöcher für eine Metallverzierung sehen.

Wenige Meter nördlich befindet sich ein großes, betoniertes **Wasserbecken,** das **May Shum** oder „Bad der Königin von Saba". Diese riesige Zisterne versorgt heute noch einen großen Teil der Bevölkerung mit Wasser. Die Anlage geht schon auf axumitische Zeit zurück und wurde immer wieder erneuert. Neben der modernen Treppe sieht man die schon stark abgetretenen Stufen aus der axumitischen Zeit. Solche Stufen gibt es auch auf der Rückseite des Hügels, die Wege für den Wassertransport sind wahrscheinlich regelrecht ausgebaut worden. Das antike Südarabien, mit dem die axumitische Kultur enge Kontakte pflegte, war berühmt für seine Wasserbauten, z. B. den Staudamm von Marib. Eine weitere axumitische Stauanlage befindet sich in Kohaito in Eritrea. Die feierliche Wasserweihe zu timkat findet an diesem Becken statt.

Von der Bergkuppe über der Zisterne haben Sie einen ausgezeichneten **Blick über den Stelenpark,** den Bezirk der Kathedrale und die ganze Stadt. Wer es nobel mag, kann im Yeha-Hotel auf der Terrasse sitzen (das Hotel wurde übrigens sehr rücksichtsvoll in die Umgebung intergriert).

Auf dem Hügel findet man weitere, in den Felsen gehauene **Grabkammern.** Das Stelenfeld gegenüber zieht sich noch über eine relativ lange Strecke, z. T. durch Gehöfte und Gärten. Fast alle folgenden Stelen sind nur grob zugehauen, eine ganz versteckt liegende zeigt im unteren Bereich aber ein grob eingemeißeltes Henkelkreuz, das dem ägyptischen Lebenszeichen nachempfunden sein könnte. Sonst gibt es aber keine Belege dafür, dass die axumitischen Stelen von der ägyptischen Kultur und ihren Obelisken beeinflusst sind.

Die Denkmäler im Norden Axums

Entlang des nördlichen Stelenfeldes weiter nach Norden passiert man ein kleines Steingebäude. Es wurde von den Behörden zum Schutz einer 1978 gefundenen **Stele des Königs Ezana** errichtet. Diese Stele gleicht der schon länger bekannten Stele desselben Königs, die sich im Ezana-Park im Osten der Stadt befindet, allerdings ist ihre Inschrift besser erhalten (Text siehe unten bei Ezana-Park). Auch diese Inschrift ist in drei Sprachen aufgezeichnet: Altsüdarabisch, Altäthiopisch und Griechisch. Wahrscheinlich markierte diese Stele die nördliche Grenze der Stadt. Die Stele wurde gefunden, als hier Bürgerkrieg herrschte. Dennoch wurde der Platz geschützt und vorbildlich für weitere archäologische Untersuchungen bewahrt.

Der Weg verläuft eine leichte Anhöhe hinauf zum **Grabmal des Kaleb und Gebre Masqal.** Die Zuschreibung des Doppelgrabes an den König des 6. Jh. und seinen angeblichen Nachfolger beruht auf Vermutungen; am Grabmal selbst hat sich nichts erhalten, das über die hier Bestatteten Auskunft geben würde. Sicher stammt der Bau aus der Zeit, als man keine Stelen mehr über den Grabern errichtete. Das Grabmal hat eine repräsentative Fassade von etwa 40 m Breite.

Die **Eingänge** zu den unterirdischen Grabkammern befinden sich auf je einem hohen Podest. Auf den **Podesten** stand je eine Basilika von etwa 10 x 12 m mit einer Nische (Cella); das christliche Gotteshaus hatte offensichtlich als Grabmarkierung die Stockwerkstele der heidnischen Zeit abgelöst. Die beiden Podeste werden durch eine 23 m breite **Treppe** und einen **Mittelbau** verbunden. Diese Art der Gestaltung von Aufgängen findet sich auch an den axumitischen Palästen. Auch die Bauweise aus Feldsteinen, mit großen Blöcken an den Ecken, und die treppenartigen Rücksprünge der Mauern sind typische Elemente der axumitischen Architektur. Hinter dem eigentlichen Bau sieht man die Reste weiterer Gebäude, die wahrscheinlich später angebaut wurden.

Das **linke (nördliche) Grab** wird dem König *Kaleb* (ca. 514–542) zugeschrieben. Unter ihm erlebte das Reich von Axum seine letzte Blüte und konnte seinen Einfluss noch einmal über Südarabien ausdehnen. Es gibt in diesem Grab drei aus gewaltigen Steinblöcken gefügte Kammern. Eine Legende bezeichnet es als den Eingang zu einem Gang, der bei Matara in Eritrea endet und durch den König Kaleb gezogen sei, um dort die einen Heiligen missachtende Bevölkerung zu strafen, bzw. weiter nach Südarabien zur Befreiung der dortigen Christen zu ziehen. Aufwendiger als diese Kammer ist die des **rechten (südlichen) Grabes,** das dem Sohn Kalebs, dem König *Gebre Masqal* zugewiesen wird. Der Name *Gebre Masqal* – „Diener des Kreuzes" – taucht in axumitischen Quellen nicht auf. Dort heißt der Nachfolger des *Kaleb* König *Wa'zeb.* Der monolithische Türdurchgang der mittleren der insgesamt fünf unterirdischen Grabkammern imitiert wieder eine der typischen axumitischen Türen, wie sie auch an den Stockwerkstelen zu sehen sind. Es liegen hier auch mehrere Sarkophage, von denen der eine, so erzählen die Führer, angeblich von *Enno Littmann,* dem Leiter der Deutschen Aksum-Expedition, zerbrochen worden sein soll, was man nicht unbedingt glauben muss. Dem Portugiesen *Francisco Alvarez,* der um 1525 Axum besuchte und auch dieses Grabmal beschrieb, wusste man noch zu berichten, dass es sich bei den Steinkisten um die Schatztruhen der Königin von Saba gehandelt habe. In den Kammern sind an einigen Stellen Kreuze und Steinmetzzeichen in Form altäthiopischer Schriftzeichen in die Wand gemeißelt.

Wer den Hügel hinter dem Grabmal besteigt, findet auf seiner Spitze die **Reste zweier Kirchen,** vor allem einen **wunderbaren Blick** über Axum und seine Umgebung. Die Kirche auf der Bergspitze soll auf *Abba Liqanos,* einen der Neun Heiligen, zurückgehen. In östlicher Richtung ist auf der nächsten Bergspitze die Kirche *Abba Pantaleon,* ebenfalls einer der Neun Heiligen (s. u.), zu sehen.

Die Denkmäler im östlichen Stadtteil

Auf dem Weg zurück in die Stadt, am Fuße des May-Qoho-Hügels entlang, passiert man **zwei Gruppen von Thronen.** Die Throne selbst sind allerdings nicht mehr erhalten, nur noch deren Untersätze. Es handelt sich um große, annähernd quadratische Steinplatten, auf denen sich ein kleinerer Aufsatz befindet. Hinein sind drei Vertiefungen gearbeitet, in denen die Seitenteile und die Lehne eines Thrones gesteckt haben sollen. Keiner dieser Throne hat sich vollständig erhalten, ihr Aussehen kann aber rekonstruiert werden. Diese Throne waren eine eigenartige Form axumitischer Denkmalskunst: die Seitenflächen waren z. T. mit Inschriften

Die deutsche Aksum-Expedition

Diese Expedition weilte auf Einladung des Kaisers *Menelik II.* (1889–1913) im Jahre 1906 für nicht ganz drei Monate in Axum. Der an allem Neuen und auch an guten Beziehungen zu den europäischen Mächten interessierte Kaiser hatte von den deutschen Ausgrabungen in Babylon gehört und an den deutschen Kaiser den Wunsch herangetragen, diese Expedition zu entsenden. Der archäologisch interessierte deutsche Kaiser ließ die Expedition in Rekordzeit ausstatten und schickte sie über das italienische Eritrea nach Tigray. In Eritrea waren der Expedition jegliche Ausgrabungen verboten, aber es wurden die Oberflächenfunde an wichtigen Plätzen axumitischer Zeit (Matara, Kohaito) dokumentiert. In Tigray wurden die vier Teilnehmer (zwei Architekten, *Daniel Krencker* und *Theodor v. Lübke,* ein Sprachwissenschaftler, *Enno Littmann,* und ein Arzt und Ethnologe, *Robert Zahn)* vom Gebietsgouverneur wärmstens unterstützt, besonders gegen den passiven und aktiven Widerstand der Priester, die einen Anschlag auf die Bundeslade befürchteten. Es wurden Inschriften und in den Kirchen vorhandene Handschriften aufgenommen und katalogisiert, Grabungen unternommen, Kirchen vermessen, eine große Zahl an Fotos aufgenommen, biologische und ethnografische Aufzeichnungen angefertigt, die moderne Sprache und Erzählkunst studiert und sogar eine Reihe von Tonaufnahmen gemacht. 1913 erschienen die Ergebnisse in vier voluminösen Bänden, die nach wie vor von großem wissenschaftlichen Wert sind. Mit dieser Expedition wurde die archäologische Forschung in Äthiopien und Eritrea begründet.

efi_387 Foto: mf

bedeckt, und die Throne wurden an markanten Stellen aufgestellt. So wurde schon im 6. Jh. von dem Reisenden *Cosmas Indicopleustes* ein im Hafen von Adulis aufgestellter axumitischer Thron beschrieben und seine griechische Inschrift aufgezeichnet, zusammen mit einer Stele des ägyptischen Pharao *Ptolemaios III. (monumentum adulitanum)*. An einigen Thronen kann man Aussparungen in der Form von Fußsohlen erkennen. Es liegt nahe anzunehmen, dass die Throne z. T. mit Statuen versehen waren. Anfang des Jahrhunderts fotografierte die Deutsche Aksum-Expedition eine inzwischen verschollene Basisplatte mit 92 cm langen Fußsohlen!

Neben den Thronen am östlichen Stadtrand gibt es eine **zweite Gruppe von Thronen** vor dem Tor zur alten Kathedrale. Diese Thronuntersätze sind aufwendiger gearbeitet. An den Ecken sind Vertiefungen sichtbar, in denen wahrscheinlich eine Art Baldachin befestigt war. Die Throne standen ebenfalls entlang einer wichtigen Straße, ganz nahe dem Hauptheiligtum der Stadt. Der Legende nach sind es die **„Throne der Richter".** Vor der Kathedrale stehen vier Säulen und ein Thronuntersatz. Dies sind der **„Thron des Bi-**

Kinder vergnügen sich auf einem axumitischen Thron der östlichen Gruppe

Die Stelen des Ezana

Der Text der Stele im Ezana-Park lautet (hier ist der Text der altäthiopischen Inschrift gegeben, die am ausführlichsten ist; Übersetzung nach *Littmann, E.*: Sabaische, griechische und altabessinische Inschriften, Deutsche Aksum-Expedition IV, Berlin, 1913, S. 12):

„Ezana, der König von Axum und von Himyar und Kasu und Saba und Habashat und Raydan und Salhen und Siyamo und Bega, der König, der Sohn des Mahrem, der vom Feind nicht besiegt wird. Als das Volk von Bega Krieg anfing, schickten wir unsere Brüder Seazana und Hadefaha (?) um sie zu bekriegen; und als sie in sein Land gekommen waren, unterwarfen sich Könige mit ihren Völkern. Und als jene sich unterworfen hatten, führten sie sie fort mit ihren Kindern und Weibern und Völkern und Tieren, indem die Zahl der Leute der (?) sechs Könige betrug 4400, und Rinder 3112 und Schafe 6224 (?) und Lasttiere ... Und sie gaben ihnen von dem Tag an, an dem sie sie aus ihrem Lande führten, zu essen täglich 22.000 Brote aus Weizen und Fleisch zur Genüge, indem sie ihnen Bier und Wein hinreichend zu trinken gaben 4 Monate lang. Und als sie nach Axum zu uns kamen, kleideten wir sie nach Maßgabe (?) ihrer Leute; und nachdem wir ihre Könige mit Edelsteinen (?) geschmückt hatten, schickten wir sie in ein schönes (?) Land mit Namen Dawala-Byrn. Und wir befahlen ihnen dort Essen zu geben und wir verteilten auf je einen König 4190 Rinder, das ist für die sechs Könige 25 140 Rinder. Und nachdem wir dies unserem Erzeuger Mahrem dargebracht hatten, eine Bildsäule aus Gold -1- und eine aus Silber -1- und drei aus Erz -3-, schrieben wir diese Schrift und stellten sie auf und weihten sie dem Astar und dem Meder und unserem Erzeuger Mahrem. Und wenn es einen gibt, der vernichtet, was wir dargebracht haben, und es ausreißt und umreißt, so soll er sterben, und sein Geschlecht und seine Kinder sollen aus dem Land vertilgt werden! Wenn er es aber ehrt, so soll er gesegnet sein! Und wenn wir es aufgestellt haben, so soll man von uns erzählen, von uns und unserer Stadt ewiglich. Und wir brachten dem Mahrem einen Temenos und ein großes Feld (?) dar."

In dieser Inschrift ruft Ezana noch die alten Götter an, allen voran den Königsgott Mahrem. In einer späteren Inschrift des Königs lautet die Einleitungsformel (nach Littmann, E.: Sabaische, griechische und altabessinische Inschriften, Deutsche Aksum-Expedition IV, Berlin, 1913, S. 33): „Durch die Macht des Herrn des Himmels, der im Himmel und auf Erden mächtig ist über alle Wesen! Ezana, der Sohn des Ella-Amida, vom Stamme Halen, der König von Axum und von Himyar und von Raydan und von Saba und von Salhen und von Siyamo und von Bega und von Kasu, der König der Könige, der Sohn des Ella-Amida, der nicht besiegt wird vom Feinde. Durch die Macht des Herrn des Himmels ..."

Im Weiteren wird von einem Feldzug gegen die im Westen lebenden Noba berichtet, in dessen Verlauf der König über den Tekezze zog, Könige gefangen nahm, Orte zerstörte und schließlich einen Thron als Siegeszeichen am Zusammenfluss von Tekezze und Seda (wahrscheinlich von Atbara und Nil beim modernen Ort Atbara im Sudan) errichtete. Auch in der Schlussformel wird nur der Herr des Himmels und kein anderer Gott genannt. Mit großer Wahrscheinlichkeit ist der „Herr des Himmels" der christlich-jüdische Gott; an die Stelle der Sohnschaft zu Gott ist außerdem die irdische Filiation getreten. Himyar, Raydan und Saba sind Gebiete, die in Südarabien lagen; Habashat ist die alte Bezeichnung Äthiopiens (damals offensichtlich nur ein Teilgebiet); Salhen und Siyamo lagen wahrscheinlich auf dem afrikanischen Kontinent, Bega und Kasu wohl zwischen Rotem Meer und Nil (das Gebiet der Beja-Völker und des Reiches Kusch mit der Hauptstadt Meroe?). Inwieweit alle diese Gebiete wirklich fest zum axumitischen Reich gehörten, ist ungewiss. Die zahlreichen Feldzugsberichte, die den Großteil axumitischer Königsinschriften ausmachen, lassen vermuten, dass häufig nur eine lockere Oberhoheit über die entfernteren Gebiete bestand.

schofs" und der **„Thron des Königs".** Ein einfaches Steinmal in der Nähe soll dazu gedient haben, den Elefanten des Königs bei den Krönungsfeiern dort anzubinden. Schon *Alvarez* erwähnt übrigens den großen Feigenbaum, dessen Wurzeln die Richterthrone zum Teil anheben. Er wurde damals „Pharaos Feigenbaum" genannt. Vielleicht vermittelt ein Sitz, der sich hinter der alten Kathedrale in der Umfassungsmauer befindet, einen Eindruck davon, wie so ein axumitischer Thron ausgesehen haben könnte.

Bleiben wir aber noch auf der Straße am Fuße des May-Qoho. Dort, wo die antike Stadt etwa endete, hatte König *Ezana* (ca. 325–355) eine weitere **Stele** aufgestellt. Um diese Stele wurde der **Ezana-Park** angelegt, in dem ein Pavillon steht, der diese Stele schützt. Der Text ist heute kaum noch zu lesen. Die Inschrift ist in drei Sprachen abgefasst: in Altsüdarabisch, der Sprache der Kultur, von der die Axumiten ihr Schriftsystem und eine Reihe weiterer Errungenschaften übernahmen, in Altäthiopisch *(Ge'ez)*, ihrer eigenen Sprache, die eine modifizierte Form der südarabischen Schrift verwendet, und in Griechisch, der Weltsprache des byzantinischen Reiches. Im Park kann man noch einige Elemente axumitischer Architektur sehen, so eine Stele und eine steinerne Säule. Die meisten der Säulenbasen und -kapitelle aus Stein besaßen hölzerne Schäfte, die die eigentliche Säule bildeten. Interessant ist das Kopfstück einer Stockwerkstele, an dem gut die Zapfenlöcher für eine Metallplatte erkennbar sind. Auf der Rückseite hat sich ein Stück eines Reliefs erhalten, das vielleicht einen Schild darstellt. Möglicherweise war die Stele mit den Bildern von Waffen geschmückt, wie es ein Fragment zeigt, das sich vor der alten Kathedrale befindet.

Unweit vom Park am Fuße des Hügels befindet sich das so genannte **Grab des Baze.** Auch hier ist die Zuschreibung an einen nur durch eine Inschrift bei der Kathedrale bekannten König der Phantasie geschuldet. Das Grab mit seinem in den Fels gehauenen Gang und der Grabkammer ist ein Beispiel des älteren Gräbertyps, steht doch unweit auch eine roh zugeschlagene Stele. Etwas oberhalb des Grabeingangs sieht man die eingestürzte Galerie eines anderen Felsgrabes, weitere Schächte gibt es in der Umgebung.

Die Denkmäler im westlichen Stadtteil – Paläste und das Gwudit-Stelenfeld

Von den großen Palästen, deren Grundmauern die Deutsche Aksum-Expedition noch vermessen konnte, sind im Stadtgebiet bis auf wenige verstreute Blöcke keine Reste mehr zu sehen.

Von den Ausgräbern wurden die Paläste nach den in der Nähe liegenden Kirchen benannt: Der Palast von **Enda Mikael** lag in der Nähe der Enda-Mikael-Kirche, der etwas weiter südlich gelegene von **Enda Simeon** in der Nähe einer eben so benannten Kirche. Der größte der in Axum gefundenen Paläste wird heute von der nach Inda-Silase (Shirie) führenden Straße zerschnitten, die Italiener hatten beim Bau dieser strategischen Straße wenig Rücksicht

efi_392 Foto: mf

auf die Altertümer genommen. Es ist der gewaltige **Palast von Taaka Marya.**

Die von den Architekten *Daniel Krencker* und *Theodor von Lübke* angefertigten **Rekonstruktionen** geben einen Eindruck von der Pracht dieser Anlagen (80 m x 120 m). Wenn die Rekonstruktionen auch zum großen Teil auf Ergänzungen beruhen (auch 1906 waren nur noch die Grundmauern erhalten), so haben sie sich auch in Folge neuerer Forschungen zum großen Teil als richtig erwiesen. Im 6. Jh. v. Chr. weilte der byzantinische Reisende *Cosmas Indicopleustes* in Axum und beschrieb einen Palast mit vier Türmen (wahrscheinlich die Eckbauten), geschmückt mit Figuren von Einhörnern, außerdem gab es dort ein ausgestopftes Nashorn und mehrere gezähmte Giraffen. Etwas östlich von *Enda Simeon* wurde eine größere Anzahl von Inschriften gefunden, was die Vermutung nahelegt, hier habe sich ein zentraler Platz mit offiziellen Denkmälern befunden.

Der am besten erhaltene Palast von Axum ist heute die eher bescheidene **Anlage von Dongur,** im Westen der Stadt. Dieser Palast wurde in den 1960er Jahren unter der Leitung von

Ein Schattenplatz im Palast von Dongur

Kaiserkrönung in Axum

Wenigstens seit dem Mittelalter, vielleicht aber auch schon sehr viel früher spielten Throne eine wichtige Rolle bei der Krönung der axumitischen Könige. Dabei war nicht das Aufsetzen der Krone entscheidend (Kronen als Zeichen der Königswürde waren vor Ankunft der Portugiesen in Äthiopien nicht üblich, Kronen trugen vor allem Priester), sondern die Salbung und das Schneiden der Haare. Die Zeremonie war sogar nach dem „Haarschnitt“ (Kwerhat) benannt.

Seit Kaiser *Zara Yaqob* (1434–1468) wird folgender Krönungsablauf berichtet: Der Kaiser ritt, reich geschmückt und von mehreren tausend Soldaten begleitet, von Osten her in Axum ein. Vor der Stadt stieg er vom Pferd. Etwa in der Gegend des heutigen Ezana-Parks hatten die jungen Frauen von Axum, hier die „Mädchen von Zion“ genannt, einen Korridor gebildet. Zwei (oder drei) ältere Frauen versperrten aber mit einem Seil den Weg und fragten den Kaiser barsch, wer er denn sei. Der antwortete: „Ich bin der Sohn Davids, der Sohn Salomons, der Sohn des Ebna Hakim (Menelik).“ Noch zwei Mal wurde er so gefragt, wobei dann seine direkte Abkunft genannt wurde. Zuletzt zog der Kaiser sein Schwert und durchschlug das Seil. Da riefen die Frauen: „Wahrhaftig, du bist der König von Zion, der Sohn Davids, der Sohn Salomons!“ Darauf wurden die beiden großen kaiserlichen Trommeln *Deb Anbasa* (Löwentrommeln) geschlagen, die Anwesenden jubelten, und es wurde Gold unter sie geworfen. Vor der Kathedrale nahm der Kaiser auf dem Königsthron Platz und wurde vom Abuna gesalbt, in Anwesenheit von zwölf hohen Würdenträgern auf den anderen Thronen. Diese Würdenträger trugen alte axumitische Titel, die zum großen Teil lange außer Gebrauch waren. Anschließend wurden ein Löwe und ein Büffel vom Kaiser getötet. Der Kaiser wurde wie ein Priester geschoren, sein Haar verbrannt. Die Krönung endete mit einer Andacht des Kaisers in der Kathedrale. Das Töten der großen Prestigetiere manifestierte die Macht des Kaisers. Das Schneiden der Haare durch einen Priester und ihr Verbrennen (damit niemand sie zu magischen Zwecken missbrauchen kann) war eine Zeremonie, bei der die Person des Kaisers in besonderer Weise geheiligt wurde.

Oft führten die Kaiser diese zeremonielle Krönung erst lange nach ihrem Regierungsantritt durch; manche waren gar nicht in der Lage, das abgelegene Axum zu erreichen. Mit Sicherheit wissen wir nur von *Zara Yaqob* (1434–1468), *Sarsa Dengel* (1563–1597), *Susenyos* (1607–1632), *Iyasu I.* (1682–1706) und *Yohannes IV.* (1872–1889), dass sie die feierliche Krönung in Axum erlebten.

Der Palast von Dongur

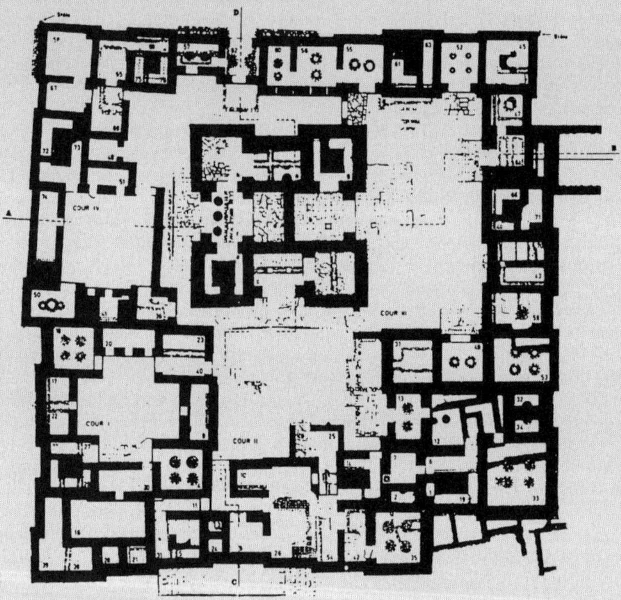

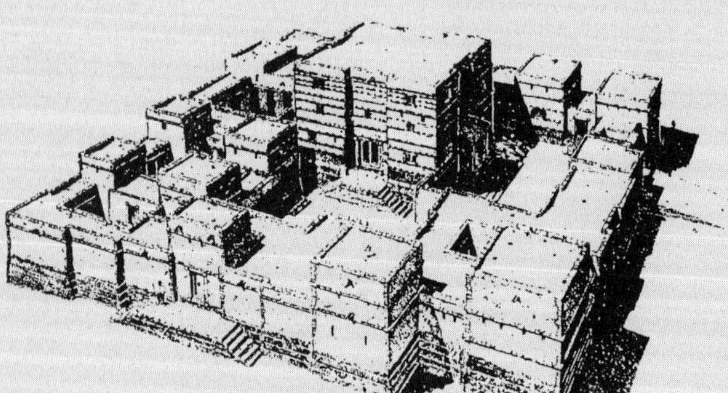

Francis Anfray ausgegraben. Aufgrund der Bauweise, der Wiederverwendung älterer Bauteile und der Funde wird dieser Palast in die spätaxumitische Zeit, in das 6. bis 7. Jh., datiert. Wer seine Bewohner waren, der König oder hohe Würdenträger, ist unbekannt. Im Volksmund wird er als *Palast der Königin von Saba* bezeichnet.

Sehr schön lässt sich an dieser Anlage der **typische Aufbau eines axumitischen Palastes** erkennen. Durch einen repräsentativen **Eingangsbau** mit Freitreppe und Wächterhäuschen gelangt man in einen Hof. Die annähernd quadratische Hofmauer von ca. 57 m Seitenlänge wird von Gebäuden gebildet, an den Ecken befinden sich turmartige Verstärkungen. Runde Steinsetzungen in diesen Eckbauten waren die Fundamente für darüber errichtete Säulen; sie waren mit Erde aufgefüllt, da sich das erste Geschoss immer etwas erhöht befand. Vorbild dieser Bauform ist wahrscheinlich ein Gehöft mit um einen Hof angeordneten Gebäuden. In die Mitte des Hofes ist dann der eigentliche repräsentative **Palast** gesetzt: ein quadratischer Bau mit vier Ecktürmen und repräsentativer Halle im Inneren. Auch hier führen Freitreppen zu dem erhöht gelegenen Podest. Die zentrale Halle ist mit großen Steinplatten ausgelegt, wobei man u.a. eine Stele wiederverwendete. Basen für hölzerne Säulen lassen erkennen, wo sich Säulen eines Portikus befunden haben. Der antike Haupteingang lag im Osten und bot Zutritt über die große Freitreppe zum zentralen Saal des Gebäudes. Über Treppen in den Ecktürmen gelangte man ins Obergeschoss (oder mehrere Geschosse), wo sich die eigentlichen Wohnräume befanden. Bei genauer Betrachtung des Grundrisses zeigt sich, dass auch die beiden Eckgebäude des Eingangsbaues diesen quadratischen Grundriss mit einer zentralen Halle zeigen. Ein weiteres Merkmal der axumitischen Architektur ist, dass jeder Raum auch im Erscheinungsbild eines Gebäudes sichtbar ist: durch Vorsprünge und Rückzüge hebt er sich vom nächsten Raum ab, wodurch eine ungewöhnlich logisch gegliederte, monumentale Architektur entsteht.

Im westlichen Teil der Anlage sind **Reste eines großen Ofens** aus gebrannten Ziegeln zu sehen. Wie im alten Orient üblich, war auch dieser Palast nicht nur Residenz und Wohngebäude, sondern auch eine eigene Wirtschaftseinheit mit Werkstätten, Lagerräumen und Unterkünften für die Angehörigen eines großen Haushaltes. Steinerne Rinnen dienten dazu, Regenwasser in einem ausgeklügelten System abzuleiten. Die Bauweise aus zugeschlagenen Lesesteinen in Kombination mit großen Werksteinen, für Ecken und andere wichtige Details, hat sich bis heute in dieser Meisterschaft erhalten: Die um den Palast gebaute moderne Schutzmauer lässt sich kaum von dem Mauerwerk des über tausend Jahre älteren Palastes unterscheiden.

Südlich vom Palast von Dongur, auf der anderen Straßenseite, liegt das so genannte **Gwudit-Stelenfeld,** benannt nach der sagenhaften Königin, die Axum zerstört haben soll. Wie auch im Norden (im Anschluss an das große

Stelenfeld) und im Osten (um das Grab des *Bazen)* lag dieser Friedhof vor der Stadt. Die Stelen zeigen auch hier die Entwicklung von grob zugeschlagenen Steinmalen bis zu sorgfältig geglätteten Stelen, es gibt aber keine dekorierten Exemplare.

Zwei sagenhafte Plätze werden noch in dieser Gegend gezeigt: das so genannte **Grab des Ityopis,** nordöstlich vom Palast von Dongur, und das **Grab des Menelik** westlich vom Palast. An beiden Plätzen haben sich keine wirklichen Monumente erhalten, die Orte sind jedoch von Sagen umgeben. *Ityopis,* Sohn des in der Bibel genannten *Kusch,* soll der Urvater der Äthiopier gewesen sein, sein Sohn *Axumay* Stammvater der Axumiten. Ende des 19. Jahrhunderts wurde das Grab des *Menelik (I.),* des sagenhaften Sohnes der Königin von Saba und des König Salomon, auf den sich das äthiopische Kaiserhaus zurückführt, auf Befehl von Kaiser *Menelik II.* (1889–1913) durchwühlt und die dort gefundenen Gebeine angeblich in die Kathedrale von Axum überführt.

Wer den **Hügel Beta Giyorgis** besteigt, wird durch einen wunderbaren Blick belohnt und kann die Reste zweier kleiner Gebäude besuchen. Es handelt sich um Kirchen, die schon in axumitischer Zeit errichtet wurden.

Die Kathedrale Maryam Sion

Gegenüber dem Stelenpark liegt im Zentrum der Stadt der **Bezirk der alten und der neuen Kathedrale (Frauen ist der Zugang zur alten Kathedrale verwehrt).** Nach *Alvarez* wurde der Beiname der Marien-Kathedrale damit erklärt, dass der Altarstein vom Berg Zion stamme. Der altehrwürdige, ummauerte Bezirk war immer eine **Freistätte,** an der Verfolgte Asyl suchen konnten. Diese mussten dazu das Tor durchschreiten, eine Glocke läuten und dreimal laut kundtun, dass sie Asyl suchten. Damit waren sie unantastbar, solange sie den Bezirk nicht verließen. Von ihren Verwandten versorgt, lebten die Asylanten in einer Reihe von Gebäuden im Kirchenbezirk, bis sie begnadigt wurden oder anders entkamen.

Die Kuppel der **neuen Kathedrale** und ihr hoher, den Stelen nachempfundener Glockenturm sind weithin zu sehen. Dieser Bau wurde 1965 unter Kaiser *Haile Selassie I.* errichtet. Es handelt sich hierbei um eine der wenigen äthiopischen Kirchen, in der sich die Gemeinde im Innern der Kirche versammelt. Zur Eröffnung war sogar Queen *Elizabeth II.* anwesend. In diesem imposanten Bau finden die **Gottesdienste** statt; wer einen solchen besuchen möchte, muss früh aufstehen, denn man beginnt vor Sonnenaufgang (etwa 5 Uhr europäischer Zeit), und der Gottesdienst selbst dauert mehrere Stunden. Einmal in der Kirche, ist es nicht möglich, diese vor Ende des Gottesdienstes zu verlassen.

Die neue Kathedrale befindet sich, wie auch die anderen Gebäude dieses Bezirkes, auf uraltem heiligem Boden. Mit großer Wahrscheinlichkeit stand hier schon in frühester Zeit ein Tempel. **Reste von axumitischen Bauten** wurden nördlich der alten Kathedrale freigelegt und können besichtigt werden

Die **alte Kathedrale** steht auf einem großen Podium, das eine viel größere Fläche hat als die heute stehende Kirche. Dieses Podium trug einst die große christliche Basilika, die wohl unter König *Ezana* (ca. 325–355) geweiht wurde. Der Legende nach wurde die Kathedrale an der Stelle eines Sees errichtet, der von Christus zu diesem Zweck mit Staub aus dem Paradies ausgetrocknet wurde.

Die **Basilika** hatte fünf Schiffe und war **prächtig ausgemalt.** Von dieser Ausmalung erfahren wir von einer der ersten muslimischen Frauen, *Umm Habiba*, die mit einer Reihe von Muslimen vor der Verfolgung in Mekka nach Äthiopien geflohen war (erste Hidjra) und gemäß einer Überlieferung nach ihrer Rückkehr *Muhammad* von der Pracht dieser Kathedrale berichtete. Dieser missbilligte allerdings solche Art von Dekoration. Eine Vorstellung vom Äußeren dieser Basilika bietet wahrscheinlich die große Felsenkirche Medhane Alem in Lalibela, die ebenfalls den altertümlichen Basilikagrundriss aufweist. Sie besitzt auch einen umlaufenden Pfeilergang, wie er auch an einigen anderen Kirchen (z. B. der Debre Berhan Selassie-Kirche in Gondar) imitiert wurde.

Diese erste Kathedrale von Axum wurde mit großer Wahrscheinlichkeit im Krieg mit dem Imam *Ahmad Grang* (1527–1543) zerstört. (Angeblich wurde die Kathedrale des *Ezana* schon bei der Zerstörung Axums durch die legendäre Königin *Gwudit* in Mitleidenschaft gezogen und vom König *Anbessa Wudim* neu errichtet.) Kaiser *Sarsa Dengel* (1563–1597) ließ die Kirche notdürftig reparieren. Die heute auf dem alten Podest stehende, eher schlicht gehaltene Kathedrale wurde unter Kaiser *Fasilidas* (1632–1667) im frühen Gondar-Stil errichtet. Eine dreibogige Eingangshalle gliedert die Fassade, typisch sind die Zinnen und die beiden überkuppelten Gebäude an der Eingangsfront.

Am linken dieser kleinen Gebäude sind einige **Blöcke aus axumitischer Zeit** zu sehen: eine Inschrift, die den König *Bazen* nennt, und ein Teil einer Stockwerkstele, die mit Waffen verziert ist. Auch zwei Speere und ein Rundschild sind sichtbar. Aus verschiedenen Quellen wissen wir, dass die Axumiten berühmte Speerwerfer waren. So auch einer der ersten Muslime, der äthiopische Sklave *Wahsi*, von dessen Können als Speerwerfer die islamische Tradition berichtet.

Gegenüber der alten Kathedrale befindet sich der alte **Torbau zu dem geheiligten Bezirk.** Hier sind zwei von 46 ägyptische Kanonen aufgestellt, die Kaiser *Yohannes IV.* (1872–1889) von den sudanesischen Mahdisten erbeutet hatte, die sie ihrerseits den ägyptischen Okkupanten des Sudan abgenommen hatten. Zwei weitere dieser Kanonen, die ursprünglich hier aufgestellt waren, wurden von den italienischen Faschisten geraubt. Die zwei verbliebenen Kanonen werden während des Timkat- und des Marienfestes abgefeuert.

Zwischen der alten und der neuen Kathedrale befinden sich **zwei kleinere Kapellen.** In der einen sind die Schätze der Kathedrale untergebracht, darunter die **Kronen mehrerer Kaiser.** Mit be-

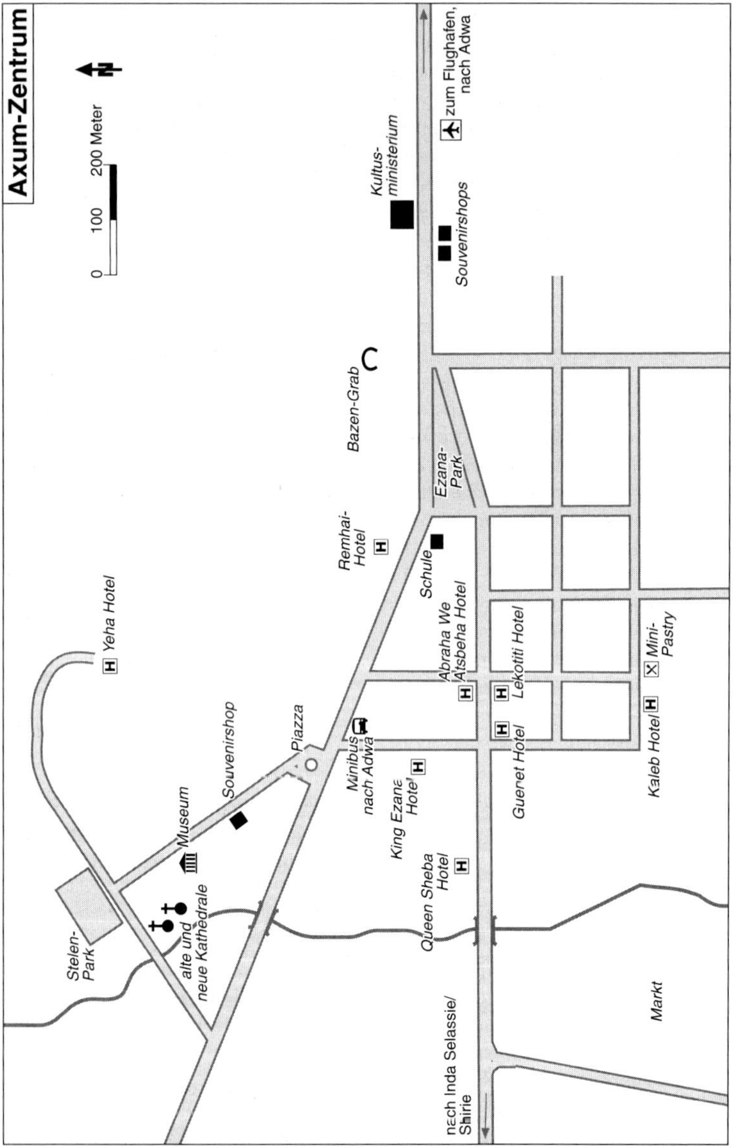
Axum-Zentrum
0
100
200 Meter
N
Kultus-
ministerium
zum Flughafen,
nach Adwa
Souvenirshops
Bazen-Grab
Ezana-
Park
Remhai-
Hotel
Schule
Abraha We
Atsbeha Hotel
Lekotiti Hotel
Mini-
Pastry
Yeha Hotel
Souvenirshop
Piazza
Museum
Minibus
nach Adwa
King Ezana
Hotel
Gueret Hotel
Kaleb Hotel
Queen Sheba
Hotel
alte und
neue Kathedrale
Stelen-
Park
nach Inda Selassie/
Shirie
Markt

sonderer Erlaubnis sind die Schätze zu besichtigen, außerdem werden sie an großen Feiertagen öffentlich ausgestellt. Damit auch Frauen sie sehen können, bringt man sie meist nahe an das Gitter.

In dem nächst der alten Kathedrale stehenden, von einem Gitter umgebenen Bau wird das **größte Heiligtum Äthiopiens** aufbewahrt: die **Heilige Bundeslade mit den Tafeln der zehn Gebote.** Ein immer von seinem Vorgänger auf dem Totenbett ernannter Mönch bewacht sein Leben lang die Lade, die niemand sonst zu Gesicht bekommt (auch der Kaiser durfte sie in der Regel nicht sehen). Der Bau wurde mit der neuen Kathedrale 1965 errichtet, bis dahin befand sich die Lade in der alten Kathedrale.

Unterkunft

Die **Wasser- und Stromversorgung** ist in Axum ein **Problem bei Unterkünften aller Preisklassen.**

Staatliche Hotels

In Axum gibt es zwei staatliche Hotels, für die Reservierungen über die Ghion-Zentrale in Addis Abeba, Tel. 01/513222, Fax 515381, möglich sind:

- **Yeha Hotel**
c/o Regional Tourism Bureau, P.O. Box 124, Mekele, Tel. 377 (Axum). Neues und luxuriöses Hotel, ideal gelegen über dem Stelenfeld, aber mit Wasserproblemen: nur abends warmes Wasser. 35 US$/230 Birr für Touristen.

Private Hotels

- **Kaleb Hotel**
Im Süden von Axum, Tel. 215. Ruhig gelegen, daneben eine sehr gute Pastry. Zimmer 7–10 US$. Reservierung möglich (c/o Regional Tourism Bureau, P.O. Box 124, Mekele).
- **Guenet Hotel**
An der Piazza. Zimmer 5–8 US$.
- **King Ezana Hotel**
An der Piazza, Tel. 218. Zimmer 3–5 US$. Reservierung möglich c/o Regional Tourism Bureau, P.O. Box 124, Mekele
- **Abreha & Asbeha Hotel,** Zimmer 3–5 US$.
- **Remhai Hotel**
Sehr gut, aber teuer (30–60 US$), an der Hauptstraße.
- **Abinet Hotel,** etwa 10–15 US$.
- **Ark Hotel,** etwa 10–15 US$.
- Das **Africa Hotel** (70 ETB) wird von Lesern empfohlen.

Herbergen

Einfachere Herbergen gibt es in der Umgebung der Piazza; empfohlen ist das **Queen Sheba Hotel** (2–5 US$), unweit der Piazza, an der Straße nach Gondar.

Essen und Trinken

Axum hat eine ganze Reihe größerer und kleinerer Restaurants und Pastry Shops im Zentrum. Allerdings kann man nur in den großen Hotels mit internationalem Standard rechnen. Besonders zu empfehlen ist das **Restaurant im Axum Hotel,** das ein gemütliches Ambiente hat und dabei gut und preiswert ist.

Verkehrsverbindungen

Flugzeug

Axum besitzt einen **neuen, modernen Flughafen** direkt am Stadtrand und ist mit **Inlandsflügen** sehr gut zu erreichen. Es gibt täglich **EAL-Flüge** von Addis Abeba, mehrmals wöchentlich nach Mekele, Gondar und auch nach Lalibela.

Busse und Sammeltaxis

Mit dem Bus oder Sammeltaxi von Adua weniger als eine Stunde Fahrzeit. Von Mekele startet ein Bus (ein Tag Fahrzeit), ebenfalls von Adigrat, von dort vier Stunden Fahrzeit. Auf der Strecke nach Adua durchquert man das landschaftlich schöne Tal des Hista.

Nach Gondar mit dem Bus bis Shirie (Inda Selassie) oder besser bis Adi Arkay schon jenseits des Tekezze. Von dort am nächsten Tag weiter. Der Busbahnhof befindet sich an dem großen Baum an der Piazza, bei der Tankstelle.

Feste

- Das bedeutendste religiöse Fest Axums ist **Hidar Sion,** ein Fest zu Ehren der Jungfrau Maria, zu dem Äthiopier aus der ganzen Welt anreisen. Es wird am 21. Hedar (etwa 28. November) gefeiert.

Mit diesem Tag wird eine Reihe wichtiger Ereignisse in der Geschichte Axums verbunden: Es war der Tag, an dem der sagenhafte *Menelik (I.)* die Heilige Bundeslade nach Äthiopien brachte. An diesem Tag wurde die erste Kathedrale von den legendären Königen *Abreha* und *Azbeha* eingeweiht (diese nur in der späteren Überlieferung erscheinenden Könige müssen mit dem historischen König *Ezana* in Zusammenhang stehen, unter dem das Christentum nach Axum kam).

Ebenfalls an diesem Tag wurde die Heilige Bundeslade, die man vor der Zerstörung durch die legendäre *Gwudit* auf eine Insel des Zway-Sees gerettet hatte, nach Axum zurückgeführt.

- Das zweite wichtige Fest ist **Timkat** (Taufe Christi) am 18. und 19. Januar.
- Auch zu **Genna** (Weihnachten) am 7. Januar finden in Axum Feierlichkeiten statt.

Während dieser Festtage ist es äußerst schwierig, in Axum eine Unterkunft aufzutreiben!

Ausflüge

Nach Gobedra und Abba Pantaleon

Auf der Straße nach Westen, in Richtung Inda Selassie (Shirie), kann man den **Löwen von Gobedra** besichtigen. Dieses Reliefbild befindet sich auf der der Straße abgewandten Seite eines großen Felsbrockens. Der Felsen ist zu finden, wenn Sie der Straße nach Pas-

efi_397 Foto: mf

sieren des Dongur-Palastes etwa weitere 3 Kilometer folgen und auf Höhe einer großen Felsnase nach rechts in einen Pfad einbiegen. Am besten wird es sein, zu fragen. Sie sollten nicht vor 11 Uhr europäischer Zeit dort ankommen, da bis dahin das Relief im Schatten liegt. Auf dem Stein ist ein etwa 5 m langer weiblicher Löwe reliefiert. In der Nähe seines Kopfes wurde offensichtlich später ein Kreuz hinzugefügt. Wann genau dieses Relief geschaffen wurde und zu welchem Zweck, ist unbekannt.

In den **Bergen der Umgebung,** wie auch sonst in der ganzen Gegend von Axum, finden sich immer wieder die **Spuren der axumitischen Steinbrucharbeiten:** Felsbrocken, in die eine Reihe von Kerben gemeißelt sind. Entlang dieser Kerben sollten Steinplatten abgesprengt werden, man kann dieselben Kerben auch an einigen der Stelen sehen. Die Steinbrüche wurden bis in jüngste Zeit benutzt, stehen jetzt aber unter archäologischem Schutz.

Von Axum auf der Straße nach Adua in Richtung Osten fahrend, sieht man bald auf der linken Seite den spitzen Berggipfel mit der **Kirche für Abba Pantaleon.** Dieser Heilige soll einer der berühmten Neun Heiligen gewesen sein, die zur Zeit des Königs *Kaleb* (ca. 514–542) nach Axum kamen und das äthiopische Christentum reformierten. Als jener Heilige davon erfuhr, dass in Südarabien die Christen vom König *Dhu Nuwas* verfolgt wurden, stellte er sich in eine Felsspalte am Gipfel dieses Berges und verharrte dort 45 Jahre im Gebet, bis König *Kaleb* zur Befreiung der Glaubensbrüder auszog und bei dieser Gelegenheit Südarabien noch einmal unter axumitische Herrschaft brachte. Dann dankte der König ab und hinterließ das Reich seinem Sohn *Gebre Masqal.* Er selbst wurde Eremit und lebte auf der Spitze des Berges, auf dem auch der heilige Mann gelebt hatte.

Die heutige Kirche ist modern, aber es sind noch der Unterbau und das Fenstergitter aus rötlichem Stein zu sehen, die von einem spätaxumitischen Vorgängerbau stammen. Am Fuße der Bergspitze befindet sich ein kleiner Kirchenbezirk für Frauen, denen die obere Kirche verschlossen ist. Unvergleichlich ist der **Blick Richtung Osten.**

15 km südwestlich von Axum befindet sich schließlich beim Dorf Adi Hankera die kleine Felsenkirche **Debre Abale Wagnus.**

Zu axumitischen Fundplätzen in Tigray und Eritrea

Die alte Provinz Tigre und das Hochland von Eritrea umfassen heute das Kerngebiet des antiken axumitischen Reiches. Bedeutende Funde aus axumitischer Zeit, aber auch aus den vorhergehenden Perioden wurden in diesem Gebiet gemacht. Die meisten der Funde befinden sich heute im Nationalmuseum in Addis Abeba.

An den **Grabungsplätzen** selbst, wie Addi Galamo (in der Gegend zwischen Adigrat und Mekele) und Hawalti-Melazo (bei Axum), sind keinerlei Spuren von Altertümern mehr zu sehen. Einige Plätze lohnen aber einen Besuch, besonders Yeha und Matara (Eritrea).

Kinder vor dem Löwen von Gobedra

Harar, Dire Dawa und Danakil-Ebene

Der **große afrikanische Grabenbruch** läuft im Norden in die Fläche des so genannten **„Afar-Dreiecks"** aus, einer Tiefebene, in der sich das afrikanische Grabensystem mit dem des Roten Meeres und des Golfes von Aden trifft. Diese vulkanisch noch immer aktive Zone ist als die **Danakil-Ebene oder -Depression** bekannt, benannt nach den dort lebenden Afar, die von den Amharen Danakil genannt werden. In der heißen Wüste dieser Tiefebene, in der die **höchsten Lufttemperaturen der Erde** gemessen werden (bis 60°C), versickert der Awash an der Grenze zu Djibouti, kurz bevor er das Meer erreicht.

Die Depression war lange Zeit vom Meer überflutet, erst in erdgeschichtlich jüngerer Zeit wurde sie wieder vom Meer getrennt. Das verdunstende Meerwasser hinterließ eine mehrere Meter dicke Salzschicht.

Der Küstenstreifen des Afar-Dreiecks gehört zu Eritrea, Djibouti und Somalia, der in Äthiopien liegende Teil war früher unter den Provinzen Tigray, Wollo und Harar aufgeteilt, bildet nun aber die **von den Afar bewohnte Region 2.**

Östlich des afrikanischen Grabens wurde eine Scholle angehoben, deren Nordwestkante den östlichen Teil des äthiopischen Hochlandes bildet. Sein nördlicher Teil, die Ahmar Mountains in der **Landschaft Tchertcher,** erhebt sich bis über 3000 m über dem Meer. Hier herrscht ein mildes Hochlandklima, in dem Kaffee, Gemüse und Zitrusfrüchte gedeihen. Auch **khat** *(Catha edulis)* wird hier angebaut, dessen berauschende Blätter vor allem in den Jemen exportiert werden.

Nach Süden fällt die **Somaliplatte** relativ sanft ab und wird durch den Wabi Shebele nach Somalia hin entwässert.

Harar, die **Hauptstadt der gleichnamigen Provinz** im Osten Äthiopiens, war und ist das **Zentrum des äthiopischen Islam.** Die Gründung der Stadt geht in das 7. bis 9. Jh. zurück. Ihre auf etwa 30.000 geschätzte autochtone Einwohnerschaft, die **Adere,** stellt eine **eigenständige Volksgruppe** dar, die eine eigene, nur in der Stadt gebräuchliche semitische Sprache (Aderinya) spricht. Sonst wird die Provinz überwiegend von Oromo bewohnt; im Norden und Westen leben Somali.

Route Ahmar Mountains und Tchertcher

Awash – Dire Dawa

Addis Ababa – Dire Dawa (453 km)
Awash – Dire Dawa (233 km)

Von Addis Abeba und Nazaret fahren bei Sonnenaufgang Busse nach Dire Dawa/Harar, ebenso von Awash.

Zur Route bis Nazaret/Awash siehe im Kapitel zur Provinz Shoa „Route Awash-Nationalpark".

Auf der Asphaltstraße hinter Awash erreichen Sie nach 60 km die Berge beim Ort **Asebot,** in dem das alte Kloster von Asebot steht. 12 km weiter kommen Sie nach **Mieso,** von wo zwei Straßen nach Dire Dawa/Harar führen: geradeaus die alte Straße, die nur mit Allradfahrzeugen zu befahren ist, nach rechts die neue Straße, die sich in gutem Zustand befindet. Auf dieser Straße passiert man **Asbe Teferi,** wo 1990 ein Schutzgebiet für den vom aussterben bedrohten Berg-Nyala eingerichtet wurde (Kuni-Muktar Nyala Sanctuary). Wenige Kilometer vor der Kreuzung nach Dire Dawa und Harar liegt der Ort **Kulubi.** Hier gibt es die Kirche des Heiligen Gabriel. Sie wurde von *Ras Mekkonen* errichtet, weil der Heilige ihn in der Schlacht von Adua beschützt hatte. Zum Fest des Heiligen am 19. Tahsas (28. Dezember) pilgern Tausende hierher, die sich Heilung durch ein Wunder erhoffen. Viele Gläubige wandern die mehr als 60 km lange Strecke von Dire Dawa nach Kulubi, um entweder dem Heiligen ein besonderes Opfer darzubringen oder sich von den begangenen Sünden zu befreien. Hinter **Kerso** gabelt sich die Straße, links in Richtung Dire Dawa, rechts über Alemaya weiter nach Harar.

Dire Dawa ⇗ XII,B2

Dire Dawa ist erst seit wenigen Jahrzehnten der **Hauptort der östlichen Provinz.** Die Stadt setzt sich aus **zwei Siedlungen** zusammen, die durch das Wadi des nur in der Regenzeit fließenden Dakatu-Flusses getrennt werden: aus der geplanten Siedlung (ursprünglich Addis Harar, „Neu-Harar", auch „Kezira" genannt), die 1902 als **Verwaltungssitz der Franco-Äthiopischen Eisenbahn** gegründet wurde, und der Altstadt (Megala). Mehrere Jahre (bis 1917) blieb die Stadt durch Verzögerung des Eisenbahnbaus Endhaltepunkt und wuchs schnell an. Auch später blieb sie der Reparaturstützpunkt der Eisenbahn. Die Neustadt wurde nach europäischem Straßenmuster angelegt. Im neuen Stadtteil gibt es einen Palast und eine Reihe komfortabler Hotels. In Dire Dawa leben etwa 100.000 Einwohner, die Stadt ist ein Industriezentrum (Zement- und Textilindustrie). Dire Dawa liegt 1160 m über dem Meer.

Unterkunft

Staatliche Hotels

- **Dire Dawa Ras Hotel**

In der Nähe des Kreisverkehrs an der Straße nach Harar, P.O. Box 85, Tel. 113255. Zimmer 20–35 US$.

- **Kara Mara Ras Hotel**

P.O. Box 67, Tel. 113194.

Private Hotels

- **National Hotel**

Bei der Bahnhofsbrücke. Zimmer 5–8 US$.

- **Kulube Hotel**

Am Kreisverkehr. Zimmer 10–13 US$.

- **Sai Hotel**

Am Bahnhof. Kein Alkohol. Zimmer 5–8 US$.

Herbergen

Empfohlene Herbergen in Dire Dawa sind das **Omedla Hotel,** das **Continental Hotel** und das **Wagda Hotel.**

Essen und Trinken

- Das **Restaurant Family Snack** wird von Reisenden empfohlen.

Verkehrsverbindungen

Flugzeug

Ein Flughafen befindet sich in Dire Dawa, von wo aus es kein Problem ist, mit dem Taxi nach Harar zu kommen. Linienflugzeuge verkehren täglich von und nach Addis Abeba.

Eisenbahn

Dire Dawa ist eine der Stationen der bekannten Eisenbahnstrecke nach Djibouti und aufgrund dieser Bahn hat die Stadt erst an Bedeutung gewonnen. Dank dieser Eisenbahnstrecke besteht heute die Möglichkeit, mit dem Zug von Addis Abeba nach Dire Dawa zu fahren. Falls der Zug fährt und keine unvorhergesehenen Ereignisse eintreten, dauert die Fahrt einen Tag (eine Fahrt Addis Abeba – Dire Dawa kostet etwa 55 Birr; die Züge fahren nachts zurück nach Addis Abeba). Allerdings wird die zehnstündige Bahnfahrt als Tortur aus Schweiß und Angst vor Dieben beschrieben. Die Fenster dürfen in der Nacht nicht geöffnet werden, weil durch diese sonst gestohlen wird, aber dafür passiert es dann eben im Zug.

Überlandbusse

Überlandbusse fahren von Addis Abeba aus in ein bis zwei Tagen nach Dire Dawa/Harar.

Mietwagen und eigenes Kfz

Auch für die Anreise nach Dire Dawa mit dem Mietwagen oder eigenem Auto sollte mindestens ein Tag Fahrtzeit eingeplant werden. Die Strecke verläuft von Addis Abeba in Richtung Debre Zeyt. Von dort kommt man nach Nazaret und fährt weiter auf der Straße Richtung Assab und Djibouti bis Awash.

Harar

↗ XII,B2

Harar ist 55 km von Dire Dawa entfernt, dazwischen liegt **Alemaya** (21 km von Dire Dawa), wo sich die Landwirtschaftliche Universität von Äthiopien befindet.

Zwischen den Städten gibt es häufige Verkehrsverbindungen (Busse), man kann auch mit dem Taxi fahren. An der Gabelung hinter Kerso biegt man rechts auf die Straße über Alemaya nach Harar ab. Von Addis Abeba bis Harar sind es 523 km.

Die äthiopische Eisenbahn

Kaiser *Menelik II.* (1889–1913) war sich der Bedeutung bewusst, den der internationale Handel bei der Modernisierung seines Landes und der Wahrung seiner Unabhängigkeit spielen würde. Er bemühte sich daher, sein Land zu erschließen, ohne einzelne Mächte zu sehr zu bevorzugen oder Souveränität abzugeben. Als Haupthandelsweg favorisierte er einen Verbindungsweg von Shoa zum Meer, der nicht durch die unsicheren Nordprovinzen (Tigray) führte.

1894 wurde vom Kaiser eine formell äthiopische Eisenbahngesellschaft mit dem Bau der Bahn beauftragt, die jedoch unter Führung des Schweizer Ingenieurs *Alfred Ilg* und des Franzosen *Léon Chefneux* stand und mit französischem Kapital arbeitete. In drei Etappen sollte die Bahn vom französischen Hafen Djibouti nach Harar, dann Entoto und schließlich nach Kaffa und dem Weißen Nil geführt werden. Nach 99 Jahren sollte diese Bahn in äthiopischen Staatsbesitz übergehen. Der Bau war mit einer ganzen Reihe von Besonderheiten belastet, z. B. mussten wegen der Termiten eiserne Schwellen verlegt werden. Die Strecke ist 785 km lang, mit 29 Tunneln und 34 Stationen. 1902 war der erste Abschnitt vollendet, die Bahn erreichte Dire Dawa. Es kam zu Meinungsverschiedenheiten über die Nutzungsrechte, so dass der Kaiser einige Zeit den Bau auf eigene Kosten fortsetzen wollte. Auch England versuchte, sich beim Bau zu engagieren. 1906 schlossen die drei interessierten Kolonialmächte Frankreich, England und Italien, ohne Beteiligung *Meneliks,* einen Vertrag, der Äthiopien in Interessensphären aufteilte. Frankreich erhielt den östlichen Landesteil und die Kontrolle über die Eisenbahn, die aber nicht weiter als bis Addis Abeba gehen sollte. 1917 erreichte schließlich die mit französischem Kapital erbaute Bahn die Hauptstadt. Die Bahn wurde bisher nicht verlängert, auch der ursprünglich geplante Abzweig nach Harar wurde nie realisiert. Entsprechend der Vereinbarung über die Interessensphären hatte England, dem der westliche Landesteil als Einflusszone zugesprochen wurde, 1907 eine Konzession für eine Dampfschifflinie von Gambela nach Khartoum im Anglo-Ägyptischen Sudan erworben.

Im Jahr 2003 sagte die EU Fördermittel in Höhe von 40 Mio. Euro für die Modernisierung der Bahn zu, die 2006 um 10 Mio. Euro aufgestockt wurden. Die Renovierung soll im Jahr 2007 unter Leitung eines italienischen Konsortiums beginnen; dabei soll die Transportkapazität auf 1,5 Mio. Tonnen Frachtgut pro Jahr erhöht werden.

Harar liegt 1856 m über dem Meeresspiegel und hat etwa 63.000 Einwohner, davon sind etwa die Hälfte Harari (Adere), die anderen Bevölkerungsteile sind Oromo (Qottu-Oromo), Amharen und Somali. Harar ist eine faszinierende und sehr farbenfrohe Stadt, in der es sich lohnt, einfach zu Fuß (am besten mit einem Führer) durch die alten Straßen zu wandern und die besondere Atmosphäre auf sich einwirken zu lassen. Es ist zwar auch möglich, mit dem **Taxi** oder mit **Pferdekutschen** zu fahren, doch sind die meisten Plätze zu Fuß erreichbar, außerdem sollten Sie sich ein bisschen Zeit für diese Stadt und ihre Menschen nehmen.

Geschichte des Sultanats von Harar

Im 13./14. Jh. haben sich einer Reihe **muslimischer Sultanate** im Osten des äthiopischen Hochlandes herausgebildet: **Fetegar** am unteren Awash, **Hadiya** am oberen Awash, **Ifat** nördlich davon bis zur Küste und im östlichen Hochland, südlich von Ifat, das Sultanat **Dawaro.** Das bedeutendste Sultanat war das von Ifat, zu dem zeitweilig auch die wichtige **Hafenstadt Zeila** (im heutigen Somalia) und der **Handelsplatz Harar** gehörten. Das 14. Jh. war von wechselvollen Kämpfen zwischen den Sultanaten und dem christlichen Äthiopien geprägt. 1445 wurde das Sultanat Ifat von Kaiser *Zara Yaqob* (1434–1468) entscheidend geschlagen, seine Nachfolge trat das **Sultanat Adal** an, das seinen Hauptsitz 1520 nach Harar verlegte. Zur gleichen Zeit begann sich unter den Nomaden der Umgebung, besonders den Afar, eine Bewegung auszubreiten, die Raubzüge mit dem religiösen Ziel der Ausbreitung des Islam verband. Die Führer dieser Bewegung trugen den Titel **Imam.** Der bedeutendste dieser Führer wurde *Ahmad Ibn Ibrahim al-Ghazi,* genannt *Grang* („der Linkshänder") (1506–1543). Durch eine Vision fühlte er sich zum Eroberer Äthiopiens berufen.

Eine Legende besagt, **Grang** sei der Sohn einer Frau aus Harar, die einst in christliches Gebiet wanderte. Dort wurde sie zusammen mit einem wandernden Mönch von der Nacht überrascht, die die beiden dann gemeinsam verbrachten, wobei *Grang* gezeugt wurde. Als der Mönch in sein Kloster zurückkam, hing noch der Schleier der Frau in seiner Kapuze. Er wurde darauf von den anderen Mönchen erschlagen. Als *Grang* später vom Schicksal seines Vaters erfuhr, schwor er den Christen Rache und überzog sie mit Krieg. Zuerst setzte er sich jedoch gegen den Herrscher von Adal, Sultan *Abu Bakr Muhammad,* durch. Allerdings blieb ein Sultan aus dessen Dynastie der *Walashma* unter *Grang* und auch unter seinem Nachfolger nomineller Herrscher von Harar. 1527 begann der Krieg mit Äthiopien, ab 1531 drang der Imam systematisch ins Hochland vor. Damit wurde der Krieg erstmals weit in das christliche Gebiet hineingetragen. 1535 erreichten seine Truppen Tigray, der äthiopische Kaiser *Lebna Dengel* (1508–1540) musste von Ort zu Ort fliehen, ein Gejagter in seinem eigenen Land. Die Verwüstungen waren unglaublich, uralte Kirchenschätze gingen in Flammen auf, die Kathedrale von Axum wurde 1535 zerstört. Die um Hilfe gerufenen **Portugiesen** trafen 1541 mit vierhundert Musketieren unter Führung von *Christovao da Gama,* einem Sohn des Weltumseglers *Vasco da Gama,* in Tigray ein. Da war der Kaiser schon in seiner Zufluchtstätte, in dem Bergkloster Debre Damo, gestorben.

Nachfolger wurde dessen Sohn **Galawdeos** (1540–1559), der versuchte, sich mit den portugiesischen und tigrinischen Truppen zu vereinen. 1542 wurde *Grang* zum ersten Mal geschlagen, woraufhin er sich seinerseits von den Türken mit Musketieren und Kanonen unterstützen ließ. *Christovao da Gama* und die Hälfte seiner Leute wurden getötet.

Im Oktober 1542 gelang jedoch die Vereinigung der äthiopischen Truppen, und 1543 kam es in der Wayna Daga nahe dem Tana-See zur Entscheidungs-

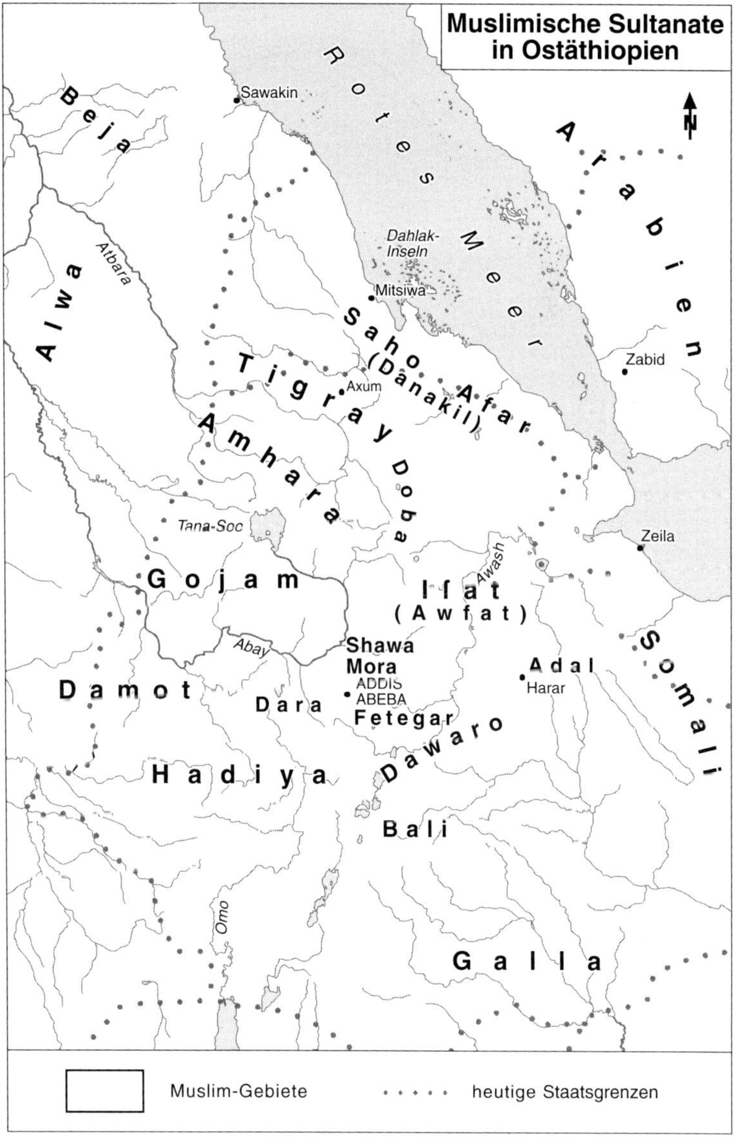
Muslimische Sultanate in Ostäthiopien
Rotes Meer
Sawakin
Beja
Arabien
Dahlak-Inseln
Mitsiwa
Atbara
Alwa
Saho
Tigray
Axum
(Danakil)
Afar
Zabid
Amhara
Doba
Tana-Soc
Zeila
Awash
Gojam
Ifat
(Awfat)
Abay
Shawa
Mora
Somali
Adal
Harar
ADDIS ABEBA
Damot
Dara
Fetegar
Dawaro
Hadiya
Bali
Omo
Galla
Muslim-Gebiete
heutige Staatsgrenzen

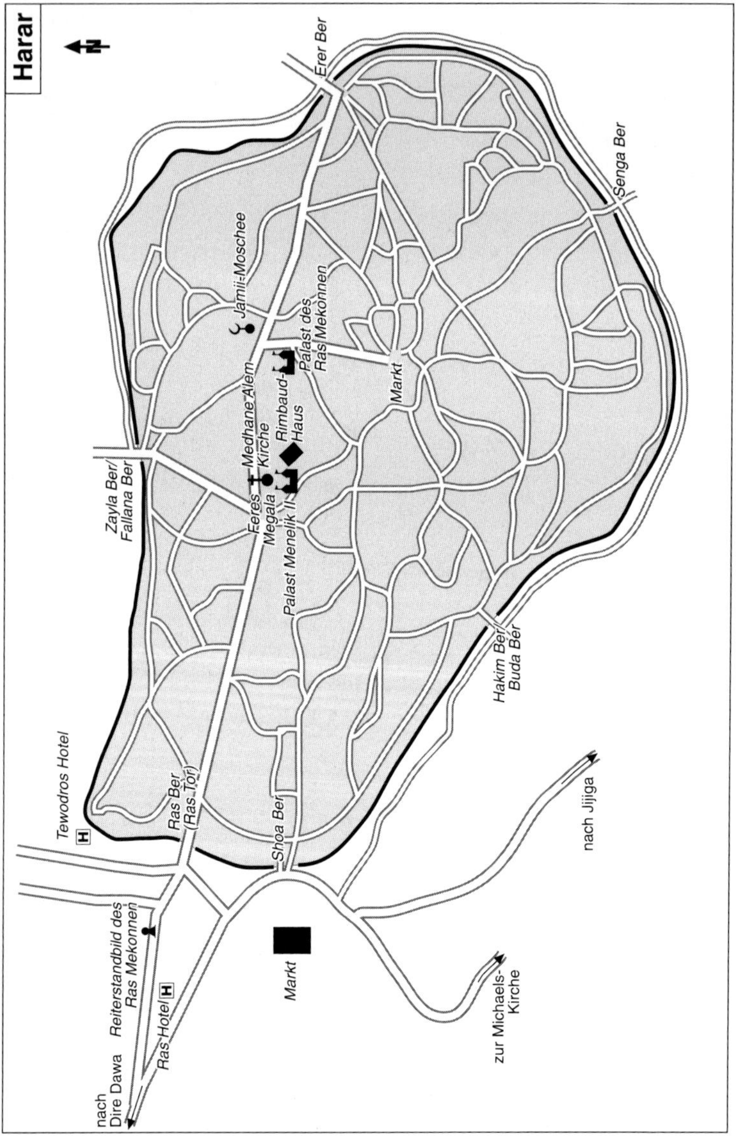
Harar
N
Erer Ber
Senga Ber
Jamii-Moschee
Palast des
Ras Mekonnen
Markt
Rimbaud-
Haus
Medhane Alem
Kirche
Feres
Megala
Palast Menelik II
Zayla Ber/
Fallana Ber
Hakim Ber
Buda Ber
Tewodros Hotel
Ras Ber
(Ras Tor)
Shoa Ber
nach Jijiga
Markt
Reiterstandbild des
Ras Mekonnen
Ras Hotel
nach
Dire Dawa
zur Michaels-
Kirche

schlacht. *Grang* wurde getötet, und seine Armee, ihres charismatischen Führers beraubt, zerstreute sich sofort.

In Harar versuchte seine Witwe **Bati Del Wambara,** den Widerstand zu organisieren. Sie heiratete schließlich einen Neffen des Imam, *Nur ibn al-Wazir Mujahid,* nachdem dieser geschworen hatte, Rache für den Tod des *Grang* zu nehmen. Er ließ die Stadt mit einer Mauer befestigen. 1550 wurde Harar zwar von den äthiopischen Truppen erobert, erholte sich aber, und am Karfreitag des Jahres 1559 gelang es, *Galawdeos* zu besiegen und zu töten. Sein Schädel wurde auf der Stadtmauer aufgespießt.

Inzwischen war beiden Parteien ein neuer Gegner in Gestalt der **Oromo** entstanden, die von Süden her gegen die Länder des Hochlandes zogen. Harar wurde von ständigen Einfällen heimgesucht, es herrschten Hungersnöte. 1567 starb Emir *Nur* an der Pest. Innere Unruhen und die Überfälle der Oromo führten dazu, dass 1577 der Sitz des Sultanats in die unzugängliche Oase Awsa (heute: Assaita) in der Danakil-Wüste verlegt wurde. **In Harar** bildete sich 1647 ein **Stadtstaat** mit einer eigenen Dynastie.

Harar blieb durch seine Mauern vor den Oromo einigermaßen geschützt und wurde der wichtigste **Handelsort** am Horn von Afrika. Aus dem Inneren des Landes kamen Sklaven, Kaffee, Elfenbein und *wars,* ein Farbstoff. Importiert wurden vor allem Kleidungsstücke. Die Güter wurden in Harar ausgetauscht und zur Küste oder ins Landesinnere weitertransportiert.

Auch als **Zentrum islamischer Gelehrsamkeit** besaß Harar einen Ruf. Im 19. Jh. beherbergte die Stadt fünf große Moscheen, 81 Gebetsplätze und zwölf Koranschulen. Ungläubigen Ausländern war das Betreten der sagenhaften Stadt am Horn von Afrika verboten; erst 1855 gelang es dem englischen Entdecker *Richard Burton* als erstem Europäer, Harar zu betreten – in Verkleidung.

Als 1866 der letzte Emir von Harar starb, kam es zu Unruhen, die schließlich die **Ägypter** nutzten, die zu dieser Zeit schon die Häfen Zeila und Berbera an der nördlichen Somaliküste besetzt hatten: 1875 okkupierten sie Harar. Zehn Jahre später endete der Traum vom ägyptischen Großreich am Roten Meer: Nach der Besetzung Ägyptens durch englische Truppen und der Vertreibung der Ägypter aus dem Sudan durch die Derwische des Mahdi zogen sie sich 1885 aus Harar zurück und setzten einen einheimischen Sultan ein.

Doch schon 1887 rückten die Truppen des **Negus von Shoa** und späteren Kaiser *Menelik II.* (1889–1913) in die Stadt ein. Harar hatte damals etwa 30.000 Einwohner und war damit die größte Siedlung im Kaiserreich Äthiopien. *Ras Makonnen,* der Vater des späteren Kaisers *Haile Selassie* (1930–1974), wurde Gouverneur der neuen Provinz, die Ausgangspunkt der Eroberung der Danakil-Ebene und des Ogaden war.

Mit dem Bau der **Bahn** von Djibouti nach Addis Abeba verlor Harar seine Bedeutung als Provinzzentrum an Dire Dawa. Besonders für die islamischen Gelehrten ist die Stadt aber nach wie vor das wichtigste Zentrum Äthiopiens.

Sehenswürdigkeiten

Die **Altstadt** von Harar ist von einer Mauer umgeben, die der Nachfolger des Imam *Ahmed Grang, Emir Nur,* im 16. Jh. errichten ließ. Ursprünglich besaß die Stadt fünf Tore, zwei weitere wurden nach der Eroberung durch *Menelik II.* angelegt. Die Ummauerung der Stadt stellt in Ostafrika eine große Besonderheit dar. Die Stadt ist deshalb ungewöhnlich eng besiedelt. Die weiß verputzte Mauer und die Farbe der Häuser trugen Harar den Namen **„weiße Stadt"** ein. In der etwa einen Quadratkilometer großen Altstadt leben die eigentlichen Aderi, 30.000–36.000 Menschen. Die traditionellen, weiß getünchten Häuser der Stadt haben meist zwei Etagen, ein in Äthiopien seltener Haustyp, der **gegar** genannt wird. Wichtigster Raum ist der Empfangsraum, in dem auf verschiedenen Diwanen (Plattformen) die Mitglieder des Haushaltes entsprechend ihrer sozialen Position Platz nehmen. Die Wände sind mit Ocker bemalt und mit Teppichen behängt, in Nischen (im Idealfall elf) werden Porzellane ausgestellt.

Früher wurden die Stadttore bei Dunkelheit verschlossen, und es war verboten, in dieser Zeit die Straße zu betreten (außer mit besonderer Erlaubnis, Eskorte und Laterne). Das hatte auch seine Gründe, denn nachts bevölkerten **Hyänen** die Straßen. Sie drangen durch Löcher in der Mauer in die Stadt ein; in der Regenzeit dienten die Löcher dazu, das Wasser abzuleiten. Die Hyänen waren die „Müllabfuhr" für den Abfall, der auf die Straße geworfen wurde.

Direkt vor dem **Shoa-Tor** liegt der große (christliche) **Markt.** Harar war und ist als Handelsplatz berühmt, die Produkte der hiesigen Korbflechterei sind in ganz Äthiopien bekannt. Die zum Teil gefärbten Gräser werden zu Körben und anderen Gegenständen verflochten. *Mesob* ist die Bezeichnung für die hohen Korbtische, die besonders zu festlichen Anlässen gedacht sind; so sind sie z. B. ein obligates Geschenk an Brautpaare. Die auf der Fläche des Tisches ausgebreiteten Speisen werden mit konischen Deckeln abgedeckt, nach dem Festmahl werden diese Deckel zur Erinnerung an die Hochzeit an die Wand gehängt. Übrigens werden diese Tische für Injera-Fladen in Harar nicht benutzt, sondern nur für die Hochlandäthiopier hergestellt.

In der Mitte der Altstadt liegt der **Feres Megala (Pferdemarkt),** der zentrale Marktplatz. Die umgebenden Straßen sind gesäumt mit Geschäften für traditionelle Bekleidung, es gibt auch **Juweliergeschäfte,** die Schmuckstücke besonders für die Nomaden des Ogaden herstellen. Am Hauptplatz steht die **Kirche Medhane Alem** (Erlöserkirche), die unter *Menelik II.* von dem Italiener *Luigi Rebecchi-Bricchetti* erbaut wurde. Die achteckige Form entspricht der vom selben Herrscher in Addis Abeba errichteten Georgs-Kirche. An ihrer Stelle stand zuvor eine von den ägyptischen Besatzern errichtete Moschee.

Der **Palast Meneliks II.** befindet sich unweit davon. Das ursprünglich prunkvoll ausgestattete Gebäude wurde im Krieg mit den Italienern 1935 schwer beschädigt. Ein Stück hinter der Kathedrale befindet sich der 1930 erneuerte **Palast des Ras Mekonnen,** des Vaters des in Harar geborenen Kaisers *Haile Selassie* (1930–1974) und Gouverneurs von Harar, in dem die Stadtverwaltung, eine Bibliothek und auch ein kleines Museum untergebracht sind.

Wahrzeichen der Stadt ist die weiße **Jamii-Moschee** im Osten der Stadt. Sie wurde im 16. Jh. errichtet, das Minarett 1762. Südlich der Moschee befindet sich ein weiterer Markt, und dort ist auch der Platz jenes Hauses zu finden, in dem der französische Dichter *Arthur Rimbaud* mit Unterbrechungen von 1880–1891 als Händler gelebt hat. Das eigentliche Wohnhaus ist aber längst abgerissen. In einem Haus neben dem Palast des *Ras Mekonnen* wird ein **Museum** eingerichtet, das üblicherweise als **Rimbauds Wohnhaus** ausgegeben wird. Der prächtige Bau wurde für einen indischen Händler in der Zeit nach der äthiopischen Besetzung der Stadt errichtet und ist es wert, durch den Namen des Dichters geschützt, erhalten zu bleiben.

Außerhalb der Stadtmauer, im Westen, befinden sich Bauten vom Beginn der äthiopischen Besetzung. Auf dem Ras Mekonnen Square ist dem namensgebenden Fürsten ein **Reiterstandbild** gewidmet. Es wurde von dem bekannten äthiopischen Künstler *Afework Tekle* geschaffen. Hier befinden sich auch die Gebäude der Militärakademie (bei ihrer Gründung die größte Afrikas), das Rathaus und das Gebäude der Provinzverwaltung. Vom Markt aus nach Süden den Berg Ginella hinauf kommt man zur **Michaels-Kirche** mit dem 1931 vollendeten **Mausoleum** für *Ras Mekonnen.* Das Gebäude mit der silbernen Kuppel sollte dessen sterbliche Überreste beherbergen, die auf Betreiben der Priester dann aber doch im Gelände der Michaels-Kirche verblieben. Von der Spitze des Hakim Gara genannten Berges im Südwesten von Harar hat man einen schönen Blick über die Stadt. Dort befindet sich ein Park.

Unterkunft

Staatliches Hotel

• Harar Ras Hotel
An Straße nach Dire Dawa, P.O. Box 45, Tel. 660027. Nicht mehr wie neu. Zimmer 25–40 US$.

eph_407 Foto: ph

Ansicht der Stadtmauer von Harar

Hotels

- **Tewodros Hotel**
Nördliche Altstadt. Zimmer 5–10 US$.
- **Belete Hotel**
Südwestlich der Stadtmauer, Nähe Busbahnhof. Zimmer 5–10 US$.
- **Belayneh Hotel**
Gutes Essen, saubere Zimmer, fließend Wasser, 10–20 US$.

Herbergen

Empfohlene Herbergen sind **Tourist Hotel, Assab Hotel** und **National Hotel.**

Essen und Trinken

- Tipp: Neben den üblichen Speisen und Getränken gibt es in Harar eine Spezialität: **kuti,** ein Getränk, das aus den Blättern des Kaffeestrauches mit Milch gekocht wird.
- Das **Restaurant Hirut** wird von Reisenden empfohlen.

Veranstaltung

Hyänenmänner

Eine Sehenswürdigkeit besonderer Art in Harar sind die Hyänenmänner, die einen seltsamen Brauch pflegen: Sie haben **wilde Hyänen** so **dressiert,** dass sie nachts auf ihr Rufen hin kommen und sich mit Aas füttern lassen. Schon Reiseberichte vom Anfang des 20. Jh. berichten von diesen Männern, die angeblich immer aus einer Familie stammen. Wilde Hyänen sind sehr scheu, insofern ist dieses Schauspiel besonders beeindruckend.

Interessierte müssen sich anmelden, damit Futter für die Hyänen gekauft werden kann, wofür die Zuschauer bezahlen müssen. Es empfiehlt sich, mit anderen Touristen eine Gruppe zu bilden, um die Kosten zu senken.

Jeder Einwohner kennt diesen Brauch und kann Auskunft geben, an wen man sich wenden kann und wohin man dafür muss.

Ausflug nach Chercher

Etwa 40 km westlich von Dire Dawa auf der Schönwetterpiste nach Mieso (nicht auf der befestigten Straße!) können Sie nach **Hurso** fahren. In der Umgebung gibt es Höhlen mit Felsmalereien.

Ebenfalls in diesem Chercher genannten Gebiet westlich von Harar kann man immer wieder **megalithischen Steinsetzungen** begegnen: Grabmälern und Resten von Befestigungsanlagen. Sie werden manchmal als „Steine des Grang" bezeichnet, aber auch den Harla, einem früher hier lebenden Volk von Riesen, zugeschrieben. Neuere Untersuchungen datieren diese Kultur in die Zeit zwischen 8. und 11. Jh. v. Chr.

Ausflug nach Babile

Wenn man Harar in Richtung Osten verlässt und 4 km in Richtung Jijiga fährt, passiert man hinter Babile eine äußerst eindrucksvolle Landschaft voll von bizarren Granit-Felsen, das **„Tal der Wunder".** Wer die Zeit und das geeignete Fahrzeug hat (die Strecke ist nur für Geländewagen geeignet), sollte dieses Tal auf jeden Fall besuchen. In Babile sprudelt eine Mineralquelle. Es gibt dort einen großen Markt, auf dem auch Kamelmilch verkauft wird. Auf der Strecke ist außerdem ein Projekt von „Menschen für Menschen" zu finden, das *Karl-Heinz Böhm* gegründet hat.

Südlich der Ortschaft ist ein **Schutzgebiet für Elefanten (Babile Elephant Sanctuary)** eingerichtet. Man hat aber kaum Gelegenheit, Elefanten zu Gesicht zu bekommen. Die Straße kann wegen der Nähe zu Somalia gefährlich sein, deshalb sollten Sie in Harar vor der Fahrt Erkundigungen über die Sicherheitslage einholen.

Arthur Rimbaud

Als *Arthur Rimbaud* am Horn von Afrika auftauchte, war sein literarisches Leben schon abgeschlossen. 1873, mit nur 19 Jahren, hatte er seinen letzten Gedichtzyklus, „Une saison en enfer", geschrieben. Doch die wahre Hölle lag noch vor ihm.

Nach seinem Bruch mit der Literatur hatte es ihn unruhig durch Europa getrieben, in der holländischen Armee gar bis nach Java, von wo er desertierte, nach Zypern und 1880 schließlich nach Aden, wo er in die Handelsfirma des Franzosen *Bardey* eintrat. Dieser hatte gerade als erster Europäer überhaupt in Harar eine Handelsstation eröffnet (die Stadt war zu dieser Zeit von den Ägyptern besetzt). *Rimbaud* bekam ein Gehalt von 9 Shilling täglich plus 2% Gewinnbeteiligung für den Tausch von Kaffee, Häuten, Wachs, Gummi und Elfenbein gegen europäische Waren, vor allem Baumwollkleidung.

Rimbaud ist der erste Westeuropäer überhaupt, der zu dieser Zeit in der geheimnisvollen Stadt lebt, erst ein Jahr später stößt ein katholischer Missionar bis hierher vor. Dafür gibt es eine sehr fähige Konkurrenz aus armenischen, griechischen und indischen Händlern. Beizeiten entmutigt und furchtbar gelangweilt, kehrt *Rimbaud* schon 1881 nach Aden zurück, muss aber 1883 aus finanziellen Nöten wieder nach Harar. Er versucht sich erfolglos als Entdecker, doch schon 1884 beginnen die Ägypter ihren Rückzug, und *Rimbaud* zieht sich ebenfalls nach Aden zurück, mit *Djami,* einer Harari, die den Biografen zufolge die einzige Frau in seinem Leben bleibt und bald in ihre Stadt zurückkehrt.

In dieser Zeit rüstet der König von Shoa, der spätere Kaiser *Menelik II.,* zum Kampf um den Kaiserthron. Waffenhandel ist weit verbreitet am Horn von Afrika, auch wenn England diesen zu unterbinden versucht. *Rimbaud* tritt aus seiner Firma aus und hofft auf das große Geschäft. Er legt seine Ersparnisse in Gewehren an und zieht 1886 nach Ankobar, um auf *Menelik* zu treffen. Dieser ist aber schon gegen Harar gezogen und hat die Stadt erobert. *Rimbaud* muss warten und trifft den zurückgekehrten König endlich in Entoto. Doch er hat Pech. Er hat es nicht mit einem leichtgläubigen Eingeborenen zu tun, sondern mit einem gerissenen Politiker, der ihm die Waffen weit unter dem erhofften Preis abnimmt und ihn auch noch für die tatsächlichen oder erfundenen Schulden seines inzwischen in der Danakil-Wüste umgekommenen Geschäftspartners *Labatut* haftbar macht. Die Reise ist ein finanzielles Desaster, *Rimbaud* kehrt nach Aden zurück.

Auf seinem Rückweg war er, statt durch die Danakil-Wüste, die bequemere Strecke über das gerade besetzte Harar gezogen. Er war damit der erste europäische Händler, der diesen Weg entlang der späteren Eisenbahnlinie nahm.

Das Jahr 1888 sieht *Rimbaud* wieder in Harar, als Agent der Firma Tian & Savouré. Er handelt zwischen Harar und Djibouti mit Kaffee, Leder, Gummi, Elfenbein, vor allem aber (illegal) mit Waffen und wahrscheinlich auch Sklaven. Diesmal scheint er sich akklimatisiert zu haben. Er spricht alle Sprachen der Region, sein Haus beherbergt durchreisende Europäer, eine Art Freundschaft verbindet ihn mit dem Gouverneur *Ras Makonnen.*

Eine Erkrankung seines Knies verschlimmert sich, am 2. April 1891 muss er Harar auf einer Bahre verlassen. In Marseille wird ihm das Bein amputiert, aber er erholt sich nicht mehr. Er erhält noch einen Brief von *Ras Makonnen,* der sich nach seinem Zustand erkundigt, und stirbt am 10. November 1891, angeblich bis zuletzt vom seinem jungen Diener *Djami* (nicht das Mädchen von oben) sprechend. Ihm vermacht er etwas Geld, das diesen nie erreicht, denn auch dieser stirbt im selben Jahr.

Rimbauds Leben in Harar hatte mit seinem Leben als Dichter, der die französische Lyrik revolutionierte, nichts mehr zu tun. Es war das Leben eines Gestrandeten, und niemand wusste in Harar, dass er ein Dichter war.

Route Afar-Gebiet und Danakil-Depression

Die Straße führt **von Awash nach Norden** in die Weiten der Danakil-Depression, die Heimat der legendenumwobenen Afar, und endet im 666 km entfernten Assab in Eritrea. Die Fahrt ist wegen der Hitze und des Staubes sehr anstrengend, doch auch sehr beeindruckend: Landschaften aus Lava und Stein, flimmernde Hitze, hier und da ein Wüstenstrauch. Und doch (über)leben in dieser Umwelt Menschen und Tiere.

Awash – Gewane – Mille

Awash – Gewane (153 km)
Gewane – Mille (150 km)

Auf dieser Strecke verkehren keine Busse. Es gibt auch kaum vernünftige Herbergen, Hotels nur in Gewane oder Mille.

Zur Route bis Awash siehe Kapitel zur Provinz Shoa, „Route Awash-Nationalpark".

Nationalpark Yangudi Rasa ⇗VII,C3

Um Gewane liegt ein **Schutzgebiet** für die Tierwelt des Awash-Tals, das sich im Norden im **Nationalpark** fortsetzt. Der eigentlich nur auf dem Papier existierende Nationalpark liegt ca. 60 km nördlich von Gewane an der Straße nach Assab. In **Gewane** befindet sich die **Parkverwaltung,** bei der man sich anmelden kann. Es gibt im Park keine Unterkünfte oder ähnliches, jeder Reisende muss sein eigenes Zelt und alles Nötige zur Versorgung mitnehmen.

Der Park wurde weniger als Touristenausflugsort gestaltet, sondern soll dem vom Aussterben bedrohten **wilden Esel** einen geschützten Lebensraum bieten. Daneben gibt es die typische Fauna des Grabenbruchs zu sehen: Gazellen, Antilopen, angeblich Zebras, Affen, vereinzelt Warzenschweine, Strauße und verschiedene Vogelarten. Das Klima hier ist sehr heiß, es empfiehlt sich daher, den Park im Winter, zwischen Dezember und Februar, zu besuchen.

Unterkunft

Gewane

Wer plant, in Gewane zu übernachten, sollte rechtzeitig am Nachmittag ankommen, da häufig ganze Gruppen von Auto-Überführern vom Hafen nach Addis Abeba wie auch viele Lkw-Fahrer hier übernachten. Die besseren Hotels an der Total- und AGIP-Tankstelle, wo es auch ordentliches Essen gibt, sind früh ausgebucht.

Mille

Auch in Mille kann man übernachten und ordentlich essen. Hier ist das **Efrem Hotel** (von Addis Abeba kommend direkt rechts an der Straße vor der Brücke), in dem gelegentlich sogar Wasserleitungen und Deckenventilatoren funktionieren, zu empfehlen. Auch die **Bilen Lodge** in nachgebauten traditionellen Afar-Häusern (Bilen) zeichnet sich durch guten Service aus.

Gesundheit

Gewarnt wird vor der **Malaria** in diesem Gebiet. Sie sollten alle nötigen Vorbeugungsmaßnahmen ergreifen und nicht ohne Moskitonetz reisen.

Die Afar

Das stolze und unbeherrschbare Volk der Afar war (und ist) der Schrecken einer jeden „Ordnungsmacht" in der Region. Die Afar leben in Djibouti, Eritrea und Äthiopien und kümmern sich wenig um Staatlichkeit. Um die Jahrhundertwende hatte man die Grenzen der italienischen Kolonie Eritrea, von Französisch-Somaliland und von Äthiopien durch ihr Gebiet gezogen, eine effektive Kontrolle konnte aber keine Macht in den Niederungen der Steppe und salzigen Wüste aufbauen. Noch in den 1920er Jahren war es lebensgefährlich, mit den Afar in Kontakt zu geraten. So wenig man von diesem Volk wusste, so gab es doch grausige Geschichten zu berichten: Jeder junge Afar-Mann müsse erst die abgeschnittenen und getrockneten Genitalien eines Feindes vorlegen, ehe er heiraten dürfe. Das „wilde" Aussehen der Männer, mit ihrem imponierenden Haarbusch, in dem gewöhnlich ein spitzer Kamm steckt, ihren 40 cm langen Krummdolchen *(jile)*, ihren Patronengurten, den blitzenden weißen Zähnen, tut ein Übriges, die Afar als besonders fremd und exotisch erscheinen zu lassen. Die unverheirateten Mädchen gehen oft noch mit unbedecktem Oberkörper, den sie erst nach der Hochzeit mit einem Tuch *(shash/mushal)* bedecken. Schwarz ist die dominierende Farbe ihrer Bekleidung.

Die Afar sind ein Volk, das durch die lebensfeindliche Umwelt geprägt ist; nur der Starke überlebt, aber unbedingter Zusammenhalt, Unterordnung unter den Führer und strenges Haushalten mit allen Ressourcen sind ebenso wichtig. Seitens der Fremden sollte ein Höchstmaß an Zurückhaltung als Selbstverständlichkeit angesehen werden; ebenso, dass das Eindringen in den Lebensraum oder Fotografieren nur nach ausdrücklicher Erlaubnis zu erfolgen hat.

In der Savanne des Awash-Tales, wo es genügend Weideflächen gibt, züchten die Afar Kamele, Schafe und Ziegen. In fruchtbaren Senken werden Mais, Tabak, Dattelpalmen und Baumwolle angebaut, auch wenn die Nahrungsgrundlage der Afar das Fleisch und die Milch der Kamele und Ziegen sind. Streit um Weideflächen und Wasserstellen führt oft zu blutigen Auseinandersetzungen zwischen den Afar und den Issa, aber auch mit den Oromo und Somali.

Die Behausung der Afar ist eine gewölbte Hütte aus Palmblattstielen, die mit Matten bedeckt werden *(burra)*. Diese Hütten gehören, zusammen mit dem Hausrat und den Ziegen und Schafen, zum Eigentum der Frau, während die Herden von Rindern und Kamelen Eigentum der Männer sind. Jeder Afar, ob Mann oder Frau, erhält den Grundstock seiner Herde schon bei der Geburt als Geschenk.

Mehrere Hütten werden in einer Hecke *(zariba)* zusammengefasst, weitere Hecken schützen nachts das Vieh vor Raubtieren und Dieben. Selten begegnet man einem Typ von Steinhäusern, der *dabou* genannt wird. In diesen festen Unterkünften, die nicht mit den Herden mitgeführt werden können, leben vor allem die Ältesten, die als Hirten nicht mehr eingesetzt werden.

Zu den Pflichten der Frauen, die in der Gesellschaft der Afar einen relativ unabhängigen Status besitzen, gehören das Holzsammeln, die Essenzubereitung und das Mattenflechten. Die Männer begleiten die Herden, gehen auf die Jagd und schützen den Stamm. Ein besonderer Erwerbszweig sind der Abbau und der Transport von Salz, das in Barren aus den trockenen Salzseen der Tiefebene gebrochen wird. Alte Karawanenwege führen in das äthiopische Hochland, nach Wollo und Tigray.

Route Hochland südwestlich von Mille

Mille – Bati – Kombolcha (142 km)

Bei Mille geht ein Abzweig nach Westen ab, in das Hochland. Die Straße von Addis Abeba nach Asmara erreicht dieser Abzweig bei Kombolcha, 25 km vor Dessie.

Diese landschaftlich sehr eindrucksvolle Straße folgt einer **alten Strecke der Salzhändler,** die das Salz aus der Wüste Danakil ins Hochland transportierten und heute noch transportieren. Bis Mille verläuft die Straße durch eine Steppen- und Halbwüstenlandschaft. Dann ist die Gegend z. T. eine Steinwüste, mit riesigen Blockmeeren mit Basaltfelsen, abflusslosen Senken, die zu Salzseen geworden sind, und nur vereinzelt Vegetation – eine für den Reisenden grandiose Mondlandschaft. Die Tatsache, dass die Afar hier überleben können, beweist deutlich deren Anpassungsfähigkeit an extreme Lebensumstände.

Jeden Morgen fährt ein **Bus** von Mille nach Kambolcha. Es ist auch möglich, auf der Ladefläche eines LKW mitzufahren – das ist zwar schweißtreibend und staubig, dafür ist die Strecke aber auch sehr eindrucksvoll; einfach in den Restaurants nachfragen.

Bati ↗VI,B3

Etwa 90 km nach der Abzweigung erreichen Sie den Ort Bati, berühmt für seinen **Markt,** auf dem sich Hochlandbewohner und Afar aus dem Tiefland treffen und Handel treiben, vor allem mit Kamelen, Salz, Ziegen, Stoffen und Gütern des täglichen Bedarfs. Dieser Markt findet jeweils am **Montag** statt, wird von tausenden Menschen besucht und ist ausgesprochen farbenfroh und quirlig, da hier die verschiedenen Völker zusammentreffen.

In Bati gibt es ein kleines **staatliches Hotel** nach dem Ortsausgang Richtung Dessie, bereits im Tal auf der rechten Seite.

Zur Route Kombolcha/Dessie siehe im Kapitel „Wollo, Lasta und Wag“, „Route Menz, westliches Wollo und Begemder“.

Route Danakil-Ebene nordöstlich von Mille

Etwa 80 km hinter Mille, auf der Straße nach Assab, kurz hinter der Stadt Logiya bei der noch sehr kleinen Siedlung, aber künftigen Hauptstadt der Afar Region **Semera,** geht eine schwer zu findende Piste (in Logiya an der AGIP-Tankstelle fragen) nach **Hadar,** wo 1974 das **Skelett von „Lucy“** gefunden wurde, eines weiblichen Frühmenschen, der ca. 3,5 Millionen Jahre alt ist. Am Ort werden weiterhin archäologische Grabungen durchgeführt. „Lucy“ und weitere Objekte aus der Frühzeit des Menschen sind im Nationalmuseum in Addis Abeba ausgestellt.

Bei Semera zweigt auch nach Süden eine gute Piste ab, die zur **Tendaho Baumwollplantage** und der Stadt **Dubti** führt. Diese Fahrt lohnt sich deshalb, weil man von der unwirklich heißen, trockenen und unwirtlichen Straße plötzlich an einen Geländeabbruch kommt und von dort die fast immmer grünen **Uferwälder des Awash,** im Frühjahr riesige Flächen mit grünen Baumwollfeldern, zu anderen Zeiten riesige weiße Haufen mit abgeernteter Baumwolle, sehen kann.

Assaita und die Salzseen des Awash

⇗ VII,D2/3

Von Dubti ist es möglich, direkt zur ehemaligen Hauptstadt des Aussa-Sultanats und bis 1996 Hauptstadt der Afar-Region, **Assaita,** zu fahren. Der Weg führt durch die Plantage. Sinnvoller ist es aber, zur Hauptstraße zurückzufahren, auf dieser nach Nordosten abzubiegen und dann nach etwa 20 km die gut ausgebaute Piste südwestlich nach Assaita zu nehmen.

Die Abzweigung der Piste ist gut zu finden, da sie die einzig nennenswerte Straße in dieser Gegend ist. Bereits von der Hauptstraße sieht man rechts vor der Abzweigung eine Metallstruktur aus der Ebene emporragen. Hier befindet sich ein **geothermales Projekt,** das von der äthiopischen Regierung und AGIP initiiert worden ist, um Strom zu gewinnen. Bis jetzt sind aber erst Bohrloch und die Anschlussstutzen vorhanden, an die später die Wasserversorgung vom Awash angeschlossen werden soll. Dieses Wasser wird einige hundert Meter in die Tiefe gepresst und dort durch die Erdwärme in diesem vulkanisch immer noch aktiven Gebiet erhitzt und verdampft. Der Dampf wird wieder an die Oberfläche geleitet und kann eine Turbine zur Stromgewinnung antreiben. Von hier aus könnte auch Djibouti mit Strom versorgt werden.

Nach etwa 50 km erreichen Sie **Assaita,** wo man in einigen recht sauberen und mit Deckenventilatoren ausgestatteten Hotels (fragen) übernachten kann, jedoch nur bei rechtzeitiger Ankunft, da auch Assaita chronisch ausgebucht ist und die nächste Übernachtungsmöglichkeit erst in Dubti bzw. Logia besteht. Viele der Hotels bieten auch Betten im Freien inklusive Moskitonetz an – angesichts der Temperaturen in der sehr heißen Jahreszeit ist dies sinnvoller als drinnen zu schlafen; um Diebstähle brauchen Sie sich normalerweise im Afar-Land nicht zu sorgen.

Im Jahr 1997 wurde in Assaita erneut die **Meldepflicht für Ausländer,** die hier übernachten wollen, eingeführt. Jeder Reisende sollte sich bei einem Verkehrsposten, auf den man unweigerlich trifft, erkundigen.

Sehenswert sind die alte **Moschee** mit einem klobigen Minarett und die traditionelle Bauweise der alten Häuser. In Assaita besteht **Malariagefahr,** da der Ort direkt am Awash gelegen und von bewässerten Plantagen umgeben ist. Von Assaita sind es noch einmal 30 km bis **Afambo.** Die Straße ist aber häufig nicht passierbar, da sie regelmäßig durch Awashhochwasser zerstört wird. In dieser Gegend gibt es einige Salzseen, die vom Awash gespeist werden, der hier, kurz bevor er das Meer erreichen würde, in der Hitze der Wüste verdunstet.

Assaita am nächsten liegt der **See Gamarri,** etwas weiter, bei Afambo, liegen die **Seen Afambo** und **Bario.** Der letzte und größte der Seen ist **Abbe,** durch den die Grenze zu Djibouti geht. Ein Besuch dieser apokalyptischen Landschaft kann beeindruckend sein – informieren Sie sich aber in Assaita beim regionalen Tourismusbüro oder einer staatlichen Stelle, ob die Gegend sicher ist. Die Afar fühlen sich nicht an Grenzen oder überhaupt an die Staatlichkeit Äthiopiens gebunden und können ungebetenen Besuchern gegenüber feindselig sein, bei aller Gastfreundlichkeit, die Freunden entgegengebracht wird!

Abstecher Djibouti und Eritrea

Bei **Eli Dar** gabelt sich die Straße: Ein Abzweig führt über 28 km zur **Grenze von Djibouti** (ob dieser Grenzübergang von Ausländern benutzt werden kann, ist von Fall zu Fall zu klären), die Hauptstraße nach Nordosten erreicht nach 205 km den **Hafen Assab** in Eritrea. Die Grenze ist jedoch seit 1998 geschlossen.

Danakil-Wüste und -Depression

Erta Ale und Dallol

Die zentrale Danakil-Wüste ist eine der unwirtlichsten, trockensten und heißesten Gegenden der Welt. Dies ist besonders in der Danakil-Depression der Fall, wo die Erdoberfläche geradezu eingedellt erscheint, und die mit einer Tiefe bis zu etwa 150 m unter NN zu den tiefstgelegenen Gebieten der Erde gehört. Dennoch ist die Gegend nicht völlig verlassen. Die Afar durchstreifen das Gebiet und erheben Anspruch darauf. Nicht zuletzt deswegen, weil die ausgetrockneten **Salzseen um Dallol** seit Jahrhunderten Salzquelle für das Hochland sind, wohin das Salz auf Kamelen transportiert wird. Aber nicht nur der Anblick der Salzlagerstätten (Lake Afdera) und die bizarre Landschaft, sondern auch der aktive **Vulkan Erta Ale** können den Reisenden dazu bringen, die Strapazen auf sich zu nehmen, um in die Region vorzudringen. Im Krater, den man zu Fuß erreichen kann, ist ein See mit flüssiger Lava sichtbar und strahlt glutrot gen Himmel. Ausbrüche sind in letzter Zeit nicht verzeichnet worden, aber im ganzen Riftvalley, dessen nordöstlicher Einstieg die Danakil ist, sind die Auswirkungen vulkanischer Aktivität nicht zu übersehen und immer wieder kleinere Erdbeben zu verzeichnen. In der Gegend um die Salzseen soll es eine endemische Antilopenart geben, die sonst als ausgestorben gilt.

Der Erta Ale kann zum Beispiel mit der Reiseagentur V.E.I., die Spezialreisen zu aktiven Vulkanen anbietet, erkundet werden, wird aber auch von äthiopischen Reiseagenturen angeboten, wobei je nach Saison, politischer Stabilität und Zustand der Wege sowohl über Afar und die Afar-Hauptstadt Semera als auch über Tigray in die Danakil gereist werden kann. Diese Reise wird allerdings auch Menschen mit guter Konstitution auf eine harte Probe stellen. Von Individualreisen auf eigene Faust sollte unbedingt Abstand genommen werden. Die Afar betrachten die Region als ihr Land, und besuchen darf es nur, wen sie als Gast willkommen heißen. Deshalb sollten Sie in die Region nur mit äthiopischer und vor Ort mit Afar-Begleitung reisen!

Süd- und Südostäthiopien

Einen touristischen Reiseführer für den Süden Äthiopiens zu schreiben, der eine Reihe von Monumenten aufführt und die entsprechenden Geschichten dazu zu erzählen weiß, ist kaum möglich. Die **Kulturen Südäthiopiens,** d. h. des **Südens von Shoa** und der **alten Provinzen Arsi, Sidamo, Gamu-Gofa** und **Bale** im Süden und Südosten, die heute zu Oromia bzw. zur Südnation gehören, sind unglaublich vielgestaltig. Allein um den Abaya-See sollen etwa 30 Völkerschaften leben, die zehn unterschiedliche Sprachen sprechen. Vor allem ist es schwer, ihnen als interessierter Tourist nahe zu kommen: Die Pracht der Paläste von Gondar zu erfassen, ist einem Europäer auch ohne allzu lange Einleitung möglich, die tiefe Bedeutung des heiligen Mittelpfahls in einer Hütte der Südäthiopier zu verstehen, verlangt dagegen ethnografische Kenntnisse, die im Rahmen dieses Buches kaum vermittelt werden können.

Es sollen im Folgenden also nur einige Anregungen gegeben werden; jeder, der sich tiefer mit der Materie auseinandersetzen möchte, sei auf die Literatur im Anhang verwiesen. Einen ausgezeichneten Einblick in die Kultur Südäthiopiens kann man sich im ethnografischen Museum des Institute of Ethiopian Studies in der Universität von Addis Abeba verschaffen. Es sei an dieser Stelle ausdrücklich vor einem oberflächlichen „ethnografischen Tourismus“ gewarnt, denn um die Eigenheiten uns völlig fremder Kulturen zu verstehen, reicht kein kurzes Vorfahren mit dem Land Rover oder verschwitztes Vorbeirennen beim Überlebenstraining.

Bei allen Völkern der Region sind die **traditionellen Werte** durch „Modernisierung", Bürgerkrieg und die wechselnden wirtschaftlichen Grundlagen in **ständiger Veränderung** begriffen. Zugleich zeigt sich, dass ohne Rücksicht auf traditionelle Formen des Interessenausgleiches oder gar gegen sie keine Erfolge zu erzielen sind, z. B. bei der Lösung von Konflikten um Wasser und Boden, bei der Schlichtung von Diebstahl oder Blutrache.

Südäthiopien, d. h. der westliche Teil des Südens, wird charakterisiert durch den breiten Streifen des **Grabenbruches,** der hier in das Gebiet der großen **ostafrikanischen Seen** übergeht. Lake Abaya und Lake Chew Bahir (Stefanie-See) liegen in Äthiopien, am Nordufer des Lake Turkana (Rudolf-See) verläuft die Grenze zu Kenia. Hier leben Oromo sowie viele kleinere Völkerschaften der omotischen Sprachfamilie.

Östlich des Grabenbruches erhebt sich die Somaliplatte in der **Bergwelt von Bale** noch über 3000 m und fällt dann sanft zum Indischen Ozean ab. Bale ist die **Urheimat der Oromo,** weiter östlich und südlich lebt die Volksgruppe der Somali.

Die Provinzen Südäthiopiens entstanden im Zuge der Eroberung dieser Gebiete durch die Amharen Ende des 19. Jh. Doch schon früher hatte es hier **Königreiche und Herrschaften** gegeben, Wolamo nördlich des Abaya-Sees und Sidamo östlich davon. Diese Reiche waren im Zuge der Expansion der Oromo im 16. Jh. zerstört worden.

Prähistorische Funde

Im Süden des äthiopischen Teiles des afrikanischen Grabens befindet sich einer der bedeutendsten paläontologischen Fundplätze Afrikas: die so genannten **Omo Beds** (Lagerstätten) am Unterlauf des Omo und am Nordufer des Turkana-Sees. Seit den 1970er Jahren hat hier eine internationale Forschergruppe um **Richard Leakey** Knochen und Geräte entdeckt, die entscheidende Aufschlüsse zur Entwicklung von Tier- und Pflanzenarten und des Menschen liefern.

Durch tektonische Verwerfungen liegt eine Sedimentschicht aus 850 m Tiefe praktisch „umgeklappt" an der Erdoberfläche. Sie gibt in chronologischer Reihenfolge Funde aus der Zeit von vor 4,5 Millionen bis 1,5 Millionen Jahren frei. So sind die Funde, unter anderem versteinerte Knochen, auch vom Laien erstaunlich leicht zu entdecken und gut zu datieren.

Es war möglich, einen **„Omo-Kalender"** aufzustellen, der sowohl die Entstehung als auch das Aussterben bestimmter Arten, wie Mastodon, Vorfahren der Schweine, Elefanten und Flusspferde, bestimmen lässt. Die ältesten gefundenen **Knochen vom Urmenschen** (Australopithecus) sind etwa 3,5 Millionen Jahre alt. In der Provinz Sidamo gibt es bei Shabe (Walame), etwa 10 km westlich von Dila, ein Felstal mit prähistorischen **Felsreliefs.** Sie zeigen stilisierte Kühe mit übergroßem Euter. In dieser Region, zwischen Yirga Alem und Yirga Cheffe, kann man auch große **phallusförmige Stelen** sehen. Diese

Stelen stehen möglicherweise im Zusammenhang mit ähnlichen Funden im südlichen Shoa, aber auch mit den axumitischen Stelen. Alle diese bisher eher zufällig gefundenen Zeugnisse, die sich entlang des gesamten Grabenbruches erstrecken, gehen auf vorgeschichtliche Kulturen zurück, die teilweise mehrere tausend Jahre alt sein dürften, aber auch noch um das 10. Jh. geblüht haben können. Bisher sind diese Kulturen zu wenig erforscht, als dass eine genaue Chronologie möglich wäre. Nachfolger dieser megalithischen Kultur sind in gewisser Weise die Grabstelen der Arsi um Shashemene (siehe dazu im Kapitel zur Provinz Shoa die Strecke von Addis Abeba nach Zway).

Die Oromo

Die Oromo, deren Heimatgebiet in der Provinz Bale lag und die sich von dort aus im 16. Jh. ausbreiteten, sind heute mit einem Bevölkerungsanteil von etwa 40% die **größte Volksgruppe in Äthiopien.** Sie nennen sich *Ilma Orma,* „die Söhne Ormas", die (abwertende) amharische Bezeichnung war *Galla,* „Einwanderer". Ihre Legende besagt, sie seien einst aus dem Land Barigamma gekommen, was mit „Jenseits des Meeres" oder „Jenseits der Morgenröte" übersetzt werden kann.

Ethnien und Verbreitung

Die Oromo teilen sich in **zwei große Volksgruppen,** die **Borana** und die **Barentu.** Während die eigentlichen Borana und die Gudji im Süden blieben und die Arusi im Gebiet im und östlich des Grabenbruches heimisch wurden, zogen Teilstämme nach Norden. **Borana** ist bei diesen der Begriff für die Klasse der eigentlichen, **„echten" Oromo,** daneben hat jeder Stamm noch die (meist verachteten) Klassen der Töpfer, Schmiede und Gerber sowie eine Sklavenklasse. Bei den im Gebiet der alten Königreiche Südwestäthiopiens ansässig gewordenen Matcha gibt es neben der Borana-Klasse noch die etwas tiefer stehende Gabaro-Klasse, die vom „jüngeren Bruder" des Ahnherren *Borana* abgeleitet wird. Vielleicht handelt es sich bei ihr um die Nachkommen der alten Bevölkerung des Gebietes, die in die Gesellschaftsstruktur der Oromo integriert wurden. Als **Nachkommen der Barentu** können die zum großen Teil islamisierten Oromo im Osten, u. a. um die Stadt Harar, angesehen werden. Ein Teil der Oromo lebt in Kenia; sie wurden vom Hauptstamm getrennt, als Ende des 19. Jahrhunderts die Somali begannen, sich entlang der äthiopischen Südgrenze auszubreiten.

Von größter Bedeutung für die Geschichte Äthiopiens war die Wanderung eines Teilstammes der Oromo, der **Tulama-Matcha,** nach Norden. Wie die Barentu, die nach Nordosten zogen, profitierten sie von der instabilen Situation nach den Kämpfen des Imam *Ahmad Grang* gegen das christliche Kaiserreich 1529–1542. In der Periode, als *Michelle Gada* die Oromo führte (1554–1562), gelang es ihnen, bis in das Gebiet Fetegar in Shoa vorzustoßen. In **Oda Nabi** begründeten sie eine neues **Zentrum,** in dem sie ihre großen Chafe-Versammlungen abhielten. Zur selben Zeit hatte das geschwächte äthiopische Kaiserreich seine Residenz in die Provinz Gojam verlegt, so dass der Südosten relativ ungeschützt war. Von Oda Nabi aus zog der Teilstamm der Matcha nach Westen, gegen das südlich des Abay gelegene christliche Vasallenkönigtum Damot. Hier, südlich des Abay, und in Gojam tobten in dieser Zeit **Fraktionskämpfe** des amharischen Kaiserhauses, die sich besonders in der raschen Aufeinanderfolge der Kaiser *Yakob, Za Dengel* und erneut *Yakob* (1597–1607) zeigten. Die sich bekämpfenden Prätendenten, unter ihnen auch der spätere Kaiser *Susenyos* (1607–1632), nutzten die Kampfeskraft der Oromo gegeneinander, konnten deren Schläge aber nicht unter Kontrolle bringen. Die Matcha begründeten in Oda Basil in Damot eine neue Chafe, von der aus sie sich in weitere Teilstämme (Afre und Sadacha) spalteten und schrittweise das ganze Gebiet zwischen Abay im Norden und dem Gibe im Süden besetzten. Das starke, südlich von Damot gelegene Königreich Enarya, das 1586 von Kaiser *Sarsa Dengel* christianisiert worden war, leistete noch lange Widerstand. Aber es wurde vom äthiopischen Kernland abgeschnitten und im frühen 18. Jh. von den Oromo besetzt. In diesem Gebiet gründeten die Sadacha im späten 18. Jh. eigene Reiche (siehe dazu am Anfang des Kapitels zu Südwestäthiopien).

Die **Tulama-Oromo** zogen bis ins nördliche Hochland, wo sie besonders in Shoa (Shoa-Oromo) und in der nach dem Oromo-Stamm Wollo benannten Provinz siedelten.

Teile der **Matcha-Oromo** ließen sich auch in Gojam nieder. Die Ansiedlung erfolgte z. T. mit Unterstützung der äthiopischen Kaiser, denn in den vorangegangenen Jahrhunderten war die in Lasta und Wag lebende Agaw-Bevölkerung durch Sklavenjagden und innere Kriege stark dezimiert worden. Die Fürsten der Oromo, die zuerst als eine Art Leibgarde an den Kaiserhof kamen, begannen in der Zeit der Schwäche der Gondar-Kaiser eine immer bedeutendere Rolle zu spielen. Das Geschlecht der *Seru Gwangel* vom Stamm der **Yeju-Oromo** hatte 1774 die Macht in Begemder übernommen und von 1784–1855 mit der Statthalterschaft in Gondar auch die Puppenkaiser der Zaman Mesafint in der Hand. Der mächtige Führer der **Wollo-Oromo,** *Ras Mikael,* wurde Schwiegersohn von Kaiser *Menelik II.* und war Vater des kurzzeitigen Kaisers *Lij Iyasu* (1913–1916).

Die Oromo waren keine reinen Nomaden. Sie lebten mit ihrem Vieh in Ortschaften, die sie aber häufiger verlegten. Ein Teil der Oromo, die wie die Nordäthiopier Höhenlagen bevorzugen, scheint schon immer Ackerbau betrieben zu haben. Im Zuge ihrer Ausbreitung trafen sie auf die Kulturen der Sidama-Völker und bald darauf auf das christliche äthiopische Reich. In der Folge übernahmen die Oromo häufig Elemente der Nachbarkulturen, prägten sie um oder passten sich an, so dass ihr Volk heute an **verschiedenen Kulturkreisen** teilhat: Im nördlichen Hochland haben viele das orthodoxe Christentum angenommen und wurden Bauern wie ihre amharischen Nachbarn, im Osten und im Gebiet um den Fluss Gibe breitete sich der Islam aus, die südlichen Gruppierungen behielten ihre alte Viehzüchterkultur und das Gada-System bei.

Das Gada-System

Unter dem Gada-System versteht man ein umfassendes **System sozialer Organisation,** das praktisch alle Bereiche des privaten und gesellschaftlichen Zusammenlebens durchdringt, reguliert und auch den Verkehr mit der spirituellen Sphäre sichert. Es ist auf die **Klanstruktur der Viehzüchter** zugeschnitten und hat sich folglich in den Gruppen abgeschwächt oder ist ganz verschwunden bei denen, die sesshaft wurden, Ackerbau betrieben, andere staatliche Organisationsformen einführten (Königreiche) oder zu anderen Religionen wechselten. Erhalten ist das Gada-System noch bei den Borana und den Gudji, Elemente haben auch die Arsi beibehalten. Ähnliche Systeme von Altersklassen oder Generationsklassen besitzen auch Völker in anderen afrikanischen Ländern.

Gada ist ein System, das jedes männliche Individuum einer bestimmten **Generationsgruppe (luba)** zuordnet. Innerhalb dieser Gruppe hat es bestimmte Pflichten und Rechte, ist den anderen verpflichtet usw. Jede Gruppe hat eine **Laufzeit von acht Jahren,** dann erreicht man den nächsten Grad. Die konkreten Formen der Folge und Anzahl von Gada-Graden ist bei den Oromogruppen unterschiedlich, es kann aber von einer idealisierten Vorstellung von zehn solcher Grade ausgegangen werden. Nach achtzig Jahren verlässt ein Mann gewissermaßen die Gesellschaft; wer dieses Alter erreicht, ist nicht mehr volles Mitglied der Gemeinschaft und erhält z. B. kein besonderes Begräbnis mehr, wenn er später verstirbt. Der **Gesamtzyklus von achtzig Jahren** wird in zweimal je fünf Grade à vierzig Jahre geteilt. Die ersten vierzig Jahre umfassen die „Sohnschaft", die folgenden vierzig Jahre die „Vaterschaft", das heißt, der Sohn steht immer genau fünf Grade unter seinem Vater. Das birgt einige Komplikationen, weil damit jedem Mann theoretisch erst ab 40 erlaubt ist, Söhne zu zeugen. Entweder es wurden früher geborene Söhne getötet oder man ließ sie erst später in das System einsteigen – wodurch schon betagte Männer in die Kinderklasse geraten. Deshalb ist das Gada-System nicht als ein „Altersklassensystem", sondern als „Generationsklassensystem" anzusehen.

Der **Übergang vom fünften zum sechsten Grad,** in den dem System den Namen gebenden Gada-Grad, ist die **wichtigste Zeremonie,** mit der parallel alle anderen Feierlichkeiten der übrigen Grade vollzogen werden. Im Zuge dieser Zeremonie wird der Oromo zum richtigen Mann. Er wird beschnitten, er unternimmt mit seiner Gruppe den **Tötungszug** (der einst die Schlagkraft der Oromo ausmachte, die dadurch alle acht Jahre ihr Gebiet erweiterten) und er führt die Pilgerfahrt zum *Abba Muda,* dem „Vater der Salbung" durch, der ihn mit Butter salbt. Heute sind der Tötungszug und die Pilgerfahrt nicht mehr üblich. Zeitgleich (theoretisch) vollzieht der Vater den feierlichen Austritt aus dem System (Gadamotchi-Zeremonie) und wird durch seinen Enkel ersetzt, der den ersten Grad erwirbt.

Führer der Oromo ist der mit dem heiligen Bokku-Zepter ausgestattete **Abba Gada** (auch *Abba Bokku),* der zum jeweiligen sechsten (= Gada) Grad gehört und dessen Amtszeit ebenfalls acht Jahre dauert. Er sitzt der **Chafe-Versammlung** vor, der die Führer jeder Gada-Gruppe angehören. Diese Versammlungen finden unter dem Oda-Baum, der großen Sykomore, statt, dem Symbol der Oromo. An seiner Seite stehen der **Abba Dula** (Vater des Krieges) und der **Abba Sera** (Vater des Gesetzes). Nach Ablauf der achtjährigen Periode wird durch eine große Zeremonie die Übergabe der Macht gefeiert. Die abgedankten Führer behalten als Richter aber wichtige Funktionen bei, bis sie ganz aus dem System scheiden.

Diese **ideale Form des Systems** ist seit langem nur noch bei den Borana vorhanden. Auch dort musste für die vielen Kinder, die nicht in das System passen, eine eigene Gruppe geschaffen werden, sie heißen *Ilma Djarsa* – „Kinder der Alten"; zu dieser Gruppe gehören dann auch deren Kinder, und faktisch würde das zur Auflösung des Systems führen, da irgendwann mehr Leute außerhalb des Gada-Systems stünden als innerhalb. In der Praxis werden solche Verschiebungen aber wieder ausgeglichen.

Priester

Die **religiöse Führung** liegt in den Händen eines **Qallu** genannten Priesters. Der Qallu stammt aus einem besonderen Klan, dessen Ahn mit einer heiligen Kuh und den Zeremonialgeräten vom Himmel gefallen sein soll. Er wurde zuerst von Angehörigen der verachteten Jäger-Klasse gefunden. Die eigentlichen Oromo kamen hinzu und schickten die Jäger einem Elefanten nach, den sie angeblich gesehen hatten, und nutzten die Abwesenheit, den Qallu zu sich zu holen. Er unterliegt nicht dem Gada-System, sein Amt wird in seinem Klan vererbt. Der Qallu unterhält den Kontakt zum **Himmelsgott Waqa** und führt alle wichtigen Zeremonien durch, z. B. die Beschneidung, ist verantwortlich für Regen usw. Neben dem Himmelsgott kennen die Oromo die **weibliche Göttin Atete** und eine große Zahl **ayana** genannter **Geister.** Die überirdischen Mächte werden in besonderen Hainen oder großen Bäumen angebetet.

Die Borana

Besonders in der Provinz Sidamo leben die Borana. Sie sind **Viehzüchter** und leben fast ausschließlich von den Produkten ihrer **Rinder;** Feldbau wird eher als entwürdigend angesehen. Produkte des Feldbaues tauschen die Borana besonders von den nordwestlich siedelnden Konso ein. Der Besitz von Rindern unterscheidet sie von ihren östlichen Nachbarn, den Somali, deren Herden überwiegend aus Kamelen bestehen. Sie sind Viehzüchter, die in Siedlungen leben, die öfter verlegt werden.

Rinder und deren Produkte haben für die Borana eine besondere Bedeutung. **Milch** ist ihnen heilig: Sie darf nicht mit Tongefäßen in Berührung kommen, sondern nur mit Leder, man darf nicht die Vorderbeine des Schlachttieres essen, Bespucken mit Milch ist eine Segnung. Einmal im Jahr wird den Rindern auch Blut entnommen und mit Milch vermischt getrunken.

Berühmt sind die **Brunnen (ela)** der Borana, die sie von einem unbekannten Vorgängervolk übernommen haben sollen. In diesen Brunnen wird das Wasser über mehrere Terrassen bis zur Oberfläche geschöpft, dazu werden Menschenketten gebildet (12–14 Leute), die singend den Takt vorgeben und mit Ledereimern das Wasser schöpfen. Moderne Brunnen der Borana haben die Form einfacher gerader Schachtbrunnen.

Das **Haus** der Borana ist eine grasgedeckte Hütte ohne Rauchabzug. Das Innere ist zweigeteilt, in einen öffentlichen Vorraum und einen sakralen, nur dem Familienoberhaupt vorbehaltenen Hinterraum. Die Feuerstelle besteht aus drei heiligen Steinen, und der **Mittelpfahl** oder (wenn es keinen eigentlichen Mittelpfahl gibt) eine der Seitenstützen, wird besonders verehrt.

Diese Bräuche kann man in abgewandelten Formen auch bei anderen Völkern beobachten. Mittelpfahl, Feuerstelle und Tür (oder Schwelle) bilden die Teile des Baus, die ein Haus ausmachen, sein Wesen verkörpern. Das Haus schützt den Menschen, er aber muss es nicht nur instand halten, sondern auch seine Mächte bewahren. Der Platz des Mannes und der der Frau haben ebenso ihre spirituelle Bedeutung, wie der Platz für die Tiere, wenn sie mit unter demselben Dach untergebracht sind.

Wer das Haus betritt, stellt seinen Stock vor der Tür ab. Bei den Nachbarvölkern hat sich daraus die Sage über den sehr laxen Treue-Begriff der Borana abgeleitet, wo ein Mann nicht in seine Hütte tritt, wenn er den Stock des Liebhabers seiner Frau vor der Tür stehen sieht. Auf jeden Fall ist der Liebhaber eine beinahe feste Institution und wird, solange er zur selben Gada-Gruppe wie der Ehemann gehört, auch toleriert, da er Geschenke ins Haus bringt.

esc424 Foto: bs

Grabstätte der Arsi-Oromo
am Wegesrand bei Shashemene

Die Arsi

Weiter nördlich, entlang der Seen, leben die Arsi (amhar. *Arusi*). Auch bei ihnen hat sich das Gada-System noch teilweise erhalten, obwohl sie in der Regel **Christen oder Muslime** sind. Bemerkenswert sind die stelenartigen Grabmale der Arsi, die wahrscheinlich auf eine sehr alte Tradition zurückgehen. Die älteren dieser **Grabsteine** zeigen geometrische Muster, Kreise und Wellenlinien. Modernere Grabmale ordnen diese Muster so an, dass ein figürlicher Eindruck entsteht. Es wurde unter dem Einfluss der christlichen Kunst überhaupt dazu übergegangen, figürliche Bilder zu gestalten. Sie sind oft aus Zement und zeigen bewaffnete Reiter. Ursprünglich wurden solche Steine nur für Männer errichtet, die einen Feind oder ein Großwild getötet hatten. Die meisten der Grabmale sind entlang der Straße zwischen Zway und Negelle (Arsi) sowie in der Gegend um Shashemene zu sehen.

Die Somali

Die Somali leben heute in Somalia, Djibouti, im Osten Äthiopiens und in Teilen Kenias. Sie sind sprachlich und kulturell mit den Oromo verwandt. Ihr Ursprungsgebiet liegt wahrscheinlich in der Ostspitze des Horns von Afrika. Dort wurden sie im 16. Jh. vom Jemen aus islamisiert und drangen im Rahmen der islamischen Jihad-Bewegung (Heiliger Krieg), die vom Imam *Ahmad Grang* (1506–1543) bis in das christliche Hochland getragen wurde, nach Westen vor. Dabei lösten sie ihrerseits offensichtlich die Wanderbewegung der Oromo aus.

Die Somali sind **Nomaden,** die mit ihren oft riesigen Kamelherden entsprechend der Jahreszeiten von Sommer- zu Winterweiden ziehen und von den Produkten ihrer Kamelherden leben. Der Besitz von Brunnen und die Kontrolle bestimmter Weidegebiete machen die Macht und den Reichtum eines Clans aus, um die es immer wieder blutige Auseinandersetzungen gibt. Die Männer sind Mitglieder weit verzweigter Klassenorganisationen, die für jedes einzelne Mitglied ihrer Klasse verantwortlich sind. Vergehen an einem Mitglied ziehen Reaktionen der ganzen Klasse nach sich, was zum Ausbruch lang andauernder Konflikte führen kann. Berühmt sind die Somali aber auch für ihre **Poesie,** die über Generationen mündlich weitergegeben wurde.

Die somalische Grenze war mehrmals Gegenstand von Auseinandersetzungen. Kaiser *Menelik II.* wollte die gesamte Südküste seinem Reich eingliedern, wurde aber von Italien und England daran gehindert. Italien nutzte Streitigkeiten über den Grenzverlauf im Ogaden, um beim Ort Welwel (in der Gegend von Warder) einen Zwischenfall zu provozieren und 1935 nach Äthiopien einzumarschieren. 1977/78 kam es mit Somalia zum **Krieg um den Ogaden,** in dessen Verlauf die sowjetische Seite sich zu Äthiopien schlug, die kurz zuvor noch Somalia unterstützt hatte. Somalia erlitt eine Niederlage. Nach dem Sturz des Mengistu-Regimes erhielten die Somali eine eigene Region (Region 5), es kam häufiger zu Auseinandersetzungen zwischen ihnen und den Oromo.

Völker im äußeren Süden

Einige Völker im Süden Äthiopiens umfassen nur einige tausend Personen. Häufig haben sie ein **Gruppensystem,** das dem Gada-System der Oromo ähnlich ist, Priester oder Ritualspezialisten haben aber erbliche Funktionen und ähneln den sakralen Königen der Reiche im südwestlichen Hochland.

Diese Völker unterscheiden sich durch ihre Sprachen, aber auch im Hausbau, in der Kleidung und bestimmten Zeremonien.

Die um den Abaya-See lebenden Volksstämme der **Konso** sind Bauern, die großartige Terrassenfelder anlegen. Sie sind für ihre **hölzernen Totenstelen** *(waga)* berühmt, die Krieger mit einem phallusartigen Stirnschmuck zeigen (Beispiele im Museum der Universität in Addis Abeba). Der **Phallus** als Symbol fur die Tötung eines Feindes (dessen Phallus dann abgeschnitten wird), als Stirnschmuck *(kalatscha)* und auch zum Schmuck der Häuser ist in Südäthiopien weit verbreitet. Neben dem Töter werden am Grab auch weitere Figuren seiner (phalluslosen) Opfer und seiner Frauen aufgestellt.

Die Bedeutung der **Tötung** von ganz bestimmten **Großtieren** (Löwe, Elefant, Nashorn, Wildstier, Nilpferd) und auch von **Menschen** ist ein in ganz Südäthiopien verbreitetes Phänomen. Durch die Tötung und die parallel dazu zu sehende Zeugung von Nachkommen erwirbt ein Mann bestimmte Verdienste, die er durch Abzeichen zeigen darf (ein besonderer Haartuff, der phallische Stirnschmuck, Armreifen, Tätowierungen) und die ihm Prestige verleihen. Dieser Erwerb von Würden ist aber streng zeremoniell reguliert, an bestimmte Generationsklassen gebunden und mit Sühneopfern verbunden. Tötung und Zeugung stehen in untrennbarer Beziehung zum zyklischen Ablauf der Welt.

Klima und Reisezeit

Im Grabenbruch erreichen die Temperaturen **im Sommer** durchaus Spitzenwerte von **über 40 °C,** sobald man aber die angrenzenden Höhenlagen erreicht hat, wird das Klima ganzjährig sehr angenehm, im hoch gelegenen Bale Nationalpark können die Temperaturen bis unter den Gefrierpunkt sinken. Regen fällt auch hier zu den üblichen **Regenzeiten** im März/April und im September/Oktober. Während der Regenzeit sind die Pisten aufgeweicht, so dass es abseits der Straßen, also besonders in den Nationalparks, unmoglich sein kann voranzukommen. Am beeindruckendsten ist die Landschaft, wenn alles blüht. Der **„äthiopische Frühling"** im Oktober bis November kann wärmstens empfohlen werden für alle Reisenden, die sich nach Süden aufmachen möchten, um z. B. den Bale Nationalpark zu besuchen.

Die Nationalparks

Sieben der dreizehn äthiopischen Nationalparks und Schutzgebiete befinden sich im Süden, wobei der **Bale Natio-**

esc427 Foto: bs

nalpark und die beiden **am Omo gelegenen Parks** sicher zu den wichtigsten des Landes gehören. Die hier geschützte Tier- und Pflanzenwelt umfasst die einmalige Hochlandflora und -fauna des Bale-Berglandes (Wendebo-Mountains) mit nur dort vorkommenden Schakal- und Vogelarten, wie die „typische" afrikanische Savannenfauna entlang des Omo mit Antilopen, Gazellen, Giraffen, Zebras und, wenn auch erst wieder vereinzelt, Großtieren wie Elefanten, Nashörnern und Löwen. Der Omo ist berühmt für seine Nilpferde und Krokodile, einige Parks sind besonders dem Schutz von Vögeln gewidmet, auch der hier Station machenden Zugvögel. Für den an Tier- und Pflanzenwelt interessierten Besucher empfiehlt es sich auf jeden Fall, den aktuellen Stand der Parks und ihrer Betreuung vor Ort in Addis Abeba bei der Ethiopian Wildlife Conservation Organization (EWCO) zu erfragen. **Besuche der Parks müssen gut vorbereitet sein,** sowohl Kraftstoff, Verpflegung als auch medizinische Notversorgung können nicht gewährleistet werden.

Und noch eines: Alle Naturparks, aber ganz besonders die in Sidamo und Gamu-Gofa, sind auch **Lebensräume von Völkerschaften,** die eng mit ihrer Umgebung und dem Kreislauf der Natur verbunden sind. Die dort lebenden Menschen **sind keine Staffage für Fotosafaris.**

An- und Weiterreise

In den Süden und den Südosten gelangen Sie am einfachsten über die **Asphaltstraße nach Kenia.** In **Shashemene,** dem Verkehrsknotenpunkt des Südens, ist dann jeweils der gewünschte

Abzweig in die eine oder andere Richtung zu nehmen. Mit einem eigenen Fahrzeug erreicht man Shashemene in etwa vier Stunden, Busse brauchen einen guten halben Tag.

Die **Weiterreise von Shashemene** zu den Städten **Awassa, Goba** und **Arba Minch** ist kein Problem, weder mit eigenem Fahrzeug noch mit öffentlichem Transport. Die Weiterfahrt zu den einzelnen Nationalparks und Sehenswürdigkeiten wird dann für den Busreisenden etwas langwieriger. Aus dem östlichen Teil des Gebietes sind in letzter Zeit Berichte über Überfälle bekannt geworden. Wer sich weiter nach Osten begibt, sollte zuvor Erkundungen einholen. Es wird berichtet, dass **in Shashemene** abgestellte Fahrzeuge beschädigt und bestohlen wurden; bitte **auf einen bewachten Parkplatz achten!**

Unterkunft

Neben den **staatlichen Hotels der** hier angesiedelten **Wabe Shebele-Kette** (10–50 US$) gibt es in allen größeren Orten **Hotels der privaten Bekele Mola-Kette,** die ca. ein Drittel bis die Hälfte des Preises des jeweiligen staatlichen Hotels verlangen (8–30 US$). Die Ausstattung ist aber auch einfacher. Alle **übrigen Unterkünfte** entsprechen der äthiopischen Kein-Stern-Kategorie (1–7 US$), bieten aber Bett und meist irgendwo Dusche und Toilette. Wie überall in Äthiopien üblich, liegen die Hotels entlang der Hauptstraße aufgereiht, dazwischen Restaurants und Teestuben. Besonders in den Nationalparks ist es problemlos möglich, in der Gegend der Verwaltung **Zelte** aufzuschlagen, einige haben ausgewiesene Campingplätze.

Abseits der größeren Orte wird die **Versorgung** in jeder Hinsicht **schwierig.** Das heißt nicht, dass es keine Unterkünfte, keine Fortbewegungsmittel und keine Nahrung gibt – aber alles muss etwas aufwendiger organisiert werden.

Gurage-Junge mit Schubkarre
Marke Eigenbau (bei Arba Minch)

Route Südosten – Bale und Nationalpark Bale

Der Südosten Äthiopiens wird durch das **östliche Hochland** und den anschließenden allmählichen Abfall der **Somaliplatte** gebildet. Ganz im Norden liegen die **Ahmar Mountains,** an deren Südhang sich die Stadt Harar befindet. Die von hier kommenden Flüsse bilden das System des nach Süden, nach Somalia abfließenden Wabi Shebele. Weiter südlich liegt der zweite Teil der östlichen Kante des Grabenbruches, die **Berge der Provinz Arsi** (Gugu Mountains) und die **Bergwelt von Bale** (Mendebo Mountains), deren Gewässer in den ebenfalls nach Somalia abfließenden Juba münden.

Die Bergwelt ist die Urheimat der Oromo, die von hier aus im 16. Jh. nach Westen und Norden expandierten. Heute leben hier in erster Linie **Arsi-Oromo.**

Weiter im Osten geht das Bergland in die flache **Savanne des Ogaden** über, den von Somali bewohnten Teil des Horns von Afrika. Im östlichen Teil der Provinz gibt es des öfteren Spannungen zwischen Somali und Oromo, auch sind hier Überfälle auf Fahrzeuge möglich. Sie sollten sich bei Fahrten in diese Region **über die aktuelle Sicherheitslage informieren.**

Nazaret – Asela – Dodola

Nazaret – Asela (82 km)
Asela – Dodola (122 km)
Addis Abeba – Asela (175 km)

Teilweise ausgebaute Straße. Zur Route bis Nazaret siehe im Kapitel zur Provinz Shoa, „Route Seen südlich von Addis Abeba".

Die Route führt von Addis Abeba kommend bis Nazaret, zweigt dort nach Süden ab und führt über Asela nach Dodola, wo man auf die Ost-West-Tangente Shashemene – Goba trifft.

Asela ⇗XVI,A/B1

Asela ist die **Hauptstadt der Provinz Arsi.** Der Ort liegt in einem der Hauptanbaugebiete Äthiopiens für Weizen und Gerste. Die mannigfachen Getreidesorten Äthiopiens, die seit Jahrtausenden kultiviert werden, sind einer der Schätze Äthiopiens. Das äthiopische Hochland ist besonders für **Weizen** ein Genzentrum, und vielfach haben sich Forscher aus Europa oder Amerika äthiopischer Getreidegene bedient, um krankheitsresistente Sorten zu züchten. Um Asela gibt es riesige Farmen mit **Saatgutvermehrungsflächen.**

Unterkunft

Entlang der Hauptstraße, wo auch der Busbahnhof liegt, gibt es eine Reihe von Hotels und Unterkünften, wie z. B. das **Hanna Hotel** (5 US$), das **Lakew Indale Hotel** (5 US$) und das **Tinsayye Hotel** (3 US$). Besonders empfehlenswert:

- **Asela Ras Hotel**

P.O. Box 28, Tel. 02/311089. Zimmer 10–20 US$.

Dodola – Robe – Goba

Dodola – Goba (110 km)
Asela – Goba (256 km)
Shashemene – Goba (168 km)
Addis Abeba – Goba (430 km)

In Dodola erreicht man den Abzweig nach Osten/Robe, dort Abzweig nach Süden/Goba.

Schneller als über Asela ist die Anreise auf der **asphaltierten Hauptstraße zur kenianischen Grenze** bis **Shashemene** (siehe im Kapitel zur Provinz Shoa, „Zway – Shashemene") und dann **nach Osten** Richtung Dodola. Von Shahshemene aus besteht regelmäßiger **Busverkehr** nach Dodola und Goba. Die großen Ortschaften (Shashemene, Goba) werden von Addis Abeba auch direkt mit Bussen in einer Tagesreise angefahren. In Robe, östlich vom Nationalpark, teilt sich die Straße, nach Süden in Richtung Goba, nach Osten in Richtung Goro und Sof Omar.

Robe bietet die üblichen Unterkünfte an der Hauptstraße, u. a. ein **Bekele Mola-Hotel** (6 US$).

Goba

XVI,B2

Goba, die **Hauptstadt der Provinz Bale,** liegt 2743 m über dem Meeresspiegel und hat etwa 23.000 Einwohner. Hier ist es aufgrund der Höhenlage recht kühl und besonders im Winter unangenehm kalt. Ein warmer Schlafsack tut selbst im Hotel not. Die Stadt verfügt über einen **Flughafen.** In der Nähe stehen Reste der am weitesten südlich gelegenen **Felskirche** Äthiopiens.

Unterkunft

Staatliches Hotel

- **Bale Goba Ras Hotel**

An der Straße nach Robe, am Ortseingang, P.O. Box 77, Tel. 610024. Zimmer 20–30 US$.

Hotel

- **Yilma Hotel**

An der Hauptkreuzung. Zimmer 5 US$.

Herbergen

Diverse einfachere Herbergen stehen entlang der Straße nach Robe.

Nationalpark Bale Mountains

XVI,B2

Die **Parkverwaltung** und der **Zugang** zum Park liegen **vor Goba beim Ort Dinsho** (425 km bzw. eine Tagesreise von Addis Abeba entfernt). Der **Eintritt** beträgt ca. 10 US$ und berechtigt zu einem Nationalpark-Besuch von 48 Stunden Dauer. Jeder Reisende muss sich selbst versorgen. Von Dinsho kann man mehrtägige (ein bis fünf Tage) **Touren** mit Fahrzeugen oder Pferden unternehmen. Es gibt eine **Herberge** und einen **Campingplatz** bei der Parkverwaltung.

In **Dodola** gibt es ein Büro der **GTZ** (Gesellschaft für Technische Zusammenarbeit), die das Projekt „Integrierte Waldbewirtschaftung Adaba-Dodola" unterstützt. Hier ist auch das **GTZ-Gästehaus,** für Besucher, die für 6 Euro/ Nacht ein Doppelzimmer suchen.

Außerdem können vom Büro aus **wunderschöne Trekkingtouren** gebucht werden, die weite Teile des Nationalparks und verschiedene Vegetationszonen durchqueren. Ziel des Projektes ist die nachhaltige Bewirtschaftung der Naturwälder durch Einbeziehung der Bevölkerung, die in den Wäldern des Nationalparks lebt. Durch diese Art des **Ökotourismus** können die Menschen im Projektgebiet ihre Einkommen etwas aufbessern und sind nicht mehr gezwungen, den Wald durch Abholzung zu übernutzen. Die Einnahmen durch die vom Projekt organisierten Trekkingtouren kommen direkt den Menschen zu Gute.

Für Führer, Pferd und Hüttenübernachtung muss man mit Kosten von ca. 10 Euro pro Tag und Person rechnen. Informationen über die Trekkingtouren bei: *H.-J. Lippe,* Tel. 00251-6-660036/ 660103, e-mail: gtz-ifmp@les-raisting.de oder im Projektbüro in Dodola nach Herrn *Kebede* fragen. Bei Interesse ist auch eine Trekking-Karte erhältlich.

In den Höhenlagen des Plateaus können die Temperaturen nachts unter den Gefrierpunkt abfallen, entsprechende

Ausrüstung ist also erforderlich, aber auch Sonnenschutz am Tage, wenn die Temperaturen bis an die 30°C gehen.

Der Park ist **einer der besonders schönen Plätze Äthiopiens.** Das 2400 km² große Gelände umfasst eine Reihe von Bergen, u. a. den 4377 m hohen **Tullo Dimtu** („Roter Berg" in Orominya) den **zweithöchsten Berg Äthiopiens,** der sich über dem 4000 m hohen **Senati-Plateau** erhebt, dem höchsten Landesteil Südäthiopiens. Die Bergwelt des Parks ist mit **üppigen, z. T. alpinen Pflanzen** bestanden, im Herbst blühen unzählige Blumen. Die beste Zeit, den Nationalpark zu besuchen, ist die **Blütezeit von Ende Oktober bis Dezember.**

Im Süden fällt das Plateau jäh ab, die tiefer gelegenen Teile des Parks sind mit Wald bedeckt. Die Tierwelt des Hochlandes umfasst den **Simien-Fuchs** sowie den ebenfalls auf Äthiopien beschränkten **Berg-Nyala,** weiterhin Steinböcke, Antilopen, Affen und Vögel wie den Berg-Kranich. Das Vorkommen von Löwen und Leoparden ist eher unwahrscheinlich.

Mehrere **Pisten** führen **durch den Park,** gerühmt wird die von Goba über das Senati-Plateau, die die höchstgelegene Allwetterstraße Afrikas sein soll. Die Straße führt langsam ansteigend durch wunderschöne Buschmatten und Bergwälder, vorwiegend mit Juniperusbäumen, stetig nach oben. Die Vegetation wird allmählich immer karger und steiniger, bis man das Hochplateau erreicht, wo es noch Gras, verkrüppelte Sträucher und Riesenlobelien gibt. Die Wahrscheinlichkeit, hier oben den Simien-Fuchs zu treffen, ist hoch und aufgrund seiner roten Färbung ist er auch in der graugrünen Vegetation gut zu sehen, falls Sie nicht einen der vielen Tage erwischen, an denen die Hochebene in den Wolken liegt. Doch auch die Unwirklichkeit dieser Situation lohnt die Fahrt. Wenn Sie auf dem Plateau die einzige Straße, die nach Westen abbiegt, nehmen und in Richtung der Telefonumsetzerstation bis auf 4375 m mit dem Auto klettern, erwartet Sie eine atemberaubende Sicht in ebenso atemberaubender Kälte. Hier oben haust ständig ein Wächter, der zwei Wochen Schicht am Stück hat und die Station bewacht.

Von Dinsho aus sind auch eine Reihe von **Wanderwegen** und vor allem **Touren zu Pferde** empfehlenswert (erst über die Sicherheitslage informieren!). Die Landschaft und vor allem die einzigartige Vegetation, die zwar in den Jahren des Bürgerkrieges unter Waldbränden und Abholzung gelitten hat, ist immer noch sehr eindrucksvoll. **Berg-Nyalas** sind hauptsächlich in der Gegend um Dinsho zu finden, wo auch herbvorragendes *kollo* (geröstetes Getreide) an der Straße verkauft wird.

Abstecher nach Borana

Zurück auf der „Hauptstraße" lohnt es sich **weiter nach Süden** und wieder bergab durch die Vegetationszonen zu fahren, um typische Walddörfer und eine schöne Landschaft zu erleben. Wenn Sie der Straße weiter folgen, erreichen Sie nach etwa einer halben Tagesreise **Negele** in Borana. Auf dieser Strecke sollten Sie sich vorher nach der

Sicherheitslage erkundigen, immer wieder finden Überfälle statt. Auf den etwa 200 Kilometern können Sie weder mit einer Tankstelle rechnen – eventuell gibt es in Delo Mena Sprit – noch auf Werkstätten hoffen. Es lohnt sich trotzdem. Von Negele ist dann die Rückfahrt auf der auch sehr schönen Strecke über Kibre Mengist und Wondo nach Dilla oder Awassa möglich.

Robe – Sof Omar (116 km)

Der Weg zu den Höhlen zweigt in Robe nach Osten ab, während die Hauptstraße weiterführt nach Goba, bis zum Ort Goro.

Ca. 45 km (ein halbe Stunde Fahrzeit) hinter Goro erreicht man die Gegend von Sof Omar. Die Straße führt zuerst über einen Bergzug und dann plötzlich in eine wenige Hundet Meter breite Senke. Dann geht es weiter über einige Steinstufen ins Tal und mit einer Haarnadelkurve wieder aus dem Tal hinaus. Dieser Route können Sie **auch nach Sheik Hussein** folgen.

Sof-Omar-Höhlen ⇗XVII,C2

Die Höhlen können erreicht werden, indem Sie in der Haarnadelkurve einen steil nach unten führenden Weg nehmen und diesem etwa 1 km folgen. Die Wahrscheinlichkeit, hier großen Rinder- oder Kamelherden zu begegnen, ist groß, da auf viele Kilometer die einzig zugängliche Wasserstelle am Fluss Web liegt. Die Lage des verschwindenden Flusses und des Dorfes mit der Tränkestelle wären auch ohne die Höhle schon die Reise wert. Etwas oberhalb der Tränke liegt in diesem Talkessel ein malerisches kleines Dorf. Die Bewohner zeigen gerne gegen eine Gebühr den Höhleneingang und können auch durch die Höhle führen. Das **mehrere Kilometer lange Höhlensystem** wurde vom Fluss Web in den Felsen gegraben, der hier unterirdisch fließt. Entlang seinem Lauf kann man z. T. große Höhlen besuchen, so die „Säulenhalle" und die „Große Galerie".

Benannt ist der Platz nach dem Heiligen *Sof Omar,* der hier vor langer Zeit lebte. Nach seiner Tochter *Ayiew* heißt der Teil der Höhle, in den der Fluss einströmt *(Ayiew maco),* während die Stelle, an der der Fluss wieder ans Tageslicht tritt, *holuca* heißt. Die Höhlen sind Ortsgöttern *(ayanas)* heilig, für die an bestimmten Stellen Opfergaben, oft in Form von Bändern oder dekorierten Beuteln, abgelegt werden.

Sie sollten niemals ohne Führer, Lampe und Verpflegung in das Gewirr unterirdischer Gänge eindringen!

Sof Omar – Sheik Hussein

Robe – Sheik Hussein (225 km)

Die Anreise von Norden ist nicht möglich, da der Wabi Shebele nicht überquert werden kann.

Die Straße, die von Goba/Robe nach Sof Omar führt, zieht sich, **nachdem der Web überquert wurde, nach Norden.** Nach Durchquerung der Ortschaften Ginir und Jara erreicht man 78 km hinter Ginir Sheik Hussein.

Sheik Hussein ⇗XVII,C1

Das **Heiligtum** soll auf die Zeiten des Sidama-Reiches von Bale zurückgehen und ist heute für muslimische Oromo und Somali ein großes **Pilgerzentrum.** Ein wichtiges Heiligtum der Muslime in der Provinz Bale ist das **Grabmal von Sheik Hussein,** nördlich von Goba.

Zwei Traditionen haben sich in Sheik Hussein verbunden: die alte Tradition der Oromo, zum Abba Muda, dem „Vater der Salbung", zu pilgern, um Segnung zu erhalten, und die muslimische Tradition der Pilgerfahrt zum Grab eines Heiligen. Der Heilige Scheich soll im 12. Jh. von der somalischen Küste her den Wabi Shebele hinaufgezogen sein und sich schließlich hier niedergelassen haben. Zu seinem Todestag im Februar besuchen etwa zwei Wochen lang Tausende sein Grab und die Moschee, die vom Emir *Abd ash-Shakur* von Harar (1783–1794) erbaut wurde. Die Pilger tragen einen besonderen, oben gegabelten Stab *(oule Sheik Hussein)* und dürfen sich während ihrer Pilgerfahrt nicht waschen oder in festen Häusern übernachten. In der *qubba* des Heiligen, deren Kuppel zu den Festtagen mit Tüchern geschmückt ist, sitzen die Gläubigen und geben sich der an diesem Ort wirkenden *baraka,* der Segenskraft des Heiligen, hin. Staub vom Fußboden und den Wänden des Grabmals soll ebenfalls eine segensreiche Wirkung besitzen. Eine Umformung der in den muslimischen Orden bekannten kollektiven Zeremonien *(dhikr)* sind die hier geübten, *baro* genannten, Wechselgesänge zwischen Vorsängern und Pilgern.

eph432 Foto: ph

Das ganze Gebiet ist heilig und von **Geistern** (ayanas) bewohnt; man darf keine der ihnen heiligen Bäume abschlagen, in denen Stoffstreifen als Zeichen der Ehrerbietung hängen. Weitere Gräber und Schreine gehören zu dem ummauerten Bereich. Daneben gibt es eine Reihe von Grotten, so eine, die mit einer alten Schlangengottheit in Verbindung gebracht wird. In den Grotten sind Felsen zu sehen, die vom Scheich veranlasste Versteinerungen sein sollen, so eine nackte Frau und eine Gruppe von Reitern. Eine zweite Pilgerfahrt hierher findet um die Zeit des Maulid an-Nabi, des Geburtstags des Propheten (dessen Datum wie alle muslimischen Feiertage wechselt), statt.

Route Sidamo bis zur kenianischen Grenze

Nachdem der Grabenbruch (Rift Valley) die beiden großen Massen des äthiopischen Hochlandes geteilt hat, läuft er nach Süden über Kenia weiter. Die **Kette der Seen,** die schon in der Umgebung von Debre Zeyt begonnen hat, setzt sich fort bis zu den großen afrikanischen Seen. **Lake Abaya** ist der größte der Seen des Grabens, der sich auf äthiopischem Territorium befindet.

Dromedare an der Tränke bei Sheik Hussein

Die **547 km lange Straße zur kenianischen Grenze** ist eine gute Asphaltstraße mit regem Verkehr. Wer aus Kenia nach Äthiopien einreist, wird auf dieser Strecke seine erste Bekanntschaft mit dem Land machen. Hier ist vieles sehr „afrikanisch", d. h. wie wir uns nach diversen Grzimek-Filmen Afrika vorstellen: heiß, Savanne, große Tiere. Das Panorama der Berge des Grabenbruches liefert den Hintergrund.

Ab **Dilla** ist der Landstrich nur dünn besiedelt. Hier leben **pastoralisierende Borana-Oromo,** „echte" Oromo, die noch den Bräuchen ihrer Väter folgen. Noch vor einiger Zeit wurde man auf dieser Strecke nur in Konvois mit Militärbegleitung zugelassen. Es ereignen sich leider immer wieder Überfälle.

Shashemene – Awassa

Shashemene – Awassa (20 km)
Addis Abeba – Awassa (268 km)
Debre Zeyt – Awassa (221 km)

Zur Route bis Shashemene siehe im Kapitel zur Provinz Shoa, „Shashemene – Zway".

Awassa XVI,A2

Awassa, früher auch Tabor genannt, ist die **Hauptstadt der Südregion,** der Grenzprovinz zu Kenia. Etwa 65.000 Einwohner leben in der „Gartenstadt" am Ufer des Awassa-Sees in 1760 m Höhe. Vogelliebhaber werden überall am Ufer des Sees auf ihre Kosten kommen. Interessant ist auch der große **Fischmarkt.** Ansonsten bietet die recht hübsche Stadt jedoch keine nennenswerten Sehenswürdigkeiten. Das in der Umgebung lebende Volk der **Sidama** ist berühmt für seine bienenkorbförmigen Häuser, die so geflochten sind, dass man sie im Ganzen transportieren kann. Ihr Gestänge ist aus Bambus, bedeckt mit Blättern der *ensete* (falsche Banane).

Unterkunft

Staatliche Hotels:

In Awassa gibt es zwei Hotels der staatlichen Wabe Shebele-Kette:

- **Wabe Shebele Awassa Hotel I**
Am Seeufer, nördlich des Kreisverkehrs, P.O. Box 61, Tel. 200004/00023/200365. Schöne Terrasse mit Seeblick, Tourismusbüro vorhanden. Zimmer 15–30 US$.
- **Wabe Shebele Awassa Hotel II**
Südlich des Kreisverkehrs, am Seeufer, P.O. Box 61, Tel. 200415. Schöne Lage. Zimmer 10–20 US$.

Private Hotels:

Weitere Hotels gibt es am bzw. Richtung See entlang der Hauptstraße:

- **Unique Park Hotel**
Am Seeufer/Kreisverkehr, Zimmer 5 US$.
- **National Hotel**
An der Hauptstraße östlich vom Kreisverkehr, Zimmer 5 US$.
- **Segan Hotel**
An der Hauptstraße östlich vom Kreisverkehr, Zimmer 5 US$.
- **Yamere Hotel**
An der Hauptstraße östlich vom Kreisverkehr, Zimmer 5 US$.
- Die **Hotels Paradise** und **Dagem** werden von Reisenden empfohlen.

Herbergen

Einfachere Herbergen finden sich zwischen der Hauptstraße und dem Markt.

Camping

- Empfohlen wird der Campingplatz **Adenium Campsite,** Tel. 0462212787 bzw. 091823265.

Route von Awassa Richtung Kenia

Awassa – Yabelo

Etwa 10 km westlich von Dilla liegt das **Tal Shabe** (in Dilla auch als Walame bekannt), ein Felstal mit Reliefs. Die Motive der **Felsreliefs** zeigen stilisierte Kühe mit übergroßem Euter. Die Reliefs sind wahrscheinlich über Jahrhunderte vor und um die Zeitenwende entstanden.

An mehreren Plätzen der Region zwischen Yirga Alem und Yirga Cheffe gibt es bis zu über 2 m hohe **steinerne Stelen,** die die Form eines Phallus haben und Grabstätten markieren. Es ist bemerkenswert, wie alt in der Region die Vorstellungen sind, die um den Zusammenhang von Zeugungskraft und Tod kreisen. Die Datierung der Stelen ist noch offen, man hat das 10. bis 14. Jh. als Entstehungszeit vorgeschlagen.

Der nächste größere Ort ist **Dilla,** ca. 88 km südlich von Awassa. Hier gibt es ein Krankenhaus und einen sehenswerten Markt.

Von Dilla erreicht man nach etwa 218 km **Yabelo,** wo sich ein Schutzgebiet für Tiere der Savanne (Zebras, Kudus, Gazellen) befindet. Es soll hier die einzigen lebenden Exemplare des **Prinz-Raspoli-Turakos** geben, eine den Kuckucken nah verwandte afrikanische Vogelart. Der Prinz hatte das einzige bis dahin bekannte Exemplar 1890 erhalten, erst in den 40er Jahren des 20. Jh. wurden weitere Exemplare in der Gegend entdeckt.

Von Yabelo zweigt eine nicht immer befahrbare Piste nach Westen ab, die über Konso in das Gebiet der Nationalparks am Omo führt (s. u.).

Yabelo – Dubduluk

Interessant ist jedoch auch die Weiterfahrt Richtung Süden, selbst wenn man nicht nach Kenia möchte. Es geht ins **Kernland der Boranna Oromo,** die als teilnomadische Viehzüchter auf den trockenen Grassavannen ihre Tiere, Rinder, Kamele und Ziegen, halten.

Die Bedeutung der Tierzucht wird durch eine Kulturleistung der Boranna besonders deutlich, die sich auch unweit der Stadt Mega, im Ort **Dubduluk** etwa 70 km südlich von Yabelo, bewundern lässt. Hier können Sie die **„singenden Brunnen“,** *Ela* auf Oromifa, bestaunen. Der poetische Name steht für Viehtränken, die einzigartig konstruiert sind. Es existiert hier ein oberflächennaher Grundwasserleiter, der normalerweise durch einfache Brunnen erschlossen werden könnte. Für größere Viehzahlen würde sich das normale Schöpfen jedoch als aufwendig erweisen. Findige Menschen sind auf die Idee gekommen, dass es sich lohnt, das Vieh zum Wasser zu bringen und nicht umgekehrt. Daher wurden Rampen in dem weichen Tuffgestein konstruiert, auf denen die Tiere auf einer schiefen Ebene hinabsteigen können. Am Ende der Rampe befindet sich ein Wasserbecken, das etwa 8 m unter dem Niveau des umliegenden Graslandes liegt. Um an das Wasser zu gelangen und die eigentliche Tränke befüllen zu können, wurde ein Brunnenloch abgeteuft, das weitere 10 bis 15 m in die Tiefe reicht. Und von hier kommt der Gesang, wenn die Tiere getränkt werden.

Der Brunnen hat einen größeren Durchmesser als üblich und verfügt über **Terrassenstrukturen,** auf denen Menschen stehen können. Diese Terrassen haben einen Höhenunterschied von etwa 2 m. Auf jeder der Terrassen steht ein Mann. Der Unterste schöpft das Wasser aus dem Brunnen und reicht es mit dem Schöpfgefäß dem darüber Stehenden. Dieses Bücken und Heben von größeren Gewichten über lange Zeit ist anstrengend und eintönig. Daher singen die Männer bei der Arbeit. Der Oberste gießt das Wasser in die Viehtränke und gibt das Gefäß zurück, dann kommt das nächste, stundenlang – bis die Tiere genug getrunken haben für den Tag.

Wenn Sie die Elas besuchen und fotografieren wollen, ist, wie so häufig, Verhandlungsgeschick nötig. Ob bei echter Tränke oder einer „Ela-Simulation“, es fallen **„Gebühren“** für die Akteure an. Zahlen Sie nicht zu viel (10–30 Birr pro Tourist), wird mehr gefordert, verhandeln Sie oder lassen das Ihren Fahrer/Führer machen. Irgendwann steht jeder vor der Entscheidung, ob ihm das Gebotene den Preis wert ist. Faire Preise erleichtern allen Nachfolgenden das Reisen.

Dubduluk – Soda

Etwa 20 km südöstlich auf guter Schotterstraße liegt der Ort Soda. Der Name ist Programm, und noch dazu ein sehr eindrucksvolles. Nähert man sich dem Ort, laufen die Kinder schon in Heerscharen auf einen zu und weisen den Weg. Dann, hinter dem Markt und der Moschee, bietet sich ein grandioses Schauspiel: Eine Caldera oder eher eine Doline, jedenfalls ein **hunderte Meter tiefer Kessel** tut sich auf, in dessen Mitte ein schlammiger Tümpel zu erkennen ist sowie Erdhaufen, so zumindest sieht es von oben aus. In Wirklichkeit handelt es sich um stark **salzhaltigen Schlamm** aus dem Krater, der aus dem Tümpel geholt wird. Dieser Schlamm wird zum Trocknen aufgehäuft und mehrfach gewaschen, bis der Salzgehalt hoch genug und das Material als Viehsalz nutzbar ist und abtransportiert werden kann.

Auch in Soda ist wieder Handelstalent gefordert. Nicht nur, dass die Gemeindeverwaltung ihren Obolus fordert. Sollten Sie Interesse haben, in den Krater zu steigen oder zu reiten, was sicherlich ein eindrucksvolles Erlebnis sein kann, werden Sie mit Tieren und Führer einige hundert Birr zahlen müssen. Allerdings lohnt sich die Fahrt unter dem Strich auch ohne Abstieg.

Zurück auf der Hauptstraße Richtung Mega befindet sich auf der rechten Seite auf einem Hügel ein ehemaliges **Fort.** Von **Mega,** wo es früher ein britisches Konsulat gab, sind es noch ungefähr 150 km bis Moyale.

Der kleine Ort **Moyale** ist die **Grenzstadt zu Kenia,** auf beiden Seiten der Grenze gibt es die üblichen Herbergen. Eine Campingmöglichkeit besteht im „Hoteelaa Soosaa Adayyoo Boorana", mit Dusche, WC und freundlichem Service. In Moyale auf dem Weg nach Kenia möglichst noch tanken, denn der Sprit ist in Kenia viel teurer.

Route Shashemene – Arba Minch

(Addis Abeba – Arba Minch 510 km) Von Shashemene auf der Straße nach Westen (aus Addis Abeba kommend die zweite größere asphaltierte Straße rechts abbiegen) gelangt man nach 50 km nach **Alaba Kulito,** wo die Straße nach Südwesten abbiegt und nach 70 km **Sodo** erreicht. Der Ort liegt an einem Berg inmitten von Maisfeldern und verfügt über akzeptable Übernachtungsmöglichkeiten, etwa im Bekele Mola Hotel (ca. 35 Birr) und schräg gegenüber im Birhanu Hotel (mit Dusche und warmem Wasser). In Sodo gibt es fast immer Kraftstoff.

Von Sodo ist der **Abaya-See** zwar noch ca. 30 km entfernt, jedoch schon gut erkennbar. Westlich von Sodo beginnen die sich nach Kaffa und Gamu-Gofa fortsetzenden **Kaffee-Anbaugebiete.** Von hier aus besteht auch die Möglichkeit, auf einer Piste, die durch die Regionen der Kembata, Hadiya und Gurage und die Städte Hosaina und Butajira führt, nach Addis zurückzukehren, was ähnlich lange dauert wie auf der Hauptstraße. Diese Variante ist interessanter, aber auch unbequemer.

Im Gebiet um Sodo, nördlich des Abaya-Sees und östlich des Omo, lebt das **Volk der Wolayta,** deren Hauptstadt Sodo ist. Die Wolayta sprechen eine zur Gruppe der omotischen Sprachen gehörende Sprache. Sie sind Bauern, die neben Mais und Gemüse auch Ensete, Baumwolle und Tabak anbauen. Ihre Hütten fallen durch die sorgfältige Flechtarbeit auf, sind ungewöhnlich geräumig und in verschiedene Abteilungen für Menschen, Vieh, Kochen, Schlafen etc. geteilt. Auch hier ist, wie häufig in Äthiopien, ein Straußenei auf die Dachspitze gesteckt.

Zwischen Hosaina und Sodo ergibt sich die Möglichkeit eines Ausflugs zu sehr schönen Wasserfällen in der Nähe von Areka. Wenn Sie von Areka noch ca. 17 km weiterfahren, können Sie nach den **Ajora-Fällen** fragen, die auf jeden Fall einen Besuch lohnen.

Arba Minch

↗ XIX,D1

Arba Minch, die **Hauptstadt der alten Provinz Gamu-Gofa,** deren amharischer Name „40 Quellen" bedeutet, setzt sich aus zwei Stadtteilen zusammen, die ca. 2–3 km voneinander entfernt sind. Der nördliche, tiefer gelegene Teil, **Sikela,** ist die Wohnstadt mit Markt und Busbahnhof. **Shechi** heißt der höher gelegene Stadtteil.

Die **Universität** hat im letzten Jahrzehnt mehr Studenten aufgenommen, und sowohl die Quantität des Lehrangebotes als auch die Qualität besonders hinsichtlich der Uni-Abschlüsse sind deutlich gestiegen. Vor allem dadurch, dass der ehemalige Präsident der Universität inzwischen auch Präsident der Region ist, erfährt die Hochschule durch die Politik ein gutes Maß an Unterstützung.

Auch die **Infrastruktur** der Stadt ist in den letzten Jahren weiter verbessert worden. Der Flughafen erlaubt auch großen Passagierjets die Landung, und die Straßenverbindung nach Addis ist gut. Besonders, was den Tourismus angeht, sind weiter Verbesserungen zu beobachten. Das neue **Hotel,** das gegenüber der größten Kirche (Mariam) der Stadt am Weg zur Oberstadt gelegen ist, ist interessant gebaut und aufgeteilt, angenehm eingerichtet, verfügt über nette Räumlichkeiten und sogar einen hübsch angelegten Garten. Auch das Essen ist passabel. In der Oberstadt ist das **Swayne's Hotel** inzwischen schon länger in Betrieb und beherbergt häufig Touristen; kleine Bungalows für zwei bis drei Personen mit Badezimmer und kleiner Terrasse, die direkt am Abhang liegt, der recht steil zum Nechi Sar Park abfällt, bieten recht komfortable Unterkunft. Die Aussicht über den Park und den Isthmus zwischen Chamo und Abiata mit den Hügeln und der Nechi-Sar-Savanne im Vordergrund und den Bergen des Amaro-Gebirges auf der anderen Seite des Grabenbruchs im Hintergrund ist kaum zu toppen.

Über diese Aussicht verfügen auch die anderen Hotels, die sich hier nebeneinander angesiedelt haben. Linker Hand vom Swayne's (1 km nördlich) befindet sich das traditionsreiche, aber etwas in die Jahre gekommene **Bekele Mola Hotel** mit einer großen Terrasse, die zum Bierchen am Abend einlädt. Rechter Hand vom Swayne's Resort

603ae Foto: ph

liegt eine **Lodge,** die ebenfalls als Ausgangspunkt sowohl für Reisen in die Umgebung Arba Minchs (Nechi Sar, Chencha, Krokodilmarkt etc.) als auch als letzter Außenposten der Zivilisation für Reisen in Richtung Süden dient.

Nationalpark Nechi Sar ⇗ XIX,D1

Zwischen und östlich der Seen Abaya und Chamo liegt der Nationalpark Nechi Sar. Nechi Sar bedeutet „weißes Gras", das dort in der Trockenzeit überall zu sehen ist. Der 514 km² große Park besteht aus der weiten Ebene der **Nechi Sar Plains** und den bewaldeten Uferstreifen der Seen. Er liegt zwischen 1100 und 1650 m über dem Meer. Der **Abaya-See** mit einer Fläche von etwa 1160 km² ist der größte See im äthiopischen Teil des Grabenbruchs. Der **Chamo-See** hat eine Fläche von etwa 551 km². Im Park gibt es neben den am Wasser lebenden Nilpferden und Krokodilen eine reiche Savannenfauna, so Antilopen und Gazellen, Zebras, Schakale, Warzenschweine und Affen. Sehr vielfältig ist auch die Vogelwelt.

Der **Zugang zum Park** liegt am Ortseingang von Arba Minch südlich der Hauptstraße beim Teacher's Training Centre. Die **Eintrittsgebühr** beträgt ca. 70 Birr für 48 Stunden. Um den Park zu besuchen, benötigt man ein Allradfahrzeug, das man im Prinzip auch über die Parkverwaltung mieten kann. Nach starken Regenfällen sind die Pisten im Park aber auch mit 4WD nicht befahrbar.

Seit dem Jahr 2003 wird der Park durch die **African Parks Foundation,** eine niederländische Stiftung, betrieben, verwaltet und touristisch erschlossen (vgl. Omo Park). Der Park wird heute noch von den **Rinderherden des Volkes der Gudji** genutzt. Bemühungen der Regierung, den Park wieder für die Wildtierwelt zu reservieren, haben bereits die herbe Kritik von Menschenrechtlern gezeitigt, die sowohl der Foundation als auch der Regierung vorwerfen, Menschenrechte durch die Vertreibung der dort siedelnden Viehzüchter zu verletzen. Hier ist sicherlich eine Güterabwägung zu treffen. Gewiss ist jedoch, dass die Gudji erst in den letzten Jahren den Park wieder als Weideland nutzen, davor aber jahrzehntelang nicht dort siedelten.

Nechi Sar ist einer der am besten zu erreichenden Naturparks und bietet wunderschöne Panoramen. Schon mit einem Zeitaufwand von einem halben Tag sind die meisten Pfade und Aus-

Nilpferde und ...

604ae Foto: ph

Süd- und Südostäthiopien

sichtspunkte zu erreichen. Ein **Führer,** der von der Parkverwaltung gestellt wird, ist anzuraten.

Bootsfahrten auf beiden Seen sind möglich und sehr lohnend; im Bekele Mola Hotel oder im Touristenbüro können Sie sich erkundigen und einen Ausflug organisieren lassen.

Krokodilmarkt

Die Fahrt zum Krokodilmarkt ist in der Regenzeit nicht immer möglich, zumindest dann nicht, wenn man über einen engen Zeitplan verfügt. Wenn über Arba Minch und südlich davon heftige Regenfälle niedergegangen sind, ist es nicht möglich, mit dem Fahrzeug die Bootsanlegestelle zu erreichen. Die Zufahrt befindet sich auf ehemaligem Seeboden, der bis vor etwa 20 Jahren auch noch überflutet war, heute aber trocken gefallen ist.

Eine **Bootsfahrt auf dem Chamo-See** zum Krokodilmarkt wird zu einem unvergesslichen Erlebnis (auch in diesem Fall muss der Parkeintritt entrichtet werden). In traumhafter Landschaft, auf einem kleinen Holzboot, können Sie in aller Ruhe unzählige Krokodile (auf dem so genannten Krokodilmarkt), Nilpferde, Reiher und Pelikane sowie Greifvögel bewundern. Empfehlenswert ist eine Fahrt vor allem **kurz vor Sonnenuntergang,** wenn der See im roten Son-

... Krokodile sind am Chamo-See zu Hause

nenlicht leuchtet, oder am frühen Morgen, wenn es noch nicht so heiß ist.

Ato Berhanu, ein sehr netter und aufmerksamer **Bootsführer,** der exzellent englisch spricht, begleitet interessierte Touristen und zeigt ihnen die schönsten Stellen des Sees - ein Erlebnis, das kein Arba-Minch-Besucher verpassen sollte, das aber leider wie erwähnt nach einem Regenschauer ausfallen muss. Kontaktieren können Sie *Ato Berhanu* im Bekele Mola Hotel oder unter Tel. 06-811257.

6 km nordöstlich der Stadt befindet sich am Abaya-See eine kommerzielle Krokodilfarm, die im Rahmen einer Führung besucht werden kann.

Krokodilfarm

Folgt man aus Arba Minch kommend der Straße Richtung Addis über die Brücke über den **Kulfo-Fluss** und hält sich an der nächsten Kreuzung rechter Hand, erreicht man auf dem Erdweg nach etwa 3 km Fahrt einen kleinen Parkplatz vor dem abgezäunten Gelände der Krokodilfarm. Früher legten einige hundert Meter weiter Richtung See auch die Schiffe der äthiopischen Binnenschifffahrtsflotte an, die den Transport von Waren zwischen Arba Minch und dem auf dem anderen Seeufer gelegenen Hochland sicherstellte. Durch das Absinken des Wasserspiegels und den Rückgang des Handels ist dieser Transport schon lange eingestellt, und auch der Transport von Touristen, der bis 1995 noch möglich war, kann nicht mehr stattfinden.

Die Krokodilfarm besteht schon seit einigen Jahrzehnten an dieser Stelle und fungiert nicht nur als Touristenattraktion, sondern produziert bis heute **Krokodilleder.** Das kleine, etwas heruntergekommene **Museum** am Eingang des Geländes, das man betreten kann, nachdem der Eintritt von einigen Birr bezahlt wurde, bietet einen interessanten Überblick über die Krokodilzucht und Lederproduktion. Leider findet die Führung durch das Museum durch die Mitarbeiter fast nur auf Amharisch oder Oromifa statt, so dass es angebracht ist, wenn man keinen sprachkundigen Begleiter hat, in der Stadt einen Führer zu organisieren, der des Englischen mächtig ist.

Der **Werdegang eines Krokodils in der Farm** ist recht schnell erzählt. Bis heute ist die Population an Krokodilen in ihrem natürlichen Lebensraum im Chamo-See hoch, auch wenn Besucher, die regelmäßig kommen, von einer deutlichen Abnahme sprechen. Diese Wildpopulation bildet unfreiwillig den Grundstock für die Farm. Die Legeplätze der Krokodile am Chamo sind bekannt. Sandige, flache Uferzonen, die einerseits nicht überschwemmt und andererseits durch die Sonne gut erwärmt werden können, werden markiert und bewacht. Hat jemand beobachtet, dass die Krokodilmütter ihre Eier in flachen Gruben im warmen Sand abgelegt haben, wird sorgfältig darauf geachtet, dass die Schlüpfzeit nicht verpasst wird. Beginnen die Kleinen zu schlüpfen, werden sie eingesammelt und zunächst in die „Kinderstube" auf der Farm gebracht. Bis zu diesem Schritt dokumentieren Fotos im Museum die Krokodilzucht. Begibt man sich auf das Farmgelände, können die weiteren Stationen betrachtet werden. Zunächst geht es zu einer überdachten Halle, in der die Jungkrokodile in Gruppen zu 100 bis 150 Tieren in warmen, überdachten Abteilen, die regelmäßig auch mit Frischwasser gespült werden, aufwachsen. Gefüttert werden sie mit Pferde- oder Eselsfleisch, da der Fischbestand in den Seen stark abgenommen hat. Haben die Krokodile eine Länge von etwa 50 cm erreicht, werden sie in größere Gehege überführt. Zwischen zwei betonierten Wassergräben liegt eine leicht erhöhte „Sonnenbank", die sogar Schatten durch eine Überdachung bietet, um Sonnenbrand bei den lieben Kleinen zu vermeiden.

Etwa 200 Krokodile leben in einem Gehege von etwa 50 m² und verbleiben hier mehrere Monate bis Jahre, bis sie etwa 1,50 m lang sind. Erst dann ziehen sie in Kleingruppen um, damit jeglicher Stress und Kämpfe vermieden werden. Haben die Tiere eine Länge von 2,50 bis 3 m erreicht, werden sie getötet und gehäutet. Zur Lederherstellung kann nur die weiche Bauchhaut genutzt werden, die pro Tier nur etwa einen halben Quadratmeter misst. Dieser Prozess lässt sich wiederum im Museum sehen, wo auch Muster ausgestellt sind.

Selbst wenn einem das Verfahren grausam erscheint – auf dem Weltmarkt besteht Nachfrage nach Krokodilleder. Und es ist sicherlich sinnvoller, Krokodile kontrolliert aufzuziehen und damit besonders die Überlebensrate der Jungtiere zu erhöhen, als die Jagd auf die Wildpopulation frei zu geben.

Ausflug nach Chencha

Von der größtenteils asphaltierten Hauptstraße von Sodo nach Arba Minch können Sie einen lohnenswerten Abstecher nach Chencha machen. Etwa 50 km hinter Sodo geht eine Abzweigung mit der Ausschilderung „Agri Service Sefne" Richtung Westen ab. Diese recht **gute Schotterstraße** führt durch die Berge über Sefne, Dorze (village) und Chencha nach Arba Minch. Die Strecke ist zwar etwas länger als die

eth07_431 Foto: kh

Eine Seltenheit – Krokodil-Albinos

direkte, aber wegen der fantastischen Landschaft und der interessanten Ortschaften unbedingt zu empfehlen.

In Chencha ist das **Zentrum der Dorze.** Dieses Volk war einst als Kriegervolk berühmt. Heutzutage sind sie sesshafte Ackerbauern. Bekannt sind sie für ihre **Baumwollwebereien,** die dem Bergklima entsprechend aus sehr dickem Garn hergestellt werden. Diese Tücher heißen *buluko* und können auf den Märkten der Gegend, oft aber auch am Straßenrand erworben werden. Wunderschön sind auch die vielen farbenprächtigen Stoffe und Tücher.

Die Hütten der Dorze sind in sehr interessanter Weise aus Bambusmatten geflochten und dann mit Lehm gefestigt. Bambus findet sich auch in den kunstvoll geflochtenen Zäunen wieder.

In Chencha gibt es ein nettes Café, das **Ralroe Café,** in dem man auch übernachten kann.

Unterkunft

- **Swayne's Hotel**
Sehr geschmackvoll errichtetes Hotel gleich neben dem Bekele Mola. Die Bungalows sind außen im Stil der Dorze-Hütten gebaut und innen wunderschön mit traditionellen Möbeln eingerichtet. Zimmer für 200–250 Birr. Schönes Restaurant. Auch bei Greenland Tours zu buchen, die ihren Sitz in Addis Abeba haben. Greenland Tours: Tel. 01-634060, 632597 (Addis Abeba), Tel. 06-812200, 8111895 (Arba Minch), Swayneshotel@yahoo.com.
- **Bekele Mola Hotel**
Östlich vom Zentrum von Shecha, am Berg, Tel. 46, Fax 01-518223 (Addis Abeba). Fantastischer Blick auf die Seen Lake Abaya und Lake Chamo. Zimmer 150–170 Birr.
- **Robit Hotel,** DZ 20–60 Birr.
- **Arba Minch Hotel,** 20–60 Birr.
- **True Hotel**
Mit gutem Restaurant, welches Fisch in allen Variationen bietet.

Essen und Trinken

- **Rooza Hotel**
Gutes Restaurant, tolle Fischgerichte.
- **SOMA Restaurant**
Gutes Restaurant, hervorragende Fischgerichte. Recht rustikale Einrichtung, aber sehr empfehlenswert.

Arba Minch – Konso – Omo-Gebiet

Arba Minch – Konso (90 km)

Die **Hauptpiste** führt von Arba Minch **nach Süden.** Nach 90 km erreicht sie Konso, von wo es eine Verbindung zur großen Straße durch den Grabenbruch zur kenianischen Grenze gibt. Die kaum befahrbare Piste von Arba Minch nach Westen in das Gebiet des Omo-Unterlaufes wird eigentlich nie genutzt.

Etwa 2–3 Stunden von Arba Minch entfernt, bereits wieder in den Bergen, erreichen Sie Konso. Das ist zumindest der Fall, wenn die Regenzeit nicht zu sehr an der Straße, den Furten und den Brücken gezehrt hat. Die Straße verläuft, kurz nachdem man Arba Minch verlassen hat, im Flachland und auf einem **aufgeschütteten Straßendamm;** es handelt sich um eine ordentliche Schotterstraße. Dieser Damm band ursprünglich sowohl Brücken als auch Furten ein, um die aus dem Hochland kommenden saisonalen Gewässer zu queren. Diese Gewässer können innerhalb kürzester Zeit anschwellen und die Furten zu tosenden Gewässern und Fallen machen, die Mensch, Tier und Fahrzeuge mitreißen können und natürlich häufig auch die Bauwerke zerstören. Im Flachland gab es früher bedeutende Staatsfarmen, auf denen sowohl Baumwolle als auch Bananen und andere Früchte produziert wurden, die bis nach Addis vermarktet wurden.

Auf den Hangflächen finden sich auch heute noch vielfach kleinbäuerliche **Mais- und Sorghumpflanzungen.** Es fällt auf, dass versucht wird, erosionsmindernd zu arbeiten. Die Sorghumwurzeln bleiben im Boden und werden teilweise höhenlinienparallel verflochten, damit sich fließende Erde dahinter sammeln kann. Auf den vereinzelt in den Feldern stehenden Bäumen finden sich vielfach kleine Plattformen oder darauf auch Hütten aus Sorghumstängeln. Diese dienen den Feldwächtern zur Reifezeit als Unterkunft und als Wachturm. Kinder verbringen hier die Tage, um mit Steinschleudern und durch Krachmachen die allgegenwärtigen Webervögel zu vertreiben, die innerhalb kurzer Zeit ganze Felder vernichten können. Nach der Ernte werden die Bäume weiter zur Lagerung des Sorghumstrohs genutzt, das später als Viehfutter oder als Brennmaterial dient.

Verlässt man die Ebene, gelangt man langsam in das Gebiet, das durch die Konso bewirtschaftet wird. Die **Konso** leben als sesshafte **Feldbauern** und haben eine beeindruckende **Terrassenkultur** entwickelt, deren steinerne Feldmauern hier die Grundvoraussetzung für nachhaltige landwirtschaftliche Nutzung sind, indem sie den Boden vor Erosion schützen und die Speicherung von Regenwasser im Boden ermöglichen. Ungewöhnlich dicht bebaut sind ihre Siedlungen, die um einen oder mehrere *mora* genannte Festplätze mit dem dort befindlichen Männerhaus gebaut sind.

Die Konso sind besonders bekannt für die **geschnitzten hölzernen Grabfiguren** (*waga,* siehe Foto auf Seite 14). Sie stellen gewöhnlich mit einem phallischen Stirnschmuck versehene berühmte Krieger oder Jäger dar, umgeben von den von ihnen getöteten Feinden (ohne Phallus) und von erlegtem Großwild; gelegentlich zeigen sie auch die Ehefrauen. Mit den südlich und östlich lebenden Viehzüchtern der Borana stehen die Konso in Handelsaustausch. Die Dörfer der Konso können besucht werden und sind den Ausflug wert. Allerdings ist es nicht ratsam, dies alleine zu tun, da die Konso doch noch recht traditionell leben und sie ihre Dörfer nicht als Museumsdörfer missverstanden wissen wollen.

Die **Stadt Konso** ist in den letzten Jahrzehnten stark gewachsen und verfügt inzwischen über mehrere **Hotels und Restaurants.** Am Ortseingang auf der linken Seite der Hauptstraße liegt das Green Hotel, das ebenso empfehlenswert ist wie die beiden Hotels südlich des Kreisverkehrs, das Mariam Hotel und das Getinet Hotel. Die Stadt an sich verfügt nicht über mehr Charme als andere äthiopische Kleinstädte vergleichbarer Größe, ist aber als Markt und Handelszentrum wichtig für die gesamte Region.

Verlässt man den Kreisverkehr in östlicher Richtung, gelangt man auf die Verbindungsstraße nach Yabelo, über deren Zustand und Sicherheitslage sich jeder Reisende genau informieren sollte. Bergauf in südlicher Richtung passiert man die Oberschule und fährt auf der Hauptstraße nach Süden weiter. Auf der rechten Seite befindet sich auf halber Höhe ein Handarbeitsprojekt einer Hilfsorganisation, das es jungen Frauen ermöglichen soll, ihr Einkommen ein wenig aufzubessern. Hier können Sie hübsche **Baumwoll-Stickereien** erwerben. Oben auf dem Berg angelangt, tut sich ein schöner Blick auf Landschaft und Landwirtschaft auf. Die Felder sind überwiegend durch sehr gut erhaltene und gepflegte Steinwälle und Bäume charakterisiert. Häufig sieht man den **Kohlbaum** *(Moringa olifera),* dessen Blätter eine wichtige Rolle in der Ernährung der Konso spielen, die aber auch zum Erosionsschutz und als Viehfutter dienen können. Gelegentlich finden sich auch Kaffeebäume und andere Büsche auf den Feldern, was insgesamt ein buntes Bild ergibt. Aufgrund der traditionellen Hackkultur der Konso ist **Mischanbau** von ein- und mehrjährigen Kulturen die Methode der Wahl. Vereinzelt wird auf den größeren Terrassen inzwischen auch mit Ochsen gepflügt, was aus Sicht des Erosionsschutzes sehr kritisch zu bewerten ist.

Der Unterlauf des Omo

Die Region wird in diesem einleitenden Kapitel zunächst zusammenfassend dargestellt, bevor später Details zu einzelnen Völkern ergänzt werden.

ephomo Foto: ph

Der **Omo** ist für das südliche Hochland, was der Abay für das nördliche ist; er entwässert einen großen Teil der Bergwelt und fließt, von seinem Hauptzubringer, dem Gibe, beginnend, von Wolega in einem großen Bogen durch das Hochland. Seine an vielen Stellen reißenden Fluten markieren die Provinzgrenze von Kaffa und Gamu-Gofa. In seinem fast 1000 km langen Lauf durchfließt er das Hochland mit seinen Regenwäldern, dann die Savanne und erreicht schließlich den **Turkana-See,** dem ausschließlich durch den Omo Wasser zugeführt wird.

Für Freunde des Abenteuerurlaubs und **Wildwasserfahrer** ist der Omo eine der ganz großen Herausforderungen, bei deren Bewältigung es nicht nur gegen Stromschnellen, Untiefen und Klippen zu kämpfen heißt, sondern auch gegen **Krokodile und Nilpferde.** Die am Unterlauf des Omo lebenden **Ethnien** sind Besuchern manchmal nicht ganz freundlich gesinnt, besonders in der Zeit der rituellen Kriegszüge. Entlang der Ufer des nach Süden fließenden Unterlaufs des Omo wurden auf beiden Seiten große Nationalparks eingerichtet. der **Omo-Nationalpark** im Westen und der **Mago-Nationalpark** auf der Ostseite. Im Gebiet der Parks ist nicht nur eine reiche afrikanische Savannenfauna heimisch, sondern vor allem eine Reihe kleiner Völkerschaften, die hier tatsächlich ein **„Museum der Völker“** bilden: Bume, Karo, Galeb, Bodi, Mursi, Surma, Arbore, Hamer etc. Lebensgrundlage dieser Völker ist meist eine gemischte Wirtschaft. Zeitweiser Feldbau wird auf kleinen Parzellen betrieben, die im Busch verteilt sind oder auch am Flussufer, nachdem das Hochwasser zurückgegangen ist. Viehzucht spielt eine wichtige Rolle, wobei dem Rind eine große Bedeutung zukommt, und zwar mehr als Prestigetier denn als Fleischlieferant. Jagd auf Kleintiere, aber auch die organisierte Jagd auf Großtiere, besonders auf Nilpferde des Omo, tragen zur Ernährung ebenso bei wie das Sammeln von wilden Früchten, Honig usw.

Anlanden eines Land Rovers nach der Überquerung des Omo

Die nur zu bestimmten Zeiten des Jahres erlaubte und von Ritualspezialisten organisierte **Jagd** auf die ebenso gefürchteten wie verehrten Nilpferde und anderes wehrhaftes Wild wie Löwen, Leoparden und Kaffernbüffel ist zugleich Gelegenheit für junge Männer, Auszeichnungen zu erwerben, die ihnen den Aufstieg in die Klasse der heiratsfähigen Männer erlauben. Die gleiche Bedeutung haben die jährlichen **rituellen Kriegszüge.** Nicht zuletzt dank dieser Kämpfe gegen andere Ethnien der Gegend hat sich das Völkermosaik am Omo erhalten: Die regelmäßigen Auseinandersetzungen verhindern die Erstarkung nur einer Volksgruppe, die sich über die anderen erheben könnte. Wie sehr dieses wahrscheinlich uralte System von Töten und Leben zeremoniell verwurzelt war, zeigt sich daran, dass niemals dasselbe Volk Opfer von zwei jährlich aufeinander folgenden Kriegszügen war, sondern man stets gegen

Expedition an den Omo

von Peter Hildemann

Ein Ausflug an den Omo ist keine reine Vergnügungsfahrt. Insgesamt sind etwa 2000 km von Addis Abeba aus zurückzulegen, doch sind es nicht allein die Kilometer, die zählen: vom Omo-Park beträgt die Entfernung zur nächsten erreichbaren Tankstelle oder zum Ersatzteilladen mehrere Tagereisen zu Fuß oder mit dem Fahrzeug.Die Ausrüstung und der Treibstoffbedarf dürfen nicht nach der Anzahl von Kilometern berechnet werden. Aufgrund der Straßenverhältrisse muss mit Betriebsstunden gerechnet und dabei berücksichtigt werden, dass an manchen Tagen nur 50 km zurückgelegt werden können. Um auf der sicheren Seite zu sein, empfiehlt es sich daher, für die Strecke von 1500–2000 km eine reine Fahrzeit von 10 Tagen à 5 Stunden anzunehmen. Das ergibt für die meisten Fahrzeuge, die in der Stunde bei langsamer Fahrt etwa 5 Liter benötigen, einen Bedarf von etwa 250 Litern. Die letzten verlässlichen Tankstellen befinden sich aber in Jimma auf der Westseite bzw. in Arba Minch auf der Ostseite des Omo. Es sind daher etwa 200 Liter Reservetreibstoff einzuplanen Da für die Reise auch Trinkwasser (5 Liter Wasser pro Person und Tag) sowie Nahrungsmittel benötigt werden, ist ein zweitüriges Auto normalerweise mit zwei Personen ausgelastet. Eine gute Werkzeugausstattung inklusive Reifenreparaturwerkzeug muss auch mit, reicht aber nicht aus. Die Reisenden müssen auch wissen, wie sie ihr Werkzeuge oder ihr Kartenmaterial, Kompass etc. benutzen können. Ohne dieses Wissen wird man auf einer Omo Tour zwar im Fall größerer Schwierigkeiten nicht den Tod fürchten müssen, da die Gegend hinreichend dicht bevölkert ist, aber man muss doch größerer Unannehmlichkeiten gewärtig sein. Es ist nicht ratsam mit nur einem Fahrzeug unterwegs zu sein-zwei bis drei Allradfahrzeuge mit geländeerfahrenen Fahrern sind die Grundvoraussetzung. Wenn die Gruppe zu groß wird, kann allerdings die Atmosphäre leiden.

Im Folgenden sollen Eindrücke von Omo-Expeditioren dargestellt werden, die auf Reisen in den Jahren 1987 und 1988 beruhen. Grundsätzlich hat sich an der beschriebenen Situation bis heute nicht viel verändert.

Die Reiseroute verlief von Addis Abeba über Jimma, Bonga, Shishinda und von dort nach Süden über Shoa Gimirra, Bachuma, Maji, Mui, Kelem, Omorate, Chew Bahir, Arba Mirch nach Addis. Heutzutage gibt es eine bessere Straße über Mizan Teferi, die auch nach Maji führt, aber aufgrund von Flussüberquerungen nicht immer passierbar ist.

Der Reisende muss sich darüber im Klaren sein, dass die Fahrt an den Omo, besonders wenn man von Norden kommt, durch Gegenden führt, die im Normalfall von höchstens fünf Fahrzeugen im Jahr besucht werden, die meistens nicht mit Ausländern besetzt sind. Viele Menschen, denen man begegnet, haben noch nie ein Auto oder gar einen Weißen gesehen, oder falls doch, nicht als Touristen, sondern als Missionar oder Arzt. Entsprechend sind auch die Erwartungen der Menschen. Die Frage nach ärztlicher Versorgung oder Medikamenten wird häufig gestellt in einer Gegend, in der die nächste Gesundheitsstation einige Tagereisen entfernt ist. Trotz der Armut und ihres isolierten Lebens sind die Menschen dem Reisenden gegenüber fast immer freundlich eingestellt, selbst wenn es gerade zu gewaltsamen Auseinandersetzungen zwischen benachbarten Völkern kommt. Reisende genießen auch hier, wie fast überall auf der Welt, einen besonderen Schutz, sofern sie sich auf die Bevölkerung einstellen. Wenn die Menschen am Markttag zum nächsten Marktflecken ziehen und an einem Zeltlager mit Autos und Touristen vorbeikommen, werden sie den Fremden freundlich begrüßen, nach dem Weg fragen, ob der Fremdheit bestaunen und eventuell mit ein bisschen Unverständnis behandeln. In abgelegenen Orten ist es sinnvoll, bei der Polizei oder der Verwaltung vorbeizuschauen, sich nach dem Wege zu erkunden und so kundzutun, dass man als Gast und Besucher gekommen ist. Die öffentliche Verwaltung ist in solchen Gegenden gerne informiert, mit wem sie es zu tun hat, denn falls es zu Problemen irgendwelcher Art kommt, ist es immer gut, dass die Leute schon informiert sind; selbst wenn die früher nötigen Reisegenehmigungen nicht mehr nötig sind.

Die Wegesiuation ist oft schwierig. Zerstörte Wege, Steilhänge ohne Straße, Flüsse ohne Brücken oder Schlammlöcher selbst in der Trockenzeit stellen zusammen mit den fast täglich auftretenden Reifenpannen hohe Anforderungen an Reisende und Material. Häufig ist es nötig, schwierige Strecken erst zu Fuß abzugehen, um die Verhältnisse zu erkunden und dann die Fahrer einweisen zu können. Wenn ein Weg nur noch über zwei Spuren rechts und links verfügt und in der Mitte ein mehrere Meter tiefer Graben ist, kommt es auf starke Nerven und ein gutes Auge an. Furten, die zunächst noch passierbar waren, werden für das letzte Auto vielleicht schon nicht mehr befahrbar sein, und die Fahrzeuge müssen gezogen und geschoben werden. Schaufeln Hacken, Äxte und lang Abschleppseile ermöglichen erst das Passieren und müssen auf jeder Fall verfügbar sein. Auf diese Weise kann Autofahren auch körperlich sehr anstrengend werden. Schmale Wege und unaufmerksame Fahrer in bergigen Regionen mit schlechten Wegen können zu „Fastabstürzen" führen ..., es ist spannend und dauert häufig länger als geplant. Für hundert Kilometer zwischen Bajuma und Maji sind wir drei Tage gefahren Die bange Frage kommt auf, was zu tun ist, falls ein Fahrzeug tatsächlich ausfällt, wie der Lkw, der dort havariert stand und dessen Fahrer schon seit zwei Wochen unterwegs war, um ein Ersatzteil zu holen.

Gegend und Bevölkerung wechseln in recht kurzen Zeitabständen, Buschbrände und kilometerweit verbrannte Erde, noch glimmend und rauchend, veranlassen zum Nachdenken über den Schlafplatz. Was ist, wenn das Feuer wieder aufflackert? Wo kann man Autos mit Diesel oder Benzin beladen, sicher parken? Wo ist der nächste Flusslauf oder feuchte Wald, ohne dass dort zu viele Moskitos sind? Fragen, die jeden Tag gelöst werden müssen. Das Weiterkommen ist das Ziel, viele Gedanken über die Gegend und das Leben der Menschen hier können wir uns während der Reise kaum machen. Es wird nur deutlich, dass das, was wir als Zivilisation bezeichnen, ziemlich weit weg ist.

Schließlich gelangen wir in Gegenden, wo Wege kaum mehr erkennbar sind. Die Satellitenkarte und ein Kompass müssen hervorgeholt werden, dazu werden Techniken aus Karl Mays Büchern bezüglich Pfadfinden memoriert. Ein Auto bleibt stehen, zwei schlagen große Halbkreise auf der Ebene und versuchen einen Pfad zu finden. Vergeblich. Dann blinkt in der Ferne etwas, selbst im Fernglas nicht zu erkennen, aber eine Lichtreflektion. Angepeilt und mit der Karte verglichen, dort könnte das Flugfeld des Omo-Parkcamps sein, auch ohne Weg halten wir uns an die Richtung, doch erneut ein Wald. Kein Durchkommen auf Anhieb, doch es muss einen Weg geben. Schließlich findet sich eine Öffnung, zwei Meter breit und ziemlich zugewachsen. Ab und zu ein alter Reifenabdruck. Wohl die richtige „Straße". Beim Näherkommen erkennen wir, was dort blinkt: ein Wellblechdach, das Parkcamp und ein wunderschöner Campingplatz als Belohnung für die Mühe der langen Fahrt. Dann heißt es Zelt aufbauen, Reifen flicken, Autos überprüfen, Feuerstelle anlegen, Holz suchen. Erst dann können wir uns auf das Wesentliche konzentrieren: die Tierwelt. Einige Pfade führen weg vom Campingplatz, denen folgend sieht man Antilopen, Gazellen, alten Elefantenkot, Strauße. Dann in der Ferne Staub, mit dem Fernglas nichts zu erkennen, große Tiere, aber was? Wir tasten uns vorsichtig heran, abseits der Wege. Endlich ist durch das Fernglas etwas zu sehen. Es sind Kaffernbüffel, eine riesige Herde von einigen Hundert. Kälber, Kühe und alte Bullen mit riesigen Hörnern.

eph_s4 Foto: ph

Angehörige des im unteren Omo-Gebiet lebenden Volkes der Bume

Wie dicht dürfen wir heran, reicht es für Fotos und Video? Wir schwärmen aus mit den drei Autos und verteilen uns am Rand der Herde. Nicht zu nah, damit die Fluchtdistanz nicht unterschritten wird und die ganze Herde abgaloppiert, aber nah genug für schöne Aufnahmen. Faszinierend, doch leider war diese Exkursion zuviel für eines der Autos. Die Bügel, die die Blattfedern an der Achse befestigten, sind gebrochen. Nur einer hält noch. Was nun, kein Ersatzteil, kein Laden in der Nahe, wie können wir die Reise retten? Ohne eine Lösung müßte das Auto hierbleiben. Glücklicherweise findet sich in einem anderen Auto ein ähnlicher Bügel, für ein anderes Fabrikat, angerostet schon und nicht sehr vertrauenerweckend, aber irgendwie muss es gehen. Ein neues Gewinde schneiden, Schrauben suchen, Draht noch und irgendwie geht es dann. Wir werden ein bißchen vorsichtiger fahren müssen.

Abends am Zeltplatz, der an einem trockenen Flusslauf liegt, kommen Wasserböcke und einige Antilopen zur Tränke und lassen sich nicht sehr durch uns stören. Nach zwei Tagen Pause kommt so langsam die Frage auf, die bis dahin immer verdrängt worden war: was machen wir, wenn es keine Fähre über den Omo gibt und wir die ganze Strapaze noch einmal auf uns nehmen müssen? Die Antwort wird wieder einmal verdrängt. Erstmal weiterfahren, nach Kibbish zu den Bume. Die sudanesische Grenze verläuft direkt auf der anderen Seite des trockenen Flussbettes, die Dörfer sind große Ansammlungen von Hütten, geschützt durch einen mannshohen Zaun aus Dorngestrüpp. Die Menschen sind hier kaum bekleidet. Viehzüchter offensichtlich, fast nur Frauen, Kinder und alte Männer. Die jüngeren Männer sind wohl mit den Herden unterwegs. Das ist Afrika, die Zivilisation rückt noch weiter aus dem Bewusstsein. Auf der weiten Ebene weiterfahrend sehen wir auf einmal Anschwemmungen von Kieseln in der sonst steinlosen Ebene. Nach dem Aussteigen und etwas Herumsuchen, entdeckt einer von unserer Gruppe einen

Knochen, der aber seltsam schwer ist. Nach genauerer Untersuchung stellt sich heraus, dass dieser und andere gefundene Knochen versteinert sind. Offensichtlich befinden wir uns in einer fossilienhaltigen Gegend, ähnlich der am Turkana in Kenia, wo die Leakeys 3 Millionen Jahre alte Hominidenknochen gefunden haben. Und hier, so einfach beim Vorbeifahren, haben wir als Laien versteinerte Knochen entdeckt! Doch wir fahren lieber weiter, da nicht sicher ist, wie weit es noch zum Omo ist. Dann erreichen wir ein Dorf, nur durchfahren kann man nicht. Ein Steilabfall und wir haben endlich den Fluss erreicht. Gibt es eine Fähre? Was für eine? Wie kommen wir über den Fluss, der hier auf einer Breite von 300 Metern gravitätisch fließt. Omorate, unser Ziel, liegt auf der anderen Seite und endlich die beruhigende Auskunft, es gibt die Fähre noch, und sie ist auch benutzbar. Allerdings muss erst noch die Erlaubnis von der Kreisverwaltung aus Kelem eingeholt werden. Nichts wie hin. Mit unserem Empfehlungsschreiben aus Addis lässt sich der Zuständige auch schnell überzeugen und wir dürfen fahren. Doch zunächst gilt es, das Flussufer herunterzukommen und dann eine hinreichend trockene Stelle zu finden, von der man die Autos auf die Fähre verladen kann. Apropos: Die „Fähre" besteht aus etwa 20 leeren Ölfässern, die von einem Metallrahmen zusammengehalten werden. Darüber verlaufen zwei Doppel-T-Träger als Schienen für die Autos. Das ganze Gefährt ist etwa 7 m lang und 2,50 m breit. Sieht nicht unbedingt Vertrauen erweckend aus. Es gibt auch keinen Motor. Die Technik besteht darin, dass ein langes Seil an der Fähre festgebunden und das andere Seilende von einem Boot über den Fluss gebracht wird. An diesem Seil ziehen dann 20 bis 30 Leute die Fähre mit dem Auto herüber. Das Gepäck wird vorher ausgeladen und im Boot hinübergebracht. Beim Fahren auf die Fähre ist sorgfältiges und vorsichtiges Tarieren nötig, da das Gefährt doch recht wackelig ist. Zum Glück strömt der Fluss nicht sehr schnell an dieser Stelle, auch die Krokodile halten sich meist woanders auf, so dass die Fahrt gefährlicher aussieht als sie ist. Schwierig kann aber das Heraufkommen aufs andere Ufer sein. Ein ziemlich steiler Hang, 30° vielleicht, sandig und in der Trockenzeit etwa zehn Meter hoch, muss erklommen werden. Wenn der Schwung oder der Gang nicht stimmen, kann das Auto schon zurückrutschen in den Omo. Sollte das passieren, muss der Motor schnell ausgestellt werden, bevor er Wasser ansaugen kann. Ob das Auto zu retten ist, hängt dann vom Glück und Geschick der Anwesenden ab. Uns ist das Gott sei Dank erspart geblieben, wenn es beim ersten Wagen vom anderen Flussufer aus doch recht bedenklich aussah. Aber alle Autos haben es geschafft, und nach drei Stunden etwa waren wir in Omorate und konnten ein, wenn auch warmes, Bier trinken. Am nächsten Tag ging es dann über Turmi in Richtung Chew Bahir. Wenn man aus dem Gebirge kommt, das erste trockene Flussbett rechts runter, das hatten wir uns von den früheren Fahrten gemerkt. Und es stimmte noch. Die Ausfahrt haben wir wieder mit langen Toiettenpapierfahnen in einer Akazie markiert, die mit dem Fernglas auch über große Entfernungen sichtbar sind. Auf dem Salzsee dann wieder faszinierende Fata Morganen. Alles was höher ist als der ausgetrocknete Seegrund, wie Grasbüschel, Tiere und kleine Inseln, spiegelt sich. Ein unwirklicher Anblick. Auf dem See dann bis zur kenianischen Grenze, Strauße, Oryxe und Zebras. Total flach ist die Landschaft hier. Auch immer mal ein kritischer Blick gen Himmel, ob nicht vielleicht ein Regenschauer heraufzieht. Das könnte ungemütlich werden. Aber nichts passiert

Glück gehabt! Und die Markierung für den Rückweg war auch noch gut zu finden. Damit war dann der Expiditionsteil der Reise beendet, und die Zivilisation hatte uns fast wieder. Noch eine Tagesreise über Arbore, Konso nach Arba Minch, ein kurzer Abstecher durch der Nechisar-Park und endlich am nächsten Tag nach Addis Abeba. Glücklicherweise fingen erst auf dem Rückweg wieder die Autoprobleme an, und die Malaria erst am Tag danach ...

andere Feinde zog. So waren gezielte Ausrottungsfeldzüge nicht möglich.

Heute werden die Kriegszüge meist durch festliche **Scheinkämpfe mit Stöcken** *(donga)* ersetzt, bei denen die Männer ebenfalls ihre Fähigkeiten unter Beweis stellen können. Bei diesen Gefechten und Zweikämpfen der Mursi und Surma, die mit Stöcken, die eine phallusartige Spitze zieren, ausgetragen werden, kann es recht blutig zugehen. Ein anderer Ritus, bei dem junge Männer der Hamer den Übergang von der Kindheit in die Welt der Erwachsenen beweisen müssen, ist der Lauf über die Rücken einer Reihe aus dreißig bis vierzig nebeneinander gestellten Rindern.

Eine besondere Bedeutung besitzt für diese Ethnien die **Verschönerung des Körpers.** Surma und Karo malen sich mit verschiedenfarbigen Tonerden und Pflanzenpigmenten unterschiedliche, teils symbolische, teils rein dekorative Muster auf den Leib. Galeb und Karo formen ihr Haar mit rotem Ton zu fantastischen Kopfputzen, die Frauen der Hamer gestalten ihre Haare mit Butter und Lehm. Die Mursi, wie auch andere, sind bekannt für ein System von **Schmucknarben,** an denen man den Stand einer Frau oder eines Mannes in der Gesellschaft erkennt. Besonders auffällig sind die **Ohr- und Lippenpflöcke bzw. -teller,** besonders bei den Frauen der Mursi und Surma, die von der Pubertät an die Unterlippe durch das Einsetzen von immer größeren Pflöcken so weit dehnen, dass schließlich eine Tonscheibe von ca. 15 cm Durchmesser in die Unterlippe eingesetzt werden kann. Diese Scheiben sind ein Schönheitszeichen und müssen zum Essen, das die Frauen getrennt von den Männern einnehmen, herausgenommen werden.

Die Omo-Region ist voller stechender Insekten, **Malaria** ist eine große Gefahr, und niemand sollte ohne die nötige Vorsorge hierher reisen.

Beste Reisezeit ist der Winter (Dezember/Januar) oder die Zeit zwischen den Regenzeiten (Juni/Juli).

Konso – Jinka (138 km)

Arba Minch – Jinka (228 km)
Addis Abeba – Jinka (809 km)

Es ist möglich, das **Gebiet der großen Nationalparks** von Arba Minch über eine Piste, die in Konso nach Westen abzweigt, zu erreichen. Über Kakko und Kay Afer soll man nach Jinka gelangen können. Eine zweite Piste soll ausgebaut werden, die von Sodo südwestlich Richtung Zaula und von dort weiter durch das Bergland nach Jinka führt. Diese Straße ist aber zurzeit nur mit Allradfahrzeugen und auch nur in der Trockenzeit befahrbar. Öffentlichen Transport gibt es auf diesen Strecken nicht, Reisende müssen sich mit kürzeren Tramps durchschlagen, was schwierig sein kann. Eventuell erhält man beim Tourist Office in Arba Minch hilfreiche Informationen.

In Jinka gibt es einen **Flugplatz,** auf dem mehrmals die Woche Inlandsflüge ankommen, Fahrzeuge sind dort aber nicht zu mieten.

Am besten und einfachsten ist das Gebiet im Rahmen einer **organisierten**

Die Beschneidung von Frauen

Die schönfärberisch „Beschneidung von Frauen" bezeichnete grausame Praxis der Genitalverstümmelung ist nicht nur in Äthiopien, sondern in weiten Teilen Afrikas und der Welt eine Tradition, die (nicht nur) aus der Sicht eines „aufgeklärten Europäers" wohl kaum mit der Menschenwürde zu vereinbaren ist. Es handelt sich in Äthiopien um vier unterschiedliche Formen der Verstümmelung, die abhängig von der Volksgruppenzugehörigkeit unterschiedlich angewandt werden.

Die mildeste Form der Beschneidung ist die teilweise oder komplette Entfernung der Klitoris, die im Allgemeinen durch „kundige" Frauen unter unglaublich schlechten hygienischen Zuständen vorgenommen wird. Sie soll in weiten Teilen Tigrays, Amharas und Oromias üblich sein.

Die „Operationen" werden mit Glasscherben, mehrfach verwendeten Rasierklingen oder stumpfen Messern auf dem Lehmboden vorgenommen. Die Opfer werden an Händen und Füßen festgehalten, häufig nicht von den Müttern, sondern anderen Verwandten, und operiert. Da meistens keine Betäubung stattfindet, fallen die meist jungen Mädchen zwischen acht und zehn Jahren häufig in Ohnmacht. Bei einigen Völkern soll es auch üblich sein, die Beschneidung zwischen dem 15 und 17 Lebensjahr gerade vor der Eheschließung vorzunehmen. Nach der Operation wird die Wunde dann meistens mit traditionellen Mitteln und/oder Kräutern behandelt und verbunden. Unkontrollierte Blutungen und Infektionen mit lebenslangen Beschwerden sind daher an der Tagesordnung.

Bei der zweiten Form der Beschneidung werden nicht nur die Klitoris, sondern auch Teile oder die gesamten kleinen Schamlippen entfernt.

Die schlimmste Form der Verstümmelung geht noch weiter und wird auch als Infibulation bzw. pharaonische Beschneidung bezeichnet. Diese wird in Äthiopien hauptsächlich bei den Afar, Somali und zum Teil bei den Völkern des Südens praktiziert. Es werden Klitoris, äußere und innere Schamlippen weggeschnitten und die Wunden bis auf ein kleines Loch wieder verschlossen und zugenäht oder mit Dornen geklammert. Vor der Heirat wird die sehr enge Öffnung erweitert, um Geschlechtsverkehr zu ermöglichen, vor einer Geburt ist eine weitere Operation nötig, bei der das Gewebe wieder aufgetrennt werden muss, damit ein Geburtsweg eröffnet werden kann.

In Äthiopien kommt noch eine weitere Form der Beschneidung zur Anwendung, bei der die Klitoris, vor allem wenn sie sehr klein ist, mit einer Nadel oder Klinge lediglich angeritzt wird.

Das Thema Beschneidung wird, wie alle sexuellen Themen, in der äthiopischen Gesellschaft wenig diskutiert. Und es ist offensichtlich, dass Bildung oder gesellschaftliche Stellung keine Rolle dabei spielen, ob Mädchen beschnitten werden oder nicht. Erst in den letzten Jahren wird von offizieller Seite auf das Problem aufmerksam gemacht. Internationale und nationale Institutionen der Gesundheitsverwaltung, aber auch Nichtregierungsorganisationen und zum Teil auch Vertreterinnen einzelner Frauengruppen versuchen die traditionellen Werte und Gebräuche in andere Bahnen zu lenken. Ob diese Bemühungen Erfolg zeitigen werden, ist aber ungewiss.

Beschneidung von Frauen in % aller Frauen der jeweiligen Region:
Afar: 94,5–97%; Harare-Region: 81,2%; Amhara-Region: 81,1–92%; Oromia-Region: 79,6%; Addis Abeba: 70,2%; Somali-Region: 69,7–100%; Benishangul-Gumuz-Region: 52,9%; Tigray-Region: 48,1%; südliche Region: 46,3–55%.

Quelle: UN, äthiop. Regierung, US-amerikanische Regierungsinformationen

Tour zu besuchen, z. B. mit Ethiopian Rift Valley Safaris (eine 6-Tage-Tour kostet mehrere hundert US$ pro Person und Tag; P.O. Box 3658 in Addis Abeba, Tel. 551127, Fax 550298), NTO oder anderen Veranstaltern.

Nachdem man auf der Hauptstraße von Konso kommend die Berge verlassen hat – der Höhenmesser zeigt nur noch etwa 600 m über NN –, gelangt man in eine der weiten Ebenen, die nach Süden im Dunst verschwindend sich über den Chew Bahir bis nach Kenia erstrecken. Nach einigen Kilometern gelangt man an die Brücke über den **Weyto-Fluss.** Um diese passieren zu können, sind an einem Checkpoint Reisegenehmigungspapiere aus Addis vorzuweisen, die die Reiseveranstalter besorgen müssen.

In westlicher und nördlicher Richtung sind die Höhenzüge der Humu- bzw. Shengema-Berge zu erkennen. Auf der linken Wegseite fällt nach einigen Kilometern ein Schild auf, das auf das **„Birale-Entwicklungsprojekt"** hinweist, einen gut gemeinten Versuch, Hackbauern und Jäger auf den vermeintlich fruchtbaren Böden zu Pflugbauern umzuerziehen, um das Verschwinden einer Ethnie zu verhindern. Ob dieses Vorhaben, angesichts von weniger als 100 Menschen, die sich als Birale bezeichnen, je von Erfolg gekrönt sein wird, muss die Zeit zeigen. Einige Kilometer später ist eine **Siedlung** erreicht, die über ein besonders großes und gutes Gasthaus verfügt, das offensichtlich von allen Reiseveranstaltern angefahren wird, wie die Plastiksticker an der Rezeption andeuten. Man verfügt sogar über Elektrizität, und selbst eine TV-Satellitenschüssel fehlt nicht. Das Essen ist zu empfehlen.

Verlässt man das Dorf in westlicher Richtung und folgt nicht der Straße nach Süden, die uns in einigen Tagen wieder von Turmi hierher führen wird, erreicht man schon bald Ausläufer des nächsten Höhenzuges. Hier, in einem **größeren Dorf** mit traditionellen, aber auch Wellblechhütten, empfiehlt sich ein Stopp. Einige Mädchen und junge Frauen fallen sofort auf durch ihren Glasperlenschmuck. Nach dem Anhalten kommen bald mehr und mehr Leute; besonders Kinder und Jugendliche schmücken sich mit ihrer Festkleidung und lassen sich gegen vorher ausgehandeltes Entgelt gerne fotografieren. Dieses Verhalten wird uns von nun an begleiten. Foto, rufen die Menschen und Birr, Birr.

Wir sind nun im Gebiet des **Volkes der Ari** angelangt, das sich bis etwa nach Bako/Jinka erstreckt. Die Ari sind Hackbauern und Viehzüchter, die gelegentlich auch als Teilnomaden mit ihren Rindern durch die Omo-Niederung ziehen. Bei der letzten Volkszählung bezeichneten sich etwa 150.000 Menschen als Ari, und etwa 170.000 sprechen die Sprache noch. Die **Tsamai** als Kleinbauern leben in der gleichen Region wie die Ari, bilden aber mit weniger als 10.000 Menschen eine deutlich kleinere Volksgruppe.

Bei den Ari-Frauen ist Glasperlenschmuck ein wichtiges Accessoire

Folgen Sie der **Straße in die Berge,** dann ist sie zwar recht ordentlich, ohne ein geländegängiges Fahrzeug aber nur schlecht zu bewältigen, denn sie ist kurvig, hügelig, teilweise steil, sehr ausgefahren und durch Erosion bedroht. Lichter bis dichter Buschwald bedeckt die Hügel der Umgebung, teilweise erkennt man, dass Buschfeuer häufiger die Vegetation beeinflussen. Menschliche Siedlungen sind nur selten zu sehen, selbst wenn das Terrain es erlaubt, den Blick weit über die karge Landschaft schweifen zu lassen.

Nach etwa einer Stunde Fahrt wird eine Straßenkreuzung erreicht, von links aus südlicher Richtung trifft die Straße aus Turmi auf unseren Weg, der sich jetzt in nordwestlicher Richtung fortsetzt. Hier liegt der Ort **Key Afer** („rote Erde"), der offensichtlich nach dem roten lateritischen Boden so genannt wird, der überall dort zwischen den Hütten aufleuchtet, wo kein Bewuchs ihn bedeckt. Im Dorf finden sich überwiegend charakterlose, mit Wellblech eingedeckte Lehmhäuser. Es lädt nur wenig ein, hier zu rasten, vor allem weil die Zeit bis zum Einbruch der Dunkelheit auch leicht knapp werden kann, wenn man morgens nicht einigermaßen früh Arba Minch verlassen hat.

Zwischen Key Afer und Jinka passiert man **Kako,** das aber nicht weiter auffällt. Der Weg führt über eine hügelige Hochebene, die Vegetation ändert sich nur wenig. In größerer Entfernung zu den Siedlungen gibt es mehr ausge-

eth07_443 Foto: kh

wachsene Bäume, aber es bleibt im Wesentlichen beim Buschwald. Etwa eine Stunde hinter Key Afer biegt die Straße nach Westen ab, einige Hütten säumen die Straße links und rechts, und man erreicht einen der früher so üblichen **Checkpoints.** Hier findet keine illegale Wegeräuberei statt, wenn Touristenfahrzeuge kommen, sondern der Torwächter erhebt gegen Quittung für die Kommune eine Art Kurtaxe in Höhe von etwa 50 Birr pro Touristenfahrzeug. Diese Behandlung wird aber nicht nur Touristen zu Teil, auch LKWs müssen diesen Wegezoll entrichten, selbst die Laster, die Kat von Jinka nach Turmi, Omorate usw. bringen. Nach Erhalt der Quittung wird das Absperrseil gelöst und der Weg ist frei.

Jinka ⇗ XVIII,B1

Nach etwa 1 km verdichten sich die Anzeichen, dass Jinka mehr als ein Dorf ist. Rechter Hand wird in einem schönen Park hinter einer Mauer das **Jinka-Resort-Hotel** sichtbar, das über einige vernünftig eingerichtete Bungalows, eine den Umständen entsprechend gut versorgte Bar (verschiedene Sorten Bier, Softdrinks, Mineralwasser und die üblichen Alkoholika) und auch über ein Restaurant verfügt. Das Essen ist ordentlich, das Personal freundlich, und auch wenn sich über die Übernachtungspreise nur schwer handeln lässt (350 Birr für ein Doppelzimmer mit Zusatzbett, Bad und funktionierender warmer Dusche), ist es empfehlenswert, im Hotel zu übernachten. Denn hier enden für die nächsten Tage die zivilisatorischen Errungenschaften. Aufgrund seiner Lage scheint in diesem Hotel auch die Moskitoplage geringer zu sein; Moskitonetze sind zwar vorhanden, aber wenig bis keine Moskitos.

Der Straße etwa 500 m stadteinwärts folgend, passiert man auf der linken Seite einen eingezäunten, etwa 100 m breiten **Grasstreifen,** der sich etwa über 1 km von Nord nach Süd erstreckt, ziemlich eben, stadtauswärts leicht ansteigt und meistens beweidet wird. Dies ist der je nach Wetterlage, aber im Prinzip jeden Tag von Addis angeflogene **Flugplatz.** Schräg gegenüber liegen **zwei Hotels** (Orit und Goh), die preiswerter, aber auch voller sind als das Jinka-Resort. Hier übernachten nicht nur Touristen, sondern auch Bus- und LKW-Fahrer bzw. Fahrer, Guides und sonstiges Personal der Touristenfahrzeuge. Direkt neben dem zweiten dieser Hotels findet sich ein Megeb Bet (Restaurant), wo man preiswert äthiopisch und meistens auch das allgegenwärtige Rührei essen kann.

In Jinka bietet es sich an, das Auto ein letztes Mal zu überprüfen, zu tanken, Öl und Reifen zu kontrollieren usw. Die Bank wechselt sogar Geld zu Addis-Abeba-Kursen. „Highland"-Wasser in Literflaschen ist, ebenso wie Softdrinks und Bier, in der Stadt verfügbar. Der **Markt** auf dem zentralen Marktplatz bietet keine außergewöhnlichen Waren, aber Bananen und andere Früchte sowie die Grundnahrungsmittel können zur Ergänzung des Vorrates dienen. Wer vorher nicht daran gedacht hat, kann sich hier auch noch mit BIC-Kugelschreibern eindecken, die von Schulkindern als Geschenk statt Almosen in ganz Äthiopien gerne angenommen werden.

Jinka ist eine ganz normale äthiopische Kleinstadt, verfügt aber mit dem **South Omo Research Center** (www.southethiopiaresearch.org) und dem angeschlossenen **Museum** über ein Kleinod. Diese Einrichtung, die von dem deutschen Professor *Ivo Strecker* der Uni Mainz gegründet wurde, stellt häusliche Gegenstände, Kleidung und Körperschmuck aus und bietet weitere Informationen von volkskundlichem Wert zu vielen Völkern der Omo-Region, die üblicherweise sonst nicht an einem Ort zu finden und zu vergleichen sind. Ein Museumsbesuch ist daher fast ein Muss.

Jinka – Nationalpark Mago

Folgen Sie der Hauptstraße, biegen vor der Bank in Jinka links ab, passieren den Markt und bewegen sich etwa in westlicher Richtung, dann befinden Sie sich auf dem richtigen Weg zum Nationalpark Mago.

Hat man Jinka verlassen und durch eine Furt den Fluss passiert, führt die schlechte, vor allem nach Regenfällen glatte, schlammige Straße durch lockeren Hochwald, der teilweise brandgerodet, gepflügt und mit Mais bepflanzt wurde. Der Weg erklimmt einige Hügel, bis nach etwa 12 km das Dorf **Kure** erreicht wird, das zunächst nicht besonders aufregend erscheint, aber wieder über einen **Checkpoint** verfügt. Die Bauern sind offenbar traditionell Hackbauern mit wenigen Haustieren. Am Checkpoint befindet sich ein großes Schild.

Hier beginnen die **Außenbezirke des Mago-Parks.** Das Schild listet Verhaltensregeln im Park auf, die zunächst etwas seltsam anmuten, vor allem das Verbot, Maschinengewehre mit in den Park zu nehmen. Man wird später sehen, was dahinter steckt. Folgt man der Straße durch die Hügel noch einige Kilometer, fällt auf, dass die Landwirtschaft zurückgeht und das Buschland zunimmt.

Endlich gelangt man an eine Stelle, wo die Straße an einem Abhang links weiter verläuft und man mit Blick nach vorn in südwestlicher Richtung die **weite Ebene des Mago-Parks** mit den darin liegenden **Mursi-Hügeln** sieht. Nach Regenfällen ist der Blick natürlich häufig durch Dunst und Wolken getrübt; dennoch bietet sich eine attraktive Aussicht. Folgt man der Straße den Hang und in die Ebene hinunter, hat sich der Weg gewandelt in eine Fahrspur, die bei Nässe auf schwarzen tonigen Böden zu einigen Rutschpartien führen kann. Etwa 30 km hinter Jinka zweigt jetzt rechts ein Weg ab, der direkt Richtung Mursi führt. Wenn Besucher dagegen planen, im Park zu übernachten, ist es erforderlich, sich zunächst zum **Hauptquartier des Mago-Parks** an den **Neri-Fluss** zu begeben und die nötigen Formalitäten für Campen, Führer usw. zu erledigen. Das Hauptquartier des Parks liegt auf einem Hügel, von dem weite Teile des Parks überblickt werden können und der luftig genug ist, um das häufig schwülheiße Klima für das Park-Personal und ihre Familien erträglich zu machen, die in einigen nicht weit entfernt liegenden Gebäuden wohnen. Die Parkwächter sind durchweg bewaffnet. Todesfälle durch **Wilderei** sind auch in den letzten Jahren mehrfach vorgekommen. Das schlecht ausgestattete Personal ist nach eigener Aussage im Allgemeinen nicht in der Lage, der Wilderei Herr zu werden, und die Unterstützung durch die Polizeibehörden in Jinka bzw. der Region ist unzureichend. Die Politik hat die Bedeutung des Umweltschutzes und des Tourismus offensichtlich nicht erkannt. Aber wie soll das auch gehen, wenn die Parkstatistik in den letzten Jahren lediglich 500 bis 1000 Touristen im Jahr ausweist?

Das **Gelände des Hauptquartiers** mit Bürogebäuden und kleinem **Museum** bietet einen guten Einstieg in die Fauna und Flora des Mago-Parks. Damit sind weniger die Paviane gemeint, die sich dort herumtreiben und nach Essbarem suchen, sondern Felle (Raubtiere), Gehörne (Kudu, Antilopen) und Schädel (Büffel und Elefanten). Eindrucksvoll wird auch die verheerende Wirkung von Anthrax (Milzbrand) dargestellt, einer Tierseuche, die Ende der 1990er Jahre die Region heimsuchte.

Im Hauptquartier werden alle Camping-Arrangements gemacht (wo ist zurzeit der beste Platz, welche Plätze sind belegt, wer passt auf die Zelte auf, wenn keiner da ist usw.).

Schließlich folgen Sie **in Begleitung eines Führers** einem der Fahrwege und werden zu einem größeren abgeschlossenen, unter hohen Bäumen und dichtem Blätterdach gelegenen **Campingplatz** geführt. Er wirkt komfortabel: ebener Boden, trocken, eine Latrine etwas abseits. Sogar eine Handpumpe ist vorhanden, allerdings ist sie manchmal außer Betrieb. Das Flusswasser können Sie jedoch abkochen, und Feuerholz erhalten Sie, so nicht selber mitgebracht, von den Parkwächtern.

Wenn Sie vormittags im Park angekommen sind, ist es sinnvoll, baldmöglichst die Zelte aufzubauen und die nötigen Vorbereitungen für die Nacht zu treffen, damit der Rest des Tages noch gut genutzt werden kann. Selbst wenn Sie einen Wächter für den Campingplatz bekommen, empfiehlt es sich, die Zeltreißverschlüsse zu schließen und nichts herumliegen zu lassen, da die **Paviane** ganz schön aufräumen können. Wenn Sie in der richtigen, d. h. etwas trockeneren Jahreszeit an den Mago kommen, können Sie an einigen Stellen sogar **im Fluss baden** und den Staub der Steppe abspülen. In der Regenzeit bietet sich das in dem schlammigen Wasser weniger an.

Dann gibt es unterschiedliche Möglichkeiten: Spaziergänge in die nähere Umgebung des Parks mit oder ohne Führer (das hängt auch vom Orientierungssinn ab), Ausfahrten in die Umgebung, auf „Safari“, um nach Tieren Ausschau zu halten, oder aber ein ausgedehnterer Trip, um zum Beispiel die Mursi zu besuchen.

Die **Mursi** sind ein **kleiner Volksstamm** von weniger als 4000 Menschen, die zwischen Jinka und dem Omo in karger Umgebung leben. Ihre zentralen Dörfer befinden sich auf dem

Mursi-Plateau, etwa 40 km westlich vom Parkhauptquartier. Die Mursi sind Viehhalter (Milch und Blut sind die hauptsächlich genutzten Produkte), die aber nach der Regenzeit auch Ackerbau betreiben, vor allem an den Ufern des Omo, nachdem das Hochwasser abgeflossen ist. Das Charakteristischste an den Mursi ist der ungewöhnliche **Schmuck der Frauen,** die sich mit **Tontellern** schmücken, die sie in den aufgeschnittenen Lippen tragen. Schmucknarben und Körperbemalung sind weitere Schönheitsattribute, derer sich nicht nur die Frauen bedienen, sondern auch die Männer. Der Brauch, Mädchen oder junge Frauen zu beschneiden, ist nicht nur bei den Völkern am Unterlauf des Omo weit verbreitet (siehe den entsprechenden Exkurs weiter oben).

Generell lässt sich beobachten, dass sich zumindest im Lauf der letzten zwanzig Jahre für die Mursi die **Lebenssituation** nicht grundsätzlich verändert hat. Sie leben in der gleichen unwirtlichen Gegend, die Wohnsituation hat sich nicht grundlegend gebessert bis auf einige Handwasserpumpen und eine Polizeistation. Einkommensmöglichkeiten sind nicht geschaffen worden, im Park kann kaum noch gejagt werden, da sich die Wildtierdichte stark verringert hat. Die früher häufig vorkommenden Tiere wie Rappenantilopen, Oryx, Zebras, Strauße, vereinzelt Giraffen, Antilopen und Kaffernbüffel existieren zwar noch, aber in deutlich geringerer Anzahl. So bleibt den Mursi auch heute kaum ein anderes Geld-Einkommen als der Eintritt in ihr **Museum,** in dem sie quasi ausgestellt sind. Will der Tourist etwas mitnehmen, und seien es nur Fotos, wird ein tunlichst vorher zu vereinbarender Obolus fällig, der pro Foto auszuhandeln ist (einige Birr pro Foto sind üblich). Von der Nennung von „Dumpingpreisen" sollte man Abstand nehmen, die Stimmung kann sonst leicht in Aggression umschlagen.

Folgt man dem Fahrweg durch das Dorf der Mursi, fällt nach einigen Kilometern der Höhenzug leicht ab bis an die Uferbänke des Omo. Hier gibt es auch eine **Fähre über den Omo,** die aber nur sporadisch einsetzbar ist. Die-

eth07_447 Foto: kh

Mursi-Frauen mit Tellerlippen

se Fähre besteht aus verbundenen Ölfässern, auf denen sich eine Plattform befindet. Sie kann mit Seilen über den Omo gezogen werden, wird allerdings nur von Fußgängern genutzt. Auf der anderen Seite ist es nicht mehr weit (etwa 25 km) bis zum Hauptquartier des Mui-Parks, der genau wie der Nationalpark Nechi Sar bei Arba Minch inzwischen von der African Park Foundation (APF), einer holländischen Institution, betrieben wird, die den Park bis 2030 gepachtet hat und ihn kommerziell und touristisch entwickeln will. Details dazu finden sich am besten auf der Homepage der APF: www.africanparks-conservation.com/. Ergänzende Beschreibungen zum Omo-Park finden sich weiter unten.

Auf dem **beschwerlichen Rückweg** von den Mursi **zum Mago-Park** entschädigen schöne Aussichten über die Tama-Niederung bis nach Mursi-Hana (wetter- und tageszeitabhängig) für den Zustand der Straße, der ein Härtetest für Fahrzeug und Insassen darstellt. Für 30 km sind 2–3 Stunden Fahrt anzusetzen, teilweise über schwere felsige Abschnitte und nach Verlassen des Plateaus durch tiefe Schlammlöcher. Umwege durch den Busch sind nötig. Ein ungutes Gefühl kann einen beschleichen bei dem Gedanken, dass man für die nächsten Tage wahrscheinlich das einzige Fahrzeug ist, das hier vorbeikommt. Nähert man sich allerdings in der Dämmerung wieder dem Mago-Park und dem Campingplatz, steigt die Chance, Wild zu sehen. Tagsüber ist vorwiegend die **Vogelwelt** mit Prachtwebern zu bewundern. Abends kann man in der Nähe des Headquarter neben den häufig vorkommenden Dik-Diks und Perlhühnern auch **Wasserböcke und Antilopen** sehen. Selbst heute leben noch **Kaffernbüffelherden** im Park, die verbliebenen Tiere werden jedoch zum Teil durch die umliegenden Völker **bis heute gewildert,** was hautnah erlebt werden kann. Wenn Geier hoch am Himmel kreisen, weisen sie den Weg zu toten oder sterbenden Tieren. Folgt man ihnen in den Busch, was man besser nicht alleine, sondern nur mit einem bewaffneten Wildhüter tut, kann es sein, dass man auf gewilderte Tiere stößt, beispielsweise eine junge Kaffernbüffelkuh, der lediglich die Ohren abgetrennt wurden und ein Hinterbein fehlt. Die Ohren sind der Beweis für die Jäger, dass sie tapfer genug waren, einen Büffel zu töten; das zählt schon als Mannbarkeitsritual. Erschreckend ist, dass so etwas wenige Kilometer vom Parkquartier geschehen kann, ohne dass die Polizei in Jinka bzw. die Behörden in Arba Minch aktiv werden.

Zurück auf dem Campingplatz schlägt ein bewaffneter Wildhüter sein Moskitonetz über seinem Feldbett auf und richtet sich in Sicht der Touristenzelte sein Nachtlager ein. Selbst wenn man später abends vom Ausflug zurückkommt, kann man sich sein Abendessen unter der durch den Generator des Hauptquartiers versorgten Glühbirne bereiten. Sogar ein Tisch steht zur Verfügung. Die Geräusche des nächtlichen Urwaldes mit Zirpen, Zischen, dumpfen Rufen, dem Zetern aus dem Schlaf aufgeschreckter Affen und gelegentlich vielleicht sogar brüllende Laute, die von einem Löwen stammen könnten, stören müde Touristen in aller Regel nicht. Es gibt auch keine Berichte über unliebsame Vorkommnisse im Park, die Wildhüter garantieren für die Sicherheit.

Frühaufsteher können mit den Parkwächtern vereinbaren, **in der Morgendämmerung** zur **Beobachtung von Wild** hinauszufahren. Eine Garantie gibt es allerdings nicht, dass Wild zu sehen sein wird, am ehesten ist das nach dem Ende der Trockenzeit der Fall, wenn die Tiere überall Nahrung und Wasser finden und nicht mehr auf die Wasserstellen am Mago angewiesen sind.

Mago-Park – Karo – Murle – Turmi – Omorate

Die meisten Touren **verlassen den Mago-Park in südlicher Richtung,** um über Karo und Murle nach Omorate oder Turmi zu fahren. Der **sandige Weg** führt **durch offene Baumsavanne.** Von Zeit zu Zeit werden trockene Wasserrinnen passiert oder nach Regenfällen größere schlammige oder überflutete Stellen, die im Allgemeinen aber aufgrund des verhärteten Bodens keine Gefahr des Steckenbleibens bilden. Überwiegend Schirmakazien, aber auch höhere Bäume und Grasland wechseln sich ab. Der Blick kann zwar häufig weit streifen, ungehinderte Sicht auf Wild ist aber schwierig, vor allem in der Regenzeit oder aber wenn das Gras hoch steht. Allerdings erlaubt der Sandweg das Spurenlesen und beweist so, dass durchaus **Wild** vorhanden ist. Gelegentlich finden sich Löwenfährten neben den vielen Paarhufern wie Kudus, Kuh- und Leierantilopen. Wasserböcke und Dikdiks sieht man wie die häufig vorkommenden Helmperlhühner sehr häufig in kleinen Gruppen. Vereinzelt kann der Eindruck entstehen, dass Bäume von größeren Pflanzenfressern zerstört worden sind. Die Nationalparkverwaltung berichtet denn auch, dass eine Population von etwa 200 Tieren im Park zu Hause ist. Die Wahrscheinlichkeit allerdings, Elefanten oder Löwen sowie die ebenfalls vorkommenden Leoparden zu sehen, ist sehr gering. Eher schon bekommt man Greifvögel oder Aasfresser zu Gesicht, etwa Wollkopfgeier, Sekretär, Gaukler und andere. Als Hinterlassenschaft von Rinderherden findet sich häufig der typische Paarhuferdung, der weniger beliebt ist in einem Wildtierpark.

Nicht nur die Karo und Ari, sondern auch die anderen Völker, die um den Park wie schon erwähnt als Teilnomaden leben, treiben ihre Herden in den Park zum Weiden. Die **Parkgrenze,** die etwa 30 km hinter dem Neri Camp erreicht wird, ist nicht deutlich ersichtlich, vielleicht nehmen die Rinderspuren dahinter zu, aber weder ein Zaun noch ein Schild weist den Besucher auf den Statuswechsel hin. Lediglich die Tatsache, dass die Uferwälder des Omo erreicht sind, kann als Hinweis gelten.

Nach weiteren 20 km erreicht man das erste Dorf des **Volkes der Karo,** Dus. Die Karo sind ein kleines Volk mit vermutlich nur noch etwa 1000 Angehörigen. Sprachlich und ethnologisch sind sie wohl eng mit den umliegenden

Völkern und besonders mit den Hamer verwandt. Ursprünglich Viehzüchter und Bauern an den Ufern des Omo, haben sie durch die Viehseuche Anthrax die Mehrzahl ihrer Tiere verloren, und die Landwirtschaft am Omo-Ufer dominiert den Lebenserwerb. Die Karo sind unter Ethnologen und Omo-Reisenden bekannt für ihre bei Frauen und Männern ausgeprägte **Körperbemalung, Schmucknarben** und auch den **Kopfschmuck der Männer,** der dem der Dassanech und Hamer Banna ähnelt, die südlich bzw. östlich der Karo leben.

Kinder vom Volk der Karo

Die Männer formen sich zu besonderen Gelegenheiten, etwa wenn Wildtiere wie Löwen oder Leoparden oder vielleicht auch Feinde getötet wurden, helmähnliche Kappen aus Ton. Dieser wird auf die Kopfhaut aufgetragen und durch die Haare als „Armierung" an seinem Platz gehalten. Die Tonkappe wird nach dem Trocknen bemalt und mit Kratzmustern geschmückt.

Verlässt man die Karo-Siedlungen in südlicher Richtung und hält sich auf dem etwas stärker befahrenen Weg, gelangt man nach etwa 15 km direkt am Omo-Ufer nach **Murle.** Das Volk und die Sprache der Murle sind offensichtlich praktisch ausgestorben, nur der Name des Volkes scheint erhalten geblieben zu sein. Ein Großwildjäger unterhält hier eine recht gut ausgestattete **Lodge,** die sogar mit Kleinflugzeugen erreichbar ist. Bei Niedrigwasser des Omo erscheint es hier fast möglich, den Fluss zu Fuß zu passieren. Auf dem eingefriedeten Gelände, das wie eine Flussterrasse am Rhein gelegen ist, könnte man sich eine Übernachtung gut vorstellen. Der Zweck der Jagdlodge ist allerdings fragwürdig geworden. Selbst die äthiopischen Fährtensucher und Jäger sprechen von Überjagung und Ausrottung des Wildes in der Gegend durch die Jagd. Nachhaltigkeit und Erhaltung der Natur durch sorgsame Nutzung, wie es die Omo-Anrainer in der Vergangenheit getan haben, ist heute offenbar ein Fremdwort, wie sich auch in vielen anderen fragilen ökologischen Systemen beobachten lässt.

Von Murle aus folgt man dem Weg nach Süden. Abhängig davon, ob man erst nach Turmi reisen und dort in etwas kühlerer Umgebung (500 m höher) übernachten will, oder ob man direkt nach Omorate fährt und in der schwülen Hitze des Omo-Tals die Nacht verbringen möchte, muss man sich nach etwa 8 km östlich halten. Dann gelangt man nach Turmi, das etwa 55 km und 1–1½ Stunden Fahrt von Murle entfernt ist.

Turmi ⇗ XVIII,B2

Turmi ist ein „Mittelzentrum" mit etwa 1200 Einwohnern und einigen einfachen Hotels sowie **zwei Campingplätzen,** die beide östlich von Turmi liegen. Der erste, der einem Reiseveranstalter gehört, liegt etwa 1 km vom Stadtzentrum entfernt, der zweite, ein kommunaler Platz, ist etwa 4 km entfernt und in der Nachbarschaft einer kleineren Hamer-Siedlung anzutreffen. Hier findet sich unter hohen Eukalyptusbäumen am Flussufer ein etwa 1,5 ha großer ebener Campingplatz, der alle Bequemlichkeiten bietet: Schatten, Feuerplätze bzw. Kochhütten, bewaffnete Wächter, Feuerholz gegen Bezahlung, Latrinen und Duschen. Diese befinden sich unter einem Turm, der ein ehemaliges Ölfass trägt, das mit Eimern von der Pumpe am Flussufer gefüllt wird – ein Vergnügen, sich den Staub aus den Haaren und vom Körper zu waschen.

Im Zentrum von Turmi gibt es ein **Hotel und Restaurant** mit gutem äthiopischen Essen. Das Restaurant ist offen, unter einem hohen Blechdach trennen halbhohe Bambustrennwände die Tische voneinander. Im Hintergrund ein größerer, ebenfalls halboffener Tukul mit Lehmsitzbänken, in dem Kaffee getrunken und Kat gekaut werden kann. Besonders die Händler und LKW-Fahrer, die die Region von Arba Minch oder sogar von Addis Abeba aus versorgen, steigen gern in Turmi ab, da es über ein angenehmes Klima verfügt – nicht so heiß wie Omorate, nicht so feucht wie Jinka – und verkehrsgünstig liegt. Zumindest auf den ersten Blick, denn wenn die Regenzeit eingesetzt hat und es im Hochland Richtung Jinka und Bako regnet, kommt es vor, dass sich die östlich von Turmi gelegenen Flussbetten, an denen die Campingplätze liegen und die normalerweise trocken fallen, binnen Minuten in reißende Ströme mit meterhohen Wellen verwandeln und jeglichen Verkehr für einige Tage unterbinden. Besonders mit schwer beladenen LKWs ist es nicht ratsam, sich leichtsinnig in die Fluten zu wagen, aber auch Touristenfahrzeuge sollen schon fortgespült worden sein.

Von Turmi ist ein **Ausflug nach Dimeka** zu dem traditionellen **Hamer-Markt** empfehlenswert. Wenn die Zeit reicht und sich die Gelegenheit bietet, kann auch der Versuch unternommen werden, sich eines der traditionellen Feste der Hamer mit dem **„Bullensprung"** anzusehen. Dieser Brauch gilt als Initiationsritus für die Hamer-Jugendlichen. Dabei stehen zwischen 15 und 30 männliche Rinder nebeneinander, und der Junge, der zum Mann werden soll, schwingt sich auf den Rücken des ersten Bullen und muss nun bis zu viermal auf den Rücken der Bullen hin und her laufen.

Omorate (Kelem) ↗XVIII,B2

Von Turmi aus in west-südwestlicher Richtung etwa 45 km auf guter Schotterstraße entfernt liegt die Stadt Omorate direkt **an den Ufern des Omo.** Von Turmi aus in weniger als einer Stunde erreichbar, ist Omorate etwa doppelt so groß wie Turmi und in den letzten Jahrzehnten stark gewachsen. Früher ein kleiner Ort mit zwei „Herbergen", sind hier inzwischen auch feste Steinhäuser sowie Lagerhäuser und agroindustrielle Anlagen zu sehen. Nordkorea beabsichtigte zu Zeiten des *Mengistu Haile-Mariam* in großem Stil Bewässerungslandwirtschaft zu betreiben und hier vor allem Baumwolle zu produzieren. Dieses Vorhaben wurde von der Folgeregierung nicht weiter verfolgt. Omorate ist aber auch seit Jahrzehnten ein Zentrum für die **Lagerung von Nahrungsmitteln** und ihre **Verteilung** durch die äthiopische RRC (Relief and Rehabilitation Commission). Aufgrund der exponierten geopolitischen Situation im Grenzgebiet zwischen Äthiopien, Kenia und dem Sudan, aber auch aus humanitären Gründen war es immer wieder nötig, in dieser ökologisch und politisch fragilen Gegend den Nomaden und Halbnomaden der Region, die durch Tierseuchen viele ihrer Tiere verloren haben, Hilfe zukommen zu lassen. Hinzu kamen Dürreperioden, die auch noch die landwirtschaftlichen Bemühungen der Bevölkerung zunichte machten. Die Nahrungsmittelhilfe hat natürlich zur Folge, dass sich ehemalige Hilfeempfänger in Omorate ansiedeln und zum Teil nichtlandwirtschaftlichen Tätigkeiten nachgehen. Die Notwendigkeit humanitärer Hilfe hatte auch dazu geführt, dass eine einfache Fähre – die einzige unterhalb der Omo-Brücke an der Straße von Sodo nach Jimma – etwa 200 km nördlich durch die RRC eingerichtet worden war. Diese Fähre existiert zurzeit (2007) nicht mehr; damit ist eine Überquerung des Omo mit einem Fahrzeug und der Weg zum Omo-Park auf direktem Wege unmöglich.

Die lokale Bevölkerung **überquert den Omo** mit riesigen, bis zu 8 m langen und etwa 1 m breiten Einbäumen. Dieser Service wird auch Touristen angeboten, aber zu hohen Preisen (30–80 Birr pro Person), die eine lokale Touristenführer-Clique durchzusetzen versucht – es möge jeder für sich entscheiden, ob ihm die aggressive „Vermarktungsstrategie" so zusagt, dass er die Dienste der Monopolisten in Anspruch nehmen möchte.

Ein Grund überzusetzen, selbst wenn das Fahrzeug zurückbleiben muss, könnte das direkt gegenüber liegende große **Dorf der Dassanech** sein. Die Dassanech oder Geleb zählen etwa 30.000 Menschen und leben halbnomadisch südlich des Mago-Parks. Das Siedlungsgebiet erstreckt sich bis nach Kenia, wo ein großer Teil der Geleb lebt. Allerdings finden sich auch einige kleinere Dörfer auf der östlichen Omo-Seite nur einige Kilometer südlich von Omorate. Die Hütten sind von einem Zaun aus Dornengestrüpp umgeben und von leichter Bauweise. Die Dassanech tragen keine Lippenteller, die Männer dafür zum Teil einen Elfenbeinpflock in der Unterlippe oder im Ohrläppchen sowie die schon bekannten Tonkappen und Schmucknarben.

An der Hauptstraße in Omorate gegenüber der Polizei, die leicht erhöht auf einem kleinen Hügel direkt am Prallhang des Omo gelegen ist und mit der Rückseite den Fluss überblickt, gibt es ein **Hotel** mit einem offenen Tukul, wo ordentliches äthiopisches Essen angeboten wird und meistens auch Softdrinks, Mineralwasser und Bier erhältlich sind. Ob eine Übernachtung in Omorate empfehlenswert oder Turmi vorzuziehen ist, muss jeder für sich entscheiden. Es gibt in Omorate auch einen **Campingplatz.** Den Weg können die Polizei, aber auch die Jugendlichen des Ortes beschreiben.

In der Trockenzeit ist es möglich, das **Nordufer des Turkana-Sees** zu erreichen. Da sich hier aber die kenianische Grenze befindet und die Sicherheitslage in der Grenzregion nicht immer für touristische Vorhaben zuträglich ist, sollte ein solcher Ausflug mit der Polizei diskutiert werden.

Nationalpark Omo ↗ XVIII,A/B1

Obwohl zurzeit keine Fähre verfügbar ist, die es Fahrzeugen erlaubt, den Omo zu überqueren, soll kurz auf den Omo-Park eingegangen werden. Dieser Park hat bereits seit 1966 Bestand. **Ethnien** wie die Surma (Suri, insgesamt 20.000 Angehörige), die Bumi oder Nyangtom (15.000–20.000 Angehörige) und die oben bereits beschriebenen Mursi bewohnen als Halbnomaden und Ackerbauern die Überflutungsflächen des Omo. Außerdem leben hier die Me'en mit etwa 55.000 Menschen als Wanderfeldbauern und Hirten sowie die Dizi mit insgesamt 25.000 Mitgliedern als Ackerbauern.

Der Park ist etwa 4000 km² groß und wurde 2006 der bereits erwähnten African Parks Foundation zur Nutzung überlassen. Die **Tierwelt** im Omo-Park soll sich in einem besseren Zustand als im Mago befinden. Es gab und gibt wohl bis heute große Antilopen- und Kaffernbüffelherden, Giraffen, Löwen, Geparden und die sonst bekannte Tierwelt der afrikanischen Savannen.

Von Omorate ist das **Parkhauptquartier am Mui-Fluss,** wo es auch wunderbare Campingplätze gibt, etwa 75 km in nördlicher Richtung entfernt. Die Fahrzeit beträgt einige Stunden über fast nie genutzte Pfade. In der Trockenzeit ist es einigermaßen verlässlich möglich, Mui zu erreichen.

In der Nähe des Hauptquartiers befindet sich auch eine **Flugzeuglandepiste,** die gelegentlich von Addis Abeba angeflogen wird. Der Park war auch mit dem Fahrzeug über Jimma, Mizan Teferi, Bebeka via Guraferda und den Dima-Fluss erreichbar. Noch Ende der 1990er Jahre wurde eine Zufahrtsstraße im Zuge eines Projekts der Europäischen Union gebaut. Über den Zustand dieser Straße kann aber zurzeit ebenso wenig gesagt werden wie über die Strecke via Shewa Gimira, Shasha und Maji, auf der man bereits in den 1980er Jahren für etwa 100 km drei Tage benötigte. Die letzte Möglichkeit, den Omo-Park zu erreichen, existierte auf der bereits erwähnten Strecke von Jinka über

Mursi an den Omo, um dort mit der Fähre überzusetzen. Aber auch deren Machbarkeit ist fragwürdig.

Ein Besuch des Park sollte grundsätzlich nur mit absolut zuverlässigen Fahrzeugen und niemals nur mit einem Fahrzeug in Angriff genommen werden.

Bevor man auf dem Weg in den Park die erste große Siedlung der Bume in Kibish erreicht, passiert man noch die weltberühmten **Fossilienstätten des unteren Omo,** wo sowohl auf äthiopischer als auch auf kenianischer Seite Überreste von Frühmenschen (*Homo gracilis,* mehr als drei Millionen Jahre alt) gefunden wurden. Auf der weiten Ebene sind weit verstreut versteinerte Knochen aller möglicher Arten direkt an der Erdoberfläche zu finden und fallen sogar beim Vorbeifahren mit dem Auto auf. Hat man die vegetationsarme und graslose Ebene um **Kibish** in nördlicher Richtung verlassen, erreicht man eine Grassavanne, die **Illibai-Ebene,** mit vereinzelten Gehölzen, die westlich von einem Höhenzug, den **Dirga-Bergen,** eingeschlossen ist. Westlich davon beginnt bereits das **Hochland von Maji.** Am Fuße der Dirga-Berge gibt es heiße Quellen.

Omorate – Turmi Arbore (Erbore) – Konso

Die Rückkehr nach Turmi erfolgt auf der gleichen Straße wie die Hinfahrt, auf der Straße also, die im Allgemeinen gut gepflegt ist und lediglich in der Regenzeit wie bereits erwähnt durch Überflutung der Furten in den sonst trockenen Flusstälern beeinträchtigt werden kann und durch hügeliges Buschland führt. Etwa 25 km hinter (östlich) Turmi verlässt die Straße das Hügelland und erreicht die weite Ebene, die sich nach Süden über den **Chew Bahir (Lake Stefanie)** bis nach Kenia fortsetzt.

Ein **Abstecher auf den trockenen Salzsee** lässt sich gut bewerkstelligen, wenn man eines der trockenen Flusstäler wählt, nachdem man die Berge verlassen hat. Auf dem ausgetrockneten Seeboden findet sich Wild wie Oryxe, Zebras, Strauße und andere Tiere, die

eth07_454 Foto: kh

Junger Mann aus der Erbore-Ethnie

lange Zeit ohne Trinkwasser und mit karger Nahrung auskommen können. Zudem ist die bizarre Landschaft mit Fata Morganas und den Inseln im See, die sich in der heißen Luft spiegeln und auf dem Kopf zu stehen scheinen, ein unvergessliches Erlebnis. Leider ist die **Sicherheitslage** auch hier, dicht an der kenianischen Grenze, die man übrigens auf dem Salzsee überqueren kann, nicht immer wie gewünscht. Wenn Führer und/oder Fahrer Sicherheitsbedenken haben, sollte sich der Reisende nicht darüber hinwegsetzen.

Vom See geht es in nördlicher Richtung in das Gebiet des **Volkes der Erbore** mit dem gleichnamigen Dorf (etwa 1000 Einwohner). Die Erbore (etwa 4000 Menschen) leben nur in der Region um den Chew Bahir und den Weyto-Fluss. Neben dem Ackerbau, mit dem sie hauptsächlich Sorghum und Mais in Hackkultur teilweise sogar mit einfachen Bewässerungsanlagen produzieren, sind sie Rinderhalter und nutzen die Grasländer ihrer Region. 2003 gab es in Erbore eine **Hungersnot,** da der Weyto zur Unzeit die Felder überflutete und die Ernte vernichtete. Bei Menschen, die über keine Vorräte und Ersparnisse verfügen, ist eine derartige Katatstrophe kaum zu kompensieren. Damals waren die Erbore von Nahrungsmittelhilfe abhängig.

Die **Dörfer der Erbore** sind ebenso wie die der umliegenden Vieh haltenden Völker mit Dornhecken eingefriedet. Männer und Frauen verschönern sich aber weniger mit Schmucknarben oder Körperfarben. Die Männer tragen bereits europäisierte Kleidung, während sich die Frauen ähnlich wie die Ari oder die Tsemai mit farbenfrohen Glasperlenketten schmücken.

Etwa 100 km hinter Turmi kommt die Tour durch das „Museum der Völker" im Südwesten Äthiopiens zu ihrem Abschluss, und das Restaurant in **Weyto** erwartet mit gutem Essen und gutem Kaffee. Von hier **bis Konso** fährt man etwa zwei Stunden und hat jetzt die Qual der Wahl.

Reicht die Zeit, um vom direkten Weg zurück nach Arba Minch abzuweichen, biegt man am Kreisel in Konso rechts ab **Richtung Yabelo,** das nach etwa 150 km erreicht wird. Die Straße führt zunächst abwärts, man verlässt das Konso-Hochland durch die typischen Terrassenfelder. Hier fallen sofort heftige Erosionsschäden ins Auge, wo von der traditionellen Konso-Wirtschaftsweise abgewichen und gepflügt wurde. Je weiter man sich von Konso entfernt und in die Ebene kommt, nehmen ackerbauliche Tätigkeiten ab. In der Ebene leben teilnomadisierende Boronna, die Rinder und Kamele halten. Weiter südlich zwischen unserer Straße und der kenianischen Grenze liegt **Teltelle,** ein Dorf in einer Gegend, die immer wieder mit Dürren und Nahrungsmitteldefiziten zu kämpfen hat. Später steigt die Straße wieder bis auf über 2500 m Höhe an und mäandert in weiten Serpentinen endlich wieder abwärts, bevor man Yabelo erreicht.

Südwestäthiopien

Der Südwesten Äthiopiens wird von dem südlichen Teil des Hochlandmassivs, dem **Kaffahochland,** gebildet, das die **Schlucht des Abay** vom nördlichen Massiv trennt. Diese natürliche Grenze bildet zugleich eine historische und kulturelle, die sich bis heute in der eigenen Geschichte und den kulturellen Besonderheiten der Region ausdrückt. Auch klimatisch bildet der Fluss eine **„Wetterscheide“;** das südliche Hochland ist bedeutend feuchter als der Norden und mit üppiger tropischer Bergvegetation bewachsen. Was im Norden teff als Nahrungsgrundlage ist, sind hier Knollenfrüchte, wie yam, kassawa, Süßkartoffeln und besonders die ensete (falsche Banane). Das im Zentrum des südlichen Hochlandes gelegene Kaffa wird von manchen Wissenschaftlern für die **Heimat des Arabica-Kaffees** gehalten.

Im nördlichen Teil dieser Region liegt die **ehemalige Provinz Welaga** (auch: Wolega), deren Flüsse in den Abay abfließen. Vom wichtigsten Strom des südlichen Hochlandes, dem **Omo,** wird im Norden, Osten und Süden die **zentrale Provinz Kaffa** (auch Kefa) umflossen. Ganz im Südwesten an der Grenze zum Südsudan liegt die **Provinz Illubabor,** die einen Teil der sumpfigen Ausläufer des südsudanesischen Sudd umfasst.

Die Urbevölkerung des südlichen Hochlandes waren Sprecher der so genannten **Sidama-Sprachen,** einer Gruppe der omotischen Sprachfamilie. Sie hatten im Gebiet der Provinzen Wolega und Kaffa, aber auch weiter nordöstlich in Shoa und Arsi, eine Reihe von Königreichen gebildet. Entlang der

Grenze zum Sudan leben Gruppen der von ihren Nachbarn als Shanqila oder Beni Shangul bezeichneten Völker. Gruppen von Sprechern zu dieser Familie gehörender Sprachen leben in Äthiopien noch am Westabhang des nördlichen Hochlandes, außerdem gibt es im Südwesten Eritreas die ebenfalls zu dieser Gruppe gehörenden Baria und Kunama. Ganz im Westen, schon außerhalb des Hochlandes in den Niederungen des Sudd, leben Angehörige der **nilotischen Völker.** Sehr früh sind Gruppen semitisch sprechender Bevölkerungen im östlichen Teil des Gebietes heimisch geworden, so die im westlichen Shoa und im Grabenbruch lebenden Gurage. Zur Zeit der ersten Südexpansion des äthiopischen Kaiserreiches im 13. und 14. Jh. verstärkte sich das semitische Element. Eine deutliche Veränderung dieser Situation trat im 16. Jh. ein, als die **kuschitischen Matcha-Oromo** in dieses Gebiet einwanderten. In Wolega, weiten Teilen von Ilubabor und auch dem nördlichen Teil von Kaffa stellen sie heute das bestimmende Bevölkerungselement.

Geschichte des südlichen Hochlandes

Die Sidama-Reiche

Mit dem Begriff Sidama-Reiche wird eine Reihe kleinerer Königtümer zusammengefasst. Sie lagen im südlichen Teil des äthiopischen Hochlandes; der nördliche Teil dieser Reiche wurde im 16. und 17. Jh. durch die Oromo zerstört, die weiter südlich gelegenen Ende des 19. Jh. von den Amharen erobert. Dennoch leben die Reiche zum Teil als ideelle Einheiten weiter, und die Nachkommen der alten Königsfamilien werden noch heute in besonderer Weise verehrt. Dies hängt mit dem besonderen Charakter des **sakralen Königtums** zusammen, das hier geherrscht hat.

Die frühesten Berichte über diese Königreiche stammen aus äthiopischen Chroniken und Heiligenlegenden. Schon bald nach der Erneuerung der salomonischen Dynastie 1268 waren die Kaiser nach Süden vorgestoßen und hatten die dort befindlichen Reiche zu Tributzahlungen gezwungen. Christliche Mönche zogen als Missionare in diese Gebiete, allen voran der Heilige *Tekle Haymanot,* von dessen Bekehrungseifer die Legenden berichten; auch *Gebre Manfus Qiddus* zählt zu diesen Missionaren.

Zeugnisse dieser Einflussnahme aus dem Norden blieben in Gestalt von **Kirchenruinen** erhalten. Solche Ruinen findet man bis in den Bereich des alten Königreiches Kaffa. Auch soll eine Reihe von Elementen der Klanstruktur der dortigen Völker, so Bezeichnungen für die Priesterklane und Ämter, und auch der Religion (Fastentage, bestimmte Feste) auf den Einfluss des christlichen Äthiopien zurückgehen. Leider geben die Quellen kaum Auskunft über die innere Struktur und die Ausdehnung der alten Reiche im südlichen Hochland.

Die mehrere Jahrhunderte dauernde Dominanz des christlichen Kaiserreiches über die Südprovinzen, die sich in Anerkennung des Oberkönigtums des Negusa Nagasht, des äthiopischen Kaisers, in Tributzahlungen und besonders

Sakrales Königtum

Sakrale Königtümer bestehen auch heute teilweise weiter, da es sich bei ihnen nicht nur um einen als Staat funktionierenden Apparat handelt, sondern um ein komplexes System von sozialen Hierarchien, die das rituelle Funktionieren einer Gesellschaft gewährleisten. Solche Hierarchien konnten natürlich in den Dienst von Machtentfaltung und Eroberung gestellt werden, die Machtausübung war und ist aber immer durch eine Vielzahl von Traditionen, Tabus und durch die Teilnahme weiterer hoher Würdenträger kontrolliert. Oft erscheinen die jeweiligen Träger des Königsamtes eher als Marionetten ihrer Umgebung denn als selbstständig Handelnde. Der sakrale König verkörpert vor allem sein Amt, das er getreu der Tradition wahrnehmen muss, er kann es kaum zu eigenem Nutzen gebrauchen. Die mit dem Amt verbundenen Tabus und Restriktionen haben auch dazu geführt, dass zum König bestimmte Personen sich durch Flucht entziehen wollten und gezwungen werden mussten, das zu den Pflichten ihres Klans gehörende Amt anzunehmen. Heutige sakrale Könige in Südäthiopien haben eine auf ihre Ethnie beschränkte Wirksamkeit, sind für diese aber von großer Wichtigkeit, da ohne das Wirken des Königs bestimmte Abläufe, vor allem im Jahreszeiten- und Feldbauzyklus, aber auch bei der sozialen Organisation (Wechsel der Altersklassen u. ä.) nicht stattfinden können.

Die Bevölkerung der sakralen Königtümer unterteilt sich meist in eine Reihe streng geschiedener Kasten, so den Königsklan, die Adligen, die freien Bauern, Sklaven und die als besondere Gruppe zählenden Handwerker. In diesen Kasten sind bestimmte gesellschaftliche Positionen und Ämter erblich und können nicht von Mitgliedern anderer Kasten übernommen werden. Die Handwerkerkaste (Töpfer, Schmiede) kann eine sehr ambivalente Position besitzen; einerseits gilt sie als mit besonderer magischer Kraft begabt, meist auch von göttlicher oder fremder Herkunft, und sie wird hoch geehrt und gefürchtet. Andererseits kann ihr die nicht zur hoch geschätzten Beschäftigung mit dem Boden gehörende Arbeit im Dunkeln, bei Gestank und Schmutz auch zum Verhängnis werden, und sie wird als eine Art Aussätzigenkaste betrachtet, mit der man den Umgang möglichst vermeidet. In jedem Fall setzt sie ihre besondere Position in enge Beziehung zum König und seinen zeremoniellen Pflichten.

Der Königsklan gilt in der Regel als von göttlicher Herkunft, oder sein Urahn soll eingewandert sein, wobei er häufig besondere Erfindungen oder Neuerungen (z. B. auch das Königtum selbst) mitbrachte. Der König besitzt besondere Eigenschaften, die ihn über die menschliche Sphäre hinausheben. Er verkörpert die Fruchtbarkeit des Landes und seines Volkes, er ist für das Gedeihen seiner Untertanen verantwortlich. Deshalb ist er von vielen Tabus umgeben, kann aber bei ausbleibender Bodenfruchtbarkeit, Dürren, bei das Land verheerenden Seuchen oder ähnlichen Zeichen von Unfähigkeit, die rituelle Ordnung zu erhalten, abgesetzt oder sogar getötet werden. Wichtig ist die körperliche Unversehrtheit des Königs, denn sein Körper gilt als Symbol des ganzen Landes. Treten am König Krankheits- oder Alterserscheinungen auf, kann er abgesetzt, im Extremfall ebenfalls getötet werden. Diese Maßnahmen darf aber nur ein ganz bestimmter Würdenträger, meist aus dem Königsklan, und auch nur zu bestimmten Zeiten im Jahr durchführen.

Die rituelle Reinheit verlangt, dass der König in einer streng abgeschiedenen Pfalz lebt. In den alten Sidama-Reichen führten in der Regel drei Tore in den Bezirk; sie wurden von Leuten der Handwerkerkaste bewacht, die auch die nur dem König vorbehaltenen Instrumente Trompete und Trommel spielten. Der Platz der Pfalz war so heilig, dass nach dem Verlassen der Gebäude das Material nicht weiterbenutzt werden und man den Platz auch nicht mehr besiedeln durfte. In den oft sehr ausgedehnten Anlagen gab es große

Hallen, in denen sich die Angehörigen der wichtigen Klans versammelten, da der zeremonielle Staat eine große Anzahl von Hofrängen besaß. Diese Gebäude sind fast alle nach oder während der Eroberung verschwunden.

Nur Unbefleckte, die keinen Geschlechtsverkehr haben, dürfen um den sakralen König sein (in der Regel Knaben und sehr alte Männer), Kranke dürfen nicht in seine Nähe geraten, zudem darf der König nur bestimmte Speisen essen, die von Jungfrauen zubereitet werden. Der König bleibt unsichtbar oder trägt einen Schleier vor dem Gesicht, er spricht über einen Sprecher zu seinem Volk. Sein Tod ist ein Naturereignis, das häufig mit Ritualen verbunden ist, die eine Art Chaos suggerieren, bis der neue König wieder in der Lage ist, die Welt rituell zu ordnen.

Eine Reihe von Tieren ist mit dem Königtum verbunden. Hier ist vor allem die Biene zu nennen, die eine Rolle bei der Auswahl des Thronfolgers aus den Prätendenten des Königsklans spielen kann. Bienenprodukte wie Honigbier und Wachs (Kerzen) sind ebenfalls dem König bzw. seinem Hof vorbehalten. Weitere Königstiere sind die Schlange, der Löwe und in geringerem Maße bestimmte Vögel und der Elefant. Der Königsklan ist mit diesen Tieren verbunden, z. B. durch die Vorstellung, dass der Urahn solch ein Tier gewesen sei oder der tote König in das Tier verwandelt wird.

Wichtigste Insignie des südäthiopischen Königtums scheint der Ring des Königs zu sein. Weitere Elemente sind der phallusartige Stirnschmuck, Armringe und Federn. Eine ganze Reihe dieser Elemente lässt sich auch im nordäthiopischen Kaisertum beobachten, wie überhaupt fast allen afrikanischen Königtümern derartige Prinzipien zugrunde liegen.

Legende der Wolamo

E. Haberland (Untersuchungen zum äthiopischen Königtum, Wiesbaden, 1965) berichtet von einer Legende des zwischen dem Fluss Omo und dem Abaya-See gelegenen Königtums der Wolamo, die über die Herkunft des Königsklans aus dem Norden so berichtet: Um 1600, so die Tradition, seien 150 Reiter unter Führung eines Fürsten mit Namen *Mikala* aus Tigray nach Wolamo gezogen. Der damalige König gab dem *Mikala* seine Tochter zur Frau.

Nach dem Tod des Königs riss *Mikala* die Herrschaft an sich. Es kam zu Kämpfen mit der Bevölkerung, in der die Tigray (wie man die Ankömmlinge nannte) zu unterliegen drohten. Daraufhin schleuderten sie ihren Angreifern auf einmal keine Speere entgegen, sondern Kleidung, Perlen und Fleisch. Als die Wolamo das sahen, sagten sie, wer so reich ist, solle sie auch beherrschen.

Da die Weberei in Südäthiopien wahrscheinlich noch nicht bekannt war, handelt es sich hier auch um einen Kulturbringermythos. Mythen dieser Art, bei denen Fremde zu einem Volk kommen, bestimmte Kulturgüter einführen und Könige werden, sind in Afrika relativ verbreitet.

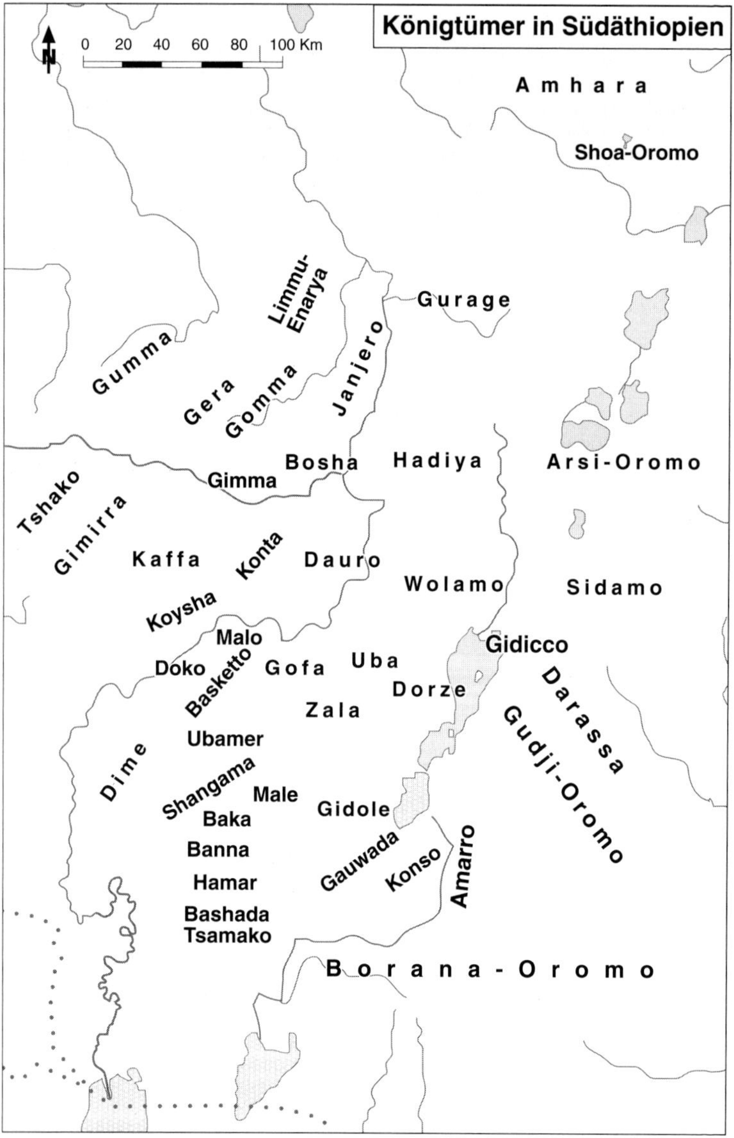
Königtümer in Südäthiopien
0 20 40 60 80 100 Km
N
Amhara
Shoa-Oromo
Limmu-Enarya
Gurage
Gumma
Janjero
Gomma
Gera
Bosha
Hadiya
Arsi-Oromo
Gimma
Tshako
Gimirra
Kaffa
Konta
Dauro
Wolamo
Sidamo
Koysha
Malo
Gidicco
Doko
Basketto
Gofa
Uba
Dorze
Darassa
Zala
Gudji-Oromo
Ubamer
Dime
Shangama
Male
Gidole
Baka
Banna
Gauwada
Konso
Amarro
Hamar
Bashada
Tsamako
Borana-Oromo

auch in der Lieferung von Sklaven ausdrückte, wurde durch die Wanderbewegung der Oromo im 16. Jh. jäh unterbrochen.

Das Gebiet der zwischen Abay und Gibe liegenden Reiche von **Wolega, Enarya** und **Damot** ging nach schweren Kämpfen in die Hand der Oromo über. Erst die südlich des Gibe gelegenen Königreiche **Kaffa, Janjero, Jimma** und **Wolamo** konnten sich behaupten. Diese Reiche waren durch Befestigungsanlagen aus Steinmauern, Palisaden und Gräben gegen Angreifer gesichert. Reste dieser riesigen **Verteidigungsanlagen** sind noch in der Region zu finden.

Nach Konsolidierung der Lage in Südäthiopien führten diese Reiche über die Oromo-Königreiche in der Gibe-Region einen ausgedehnten **Handel** nach Nordäthiopien und Harar, wobei dieser Handel vom jeweiligen König kontrolliert wurde. 1894–97 wurden diese Reiche von den Truppen *Meneliks II.* (1889–1913) erobert und dem äthiopischen Kaiserreich angegliedert.

Das Reich Enarya

Bekannt ist vor allem das am Gibe-Fluss (am Unterlauf Omo genannt) gelegene Reich von Enarya, das in äthiopischen Quellen **häufig genannt** ist und auch von den Portugiesen besucht wurde. Die Könige dieses Reiches erkannten eine gewisse Oberhoheit des äthiopischen Kaisers an und zahlten Tribute, wenn dieser mit seinem Tross in der Region weilte. Im Zusammenhang mit den Kämpfen gegen die Oromo taufte Kaiser *Sarsa Dengel* 1586 den Herrscher von Enarya und sein Volk. Das war ungewöhnlich, denn trotz der von heiligen Männern betriebenen Missionierung sahen die äthiopischen Fürsten nur ungern den Übertritt der Nachbarvölker zum Christentum, da sie unter ihnen Sklavenjagd betrieben.

Es gehört zu den Besonderheiten der äthiopischen Kirche, dass wirksame Sakramente nur von durch den Abuna ordinierten Priestern ausgegeben werden konnten. War es nicht mehr möglich, Priester nach Äthiopien zu entsenden und weihen zu lassen, konnten die Sakramente nicht mehr ausgegeben werden und die Kirchen blieben praktisch geschlossen. So ist auch das Verlöschen des Christentums in den verbliebenen Sidama-Reichen zu erklären, nachdem ihre Verbindung zum äthiopischen Kaiserreich durch die Oromo unterbrochen wurde.

Nach der Eroberung des Reiches Damot nördlich von Enarya hatten die Oromo einen Keil zwischen das christliche Kaiserreich und Enarya getrieben. Zum letzten Mal hören wir von Enarya in der Chronik Kaiser *Iyasu I.* (1682–1706), der einen Zug gegen die Oromo unternahm und in Enarya noch die Kirche besuchte. Im 19. Jh. entstanden hier die Königreiche der islamisierten Oromo (Limmu Enarya).

Das Kaiserreich Kaffa

Kaffa, im Herzen des südlichen Hochlandes gelegen, hatte als Königreich eine **lange Geschichte.** Zeitweise beherrschte es einen Staatenbund, in dem der König von Kaffa eine dem äthiopischen Kaiser ähnliche Rolle eines Oberkönigs spielte. Zum Einflussbereich des Reiches gehörten u. a. zeitweise die Reiche Enarya, Jimma, Konta und Kullo. Der König von Kaffa (tati) blieb seinen Untertanen stets durch einen Schleier verborgen. Er musste auch immer in seinem Palast bleiben, die Kriegszüge wurden von Würdenträgern geführt.

Im Laufe der Expansion der Oromo waren die Vasallen abgefallen oder hatten sich unabhängig gemacht. Dennoch blieb Kaffa die bedeutendste Macht in der Region und widerstand auch den Angriffen der Oromo.

Der Fluss Gojeb bildete die Grenze zwischen Kaffa und den nördlich gelegenen Oromo-Reichen. Als *Menelik* von Shoa seine Eroberungsfeldzüge in den Süden begann, konnte *Ras Gobana* 1881 zwar Tributleistungen erzwingen, der König von Kaffa, *Galito,* blieb aber im Amt. Nach dessen Tod 1890 bestieg sein Sohn *Kennito (Gaki Sheroko)* den Thron. Der fähige Herrscher versuchte durch Ableitung seiner Dynastie von der Königin von Saba und dem äthiopischen Herrscherhaus die eigene ideologische Position im Kampf mit *Menelik* zu stärken.

1896 marschierte *Ras Wolde Gyorgis* mit 10.000 Mann gegen Kaffa. *Andaraca,* in der Gegend des modernen Bonga gelegen, der Sitz des Königs von Kaffa, wurde erobert. Die Truppen von Kaffa führten einen Guerillakrieg, wurden aber immer mehr dezimiert. Von Westen, aus der neu eroberten Provinz Ilubabor kommend, rückten inzwischen die Truppen von *Ras Damtew* nach Kaffa ein, von Norden die des äthiopischen Vasallen *Abba Jifar II.* von Jimma. Am 14. August 1897 gelang es den durch fehlende Vorräte schon geschwächten amharischen Truppen (seit dem Krieg hatte der König die Aussaat verboten) den König *Kennito* zu fangen. Der König wurde in Gefangenschaft nach Shoa gebracht; als er den die Grenze zu Jimma bildenden Fluss Gojeb überquerte, soll er seinen Königsring in den Fluss geworfen haben, mit den Worten: „Das Kaiserreich von Kaffa hat aufgehört zu existieren. Der Kaiser von Kaffa wird nie wiederkehren. Möge also der Ring des Herrschers von Kaffa auf dem Grund des Flusses bleiben." *Ras Wolde Gyorgis* wurde zum Gouverneur von Kaffa ernannt, das er bis 1914 beherrschte; *Kennito* wurde in Ankober und Dese gefangen gehalten, durfte dann aber in Addis Abeba leben, wo er 1919 verstarb.

Die berühmte **Krone des Königs von Kaffa,** ein Kopfputz aus Gold und Silber mit Straußenfedern, der eine besonders schöne Variante des in ganz Südäthiopien verbreiteten phallischen Kopfschmuckes ist, ist im Museum der Universität in Addis Abeba ausgestellt.

Die Gibe-Reiche

Die Matcha-Oromo eroberten im 16. und 17. Jh. das Gebiet, das südlich vom Abay und um den Gibe liegt. In diesem Gebiet hatte es eine Reihe von Sidama-Reichen gegeben (Damot, Enarya, Bosh, Guman), die zum größten Teil die Oberherrschaft des äthiopischen Kaisers anerkannten.

Die eingefallenen Oromo ließen sich nieder und vermischten sich mit der Bevölkerung. Um 1800 hatte die Differenzierung der Oromo-Bevölkerung einen solchen Grad erreicht, dass sich eine Reihe von Gada-Führern zu selbstständigen Königen mit Erbfolge aufschwingen konnte. Das bedeutete einen Bruch mit der Tradition der wechselnden Führerschaft, wie sie im Gada-System üblich ist (siehe im Kapitel zu Süd- und Südostäthiopien, „Das Gada-System").

Es bildeten sich fünf Königreiche, **Gomma, Limmu Enarya, Guma, Gera, Jimma Abba Jifar,** von deren Herrschern der Islam als die neuen Verhältnisse unterstützende Ideologie gefördert wurde. Islamische Geistliche kamen aus Harar, dem Zentrum des äthiopischen Islam. Daneben blieben jedoch viele Elemente der traditionellen Herrschaftsform der Oromo und ihrer alten Riten erhalten. So verstanden sich die Könige der verschiedenen Reiche als durch eine übergeordnete Einheit zusammengefasst und pflegten sich alle acht Jahre, also nach Ablauf einer Gada-Phase, zu Beratungen und religiösen Feiern *(butta)* zu treffen. Dies änderte aber nichts daran, dass die Königreiche in ständigem Krieg miteinander lagen.

Der Königstitel war *moti* („Eroberer"), die **Könige** selbst waren unter dem Namen ihres Pferdes (Kriegsname) eher bekannt als unter ihrem Personennamen. Zeichen ihres Amtes waren ein Ring, goldener Hals-, Arm- und Ohrschmuck sowie ein Sonnenschirm; ein traditionelles Gada-Symbol war die Peitsche aus Nilpferdhaut *(alanga/licho)*. Eine schwarze Kappe wurde als Zeichen des islamischen Glaubens der Könige aufgefasst. Residenz des Königs war die *massera,* wo der König die Einkünfte seines Landes sammelte und über die der Handel lief. Die Nachfolge im Königsamt erfolgte nicht automatisch, sondern wurde in einem Rat aus Angehörigen der Nobilität beraten.

Der bekannteste Herrscher war **Muhammad ibn Da'ud** (1861–1932), genannt **Abba Jifar II. von Jimma.** Dieser energische Fürst erkannte, dass eine Gegenwehr gegen die übermächtigen Truppen des späteren Kaisers *Menelik* sinnlos war und unterwarf sich 1883 freiwillig. Mit seinen Truppen half er, die weiter südlich gelegenen Sidama-Reiche Janjero, Kulo und Kaffa zu erobern. Im Gegensatz zu den anderen Oromo-Reichen, die sofort annektiert wurden, behielt dadurch sein Land einen autonomen Status, es wurden hier keine Kirchen gebaut. Erst 1933 wurde Jimma offiziell annektiert.

Die Eroberung des südlichen Hochlandes

Nach der Einsetzung von **Yohannes IV.** (1872–1889) zum Kaiser von Äthiopien konzentrierte der ebenso ambitionierte Negus von Shoa, **Menelik,** seine Kräfte darauf, sein eigenes Herrschaftsgebiet zu erweitern und die Option auf den Kaiserthron aufrechtzuerhalten. *Yohannes IV.* waren in der Auseinandersetzung mit *Menelik* die Hände durch die Bedrohung seiner Heimatprovinz Tigray durch die Italiener genauso gebunden wie durch die Bedrohung der Westgrenze durch die sudanesischen Mahdisten.

1878 hatten beide Fürsten einen Vertrag geschlossen, in dem sich *Menelik* über die Heirat seiner Tochter mit dem Sohn des Kaisers Thronansprüche sicherte, jedoch seine Ansprüche auf Wollo und andere Landesteile im Norden annulliert wurden. Im Osten und Süden hatte *Menelik* freie Hand, seine Machtbasis zu erweitern. Einziger Rivale war der Negus von Gojam, **Tekle Haymanot,** der zeitgleich ebenfalls nach Süden zu expandieren suchte.

Menelik hatte seine Truppen durch Waffenlieferungen der Franzosen und Italiener (letztere wollten seine Rivalität zu *Yohannes IV.* nutzen) modern ausrüsten können und war seinen äthiopischen Gegnern überlegen, erst recht aber den kleinen Staaten im Süden. 1875 war er schon in das Gebiet der Gurage im südlichen Shoa einmarschiert. 1881 zog sein General *Ras Gobana,* selbst ein Oromo, in die Gibe-Region ein und erzwang die Unterwerfung der Oromo-Reiche Jimma, Limu, Gera, Guma und Tribute vom Königreich Kaffa. 1882 wurde sein Herrschaftsbereich auf Teile der **Provinz Arusi (Arsi)** ausgedehnt. Im selben Jahr kam es zur entscheidenden Auseinandersetzung mit dem Negus von Gojam. Am 7. Juni schlug *Ras Gobana* dessen Truppen bei Imbabo und setzte damit die Hegemonie *Menelik II.* im Süden durch. *Ras Gobana* setzte den Krieg fort und besetzte 1886 Wolega, während gleichzeitig eine Armee unter *Ras Darge* die Provinz Arsi vollständig eroberte. 1887 sah die Besetzung Harars im Osten und von Ilubabor im äußersten Westen. Der letzte Widerstand im Gurage-Gebiet wurde 1889 gebrochen, die Königreiche von Konta und Kulo am Omo unterworfen. Auch nach seiner Kaiserkrönung 1889 setzte *Menelik* die Expansion fort. 1890–93 wurde Kambata im Gebiet westlich von Shala- und Abyata-See erobert, 1891 begann der Feldzug in den äußersten Osten mit der Besetzung von Bale, Sidamo und Teilen des Ogaden. 1894 eroberte *Ras Wolde Gyorgis* die Königreiche Gofa und Wolamo im südlichen Hochland. 1896/97 unternahm *Fitawrari Habte Gyorgis* mehrere Feldzüge in das Gebiet der Borana-Oromo bis nach Mega nahe der heutigen Grenze zu Kenia und besetzte das Gebiet von Konso. Kaffa, das Tributleistungen verweigerte und hartnäckig Widerstand leistete, wurde erobert. 1898 wurden die Gebiete der Bani Shangul am Westabhang des Hochlandes zum Sudan besetzt und im Süden von *Ras Wolde Gyorgis* der Turkana-See erreicht. Im gleichen Jahr brach *Ras Tassama* den Widerstand der Stämme der Massonge und Gimirra (Bench) im südlichen Hochland. 1904 fand ein weiterer Vorstoß in den Ogaden statt.

Bei seinen Feldzügen befand sich *Menelik* im **Wettlauf mit den europäischen Kolonialmächten:** Im Süden hatte England begonnen die Kenia-Kolonie aufzubauen und in Uganda ein Protektorat errichtet, im Sudan lief die Rückeroberung der an die Mahdisten verlorenen Kolonie. *Menelik* plante ursprünglich, seine Westgrenze bis an den Weißen Nil auszudehnen. Unterstützt wurde er bei diesen Plänen von Frankreich, das 1898 ein Zusammentreffen der äthiopischen Truppen unter *Ras Tassama* mit dem mit einer kleinen Gruppe aus Gabun zum Nil aufgebrochenen

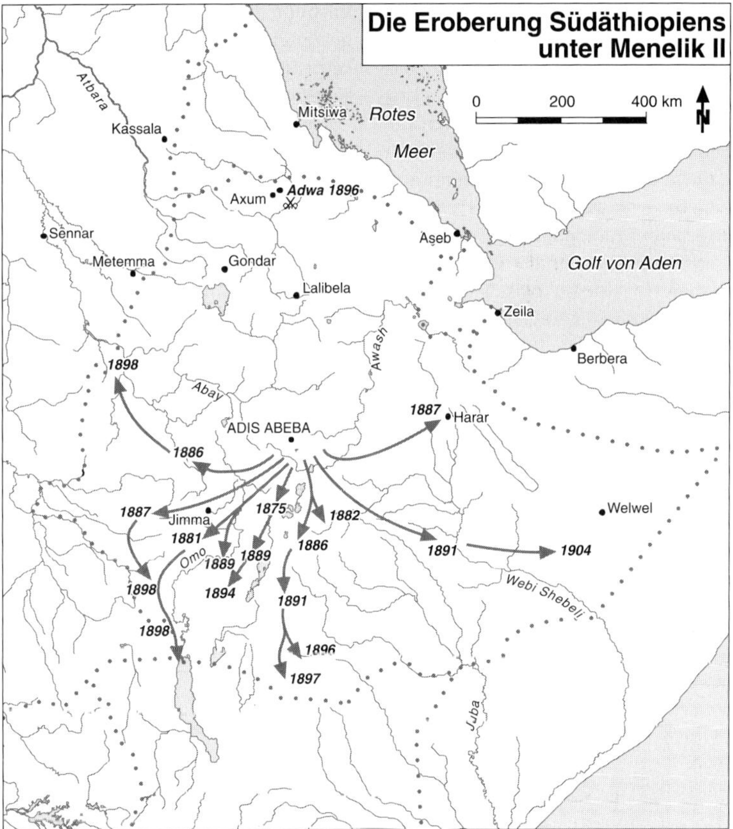

Die Feldzüge Menelik II.

1875 Nord-Gurage
1881 Jimma, Limmu Enarya, Gera, Guma, Kaffa
1882 Arsi (um Asela)
1886 Welaga (Nekemte)
1887 Harar
1887 Ilubabor
1889 Kulu und Konta
1890-93 Kambata
1891 Ogaden, Bale, Sidamo
1894 Gofa
1894 Wolamo
1896 Borana
1897 Kaffa besetzt
1898 Bani Shangul
1898 Goldija und Maji bis Turkana-See
1898 Gimirra

Äthiopisches Kaiserreich zum Zeitpunkt der Krönung Meneliks II.

heutige Staatsgrenzen

Hauptmann *Marchand* bei Fashoda am Weißen Nil plante. Die Abteilungen verfehlten sich jedoch, *Marchand* errichtete in Fashoda ein Lager, wo ihn die anglo-ägyptische Okkupationsarmee des Sudan antraf. Frankreich und Großbritannien standen kurz vor einem Krieg, einigten sich aber, und die Franzosen zogen über Äthiopien ab.

1902/1907 wurde der **Grenzverlauf** in diesen Gebieten zwischen England und Äthiopien geregelt. Das in der Schlacht von Adua 1896 geschlagene Italien besetzte die südliche Somaliküste, auf die *Menelik* ebenfalls Anspruch erhob. Ein Abkommen von 1908, das die Grenze abstecken sollte, blieb so vage, dass 1935 Grenzstreitigkeiten im Ogaden vom faschistischen Italien als Vorwand für die Invasion Äthiopiens genommen wurden. Äthiopische Landkarten der Vorkriegszeit zeigen die südliche Somaliküste als Teil Äthiopiens.

Geschah *Meneliks* Eroberung des Südens auch unter der Parole, man wolle die im 16. Jh. verloren gegangenen Gebiete zurückerobern, so waren die Kriege doch nichts anderes als **Eroberungskriege,** wie sie z. B. auch Ägypten am Roten Meer unternahm. Basis für die Schlagkraft der Armeen *Meneliks* waren ihre modernen Waffen, die er ebenso einsetzte, wie es die Kolonialmächte in anderen Teilen Afrikas taten.

In den eroberten Gebieten wurden amharische **Gouverneure** eingesetzt. *Menelik* verstand es aber auch, Angehörige der einheimischen Oberschicht

eph458 Foto: ph

auf seine Seite zu ziehen und setzte sie als Gouverneure ein, so die Herrscher von Wolega und von Jimma. Mit den amharischen Truppen kamen auch christliche Priester, und es wurden **Kirchen** gebaut, mit Vorliebe an Stellen, wo man die Reste alter Kirchen des 16. Jh. vermutete. Dennoch blieb der Großteil des Bevölkerung muslimisch bzw. leistete den alten animistischen Kulten Folge.

Einige der modernen Ortschaften im südlichen Äthiopien gehen auf die Lager der amharischen Eroberer vom Ende des letzten Jahrhunderts zurück, **Katama** genannt. Diese bestanden meist aus dem von Palisaden umgebenen Sitz des Gouverneurs und den Hütten der Soldaten.

Die Durchdringung der eroberten Gebiete erwies sich als schwierig. Einziges größeres Entwicklungsprojekt war der Ausbau der Schifffahrt auf dem Baro von Gambela nach Khartoum durch die Engländer. Der **Kaffeehandel** wurde zu einer der wichtigsten Einnahmequellen des äthiopischen Staates und ist es heute noch.

Zur Zeit der italienischen Besatzung wurden Anstrengungen unternommen, das Gebiet durch Straßen zu erschließen und als muslimische Zone in Gegensatz zum christlichen Norden zu bringen.

Nach der Befreiung des Landes und der beginnenden Modernisierung hat sich auch das Bild des Südwestens nur allmählich gewandelt. In vielen Bereichen geht das Leben den Gang wie schon vor hunderten von Jahren.

An- und Weiterreise

Zwei Straßen führen von Addis Abeba in die südwestliche Region: Die südliche **über Weliso (Ghion) nach Jimma** durchquert die Gebiete der alten Oromo-Reiche am Gibe, führt bis in das sagenumwobene Kaffa und weiter nach Mizan Teferi und Tepi. Die nördliche geht **über Addis Alem, Nekemte, Ghimbi** und gabelt in die Straße **nach Dembidolo bis nach Gambela** an der Grenze zum Sudan sowie in die Strecke über Nego nach Assosa.

Der Südwesten war ein tropischer Urwald, vieles seiner Unzugänglichkeit hat er bis heute erhalten, so dass das Reisen hier problematisch sein kann, auch weil das Klima in der Region bedeutend feuchter als im nördlichen Hochland ist. Die im Durchschnitt 2000 m hohen Bergzüge sind vielfach noch mit dichter, tropischer Vegetation bedeckt.

Die **Straßen,** die die größeren Ortschaften verbinden, sind in brauchbarem Zustand, während der Regenzeit kann es im äußersten Westen aber zu Unterbrechungen kommen. **Busse** verkehren zwischen den Provinzhauptstädten, größere Orte sind ebenfalls gut erreichbar. Die Provinzhauptstädte Nekemte, Gambela, Jimma und Metu (Gore) werden regelmäßig von Ethiopian Airlines angeflogen.

Unterkunftsmöglichkeiten

Der Südwesten wird von der **staatlichen Ethiopia-Hotelkette** betreut. In einigen größeren Orten stehen Hotels dieser Kategorie. Inzwischen gibt es auch private Hotels. Kleinere Herbergen bieten – wie im ganzen Land – nur sehr einfache Unterkunftsmöglichkeiten.

Route Gurage und Jimma

Diese Route in das westliche Hochland führt zunächst bis Weliso durch das Quellgebiet des Awash und Oromosiedlungsgebiete. Von dort mischt sich die Bevölkerung, bis das Siedlungsgebiet der Gurage um Welkite erreicht wird. Erst nach Überquerung der Brücke gelangt man in das Gebiet der Oromo-Königreiche des 18. und 19. Jh.

Addis Abeba – Weliso (Ghion) (115 km)

Der erste größere Ort auf der Straße von Addis Abeba nach Jimma ist **Sebeta,** eine halbe Autostunde von Addis Abeba entfernt und ein beliebter Ort für **Wochenendausflüge der Hauptstädter.** In der Gegend liegen der Menangesha-Wald und der Vulkankrater Mount Wuchacha. Eine andere landschaftlich schöne Gegend befindet sich um Mount Furi.

90 km südwestlich von Sebata erreicht man **Weliso,** auch Ghion genannt. Es gibt hier heiße Quellen und ein bekanntes **Heilbad.** Die hiesigen Ethiopia-Hotels haben sich ganz auf den Bädertourismus eingestellt. Sie können von hier aus mit einem Fahrzeug den nördlich gelegenen Vulkan und Kratersee **Wonchi** bei Ambo besuchen. Jimma ist noch 220 km von Weliso entfernt.

Unterkunft

- **Ethiopia Weliso Hotel**
  2 km außerhalb des Zentrums, P.O. Box 3, Tel. 2 (über Verm.), Zimmer 20–30 US$.
- **Ethiopia Walaga Hotel**
  An der Hauptstraße von Weliso, P.O. Box 4, Tel. 21 (über Verm.), Zimmer 15–25 US$.
- Im **Parkhotel,** das zur Ethiopia-Hotelkette gehört, wurde sehr viel gebaut und renoviert. Neue Bungalows, ein Baumhaus sowie ein Café sind entstanden, ein Schwimmbad steht ebenfalls zur Verfügung.

Weliso – Jimma

Weliso – Jimma 220 km
Metu – Jimma 252 km
Gambela – Jimma 423 km
Addis Abeba – Jimma 336 km

Von Weliso erreichen Sie auf der Asphaltstraße **Welkite,** die **Hauptstadt der Gurage-Region,** und durchqueren dabei eine fruchtbare hügelige Gegend mit schweren dunklen Tonböden. Hinter Welkite können Sie auf einer guten Piste südlich nach **Hosaina** abzweigen. Die Asphaltstraße führt jedoch weiter in das **Gibe-Tal,** mit einem Höhenunterschied von etwa 600 m. Dieses Tal weist typische Savannenvegetation auf und ändert sein Aussehen in faszinierender Weise mit der Jahreszeit. Im

eph_w2 Foto: ph

Frühjahr und Sommer mit hohem grünen Gras bewachsen, wird das Gras zum November hin gelb, und noch später wird das trockene Gras abgeflammt und das ganze Tal ist schwarz.

60 km hinter Weliso überquert man den **Gibe,** wie der Omo hier am Oberlauf, vor dem Zusammenfluss von Gojeb und Gibe, genannt wird. Er entwässert weite Teile des südlichen Hochlandes und mündet an der Grenze zu Kenia in den Turkana-See. An der **Brücke** hat man die ehemalige Provinz Kaffa erreicht, und die Landschaft ändert sich stark. Die Böden werden rot, die Vegetation dichter und die Straße kurviger und bergiger bis nach Jimma, das in einem weiten Tal liegt.

Unterkunft

- In Welkite wird das neue **Gebra Mamo Hotel** empfohlen. Die Zimmer mit Dusche sind gut, der Innenhof ist hübsch und das Essen ausgezeichnet. Ein DZ kostet ca. 50 Birr.

Jimma

⇗XV,C1

Jimma, die ehemalige Provinzhauptstadt von Kaffa und jetzt nur noch **Hauptstadt der Jimma-Region in Oromia,** ist die größte und bedeutendste Stadt des Südwestens. Der weitgestreckte und angenehm grüne Ort liegt um die 1678 m hoch. Die Stadt hat heute ca. 60.000 Einwohner und ist der wichtigste **Kaffeemarkt des Südens.** Die Temperaturen steigen hier nicht über 30°C, zugleich ist der Ort so gut wie immer frostfrei. Die Stadt wurde erst zur Zeit der italienischen Besatzung in ihrer heutigen Form ausgebaut. Sie liegt **nahe der alten Hauptstadt Jiren** des Oromo-Reiches von *Jimma Abba Jifar.* Hier trafen sich im vorigen Jahrhundert die wichtigsten Handelswege

Einkaufstag in Jimma

des südlichen Hochlandes und führten über Jiren in das nördliche Hochland bzw. nach Harar und an die Küste. Das durch den Handel mächtig gewordene Reich von *Abba Jifar II.* blieb durch dessen geschickte Politik bis 1933 nominell unabhängig und nur durch Tribute an das äthiopische Kaiserreich gebunden. Jiren und die Ortschaft **Hirmata** wurden zum modernen Jimma zusammengelegt. Die alte Hauptstadt des Kaffa-Reiches bei Bonga, ca. 110 km südwestlich von Jimma, war 1897 von *Ras Walda Giyorgis* erobert und zerstört worden.

Die traditionellen Verkehrswege, die heute zu Straßen ausgebaut sind, haben die Reichtümer des Landes wie Kaffee, heute auch Tee, Qat, Elfenbein, Zibet und nicht zuletzt Sklaven für den Rest Äthiopiens und teilweise auch für den Welthandel zugänglich gemacht. Eine Handelsverbindung an den Nil existierte schon im 19. Jh. und erlaubte die Versorgung der Region mit einigen westlichen Gütern.

Oberhalb der Stadt liegt der **Palast von Abba Jifar II.,** der zu einem Museum ausgebaut wird. Von dort hat man einen wunderbaren Blick auf die Stadt und die umliegenden Wälder. Die heute dominante Religion der Oromo, den Islam, zeigt die große **Moschee** an, während die **Medhane Alem-Kirche** von den amharischen Eroberern errichtet wurde. Es gibt ein **Museum,** das besonders dem Kunsthandwerk der Provinz Kaffa gewidmet ist.

Obwohl Jimma aufgrund der Reform der Verwaltungsstruktur an administrativer Bedeutung verloren hat, ist es immer noch eine wichtige Stadt, mit einer medizinischen Universität, einer pharmazeutischen Fachschule, einer Lehrerausbildungsstätte und einem landwirtschaftlichen Kolleg. Eine Forschungsstätte, die unter anderem gegen die Kaffeebeerenkrankheit resistente Sorten züchtet, liegt einige Kilometer westlich von Jimma in Melko und ist für die kommerzielle Kaffeezüchtung und -produktion von großer Wichtigkeit.

Unterkunft

Staatliche Hotels:

• Jimma Ethiopia Hotel
Im Stadtzentrum, am Kreisverkehr. P.O. Box 313, Tel. 1105 93. Zimmer 10–30 US$.

• Gibe Hotel
Im Stadtzentrum, an der Kreuzung. P.O. Box 122, Tel. 110071. Zimmer 10–30 US$.

Private Hotels:

• GMH Hotel
Im Stadtzentrum, an der Kreuzung. Zimmer 3–8 US$.

• Wolde Argaw Hotel
Gegenüber der Busstation. Neues, gutes Hotel. Zimmer 5–10 US$.

Herbergen:

Herbergen finden sich im Bereich zwischen Hauptstraße und Markt.

Verkehrsverbindungen

Flugzeug:

Inlandsflüge gehen täglich von Addis Abeba nach Jimma und weiter zu den westlichen Flughäfen.

Überlandbusse:

Mit dem Morgenbus von Addis Abeba ist Jimma an einem Tag zu erreichen. Von Jimma fahren Busse weiter nach Norden, über Agaro und Bedele nach Norden in Richtung Nekemte in Wolega, oder weiter nach Westen nach Metu und Gambela. Direkt nach Westen fahren Busse nach Bonga, Mizan Teferi und nach Tepi. Der Busbahnhof liegt im Südosten der Stadt.

Eigenes Kfz und Mietwagen:
Die Bedeutung des Ortes als Handelsplatz hat sich bis heute erhalten. An der Straßenkreuzung gehen Verkehrswege nach Süden Richtung Dedo, Gojeb-Fluss und zur Straße nach Kullo Konta, die weitergebaut ist bis nach Soddo in Wolaita. Diese Straße ist passierbar und erlaubt es zumindest in der Trockenzeit, in etwa 6 Stunden Fahrt Soddo zu erreichen. Nach Südwesten gehen Pisten in Richtung Bonga, Mizan Tefferi und Tepi bzw. nach Maji.

Mit dem eigenen Fahrzeug ist die Fahrt von Jimma über Bonga, Mizan Teferi, Tepi nach Metu ein ganz besonderes Erlebnis, da noch Bergregenwälder und tropisch dichte Vegetation die Strecke säumen.

Sonstiges

In dem nahe Jimma gelegenen **künstlichen See Boye** können Sie mit etwas Glück **Nilpferde beobachten,** in den Wäldern der Region sind bis heute **Kolobus-Affen** (Gureza), Paviane und anderes Wild, das häufig die Ernte der Bauern vernichtet, zu sehen.

Jimma – Agaro (45 km)

Straße von Jimma aus Richtung Nordwesten.

Agaro, auf der Straße nach Metu gelegen, ist neben Jimma der wichtigste **Kaffeehandelsplatz** in der Region. Das Land der Kaffeeplantagen wird zum großen Teil von **Jimma-Oromo** bewohnt. Reste der Urbevölkerung sind die **Bench** (Gimirra), die noch verstreut hier leben, hauptsächlich aber westlich von Bonga. Der Begriff *Gimirra* bedeutet „Honigsammler" oder „Baumkletterer". In den letzten Jahrhunderten war dieses Volk Opfer von nicht enden wollenden Sklavenjagden durch Oromo und Amharen, genauso wie durch die benachbarten Kaffa. Heute sind sie Bauern und betreiben weiterhin Bienenzucht. Charakteristisch sind die erhöhten Beobachtungsposten zum Schutz der Felder. Die Wände ihrer Hütten sind mit in Lehm geformten Ornamenten verziert.

Von Agaro führt eine Straße nach **Bedele,** wo seit einigen Jahren eine große Brauerei das beliebte **Bedele-Bier** mit tschechischer Technologie produziert. Hier erreicht man auch die Asphaltstraße nach Metu und die Piste nach Nekemte.

Route Illubabor (Welaga) und Gambela

Ambo – Nekemte

Ambo – Nekemte (232 km)
Addis Abeba – Nekemte (322 km)

Zur Route bis Ambo/Hagere Hywot siehe im Kapitel zur Provinz Shoa, „Route westlich von Addis Abeba".

Die Fahrt in die Provinz Wolega führt durch eine grüne, teilweise noch mit dichtem Wald bestandene Berglandschaft. Der nächste größere Bushaltepunkt hinter Ambo/Hagere Hywot ist nach ca. 150 km der Ort **Bako,** von dort sind es noch 80 km bis Nekemte. In Bako arbeitet eine landwirtschaftliche Forschungsstation, die viele Jahre unterstützt wurde durch die Universität Gießen und die auf dem Gebiet der Pflanzenzüchtung gute Ergebnisse geliefert hat.

Die Opfer der Sklavenjäger

(Berta, Gumuz, Shinasha, Nuer, Anuak, Mao, Kaffa)

Im äthiopisch-sudanesischen Grenzgebiet entlang des Westhanges des äthiopischen Hochlandes leben zum Teil stark dezimierte Völker, die als die Urbevölkerung der Region angesehen werden. Sie sprechen Sprachen, die zur Gruppe der nilosaharanischen Sprachfamilie gehören, und betreiben Wanderfeldbau mit einer begrenzten Viehzucht. Die für sie üblichen Bezeichnungen stammen meist von den Nachbarvölkern und zeigen zugleich, von welcher Art die gegenseitigen Beziehungen waren: Shanqila – „Sklaven", Ingessana – „Undankbare", Uduk – „Freigelassene". Jahrhundertelang betrieben die großen Völkerschaften ihrer Umgebung (Amharen, Sudanaraber, Oromo, Kaffa u. a.) unter ihnen die einträgliche Sklavenjagd. Im Sudan wurde die Jagd auf Menschen im Grenzgebiet erst 1904 unter Kontrolle gebracht, in Äthiopien blühte der Sklavenhandel noch in den 1930er Jahren. Bei einigen dieser Völker muss befürchtet werden, dass sie als Träger einer eigenständigen Sprache und Kultur in allernächster Zeit aussterben. Eine Vielzahl der Völker lebt und lebte aber auf beiden Seiten der heutigen Grenze. Auf dem äthiopischen Territorium sind sie kaum erforscht, etwas besser ist man über die Gruppen auf der sudanesischen Seite informiert.

Dort leben Völker, die sich seit Jahrhunderten auf der Flucht befinden. Die Uduk haben ein System von Fluchtburgen auf unzugänglichen Plateaus entwickelt, in das sie sich im Falle von Angriffen zurückziehen können. Die Sozialstruktur dieses Volkes spiegelt ihre Situation: Kern der Familie ist die weibliche Linie, über die die Abstammung berechnet wird (Matrilinearität) und zu der auch der Mann bei der Hochzeit zieht bzw. zu der die Kinder gegeben werden (Matrilokalität) – im Gegensatz zu den meisten Völkern, bei denen Frau und Kinder zur Familie des Mannes gehören. Diese ungewöhnliche Erscheinung wurde zuerst als Relikt einer alten mutterrechtlichen Ordnung angesehen, erwies sich aber als neueres Produkt der ständigen Fluchtbereitschaft, bei der die Frau mit ihren Kindern jeweils in der Familie ihrer Eltern Zuflucht fand.

Nachfahren der Uduk? – Gumuz-Kinder nahe Mandura

eph464 Foto: ph

Auf dieser Strecke durchquert man ein fruchtbares Hochlandgebiet, das von **Matcha-Oromo** bewohnt wird. Die Hütten der Oromo unterscheiden sich etwas von den Tukuls des nördlichen Hochlandes, sie besitzen meist eine Veranda, ihr Inneres ist in zwei Räume unterteilt.

Nekemte

⇗ IX,C2

Nekemte war die Hauptstadt der alten Provinz Wolega. Der Ort besitzt ein **Provinzmuseum,** das in der Hauptsache über die Kultur der Oromo in diesem Landstrich informiert. Das Museum befindet sich im Stadtzentrum, direkt an der Kreuzung mit der Hauptstraße, die nach Addis Abeba bzw. Gambela führt.

Nekemte (Neqamte, Laqamte) wurde von *Bakare Godana* (ca. 1801–1871) gegründet, dem vorletzten König des unabhängigen Wolega-Reiches. Sein Sohn *Moroda* (1844–1888) trat zum orthodoxen Christentum über und unterwarf sich zuerst dem in sein Gebiet vordringenden *Tekle Haymanot* von Gojam, 1886 dann *Menelik* von Shoa.

Sein Sohn *Kumsa* (1871–1923), auch als *Dejazmatch Gabra Egziabher* bekannt, erbaute die erste **(Iyasus-)Kirche.** Die **Marien-Kirche** weist interessante Gemälde auf, die auf diverse historische Ereignisse Bezug nehmen.

Nekemte ist eine **wichtige Handelsstation** zwischen Addis Abeba und dem Sudan.

In der Umgebung sind einige spektakuläre **Wasserfälle** zu finden, besonders der des Flusses Didesa.

eph467 Foto: ph

Gumuz-Frau mit Schmucknarben

Unterkunft

In Nekemte gibt es das staatliche **Wolega Ethiopia Hotel** (10–15 US$), gleich bei der Hauptkreuzung, und eine Reihe der einfachen **Herbergen** östlich davon.

Verkehrsverbindungen

Von Addis Abeba fahren durchgehende **Busse** nach Nekemte, sie brauchen einen Tag. Der Busbahnhof liegt etwas westlich der Hauptkreuzung.

Ausflüge

An der Hauptkreuzung der Stadt zweigt eine Straße **nach Norden** ab, die über Tsige Mariam und Gutin den Nil auf einer neuen Brücke überquert

Anuak und Nuer – Niloten Äthiopiens

In Gambela haben Sie den äußersten Westen Äthiopiens erreicht. Hier leben Volksgruppen, die auch im Südsudan zu Hause sind: hoch gewachsene, extrem schlanke und sehr dunkelhäutige Niloten von den Anuak (Anwak) und den Nuer. Sie sprechen zur Gruppe der nilosaharanischen Sprachfamilie gehörende nilotische Sprachen, die vor allem entlang des weißen Nils verbreitet sind.

Die Niloten, die Bevölkerung der Ufer des Weißen Nils und der umgebenden Sumpfgebiete, gehören zu den hoch gewachsensten Menschen der Erde, auch ist ihre Pigmentierung wahrscheinlich die dunkelste in ganz Afrika. Nur wenige Bekleidungsstücke genügen ihnen, oft nur ein einfaches um die Hüfte geschlungenes Lederband. Im Kontrast zur spärlichen Bekleidung stehen der aufwendige Schmuck und die Körperverschönerung: Verschiedenartigste Perlen- und Ledercolliers und -mieder werden getragen, der Körper wird bemalt und mit Schmucknarben versehen.

Die Anuak pflegen einen Brauch, der auch unter den Shilluk im Sudan bekannt ist: Sie schlagen einige der Vorderzähne des Unterkiefers beim Übergang zum Erwachsenenalter aus. Die Nuer erkennt man an den charakteristischen horizontalen Schmucknarben auf der Stirn. Punktnarben können Stirn und Wangen der Frauen überziehen, die auch kleine elfenbeinerne Lippenpflöcke tragen.

In den Marschen des Gambela Nationalparks leben in verstreuten kleinen Gehöften Anuak, die hier vor allem Fischfang betreiben und einfachen Feldbau, vor allem Durra-Hirse (Sorghum). Weiter westlich, in Richtung des Sudan, leben die Nuer. Sie sind, wie ihre Stammesgenossen im Südsudan, vor allem Rinderzüchter. Ihre Lager sind bedeutend größer als die der Anuak und umfassen neben einer Reihe von Gehöften große Viehkraals. Rinder spielen im Leben der Nuer, wie auch bei anderen nilotischen Völkern bis zu den Maasai in Kenia, eine herausragende Rolle. Während von den Rindern nur die Milch und gelegentlich Blut getrunken wird, dienen Produkte von Kleintieren und Fisch sowie gelegentlicher Feldbau dem Lebensunterhalt.

und nach einer Halbtagesreise bei dem Ort Bure wieder die Hauptstraße Addis Abeba – Debre Markos – Bahir Dar erreicht. Diese Strecke ist landschaftlich sehr schön und gut ausgebaut, lässt aber Tankstellen und Werkstätten vermissen.

Nekemte – Metu – Gambela

Nekemte – Metu (224 km)
Metu – Gambela (171 km)
Jimma – Metu (252 km)
Addis – Metu (550 km)

Zwei Straßen führen von Nekemte nach Gambela: eine über Metu, durch eine wunderschöne tropische Bergwald-Landschaft, die andere über Gimbi (s. u.).

Die Route führt von Nekemte durch die frühere Provinz Illubabor über Metu und weiter nach Gambela. Bei Bedele erreicht man die Straße nach Jimma.

Metu ⇗VIII,B3

Metu war zwar **einst die Hauptstadt der Provinz Ilubabor,** weist aber keine

ephw3 Foto: ph

nennenswerten Sehenswürdigkeiten auf. Die wichtigste Stadt der Gegend war ursprünglich **Gore,** die eigentliche *Katama* (Hauptstadt) der Provinz Illubabor. Der Ort 23 km südlich von Metu wurde 1887 von *Ras Tesamma,* dem ersten Gouverneur, gegründet (die gesamte Provinz wurde erst 1890 vollständig erobert).

Anfang des 20. Jh. wurde Gore ob seiner Bedeutung für den Außenhandel als das „westliche Harar" bezeichnet. Es war auch Zentrum des Sklavenhandels, noch in den 1930er Jahren wurden hier bestrafte Sklavenhändler öffentlich zur Schau gestellt. Kaiser *Menelik II.* hatte den Sklavenhandel zwar offiziell verboten, wirksame Maßnahmen dagegen wurden aber erst allmählich unternommen. Heute ist Metu ein **Zentrum der Jimma-Oromo.**

Unterkunft

Einigermaßen gut übernachten kann man in Metu im **Lucy Hotel,** direkt am Ortseingang auf der rechten Seite gelegen.

Verkehrsverbindungen

Der Ort hat einen **Flughafen.**
Busse nach Metu verkehren von Nekemte und Jimma.

Kaffee, das „grüne Gold" Äthiopiens? – Demonstrationsfläche bei Metu

Nekemte – Gimbi – Gambela

Nekemte – Gambela (421 km)
Nekemte – Gimbi (111 km)
Nekemte – Dembidolo (210 km)
Alternative Route zu der über Metu nach Gambela.

Von Nekemte gibt es noch keinen durchgehenden Busverkehr über die nur in der Trockenzeit befahrbare Straße nach Gambela. Die größeren Ortschaften **Gimbi** und **Dembidolo** sind Bus-Endhaltestellen. Dort gibt es jeweils die üblichen Herbergen. Von Gimbi führt eine Straße nach Nordwesten bis **Assosa** an der sudanesischen Grenze. Bei **Nejo,** nach 71 km auf dieser Straße, liegen **antike Goldminen,** die zu den ältesten der Welt zählen sollen. Die Provinzen Wolega (heute Oromia) und Sidamo (jetzt SNNRS) sind noch heute die Goldlieferanten Äthiopiens. Neben der industriellen Goldproduktion findet sich auch **Waschgold** (etwa 22-karätig) in den Flüssen und wird auf den örtlichen Märkten zum Weltmarktpreis verkauft.

Gambela ⇗ VIII,A3

Gambela liegt 753 km von Addis Abeba entfernt, 450 m über dem Meer am Fluss Baro in sumpfiger Umgebung. Dies ist der optimale Lebensraum für Moskitos, die **Malariagefahr** ist hier entsprechend hoch. Dennoch, die At-

Während der Regenzeit verwandeln sich die Straßen in Flüsse

eph_w1 Foto: ph

Der Cattle complex

Als Cattle complex wird eine Erscheinung bezeichnet, die für viele Viehzüchtervölker Ostafrikas (Nuer, Dinka, Massai, Hamer, Borana-Oromo) charakteristisch ist: die **zentrale Bedeutung der Rinder.** Das Rind ist bei diesen Völkern nicht einfach ein Nutztier, es ist ein komplexes Symbol, das in verschiedensten Bereichen ihrer sozialen Beziehungen eine Rolle spielt. Die Sprachen dieser Völker besitzen ein unglaublich entwickeltes Vokabular, das im Zusammenhang mit Rindern, ihrem Geschlecht und Alter, ihrer Farbe, ihrer Hornform usw. steht.

Bei den Nuer sind der Stall und die Hürde der Rinder das wichtigste Gebäude in einer Ortschaft; sie sind Anbetungsort für den Himmelsgott *(kwoth),* die Geister, die Ahnen und der Friedhof, auf dem man die Toten begräbt. Im Stall, als dem heiligsten Platz, werden die heiligen Trommeln und andere Kultgeräte aufbewahrt. Besonders wichtig sind die Ställe von Häuptlingen und Priestern; Tempel werden auch als „Stall" eines Gottes bezeichnet. Das Rinderlager, in dem die Rinderherden gehalten und getränkt werden, ist der normale Wohnort der Männer, deren soziales Leben ganz auf die Rinder fixiert ist.

Die Männer identifizieren sich mit ihren Rindern, besonders einem kastrierten Stier, den sie zum Zeitpunkt der Initiation erhalten. Sie tragen beide denselben Namen, der Ochse wird von seinem Herren in Liedern besungen und beim Tanz imitiert. Die Hörner der Lieblingstiere werden künstlich deformiert, eine Erscheinung, die schon auf prähistorischen Felszeichnungen und ägyptischen Reliefs der pharaonischen Zeit zu sehen ist. Wird ein Mensch krank, opfert man den Ochsen, damit diese des Menschen Krankheit mit sich nehmen. Beim Tod des Ochsen trauert sein Herr, stirbt der Herr, wird der Ochse geschlachtet und sein Herr in dessen Haut bestattet.

Rinder sind vor allem ein Objekt sozialen Prestiges und keine Ware in unserem Sinn. Sie sind ein Gradmesser der sozialen Stellung ihres Besitzers und ein universelles Äquivalent bei der Regelung sozialer Beziehungen: Rinder werden zur Schlichtung von Streitfällen ausgetauscht, mit ihnen werden Bündnisse besiegelt, sie werden geopfert, wenn man die Geister beschwichtigen will. Deutlich wird die Rolle des Rindes beim Bezahlen des Brautpreises: Der Klan des Mannes „kauft" mit den Rindern die Fruchtbarkeit der Frau, die nun dem eigenen Klan zugute kommen wird. Fruchtbarkeit ist das höchste Gut, entsprechend groß müssen die Gaben an Rindern sein, damit der Klan der Braut darauf verzichtet.

Dass Rinder ein einfaches Wertäquivalent sein könnten, mit dem man materielle Produkte eintauscht, die einen Handelswert besitzen, ist diesen Viehzüchtervölkern eine nicht nachvollziehbare Vorstellung, da Rinder vor allem soziale Werte verkörpern – was sie aber nicht daran hindert, die Produkte der Rinder, wie Milch, Blut, gelegentlich auch Fleisch und Häute, zu nutzen. Junge Männer verdingen sich oft, um Geld zu verdienen, damit sie die für den Brautpreis notwendige Zahl der Rinder kaufen können.

eph_w4 Foto: ph

mosphäre des Ortes, der aus Wellblechhütten besteht, die unter der dumpfen tropischen Feuchte dahinschimmeln, kann bei allen, die *B. Traven* oder *H. Bogart* lieben, einen bleibenden Eindruck von Verlassenheit und „Out of Africa" hinterlassen.

Der **Handel** in den Sudan, und damit überhaupt der meiste Verkehr in Richtung Westen, läuft über Assosa und zum kleineren Teil über Gambela. Die Stadt wurde 1907 als Handelsstation des anglo-ägyptischen Sudan und als westliches Gegenstück zum französischen Djibouti gegründet. Schon 1902 hatte Kaiser *Menelik II.* ein 400 Hektar großes Landstück bei Itang, westlich von Gambela, den Engländern überlassen. Der Standort Gambela erwies sich aber als günstiger, und so wurden Hafen und Zollstation 1907 dorthin verlegt. Das Gebiet der Stadt stand unter direkter Verwaltung des anglo-ägyptischen Sudan. Von hier fuhr man auf dem einzigen schiffbaren Fluss Äthiopiens, dem Baro, über den Sobat und den Weißen Nil mit Dampfschiffen bis nach Khartoum. Die Fahrt dauerte sieben (stromab) bzw. elf (stromauf) Tage, gefahren wurde von Juni bis Oktober. In der Ausfuhr von Kaffee, Bienenwachs und Leder sowie der Einfuhr von Kleidung, Stoffen, Salz und Nahrungsmitteln sowie Alkohol waren Ausländer, vor allem Griechen, aktiv, so dass es eine erhebliche **ausländische Handelskolonie** gab. 1936 wurde die Stadt von den Italienern besetzt, die das kleine, jetzt zerstörte Fort bauten. 1941 eroberte England die Stadt zurück, ab 1951 wurde sie wieder über den Sudan verwaltet. Bei dessen Unabhängigkeit 1956 ging die Enklave an Äthiopien. Der Schiffsverkehr nach Khartoum wurde bald darauf eingestellt. Gambela verlor seine wirtschaftliche Bedeutung; es gab aber immer wieder Pläne, die Schiffslinie zu reaktivieren.

Unterkunft

Hotel

In Gambela gibt es ein empfehlenswertes Hotel der Ethiopia-Gruppe:

● **Gambela Ethiopia Hotel**
Etwas östlich vom Zentrum, am Flussufer, P.O. Box 44, Tel. 42 (über Vermittlung). Zimmer 10–30 US$.

Herbergen

Kleinere Herbergen befinden sich in der Nähe der großen Brücke und östlich davon.

Verkehrsverbindungen

Gambela hat einen **Flughafen,** der mehrmals in der Woche von Addis Abeba aus angeflogen wird.

Nationalpark Gambela

Südlich von Gambela liegt der große Gambela Nationalpark **zwischen den Flüssen Baro und Gilo,** die zum Flusssystem des Sobat gehören. Der **Sobat** entwassert den südwestlichen Teil des Hochlandes, sein Zufluss in den Weißen Nil südlich von Malakal im Sudan ist der erste große Zufluss, der für die Entstehung der Nilflut mitverantwortlich ist.

Das Gebiet des 5060 km² großen Nationalparks liegt 400 bis 768 m über dem Meer. Heiß und feucht, mit Regenfällen von April bis Oktober, ist der Park eine Brutstätte für Moskitos, was auch heißt: **Malaria.** Treffen Sie also die entsprechenden Vorkehrungen vor dem Parkbesuch (siehe dazu Kapitel „Gesundheit“ und „Reise-Gesundheits-Informationen“ im Anhang).

Das Gebiet des Parks gehört zu der ganz eigentümlichen sumpfigen Landschaft, die auch den gesamten Südsudan prägt: Flach, kaum von Hügeln unterbrochen, ist es eine riesige Fläche hoher Gräser und kleiner, sumpfiger Flussläufe, die sich teilweise in Sumpfgebieten verlaufen. Auch die hiesige **Fauna** ist in Äthiopien nur in diesem Landstrich vertreten, im benachbarten Sudan aber häufig. Antilopen, Büffel und Giraffen durchziehen das Grasland, einst ebenfalls häufig vorkommende Elefanten und andere Großtiere sind durch die Kriege im angrenzenden Südsudan selten geworden. Besonders reich und vielgestaltig ist die **Fisch- und Vogelwelt** in den Feuchtgebieten – mit über 300 Vogelarten ist dort die größte Vielzahl ganz Äthiopiens anzutreffen.

Der kaum entwickelte Park ist nur mit eigenen Fahrzeugen und guter Ausrüstung zu erreichen. Der Leiter des Parks ist sehr hilfsbereit und berät bei der Ausarbeitung von Routen:

● **Mr. Warden Girma Mengesha,** National Park Gambela, P.O. Box 46, Gambela, Tel. 01-510912, 511030.

Büffelherde im Gambela Nationalpark

Eth02_15 Foto: ph

Anhang

Eth02_01 Foto: ph

Gehöft inmitten frisch gepflügter Felder in Erwartung des Regens

Bethlehem – die Bibel lernen schon die Kleinsten auswendig

Sprache

Als Tourist in Äthiopien sollten Sie nicht unbedingt den Ehrgeiz entwickeln und versuchen, die vielen **komplizierten amharischen Schriftzeichen** lesen oder schreiben zu können. Selbstverständlich ist es nützlich, ein paar grundsätzliche Dinge in dieser Sprache parat zu haben, um so für den Umgang mit den Menschen im Alltag, wie z. B. im Hotel, im Restaurant, im Geschäft oder auf dem Markt, zumindest sprachlich gerüstet zu sein. In Addis Abeba sprechen auch viele Menschen englisch, jeder Äthiopier wird es Ihnen aber hoch anrechnen, wenn Sie versuchen, mit ihm/ihr in der Landessprache zu kommunizieren, auch wenn es anfangs nur ein Radebrechen ist.

In der folgenden Sprachhilfe wurde völlig auf amharische Schriftzeichen und Sonderzeichen verzichtet, um den Leser und Lerner nicht unnötig zu belasten. Die deutsche Aussprache wurde hierbei berücksichtigt.

Im **Internet** finden Sie auf der ACG Ethiopia Page (siehe „Informationsstellen") unter der Rubrik „Art & Culture" Links zu Einführungen in die äthiopische Linguistik sowie Grundkurse für die amharische Sprache und Schrift.

Die **amharische Grammatik** hat eine Vielzahl an Formen: negative Formen, weibliche und männliche Höflichkeitsformen im Singular und Plural, das alles in jeder Zeit und Person mit einer anderen End- oder Vorsilbe. In der Sprachhilfe konnte nur eine Auswahl getroffen werden, die aufgrund dieser Bandbreite an verschiedenen Formen nicht immer in jeder Situation korrekt sein könnte – um Nachsicht wird gebeten.

Hier ein paar unerlässliche **Redewendungen und Vokabelhilfen für die „Basiskommunikation"**, auf die jeder Äthiopier offen und freundlich reagieren wird.

Kleine Sprachhilfe Deutsch – Amharisch

Begrüßung

Wie geht es Ihnen?	*indemin allu?*
Mir geht es gut	*dehna neijn*
Guten Tag (allg. anwendbar)	*tenaystillin*
Guten Morgen	*indemin adderu*
Guten (Nachmit-)Tag	*indemin walu*
Guten Abend	*indemin ameshu*
Wie heißen Sie?	*simewo man nau?*
Ich heiße ...	*sime ... nau*
Aus welchem Land kommen Sie?	*hagerisch yet nau?*
Ich komme aus (Deutschland)	*ke (German) metahu*

Abschied

Guten Tag	*dehna yiwallu*
Guten Abend	*dehna yamshu*
Gute Nacht	*dehna yideru*
Auf Wiedersehen	*dehna yihunu*

Hilfszeitwörter

ich habe	*inee allejn*
du hast	*ante alleh* (m.)
	anshie allesh (w.)
er hat	*issu allao*
sie hat	*issoa allat*
wir haben	*igna allen*
ihr habt	*inante allachu*
sie haben	*innesuu allachao*
Sie haben (Höflichkeitsform)	*irso allewot*
es gibt	*alle*
es gibt nicht	*yellem*

ich bin	*inee nejn*
du bist	*ante neh* (m.)
	anchie nesh (w.)
er ist	*issu nau*
sie ist	*issoa nat*
wir sind	*igna nen*
ihr seid	*innante nachihu*
sie sind	*innessu nachu*
Sie sind (Höflichkeitsform)	*irso newot*

Zahlen

eins	*and*
zwei	*hulet*
drei	*sost*
vier	*arat*
fünf	*ammist*
sechs	*siddist*
sieben	*sawat*
acht	*simmint*
neun	*sedeijn*
zehn	*assir*
elf (usw.)	*assra-and* (usw.)
zwanzig	*haya*
dreißig	*selassa*
vierzig	*arba*
fünfzig	*amsa*
sechzig	*silsa*
siebzig	*saba*
achtzig	*semanya*
neunzig	*sedena*
hundert	*meto*
zweihundert (usw.)	*hulet meto* (usw.)
tausend	*shi*
eintausend (usw.)	*and shi*
Million	*millyon*
erstens	*andenya*
zweitens	*huletenya*
drittens (usw.)	*sostenya* (usw.)

Zeitbegriffe

Wie spät ist es?	*Sint sa-at nau?*
Es ist 5 Uhr	*ammist sa-at nau*
Es ist Mittagszeit	*misa sa-at nau*
Es ist Abendzeit	*erat sa-at nau*
Montag	*segno*
Dienstag	*maksegno*
Mittwoch	*rob*
Donnerstag	*hamus*
Freitag	*arb*
Samstag	*kidamee*
Sonntag	*ihud*
Woche	*sammint*
Monat	*wor*
Jahr	*amit*
Minute	*degeeka*
Stunde	*sa-at*
Tag	*ken*
jetzt	*ahun*
heute	*sare*
gestern	*tenant*
morgen	*negge*
übermorgen	*ke negge woydia*

Allgemeines

Vielen Dank	*batam amasegenallu*
Es tut mir leid	*asenallu*
Entschuldigung	*yikirta*
gut	*turu*
schlecht	*metfo*
schnell	*tollo*
langsam	*kas*
nur	*bitscha*

Buchtipp:
- Wedekind, M.: **Amharisch – Wort für Wort,** Kauderwelsch-Sprechführer Bd. 102, REISE KNOW-HOW Verlag, Bielefeld. Praktisch, übersichtlich, handlich – die perfekte Sprachhilfe für unterwegs.

nur ein bisschen ...	*tinisch ... bitscha*
ja, gerne, okay etc.	*ischi*
Wer?	*man?*
Wie?	*indeed?*
Was?	*min?*
Warum?	*lemin?*
Wann?	*metche?*
Wo?	*yet?*
Herr	*ato*
Frau	*woyzero*
Fräulein	*woyzerit*

Im Restaurant, Hotel

Hotel	*hotel*
Zimmer	*kiffil*
Bett	*alga*
Toilette	*shint beet*
Essen	*megib*
Kaffee	*buna*
Tee	*shay*
Limonade	*laslassa*
Bier	*birra*
Wein	*wayn*
Fleisch	*sigga*
Fisch	*assa*
Brot	*dabo*
Butter	*kibee*
Gemüse	*atkilt*
Ei	*enkulall*
Zucker	*siquar*
Salz	*tschao*
Paprikagewürz	*berberee*
Sauerteigfladen	*injera*
kalt	*kaskasa*
warm	*muk*
Rechnung	*issab*
Wieviel kostet das?	*waga sinte nau?*

Im Notfall

Hilfe	*irdugn*
Polizei	*polis*
Arzt	*medcin/hakim*
Arztpraxis	*hakim beet*
Krankenhaus	*hospital*
Arznei	*medanit*
Spritze	*mörfi*

Literatur und Landkarten

Es gibt viel und gute Literatur zur Landeskunde, Geschichte und Völkerkunde Äthiopiens – das Problem dabei ist nur, dass sie nicht im Buchhandel erhältlich ist. Einige wenige Reiseführer oder Landkarten sind auf dem Markt, der Rest befindet sich entweder in Bibliotheken oder ist mit Glück im Antiquariat zu ergattern. Aktuelle und wunderschöne (in englischer Sprache verfasste) **Bildbände** können Sie in Addis Abeba in den großen Touristenshops kaufen. Wer sich vor der Reise intensiver auf spezielle Themen vorbereiten möchte, sollte sich die Mühe machen und eine gut bestückte Universitätsbibliothek aufsuchen oder auf „Schnäppchenjagd" in Antiquariaten gehen. Hier eine Liste der Bücher, Bildbände, Reiseführer und Landkarten:

Sachbücher

Gesamt- und Nordäthiopien

● *Buxton, David*
The Abyssinians, London, 1970

● *Ullendorff, E.*
The Ethiopians. An Introduction to Country and People, Oxford, 1973

Klassiker der Äthiopistik, die sich mit der Herkunft der Äthiopier, ihrer Religion und traditionellen Lebensweise beschäftigen.

● *Hammerschmidt, E. A.*
Äthiopien. Christliches Reich zwischen Gestern und Morgen, Wiesbaden, 1967

Das Buch beschreibt Äthiopien bis zur Zeit Haile Selassies, der hier in seiner Rolle als Vorkämpfer der afrikanischen Unabhängigkeit, die er fraglos hatte, geschildert wird.

● *Pronty, Ch. u. Rosenfeld, E.*
Historical Dictionary of Ethiopia and Eritrea, African Historical Dictionaries No. 56, New York/London, 1994

Hervorragendes Nachschlagewerk nach Zahlen, Fakten und Biografien, mit einer ausführlichen Sachbibliografie.

● *Munro-Hay, St. u. Pankhurst, R.*
Ethiopia, World Bibliographical Series Vol. 179, Oxford/St. Barbara/Denver, 1995

Von zwei ausgewiesenen Fachwissenschaftlern zusammengestellte und ausführlich kommentierte Sachbibliografie.

● *Matthies, V.*
Äthiopien, Eritrea, Somalia, Djibouti: Das Horn von Afrika, Beck'sche Reihe, München, 1992

Das Buch geht auf die neuesten gesellschaftlichen Entwicklungen seit dem Sturz des Kaisers ein und ist unentbehrlich, will man das moderne Äthiopien verstehen.

● *Hancock, G.*
The Sign and the Seal, Heinemann, 1992

Dieses spannende und amüsante Buch über das (angebliche) Schicksal der Heiligen Bundeslade ist ein klassisches Beispiel dafür, wie Fakten und Fiktionen gemixt und als Wahrheit verkauft werden können. Das Buch hat, als Beweis für die Existenz der Bundeslade in Axum (und als Beweis dafür, dass jeder Europäer nur eines im Sinn hat – die Lade zu stehlen), in Äthiopien für Furore gesorgt und ist schon deshalb lesenswert.

Geschichte

● *Bartnicki, A. u. Mantel-Niecko, J.*
Geschichte Äthiopiens, 2 Bände, Berlin, 1978

Die in der Reihe der historischen Abrisse des Akademie-Verlages erschienene Geschichte ist eine umfangreiche, manchmal etwas ausufernde Sammlung von Quellen und Informationen. Das (hinzugefügte) Vorwort spiegelt das Äthiopienbild der sozialistischen Länder wieder.

● *Haberland, E.*
Untersuchungen zum äthiopischen Königtum, Wiesbaden, 1965

Eine Studie über die religiösen und kulturellen Wurzeln des sakralen Königtums in Süd- und Nordäthiopien.

● *Sergew Habte Selassie*
Ancient and Medieval Ethiopian History to 1270, Addis Abeba, 1972

● *Tamrat, Tadesse*
Church and State in Ethiopia 1270–1527, Oxford, 1972

● *Bahru Zewde*
A History of Modern Ethiopia 1855–1974, London/Addis Abeba, 1991

Die von äthiopischen Historikern zusammengestellten Untersuchungen beschreiben die Geschichte des äthiopischen Kaiserreiches bis zu den Kriegen mit dem Imam Ahmad Grang und nach der Zaman Mesafint.

● *d'Abbadie, A. u. P. Paulitschke*
Futuh el Habacha, 1898
Die französische Übersetzung des arabischen Berichts über die Kriegszüge des Imam Ahmad Grang.

● *Carman, Ph.*
The Lost Empire: The Story of the Jesuits in Ethiopia 1555–1634, London, 1985
Geschichte der katholischen portugiesischen Mission und ihrer Ausweisung durch Kaiser Fasilidas.

● *Pankhurst, R.*
A Social History of Ethiopia, Addis Abeba, 1990

● *Pankhurst, R.*
History of Ethiopian Towns I u. II, Äthiopistische Forschungen 8 und 17, Wiesbaden 1982 und Stuttgart 1985
Die Werke des bedeutendsten Spezialisten auf dem Gebiet der Sozialgeschichte Äthiopiens und langjährigen Leiters des Institute of Ethiopian Studies der Universität Addis Abeba behandeln alle Bevölkerungsgruppen im äthiopischen Kaiserreich seit dem Mittelalter.

● *Brüne, St. u. Matthies, V.* (Hrsg.)
Krisenregion Horn von Afrika, Hamburg, 1990
Die Aufsatzsammlung analysiert Geschichte und Stand der regionalen Konflikte am Horn von Afrika vor dem Sturz des Mengistu-Regimes.

● *Anfray, F.*
Les anciens éthiopiens, Paris, 1990

● *Munro-Hay, S.*
Aksum – An African Civilisation of Late Antiquity, Edinburgh, 1991
Zwei Werke über den aktuellen Forschungsstand bei der frühen äthiopischen und axumitischen Kultur.

● *Littmann, E., D. Krencker, Th. v. Lüpke u. R. Zahn*
Deutsche Aksum-Expedition I–IV, Berlin, 1913
Standardwerk zur Archäologie und Philologie des antiken Äthiopien.

● *Phillipson, David W.*
Ancient Ethiopia. Aksum: Its Antecedents and Successors, British Museum Press, London, 1998
Sehr gut bebilderte und aktuelle Zusammenfassung des Forschungsstandes der 1990er Jahre, geschrieben vom Leiter der Ausgrabungen in Axum.

● *Jensen, A. E.*
Altvölker Süd-Äthiopiens, Stuttgart, 1959

● *Haberland, E.*
Die Galla Süd-Äthiopiens, Stuttgart, 1963

● *Straube, H.*
Westkuschitische Völker Süd-Äthiopiens, Stuttgart, 1963
Die Publikationen der berühmten Frobenius-Expedition nach Südäthiopien stellen den ersten und wahrscheinlich bisher umfassendsten ethnografischen Bericht über die Völker im Süden, ihre Lebensweise, Kultur und Geschichte dar.

● *Mohammed Hassen*
The Oromo of Ethiopia, Cambridge, 1990, Trenton, 1994
Der erste Versuch, eine Geschichte der Oromo (besonders im Gebiet des Gibe) zu schreiben – von einem Oromo.

Religion

● *Heyer, F.*
Die Kirchen Äthiopiens. Eine Bestandsaufnahme, Berlin, 1971

● *Aymro Wondmagegnehu u. J. Motovo*
The Ethiopian Orthodox Church, Addis Abeba, 1970
Die orthodoxe Kirche und ihre Besonderheiten werden in jeder zusammenfassenden Publikation zu Äthiopien behandelt. Die beiden Veröffentlichungen können dieses Bild noch vertiefen.

● *Munro-Hay, Stuart C.*
Ethiopia and Alexandria. The Metropolitan Episcopacy of Ethiopia. Bibliotheca nubica et aethiopica 5, Warschau/ Wiesbaden, 1997
Geschichte der äthiopischen orthodoxen Kirche von der Christianisierung bis 1270, mit ausführlicher Zusammenstellung von Quellen aus der Antike, dem europäischen und arabischen Mittelalter und der äthiopischen Tradition

● *Trimingham, J. S.*
Islam in Ethiopia, Oxford, 1952

● *Cuoq, J.*
L'Islam en Ethiopie: des origines au XVIe siècle, Paris, 1981

Im Rahmen seines großen Surveys des afrikanischen Islam beschäftigte sich Trimingham auch mit Äthiopien. Cuoqs Buch unterstreicht die Originalität und Eigenständigkeit des äthiopischen Islam

- *Kessler, D.*

The Falashas: The Forgotten Jews of Ethiopia, New York, 1982

- *Kaplan, S.*

Les Falachas, Paris, 1990

Letzteres ist die neueste umfassende Monografie über die „äthiopischen Juden", mit ausführlicher Bibliografie.

- *Gamst, Frederick C.*

The Qemant: A Pagan-Hebraic Peasantry of Ethiopia, New York, 1969

Kunst und Kultur

- *Barriviera, L. B.*

Le chiese in roccia die Lalibelà e di altri luoghi del Lasta, in: Rassenga di studi etiopici (RSE), XVIII, 1962, S. 5–76 + XIX, 1963, S. 5–118

- *Monti della Corte, A. A.*

I castelli die Gondar, Rom, 1938

In den beiden Bänden der RSE sind die bis heute einzigen zuverlässigen Bauaufnahmen der Felskirchen von Lalibela veröffentlicht, die während der italienischen Okkupation angefertigt wurden. Angeblich wurde der Zutritt zu den Kirchen von den Italienern mit Gewalt erzwungen. Auch die Aufnahmen der Gondar-Schlösser sind bis heute gültig. Das Vorwort in diesem Buch vermittelt zugleich einen bedrückenden Eindruck des faschistischen Kolonialgeistes.

- *Gerster, G.*

Kirchen im Fels. Entdeckungen in Äthiopien, Köln, 1959

Der Bildband von G. Gerster beschreibt viele Felskirchen Tigrays zum ersten Mal.

- *Chonjnacki, S.*

Äthiopische Malerei – Ethiopian Paintings, Stuttgart, 1973

- *Girma Fissea u. Raunig, W.*

Mensch und Geschichte in Äthiopiens Volksmalerei, Innsbruck/Frankfurt a.M., 1985

- *Leroy, J.*

La Pittura Etiopica, Mailand, 1964

Die drei Publikationen bieten einen Überblick über die verschiedenen Stilrichtungen der äthiopischen Malerei.

- *Bezold, C.*

Kebra Nagast, München, 1909

Text und Übersetzung des äthiopischen Nationalepos.

- *Powne, M.*

Ethiopian Music, London, 1968

Sprache

- *Wedekind, M.*

Amharisch – Wort für Wort, Kauderwelsch-Sprechführer Bd. 102, REISE KNOW-HOW Verlag, Bielefeld

Praktisch, übersichtlich, handlich – die perfekte Sprachhilfe für unterwegs. Auch als digitaler AusspracheTrainer erhältlich.

- *Bender, M. L., Bowen, J. D. Cooper, R. L. u. Ferguson, C. A.* (Hrsg.)

Languages in Ethiopia, London, 1976

Ein Survey von Fachleuten zu den wesentlichen Fragen der äthiopischen Linguistik.

- *Griefenow-Mewis, C. u. Tamene Bitima*

Lehrbuch des Oromo, Köln 1994

- *Mason, J.*

Tigrinya Grammar, The Red Sea Press, Lawrenceville, 1996

- *Richter, R.*

Lehrbuch der amharischen Sprache, Leipzig, 1987

- *Semere Woldegabir*

Amharic for Foreigners, Addis Abeba, 1980

- *Gordon, Raymond G., Jr.* (ed.)

Languages of Ethiopia, 2005. Ethnologue: Languages of the World, 15. edition, Dallas. Online-Version: www.ethnologue.com/show_country.asp?name=ET.

Ein hervorragendes Kompendium über Sprachen, Volksgruppen etc.

Frühe Reiseliteratur

- *Beckingham, C. F. u. Huntingford, G. W. B.* (Hrsg.)

The Priester John of the Indies, 2 Bände, Cambridge, 1961

Kritische und kommentierte Übersetzung des Reiseberichtes von F. Alvarez von 1520.

- *Bruce, J.*

Zu den Quellen des Blauen Nil, Hrsg. H. Gussenbauer, Stuttgart/Tübingen, 1986; Wien, 1987; Berlin, 1986

Eine Auswahl aus dem Reisebericht von James Bruce von 1770/71.

●*Knefelkamp, U.*
Die Suche nach dem Reich des Priesterkönigs Johannes. Dargestellt anhand von Reiseberichten und ethnografischen Quellen des 12. bis 17. Jh., Gelsenkirchen, 1986
●*Krapf, J. L.*
Reisen in Ost-Afrika, ausgeführt in den Jahren 1837–55, Stuttgart, 1964
●*Pankhurst, R.* (Hrsg.)
Travellers in Ethiopia, London, 1965
●*Pankhurst, R. u. Ingrams, L.*
Ethiopia Engraved. An Illustrated Catalogue Of Engravings By Foreign Travellers From 1686 to 1900, London/New York, 1988

Die von Pankhurst herausgegebenen Reiseberichte und Illustrationen sammeln Angaben aus allen Zeiten über Kultur und Lebensweise der Äthiopier genauso wie über Landschaft und Tierwelt.

Reiseführer und Reiseberichte

●*Mohamed Amin u. a.*
Spectrum Guide to Ethiopia, Camerapix, Nairobi, 1995

Handbuch, Bildband, Adressenverzeichnis und Reiseführer in einem. Für jeden, der längere Zeit in Äthiopien zu tun hat, sehr nützlich. Außerdem unentbehrlich für alle an der Tier- und Pflanzenwelt Interessierten: ausführliche Angaben zu den Nationalparks und Liste der äthiopischen Tierwelt.

Vom selben Herausgeber wurde auch das Inflight-Magazin „Selamta" der Ethiopian Airlines betreut, das sehr gut aufgemacht ist und in von Fachwissenschaftlern geschriebenen Artikeln über das Land informiert.

●*Helfritz, H.*
Äthiopien – Kunst im Verborgenen, DuMont, Köln, 1972
●*Jäger, O. A. u. Pearce, I.*
Antiquities of North Ethiopia, Stuttgart, 1974

Die beiden in den 1960er Jahren geschriebenen und kurz vor dem Sturz des Kaisers neu aufgelegten Kunst- und Kulturreiseführer informieren über die Denkmäler der „historischen Route".

●Ethiopian Tourism Comission
Addis Abeba. A Pocket Guide to Ethiopia's Capitel City, Addis Abeba/London, 1987
●Ethiopian Tourism Comission
Discovering Ethiopia, Addis Abeba/London

Von der äthiopischen Tourismusbehörde werden, neben diesen, weitere gut bebilderte Führer und Broschüren angeboten.

●Tigrai Tourism
Tigrai – Das Freilichtmuseum, *Dr. Holger Scholl,* Dientzenhoferstr. 1, 96231 Staffelstein, oder: Tigrai Tourism, P.O. Box 124, Mekelle,Tigrai, Äthiopien
●*Nehberg, R.*
Drei Mann, ein Boot zum Rudolfsee, Stuttgart, 1978
●*Nehberg, R.*
Abenteuer am Blauen Nil, München, 1993
●*Nehberg, R.*
Überleben in der Wüste Danakil, München, 1994
●*Cropp, W.-U.*
Äthiopien – Im Land der Mursi, Stuttgart, 1990

Wer sich für Überlebenstraining und Anverwandtes interessiert, kann sich bei Nehberg und Cropp Anregungen holen. Cropp zeigt daneben aber auch großes Interesse für die kulturellen Eigenheiten des Landes.

Bildbände

●*Gerster, G.*
Äthiopien – das Dach Afrikas, Zürich, 1974
●*Hancock, G., Pankhurst, R. u. Willetts, D.*
Under Ethiopian Skys, London, 1987
●*Beckwith, C., Fisher, A.*
The African Ark, Harvill, 1990
●*Nomachi, Kazyoshi*
Äthiopien – Geheimnisvolles Land zwischen Blauem Nil und Rotem Meer, Frederking & Thaler
●*Hein, E. u. Kleidt, B.*
Ethiopia – Christian Africa Art, Churches & Culture Melina Verlag

Jeder, der den Band von Beckwith und Fisher gesehen hat, ahnt, wie beeindruckend die Menschen Äthiopiens sind.

Landkarten

●Im Rahmen des **world mapping project™** von REISE KNOW-HOW ist eine **Karte zu Äthiopien, Somalia, Eritrea und Djibouti** im Maßstab 1:1,8 Mio. erschienen. Die Ausstattung umfasst Höhenlinien und Höhenschichten, GPS-Tauglichkeit und ein klassifiziertes Straßen- bzw. Pistennetz mit Entfernungsangaben. Aktualität und Verlässlichkeit werden durch die Recherche vor Ort und die Erkundung aus dem Weltraum gewährleistet. Der Kartenatlas am Ende dieses Buches zeigt Ausschnitte aus dieser Karte.

- **Carthographia Budapest**
Ethiopia 1:2.500.000
Addis Abeba 1:30.000
Awash National Park 1:400.000
- **Michelin Nr. 954**
Afrique Nord-Est, Arabie, 1:4.000.000, Paris
- **RV World Cart**
Afrika Nordost 1:4.000.000
- Individualreisende, die mit (aber auch ohne) eigenem Kfz in Äthiopien unterwegs sind, können auf topografische **Generalstabskarten des Russischen Militärgeografischen Instituts** zurückgreifen. Sie sind in den Maßstäben 1:1 Million, 1:500.000, 1:200.000, 1:100.000 und – für Teilgebiete per Extra-Bestellung – auch noch kleinmaßstäblicher mit kyrillischer Beschriftung, aber deutscher Beschreibung der Legende und Übersetzung des kyrillischen Alphabets erhältlich. Die Karten beinhalten detaillierte Gelände- und Infrastrukturdarstellungen und erleichtern die Navigation erheblich.

Sie sind für fast alle Teile Äthiopiens beziehbar bei Därr Expeditionsservice GmbH, Theresienstraße 66, 80333 München, Tel. 089/282032, wo auch ein Katalog angefordert werden kann.

Statistiken

- Statistisches Bundesamt (Hrsg.)
Länderbericht Äthiopien 1990, Wiesbaden, 1990

Soziodemografische und -ökonomische Daten sowie weitere Strukturdaten auf Landesebene, statistisch aufbereitet in tabellarischer und grafischer Form.

- **CSA, Central Statistical Agency of Ethiopia**
Verschiedenste Publikationen, die zum Teil auch nicht strukturiert im Internet zu finden sind: www.csa.gov.et.

Aktuelle Reise-Gesundheits-Informationen im Überblick: Äthiopien

Stand: August 2007

Die nachstehenden Angaben dienen der Orientierung, was für eine geplante Reise in das Land an Gesundheitsvorsorgemaßnahmen zu berücksichtigen ist. Die Informationen wurden uns freundlicherweise vom *Centrum für Reisemedizin* zur Verfügung gestellt. Auf der Homepage: **www.travelmed.de** werden diese Informationen stetig aktualisiert. Es lohnt sich, dort noch einmal nachzuschauen

Einreise-Impfvorschriften

Bei Direktflug aus Europa sind **keine Impfungen** vorgeschrieben. Bei einem vorherigen Aufenthalt in einem Gelbfieber-Endemiegebiet (siehe dazu die Liste unter www.travelmed.de) wird eine Gelbfieber-Impfbescheinigung verlangt.

Empfohlener Impfschutz

Generell: Standardimpfungen nach dem deutschen Impfkalender, spez. Tetanus, Diphtherie, außerdem Hepatitis A, Polio, Gelbfieber.

Je nach Reisestil und Aufenthaltsbedingungen im Lande sind außerdem zu erwägen:

Impfschutz	Reisebedingung 1*	Reisebedingung 2**	Reisebedingung 3***
Typhus	x	x	
Hepatitis B (1)	x		
Tollwut (2)	x		
Meningitis (3)	x		

(1) vor allem bei Langzeitaufenthalten und engerem Kontakt zur einheimischen Bevölkerung

(2) bei vorhersehbarem Umgang mit Tieren

(3) nur bei engerem Kontakt zur einheimischen Bevölkerung, vorw. in der Trockenzeit

***Reisebedingung 1:** Reise durch das Landesinnere unter einfachen Bedingungen (Rucksack-Trecking- /Individualreise) mit einfachen Quartieren/Hotels; Camping-Reisen, Langzeitaufenthalte, praktische Tätigkeit im Gesundheits- o. Sozialwesen, enger Kontakt zur einheimischen Bevölkerung wahrscheinlich.

****Reisebedingung 2:** Aufenthalt in Städten oder touristischen Zentren mit (organisierten) Ausflügen ins Landesinnere (Pauschalreise, Unterkunft und Verpflegung in Hotels bzw. Restaurants mittleren bis gehobenen Standards)

*****Reisebedingung 3:** Aufenthalt ausschließlich in Großstädten oder Touristikzentren (Unterkunft und Verpflegung in Hotels bzw. Restaurants gehobenen bzw. europäischen Standards)

Hinweis: Da im Einzelfall unterschiedlichste Aspekte zu berücksichtigen sind, empfiehlt es sich, rechtzeitig (4–6 Wochen) vor der Reise eine persönliche Reise-Gesundheits-Beratung bei einem reisemedizinisch erfahrenen Arzt oder Apotheker in Anspruch zu nehmen (Anschriften: s. u.).

Malaria-Risiko:

Ganzjährig, Übertragung max. Sept. bis Nov., mind. März bis April

Hohes Risiko: in allen Landesteilen unterhalb 2200 m

Kein bzw. geringes Risiko: in Addis Abeba und Hochlagen

Vorbeugung: Ein konsequenter Mückenschutz in den Abend- und Nachtstunden verringert das Malariarisiko erheblich (Expositionsprophylaxe). Die wichtigsten Maßnahmen sind:

In der Dämmerung und nachts Aufenthalt in mückengeschützten Räumen (Räume mit aircondition, Mücken fliegen nicht vom Warmen ins Kalte)

Beim Aufenthalt im Freien in Malariagebieten abends und nachts weitgehend körperbedeckende Kleidung (lange Ärmel, lange Hosen)

Anwendung von insektenabwehrenden Mitteln an unbedeckten Hautstellen (Wade, Handgelenke, Nacken), Wirkungsdauer ca. 2–4 Std.

Im Wohnbereich Anwendung von insektenabtötenden Mitteln in Form von Aerosolen, Verdampfern, Kerzen, Räucherspiralen

Schlafen unter dem Moskitonetz (vor allem in Hochrisikogebieten)

Ergänzend ist die Einnahme von Anti-Malaria-Medikamenten (Chemoprophylaxe) zu empfehlen. Zu Art und Dauer der Chemoprophylaxe fragen Sie Ihren Arzt oder Apotheker, bzw. informieren Sie sich in einer qualifizierten reisemedizinischen Beratungsstelle (s. u.). Malariamittel sind verschreibungspflichtig.

Aktuelle Meldungen

Darminfektionen: Risiko für Durchfallerkrankungen landesweit, darunter auch für Cholera. Polio-Wildvirus ist seit Dez. 2004 wieder in Zirkulation, 2007 wurden noch keine Fälle nachgewiesen; Nahrungs- und Trinkwasserhygiene sowie Impfschutz gegen Polio beachten.

HIV/AIDS: Derzeit gibt es keine Vorschrift zur Vorlage eines HIV-Testes bei Visumantrag oder Einreise. Personen, die als HIV-positiv bekannt sind, kann die Einreise verweigert werden.

Tollwut: Moderne Gewebekultur-Impfstoffe und homologes Immunglobulin im Land schwer erhältlich. Im Bedarfsfall an deutsche Vertretung (Vertrauensarzt) wenden. Bei vorhersehbarem Risiko prophylaktische Impfung vor Reise empfohlen.

Unter www.travelmed.de finden Sie Adressen von

- Apotheken mit qualifizierter Reise-Gesundheits-Beratung (nach PLZ-Gebieten).
- Impfstellen und Ärzte mit Spezialsprechstunde Reisemedizin (nach PLZ-Gebieten).
- Abruf eines persönlichen Gesundheitsvorsorge-Briefes für die geplante Reise.

Die Reiseführer von Reise

Reisehandbücher
Urlaubshandbücher
Reisesachbücher
Edition RKH, Praxis

Afrika, Durch, 2 Bde.
Agadir, Marrakesch, Südmarokko
Ägypten individuell
Ägypten/Niltal
Alaska ⇗ Kanada
Algerische Sahara
Argentinien, Uruguay, Paraguay
Äthiopien
Australien – Auswandern
Australien, Osten und Zentrum
Australien, Westen und Zentrum

Baikal, See u. Region
Bali und Lombok
Bali, die Trauminsel
Bangkok
Botswana
Brasilien
Brasilien kompakt

Cabo Verde
Chicago
Chile, Osterinsel
China Manual
Chinas Osten
Costa Rica
Cuba

Djerba & Zarzis
Dominikanische Republik
Dubai, Emirat

Ecuador, Galápagos
Erste Hilfe unterwegs

Fahrrad-Weltführer
Florida
Fuerteventura

Guatemala

Havanna
Hawaii
Honduras
Hongkong, Macau, Kanton

Indien, der Norden
Indien, der Süden
Iran

Japan
Jemen
Jordanien

Kalifornien und USA Südwesten
Kalifornien, Süden und Zentrum
Kambodscha
Kamerun
Kanada, USA
Kanadas Maritime Provinzen
Kanadas Osten, USA Nordosten
Kanadas Westen, Alaska
Kapstadt – Garden Route (Südafrika)
Kapverdische Inseln
Kenia
Kenia kompakt
Kerala (Indien)
Krügerpark – Kapstadt (Südafrika)

Ladakh, Zanskar
Laos
Lateinamerika BikeBuch
Libyen

Malaysia, Singapur, Brunei
Marokko
Mauritius, La Réunion
Mexiko
Mexiko kompakt
Mongolei
Motorradreisen
Myanmar

Namibia
Namibia kompakt
Neuseeland BikeBuch
New Orleans
New York City
New York im Film

Oman
Outdoor-Praxis

Panama
Peru, Bolivien
Peru kompakt
Phuket (Thailand)

Qatar
Queensland (Australien)

Rajasthan (Indien)

San Francisco
Senegal, Gambia
Singapur
Sri Lanka
St. Lucia, St. Vincent, Grenada
Südafrika
Südafrika: Kapstadt – Garden Route
Südafrika: Krügerpark – Kapstadt
Sydney, Naturparks
Syrien

Taiwan
Tansania, Sansibar
Thailand
Thailand – Tauch- und Strandführer
Thailands Süden
Tokyo, Kyoto, Yokohama
Transsib
Trinidad und Tobago
Tunesien
Türkei, Hotelführer
Türkei: Mittelmeerküste

Uganda, Ruanda
USA, als Gastschüler
USA, Kanada
USA, Canada BikeBuch
USA Nordosten, Kanada Osten
USA, der große Süden
USA Südwesten, Kalif., Baja California
USA, Südwesten, Natur u. Wandern
USA, der ganze Westen

Venezuela
Vereinigte Arabische Emirate
Vietnam

Westafrika – Sahel
Westafrika – Küste
Wo es keinen Arzt gibt

Yucatán (Mexiko)

PANORAMA

Australien
Cuba
Rajasthans Palasthotels
Südafrika
Thailands Bergvölker und Seenomaden
Tibet
Vietnam

Know-How auf einen Blick

Edition RKH

Abenteuer Anden
Auf Heiligen Spuren
Durchgedreht – Sieben Jahre im Sattel
Inder, Leben und Riten
Mona und Lisa
Myanmar – Land der Pagoden
Please wait to be seated
Rad ab!
Salzkarawane
Südwärts durch Lateinamerika
Suerte – 8 Monate durch Südamerika
Taiga Tour
USA – Unlimited Mileage

Praxis

Aktiv Marokko
All inclusive?
Australien: Outback/Bush
Australien: Reisen/Jobben
Auto durch Südamerika
Ayurveda erleben
Buddhismus erleben
Canyoning
Clever buchen/fliegen
Daoismus erleben
Drogen in Reiseländern
Dschungelwandern
Expeditionsmobil
Fernreisen auf eigene Faust
Fernreisen, Fahrzeug
Fliegen ohne Angst
Frau allein unterwegs
Früchte Asiens
Fun u. Sport im Schnee
Geolog. Erscheinungen
GPS f. Auto, Motorrad
GPS Outdoor-Navigation
Handy global
Hinduismus erleben
Höhlen erkunden
Hund, Verreisen mit
Indien und Nepal, Wohnmobil
Internet für die Reise
Islam erleben
Japan: Reisen und Jobben
Kanu-Handbuch
Kartenlesen
Kommunikation unterw.
Konfuzianismus erleben
Kreuzfahrt-Handbuch
Küstensegeln
Langzeitreisen
Maya-Kultur erleben
Mountainbiking
Mushing/Hundeschlitten
Neuseeland: Reisen und Jobben
Orientierung mit Kompass und GPS
Panamericana
Paragliding-Handbuch
Pferdetrekking
Radreisen
Reisefotografie
Reisefotografie digital
Reisekochbuch
Reiserecht
Respektvoll reisen
Safari-Handbuch Afrika
Schutz vor Gewalt und Kriminalität
Schwanger reisen
Selbstdiagnose unterwegs
Shopping Guide USA
Sicherheit Bärengeb.
Sicherheit am Meer
Sonne, Wind, Reisewetter
Sprachen lernen
Südamerika, Auto
Survival-Handbuch Naturkatastrophen
Tango in Buenos Aires
Tauchen Kaltwasser
Tauchen Warmwasser
Transsib – Moskau-Peking
Trekking-Handbuch
Trekking/Amerika
Trekking/Asien Afrika, Neuseeland
Tropenreisen
Unterkunft/Mietwagen
USA Shopping Guide
Volunteering
Vulkane besteigen
Wann wohin reisen?
Was kriecht u. krabbelt in den Tropen?
Wildnis-Ausrüstung
Wildnis-Backpacking
Wildnis-Küche
Winterwandern
Wohnmobil-Ausrüstung
Wohnmobil-Reisen
Wohnwagen Handbuch
Wracktauchen
Wüstenfahren

KulturSchock

Afghanistan
Ägypten
Argentinien
Australien
Brasilien
China, Taiwan
Cuba
Ecuador
Familien im Ausland
Kl. Golfstaaten, Oman
Indien
Iran
Japan
Jemen
Kambodscha
Kaukasus
Laos
Leben in fremd. Kulturen
Marokko
Mexiko
Pakistan
Peru
Russland
Thailand
Thailands Bergvölker und Seenomaden
Türkei
USA
Vietnam
Vorderer Orient

Wo man unsere Reiseliteratur bekommt:
Jede Buchhandlung Deutschlands, der Schweiz, Österreichs und der Benelux-Staaten kann unsere Bücher beziehen. Wer sie dort nicht findet, kann alle Bücher über unsere **Internet-Shops** bestellen.
Auf den Homepages gibt es **Informationen** zu allen Titeln:

www.reise-know-how.de oder **www.reisebuch.de**

SAHARA
Entdecken Sie mit uns die Schönheiten der Wüste in spektakulären Landschaften!
SUNTOURS
Expeditionen · Karawanen · Trekking
Seit mehr als 25 Jahren unterwegs mit erfahrenen Guides in Libyen, West-Ägypten, Süd-Algerien, im Niger, in Mauretanien und vielen weiteren Saharaländern.
SUNTOURS GmbH · Dorfstraße 14,
Dornholzhausen · 35428 Langgöns
Tel. 06447/92103 · Fax 06447/92104
Infos per Post oder im Internet:
www.suntours.de

Trekking: am Kilimanjaro
Tauchen: auf Zanzibar
Reiten: in Kenia
Malawi
Namibia
Südafrika
Zimbabwe
Safaris: in Kenia
Botswana
Südafrika
Tanzania
Namibia
Uganda
Malawi
JAMBO TOURS
Langscheider Str. 40c
D-59846 Sundern
Fon 0 29 35 - 7 91 91
Fax 0 29 35 - 7 91 92
info@jambotours.de
www.jambotours.de
www.jambo.tourdesigner.de

ONE WORLD
Reisen mit Sinnen
Der Spezialist für Äthiopien
Faszination Äthiopien – erleben Sie selbst!
Entdecken Sie in einer kleinen Gruppe
mit einem Insider-Reiseleiter aktiv und
naturnah den Blauen Nil, Heiligtümer und
das reale Leben.
ONE WORLD Reisen mit Sinnen – Ihr Ansprechpartner für intensive und lebendige
Erlebnisreisen durch die Vielfalt Afrikas und Asiens.
www.reisenmitsinnen.de · T 0231/589 79 20 · oneworld@reisenmitsinnen.de

ÄTHIOPIEN
AFRIKAS GEHEIMES JUWEL
PARADISE ETHIOPIA TRAVEL
10 JAHRE FÜR SIE DA
ENTDECKEN SIE MIT UNS
GEHEIMNISVOLLE RITEN UND TRADITIONEN
ATEMBERAUBENDE LANDSCHAFTEN
RELIKTE URALTER GESCHICHTE
SCHÄTZE DER RELIGIONEN
EINMALIGE VOGELPARADIESE
TAUCHEN SIE EIN IN DAS ERLEBNIS ÄTHIOPIEN
INDIVIDUELL AUF SIE ZUGESCHNITTENE REISEN
SCHON AB 2 PERSONEN
ASA
KONTAKT IN DEUTSCHLAND – ÖSTERREICH – SCHWEIZ:
AFRICAN DREAMS – BRIGITTE WALTZINGER
EDUARD MÖRIKE WEG IA – D-66133 SAARBRÜCKEN
TEL: 0681-8319458 – FAX: 0681-8319460
INFO@AFRICAN-DREAMS.BIZ – WWW.AFRICAN-DREAMS.BIZ
Unsere Reisepreise sind versichert
R+V

Register

Anhang

Die Autoren

Katrin Hildemann, geb. 1965, Magister der Romanistik, hat mit ihrer Familie von 1993 bis 1997 in Addis Abeba gelebt. Dort war sie zunächst bei der EU-Delegation, dann als Lehrerin für Deutsch und Französisch tätig. Dennoch fand sie immer wieder Zeit und Gelegenheit, ihren Mann auf seinen zahlreichen, berufsbedingten Reisen durch Äthiopien zu begleiten und das Land und seine Menschen kennen zu lernen. Inzwischen Mutter von drei Kindern, lebt sie mit ihrer Familie wieder in Deutschland und hat versucht, ihre vielfältigen Erlebnisse, Eindrücke und insbesondere Liebe zu Äthiopien in dieses Handbuch einzuarbeiten.

Martin Fitzenreiter, geb. 1962 in Bautzen, ist in Berlin aufgewachsen und arbeitete dort u. a. in einer Bronzegießerei. Anschließend folgte das Studium der Ägyptologie an der Berliner Humboldt-Universität. In den Nebenfächern beschäftigte er sich mit Sudanarchäologie, Islamkunde und verschiedenen Zweigen der Afrikanistik. Als Archäologe führten ihn Ausgrabungen und Reisen nach Ägypten, in den Sudan, Äthiopien und Eritrea.

Danksagung

Ohne die Hilfe anderer wäre dieser Reiseführer nicht geschrieben worden.

Martin Fitzenreiter dankt *Tilahun Derso, Sintayehu Abate, Getu Degefa, Constanze Prehl* und *Anette Hoffmann* für Hilfe, Hinweise und Gastfreundschaft, *Frank Feder* für Begleitung und Beistand, *Olaf Krieseleit* für Hilfe bei der Bildgestaltung sowie Frau *Dr. C. Griefenow-Mewis,* die die Anregungen zu diesem Buch gab. *Dr. Franz Horn* und *Wilfried Bonsak* halfen auf die Sprünge und eine erste Textfassung zu erstellen, Frau *Dr. Karina Pfützner* hat nicht nur den Beitrag zur Sprache geschrieben, sondern auch den Text insgesamt durchgesehen. Viele Helfer haben beraten, berichtigt, beigetragen: *Susanne Fischer, Elisabeth Dickhausen-Schulz, Günter Schulz, Helga* und *Herbert Hofer, Stefanie* und *Helmut Lohwasser, Prof. Steffen Wenig, Jürgen Renisch, Jacke Phillips.*

Katrin Hildemann möchte in erster Linie ihrem Mann *Peter Hildemann* danken, der mit seinem fantastischen Gedächtnis und hervorragenden Landeskenntnissen immer wieder viele Infos geliefert, Mut gemacht, Kreatives beigetragen und Hilfe geleistet hat. Weiterhin waren unsere guten Freunde *Facil Tesfay* und *Anteneh Belete* eine große Unterstützung. Und dann vor allem unser Fahrer und Reisebegleiter *Ato Brook,* der mit uns zwei Wochen im Süden verbracht hat und uns mit seinen tiefen Kenntnissen über Land und Leute und Tierwelt profundes Wissen vermitteln konnte. *Anne Becker* hat mir mit ihrer steten Hilfsbereitschaft den Rücken freigehalten, ein ganz besonderer Dank an sie. Und nicht zuletzt natürlich ein Dankeschön an alle interessierten Leser, die Beiträge und neueste Reiseinfos geliefert haben.

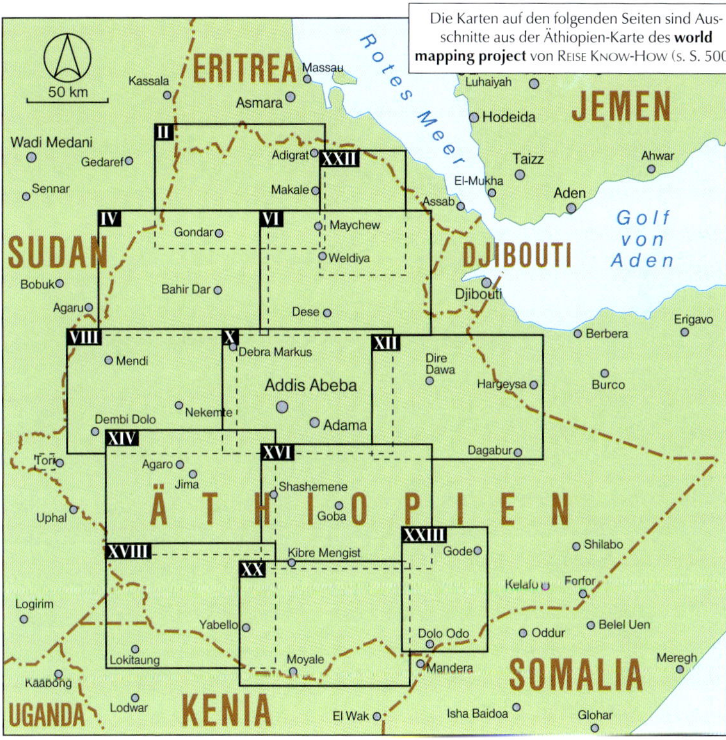

Die Karten auf den folgenden Seiten sind Ausschnitte aus der Äthiopien-Karte des **world mapping project** von Reise Know-How (s. S. 500).

2	Straßennummer
	Fernstraße geteert, ungeteert
	Nebenstraße geteert, ungeteert
	Sonstige Straße
	Pfad (unbefestigt, saisonal)
27	Entfernung in Kilometern
	Eisenbahn
	Pass
	Verwaltungsgrenze
	Staatsgrenze, Grenzübergang
	Wasserfall, Staudamm
	Nationalpark

Höhe in Metern	• 1203
Sehenswürdigkeit	
Archäologischer Fundort, Historische Ruinen	
Brunnen, Wassertank	
Leuchtturm	
Internationaler Flughafen, Flugplatz	
Hafen	
Moschee, Kirche/Kloster	
Tankstelle	
Denkmal	
Burg, Fort - Ruine	

0 km 10 20 30 40 50 60 70 80 90 100 km

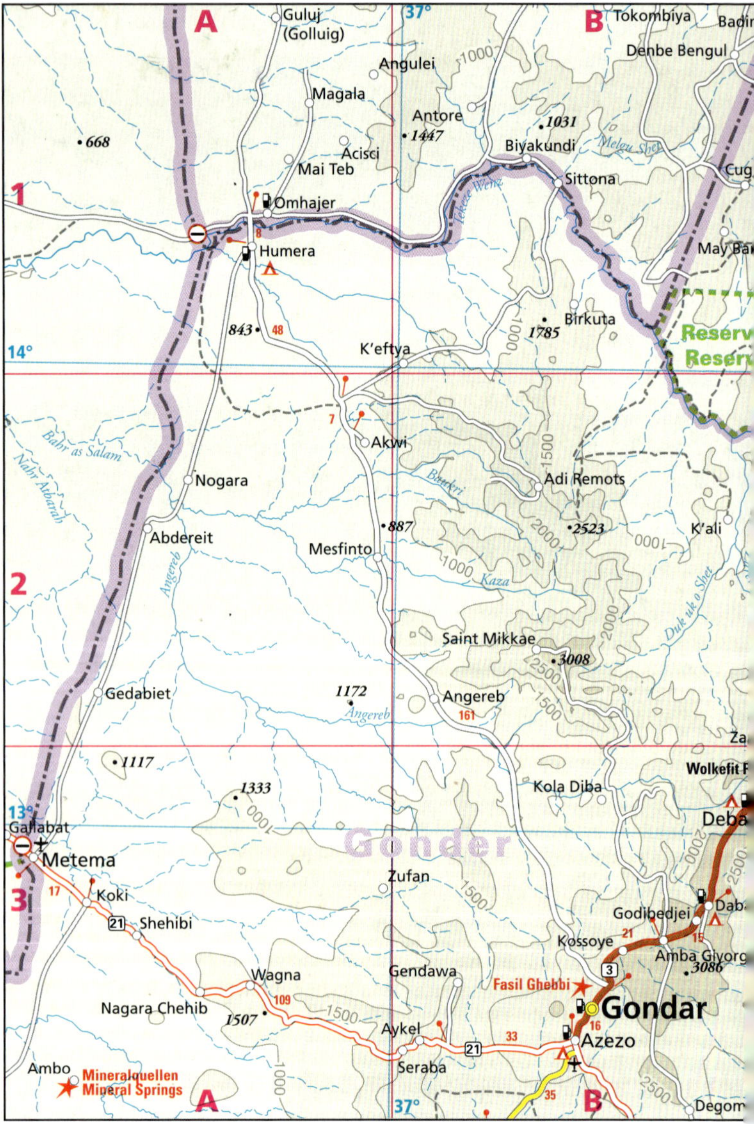
A
B
1
2
3
37°
14°
13°
Guluj
(Golluig)
Tokombiya
Denbe Bengul
Angulei
Magala
Antore
1447
1031
668
Biyakundi
Acisci
Mai Teb
Sittona
Omhajer
Humera
Tekeze Wenz
Melgu Shet
Birkuta
1785
843
48
8
K'eftya
7
Akwi
Bahr as Salam
Nahr Atbarah
Nogara
Baukri
Adi Remots
Abdereit
887
2523
K'ali
Angereb
Mesfinto
Kaza
Duk uk o Shet
Saint Mikkae
3008
Gedabiet
1172
Angereb
Angereb
161
1117
1333
Kola Diba
Wolkefit
Deba
Gallabat
Metema
Gonder
Zufan
17
Koki
21
Shehibi
Godibedjei
Kossoye
Amba Giyorg
3086
Wagna
Gendawa
Fasil Ghebbi
Nagara Chehib
109
1507
Gondar
Aykel
33
16
Azezo
Seraba
35
Ambo
Mineralquellen
Mineral Springs
Degom
1000
1500
2000
2500

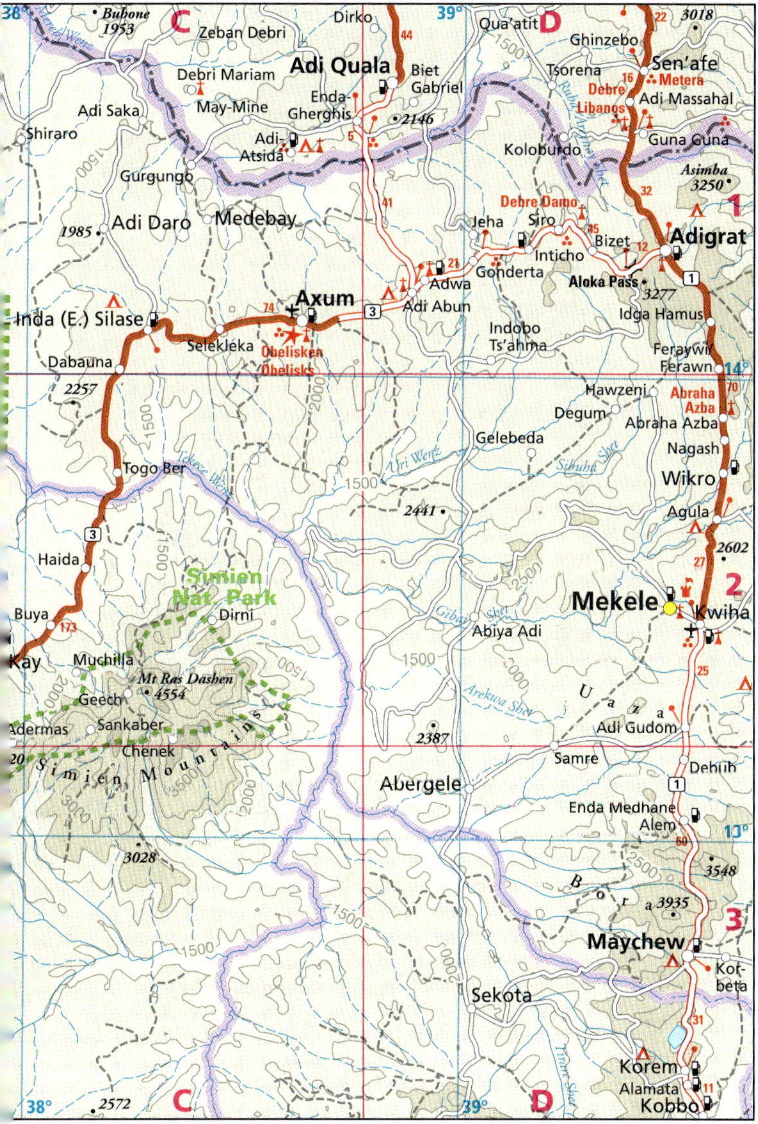

Kartenatlas

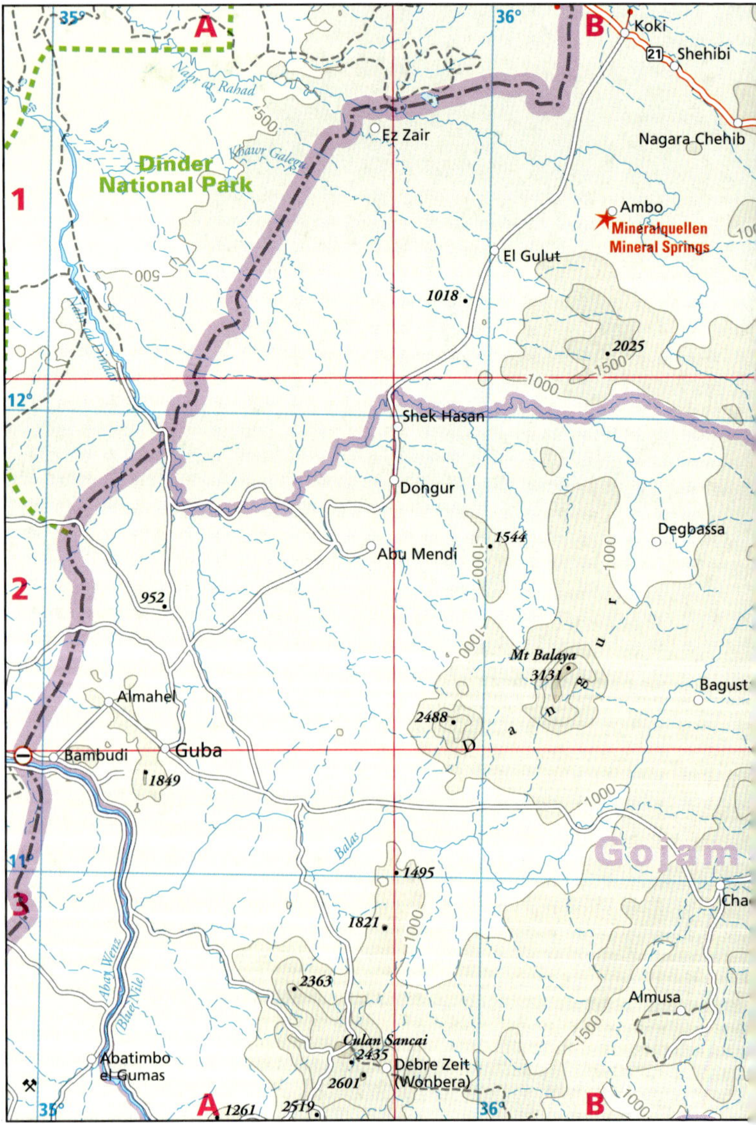
35°
A
36°
B
Koki
21
Shehibi
Nahr ar Rahad
500
Ez Zair
Nagara Chehib
Khawr Galegu
Dinder National Park
1
Ambo
Mineralquellen
Mineral Springs
El Gulut
500
1018
Nahr ad Dindar
2025
1500
1000
12°
Shek Hasan
Dongur
1544
Degbassa
Abu Mendi
1000
2
952
Mt Balaya
3131
Bagust
Almahel
2488
Dangur
Bambudi
Guba
1849
1000
Balas
Gojam
11°
1495
3
Cha
1821
1000
Abay Wenz
(Blue Nile)
2363
Almusa
1500
Culan Sancai
2435
Abatimbo el Gumas
Debre Zeit (Wonbera)
2601
35°
A
1261
2519
36°
B
1000

Gonder
Gondar
Fasil Ghebbi
Azezo
Dabat
Godibedjei
Kossoye
Amba Giyorgis
3086
Zufan
Gendawa
Aykel
Seraba
Ch'wahit
Danqaz
Degoma
2572
Emfraz/
Guarza
3175
Addis Zemen
Delgi
Maryam Gimb
Gorgora
Tana See
Lake Tana
(Tana Hayk)
Werota
Mahdere
Maryam
3239
Alefa
Daga Istifanos
Debre Tabor
Forae Jesus
Palastruinen
Palace Ruins
Nefas
Mewcha
4231
Mt Guna
Bethlehem Mariam
Yismala
Giyorgis
Zege
Kunzila
Kebran
Bahir Dar
Wanche
2705
Blauer Nil Wasserfälle
Blue Nile Falls
2880
Mahdere Maryam
Debre May
Adet
2563
Abay Wenz
(Blauer Nil/Blue Nile)
Dangla
Mt Amedamit
3619
Mota
Injibara
3180
3251
2687
Choke Mountains
Yecandach
3661
Nedatra
Mertule
Mariam
2903
Bure
Finote
Selam
Jiga
Mt Choke
(Birhan)
4154
Debre Werk
Dembecha
37°
38°
12°
11°

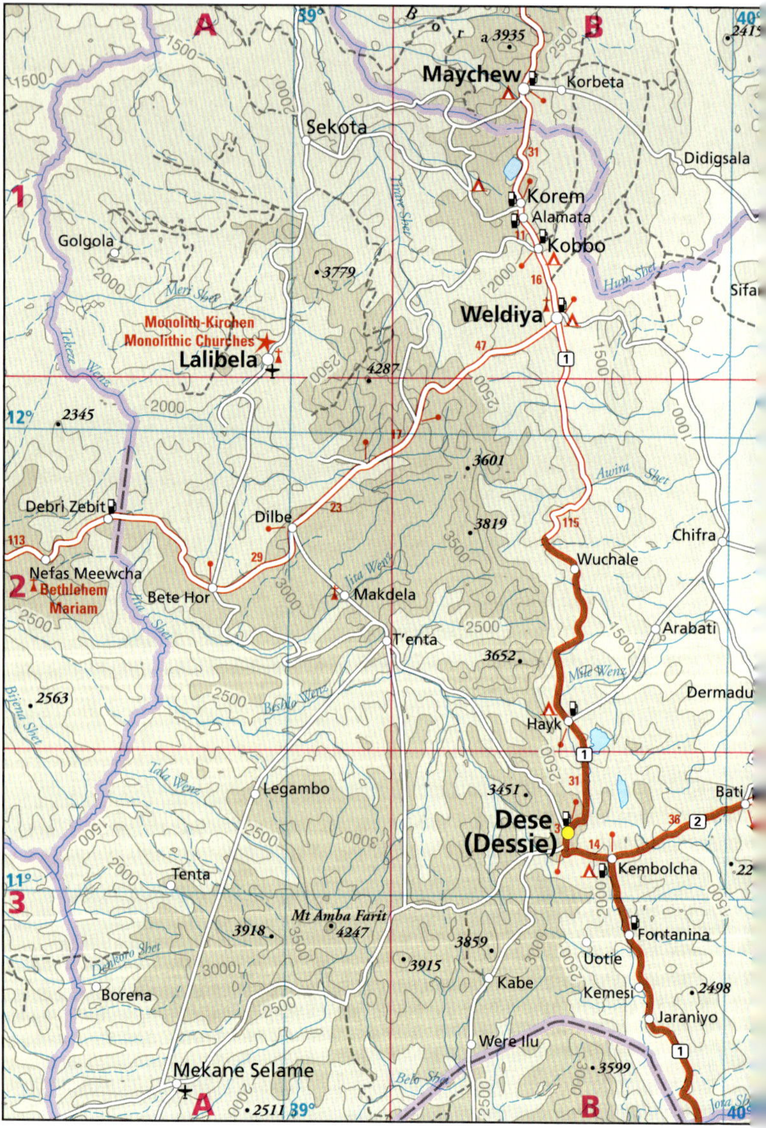
A
B
1
2
3
39°
40°
12°
11°
Maychew
Korbeta
Sekota
Didigsala
Korem
Alamata
Kobbo
Golgola
Sifa
Weldiya
Monolith-Kirchen
Monolithic Churches
Lalibela
Meri Shet
Tekeze Wenz
Hum Shet
Awira Shet
Debri Zebit
Dilbe
Chifra
Wuchale
Nefas Meewcha
Bethlehem
Mariam
Bete Hor
Makdela
Jita Wenz
T'enta
Arabati
Mile Wenz
Dermadu
Bijena Shet
Beshlo Wenz
Hayk
Tala Wenz
Legambo
Bati
Dese
(Dessie)
Kembolcha
Tenta
Mt Amba Farit
4247
Fontanina
Uotie
Denkoro Shet
Kabe
Borena
Kemesi
Jaraniyo
Were Ilu
Mekane Selame
Belo Shet
Jora Shet
3935
3779
4287
2345
3601
3819
3652
2563
3451
3918
3859
3915
2498
3599
2511

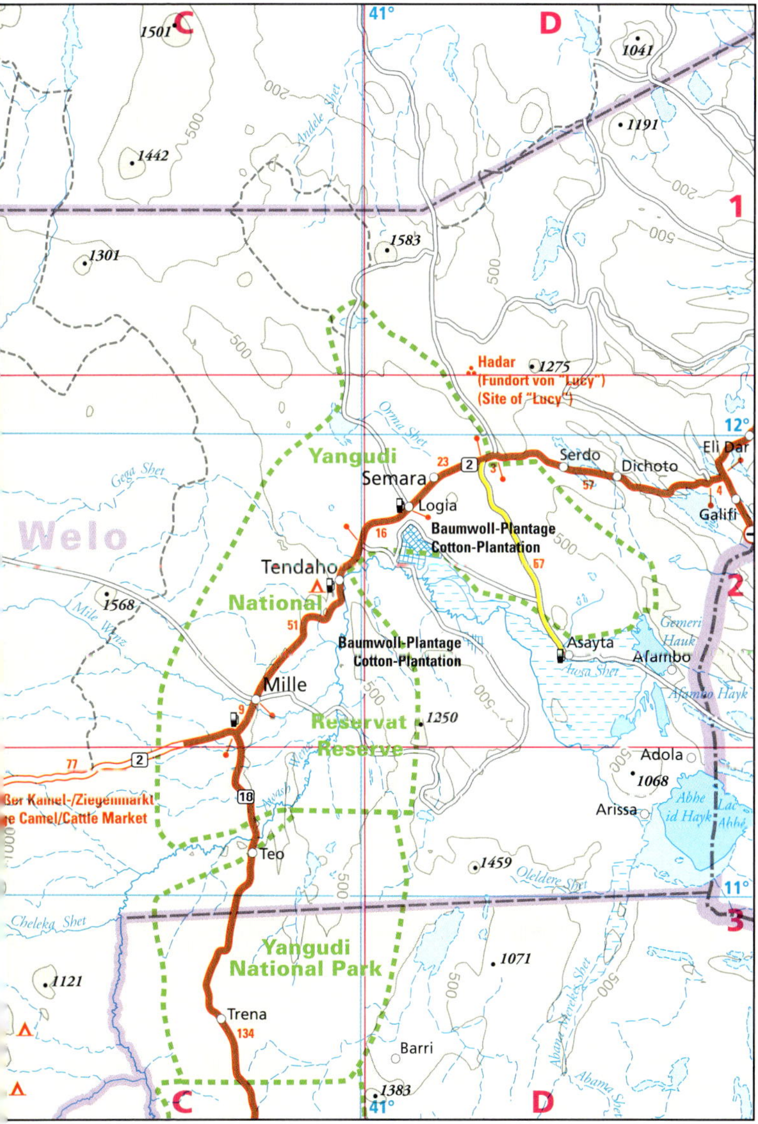

41°
C
D
1501
1041
1191
1442
1301
1583
1
Welo
Hadar
(Fundort von "Lucy")
(Site of "Lucy")
1275
12°
Andele Shet
Orma Shet
Gega Shet
Yangudi
National
Reservat
Reserve
Semara
Logia
Serdo
Dichoto
Eli Dar
Galifi
Baumwoll-Plantage
Cotton-Plantation
Tendaho
1568
Mile Wenz
Asayta
Afambo
Gemeri Hayk
Awsa Shet
Afambo Hayk
Mille
1250
2
Adola
1068
Arissa
Abhe id Hayk
Lac Abhé
Kamel-/Ziegenmarkt
Camel/Cattle Market
Teo
1459
Oleldere Shet
11°
3
Cheleka Shet
Yangudi
National Park
1121
1071
Trena
Barri
1383
Abama Shet
Abama Merekes Shet

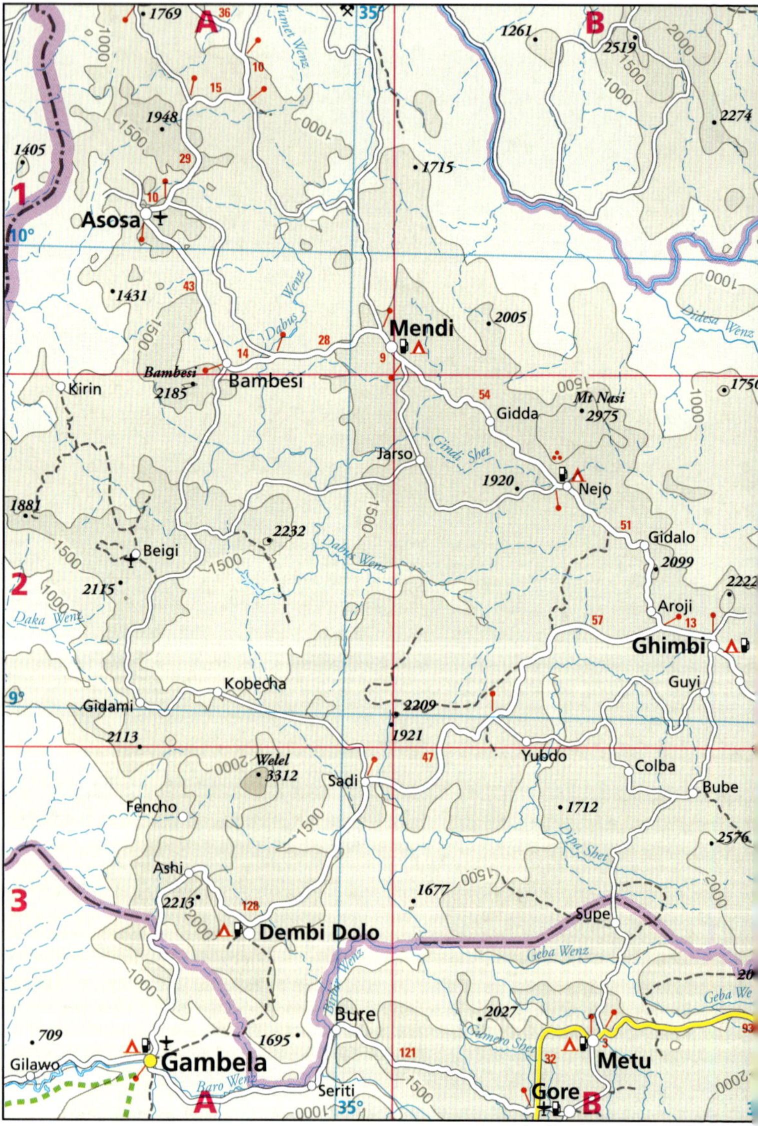

A
B
1
2
3
35°
10°
9°
Asosa
Mendi
Bambesi
Kirin
Gidda
Mt Nasi
2975
Jarso
Nejo
Gidalo
Aroji
Ghimbi
Guyi
Beigi
Kobecha
Gidami
Yubdo
Colba
Bube
Sadi
Welel
3312
Fencho
Ashi
Dembi Dolo
Supe
Bure
Gambela
Gilawo
Seriti
Metu
Gore
Dabus Wenz
Tumet Wenz
Didesa Wenz
Gindi Shet
Daka Wenz
Dipa Shet
Geba Wenz
Birbir Wenz
Baro Wenz
Gumero Shet
1769
1261
2519
2274
1948
1405
1715
1431
2005
2185
1750
1920
1881
2232
2099
2222
2115
2209
1921
2113
1712
2576
1677
2213
2027
709
1695

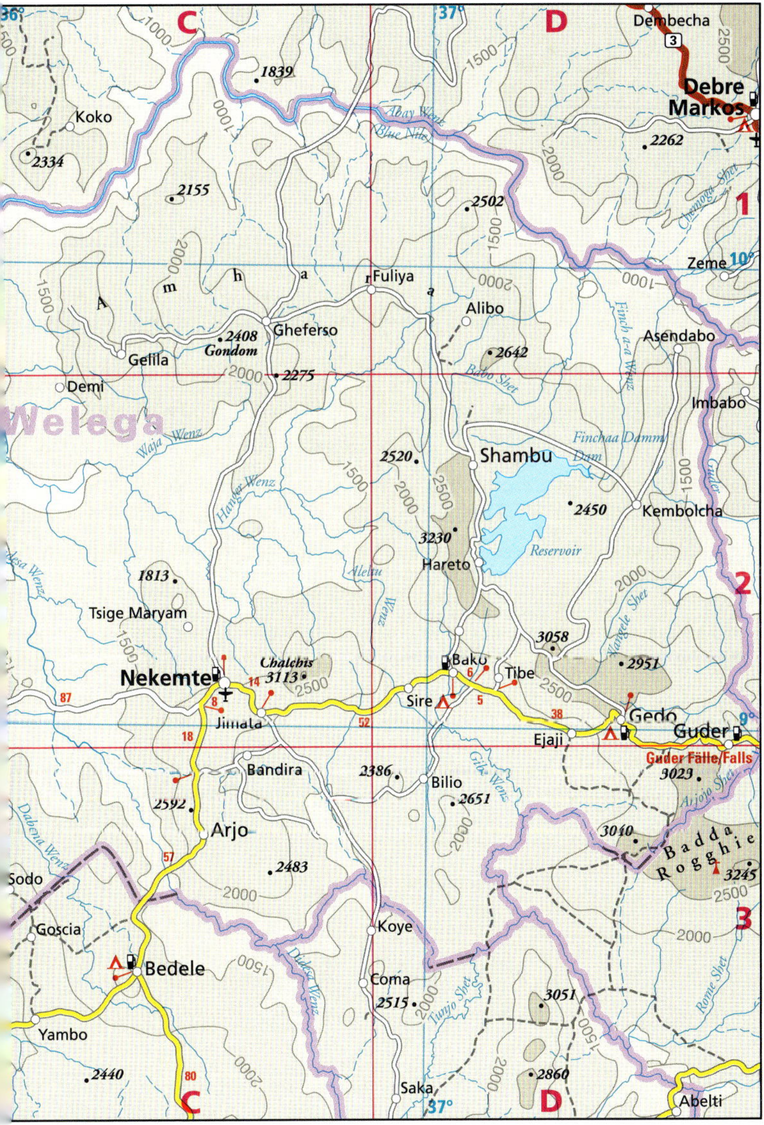

Kartenatlas

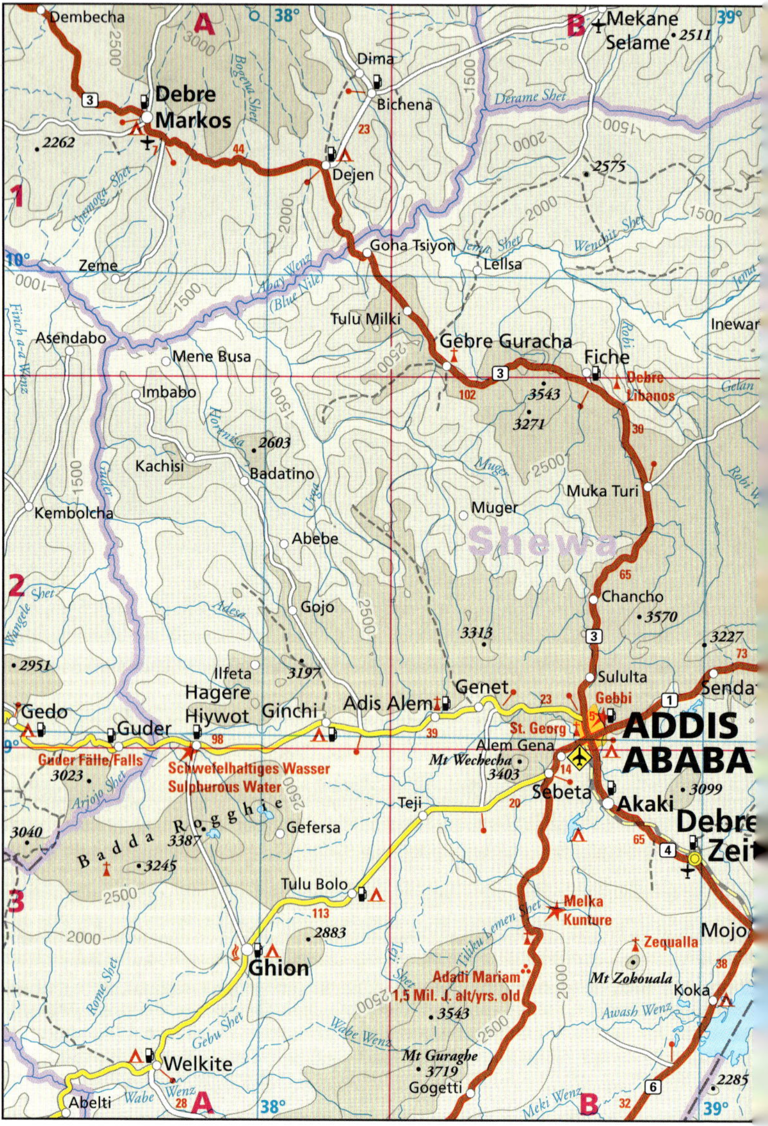

Dembecha
Debre Markos
Dima
Bichena
Mekane Selame
Dejen
Goha Tsiyon
Lellsa
Zeme
Asendabo
Mene Busa
Tulu Milki
Gebre Guracha
Fiche
Debre Libanos
Inewar
Imbabo
Kachisi
Badatino
Kembolcha
Muka Turi
Muger
Abebe
Shewa
Chancho
Gojo
Sululta
Ilfeta
Hagere Hiywot
Ginchi
Adis Alem
Genet
Gedo
Guder
Gebbi
St. Georg
ADDIS ABABA
Alem Gena
Mt Wechecha
Senda
Guder Fälle/Falls
Schwefelhaltiges Wasser
Sulphurous Water
Sebeta
Akaki
Teji
Debre Zeit
Gefersa
Badda Rogghie
Tulu Bolo
Melka Kunture
Zequalla
Mojo
Mt Zokouala
Koka
Ghion
Adadi Mariam
1,5 Mil. J. alt/yrs. old
Mt Guraghe
Gogetti
Welkite
Abelti
Blue Nile
Abay Wenz
Awash Wenz
Wabe Wenz
Meki Wenz

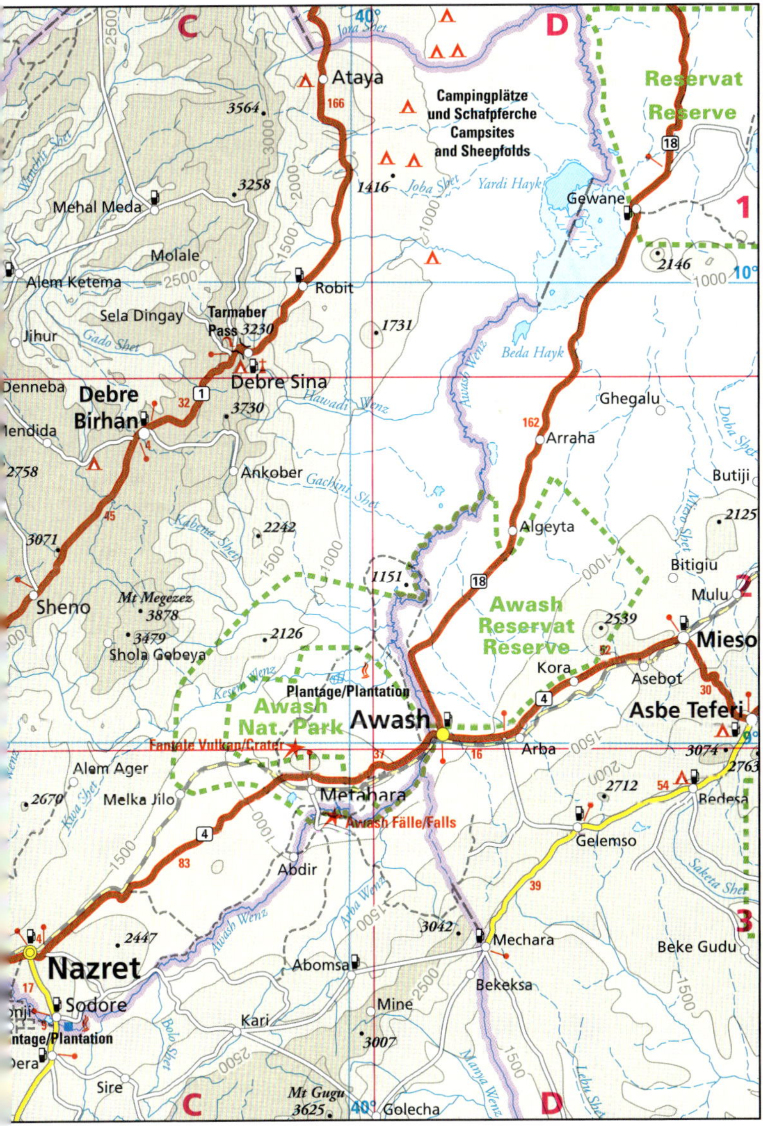

Kartenatlas

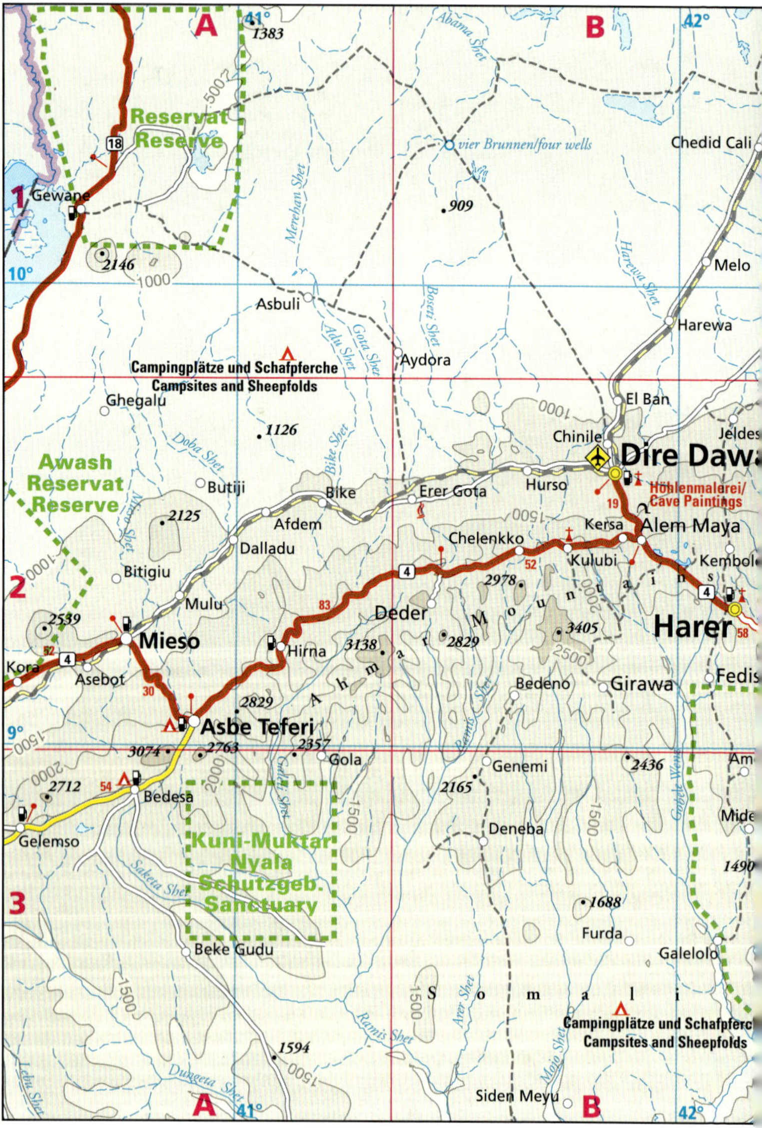
A
B
41°
42°
1
2
3
10°
9°
1383
Reservat
Reserve
18
Gewane
2146
1000
500
vier Brunnen/four wells
909
Chedid Cali
Merehan Shet
Abama Shet
Harewa Shet
Melo
Harewa
Asbuli
Adu Shet
Gota Shet
Bosseti Shet
Aydora
Campingplätze und Schafpferche
Campsites and Sheepfolds
Ghegalu
El Ban
1126
Doba Shet
Bike Shet
Chinile
Jeldes
Dire Dawa
Awash
Reservat
Reserve
Butiji
Bike
Erer Gota
Hurso
Höhlenmalerei/
Cave Paintings
19
2125
Afdem
Kersa
Alem Maya
Dalladu
Chelenkko
Kulubi
52
Kembole
Bitigiu
4
2978
Ahmar Mountains
Mulu
83
Deder
3405
Harer
58
2539
Mieso
Hirna
3138
2829
2500
2000
Kora
Asebot
Bedeno
Girawa
Fedis
30
2829
Asbe Teferi
1500
3074
2763
2357
Gola
Genemi
2436
2712
54
Bedesa
2165
Gelemso
Deneba
Kuni-Muktar
Nyala
Schutzgeb.
Sanctuary
Saketa Shet
Gobele Wenz
1490
1688
Furda
Beke Gudu
Galelolo
Somali
Arer Shet
Ramis Shet
Campingplätze und Schafpferc
Campsites and Sheepfolds
1594
Dungeta Shet
Lehu Shet
Mojo Shet
Siden Meyu

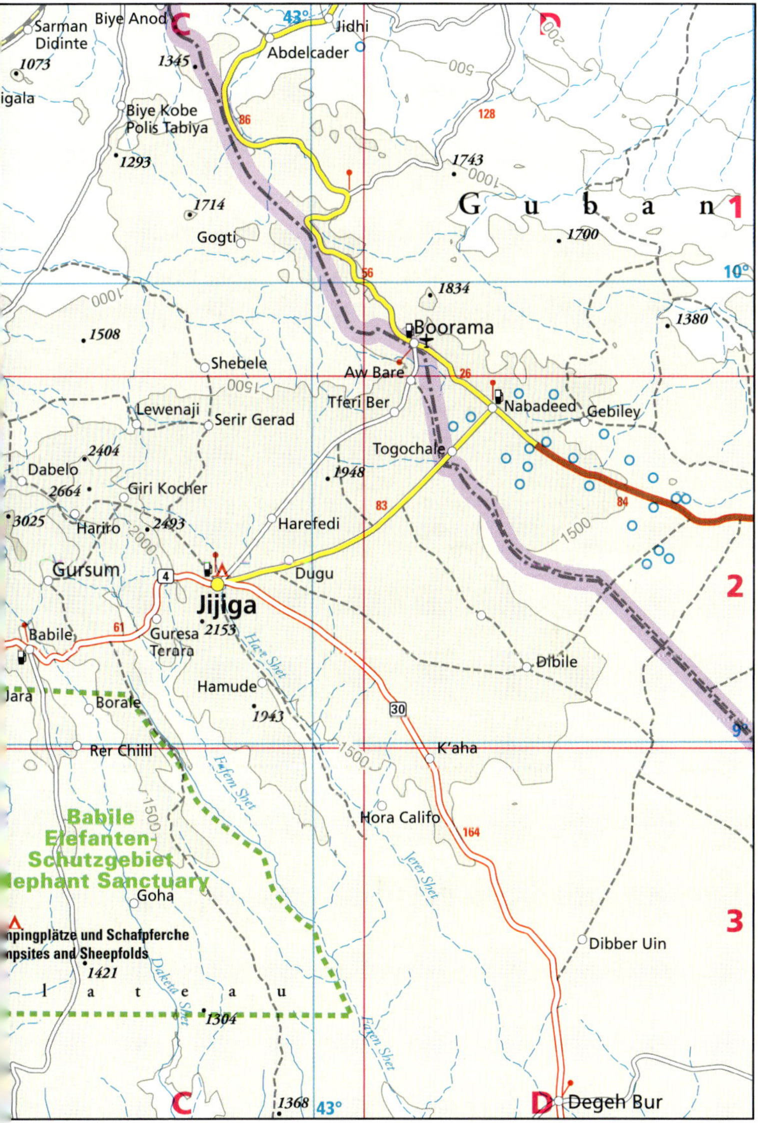

Kartenatlas

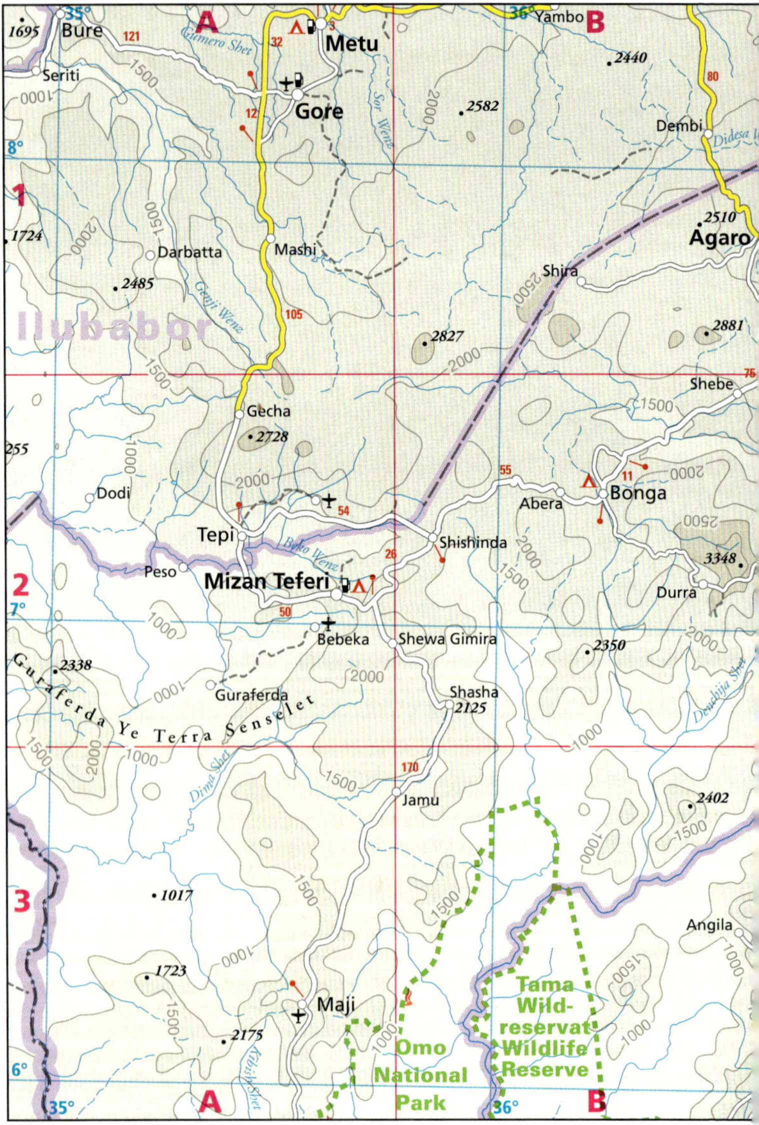
Metu
Gore
Bure
Seriti
Yambo
Dembi
Agaro
Shira
Mashi
Darbatta
Ilubabor
Gecha
Dodi
Tepi
Peso
Mizan Teferi
Bebeka
Guraferda
Guraferda Ye Terra Senselet
Shishinda
Abera
Bonga
Shebe
Durra
Shewa Gimira
Shasha
Jamu
Maji
Angila
Omo National Park
Tama Wild-reservat Wildlife Reserve
Gumero Shet
Sor Wenz
Genji Wenz
Beko Wenz
Didesa
Denchija Shet
Dima Shet
Kibish Shet

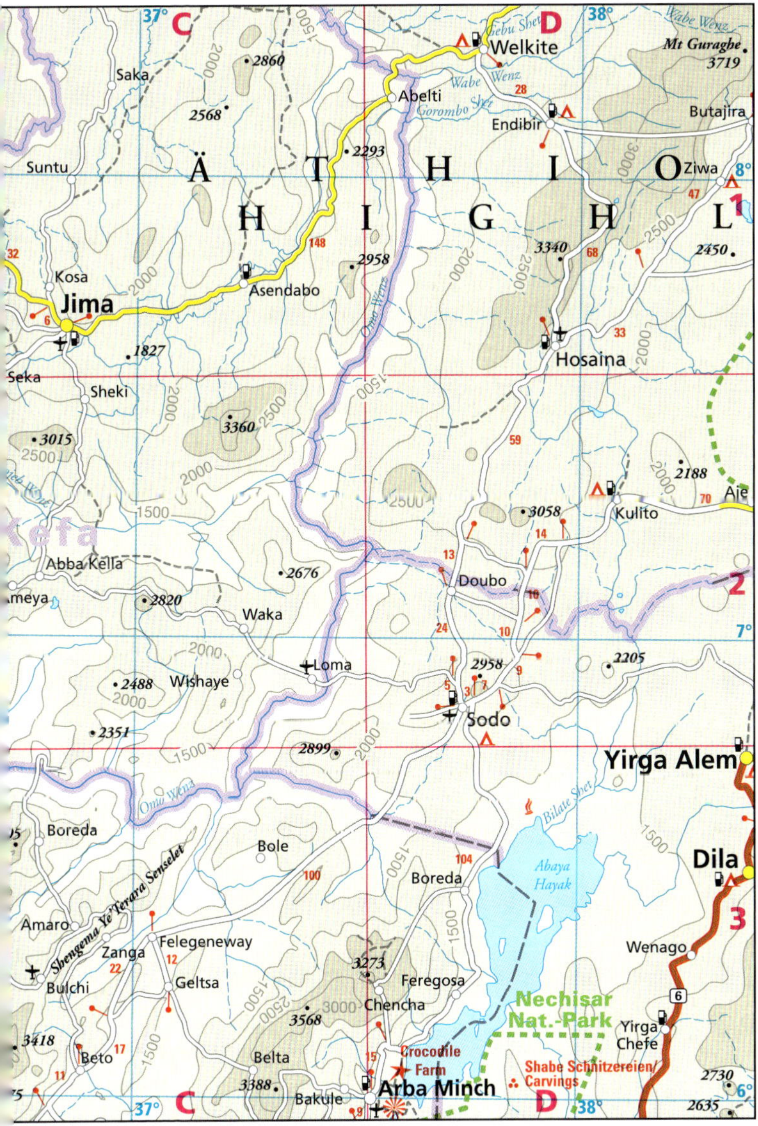

Kartenatlas

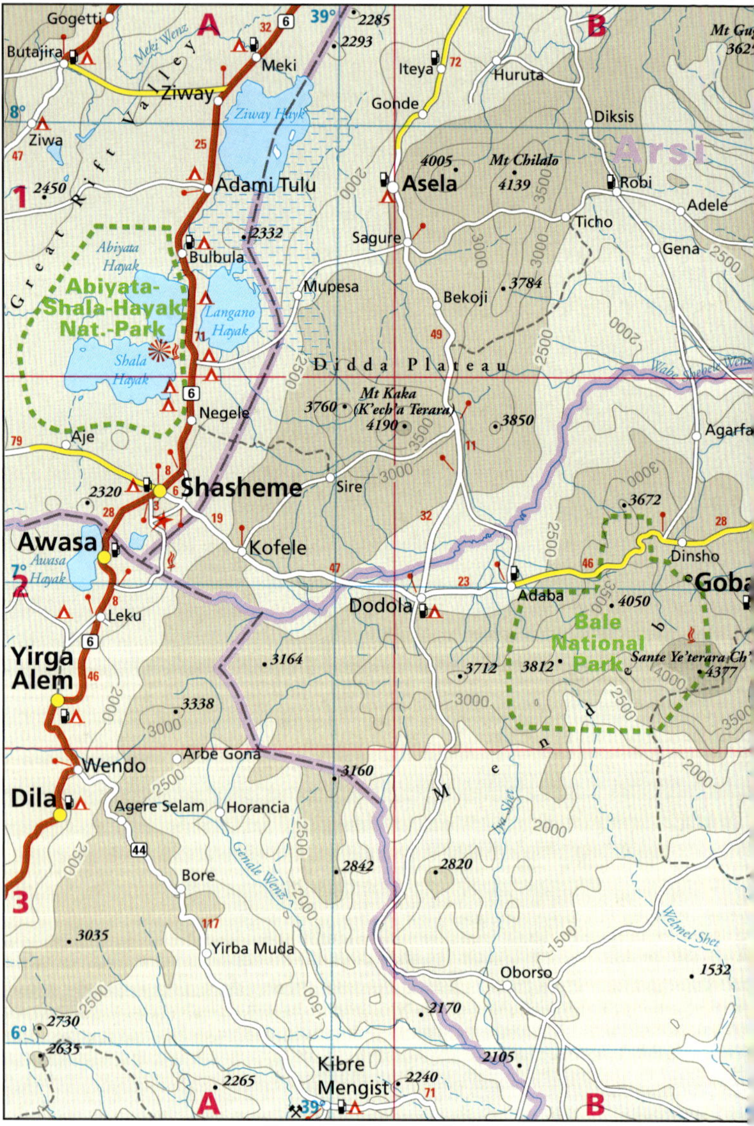
Gogetti
Butajira
Meki Wenz
Meki
Ziway
Great Rift Valley
Ziway Hayk
Ziwa
Adami Tulu
Abiyata Hayak
Abiyata-Shala-Hayak Nat.-Park
Bulbula
Langano Hayak
Shala Hayak
Negele
Aje
Shasheme
Awasa
Awasa Hayak
Leku
Yirga Alem
Wendo
Dila
Agere Selam
Arbe Gona
Horancia
Genale Wenz
Bore
Yirba Muda
Kibre Mengist
Iteya
Huruta
Gonde
Diksis
Asela
Mt Chilalo
Arsi
Robi
Adele
Ticho
Sagure
Gena
Mupesa
Bekoji
Didda Plateau
Mt Kaka (K'ech'a Terara)
Wabe Shebele Wenz
Agarfa
Sire
Kofele
Dodola
Adaba
Dinsho
Goba
Bale National Park
Sante Ye'terara Ch'
Mendebo
Iya Shet
Welmel Shet
Oborso
Mt Gu
2285
2293
2450
4005
4139
2332
3784
3760
4190
3850
2320
3672
4050
3164
3712
3812
4377
3338
3160
2842
2820
3035
1532
2170
2730
2635
2105
2265
2240
39°
8°
7°
6°
A
B
1
2
3

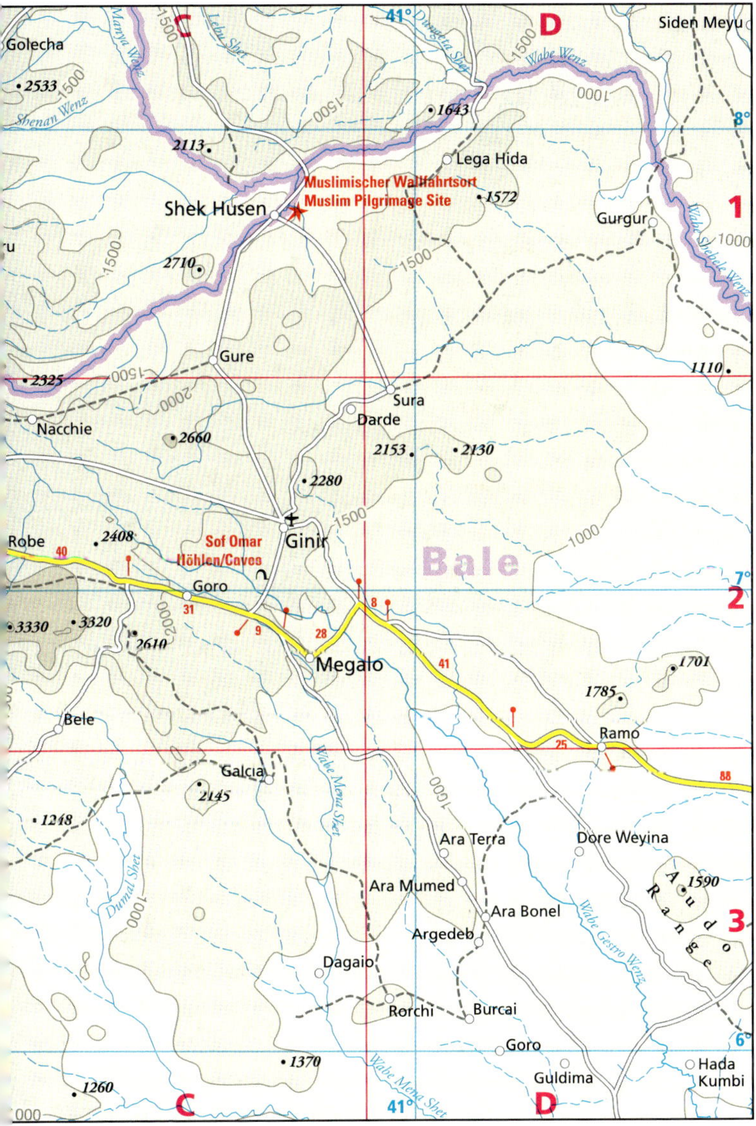
Golecha
Manya Wenz
Lebu Shet
Dumgeta Shet
Wabe Wenz
Siden Meyu
Shenan Wenz
Lega Hida
Muslimischer Wallfahrtsort
Muslim Pilgrimage Site
Shek Husen
Gurgur
Wabe Shebele Wenz
Gure
Sura
Darde
Nacchie
Robe
Sof Omar
Höhlen/Caves
Ginir
Bale
Goro
Megalo
Ramo
Bele
Galcia
Wabe Mena Shet
Ara Terra
Dore Weyina
Audo Range
Ara Mumed
Ara Bonel
Argedeb
Wabe Gestro Wenz
Dumal Shet
Dagaio
Rorchi
Burcai
Goro
Guldima
Hada
Kumbi

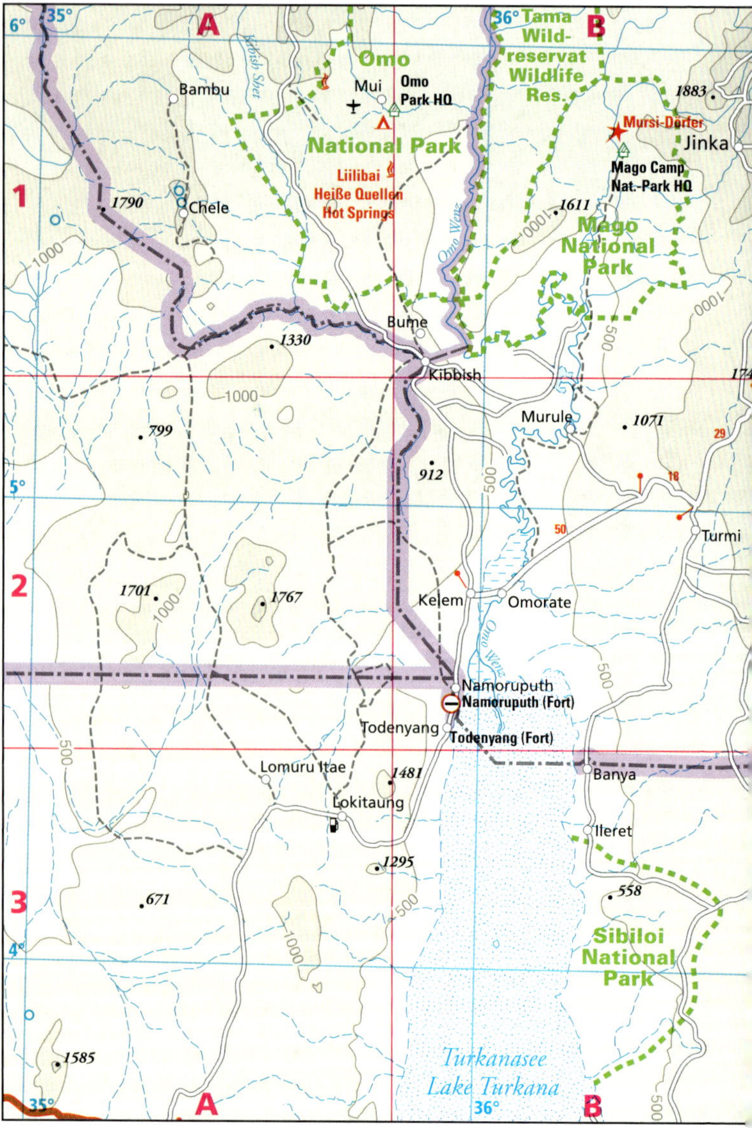

A
B
1
2
3
35°
36°
6°
5°
4°
Omo National Park
Tama Wild-reservat Wildlife Res.
Mago National Park
Sibiloi National Park
Bambu
Mui
Omo Park HQ
Kibish Shet
Liilibai Heiße Quellen Hot Springs
Mursi-Dörfer
Jinka
Mago Camp Nat.-Park HQ
1883
1611
1790
Chele
Omo Wenz
Bume
Kibbish
1330
799
912
Murule
1071
29
18
50
Turmi
1701
1767
Kelem
Omorate
Namoruputh
Namoruputh (Fort)
Todenyang
Todenyang (Fort)
Lomuru Itae
1481
Lokitaung
Banya
Ileret
1295
558
671
1585
Turkanasee Lake Turkana
1000
500

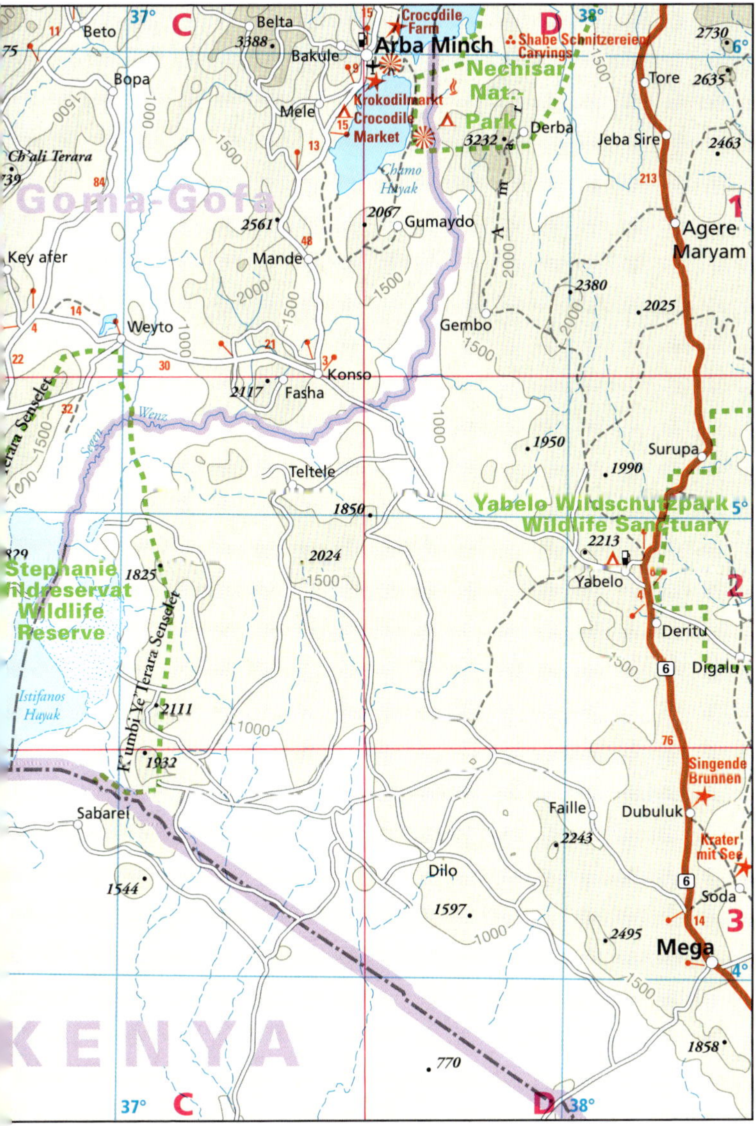
37°
C
D
38°
Beto
Belta
3388
Bakule
Crocodile Farm
Arba Minch
Shabe Schnitzereien Carvings
2730
6°
Bopa
Mele
Krokodilmarkt
Crocodile Market
Nechisar Nat.-Park
Tore
2635
3232
Derba
Jeba Sire
2463
Ch'ali Terara
Goma-Gofa
Chamo Hayak
213
2561
2067
Gumaydo
Agere Maryam
Key afer
Mande
2380
2025
Weyto
Gembo
Konso
2117
Fasha
Senselet
Wenz
Segen
1950
Surupa
Teltele
1990
1850
Yabelo Wildschutzpark Wildlife Sanctuary
5°
2213
2024
Yabelo
Stephanie Wildreservat Wildlife Reserve
1825
Deritu
Digalu
Istifanos Hayak
K'umbi Ye Terara Senselet
2111
1932
Singende Brunnen
Sabarei
Faille
Dubuluk
2243
Krater mit See
1544
Dilo
Soda
1597
2495
Mega
4°
1858
KENYA
770
37°
C
D
38°
1
2
3

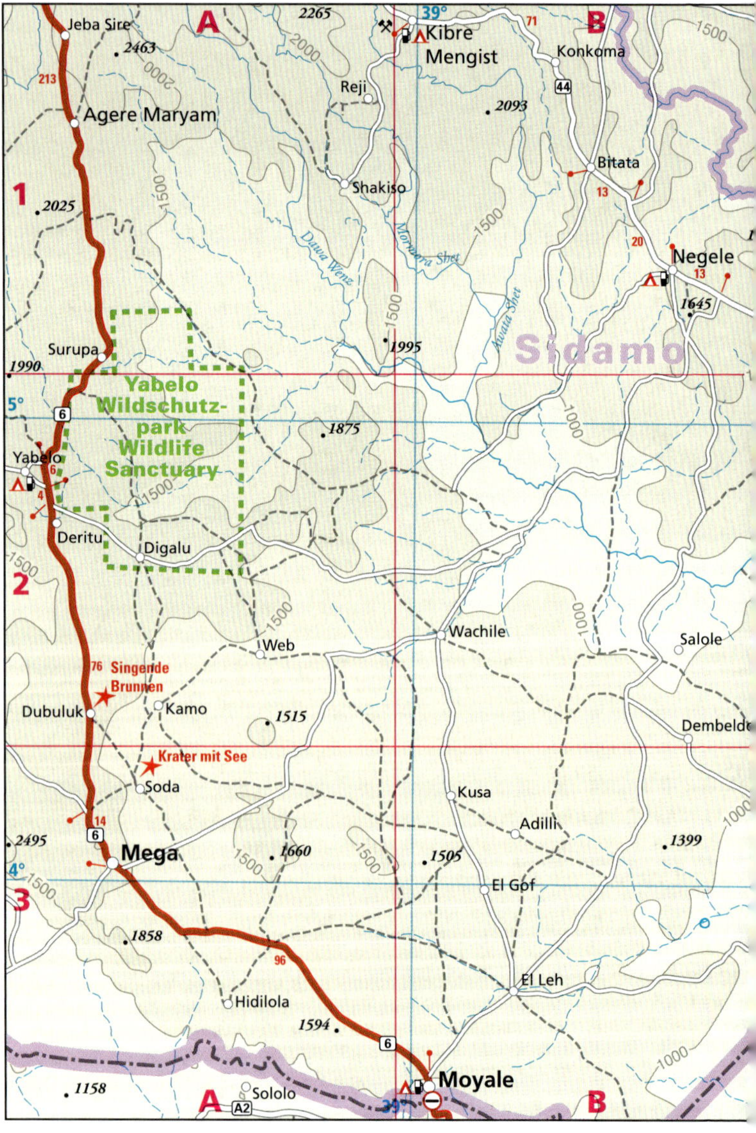
Jeba Sire
2463
2265
Kibre Mengist
Konkoma
Reji
Agere Maryam
2093
Bitata
Shakiso
2025
Dawa Wenz
Morowera Shet
Negele
1645
Awata Shet
Surupa
1995
Sidamo
1990
Yabelo Wildschutzpark Wildlife Sanctuary
1875
Yabelo
Deritu
Digalu
Wachile
Web
Salole
Singende Brunnen
Kamo
Dubuluk
1515
Dembeldo
Krater mit See
Soda
Kusa
Adilli
2495
Mega
1660
1505
1399
El Gof
1858
El Leh
Hidilola
1594
1158
Moyale
Sololo

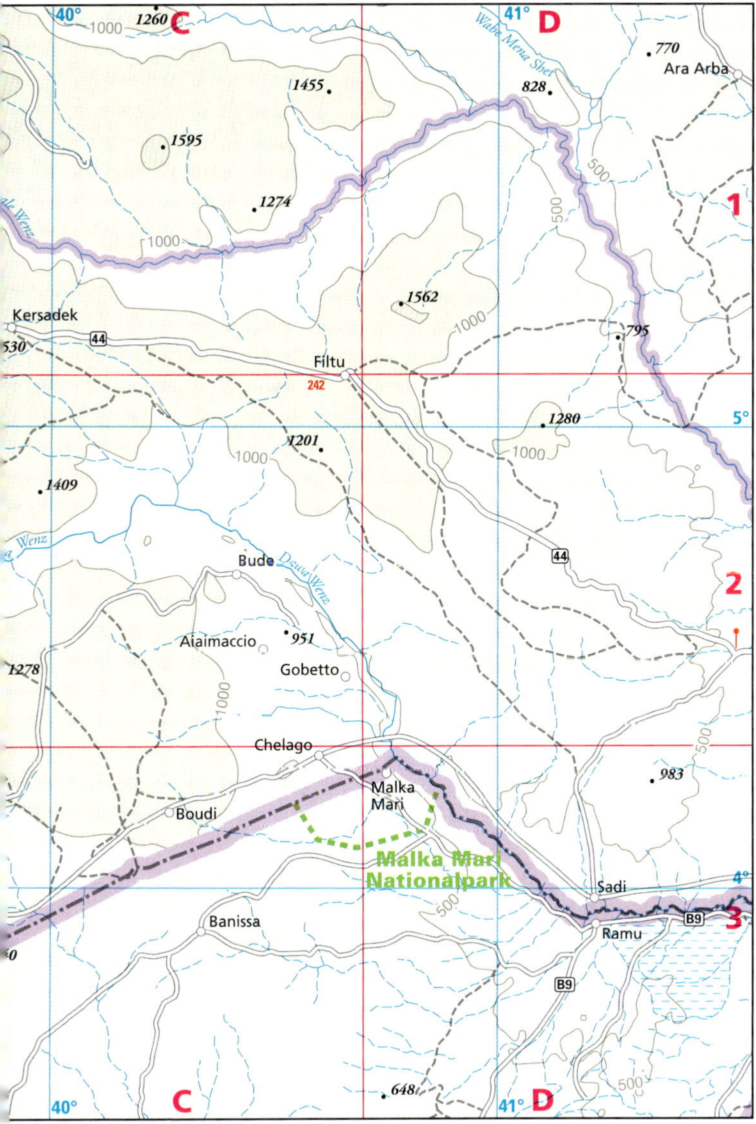
40°
1260
C
1000
41°
D
Wabe Mena Shet
770
Ara Arba
1455
828
1595
500
1
1274
1000
1562
1000
Kersadek
44
530
795
Filtu
242
5°
1280
1201
1000
1000
1409
Wenz
44
Bude
Dawa Wenz
2
Aiaimaccio
951
1278
Gobetto
1000
500
Chelago
983
Malka
Mari
Boudi
Malka Mari
Nationalpark
4°
Sadi
500
Banissa
B9
3
Ramu
B9
500
648
40°
C
41°
D

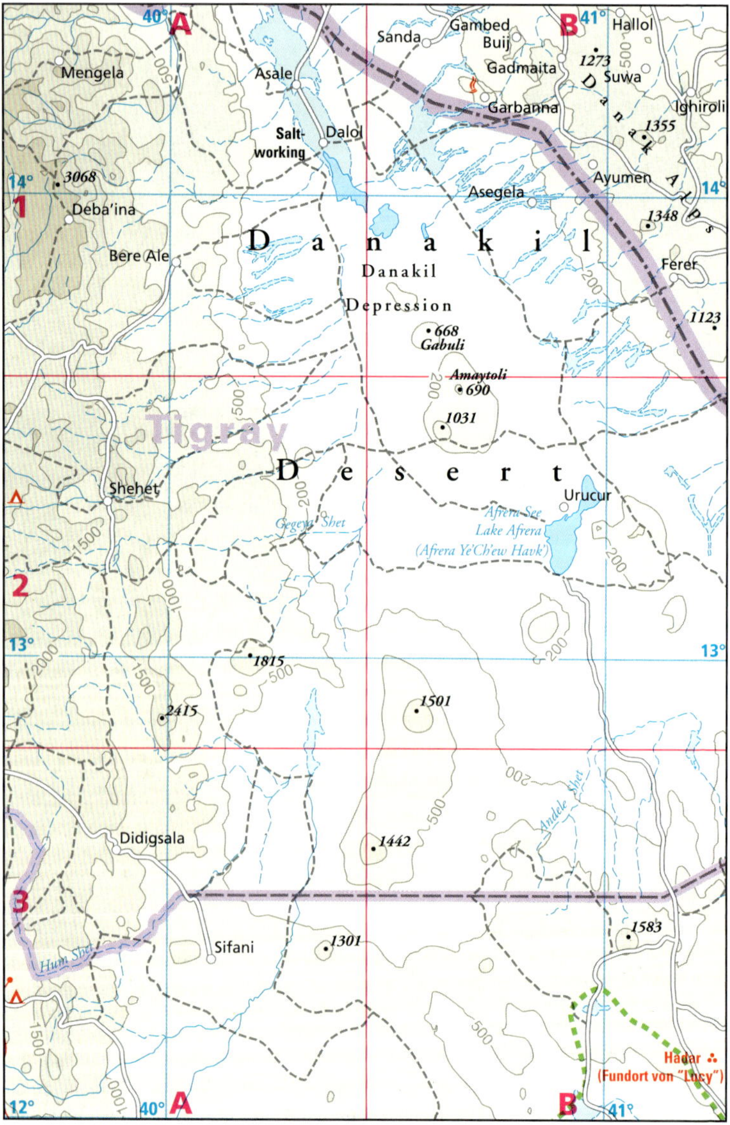

A
B
40°
41°
14°
13°
12°
1
2
3
Mengela
Asale
Sanda
Gambed
Buij
Hallol
1273
Suwa
Gadmaita
Garbanna
Ighiroli
1355
Danakil Alps
Salt-working
Dalol
3068
Deba'ina
Ayumen
Asegela
1348
Danakil
Bere Ale
Danakil Depression
Ferer
1123
668
Gabuli
Amaytoli
690
1031
Tigray
Danakil Desert
Shehet
Urucur
Afrera See
Lake Afrera
(Afrera Ye'Ch'ew Havk')
Gegeya Shet
1815
2415
1501
Andele Shet
Didigsala
1442
1583
1301
Sifani
Hum Shet
Hadar
(Fundort von "Lucy")

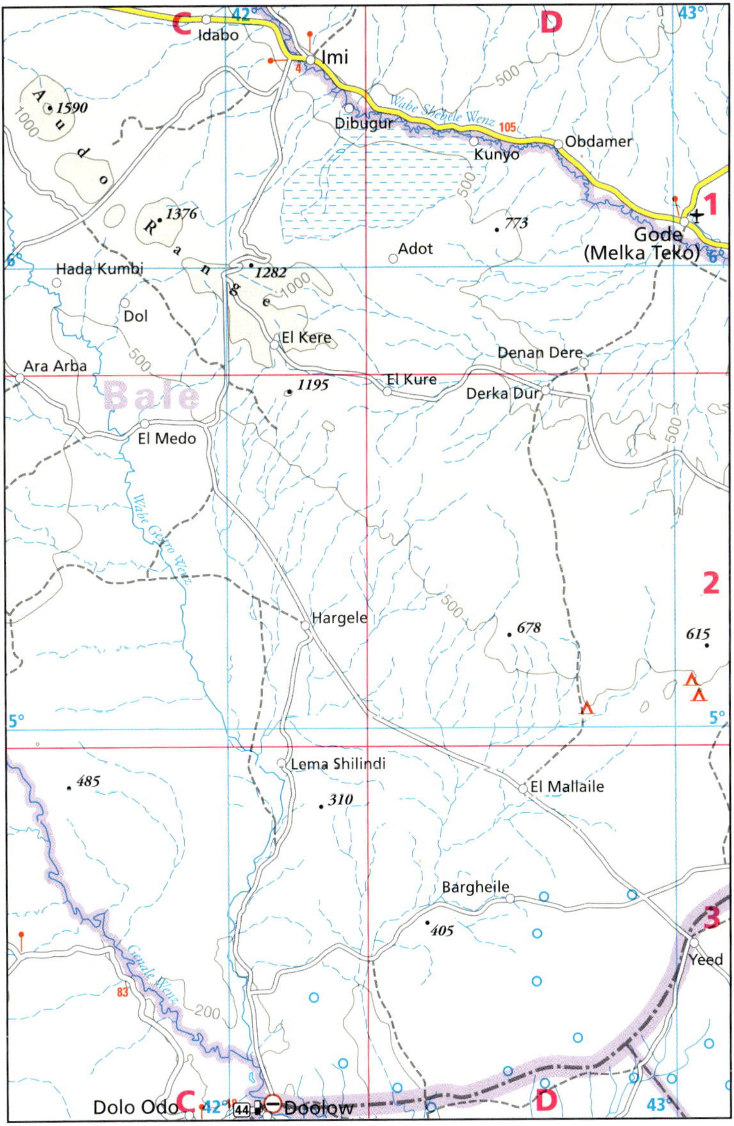
C
D
42°
43°
Idabo
Imi
4
Audo Range
1590
1000
1376
1282
Wabe Shebele Wenz
105
Dibugur
Kunyo
Obdamer
500
773
1
Gode
(Melka Teko)
Adot
6°
Hada Kumbi
Dol
El Kere
Denan Dere
Ara Arba
Bale
1195
El Kure
Derka Dur
El Medo
Wabe Gestro Wenz
2
Hargele
678
615
5°
Lema Shilindi
El Mallaile
485
310
Bargheile
405
3
Yeed
Genale Wenz
83
200
Dolo Odo
44
Doolow

Kartenverzeichnis

- **Äthiopien, nördlicher Teil:** Umschlagklappe vorn
- **Äthiopien, südlicher Teil:** Umschlagklappe hinten

Hinweis: Die Autoren weisen darauf hin, dass der in den Übersichtskarten in den Umschlagklappen eingezeichnete **Grenzverlauf Äthiopiens** weder Anspruch auf völkerrechtliche Verbindlichkeit erhebt noch eine Anerkennung seitens der Autoren besteht. Die Regionsbezeichnungen folgen der traditionellen Bezeichnung der Provinzen und nicht der aktuellen Verwaltungsgliederung in 14 Regionen.

Kartenatlas: Bei den wichtigen Orten und in der Kopfzeile wird auf die jeweilige Karte im Kartenatlas verwiesen.

Stadt- und Lagepläne, Regionalkarten

Thematische Karten